David · Über den Umgang mit Schuldnern

Peter David

Über den Umgang mit Schuldnern

Ein Wegweiser vom Vertragsabschluß
bis zur eidesstattlichen Offenbarungsversicherung
mit zahlreichen Mustertexten und Beispielen

von Peter David,
Richter am Oberlandesgericht München

15. überarbeitete
und erweiterte Auflage
des von Notar Karl Haegele (†)
begründeten Werks

Haufe Verlagsgruppe Freiburg · Berlin · München

> Die Deutsche Bibliothek – CIP-Einheitsaufnahme
> **David, Peter:**
> Über den Umgang mit Schuldnern : Ein Wegweiser vom Vertragsabschluß bis zur eidesstattlichen Offenbarungsversicherung ; mit zahlreichen Mustertexten und Beispielen / von Peter David. – 15., überarb. und erw. Aufl. des von Karl Haegele begr. Werkes. – Freiburg i. Br. : Haufe, 1999
> ISBN 3-448-03631-5
> NE: Haegele, Karl: Über den Umgang mit Schuldnern

ISBN 3-448-03631-5   Best. Nr. 07903

1. Auflage 1956
2. Auflage 1959
3. neu bearbeitete und erweiterte Auflage 1966
4. neu bearbeitete und wesentlich erweiterte Auflage 1970
5. durchgesehene und ergänzte Auflage 1972
6. neu bearbeitete und erweiterte Auflage 1974 (ISBN 3-448-00383-2) mit Ergänzungen 1975
7. vollständig überarbeitete und erweiterte Auflage 1979 (ISBN 3-448-00973-3)
8. überarbeitete und ergänzte Auflage 1981 (ISBN 3-448-01192-4)
9. überarbeitete und verbesserte Auflage 1983 (ISBN 3-448-01358-7)
10. überarbeitete und ergänzte Auflage 1985 (ISBN 3-448-01548-2)
11. überarbeitete und erweiterte Auflage 1987 (ISBN 3-448-01791-4)
12. überarbeitete und erweiterte Auflage 1989 (ISBN 3-448-02063-7)
13. überarbeitete und erweiterte Auflage 1992 (ISBN 3-448-02524-0)
14. überarbeitete und erweiterte Auflage 1995 (ISBN 3-448-03052-X)
15. überarbeitete und erweiterte Auflage 1999

© Haufe Verlagsgruppe, Freiburg · Berlin · München 1999

Lektorat: Nicole Dürst

Alle Rechte, auch die des auszugsweisen Nachdrucks, der fotomechanischen Wiedergabe (einschließlich Mikrokopie) oder der Verwertung in einem sonstigen Verfahren vorbehalten.

Schutzumschlag-Entwurf: Michael Wiesinger, Freiburg i. Br.

Druck: Buch- und Offsetdruckerei Franz X. Stückle, 77955 Ettenheim/Baden.

Das Papier wurde aus chlorfrei gebleichtem Zellstoff hergestellt

Über den Umgang mit Schuldnern und Gläubigern habe ich wenig zu sagen. Man sei menschlich, billig und höflich gegen die ersteren! Man glaube nicht, daß jemand, der uns Geld schuldig ist, deswegen unser Sklave geworden sei, daß er sich alle Arten von Demütigungen von uns müsse gefallen lassen, daß er uns nichts abschlagen dürfe, noch überhaupt, daß der elende Bettel, der Mammon, einen Menschen berechtigen könne, sein Haupt über den anderen emporzuheben! Seine Gläubiger bezahle man pünktlich und halte sein Wort treulich!

Adolf Freiherr von Knigge (1752–1796)
„Über den Umgang mit Menschen"

Vorwort zur 15. Auflage

Alle Abschnitte des Buches wurden unter dem Gesichtspunkt der Aktualisierung und der Benutzerfreundlichkeit überarbeitet, wobei dies auch wegen zahlreicher wichtiger Gesetzesänderungen notwendig war.

Es wurden berücksichtigt:

- die Insolvenzordnung vom 5. 10. 1994, in Kraft seit 1. 1. 1999 (soweit für die Zwangsvollstreckung von Bedeutung),
- die Zweite Zwangsvollstreckungsnovelle vom 17. 12. 1997, in Kraft seit 1. 1. 1999,
- das Kindschaftsrechtsreformgesetz vom 16. 12. 1997, in Kraft seit 1. 7. 1998,
- das Handelsrechtsreformgesetz vom 22. 6. 1998,
- das Dritte Gesetz zur Änderung des Rechtspflegegesetzes vom 6. 8. 1998,
- das Gesetz zur Änderung des Einführungsgesetzes zur Insolvenzordnung und anderer Gesetze vom 19. 12. 1998,
- das Anfechtungsgesetz i. d. F. vom 5. 10. 1994, in Kraft seit 1.1.1999.

Die zwangsvollstreckungsrechtlichen Kapitel mußten weitgehend überarbeitet werden. Völlig neu bearbeitet wurde das Kapitel betreffend die drei vor dem Gerichtsvollzieher abzugebenden eidesstattlichen Versicherungen, insbesondere die Offenbarungsversicherung. Die Auswirkungen der neuen Insolvenzordnung auf das Mahnverfahren und die Zwangsvollstreckung wurden in eigenen Abschnitten dargestellt.

In den 11. Abschnitt wurden neue Schuldnerstrategien aufgenommen und Abwehrmaßnahmen aufgezeigt.

Die zwangsvollstreckungsrechtliche Rechtsprechung wurde – soweit veröffentlicht – bis Ende Januar 1999 berücksichtigt.

Die Auszüge aus der Gerichtsvollziehergeschäftsanweisung im Anhang wurden auf den neuesten Stand gebracht und die §§ 185 a – o, die sich mit den dem Gerichtsvollzieher zugewiesenen eidesstattlichen Versicherungen befassen, in der vorliegenden Fassung angehängt.

Ich wünsche allen Benutzern des Buches guten Erfolg beim Umgang mit Schuldnern. Bedenken Sie aber bitte immer, daß es auch Schuldner gibt, die unverschuldet – sei es durch Krankheit, Arbeitslosigkeit oder Scheidung – in Zahlungsverzug geraten sind, und haben Sie mit diesen Nachsicht und Geduld.

Für zugesandte interessante einschlägige Entscheidungen danke ich sehr und freue mich auch in Zukunft über Anregungen und Hinweise aus dem Benutzerkreis.

Eichenau, im Februar 1999   Peter David

Inhaltsübersicht

Seite

Vorwort zur 15. Auflage 5
Abkürzungen 20

1. **Abschnitt: Außergerichtliches Vorgehen des Gläubigers, Mahn- und Klageverfahren vor dem Amtsgericht**
   I. **Das außergerichtliche Vorgehen des Gläubigers** 25
      1. Rechtzeitige Absicherung des Gläubigers durch Vertragsgestaltung 25
      2. Fälligkeit des Anspruchs 35
      3. Private Mahnung durch den Gläubiger selbst 37
      4. Private Mahnung durch Inkassobüro, Rechtsanwalt oder Rechtsbeistand 43
      5. Notwendigkeit der gerichtlichen Mahnung 54
      6. Strafrechtliches Vorgehen gegen den Schuldner 55
      7. Informationen über Schuldner 58
      8. Verhandlungen mit Schuldnern 64
   II. **Das amtsgerichtliche Verfahren im allgemeinen** 65
      1. Sachliche Zuständigkeit des Amtsgerichts und Abgrenzung zur Arbeitsgerichtsbarkeit 65
      2. Zur Wahl zwischen Mahn- und Klageverfahren 66
   III. **Das amtsgerichtliche Mahnverfahren im einzelnen** .. 67
      1. Die örtliche Zuständigkeit des Amtsgerichts 67
      2. Im Mahnverfahren verfolgbare Ansprüche 68
      3. Besonderheiten bei Forderungen aus Verbraucherkrediten 69
      4. Das grenzüberschreitende Mahnverfahren 70
      5. Inhalt des Antrags auf Erlaß eines Mahnbescheids Die amtlichen Vordrucke 72
      6. Die Bezeichnung des Gerichts 73
      7. Die Bezeichnung des Antragsgegners im Mahnantrag 75
      8. Die Bezeichnung des Antragstellers im Mahnantrag ... 79
      9. Die Bezeichnung des Anspruchs 80
      10. Was gehört in die Spalte „Zinsen"? 82
      11. Ersatz von vorgerichtlichen Mahnkosten 84
      12. Antrag auf Durchführung des streitigen Verfahrens ... 85
      13. Unterzeichnung des Mahnantrags 85
      14. Zurückweisung des Mahnantrags 85
      15. Der Mahnbescheid 87

16. Widerspruch gegen den Mahnbescheid	88
17. Abgabe an das Streitgericht nach Widerspruch	89
18. Der Vollstreckungsbescheid	93
19. Der Einspruch gegen den Vollstreckungsbescheid	96
20. Die Durchführung des streitigen Verfahrens nach Einspruch	98
21. Urkunden-, Wechsel- und Scheckmahnbescheid	100
22. Die Kosten im Mahnverfahren ab 1.1.1995	101
23. Mahnverfahrern und Insolvenz	104

IV. Das amtsgerichtliche Klageverfahren im einzelnen .. 104

1. Sachliche und örtliche Zuständigkeit des Amtsgerichts 104
2. Klageerhebung und Klagerücknahme vor dem Amtsgericht 108
3. Die Rechtsantragsstelle des Amtsgerichts 110
4. Urkunden-, Wechsel- und Scheckprozeß 111
5. Das Versäumnisverfahren 112
6. Entscheidung nach Lage der Akten 114
7. Anerkenntnisurteil 114
8. Gütliche Einigung (Vergleich) 115
9. Mündliche Verhandlung im Streitverfahren 117
10. Schriftliches Verfahren 120
11. Ruhen des Verfahrens 121
12. Parteifähigkeit – Prozeßfähigkeit 122
13. Parteivertreter – Prozeßvertreter 122
14. Das Urteil 124
15. Die Berufung 125
16. Die Prozeßkosten 126
17. Beratungs- und Prozeßkostenhilfe 132

2. Abschnitt: Allgemeine Fragen der Zwangsvollstreckung

I. Übersicht 139
1. Notwendigkeit der Zwangsvollstreckung 139
2. Einzelne Fragegebiete 139
3. Die Wahl der Vollstreckungsart 140

II. Voraussetzungen der Zwangsvollstreckung 141
1. Übersicht über die Voraussetzungen 141
2. Vollstreckungstitel 141
3. Vollstreckungsklausel 142
4. Zustellung des Titels 143

III.	**Einstellung und Beschränkung der Zwangsvollstreckung**	144
	1. Einstellung	144
	2. Sicherungsvollstreckung	144
IV.	**Vollstreckungsorgane**	146
	1. Sachliche Zuständigkeit	146
	2. Örtliche Zuständigkeit	147
V.	**Vollstreckungsantrag und Rechtsmittel**	147
	1. Antrag auf Vollstreckung	147
	2. Rechtsbehelfe und Rechtsmittel	147
VI.	**Sonderfall des Arrestes**	151
	1. Voraussetzungen für einen Arrest	151
	2. Arrestantrag	152
	3. Arrestanordnung und -vollzug	153
VII.	**Kostenfragen in der Zwangsvollstreckung**	156
	1. Kostentragung	156
	2. Kostenarten und -höhe	159
	3. Sonderfragen bei Pfändung von Arbeitseinkommen	161

3. Abschnitt: Zwangsvollstreckung in bewegliche körperliche Sachen

I.	**Allgemeine Fragen**	163
	1. Grundsätze und Pfändungsauftrag	163
	2. Art der Pfändung in körperliche Sachen	168
	3. Verwertungsaufschub	173
	4. Verwertung gepfändeter Sachen	175
	5. Rechtslage, wenn die gepfändete Sache einem Dritten gehört oder dieser ein Pfand- oder Vorzugsrecht besitzt.	178
II.	**Pfändung eines Bankstahlfach-Inhalts**	180
	1. Art der Pfändung	180
	2. Weigerung der Bank zur Stahlfachöffnung	181
	3. Nichtauffindbarkeit des Schlüssels	182
III.	**Pfändung einer unter Eigentumsvorbehalt stehenden Sache**	182
	1. Wesen des Eigentumsvorbehalts	182
	2. Pfändung des Anwartschaftsrechts des Vorbehaltskäufers	182
	3. Pfändung der unter Eigentumsvorbehalt stehenden Sache	183

> 4. Muster eines Pfändungsantrags wegen des Anwartschaftsrechts und wegen der Sache selbst 185
> IV. **Pfändung einer zur Sicherung übereigneten Sache** ... 186
>   1. Wesen der Sicherungsübereignung 186
>   2. Pfändung bei Sicherungsübereignung 187
>   3. Muster eines Pfändungsantrags wegen des Rückübertragungsanspruchs 188
> V. **Vollstreckung in den neuen Bundesländern** 188

4. Abschnitt: Zwangsvollstreckung in Forderungen

> I. **Allgemeine Fragen** 191
>   1. Pfändung und Überweisung 191
>   2. Pflichten des Schuldners nach erfolgter Überweisung . 193
>   3. Rechtsstellung des Drittschuldners 194
>   4. Voraussetzungen der Pfändung von Forderungen 194
>
> II. **Arten der Pfändung von Forderungen und deren Verwertung** 194
>   1. Normale Art 194
>   2. Andere Arten von Pfändung 196
>   3. Rangfragen 196
>   4. Aufforderung an Drittschuldner zur Erklärung 197
>   5. Klage des Gläubigers gegen Drittschuldner bei Nichtzahlung 198
>
> III. **Pfändung einer bereits abgetretenen oder verpfändeten Forderung** 199
>   1. Pfändung einer uneingeschränkt abgetretenen Forderung 199
>   2. Rechtslage bei Sicherungsabtretung 200
>   3. Pfändung bei Abtretungsverbot 202
>   3a. Pfändung nach Abtretung, die wirksam angefochten wird 202
>   3b. Pfändung nach rückdatierter Abtretung 203
>   4. Pfändung nach erfolgter Verpfändung 203
>
> IV. **Private Vorpfändung von Forderungen (Pfändungsankündigung; sog. vorläufiges Zahlungsverbot)** 204
>   1. Bedeutung und Grundlagen der Vorpfändung 204
>   2. Voraussetzungen der Vorpfändung 205
>   3. Durchführung der Vorpfändung 205

4. Wirkungen der Vorpfändung	209
5. Rechtsbehelfe gegen eine Vorpfändung	210
V. Pfändung von Bank- und Sparkassenkonten	211
1. Pfändung eines Sparguthabens	211
2. Pfändung eines prämienbegünstigten Sparguthabens	214
3. Pfändung eines Kontokorrent-(Giro-)Kontos	216
4. Sonstige Fragen zur Pfändung eines Bank- oder Sparkassenguthabens	223
VI. Pfändung im Erbrecht	223
1. Erblasser als Gläubiger oder als Schuldner	223
2. Pfändung gegen Erben in Erbengemeinschaft	226
3. Pfändung gegen Alleinerben	232
4. Pfändung gegen Vermächtnisnehmer	233
5. Pfändung gegen Pflichtteilsberechtigten	234
6. Sonstige Pfändungsfragen im Erbrecht	235
VII. Pfändung gesellschaftsrechtlicher Ansprüche	237
1. Grundsatz	237
2. Pfändung bei Personengesellschaften	237
3. Pfändung bei Gesellschaft nach bürgerlichem Recht	239
4. Pfändung bei Aktiengesellschaft	239
5. Pfändung bei Kommanditgesellschaft auf Aktien	240
6. Pfändung bei Gesellschaft mit beschränkter Haftung	240
7. Pfändung bei stiller Gesellschaft	241
VIII. Pfändung von Grundpfandrechten und anderen grundbuchlichen Rechten	241
1. Allgemeines zur Pfändung von Grundpfandrechten	241
2. Pfändung einer Hypothek	242
3. Pfändung einer Grundschuld	245
4. Pfändung einer Eigentümergrundschuld und Eigentümerhypothek	246
5. Pfändung einer Rentenschuld	249
6. Muster für Grundpfandrechtspfändungen	249
7. Pfändung in andere grundbuchliche Rechte	251
IX. Pfändung von Lebensversicherungen	253
1. Art der Pfändung	253
2. Von der Pfändung erfaßte Ansprüche	254
3. Rechtslage, wenn Versicherungsnehmer Prämienzahlung einstellt	255
4. Kündigung der Versicherung und Rückkaufswert	255

5.	Rechtslage bei widerruflicher Bezugsberechtigung eines Dritten	256
6.	Rechtslage bei unwiderruflicher Bezugsberechtigung eines Dritten	257
7.	Rechtslage bei verbundenen Leben	258
8.	Eintritts- und Ablösungsrecht Dritter	258
9.	Gegen Pfändung geschützte Lebensversicherung	259
10.	Muster für einen Pfändungsantrag über eine Lebensversicherung	260

X. Die Pfändung von Steuererstattungsansprüchen 261
   1. Die Lohnsteuererstattung 261
   2. Die Pfändung des Lohnsteuer-Erstattungsanspruchs . 262
   3. Besonderheiten bei verheirateten Schuldnern 266
   4. Die Lage bei Einkommen- und Umsatzsteuer 267
   5. Muster für Pfändungsanträge bei Steuererstattung 268

XI. Pfändung von Miet- und Pachtzinsen 269
   1. Pfändbarkeit von Miet- und Pachtzinsen 269
   2. Zulässigkeit einer Vorauspfändung wegen Miet- oder Pachtzinsforderung 270
   3. Pfändung gegen mehrere Mieter oder Pächter 270
   4. Einwirkungen einer Grundstücksbeschlagnahme 270
   5. Pfändung von Miete oder Pacht bei bestehendem Nießbrauch 272
   6. Pfändung von Miet- oder Pachtzinsen wegen öffentlicher Lasten 272
   7. Pfändung einer Miet- oder Pachtzinsforderung gegen künftigen Mieter oder Pächter 273

XII. Pfändung von Postbankgiro- und Postsparguthaben . 273
   1. Postbankgiroguthaben 273
   2. Postsparguthaben 274

XIII. Pfändbarkeit sonstiger Forderungen 275
   1. Automaten-Inhalt 275
   2. Baugeld 275
   3. Bausparvertrag 276
   3a. Beihilfe 276
   4. Darlehen 277
   5. Dienstvertrag 277
   6. Erbbauzins 277
   7. Genossenschaft 278
   8. Gütergemeinschaft 278

9.	Insolvenzgeld	278
10.	Investment-Anteil	279
11.	Kaufpreis	279
12.	Leibrente	279
13.	Scheck	280
14.	Schmerzensgeld	280
14a.	Sozialplan- und Kündigungsabfindungen	280
15.	Strafgefangenenanspruch und ähnliche Ansprüche ...	280
16.	Wechsel	281
17.	Zugewinnausgleich	282

5. Abschnitt: Grundriß der Zwangsvollstreckung in unbewegliches Vermögen

I. **Allgemeine Fragen zur Grundstückszwangsvollstreckung** ... 283
   1. Einzelne Möglichkeiten ... 283
   2. Grundstücksähnliche Rechte ... 283

II. **Grundstückszwangsversteigerung** ... 283
   1. Anordnung der Versteigerung ... 283
   2. Versteigerungstermin – Geringstes Gebot – Versteigerungsbedingungen ... 286
   3. Zuschlag ... 287
   4. Verteilung des Erlöses ... 288
   5. Sonderfälle ... 289

III. **Grundstückszwangsverwaltung** ... 289
   1. Zweck der Zwangsverwaltung ... 289
   2. Antrag auf Zwangsverwaltung und Anordnung der Verwaltung ... 289
   3. Gang der Zwangsverwaltung ... 290
   4. Aufhebung der Zwangsverwaltung ... 291

IV. **Zwangshypothek** ... 291
   1. Voraussetzungen der Eintragung einer Zwangshypothek ... 291
   2. Rechte aus der Zwangshypothek ... 292

V. **Zusammentreffen von Immobiliarvollstreckung und Insolvenzverfahren** ... 293

6. Abschnitt: Zwangsvollstreckung bei verheirateten Schuldnern

I. **Allgemeine Fragen** ... 295

1. Bedeutung des Güterrechts für die Zwangsvollstreckung 295
2. Güterrechtsarten 295
II. **Die Güterstände im einzelnen** 295
   1. Zugewinngemeinschaft 295
   2. Gütertrennung 296
   3. Gütergemeinschaft mit etwaiger Fortsetzung 296
   4. Der Güterstand der Eigentums- und Vermögensgemeinschaft 298
III. **Erforderlicher Vollstreckungstitel** 298
   1. Bei Zugewinngemeinschaft und Gütertrennung 298
   2. Bei ehelicher und fortgesetzter Gütergemeinschaft 299
   3. Beim Güterstand der Eigentums- und Vermögensgemeinschaft 299
IV. **Besonderheiten bei Zwangsvollstreckung in das bewegliche Vermögen** 300
   1. Grundsätzliche Fragen 300
   2. Einzelfragen 302

7. Abschnitt: Vollstreckungsschutz

I. **Allgemeine Fragen zum Vollstreckungsschutz** 303
   1. Vollstreckungsschutzrechtliche Generalklausel 303
   2. Schutz nur bei Vollstreckung aus Geldforderung 305
   3. Unpfändbarkeit von Amts wegen zu beachten 305
II. **Allgemeine Schutzvorschriften bei einzelnen Vollstreckungsarten** 306
   1. Mindestgebot 306
   2. Verbot der Überpfändung 306
   3. Verbot der überflüssigen Pfändung 306
   4. Zulassung eines Verwertungsaufschubs 307
   5. Anordnung anderweitiger Verwertung 308
   6. Austauschpfändung 309
   7. Einstweilige Einstellung einer Grundstückszwangsversteigerung 311
   8. Mindestgebot bei der Grundstückszwangsversteigerung 312
   9. Beschränkungen der Zwangsvollstreckung in eine Heimstätte 313
   10. Beschränkungen der Zwangsversteigerung eines Landarbeitereigenheims 314
   11. Vergleichsverfahren und Pfändungsschutz 314

III.	**ABC der unpfändbaren körperlichen Sachen**	314
	1. Arbeitsgeräte	314
	2. Bargeld und Kontoguthaben	318
	3. Dienstkleidung und Dienstausrüstung	319
	4. Einrichtungsgegenstände in möblierten Zimmern	320
	5. Eisenbahnbetriebsmittel	320
	6. Fernsehgeräte	320
	7. Gartenhäuser und Wohnlauben	320
	8. Haushaltsgegenstände	320
	9. Hochseekabel	321
	10. Kleidungsstücke	321
	11. Landwirtschaftliche Vermögenswerte	321
	12. Manuskripte	322
	13. Radiogeräte	322
	14. Vieh und Kleintiere	322
	15. Verschiedene sonstige unpfändbare Sachen	323
IV.	**ABC der – teilweise – unpfändbaren Forderungen und ähnlichen Ansprüche**	324
	1. Abgeordnetenbezüge (Diäten)	324
	2. Arbeitseinkommen und ähnliche Bezüge	324
	3. Baugeldforderungen	324
	4. Bergmannsprämien	324
	5. Dienstvertrags-Ansprüche	325
	6. Erbrechtliche Ansprüche	325
	7. Familienrechtliche Ansprüche	325
	8. Gemeinschaften	325
	9. Genossenschafts- und Gesellschaftsrechte	325
	10. Heimkehrerentschädigung	326
	11. Kindergeld	326
	11a. Kostenerstattungsansprüche	326
	12. Kriegsgefangenenentschädigung	327
	13. Landwirtschaftliche Ansprüche	327
	14. Lastenausgleichsansprüche	327
	15. Lebensversicherungen	328
	16. Miet- und Pachtzinsen	328
	17. Nichteheliche Lebensgemeinschaft	329
	18. Renten und ähnliche Bezüge bestimmter Art	329
	18a. Sozialhilfe	330
	19. Sozialleistungen	330
	20. Unübertragbare Forderungen	331
	21. Urheber- und andere Schutzrechte	332

22. Wehrsold und ähnliche Bezüge ... 332

8. Abschnitt: Pfändungsschutz für Arbeitseinkommen und ähnliche Bezüge

I. Pfändungsschutz für Arbeitseinkommen bei nicht bevorrechtigten Gläubigern ... 333
1. Grundsätze des Pfändungsschutzes ... 333
2. Begriff des Arbeitseinkommens ... 333
3. Ausgangspunkt ist das Nettoeinkommen ... 334
4. Umfang des Pfandrechts ... 335
5. Normaler Pfändungsschutz für Arbeitseinkommen ... 335
6. Sonderschutz für gewisse Nebenbezüge ... 338
7. Bedingt pfändbare Bezüge ... 340
8. Vorliegen mehrerer Arbeitseinkommen ... 340
9. Vorschußzahlungen bei Pfändung ... 341
10. Darlehensgewährung und Pfändung ... 341
11. Rechtslage bei Rückständen und Pfändung ... 343
12. Rechtslage bei Nachzahlungen und Pfändung ... 344
13. Abschlagszahlungen und Pfändung ... 345

II. Pfändungsschutz für Arbeitseinkommen bei einem bevorrechtigten Gläubiger ... 346
1. Kreis der bevorrechtigten Gläubiger ... 346
2. Umfang des Pfändungsschutzes ... 346
3. Dauerpfändung (Vorratspfändung) ... 348

III. Erweiterter Pfändungsschutz in Sonderfällen ... 350
1. Voraussetzungen des erweiterten Pfändungsschutzes ... 350
2. Umfang des erweiterten Pfändungsschutzes ... 352

IV. Pfändungsschutz für bereits ausgezahltes oder überwiesenes Arbeitseinkommen ... 352
1. Bar ausgezahltes Arbeitseinkommen ... 352
2. Auf Konto überwiesenes Arbeitseinkommen ... 353

V. Pfändungsschutz für Sachbezüge ... 354
1. Keine allgemeine Regelung gegeben ... 354
2. Zusammentreffen von Geld- und Sachbezügen ... 354

VI. Pfändungsschutz für selbständig Erwerbstätige ... 355
1. Kreis der geschützten Personen ... 355
2. Umfang des Pfändungsschutzes ... 355

VII. Pfändungsschutz bei Bedienungsgeld ... 356
1. Eigentliches Bedienungsgeld ... 356

2. Freiwilliges Trinkgeld	357
3. Anwendung auf andere ähnliche Berufe	357
VIII. Pfändungsschutz bei Heimarbeit	357
1. Behandlung wie Arbeitseinkommen	357
2. Rechtslage bei selbstgestelltem Arbeitsmaterial	358
IX. Pfändungsschutz für Berufssoldaten und Wehrpflichtige	358
1. Bezüge von Berufssoldaten und Soldaten auf Zeit	358
2. Bezüge von Wehrpflichtigen	358
3. Leistungen an Angehörige von Soldaten	359
4. Bezüge von Zivildienstpflichtigen	359
X. Abtretung und Pfändung von Arbeitseinkommen	359
1. Grundsätze für die Abtretung von Arbeitseinkommen	359
2. Beschränkung der Abtretung	360
3. Ausschluß der Abtretung von Arbeitseinkommen	361
4. Wirksamkeit der Abtretung	361
5. Folgen der Abtretung	362
6. Zusammentreffen von Abtretung und Pfändung von Arbeitseinkommen	363
7. Beendigung einer Abtretung von Arbeitseinkommen	365
8. Weitere Fragen zur Abtretung von Arbeitseinkommen	365
XI. Sonstige Fragen zur Pfändung von Arbeitseinkommen	366
1. Hinterlegung durch Arbeitgeber	366
2. Kündigungsrecht wegen Pfändung von Arbeitseinkommen	367
3. Änderung der Unpfändbarkeitsvoraussetzungen	367

9. Abschnitt: Gläubigerschutz gegen Lohnschiebungsversuche und dergleichen

I. Zahlung des Arbeitseinkommens an einen Dritten	369
1. Rechtsgrundlagen	369
2. Anwendungsfälle	369
3. Arbeitgeber muß bei der Lohnschiebung mitwirken	370
4. Nur relative Unwirksamkeit der Vereinbarung	370
5. Ablauf des Verfahrens	370

II. Verschleierung des Arbeitseinkommens durch Schuldner ... 371
1. Rechtsgrundlagen ... 371
2. Anwendungsfälle ... 372
3. Zur Üblichkeit der Vergütung ... 374
4. Für die Vergütung anzulegender Maßstab ... 375
5. Sonstige Fragen ... 376
6. Rechtslage bei Zahlungsverweigerung des Arbeitgebers ... 377

III. Auflösung des Arbeitsverhältnisses nach Pfändung . 378

10. Abschnitt: Die drei eidesstattlichen Versicherungen vor dem Gerichtsvollzieher

I. Die eidesstattliche Offenbarungsversicherung ... 380
1. Entstehungsgeschichte, Sinn und Zweck der eidesstattlichen Offenbarungsversicherung ... 380
2. Die Voraussetzungen der eidesstattlichen Offenbarungsversicherung ... 380
3. Das Verfahren zur Abgabe der eidesstattlichen Versicherung ... 383
4. Der Offenbarungstermin ... 385
5. Das Vermögensverzeichnis ... 387
6. Verweigerung der eidesstattlichen Versicherung durch den Schuldner ... 393
   a. Verweigerung durch Widerspruchserhebung im Termin ... 393
   b. Verweigerung der eidesstattlichen Versicherung durch Nichterscheinen im Termin und Haftbefehl .. 394
7. Wirkungen der Abgabe der eidesstattlichen Versicherung und des Haftbefehls (Schuldnerverzeichnis) 397
   a. Eintragung in das Schuldnerverzeichnis ... 397
   b. Löschung im Schuldnerverzeichnis ... 399
   c. Wegfall weiterer Versicherungsabgabepflicht innerhalb von drei Jahren ... 399
   d. In Ausnahmefällen besteht neue Versicherungsabgabepflicht innerhalb der Dreijahresfrist ... 400
   e. Pflicht zur Vermögensverzeichnis-Ergänzung ... 401
8. Die Kosten der eidesstattlichen Offenbarungsversicherung ... 404

II. Die eidesstattliche Auskunftsversicherung ... 405

Inhalt

III. Die eidesstattliche Herausgabeversicherung 406

11. Abschnitt: Schuldnertricks und Schuldnerstrategien
I. Allgemeines 407
II. Im vorgerichtlichen Bereich 408
III. Im gerichtlichen Bereich (Mahnverfahren und Klage) 414
IV. Bei der Vollstreckung und bei der eidesstattlichen Offenbarungsversicherung 417

12. Abschnitt: Exquisite Vollstreckungen
1. Die Pfändung künftiger Rentenansprüche 427
2. Die erweiterte Pfändung von Arbeitseinkommen 429
3. Der Antrag auf Nichtberücksichtigung von unterhaltsberechtigten Personen 430
4. Die Pfändung des Taschengeldanspruchs der nicht erwerbstätigen Ehefrau bzw. des sog. Hausmannes 432
5. Die Pfändung eines Wertpapierdepots 434
6. Leasing und Zwangsvollstreckung 435
7. Die Pfändung von Nebeneinkommen ohne Pfändungsschutz 438
8. Ansprüche auf Prämienrückvergütung bei Versicherungen 438

Anhang: Geschäftsanweisung für Gerichtsvollzieher (GVGA) 441

Stichwortverzeichnis 477

Anlagen (in der Schlaufe am hinteren Buchdeckel)
1: Vordruck für den Mahnbescheid
2: Widerspruch gegen den Mahnbescheid
3: Vordruck für den Vollstreckungsbescheid
4: Vordrucksatz für maschinell bearbeitetes Mahnverfahren
5: Pfändungsankündigung (sog. vorläufiges Zahlungsverbot)
6: Pfändungs- und Überweisungsbeschluß
7: Lohnpfändungstabelle für monatliche Lohnzahlungen
8: Kombination Sachpfändungsauftrag/Antrag auf Abnahme der eidesstattlichen Offenbarungsversicherung/ ggf. Haftbefehl

Abkürzungen

a.A.	=	anderer Ansicht
a.a.O.	=	am angegebenen Ort
abl.	=	ablehnend
Abs.	=	Absatz
AbzG	=	Abzahlungsgesetz
a.E.	=	am Ende
AG	=	Amtsgericht
AGBG	=	Gesetz zur Regelung des Rechts der Allgemeinen Geschäftsbedingungen v. 9. 12. 1976
AFG	=	Arbeitsförderungsgesetz
AktG	=	Aktiengesetz
AO	=	Abgabenordnung
AP	=	Arbeitsrechtliche Praxis, Nachschlagewerk des BAG
ArbG	=	Arbeitsgericht
ARS	=	Arbeitsrechtssammlung
AV	=	Allgemeine Verfügung
AVAG	=	Anerkennungs- und Vollstreckungsausführungsgesetz vom 30. 5. 1988
AVG	=	Angestelltenversicherungsgesetz
AZR-Gesetz	=	Gesetz über das Ausländerzentralregister
BAG	=	Bundesarbeitsgericht
BAnz	=	Bundesanzeiger
Baumbach/ Lauterbach	=	Kommentar zur Zivilprozeßordnung, 58. Auflage (1999)
BayObLG	=	Bayerisches Oberstes Landesgericht
BB	=	Der Betriebsberater, Zeitschrift
BBauG	=	Bundesbaugesetz
BFH	=	Bundesfinanzhof
BGB	=	Bürgerliches Gesetzbuch
BGBl	=	Bundesgesetzblatt
BGH	=	Bundesgerichtshof
BGHZ	=	Entscheidungen des BGH in Zivilsachen
BRAGO	=	Bundesrechtsanwaltsgebührenordnung
BSHG	=	Bundessozialhilfegesetz
BSozG	=	Bundessozialgericht
BStBl	=	Bundessteuerblatt
BVerfG	=	Bundesverfassungsgericht
BVerwG	=	Bundesverwaltungsgericht
BWNotZ	=	Zeitschrift für das Notariat in Baden-Württemberg

Abkürzungen

DAR	=	Deutsches Autorecht
David, Lohnpfändung	=	Ratgeber Lohnpfändung, 4. Aufl. 1997, WRS Verlag Wirtschaft Recht und Steuern, Planegg-München
David, Sachpfändung	=	„Die Sachpfändung", 2. Auflage 1998, Haufe Verlag
DB	=	Der Betrieb, Zeitschrift
DepG	=	Depotgesetz
DGVZ	=	Deutsche Gerichtsvollzieherzeitung
DNotZ	=	Deutsche Notarzeitschrift
DStZ	=	Deutsche Steuerzeitung
DVO	=	Durchführungsverordnung
ErbbauRVO	=	Erbbaurechtsverordnung
EStG	=	Einkommensteuergesetz
EuGVÜ	=	Übereinkommen der Europäischen Gemeinschaft über die gerichtliche Zuständigkeit und die Vollstreckung gerichtlicher Entscheidungen in Zivil- und Handelssachen vom 27. 9. 1968
f.	=	folgende
ff.	=	fortfolgende
FamRZ	=	Zeitschrift für das gesamte Familienrecht
FGB	=	Familiengesetzbuch der DDR
FN	=	Fußnote
GBO	=	Grundbuchordnung
GbR	=	Gesellschaft bürgerlichen Rechts
GenG	=	Genossenschaftsgesetz
GKG	=	Gerichtskostengesetz
GmbH	=	Gesellschaft mit beschränkter Haftung
GmbHG	=	Gesetz betreffend die Gesellschaften mit beschränkter Haftung
GmbH-Rdsch	=	Rundschau für GmbH, Zeitschrift
GVG	=	Gerichtsverfassungsgesetz
GVGA	=	Gerichtsvollziehergeschäftsanweisung (Stand: 1. 1. 1999)
GvKostG	=	Gesetz über Kosten der Gerichtsvollzieher
h. M.	=	herrschende Meinung
HandwO	=	Handwerksordnung
HGB	=	Handelsgesetzbuch
Heussen	=	Zwangsvollstreckung für Anfänger, 5. Auflage (1996)
i.d.F.	=	in der Fassung
InsO	=	Insolvenzordnung
InVO	=	Insolvenz und Vollstreckung, Zeitschrift

IPRax	=	Praxis des Internationalen Privat- und Verfahrensrechts
JMBl NRW	=	Justizministerialblatt Nordrhein-Westfalen
JR	=	Juristische Rundschau, Zeitschrift
JurBüro	=	Juristisches Büro, Zeitschrift
JuS	=	Juristische Schulung, Zeitschrift
Justiz	=	Die Justiz, Zeitschrift
JustVerwBl	=	Justizverwaltungsblatt
i.V.m.	=	in Verbindung mit
JW	=	Juristische Wochenschrift
KG	=	Kammergericht
KGJ	=	Jahrbuch für Entscheidungen des Kammergerichts
KO	=	Konkursordnung
KTS	=	Zeitschrift f. Konkurs-, Treuhand- u. Schiedsgerichtswesen
KV	=	Kostenverzeichnis, Anlage 1 zu § 11 Abs. 1 GKG
LAG	=	Lastenausgleichsgesetz
LArbG	=	Landesarbeitsgericht
LG	=	Landgericht
LStDV	=	Lohnsteuerdurchführungsverordnung
MDR	=	Monatsschrift für Deutsches Recht, Zeitschrift
MRRG	=	Melderechtsrahmengesetz
m.w.N.	=	mit weiteren Nachweisen
NdsRpfl	=	Niedersächsische Rechtspflege, Zeitschrift
NJW	=	Neue Juristische Wochenschrift, Zeitschrift
OLG	=	Oberlandesgericht
OLGZ	=	Entscheidungen der OLG in Zivilsachen
OVG	=	Oberverwaltungsgericht
Palandt	=	Palandt, Kurzkommentar zum BGB, 53. Auflage (1994)
RArbG	=	Reichsarbeitsgericht
RdL	=	Recht der Landwirtschaft, Zeitschrift
Rdn.	=	Randnummer
RG	=	Reichsgericht
RGZ	=	Reichsgerichtsentscheidungen in Zivilsachen
RGBl	=	Reichsgesetzblatt
Rpfleger	=	Der Deutsche Rechtspfleger, Zeitschrift
RpflG	=	Rechtspflegergesetz
RVO	=	Reichsversicherungsordnung
SchlHA	=	Schleswig-Holsteinische Anzeigen
Seitz	=	Das Inkasso-Handbuch, 2. Auflage (1985)
SGB	=	Sozialgesetzbuch
SparPrämG	=	Sparprämiengesetz

Abkürzungen

SoldVersG	=	Soldatenversorgungsgesetz
StGB	=	Strafgesetzbuch
Stöber	=	Stöber, Forderungspfändung, 12. Auflage (1999)
StWK	=	Steuer- und Wirtschafts-Kurzpost
Thomas-Putzo	=	Kommentar zur Zivilprozeßordnung, 21. Auflage (1998)
VerbrKrG	=	Verbraucherkreditgesetz
VerglO	=	Vergleichsordnung
VermBildG	=	Vermögensbildungsgesetz
VersR	=	Versicherungsrecht, Zeitschrift
VO	=	Verordnung
VVG	=	Versicherungsvertragsgesetz
WEG	=	Wohnungseigentumsgesetz
WPM	=	Wertpapier-Mitteilungen, Zeitschrift
Zeller/Stöber	=	Kommentar zum Zwangsversteigerungsgesetz, 15. Auflage (1996)
ZIP	=	Zeitschrift für Wirtschaftsrecht
Zöller/Bearbeiter	=	Kommentar zur Zivilprozeßordnung, 21. Auflage (1999)
ZPO	=	Zivilprozeßordnung
ZRHO	=	Rechtshilfeordnung in Zivilsachen
ZVG	=	Zwangsversteigerungsgesetz

1. Abschnitt
Außergerichtliches Vorgehen des Gläubigers
Mahn- und Klageverfahren vor dem Amtsgericht

I. Das außergerichtliche Vorgehen des Gläubigers

1. Rechtzeitige Absicherung des Gläubigers durch Vertragsgestaltung

Zu einer Zeit, da das Verhältnis Gläubiger–Schuldner noch entspannt und intakt ist, kann durch vertragliche Absicherung bereits in vielfältiger Weise Vorsorge für den Streitfall getroffen werden.   **1**

Im Rahmen der **Vertragsfreiheit** – sie bedeutet Freiheit des Vertragsabschlusses und der inhaltlichen Gestaltung –[1] sind folgende Klauseln in Verträgen erlaubt und helfen dem Gläubiger, wenn er sein Geld erstreiten muß:

- „Der Kaufpreis beträgt... Er ist am 6. März 1999 zur Zahlung fällig."   **2**
- „Der Kaufpreis beträgt... Er ist sofort nach Lieferung der Ware zur Zahlung fällig. Verzug tritt ohne Mahnung ein."

Vorteile dieser Klauseln:
Zum Verzugseintritt ist in beiden Fällen keine Mahnung erforderlich; im ersten Fall nicht, weil die Leistung kalendermäßig bestimmt ist (§ 284 Abs. 2 BGB), im letzten Fall nicht, weil durch zulässige vertragliche Vereinbarung auf eine Mahnung verzichtet wurde. Letztere Klausel ist allerdings nicht in Allgemeinen Geschäftsbedingungen erlaubt (vgl. § 11 Nr. 4 AGBG), sondern muß individuell vereinbart werden. Weil in beiden Fällen eine Mahnung entbehrlich ist, entfällt auch der für den Gläubiger nicht immer einfache Nachweis, daß der Schuldner die Mahnung erhalten hat.

– „Gerät der Käufer mit der Zahlung des Kaufpreises in Verzug, schuldet er dem Verkäufer für die Dauer des Verzugs Verzugszinsen von 15 % jährlich."   **3**

Vorteil dieser Klausel:
Der Zinsanspruch wird zwischen Gläubiger und Schuldner außer Streit gestellt, d. h., der Gläubiger braucht in einem etwaigen Rechtsstreit keinen Nach-

---

[1] Die Vertragsfreiheit gehört zu den grundlegenden Prinzipien unserer Rechtsordnung. Sie ist als Teil des Rechts auf freie Entfaltung der Persönlichkeit (Art. 2 Abs. 1 GG) verfassungsrechtlich gewährleistet, (BVerfGE 8, 328; BVerwGE 1, 323), unterliegt aber den Schranken der verfassungsmäßigen Ordnung. Im Schuldrecht findet die Freiheit der inhaltlichen Gestaltung ihre Grenze vor allem in den §§ 134, 138 BGB (Nichtigkeit eines Rechtsgeschäfts, das gegen ein gesetzliches Verbot oder gegen die guten Sitten verstößt), ferner im Gesetz zur Regelung des Rechts der Allgemeinen Geschäftsbedingungen vom 9. 12. 1976.

weis bezüglich der Höhe der Verzugszinsen zu führen, weil die Höhe vereinbart ist.
In Allgemeinen Geschäftsbedingungen wird eine derartige Zinsklausel von der Rechtsprechung allenfalls mit 2 % über Bundesbankdiskontsatz (zur Zeit 4,5 %) für wirksam gehalten.
Eine **Sonderregelung** gilt seit 1. 1. 1991 für Verzugszinsen aus **Verbraucherkredit- und Kreditvermittlungsverträgen:**
Nach § 11 Abs. 1 VerbrKrG wird die Höhe des Verzugszinssatzes auf 5 % über dem jeweiligen Diskontsatz der Bundesbank begrenzt (zur Zeit 4,5 + 5 = 9,5 %). Der Verbraucher kann aber auch einen geringeren Verzugsschaden beim Kreditgeber nachweisen, ebenso wie es dem Kreditgeber möglich ist, einen höheren Schaden konkret nachzuweisen. Der Kreditgeber hat nach Eintritt des Verzugs für Hauptforderung und Zinsen jeweils getrennte Konten zu buchen. Die Hauptschuld ist dann nach derzeitigem Stand mit regelmäßig höchstens 9,5 % zu verzinsen. Die anfallenden Verzugszinsen sind auf gesondertem Konto verbucht mit höchstens 4 % – also dem gesetzlichen Verzugszinssatz nach § 288 Abs. 1 ZPO – zu verzinsen (§ 11 Abs. 2 VerbrKrG).

4 • „Wegen der in der Urkunde eingegangenen Zahlungsverpflichtung unterwirft sich Herr X der sofortigen Zwangsvollstreckung aus dieser Urkunde in sein gesamtes Vermögen, mit der Maßgabe, daß Vollstreckungsklausel ohne Nachweis und Behauptung der die Fälligkeit begründenden Tatsachen erteilt werden kann."

Vorteile dieser Klausel:
Diese **Unterwerfungsklausel** verschafft dem Gläubiger einen Vollstreckungstitel ohne Einschaltung des Gerichts. Voraussetzung ist allerdings, daß die Urkunde von einem deutschen Gericht oder von einem deutschen Notar in der vorgeschriebenen Form aufgenommen wurde und einen Anspruch enthält, der die Zahlung einer bestimmten Menge vertretbarer Sachen oder Wertpapiere zum Gegenstand hat. Üblich ist diese Klausel vor allem hinsichtlich des Kaufpreises bei Grundstückskaufverträgen (die ohnehin stets beim Notar abgeschlossen werden müssen).

5 • „Für alle Rechtsstreitigkeiten aus diesem Vertrag sollen die für den Wohnsitz (bzw. Ort der geschäftlichen Niederlassung) des Verkäufers zuständigen Gerichte örtlich zuständig sein."
oder
• „Erfüllungsort für Lieferung und Zahlung sowie Gerichtsstand ist der Wohnsitz des Lieferers".
oder einfach
• „Gerichtsstand ist München".

Vorteil: Der Gläubiger kann an dem ihm günstig gelegenen Gericht den Rechtsstreit führen, evtl. mit seinem „Stammanwalt", der dort zugelassen ist, und braucht sich keiner sonstigen Anwälte bedienen. Außerdem ist ihm meistens die Rechtsprechung dieses Gerichts bekannt.

Diese **Gerichtsstandsvereinbarung** ist grundsätzlich nur zulässig, wenn beide Parteien zur Zeit des Vertragsabschlusses **Kaufleute** sind, dann aber auch **in Allgemeinen Geschäftsbedingungen** (OLG Karlsruhe in NJW 1996, 2041). Gerichtsstandsvereinbarungen in Allgemeinen Geschäftsbedingungen sind im nichtkaufmännischen Verkehr nach § 9 AGBG wegen Verstoßes gegen den Grundgedanken des § 38 ZPO (Verbraucherschutz!) unwirksam (BGH, NJW 1987, 2867). Mit **Nichtkaufleuten** ist eine Gerichtsstandsvereinbarung nur zulässig, wenn sie **ausdrücklich und schriftlich nach** dem Entstehen der Streitigkeit oder für den Fall geschlossen wird, daß der Schuldner nach Vertragsschluß seinen Wohnsitz oder gewöhnlichen Aufenthaltsort ins Ausland verlegt – wichtig bei **Ausländern als Schuldern**, die in ihr Heimatland zurückkehren könnten – oder sein Wohnsitz oder gewöhnlicher Aufenthalt im Zeitpunkt der Klageerhebung nicht bekannt ist (§ 38 Abs. 3 ZPO).

- **Gerichtsstandsvereinbarung**
  „Für den Fall, daß Herr Herbert Mayer, Donaugasse 14 in 93049 Regensburg, nach Vertragsschluß seinen Wohnsitz oder gewöhnlichen Aufenthaltsort ins Ausland verlegt oder sein Wohnsitz oder gewöhnlicher Aufenthaltsort im Zeitpunkt einer etwaigen Klageerhebung nicht bekannt ist, vereinbaren die Vertragsschließenden für alle Klagen wegen Streitigkeiten aus dem heute abgeschlossenen Werkvertrag München als Gerichtsstand.

  München, den 12. August 1999

  Unterschrift Franz Huber   Unterschrift Herbert Mayer
  Bauschreinerei
  Am Nymphenbad 13
  82123 München"

Ausnahmsweise darf auch zwischen Nichtkaufleuten von vornherein ein Gerichtsstand vereinbart werden, wenn eine der Parteien keinen allgemeinen Gerichtsstand im Inland hat (§ 38 Abs. 2 Satz 1 ZPO). Dies empfiehlt sich sehr mit **Ausländern,** die im Ausland wohnen. Die Vereinbarung muß aber in jedem Fall **schriftlich abgeschlossen oder** falls mündlich abgeschlossen, **schriftlich bestätigt** werden. Hat eine der vertragsschließenden Parteien einen allgemeinen Gerichtsstand im Inland, so kann nur ein Gericht gewählt werden, bei dem diese Partei ihren allgemeinen Gerichtsstand hat oder bei dem für sie ein besonderer Gerichtsstand begründet ist (vgl. Rdn. 120–124).

6 ● „Alle Rechtsstreitigkeiten aus dem Vertrag vom 13. 10. 1999 betreffend Einbau einer kompletten Erdgas-Warmwasserheizung in den Neubau München, Perlacher Str. 14, sind unter Ausschluß des Klageverfahrens vor den ordentlichen Gerichten nach den Bestimmungen der Schiedsgerichtsordnung des Deutschen Ausschusses für das Schiedsgerichtswesen durch ein Schiedsgericht zu entscheiden. Schiedsrichter soll sein ..."

Vorteil: Diese **Schiedsgerichtsklausel**, über die stets eine gesonderte Vereinbarung zu treffen ist, weil die Urkunde keine anderen Regelungen enthalten darf als solche, die sich auf das schiedsgerichtliche Verfahren beziehen (vgl. § 1027 Abs. 1 Satz 1 ZPO), führt zur beschleunigten Streiterledigung unter Ausschaltung der (oft recht langsam arbeitenden) staatlichen Gerichtsbarkeit. Erhebt eine der Vertragsparteien vor dem ordentlichen Gericht Klage, so wird diese auf die Einrede der Schiedsgerichtsbarkeit als unzulässig abgewiesen (§ 1027a ZPO).

7 ● „Kommt der Schuldner mit Zahlung einer Rate 2 Wochen in Rückstand, so ist der gesamte noch offene Restbetrag zur Zahlung fällig."

Vorteil: Diese **Verfallklausel**, die z.B. bei einem Ratenzahlungsvergleich vereinbart werden kann, dient dazu, die Zahlungsmoral des Schuldners, demgegenüber durch Einräumung von Ratenzahlung bereits Entgegenkommen gezeigt wurde, zu verbessern. Er muß bei Entstehen eines Rückstands damit rechnen, daß er den Restbetrag auf einmal entrichten muß.

8 ● „Der unterzeichnende Feinmechaniker Hans Maier in München schuldet dem Bauunternehmer Max Gleiser in Geltendorf aus dem Bau des Hauses Sonnenstraße 128 b in München noch 1 500,– DM.

Zur Deckung dieses Betrages, der in zehn Monatsraten gezahlt werden soll, tritt der Schuldner von den ihm für Dezember 1994 bis September 1995 zustehenden Gehaltsbezügen bei der Fa. Alexander Groß, Kamerawerk in Neuperlach jeweils 150,– DM monatlich an den Gläubiger ab.

Für den Fall des Arbeitsplatzwechsels gilt diese Abtretung auch für Arbeitseinkommen jeglicher Art, das er von seinem jeweiligen künftigen Arbeitgeber erhält.

Für den Fall der Arbeitslosigkeit tritt der Unterzeichnende 150 DM seines monatlichen Arbeitslosengeldes bzw. seiner monatlichen Arbeitslosenhilfe, soweit dieser Betrag unter Beachtung der Pfändungsgrenzen des § 850c ZPO pfändbar wäre, ab.

München, den 11. 11. 1999

Hans Maier"

Das außergerichtliche Vorgehen des Gläubigers

Vorteil: Diese **Gehaltsabtretung** (s. Rdn. 660 ff.), die dem Gläubiger bei nachfolgenden Pfändungen anderer Gläubiger den Vorrang sichert, erfaßt auch alle künftigen Gehaltsansprüche aus später folgenden Arbeitsverhältnissen und wirkt gegen die jeweiligen Arbeitgeber (während die Pfändung immer nur Forderungen aus einem bestimmten Arbeitsverhältnis erfaßt!). Außerdem wird auch der Fall der Arbeitslosigkeit erfaßt (vgl. § 53 Abs. 3 SGB I).

Wenn **nach** stiller Zession ein anderer Gläubiger die Gehaltsforderung hat pfänden und sich zur Einbeziehung überweisen lassen, kann derjenige, dem die Forderung **zuvor** abgetreten wurde, die vom Gläubiger eingezogenen Beträge von diesem aus dem Gesichtspunkt der ungerechtfertigten Bereicherung herausverlangen (BGHZ 66, 150).

Ist der Schuldner Beamter, Soldat oder Geistlicher, so ist die Abtretung nur mittels öffentlich beglaubigter Urkunde möglich (vgl. § 411 BGB).

Arbeitseinkommen kann allerdings nur insoweit abgetreten werden, als es kraft Gesetzes pfändbar ist (§ 400 BGB, § 851 ZPO). Stets ist zu prüfen, ob die **Abtretung** nicht **vertraglich ausgeschlossen** ist (§ 399 BGB)!

Das kann durch besondere Vereinbarung zwischen Arbeitgeber und Arbeitnehmer im Arbeitsvertrag festgelegt sein. So enthalten manche Individualarbeitsverträge folgende Klausel: „Die Abtretbarkeit und Verpfändbarkeit der Lohnansprüche aus diesem Vertrag werden ausdrücklich ausgeschlossen".

Aber auch manche Tarifverträge erklären eine Lohnabtretung nur mit Zustimmung des Arbeitgebers für zulässig, z. B. der Bundesrahmentarifvertrag vom 3. 2. 1981 für das Baugewerbe (Arbeiter) in § 5 Nr. 12, der Manteltarifvertrag vom 9. 5. 1985 für die gewerblichen Arbeitnehmer der Industrie der Steine und Erden und des Betonhandwerks in Bayern in Nr. 82 („nur mit schriftlicher Zustimmung des Arbeitgebers zulässig"), ebenso der Bundesrahmentarifvertrag vom 20. 6. 1985 für gewerbliche Arbeiter im Garten-, Landschafts- und Sportplatzbau.

Der pfändbare Betrag ergibt sich aus den als Beilage in der hinteren Umschlagschlaufe beigefügten Pfändungstabellen, die den neuesten Stand der Pfändungsfreigrenzen enthalten (Anlage 7).

- „Wird bei Zahlungsverzug des Mieters, Käufers, Bestellers usw. ein Inkassobüro mit der Forderungseinziehung beauftragt, so hat der Mieter, Käufer, Besteller usw. die aus dieser Beauftragung entstehenden Kosten mit Ausnahme des Erfolgshonorars zu tragen."

Vorteil dieser **Inkassokostenklausel:** Um Beweisrisiken in einem etwaigen Rechtsstreit um vorgerichtliche Kosten zu vermindern, können Gläubiger und Schuldner den Ersatz der im Falle des Verzugs durch die Einschaltung eines Inkassobüros entstehenden Kosten vorab vertraglich vereinbaren.

Eine solche Vereinbarung ist auch in Allgemeinen Geschäftsbedingungen des Gläubigers möglich. Eine entsprechende Klausel verstößt nicht gegen die Klauselverbote der §§ 10, 11 AGBG (siehe dazu LG München I in JurBüro 1989, 648).

Nach § 9 Abs. 1 AGBG sind jedoch Bestimmungen in AGBen unwirksam, wenn sie den Vertragspartner des Verwenders entgegen den Geboten von Treu und Glauben unangemessen benachteiligen. Eine solche unangemessene Benachteiligung läge im Abwälzen des Erfolgshonorars, das der Gläubiger dem Inkassobüro zahlen muß, auf den Schuldner.

10 • „Für jede Mahnung wird eine pauschale Gebühr von 10,– DM erhoben."

Ebenfalls zur Vermeidung von Beweisrisiken im Rechtsstreit dient diese Klausel. Soll sie in AGBen Verwendung finden, ist allerdings hinter dem Wort Mahnung der Zusatz einzufügen „mit Ausnahme der Erstmahnung", denn sonst ist die Klausel gem. § 11 Nr. 4 AGBG unwirksam[2].

Wird nämlich eine **Mahnpauschale** als Verzugsschaden schon für die erste Mahnung vorgesehen, so ist dies nach § 9 Abs. 2 Nr. 1 AGBG unwirksam, da vor der ersten Mahnung noch kein Verzug gegeben ist. Auch darf die Mahnpauschale in AGBen nach der Rechtsprechung nicht höher als 5,– DM sein.

10a • „Sehr geehrte Herren,
bezüglich des Bauvorhabens Bahnhofstraße 24 in Hildesheim wurde zwischen Ihnen und mir ein Bauvertrag über die Herstellung und Lieferung von Fenstern und Türen abgeschlossen. Zur Sicherung der von mir zu erbringenden Vorleistungen bitte ich Sie, mir eine selbstschuldnerische Bankbürgschaft in Höhe von 45 000 DM bis zum 20. 9. 1999 zu stellen. **Die üblichen Kosten der Bankbürgschaft bis zu einem Höchstbetrag von 2 % für das Jahr werde ich Ihnen erstatten.**
Ich bitte Sie für diese Sicherungsmaßnahme und auch dafür um Verständnis, daß ich nach Ablauf der Frist ohne Stellung der Sicherheit meine Leistung verweigern werde."

Bauhandwerkersicherheit

Bauunternehmer und Bauhandwerker haben häufig erhebliche Leistungen zu erbringen, bevor ihnen ihr Werklohn zusteht (Vorleistungspflicht, § 648 BGB). Es besteht daher ein besonderes Sicherungsbedürfnis für den Fall, daß der Auftraggeber nicht zahlen kann. Die Sicherhungshypothek am Baugrundstück des Bestellers, die es schon früher gab (§ 648 BGB), ist kein ausreichendes Sicherungsmittel, da sie sich wegen vorrangiger Belastungen – z.B. zur Absiche-

---

[2] BGH in NJW 1985, 324: Kein Ersatz der Kosten der Erstmahnung!

rung von Baukrediten – meist als wertlos erweist. Nunmehr kann der „Unternehmer eines Bauwerks" – das ist der Bauhandwerker, der kraft Werkvertrags bei einem Bauvorhaben tätig wird, aber auch der Architekt und Statiker – vom Besteller/Bauherr (Auftraggeber) für die von ihm zu erbringenden Vorleistungen eine Sicherheit bis zur Höhe seines voraussichtlichen Vergütungsanspruchs verlangen (§ 648 a BGB). Damit wird der Bauhandwerker abgesichert; er muß dafür allerdings die Kosten der zu stellenden Sicherheit – meist eine selbstschuldnerische Bürgschaft einer Bank oder Sparkasse – bis zur Höhe von 2 % jährlich übernehmen.

Der Handwerker muß dem Bauherrn eine angemessene Frist – zwei bis drei Wochen – mit der Erklärung bestimmen, daß er nach Ablauf der Frist seine Leistung verweigern werde. Leistet der Besteller die Sicherheit nicht fristgemäß, kann der Handwerker ihm eine Nachfrist mit Androhung der Kündigung setzen und nach deren fruchtlosem Ablauf den Werkvertrag kündigen. Auch erbrachte Leistungen sind sicherungsfähig, soweit dafür noch keine Abschlagszahlungen oder Vorauszahlungen geleistet wurden. Gilt der Vertrag als aufgehoben, kann der Unternehmer entweder bereits erbrachte Leistungen in Rechnung stellen oder Ersatz des Schadens verlangen, den er dadurch erleidet, daß er auf die Gültigkeit des Vertrages vertraut hat (§ 648 Abs. 5 Satz 2 BGB; erste obergerichtliche Rechtsprechung zur Bauhandwerkersicherheit: OLG Karlsruhe in NJW 1997, 263). **Einschränkung:** Eine Bauhandwerkersicherheit kann nicht verlangt werden bei Herstellung oder Instandsetzung eines Einfamilienhauses einer Privatperson sowie bei Aufträgen juristischer Personen des öffentlichen Rechts. Es verbleiben also vornehmlich Bauträger.

Immer wieder tritt der Fall auf, daß eine **GmbH zahlungsunfähig** wird. Die gutsituierten Gesellschafter verweigern unter Hinweis auf die Haftungsbeschränkung nach § 13 Abs. 2 GmbHG („Für Verbindlichkeiten der Gesellschaft haftet den Gläubigern derselben nur das Gesellschaftsvermögen") die Zahlung.

11

Eine sog. **Durchgriffshaftung**, d. h. die Möglichkeit des Gläubigers, wegen Gesellschaftsschulden auf das Privatvermögen der Gesellschafter durchzugreifen, besteht nur in sehr engen Grenzen. Während ein großer Teil der Rechtslehre annimmt, daß das Haftungsprivileg des § 13 Abs. 2 GmbHG nach seinem Sinn und Zweck bereits dann entfallen muß, wenn die Gesellschafter auf Kosten der Gläubiger ihre Gesellschaft von vornherein mit einem eindeutig oder offenkundig nicht ausreichenden Stammkapital versehen, so daß bereits geringfügige Verluste stets zum Nachteil der Gläubiger ausschlagen (sog. **qualifizierte Unterkapitalisierung**)[3], läßt der BGH bisher nur bei den Fallgruppen der Kon-

---

[3] Scholz, GmbHG, 7. Aufl., Rdn. 83 zu § 13.

zernbeherrschung[4] und der **Vermögensvermischung** eine Durchgriffshaftung zu[5]. Letzterer Fall liegt vor, wenn sich das Gesellschafts- und das Privatvermögen der Gesellschafter nicht mehr unterscheiden lassen. Dies wird angenommen, wenn das Vermögen in den Büchern unzureichend ausgewiesen ist, wenn die Buchführung sonst undurchsichtig ist oder wenn die Vermögensabgrenzung verschleiert wird.

Zur **persönlichen Haftung von GmbH-Gesellschaftern** s. zusammenfassend BGH in NJW 1994, 1808.

Eine **Eigenhaftung des GmbH-Geschäftsführers** kommt in folgenden Fällen in Betracht:
- aus Verschulden bei Vertragsschluß (s. BGH in WM 1993, 295 und OLG München in WM 1993, 1429),
- wegen sittenwidriger Schädigung nach § 826 BGB (s. BGH in WM 1996, 587 und OLG Celle in NJW-RR 1994, 615),
- wegen unerlaubter Handlung, § 823 Abs. 2 i. V. m. § 263 StGB in Form des Eingehungsbetrugs (s. Rdn. 30 ff.) oder i. V. m. vorsätzlicher oder fahrlässiger Konkursverschleppung nach §§ 64, 84 Abs. 1 Nr. 2 GmbHG.

Der BGH (NJW 1995, 398, WM 1994, 1428) hat die **Haftung des Geschäftsführers** der GmbH inzwischen in Abkehr von seiner früheren Rspr. erheblich **verschärft**:

Die Gläubiger, die ihre Forderungen gegen die GmbH nach dem Zeitpunkt erworben haben, zu dem Konkursantrag hätte gestellt werden müssen (= **Neugläubiger**), haben gegen den insoweit schuldhaft pflichtwidrig handelnden Geschäftsführer einen Anspruch auf **Ausgleich des vollen Schadens**, nicht nur des sog. Quotenschadens (dieser ist den **Altgläubigern**, deren Forderung vor der Konkursreife entstanden ist, zu ersetzen, BGHZ 29, 100 = WM 1959, 267), der ihnen dadurch entsteht, daß sie in Rechtsbeziehungen zu einer überschuldeten oder zahlungsunfähigen GmbH getreten sind. Die Antragspflicht trifft auch den faktischen Geschäftsführer (BayObLG in NJW 1997, 1936).

Eine **interne Aufteilung der Geschäftsführung** (z.B. in technische und kaufmännische Geschäftsführer) entbindet den einzelnen Geschäftsführer nicht von seiner Kontrollpflicht hinsichtlich der Zahlungsfähigkeit und Überschuldung der Gesellschaft (BGH, Urteil vom 1. 3. 1993 in WM 1994, 1030).

Der Gläubiger kann sich aber auf verschiedene Art vertraglich absichern, wenn er die Möglichkeit hat, **mit** einem **Gesellschafter** entsprechende **Vereinbarungen** zu **treffen**. Insbesondere in Fällen, in denen es sich um eine Einmann-GmbH handelt, deren einziger Gesellschafter gleichzeitig auch der Geschäfts-

---

[4] S. dazu BGH in BB 1985, 2065.
[5] BGH in NJW 1986, 188.

Das außergerichtliche Vorgehen des Gläubigers

führer der GmbH ist und wenn der Gläubiger der Kapitalkraft der Gesellschaft nicht traut, empfiehlt es sich, eine zusätzliche Absicherung vorzunehmen. Durch die im BGB nicht geregelten, aber infolge der Vertragsfreiheit (s. dazu Rdn. 1) zulässigen Sicherungsformen **Schuldbeitritt** und **Garantievertrag** wird der Gläubiger im ersten Fall durch die Erweiterung der Haftung auf eine zusätzliche Person, im zweiten Fall durch die zusätzliche Übernahme einer Verpflichtung durch einen Dritten, für die Bezahlung der Schulden einzustehen, besser abgesichert.

Auch die **Bürgschaft**, insbesondere die selbstschuldnerische, bewirkt die zusätzliche Sicherung des Gläubigers für den Fall der Zahlungsunfähigkeit des Hauptschuldners.

Der Dritte, mit dem diese Sicherungsvereinbarungen getroffen werden können, wird im Regelfall ein Gesellschafter der GmbH sein. Zweckmäßig ist es, alle drei Sicherungsverträge schriftlich abzuschließen, obwohl lediglich die Bürgschaft von Gesetzes wegen der Schriftform bedarf[6].

Folgende Formulierungen werden vorgeschlagen:

Schuldbeitritt

Die X-GmbH schuldet Herrn Y (bzw. Fa. Y), …straße 13, München, aus Warenlieferungen einen Betrag von 42 500,– DM. Herr Franz Josef Huber, …straße 65, München, verpflichtet sich hiermit gegenüber Herrn Y (Fa. Y) zur Zahlung des vorgenannten Betrages als Gesamtschuldner neben der X-GmbH.

München, den …   Huber   Y

Selbstschuldnerische Bürgschaft

Für die Herrn Y, …straße 13, München gegenüber der X-GmbH zustehende Forderung in Höhe von 42 500,– DM übernehme ich die Bürgschaft unter Verzicht auf die Einrede der Vorausklage.

München, den …   F.J. Huber

Garantievertrag

Ich, Franz Josef Huber, …straße 65, München, übernehme Herrn Y gegenüber unwiderruflich die Garantie für die pünktliche Begleichung der Forderung aus Warenlieferung in Höhe von 42 500,– DM, die Herrn Y gegen die X-GmbH zusteht.

München, den …   F.J. Huber

---

[6] § 766 BGB. Schriftform ist nicht erforderlich, wenn der Bürge Kaufmann ist und die Bürgschaftsverpflichtung als Handelsgeschäft abgegeben hat (§ 350 HGB).

Auch mit Hilfe eines **Kreditauftrags** ist es möglich, auf vertraglichem Wege die Haftungsbeschränkung des § 13 Abs. 2 GmbHG zu beseitigen.

Kreditauftrag

An den Kreditgeber (z.B. die X-Bank)

Ich erteile Ihnen unter Verzicht auf die Einreden der §§ 768, 770 und 771 BGB und unter voller Haftung auch für sämtliche Zinsen und Kosten den Auftrag, der X-GmbH in …unter Einbeziehung der bereits gewährten Kredite bis auf weiteres in laufender Rechnung einen Kredit von 50 000,– DM einzuräumen.

Meine Haftung bezieht sich auf die bereits gewährten Kredite.

Für das durch diese Kredite begründete Rechtsverhältnis gelten Ihre Allgemeinen Geschäftsbedingungen.

Ich verzichte auf Unterrichtung über die jeweilige Höhe des Kredits und etwaige die Kreditwürdigkeit der X-GmbH berührende Umstände. Ich werde mich insoweit selbst durch Einsicht in die Unterlagen der Kreditnehmerin informieren. § 776 BGB gilt nicht.

München, den …   F.J. Huber

11a In zunehmendem Maße tauchen **Gesellschaften bürgerlichen Rechts (GbR) mit dem Zusatz „mbH"** oder „mit beschränkter Haftung" auf. Das kann zu Irritationen führen. Im Normalfall haften die Gesellschafter für die Verbindlichkeiten der GbR persönlich und uneingeschränkt als Gesamtschuldner mit ihrem gesamten Vermögen (§ 427 BGB). Durch den Zusatz „mbH" möchten die Gesellschafter erreichen, daß ihnen neben den Vorteilen der GbR – keine Publizitätspflicht im Handelsregister, keine Formbedürftigkeit des Gesellschaftsvertrags, kein haftendes Mindestkapital – auch noch die Vorteile einer GmbH – keine persönliche Haftung der Gesellschafter, sondern Beschränkung der Haftung auf das Gesellschaftsvermögen – zufließen. Obwohl die Haftungsbeschränkung auf das Gesellschaftsvermögen bei einer GbR mit dem Prinzip der geschlossenen Zahl von Gesellschaftsformen (numerus clausus) und dem Grundsatz der Mindestkapitalisierung beschränkt haftender Gesellschaften nicht vereinbar ist, läßt der Bundesgerichtshof im Hinblick auf die Vertragsfreiheit die **Haftungsbeschränkung** zu, **„wenn dies nach außen erkennbar ist"**[6a].

[6a] BGH in MDR 1997, 952 = NJW 1997, 2754 ff.; NJW-RR 1994, 98.

Das außergerichtliche Vorgehen des Gläubigers 35

Dies ist bedenklich[6b]. Als künftiger Vertragspartner einer sich als GbRmbH bezeichnenden Gesellschaft ist Vorsicht geboten. Man sollte vor Aufnahme einer Geschäftsbeziehung die Vorlage des Gesellschaftsvertrags verlangen, um das Ausmaß der Haftungsbeschränkung – die Haftung wird gelegentlich sogar auf „die Einlagen der Gesellschafter" beschränkt, was noch riskanter ist – festzustellen. **Erkundigungen** über die **wirtschaftliche Lage der Gesellschaft** sind angezeigt. Falls es die Wettbewerbslage erlaubt, Vorkasse oder Sicherheiten (vgl. Rdn. 11) verlangen.

Eine Eintragung der GbR in die **Handwerksrolle** setzt allerdings voraus, daß für die technische Leitung ein persönlich haftender Gesellschafter verantwortlich ist, der die Voraussetzung für die Eintragung in die Handwerksrolle erfüllt (§ 7 Abs. 4 Satz 2 Handwerksordnung). Bei Handwerksmeistern wird also die GbRmbH kaum vorkommen.

Das Thüringer OLG Jena (in NJW-RR 1998, 1493) hält eine „GbRmbH" nicht für eine anerkennbare Rechtsform und hält eine Haftungsbeschränkung auf das Gesellschaftsvermögen durch bloßes Anhängen von „mbH" an die Geschäftsbezeichnung für unwirksam. Es verurteilte die drei Gesellschafter der GbR als persönlich Haftende.

2. Fälligkeit des Anspruchs

Der Gläubiger kann Zahlung verlangen, sobald seine Forderung fällig geworden ist. Die Fälligkeit der Forderung ergibt sich in erster Linie aus der zwischen Gläubiger und Schuldner getroffenen Absprache; wenn ein Fälligkeitstermin nicht ausdrücklich festgelegt ist, noch aus den Umständen entnommen werden kann, bestimmt § 271 BGB, daß die Leistung auf Verlangen sofort erbracht werden muß.

12

Mit der bloßen Fälligkeit kommt der Schuldner aber grundsätzlich noch nicht in Verzug; der Gläubiger muß ihn vielmehr vorher noch besonders auffordern, seine fällige Schuld zu erfüllen. Diese Aufforderung wird in der Regel als Mahnung bezeichnet (§ 284 Abs. 1 BGB). Das Mahnverfahren ist zunächst Sache des Gläubigers selbst. Vielfach muß der außergerichtlichen Mahnung eine Kündigung des Gläubigers vorangehen, z.B. dann, wenn er dem Schuldner ein Darlehen gewährt hat, ohne daß ein bestimmter Rückzahlungstermin ausgemacht worden ist. Die Kündigungsfrist für ein Darlehen beträgt, falls die Beteiligten nichts anderes vereinbart haben, bei Beträgen bis einschl. 300 DM einen Monat, im übrigen drei Monate (§ 609 Abs. 2 BGB).

[6b] S. ausführlich dazu Hasselbach in MDR 1998, 1200; BFH in ZIP 1990, 643, 645; OLG Düsseldorf in NJW 1990, 2133.

Ist Ratenzahlung vereinbart, so hat die Fälligkeit einer Rate gesetzlich nicht die sofortige Fälligkeit aller späteren Raten zur Folge. Dazu bedarf es vielmehr der Festlegung einer besonderen Verfallklausel.

Muster 1

13 Der Kaufpreis mit 1 000 DM ist in 4 Vierteljahresraten, fällig am 2. Januar, 1. April, 1. Juli und 1. Oktober 1999 zinslos zahlbar. Sollte der Schuldner mit einer Rate länger als zwei Wochen in Rückstand kommen, so ist der gesamte (Rest-)Kaufpreis sofort zahlungsfällig, und zwar mit 9 % Zinsen vom 2. Januar 1999 an.

Diese Verfallklausel ist in den Kaufvertrag aufzunehmen und von den Vertragsparteien zu unterzeichnen. Ausnahmsweise kommt der Schuldner allerdings auch ohne Mahnung in Verzug, nämlich dann, wenn für die Zahlung eine Zeit nach dem Kalender bestimmt ist (**„Der Kalendertag mahnt"**). Dabei muß der Kalendertag unmittelbar (z.B. der 15. März 1999) oder mittelbar (z.B. zwei Wochen nach Pfingsten) fest bezeichnet sein. Läßt er sich nur unter Anknüpfung an ein weiteres nicht festliegendes Ereignis berechnen (z.B. 30 Tage netto nach Rechnungserteilung, 2 Wochen nach Lieferung), so tritt Verzug ohne Mahnung nicht ein, weil offen ist, an welchem Tag die Rechnung dem Schuldner zugeht bzw. die Lieferung erfolgt[7]. Das gleiche gilt, wenn der Zahlung eine Kündigung vorauszugehen hat und die Zeit für die Zahlung in der Weise bestimmt ist, daß sie sich von der Kündigung ab nach dem Kalender berechnen läßt (§ 284 Abs. 2 BGB – z.B. 3 Monate nach Kündigung des Darlehens). Gilt nach der Parteivereinbarung für die Fälligkeit einer Schuld kein kalendermäßig bestimmter Termin im Sinne dieser Vorschrift, so ist eine **Mahnung des Gläubigers** erforderlich, falls der Schuldner bei Zielüberschreitung in Verzug gesetzt werden soll und der Gläubiger mit Erfolg Verzugsschaden und Verzugszinsen (Rdn. 71 und 72) geltend machen will[7]. Eine ausdrückliche Mahnung ist dann nicht erforderlich, wenn der Schuldner vor oder nach der Fälligkeit der Forderung bestimmt und endgültig erklärt, die Leistung zu verweigern[8]. Stundung der Schuld durch den Gläubiger beseitigt den Verzug des Schuldners.

Schließlich können Gläubiger und Schuldner durch besondere vertragliche Vereinbarung auf eine Mahnung verzichten; entspr. Klauseln in Allgemeinen Geschäftsbedingungen sind allerdings unwirksam (§ 11 Nr. 4 AGBG).

---

[7] OLG Düsseldorf in MDR 1976, 41; LG Mannheim in BB 1968, 269.
[8] BGH in ständiger Rechtsprechung, zuletzt NJW 1983, 1730. Bei wiederkehrenden kalendermäßig bestimmten Leistungen tritt Verzug des Schuldners jeweils bei Verspätung ein, auch wenn der Gläubiger bisher die regelmäßig unpünktlichen Leistungen stets widerspruchslos annahm (BGH in NJW 1959, 766).

3. Private Mahnung durch den Gläubiger selbst

Einige Hinweise vorab: **14**

1. Der Gläubiger sollte versuchen, mit dem Schuldner ins Gespräch zu kommen. Oft lassen sich telefonisch Mißverständnisse ausräumen und für beide Teile befriedigende Lösungen finden. Die mangelnde Kommunikation ist eines der Grundübel unserer Zeit!
2. Gegen zahlungsunwillige Schuldner empfiehlt sich stets ein abgestuftes Vorgehen: Wenn man Bekannte oder Geschäftspartner mahnt, empfiehlt es sich, individuell gestaltete Mahnbriefe, die persönlich unterzeichnet werden, zu benutzen. Erst wenn dies nichts nützt, wird ein zwangsweises Vorgehen anzudrohen sein.

    Anders bei Schuldnern, mit denen man nur ein einmaliges Schuldverhältnis hat: hier genügen schematisierte Mahnschreiben (vgl. Muster 3 und 4 Rdn. 17). Danach kann, wenn keine Reaktion erfolgt, entweder ein Inkassobüro beauftragt werden (s. Rdn. 19) oder gleich das gerichtliche Mahn- oder Klageverfahren eingeleitet werden (vgl. dazu Rdn. 29 und 44).
3. Am besten sollten dem Mahnschreiben ausgefüllte Überweisungsformulare beigefügt werden (notfalls genügt auch die deutlich sichtbar aufgeführte Kontonummer und Bankverbindung des Gläubigers).

    Viele Menschen scheuen das Ausfüllen von Formularen, sei es, weil es ihnen lästig ist, sei es, weil sie zu unbeholfen sind.
4. Hat der Gläubiger mit der Durchführung eines gerichtlichen Verfahrens gedroht und dem Schuldner noch eine letzte Frist zur Zahlung gesetzt, so muß er nach Fristablauf die gerichtlichen Schritte auch tatsächlich und mit allem Nachdruck einleiten. Sonst glaubt der Schuldner auch in späteren Fällen nicht mehr, daß es der Gläubiger mit der gerichtlichen Durchsetzung seines Anspruchs tatsächlich ernst meint.

    Man sollte sich aber davor hüten, die Mahnungen durchzunumerieren, denn der versierte Schuldner erwartet, daß einer „ersten Mahnung" auch eine „zweite" und sogar noch eine „dritte und letzte" folgt, mit der Folge, daß er sich noch ein paar Wochen länger Zeit mit dem Zahlen läßt. Die Zahlungsmoral sinkt, und wer knapp bei Kasse ist, verzögert die Zahlung, solange es geht.

    Die Kosten für die Erlangung eines gerichtlichen Vollstreckungstitels sind meist auch dann nicht umsonst aufgewendet, wenn beim Schuldner zunächst im Wege der Zwangsvollstreckung nichts zu holen ist. Eine mit Vollstreckungstitel versehene Forderung verjährt regelmäßig erst in 30 Jahren, einem Zeitraum, in dem der Schuldner durchaus wieder zu Geld kommen kann (§ 218 Abs. 1 BGB).
5. Stets ist zu beachten, daß eine **Mahnung nie die Verjährung unterbricht!**

Eine Verjährungsunterbrechung führen u. a. herbei:
- das Anerkenntnis des Anspruchs durch den Schuldner (z. B. durch Abschlagszahlung oder Verwahrung gegen eine sog. Zuvielmahnung, vgl. Rdn. 29 a. E.),
- die Zustellung eines Mahnbescheids im gerichtlichen Mahnverfahren,
- die Erhebung der Zahlungsklage,
- das Fortbetreiben eines Prozesses oder Mahnverfahrens (§ 211 Abs. 2 S. 2 BGB)[9],
- die Anmeldung eines Anspruchs im Konkurs,
- die Geltendmachung der Aufrechnung des Anspruchs im Prozeß,
- die Stellung eines Antrags auf Zwangsvollstreckung[10].

Durch Vollstreckungshandlungen wird auch die dreißigjährige Verjährungsfrist rechtskräftig festgestellter Ansprüche unterbrochen[11].

Es verjähren:

15 **nach 6 Monaten** die **Ansprüche gegen Verkäufer von beweglichen Sachen** auf Wandelung (Rückgängigmachung des Kaufs) und Minderung (Herabsetzung des Kaufpreises) sowie auf Schadenersatz wegen Mangels einer zugesicherten Eigenschaft ab dem Zeitpunkt der Ablieferung der Sache;

ferner die gleichen **Ansprüche gegen den Unternehmer bei einem** Werkvertrag, sowie der Nachbesserungsanspruch bei mangelhafter Beschaffenheit des Werks.

Wurde allerdings der Mangel der Sache vom Verkäufer oder Unternehmer **arglistig** verschwiegen, so verjähren darauf gestützte Schadensersatzansprüche erst nach Ablauf von 30 Jahren;

ferner **Ansprüche der Wechselindossanten** gegen andere Indossanten und gegen den Aussteller und

Ersatzansprüche des Vermieters, Verleihers oder Verpfänders wegen Veränderungen oder Verschlechterungen der vermieteten, verliehenen oder verpfändeten Sache sowie

Ansprüche des Mieters, Entleihers oder Pfandgläubigers auf Ersatz von Verwendungen für die gemietete, geliehene oder verpfändete Sache;

ferner **Ansprüche der Reisenden gegen den Reiseveranstalter,** wobei die Verjährung mit dem Tag beginnt, an dem die Reise dem Vertrag nach enden soll. **Wichtig** ist hier noch, daß diese Ansprüche **unbedingt innerhalb eines Mo-**

---

[9] OLG Karlsruhe in NJW-RR 1992, 63 (Fortbetreiben eines Mahnverfahrens durch Einzahlung der zweiten Gebührenhälfte, nunmehr 2½ Gerichtsgebühren).
[10] BGH in KTS 1985, 581.
[11] AG Viersen in JurBüro 1990, 1220.

Das außergerichtliche Vorgehen des Gläubigers 39

nats nach der vertraglich vorgesehenen Beendigung der Reise gegenüber dem Reiseveranstalter geltend zu machen sind!

Nach 1 Jahr verjähren die **Ansprüche gegen Verkäufer von Grundstücken** auf Wandelung, Minderung oder Schadenersatz wegen Mangels einer zugesicherten Eigenschaft, ab Übergabe gerechnet;

ferner die gleichen **Ansprüche gegen den Werksunternehmer** bei Arbeiten an einem Grundstück.

Bei arglistig verschwiegenen Mängeln gilt auch hier die 30jährige Verjährungsfrist;

ferner **Ansprüche eines Wechselinhabers** gegen die Indossanten und den Aussteller vom Tag des rechtzeitig erhobenen Protestes oder im Falle des Vermerks „ohne Kosten" vom Verfalltage an gerechnet;

ferner die **Ansprüche gegen Spediteure, Lagerhalter und Frachtführer** wegen Verlustes, Minderung, Beschädigung oder verspäteter Ablieferung des Gutes.

Nach 2 Jahren die **Forderungen der Kaufleute, Fabrikanten, Handwerker, Kunstgewerbetreibenden und Dienstleistungsunternehmen,** sowie der Land- und Forstwirte wegen Lieferungen und Leistungen an den Schuldner als Privatmann bzw. zur Verwendung im Haushalt des Schuldners.

Erfolgt die Leistung für den Gewerbebetrieb des Schuldners, so tritt Verjährung erst nach 4 Jahren ab Entstehung des Anspruchs ein! Ferner verjähren in 2 Jahren die **Ansprüche von Luftfahrtunternehmern, Seetransportunternehmern, Gastwirten, Vermietern, die gewerbsmäßig bewegliche Sachen vermieten, Maklern, Rechtsanwälten, Notaren, Architekten, Statiker, Ärzten und Zahnärzten, Tierärzten, Hebammen, Geburtshelfern, Steuerberatern und Privatlehrern;**

ferner die **Ansprüche von Zeugen und Sachverständigen** wegen ihrer Gebühren und Auslagen;

Wichtig: Die **Verjährung** dieser der 2-Jahresfrist unterliegenden Ansprüche **beginnt erst mit dem Schluß des Jahres,** in dem der Anspruch entsteht (§ 201 BGB).

Beispiel: Ein Elektroinstallateur verlegt im Januar 1997 eine Leitung. Die zweijährige Verjährungsfrist für seine Werklohnforderung beginnt erst am 1. Januar 1998 zu laufen und endet am 31. Dezember 1999 um 24.00 Uhr.

In 2 Jahren verjähren schließlich noch die **Ansprüche aus Verlobung** auf Aufwendungsersatz und Rückgabe der Geschenke, wenn die Verlobung aufgelöst wird.

Nach 3 Jahren verjähren die **Schadenersatzansprüche wegen unerlaubter Handlung** sowie aus der **Kfz-Halterhaftung** (wichtig bei Verkehrsunfällen); ferner die **Ansprüche gegen den Akzeptanten eines Wechsels;** sowie die **Ansprüche des Ehegatten auf Zugewinnausgleich** gerechnet ab dem Zeitpunkt, in dem er erfährt, daß der Güterstand beendet ist; und die **Schadensersatzansprüche**, die aus einer **Pflichtverletzung des Insolvenzverwalters** entstanden sind (§ 62 InsO).

Nach 4 Jahren verjähren die **Ansprüche der Kaufleute, Fabrikanten, Handwerker, Kunstgewerbetreibenden, Land- und Forstwirte und Lotterielosvertriebe** wegen Lieferungen und Leistungen, **sofern** diese **für** den **Gewerbebetrieb** des Schuldners erfolgten;

ferner **Ansprüche auf Zinsrückstände** und auf **Miet- und Pachtrückstände**, soweit es sich nicht um die gewerbsmäßige Vermietung beweglicher Sachen handelt (diese Ansprüche verjähren in 2 Jahren s. § 197 BGB); **auch** als Nebenforderung **titulierte Zinsen** verjähren in 4 Jahren (§ 218 Abs. 2 BGB);

ferner **Ansprüche auf Rückstände von Renten, Besoldungen, Wartegeldern, Ruhegehältern, Unterhaltsbeiträgen** und anderen **regelmäßig wiederkehrenden Leistungen**, z.B. Vereinsbeiträgen und Gewinnanteilansprüchen;

ferner **Provisionsansprüche des Handelsvertreters**.

Nach 5 Jahren verjähren **Ansprüche der Besteller auf Beseitigung eines Mangels des Werks** sowie die daraus resultierenden Ansprüche auf Wandelung, Minderung oder Schadenersatz **bei Bauwerken;** bei arglistigem Verschweigen des Mangels gilt auch hier die 30jährige Verjährungsfrist;

ferner die **Ansprüche gegen den Veräußerer eines Handelsgeschäfts wegen der von ihm begründeten Verbindlichkeiten,** wenn das Handelsgeschäft vom Erwerber unter der alten Firma fortgeführt wird oder wenn die Übernahme der alten Verbindlichkeiten in handelsüblicher Weise vom Erwerber bekanntgemacht worden ist;

ferner **Ansprüche gegen den Gesellschafter** einer aufgelösten OHG wegen Verbindlichkeiten der Gesellschaft. Gleiches gilt für Ansprüche gegen den Gesellschafter nach seinem Ausscheiden aus der Gesellschaft. In beiden Fällen beginnt die Verjährung mit der Eintragung der Auflösung der OHG oder des Ausscheidens des Gesellschafters in das für den Sitz der Gesellschaft zuständige Handelsregister.

Nach 30 Jahren alle sonstigen Ansprüche, **insbesondere** auch die **rechtskräftig** (durch Urteil oder Vollstreckungsbescheid) **festgestellten Forde-**

Das außergerichtliche Vorgehen des Gläubigers

rungen, auch wenn sie an sich einer kürzeren Verjährung unterliegen würden (§ 218 Abs. 1 BGB). Zu titulierten Zinsen s. o.

Für die gewöhnliche **Mahnung** ist eine besondere Form nicht vorgeschrieben. Sie kann – am besten unter Setzung einer kalendermäßig bestimmten Zahlungsfrist – mündlich oder schriftlich erfolgen. Dabei ist der per Einschreiben mit Rückschein erfolgenden Mahnung der Vorzug zu geben. **Am sichersten** kann der Zugang einer Mahnung (oder Kündigung) an den Schuldner nachgewiesen werden, wenn der Gläubiger ihre **Zustellung durch** den **Gerichtsvollzieher** veranlaßt (§ 132 Abs. 1 BGB), was derzeit etwa 21–23 DM kostet. Der Gerichtsvollzieher hat seinen Amtssitz beim Amtsgericht. Er stellt entweder in seinem Bezirk persönlich zu oder bedient sich der Post (§§ 193, 195 ZPO). Zuständig für **Postzustellungen im gesamten Bundesgebiet** ist der Gerichtsvollzieher, in dessen Bezirk der Auftraggeber oder der Zustellungsempfänger seinen Wohn- oder Firmensitz hat (§ 22 GVO), es sei denn, der aufsichtführende Richter hat die Verteilung der Zustellungsaufträge anders geregelt (§ 16 Nr. 2 a GVO). Es empfiehlt sich in jedem Fall eine Nachfrage bei der Gerichtsvollzieherverteilungsstelle beim Amtsgericht. In beiden Fällen erhält der Gläubiger eine Zustellungsurkunde ausgehändigt, mit der er die Zustellung an den Schuldner nachweisen kann. Dem Zustellungsauftrag ist eine Mehrschrift der Mahnung für den Schuldner beizufügen. Keine Mahnung stellt die Übersendung der ersten Rechnung dar. Auch eine bloße „Erinnerung" ist keine Mahnung. 16

Der Gläubiger kann der nach Fälligkeit und Nichtzahlung der Schuld zulässigen Mahnung eine verschiedene – mehr oder weniger höfliche oder scharfe – Fassung geben.

Muster 2

Sehr geehrte Herren ...! 17

Gemäß Rechnung vom 13. 4. 1999 schulden Sie uns aus Warenlieferungen noch einen Betrag in Höhe von 2 885,45 DM.

Wir fordern Sie auf, den genannten Betrag unverzüglich, **spätestens jedoch bis zum 20. 5. 1999**, an uns zu zahlen. Unsere Bankverbindung ist am Ende dieses Briefes angegeben.

Sollte der Betrag nicht fristgerecht bei uns eingehen, werden wir entweder ein Inkassounternehmen mit der Beitreibung beauftragen oder ohne weitere Ankündigung Zahlungsklage erheben.

Mit vorzüglicher Hochachtung!
Unterschrift

Muster 3

Sehr geehrte Damen und Herren!

Zu meinem Bedauern muß ich feststellen, daß meine Rechnung vom ... über ... DM von Ihnen trotz Mahnung vom ... bis heute noch nicht beglichen worden ist. Ich muß Sie bitten, diesen Betrag bis spätestens ... zu überweisen. Andernfalls wäre ich leider genötigt, die Hilfe des Gerichts in Anspruch zu nehmen. Mein Buchungszeichen lautet: ... Bereits ausgefüllte Formulare für Bank- oder Postgiroüberweisung füge ich zu Ihrer Arbeitserleichterung bei.

Mit freundlichen Grüßen
Datum und Unterschrift des Gläubigers

Muster 4

Sehr geehrter Herr ...!

Mit Brief vom ... habe ich Sie zur Zahlung des noch offenstehenden Betrags von ... bis spätestens ... gebeten. Diese Frist haben Sie leider nicht eingehalten.

Ich fordere Sie heute letztmals auf, die Zahlung bis spätestens ... zu leisten. Lassen Sie diese Frist wiederum verstreichen, so werde ich unverzüglich die zwangsweise Beitreibung Ihrer Schuld in die Wege leiten. Dadurch würden Ihnen zusätzliche Kosten entstehen, da Sie den **Verzugsschaden** ersetzen und **Verzugsinsen** – ich arbeite mit Bankkredit zu 11 %! – zahlen müßten. Überweisungsformulare sind zu Ihrer Arbeitserleichterung nochmals angeschlossen.

Mit freundlichen Grüßen
Datum und Unterschrift des Gläubigers

Muster 5

Sehr geehrte Damen und Herren!

Unser Computer hat uns soeben gemeldet, daß wir Ihre Zahlung über ... DM **anmahnen** sollten. Das tun wir hiermit, wobei wir uns erlauben, Ihnen eine Frist bis zum ... zu setzen. Zahlungsformulare fügen wir zur gefälligen Verwendung bei. Sollten Sie in den letzten Tagen gezahlt haben, so entschuldigen Sie bitte diese Aufforderung.

Mit freundlichen Grüßen
Datum und Unterschrift des Gläubigers

Das außergerichtliche Vorgehen des Gläubigers 43

Ein Durchschlag der Mahnung wird am besten zurückbehalten. Zur Not genügt auch ein entsprechender Aktenvermerk.   **18**

Kommt der Schuldner einer solchen mit Fristsetzung versehenen Mahnung nicht durch Zahlung nach, so kann der Gläubiger nach Ablauf der Frist, also ab Verzug des Schuldners, Ersatz seines Schadens, in jedem Fall den gesetzlichen Mindestschaden von 4 % Verzugszinsen (bei beiderseitigen Handelsgeschäften 5 %, vgl. § 352 HGB) ohne Nachweis verlangen (vgl. wegen Einzelheiten Rdn. 71). Auf diese Rechtsfolgen braucht in der Mahnung nicht besonders hingewiesen zu werden. Gelegentlich verleiht dieser Hinweis der Forderung jedoch mehr Nachdruck (vgl. Muster 4 Rdn. 17).

4. Private Mahnung durch Inkassobüro[12], Rechtsanwalt oder Rechtsbeistand

Hat die eigene Mahnung des Gläubigers keinen Erfolg, muß er nicht unbedingt gleich gerichtliche Hilfe in Anspruch nehmen.   **19**

Liegt eine **unbestrittene oder titulierte Forderung** vor, so kann die Beauftragung eines **Inkassobüros** oft wirksame Hilfe leisten.

Unbestrittene Forderungen sind solche, denen der Schuldner keine Einwendungen oder Einreden entgegengesetzt hat, bei denen er also lediglich zahlungsunfähig oder zahlungsunwillig ist.

Titulierte Forderungen sind solche, für die der Gläubiger bereits einen Vollstreckungstitel, z.B. ein vollstreckbares Urteil, in Händen hat.

In der Bundesrepublik gibt es derzeit ca. 600 Inkassounternehmen, deren Anschriften man aus dem Branchenfernsprechbuch (Stichwort: Inkasso) oder – soweit sie dessen Mitglieder sind – vom Bundesverband Deutscher Inkassounternehmen e. V., Geschäftsstelle Brennerstraße 76, 20099 Hamburg, erfahren kann.

Im BDIU waren 1998 420 Inkassobüros zusammengeschlossen. Diese Unternehmen unterliegen strengen standesrechtlichen Regeln, die sich der Bundesverband im Wege der Selbstkontrolle im April 1979 gesetzt hat, die für seine Mitglieder verbindlich sind und mit denen unseriöse Praktiken vom Verband ferngehalten werden sollen.

Die Mitgliedschaft im Verband ist dadurch so etwas wie ein „Gütesiegel" für Inkassounternehmen geworden[13].

---

[12] Zu allen wichtigen Problemen aus der Praxis der Inkassounternehmen vgl. David, Zusammenarbeit mit Inkassounternehmen, 3. Auflage 1993; Seitz, Das Inkasso-Handbuch, 2. Auflage 1985.
[13] „Die Welt" Nr. 278 vom 28. 11. 1980, S. 23.

Jahr für Jahr gelingt es ihnen, über 6 Milliarden DM von zahlungsunwilligen Schuldnern einzutreiben. Die 4 089 deutschen Gerichtsvollzieher zogen dazu im Vergleich 1997 2,57 Milliarden DM ein[14].

Wie die Inkassobüros arbeiten, was ihre Tätigkeit den Gläubiger und den Schuldner kostet, wie man ein Inkassobüro eröffnet, welche Vor- und Nachteile die Zusammenarbeit mit Inkassobüros mit sich bringt und welche sonstigen Inkassounternehmen es für die verschiedenen Berufszweige gibt und zu welchen Konditionen sie arbeiten, ist ausführlich in meinem Buch „Zusammenarbeit mit Inkassounternehmen" geschildert[15].

Die Inkassobüros sehen ihre Aufgabe darin, zwischen Gläubiger und Schuldner eine Basis zu schaffen, die beiden gerecht wird. Oft hat der Schuldner nicht den Mut, mit dem Gläubiger zu sprechen: dann ist die vermittelnde Tätigkeit eines Inkassobüros sehr nützlich.

Die Inkassobüros versuchen, alle Möglichkeiten der Beitreibung von Schulden auszunützen. Sie bedienen sich unter anderem des bundesweiten Netzes der Auskunfteien, nehmen Einsicht in Schuldnerverzeichnisse, überprüfen ihre eigenen Karteien, ob gegen den Schuldner noch anderweitige Vorgänge vorliegen, holen Auskünfte von Einwohnermeldeämtern, Gewerbe- und Handelsregistern ein.

Da für den Schuldner, sobald ein Inkassobüro eingeschaltet ist, seine Kreditwürdigkeit auf dem Spiel steht, wird er sich eher anstrengen, seine Schulden zu tilgen, als wenn lediglich ein einzelner privater Gläubiger gegen ihn vorgeht.

20 Ein weiterer Vorteil des Inkassobüros insbesondere für Geschäftsleute besteht darin, daß durch eine hohe vorgerichtliche Erfolgsquote der Wirtschaft jährlich Millionenbeträge kurzfristig wieder zugeführt werden, wobei die Auftraggeber nicht darauf angewiesen sind, eine eigene kostspielige Mahn- oder Rechtsabteilung zu unterhalten.

Sollte das außergerichtliche Bemühen des Inkassounternehmens erfolglos sein, bedient es sich auf Wunsch auch eines mit ihm zusammenarbeitenden, sorgfältig ausgewählten Rechtsanwalts oder Rechtsbeistands, der einen Mahnantrag stellt (s. Rdn. 50) oder Klage erhebt (s. Rdn. 127). Dabei ist es ein nicht zu unterschätzender Vorteil, daß der Gläubiger keinen Gebührenvorschuß für den Rechtsanwalt – üblich sind zwei volle Gebühren gemäß der Tabelle Rdn. 179 – zu zahlen braucht.

21 Ein Schwerpunkt der Inkassotätigkeit liegt auch auf dem Gebiet der **nachgerichtlichen Bearbeitung** von Forderungen, denn Inkassobüros verfügen

---
[14] DGVZ 1998, 143.
[15] David, Zusammenarbeit mit Inkassounternehmen, 4. Auflage 1997, Verlag Wirtschaft, Recht und Steuern, Postfach 1363, 82142 Planegg/München.

Das außergerichtliche Vorgehen des Gläubigers

über reichhaltige Erfahrungen auf dem Gebiet der Zwangsvollstreckung (LG Wiesbaden in JurBüro 1989, 652).

Viele Gläubiger resignieren, wenn sie ein rechtskräftiges Urteil gegen den Schuldner erstritten haben, die Zwangsvollstreckung durch den Gerichtsvollzieher nichts erbracht und der Schuldner sein Vermögen angegeben und eidesstattlich dessen Richtigkeit versichert hat.

In einer solchen Situation ist der Fall für ein Inkassobüro noch lange nicht abgeschlossen. Es überprüft laufend die Einkommens- und Vermögensverhältnisse des Schuldners. Da die Verjährung der titulierten Forderung erst nach 30 (!) Jahren eintritt (§ 218 Abs. 1 BGB), bieten sich hier noch viele Möglichkeiten: Lohnpfändung, Pfändung des Anspruchs auf Steuererstattung, Rentenpfändung usw.

Wie geht die Beauftragung eines Inkassobüros vor sich und welche Kosten entstehen?

Der Vertrag, den der Gläubiger mit dem Inkassobüro abschließt, ist ein entgeltlicher Geschäftsbesorgungsvertrag (§ 675 BGB). In ihm sind die Bedingungen festgelegt, unter denen das Inkassounternehmen die Einziehung der offenstehenden Forderungen übernimmt.

Muster 6

Beispiel für eine Inkasso-Vereinbarung

§ 1

Die Firma Intercontinental-Inkasso ..., im folgenden kurz ICI genannt, übernimmt das außergerichtliche Mahnverfahren sowie die Inkassotätigkeit in Vollmacht des Auftraggebers. Die Fälle werden mittels Einziehungsauftrag ICI übergeben.

Bei größeren Stückzahlen kann eine andere Art der Auftragserteilung vereinbart werden (z.B. Datenträgeraustausch). Die entsprechenden Unterlagen wie Verträge, Rechnungen, Schriftwechsel mit dem Schuldner, sind dem Antragsformular beizufügen.

Die Tätigkeit ICI endet mit der restlosen Befriedigung des auftraggebenden Kunden für Hauptsache, Zinsen und Kosten einschließlich Kosten von ICI bzw. bei Uneinbringlichkeit der Forderung, nachdem alle zumutbaren Realisierungsmöglichkeiten sachgerecht ausgeschöpft sind.

Bei der Durchführung notwendig werdender gerichtlicher Mahn- und Streitverfahren leistet ICI auf Wunsch Hilfestellung durch seine Vertragsanwälte.

§ 2

Dem Kunden entstehende gerichtliche sowie außergerichtliche Beitreibungs- und Bearbeitungskosten werden in seinem Namen dem Schuldner belastet und geltend gemacht.

Die Grundlage bilden die jeweils gültigen Vergütungssätze für die Inkassobearbeitung.

Kostenvorschüsse oder Mitgliedsbeiträge werden nicht erhoben.

Soweit erforderlich, tritt ICI mit Ermittlungs-, Gerichts-, Gerichtsvollzieher- und Anwaltskosten in Vorlage; diese werden mit den jeweiligen Abrechnungen verrechnet bzw. belastet.

Im Falle einer erfolglosen Bearbeitung berechnet ICI für ihre Tätigkeit – vorbehaltlich der Änderung der Bundesrechtsanwaltsordnung – lediglich eine Pauschale von **DM 40,–** pro Fall sowie die Barauslagen für Ermittlungen, Porti, Telefon usw.

In diese Pauschale eingeschlossen sind auch die Versandkosten für Kontoauszüge und Sachstandsinformationen.
Auf alle weiteren Inkassokosten verzichtet ICI ausdrücklich.

§ 3

Mit Auftragserteilung erfolgt der Schriftwechsel mit den Schuldnern, Drittschuldnern oder sonstigen Beteiligten ausschließlich über ICI. An dieses sind auch alle Zahlungen oder Teilzahlungen zu erbringen. ICI ist berechtigt, den wirtschaftlichen Verhältnissen des Schuldners entsprechend, Ratenzahlungsabkommen abzuschließen.

§ 4

Bei erfolgreicher Inkassotätigkeit ist ICI berechtigt, von den eingehenden Beträgen folgende Erfolgshonorare zuzüglich Mehrwertsteuer einzubehalten:

- 10 % bei nicht tituliert übergebenen Forderungen; sie erhöht sich auf 30 % in Forderungssachen, in denen der Schuldner die eidesstattliche Offenbarungsversicherung abgegeben hat oder zur Abgabe vorgeladen wurde;
- 40 % bei tituliert übergebenen Forderungen;
- 40 % bei Forderungen gegen Schuldner, die im Ausland wohnhaft sind oder sich dort aufhalten.

Das außergerichtliche Vorgehen des Gläubigers 47

Sollte ICI das gesamte Kostenrisiko im Falle der erfolglosen Beitreibung übernehmen, sind gesonderte Vereinbarungen zu treffen.

Bei ständiger Geschäftsverbindung und Übernahme von Großaufträgen sind Sondervereinbarungen möglich.

§ 5

Die ICI zustehenden Vergütungen sind fällig mit Entstehung. Die Zahlungsverpflichtung tritt auch dann ein, wenn der Schuldner entgegen der Aufforderung von ICI Leistungen an den Gläubiger direkt erbringt.

Für diesen Fall ist der Auftraggeber verpflichtet, Zeitpunkt und Höhe der eingegangenen Leistung ICI sofort bekanntzugeben.

Sämtliche bei ICI oder dem Auftraggeber eingehenden Zahlungen werden zuerst auf die bis dahin entstandenen gesamten Kosten einschließlich der Kosten von ICI (§ 367 BGB) verrechnet.

Dies gilt auch bei mehreren Einziehungsaufträgen.

§ 6

Die Bearbeitung der Beitreibungsfälle erfolgt so rasch und sorgfältig wie möglich.

Für Erfüllungsgehilfen und andere Personen haftet ICI nur hinsichtlich ihrer Sorgfalt bei der Auswahl der Personen.

Eine Haftung für durch Diebstahl oder Feuer abhanden gekommener Unterlagen, gleichgültig welcher Art, besteht nicht.

§ 7

Ansprüche gegen ICI verjähren in 5 Jahren ab dem Abgang des Schlußberichtes oder der Schlußabrechnung an die zuletzt bekannte Anschrift des Auftraggebers.

Bei Erstellung von Gesamtkontoauszügen (Zahlungslisten) werden Reklamationen nur berücksichtigt, wenn sie innerhalb 4 Wochen nach Absendung des Kontoauszuges ICI gegenüber schriftlich geltend gemacht werden.

Nach Ablauf dieser Frist gelten die Abrechnungen als richtig und anerkannt.

§ 8

ICI wird die im Rahmen der treuhänderischen Forderungsverwaltung EDV-mäßig verarbeiteten und gespeicherten Daten, insbesondere im buchhalterischen Bereich, nach den Grundsätzen einer ordnungsgemäßen Datensicherung verwahren. Dies gilt für die Duplizierung von Datenbändern und deren getrennte, feuersichere Aufbewahrung.

Darüber hinaus wird ICI die für den Auftraggeber verwalteten personenbezogenen Daten der Kontrolle des Beauftragten für Datenschutz unterstellen und absichern, daß die gesetzlichen Bestimmungen des Datenschutzes strikt beachtet werden.

Erfassung der für die Bearbeitung und Abrechnung notwendigen Daten in der EDV-Anlage.

Die Vorschriften des BDSG werden eingehalten.

§ 9

Um eine einwandfreie und dem Auftraggeber dienende Sachbearbeitung zu gewährleisten, verpflichtet sich der Auftraggeber, nach Vollmachtserteilung mit dem Schuldner selbst nicht mehr zu verhandeln, gegen ihn keine gerichtlichen Maßnahmen einzuleiten und auch keine sonstigen Vereinbarungen zu schließen. Die weitere Sachbehandlung ist ausschließlich ICI zu überlassen.

Von ICI an den Auftraggeber gerichtete Anfragen sind umgehend und vollständig schriftlich zu beantworten.

Rechtliche Nachteile aus nicht rechtzeitiger Informationserteilung gehen zu Lasten des Auftraggebers.

§ 10

Erfüllungsort ist München.
Gerichtsstand ist, soweit gemäß § 38 ZPO zulässig, München.

Mündliche Abreden bedürfen zu ihrer Wirksamkeit der Schriftform und der Unterschrift beider Vertragspartner.

§ 11

Die oben genannten Inkassobedingungen werden hiermit anerkannt. Der Erhalt eines Duplikats dieser Vereinbarungen wird hiermit bestätigt.

Das außergerichtliche Vorgehen des Gläubigers

§ 12
Bei allen Vergütungen ist die gesetzliche Mehrwertsteuer hinzuzurechnen.

.................., den ....

....
(Unterschrift)

Da es keine gesetzlich festgelegte Gebührenordnung für Inkassounternehmen gibt, wird die Vergütung für die Inkassotätigkeit in jedem Fall gesondert vereinbart. 24

Obwohl die von den Inkassoinstituten angebotenen Konditionen unterschiedlich sind, hat sich doch eine gewisse Systematik herausgebildet.

Entweder wird die Vergütung nach Kostenarten aufgespalten errechnet, oder es wird eine Vergütungstabelle benutzt, die sich an den Gebührensätzen der Bundesrechtsanwaltsgebührenordnung orientiert (vgl. dazu Rdn. 179). In beiden Fällen kommen noch besondere Vergütungen für bestimmte Schreiben, Ermittlungen und die Kontoführung hinzu.

Bei ersterer Berechnungsart werden folgende Vergütungssätze als handelsüblich angesehen[16]: 25

- Bearbeitungskosten: 5–6 % der Forderung, mind. DM 10,– bis 15,–,
- Mahnkosten: 3–4 % der Forderung,
- Sachführungskosten: 2–4 % der Forderung bei Ratenzahlungsvereinbarung bzw. DM 2,50 bis 4,– pro Monat bis max. DM 50,– bis 80,–,
- Auslagen: Telefonkosten pro Gespräch und Schreibkosten pro Brief DM 5,– bis 10,–,
- Kopierkosten: DM 1,– bzw. für alle drei vorgenannten Kostenarten pauschal 1–3 % der Forderung mit Betragsbeschränkung auf DM 50,–,
- Fremdkosten nach Entstehung entsprechend Nachweis.

---

[16] Seitz, a.a.O., S. 35.

26 Beispiel für eine Inkasso-Vergütungstabelle

Vergütungssätze für Inkassobearbeitung

Unter Berücksichtigung der vom Justizministerium Baden-Württemberg festgelegten Plausibilitätsgrenzen für die Automation des gerichtl. Mahnverfahrens

Wert bis DM	Inkassokosten – Grundvergütung –	Inkassokosten für Vergleich / Ratenzahlungsabkommen
600,–	75,00	50,–
1 200,–	135,00	90,–
1 800,–	195,00	130,–
2 400,–	255,00	170,–
3 000,–	315,00	210,–
4 000,–	397,50	265,–
5 000,–	480,00	320,–
6 000,–	562,50	375,–
7 000,–	645,00	430,–
8 000,–	727,50	485,–
9 000,–	810,00	540,–
10 000,–	892,50	595,–
12 000,–	997,50	665,–
14 000,–	1 102,50	735,–
16 000,–	1 207,50	805,–
18 000,–	1 312,50	875,–
20 000,–	1 417,50	945,–
25 000,–	1 537,50	1 025,–
30 000,–	1 657,30	1 105,–
35 000,–	1 777,50	1 185,–
40 000,–	1 897,50	1 265,–
45 000,–	2 017,50	1 345,–
50 000,–	2 137,50	1 425,–
60 000,–	2 347,50	1 565,–
70 000,–	2 557,50	1 705,–
80 000,–	2 767,50	1 845,–
90 000,–	2 977,50	1 985,–
100 000,–	3 187,50	2 125,–

zuzüglich Auslagenpauschale 15 %, max. DM 40,–
Ermittlungskosten (Einwohnermeldeamtsanfragen,
Gewerbeauskünfte usw.) max. DM 40,–
Monatliche Kontoführungsgebühr DM 3,50
Alle Sätze verstehen sich zuzüglich der gesetzlichen Mehrwertsteuer.

Das außergerichtliche Vorgehen des Gläubigers

Für die Inkassokostengrundvergütung setzen sie Beträge an, die 15/10 Anwaltsgebühren entsprechen, für Vergleich und Ratenzahlungsvereinbarungen 10/10 einer Rechtsanwaltsgebühr nach der neuen Tabelle Rdn. 179, jeweils zuzüglich 16 % Mehrwertsteuer.

Zu den oben genannten Vergütungssätzen kommt jeweils noch das **Erfolgshonorar** hinzu, das den Leistungsanreiz vergrößern soll und das auf Grund aller während der Dauer des Inkassoauftrags zur Tilgung der Forderung bezahlten Beträge berechnet wird.

Es beträgt[17]

- bei notleidenden Forderungen 10–20 % des Forderungswerts,
- bei titulierten Forderungen ohne bisherige Beitreibungsversuche bis 30 %, mit bisherigen Beitreibungsversuchen bis 50 %,
- bei Übernahme des Kosten- und Auslagenrisikos durch das Inkassounternehmen jeweils zusätzlich 10 % des Forderungswerts.

Der „Schwarze Mann" 26a

Vor geraumer Zeit traten „Der schwarze Mann", „Der Schwarze Schatten" und „Die Schwarzen Ladies" in Konkurrenz zu den Inkassounternehmen.

Es handelte sich dabei um Vermittlungsdienste, die schwarzgekleidete Mitarbeiter, die einen schwarzen Zylinder oder eine Melone auf dem Kopf trugen, gegen Honorar hinter säumigen Schuldnern herschickten oder vor deren Ladengeschäft oder Firma postierten. Das kostete meist eine Pauschale in Höhe von 300,– DM für einen vierstündigen Einsatz.

Wurden sie vom Schuldner angesprochen, übergaben sie wortlos eine Visitenkarte mit einer Telefonnummer. Rief der Schuldner dort an, meldete sich der „Vermittlungsdienst", der einen Kontakt mit dem Gläubiger herstellte. Nach einem Bericht der Frankfurter Allgemeinen Zeitung vom 24.5.1994 nannte der Generalbevollmächtigte eines derartigen Unternehmens eine Erfolgsquote von 80 bis 100 %, wobei offen blieb, ob er damit die bloße Kontaktaufnahme oder die tatsächliche Bezahlung der Schulden meinte.

Das Unternehmen, das in Recklinghausen ansässig war, schloß nach dem Zeitungsbericht für 20 000,– DM Franchiseverträge mit Leuten ab, die in anderen deutschen Städten „Schwarze Schatten" hinter Schuldnern herschicken wollten.

Da die Medien ausgiebig über diese Methode, Schuldner zu mahnen, berichteten, konnten rechtliche Schritte gegen diese moderne Art des an den Pranger Stellens nicht ausbleiben.

---
[17] Seitz, a.a.O., S. 36.

Die Landgerichte Leipzig (Az.: 6 O 4342/94) und Köln (Az.: 81 O 114/94) haben inzwischen derartigen Vermittlungsdiensten die Verfolgung von Schuldnern auf die geschilderte Art als sittenwidrig und eine öffentliche Bloßstellung darstellend bei Androhung eines Ordnungsgeldes in Höhe von bis zu einer halben Million DM untersagt.

Daß das so enden würde, war vorauszusehen, da das Reichsgericht in Leipzig seinerzeit schon die Mahnung auf offener Postkarte als strafbare Beleidigung angesehen hatte.

Inzwischen beginnt eine neue, bisher in Spanien ansässige Organisation, auch in Deutschland Fuß zu fassen: die **Cobradores del Frac**. Dabei handelt es sich wiederum um sehr elegant gekleidete Herren (Frack und Lackschuhe, Zylinder), die Schuldner in der Öffentlichkeit als unwillige Schuldenzahler entlarven wollen. Der Cobrador spürt den Schuldner auf und hinterläßt eine Visitenkarte. Durch massive Werbung sind die Cobradores in Spanien so bekannt, daß sich Zahlungswillige nach einem Besuch beeilen, ihre Schulden zu bezahlen.

Nach einem Bericht der Zeitung „Die Welt" v. 15. 11. 1997 sind die Urheberrechte auf den Namen schon beim deutschen Patentamt gesichert.

Die Cobradores wird jedoch ein ähnliches Schicksal wie die „Schwarzen Männer" ereilen. In Deutschland ist ein modernes An-den-Pranger-stellen nicht gestattet.

Auch die roten Prangerautos in Österreich wurden vor Jahren schon von den dortigen Gerichten verboten.

27 Die Kosten, die durch die Inanspruchnahme eines Inkassobüros entstehen, sind grundsätzlich vom Schuldner als **Verzugsschaden** zu tragen, und zwar auch neben etwaigen später entstehenden Anwaltskosten[18]. Lediglich das Erfolgshonorar ist stets vom Gläubiger selbst zu zahlen.

Die Einschaltung eines Inkassobüros erscheint nach der Rechtsprechung[19] jedoch dann nicht gerechtfertigt, wenn der Schuldner gegen die Forderung Einwendungen – etwa in der Vorkorrespondenz – erhoben hat, wenn also der Gläubiger im Zeitpunkt der Auftragserteilung an das Inkassobüro nicht erwarten durfte, daß die Forderung ohne Inanspruchnahme des Gerichts beigetrieben werden könne.

Die Folge davon ist, daß der Schuldner dem Gläubiger in diesem Fall die Inkassokosten nicht zu ersetzen hat.

---

[18] § 286 BGB; OLG Koblenz, Urteil vom 29. 3. 1984 – Az.: 9 U 499/83 – unter Hinweis auf Staudinger-Löwisch, BGB, 12. Auflage, § 286 Rdn. 26 und 27; LG Wiesbaden in JurBüro 1989, 652; AG Gießen in JurBüro 1989, 649.
[19] OLG Nürnberg in MDR 1973, 671; OLG Saarbrücken, Urteil v. 13. 7. 1984 – Az.: 4 U 196/82 –.

Das außergerichtliche Vorgehen des Gläubigers 53

Bei bloßem Schweigen des Schuldners darf dagegen ein Inkassobüro ohne weiteres eingeschaltet werden[20].

Generell gilt, daß Kosten eines Inkassobüros im Hinblick auf die Pflicht des Gläubigers aus § 254 BGB, den Schaden so gering wie möglich zu halten, auch bei Bagatellforderungen lediglich bis zur Höhe von Rechtsanwaltskosten zu erstatten sind[21].

Für die **vorgerichtliche Tätigkeit** eines Inkassounternehmens wurden von der Rechtsprechung unter dem Gesichtspunkt des Verzugsschadens Beträge entsprechend einer 2/10 bis 15/10, überwiegend 10/10 einer Rechtsanwaltsgebühr (s. Tabelle Rdn. 179) zugesprochen. Zur aktuellen Rechtsprechung s. David, „Zusammenarbeit mit Inkassounternehmen", 4. Aufl. 1997, S. 84/85 und Wedel, JurBüro 1994, 74.

Bei **nachgerichtlicher Tätigkeit** eines Inkassounternehmens erkennt die Rechtsprechung Beträge bis zu 3/10 einer Rechtsanwaltsgebühr an.

Zur Frage des Umfangs der Prüfungspflicht des Rechtspflegers bezüglich Inkassokosten im Mahnverfahren vgl. David, a.a.O., FN 5 a, S. 78/79[22].

Insbesondere dann, wenn eine vom Schuldner **bestrittene Forderung** vorliegt – wenn also die spätere Inanspruchnahme gerichtlicher Hilfe in Betracht kommt – kann der Gläubiger sich bereits für die außergerichtliche Mahnung eines Rechtsanwalts oder Rechtsbeistands bedienen[23]. Dabei ist zu beachten, daß der Rechtsbeistand nicht vor dem Landgericht und höheren Gerichten auftreten darf.

28

Möglicherweise zahlt der Schuldner dann ohne gerichtliche Maßnahmen, weil er erkennt, daß die Angelegenheit ernst und kostspielig zu werden droht.

Die Kosten für die außergerichtliche Mahnung durch Rechtsanwalt oder Rechtsbeistand können vom Schuldner aber nur dann ersetzt verlangt werden, wenn ihn der Gläubiger bereits vorher in Zahlungsverzug gesetzt hat. Dies gilt nicht, wenn die Mahnung offensichtlich aussichtslos und überflüssig ist[24].

Erfolgt dagegen das Inverzugsetzen erst durch den Anwalt oder Beistand, so fallen die Kosten einer solchen Mahnung dem Gläubiger zur Last, denn die Ko-

---

[20] OLG München in JurBüro 1989, 90 und NJW 1975, 832; OLG Düsseldorf in MDR 1974, 226; OLG Köln in MDR 1972, 606; OLG Hamm in MDR 1973, 497; OLG Bamberg in JurBüro 1988, 72; LG München I in JurBüro 1989, 648.
[21] OLG Köln in OLGZ 1972, 411 = Rpfleger 1972, 223; Strohm in BB 1965, 1298; Schmidt in Rpfleger 1970, 82.
[22] Neuerdings zusammenfassend Jenisch in JurBüro 1989, 721.
[23] BGH in VersR 1974, 642.
[24] OLG Köln in VersR 1976, 1106.

sten einer den Verzug erst begründenden Mahnung sind nicht Kosten, die durch den Verzug verursacht worden sind[25].

Mahngebühren eines Rechtsanwalts sind nur zu ersetzen, wenn sich der Auftrag des Rechtsanwalts auf die Mahnung beschränkt und der Gläubiger auch später keinen Auftrag erteilt, Klage zu erheben (§ 118 Abs. 2 BRAGO). Nur die einem Rechtsanwalt durch die Mahnung entstandenen baren Auslagen sind besonders zu vergüten.

5. Notwendigkeit der gerichtlichen Mahnung

29 Führt die außergerichtliche Mahnung nicht zur Zahlung durch den Schuldner, so wird der Gläubiger das gerichtliche Mahnverfahren einleiten, das als schärfste und nachdrücklichste Form der Mahnung bezeichnet werden kann. Der Gläubiger kann statt dessen auch unmittelbar Klage gegen seinen Schuldner erheben (s. Rdn. 44, 127). Erst nach erfolgreicher Durchführung eines solchen gerichtlichen Verfahrens kann gegen den Schuldner im Wege der Zwangsvollstreckung vorgegangen werden (Rdn. 184). Des besseren Verständnisses halber sei bereits hier kurz zusammenfassend gesagt, daß das Gericht im Mahnverfahren auf Antrag des Gläubigers an den Schuldner einen Mahnbescheid erläßt mit der Aufforderung, binnen einer bestimmten Frist Zahlung zu leisten oder Widerspruch zu erheben. Erhebt der Schuldner Widerspruch, so erwächst ein ordentliches Prozeßverfahren, ohne daß noch besondere Klageerhebung erforderlich ist. Wird nicht Widerspruch erhoben, so kann der Gläubiger, ohne daß vor dem Gericht eine mündliche Verhandlung stattfindet, Erteilung eines Vollstreckungsbescheids beantragen und mit ihm seine Forderung beitreiben. Gegen den Vollstreckungsbescheid kann der Schuldner Einspruch einlegen. Ein solcher führt ebenfalls in das ordentliche Prozeßverfahren über. Durch das **gerichtliche Mahnverfahren** wird die **Verjährung eines Anspruchs unterbrochen,** und zwar wird diese Wirkung bereits durch Einreichung des Mahnantrags beim zuständigen Gericht (Amtsgericht oder Arbeitsgericht – zur sachlichen Zuständigkeit des letzteren vgl. Rdn. 43) erzielt, wenn die Zustellung des Mahnbescheids „demnächst" erfolgt (sog. Vorwirkung – vgl. § 209 Abs. 2 Nr. 1 BGB und § 693 Abs. 2 ZPO). Dabei bedeutet „demnächst" in angemessener, selbst längerer Frist[26], sofern der Antragsteller alles ihm Zumutbare (Zahlung des Kostenvorschusses, Angabe der richtigen Anschrift des Schuldners) für die alsbaldige Zustellung getan hat. Die Zustellung ist nicht mehr „demnächst" erfolgt, wenn eine wegen formeller Mängel erhobene Beanstandung des Antrags vom An-

---

[25] „Die erste Mahnung ist kostenlos", d. h., sie kostet den Schuldner nichts, vgl. BGH in NJW 1985, 324. Über Anwaltsgebühren für außer- und vorgerichtliche Mahnschreiben sowie Zahlungsaufforderungen vgl. Bink in JurBüro 1958 Sp. 440 und Tschischgale in JurBüro 1967 Sp. 773.
[26] BGH in NJW 1972, 208.

Das außergerichtliche Vorgehen des Gläubigers

tragsteller erst nach 19 Tagen beantwortet wird und sich dadurch die Zustellung verzögert[27].

Hat der Antragsteller dagegen alles ihm Zumutbare getan, so schadet eine zweiwöchige Verzögerung bei der Zustellung nicht[28].

Welche Frist angemessen ist, ist stets individuell zu bestimmen[29]. Eine Verzögerung der Zustellung infolge Wohnsitzwechsel des Schuldners geht allerdings grundsätzlich zu dessen Lasten[30]. Gleichwohl sollte es der Gläubiger für die Einreichung des Mahnantrags bei Gericht nicht auf den letzten für die Verjährung maßgeblichen Tag (etwa das Jahresende) ankommen lassen.

Ob eine Mahnung, die sich auf mehr als den wirklichen Rückstand erstreckt, völlig unwirksam oder nur im Umfang des tatsächlichen Rückstandes wirksam ist, entscheidet sich unter Berücksichtigung der Umstände nach Treu und Glauben[31].

Solche **Zuvielmahnungen** sind gar nicht so selten. Ein versierter Gläubiger verfolgt damit den Zweck, vom (entrüsteten) Schuldner eine Zuschrift zu erhalten, in der der genaue Schuldbetrag angegeben ist, mit der Folge, daß insoweit die Forderungsverjährung unterbrochen (§ 208 BGB) und der Zugang der Mahnung dokumentiert wird. Auch wird ein Urkundenmahnverfahren (Rdn. 104) oder ein Urkundenprozeß (Rdn. 135) ermöglicht.

6. Strafrechtliches Vorgehen gegen den Schuldner

Der Gläubiger hat geleistet (z.B. Ware geliefert, einen Dienst erbracht, ein Werk erstellt), aber der Schuldner verweigert die Gegenleistung. Ist der Gläubiger dann nicht betrogen worden? Kann er den Schuldner nicht wegen Betrugs anzeigen? 30

Zunächst fragt es sich, ob eine Strafanzeige dem Gläubiger nützt, d.h. ihn evtl. rascher und mit größerer Wahrscheinlichkeit zu seinem Geld kommen läßt.

In geeigneten Fällen kann eine Strafanzeige oder bereits die Drohung mit ihr ein wirksames Druckmittel gegen den Schuldner sein. Allerdings sollte man bedenken, daß eine spätere geschäftliche Beziehung mit diesem Schuldner dann wohl ausscheiden dürfte, ein solches Vorgehen also auf Schuldner beschränkt bleiben sollte, mit denen man keine weiteren Beziehungen mehr pflegen will.

---

[27] OLG Köln in JMBl NRW 1972, 62.
[28] BGH in NJW 1972, 208. S. neuerdings BGH in MDR 1994, 725.
[29] OLG Hamm in NJW 1977, 2364.
[30] LG Düsseldorf in VersR 1966, 526.
[31] BGH in BB 1967, 732.

In Betracht kommt eine Anzeige wegen Betrugs bei der Polizeidienststelle oder der Staatsanwaltschaft des Tatorts (= wo der Betrug begangen wurde, vor allem, wo getäuscht wurde), die man schriftlich oder mündlich einlegen kann.

Dabei sollte es aber vermieden werden, „Herrn X wegen Betrugs" anzuzeigen, sondern vielmehr eine Sachverhaltsschilderung ohne Rechtsausführungen mit der Bitte um strafrechtliche Würdigung gegeben werden. So vermeidet man jedenfalls ein Verfahren gegen sich selbst wegen falscher Verdächtigung (§ 164 StGB). Außerdem sollte die **Strafanzeige zunächst als Entwurf** dem Schuldner zur Stellungnahme binnen 1 Woche isoliert, d. h. ohne Drohung und Forderung, zugesandt werden. So wird jedenfalls einer Gegenanzeige des Schuldners wegen Nötigung vorgebeugt. Auch weiß der Schuldner, daß der Gläubiger, wenn er sein Geld bekommt, die Anzeige nicht einreichen wird.

> Beispiel für eine **Strafanzeige**:
>
> An die
> Staatsanwaltschaft
> bei dem Landgericht München II
>
> Sehr geehrte Damen und Herren!
>
> Ich möchte Ihnen folgenden Sachverhalt zur strafrechtlichen Würdigung unterbreiten:
>
> Am 3. Mai 1999 bestellte Herr Franz Maier, Gauting, Bahnhofstraße 7, bei mir eine Sauna zum Preis von 3 566,– DM, wobei er sich als zahlungsfähiger und zahlungswilliger Kunde ausgab. Nach Einbau der Sauna am 18. Mai 1999 übergab mir Herr Maier den in Ablichtung beigefügten Verrechnungsscheck Nr. 3224679, bezogen auf die Kreissparkasse Starnberg, den ich am 26. Mai 1999 von meiner Bank mit dem Aufdruck „Vorgelegt und nicht bezahlt" zurückerhielt.
>
> Herr Maier erklärte auf meine Anfrage, er sei der Meinung gewesen, der Scheck sei gedeckt.
>
> Da Herr Maier mir bis heute für die Sauna nichts bezahlt hat, scheint mir, daß Herr Maier von vornherein vorhatte, sich durch die Lieferung der Sauna einen rechtswidrigen Vermögensteil zu verschaffen.
>
> Ich bitte um Benachrichtigung über die von der Staatsanwaltschaft getroffenen Maßnahmen.
>
> Mit vorzüglicher Hochachtung!
Unterschrift

Das außergerichtliche Vorgehen des Gläubigers

Der entscheidende Punkt bei der Frage, ob sich ein Schuldnerverhalten als Betrug darstellt, ist das Vorliegen der **vorgefaßten Betrugsabsicht**. 31

Neben der Täuschungshandlung (z.b. Vorspiegelung von Zahlungsfähigkeit), die zur Irrtumserregung beim Gläubiger führt (z.B. Vorstellung, der Schuldner sei zahlungsfähig), die wiederum eine Vermögensverfügung bewirkt (z.b. Lieferung einer bestimmten Ware, Erbringung einer Handwerkerleistung), die einen Vermögensschaden beim Gläubiger herbeiführt, muß die im Zeitpunkt der Täuschungshandlung bereits vorliegende Absicht, sich rechtswidrig zu bereichern, kommen.

Der Schuldner muß also im Zeitpunkt der Bestellung einer Leistung beim Gläubiger bereits die Absicht haben, sich einen Vorteil ohne Gegenleistung zu verschaffen.

Diese Absicht läßt sich trotz Bestreitens durch den Schuldner dann nachweisen, wenn seine Einkommens- und Vermögensverhältnisse im Zeitpunkt der Bestellung so sind, daß er davon ausgehen mußte, die Gegenleistung nicht erbringen, d.h. seine Schuld nicht bezahlen zu können.

Anzeichen für eine vorgefaßte Betrugsabsicht können sein:

- ein Geschäftsabschluß, wenn der Schuldner zuvor die eidesstattliche Vermögensoffenbarung abgegeben hat und er keine begründeten Aussichten darlegen kann, daß er wieder hätte zu Geld kommen können;
- eine Lohnabtretung in Kenntnis der Tatsache, daß sie durch Einzelvertrag oder Tarifvertrag mit dem Arbeitgeber ausgeschlossen ist (s. Rdn. 8). In diesem Fall kann sich für den Gläubiger ein Vermögensschaden dadurch ergeben, daß er beispielsweise im Vertrauen auf die Abtretung nicht rechtzeitig vollstreckt und ihm andere Gläubiger zuvorkommen;
- dem Schuldner gehört nichts. Er lebt bei seiner begüterten Frau und seinen wohlhabenden Kindern.

Im Falle des sog. Scheckbetrugs (Hingabe eines ungedeckten Schecks, der nicht eingelöst wird) läßt sich dies meistens über die Offenlegung der Kontenbewegungen des Schuldners feststellen. Die Kontenbewegungen kann sich allerdings der private Gläubiger wegen des Bankgeheimnisses nicht offenlegen lassen. Dazu bedarf es vielmehr eines richterlichen Beschlusses, den die Staatsanwaltschaft beantragt.

Wird dabei festgestellt, daß das Konto des Schuldners bereits Wochen oder gar Monate vor der Bestellung leer war und Wochen oder Monate nach der Bestellung nichts eingegangen ist, so spricht dies für einen Betrug. Der Schuldner hat dann dem Gläubiger Zahlungsfähigkeit und Zahlungswilligkeit vorgespiegelt und ihn so zu einer vermögensschädigenden Verfügung veranlaßt.

32 Ein weiteres neben anderen Umständen wichtiges Indiz für vorgefaßte Betrugsabsicht kann auch das Aufgeben des Wohnsitzes durch den Schuldner und das Verziehen „nach Unbekannt", ohne sich mit dem Gläubiger in Verbindung gesetzt zu haben, sein.

Hier hat eine Betrugsanzeige noch den willkommenen Nebeneffekt, daß die polizeiliche Fahndung (Ausschreibung zur Aufenthaltsermittlung, in schweren Fällen Ausschreibung zur Festnahme) dem Gläubiger zum Bekanntwerden der neuen Anschrift des Schuldners verhilft, was wegen Erlangung eines Titels oder Durchführung einer Zwangsvollstreckung bedeutsam ist.

Häufig werden Schulden nach erfolgter Strafanzeige und vor der Strafverhandlung bezahlt, um eine milde Strafe oder gar die Einstellung des Verfahrens wegen Geringfügigkeit zu erreichen. In der Strafverhandlung wird auch oft eine Freiheitsstrafe verhängt, die zur Bewährung unter Auflage der Wiedergutmachung des angerichteten Schadens ausgesetzt wird. Hier wird sich der Schuldner rasch um eine Begleichung seiner Schulden bemühen, da er anderenfalls Gefahr läuft, daß die Strafaussetzung zur Bewährung widerrufen wird.

Folgende drei Gesichtspunkte sollte der Gläubiger immer bedenken:

Die vorgefaßte **Betrugsabsicht**, die Voraussetzung eines Strafverfahrens ist, liegt dann **nicht** vor, **wenn beim Schuldner erst nach Bestellung eine nicht vorhersehbare Verschlechterung** seiner Einkommens- und Vermögensverhältnisse eingetreten ist (wenn z.B. eine vom Schuldner erwartete Zahlung, mit der er seine Schulden begleichen wollte, nicht eingegangen ist). Eine Geldstrafe wegen Betrugs, die der Staatskasse zufließt, mindert bzw. verzögert die Zahlungsfähigkeit des Schuldners.

Betrug ist ein **Offizialdelikt**, d.h., es wird auch ohne Strafantrag verfolgt und auch bei „Rücknahme" der Strafanzeige durch den Gläubiger.

7. Informationen über Schuldner

33 Informationen über Schuldner sind bereits im **Stadium der Vertragsverhandlungen** wichtig. Mit ihrer Hilfe kann sich der Gläubiger rechtzeitig über die Bonität des (künftigen) Schuldners informieren, was ihn vor Forderungsausfällen bewahren kann.

Vor allem aber **bei der Zwangsvollstreckung** sind Informationen über den Schuldner für die Zugriffsstrategie besonders wichtig. Von ihnen ausgehend kann sich der Gläubiger zu zwei- oder gar dreispurigem Vorgehen entschließen: Der Gerichtsvollzieher wird mit der Sachpfändung beauftragt (Rdn. 233 ff.). Es wird ihm mitgeteilt, daß gleichzeitig Antrag auf Erlaß eines Pfändungs- und Überweisungsbeschlusses – etwa zur Lohnpfändung – gestellt werde. Die vollstreckbare Ausfertigung des Titels werde ihm vom Vollstreckungsgericht nach Gebrauch auf Bitte des Gläubigers zugesandt werden. Damit kann der Gerichtsvollzieher den Vollstreckungsauftrag bereits in seine Planung aufnehmen; im Großstadtbereich wird der Auftrag ohnehin oftmals erst nach 2–3 Monaten durchgeführt.

Gleichzeitig kann der Gläubiger mit Hilfe einer **weiteren vollstreckbaren Ausfertigung** des Titels (§ 733 ZPO) – etwa wenn der Schuldner Grundbesitz in einem anderen Gerichtsbezirk hat (vgl. dazu OLG Karlsruhe Rpfleger 1977, 453) – die **Immobiliarzwangsvollstreckung** durch Eintragung einer Zwangshypothek (s. Rdn. 516) betreiben.

Bereits bei der Vertragsanbahnung, spätestens aber bei laufender Geschäftsbeziehung, sollte der Gläubiger Informationen über die **Einkommens- und Vermögensverhältnisse** des Schuldners sammeln. **34**

Von welchen Einkünften lebt der Schuldner?

Zur Beantwortung dieser Frage dienen Informationen über seine sämtlichen Einkommensquellen:

- Welchen Beruf übt der Schuldner aus?
- Wer ist sein Arbeitgeber?
- Wie hoch ist sein Einkommen?
- Zieht er Kapitaleinkünfte (Zinsen, Dividenden etc.)?
- Hat er Miet- oder Pachteinkünfte?
- Ist er an einer OHG, KG oder GmbH – evtl. als stiller Gesellschafter – beteiligt?

Verfügt der Gläubiger hierüber keine Erkenntnisse – etwa aufgrund einer Selbstauskunft des Schuldners (gelegentlich ergeben sich daraus Anhaltspunkte für einen sog. Eingehungsbetrug, vgl. Rdn. 30) –, so kann er sich diese durch eigene Ermittlungen oder durch Einschaltung einer Auskunftei oder eines Privatdetektivs oder letztendlich über die eidesstattliche Offenbarungsversicherung (s. Rdn. 672) verschaffen. Auch eine Anfrage an das Amtsgericht – Schuldnerverzeichnis –, das für den Wohnsitz des Schuldners zuständig ist, bietet sich an (s. dazu Rdn. 722).

Ist die **Schuldnerin eine GmbH** (68 % aller Pleiten der letzten Jahre entfielen auf GmbHs!), so kann er sich über ihre Lage dadurch informieren, daß er einen Handelsregisterauszug vom Handelsregister B anfordert (die HRB-Nummer ist auf den Geschäftsbriefen der GmbH aufgedruckt) und außerdem unbeglaubigte Ablichtungen sämtlicher Anmeldeunterlagen verlangt (§ 9 Abs. 2 HGB). Sie enthalten eine Gesellschafterliste mit den Privatanschriften der Gesellschafter und oftmals auch des Geschäftsführers, was für die Zustellung wichtig sein **35** kann. Im übrigen bieten die Höhe des Stammkapitals (positiv bei Werten über dem Mindestkapital von 50 000 DM) und der Tag des Abschlusses des Gesellschaftsvertrags (je länger die GmbH besteht, desto besser), die aus dem Handelsregisterauszug zu entnehmen sind, gewisse Beurteilungspunkte.

Seit 1988 kann der Gläubiger vom Registergericht auch **Ablichtungen der eingereichten Bilanzen** und Gewinn- und Verlustrechnungen der GmbH verlangen, ohne ein berechtigtes Interesse nachweisen zu müssen (§ 9 HGB). Nach §§ 325–327 HGB (eingefügt durch das Bilanzrichtliniengesetz vom 1.1. 1986) trifft alle GmbHs, auch die kleinen, eine Einreichungs- und Bekanntmachungspflicht bezüglich ihrer Bilanzen und weiterer Unterlagen spätestens 9 Monate (für große und mittelgroße GmbHs) bzw. 12 Monate (für kleine GmbHs) nach dem Bilanzstichtag. Die Einreichungs- und Bekanntmachungspflichten gelten auch für eine kleine Familien-GmbH (BayObLG in WM 1995, 755).

Kommt die GmbH ihrer Einreichungspflicht nicht nach, kann sie auf **Antrag des Gläubigers**, der seine Antragsberechtigung, d. h. seine Gläubigerstellung glaubhaft macht (§ 335 HGB) – z.B. durch eidesstattliche Versicherung oder durch Vorlage von Urkunden – durch Androhung und Festsetzung von Zwangsgeld bis 10 000 DM vom Registergericht zur Einreichung der Jahresbilanz und der Gewinn- und Verlustrechnung (s. § 325 HGB) angehalten werden.

Das Zwangsgeld kann auch wiederholt festgesetzt werden, wenn die GmbH ihrer Publikationspflicht nicht nachkommt.

Von Amts wegen kann ein Zwangsgeld nach derzeitiger Rechtslage nicht festgesetzt werden.

Die Europäische Kommission hat im Herbst 1998 eine Verschärfung der Publikationspflichten von Deutschland verlangt (z.B. Löschung der GmbH im Handelsregister bei Nichtvorlage der Bilanz etc.) und mit einer Klage vor dem Europäischen Gerichtshof gedroht.

Steht es schlecht um die GmbH, sollten **haftungserweiternde Maßnahmen** (s. dazu Rdn. 11) versucht werden.

36 Was hat der Schuldner an **pfändbarem Vermögen?**
Hier ist zunächst an **Konten** zu denken. Nahezu jeder hat Giro- und Sparkonten. Die Auffindung von Konten, die der Schuldner praktischerweise an seinem Wohnort üblicherweise nahe bei seiner Wohnung unterhält, kann durch einen Versuch einer kleinen Einzahlung oder durch Zustellung von Pfändungs- und Überweisungsbeschlüssen z.B. an die vier ortsansässigen Banken und Sparkassen – in **einem** Antrag möglich! – mit Aufforderung zur Drittschuldnererklärung (s. Rdn. 298) erfolgen.

Das außergerichtliche Vorgehen des Gläubigers 61

Das Auffinden von **Postgirokonten** war bis 1. 8. 1990 über die Kontenauskunft durch schriftliche oder telefonische Auskunft einfach. Seither erteilen die Postgiroämter auf Grund einer Weisung der Generaldirektion der Postbank an Privatleute keine Auskünfte mehr. Viele Schuldner geben ihre Postgiroverbindung in Geschäftsbriefen an. Man kann aber auch hier versuchen, eine kleine Summe zu überweisen. Kommt sie nicht zurück, hat der Schuldner bei dem betreffenden Giroamt ein Konto (in der gesamten Bundesrepublik gibt es über 5 Millionen Postgirokonten). Die Kontonummer braucht der pfändende Gläubiger im Pfändungsantrag nicht anzugeben.

Häufig finden sich Bankverbindungen auch auf Geschäftsbriefen. Etwaigen **Grundbesitz**, Häuser und Eigentumswohnungen kann man durch Einsichtnahme in die Eigentümerkartei des Grundbuchamts erfahren. Anschließend kann man dann einen Grundbuchauszug beantragen.

Als sonstige pfändbare Forderungen sollten in Erwägung gezogen werden: 37

- Forderungen gegen Kunden und Auftraggeber,
- Aktiendepotforderungen (zur Pfändung s. Rdn. 756),
- Anwartschaftsrechte,
- Erbansprüche,
- Lebensversicherungsansprüche,
- Sozialgeldleistungsansprüche,
- Zugewinnausgleichsansprüche,
- Taschengeldansprüche gegen Ehegatten,
- Forderungen gegen Versicherungen einschl. Rechtsschutzversicherung.

Hat der Gläubiger guten **Kontakt zu** einer **Bank**, kann er über diese, die sich wiederum bei anderen Banken und der SCHUFA informiert, wirtschaftliche Informationen über Schuldner bekommen.

Letztlich bleibt dem Gläubiger als Informationsquelle noch die **eidesstattliche Offenbarungsversicherung** (Rdn. 703).

Was ist bei **unbekanntem Aufenthalt des Schuldners** zu tun? 38
Manchmal ist dem Gläubiger nur das **Postfach** des Schuldners bekannt. Die Post darf einem Dritten für Zwecke des Postverkehrs auf dessen Verlangen die **Anschrift eines Postfachinhabers** mitteilen, sofern er ein berechtigtes Interesse an der Kenntnis der Anschrift im Einzelfall glaubhaft macht, das im Zusammenhang mit dem postalischen Dienstleistungsangebot steht.

Der Postfachinhaber kann der Mitteilung seiner Anschrift widersprechen. Auf sein **Widerspruchsrecht** ist er bei Vertragsschluß oder bei bestehenden Verträgen durch ein gesondertes Schreiben hinzuweisen (§ 5 Postdienst-Datenschutz-VO).

Ansonsten bestehen für Gläubiger bei unbekannter Anschrift des Schuldners folgende Informationsquellen:

- Telefonbuch (insbesondere CD-Rom D 1-Info, Komfortauskunft Telekom 0 11 89),
- Postauskunft (s. aber Rdn. 38 a),
- Einwohnermeldeamt (gebührenpflichtig),
- Handelsregister,
- Handwerkskammer (wenn Schuldner Handwerk ausübt),
- Gewerbeamt der Gemeinde, in der Schuldner Gewerbe betreibt,
- Industrie- und Handelskammer, wenn Schuldner dort Mitglied ist,
- Schuldnerverzeichnis (kann bei der IHK abonniert werden und wird dann laufend ergänzt. Es kann auch dort kostenlos eingesehen werden.),
- Anruf bei Verwandten, Lebensgefährten, Mithausbewohnern, Nachbarn,
- Anruf beim Arbeitgeber,
- Ausschreibung zur Aufenthaltsermittlung im Deutschen Fahndungsbuch durch die Staatsanwaltschaft bei hinreichendem Betrugsverdacht auf Anzeige durch den Gläubiger,
- Detekteien und Auskunfteien (gegen Entgelt [pro Auftrag] 80–130 DM, im Abonnement billiger).

Rechtsgrundlage für die Einwohnermeldeamtsanfrage ist § 21 des Melderechtsrahmengesetzes in seiner Neufassung vom 24. 6. 1994 (BGBl I, 1430). Danach kann man – gebührenpflichtig – Auskunft über Vorname, Familienname, Doktorgrad und Anschrift bestimmter Einwohner verlangen (einfache Melderegisterauskunft, § 21 Abs. 1 MRRG). Jede Melderegisterauskunft ist unzulässig, wenn der Betroffene der Meldebehörde das Vorliegen von Tatsachen glaubhaft macht, die die Annahme rechtfertigen, daß ihm oder einer anderen Person hieraus eine Gefahr für Leben, Gesundheit, persönliche Freiheit oder ähnliche schutzwürdige Belange erwachsen kann, § 21 Abs. 5 MRRG.

38a
- Die Möglichkeit der **Anschriftenermittlung** von Schuldnern **über** die sog. **Postanfrage** wurde durch die am 1. 7. 1991 in Kraft getretene Postdienst-Datenschutzverordnung erheblich eingeschränkt.
  Ist die zu prüfende Anschrift richtig, darf die Post dies dem Anfragenden uneingeschränkt mitteilen.
  Hat sich die zu prüfende **Anschrift geändert**, darf die neue Anschrift nur mitgeteilt werden, wenn diese durch einen noch vorliegenden Nachsendeantrag bekanntgeworden ist und der Empfänger der Weitergabe seiner neuen Anschrift nicht widersprochen hat.
  Ist die neue Anschrift dem Postamt ohne geltenden Nachsendeantrag bekannt, muß die Anschriftenanfrage dem Empfänger zugesandt werden, der selbst über die Mitteilung der neuen Anschrift entscheidet.

Bei Sendungen mit Vorausverfügungen wie z.B. „Nicht nachsenden, bitte mit neuer Anschrift zurück!" bzw. „Bei Anschriftenänderung bitte Anschriftenbenachrichtigungskarte zurück" gilt Entsprechendes. Gegebenenfalls wird die Sendung nachgesandt und bei Widerspruch des Empfängers bezüglich der Adressenmitteilung der Anfragende wie folgt benachrichtigt: „Verzogen, neue Anschrift darf nicht mitgeteilt werden" (§ 4 PD-DSVO).

Bei **im Bundesgebiet unbekannt verzogenen Ausländern** kann eine Anfrage an das **Ausländerzentralregister** in Köln gerichtet werden, mit der Bitte, die zuständige Ausländerbehörde (Kreisverwaltungsbehörde, Landratsamt, Stadtverwaltung-Ausländeramt) zu benennen, bei der man anfragen kann. 39

Zweckmäßig ist es, die Nationalität, den Geburtsort, das Geburtsdatum und den früheren deutschen Wohnsitz anzugeben. Anschrift: Bundesverwaltungsamt Abt. III – Ausländerzentralregister –, Postfach 68 01 69, Barbarastraße 1, **50735 Köln**, Tel. 02 21 / 75 80 und Fax 02 21 / 7 58–28 23.

Nach § 27 des seit 1. 10. 1994 geltenden Gesetzes über das Ausländerzentralregister vom 2. 9. 1994 (BGBl I, 2265) dürfen Daten über die aktenführende Ausländerbehörde, zum Zuzug oder Fortzug oder über das Sterbedatum des betroffenen Ausländers übermittelt werden,

- wenn die Nachfrage bei der zuletzt zuständigen Meldebehörde erfolglos geblieben ist und
- ein rechtliches Interesse an der Kenntnis des Aufenthaltsorts nachgewiesen wird.

Ersteres geschieht durch Vorlage einer Negativbescheinigung des Einwohnermeldeamts, in dessen Bereich der Ausländer zuletzt wohnte, letzterer Nachweis kann nur erbracht werden durch Vorlage eines nach deutschem Recht gültigen Vollstreckungstitels (§ 27 Abs. 1 Nr. 1 AZR-Gesetz). Beizufügen ist ein frankierter Briefumschlag für die Rückantwort.

Hat der Schuldner **durch Heirat den Namen gewechselt** (Annahme des Namens des Ehepartners als Ehenamen) oder die Schuldnerin nach Scheidung ihren **Geburtsnamen wieder angenommen,** so erteilen die zuständigen Standesämter nach § 61 PersonenstandsG bei Glaubhaftmachung eines rechtliches Interesses Auskunft. Auch die Einwohnermeldeämter können die Identität des Schuldners mit der gesuchten Person bestätigen (LG Bielefeld in Jur-Büro 1987, 930). 40

8. Verhandlungen mit Schuldnern

41 Bietet der Schuldner nach Mahnung Ratenzahlung an, was auf seiten des Gläubigers einer Stundung gleichkommt, so sollte sich der Gläubiger dieses Entgegenkommen stets vom Schuldner honorieren lassen, und zwar (wenn er die Geschäftsverbindung aufrechterhalten möchte) mindestens **durch Abgabe eines Schuldanerkenntnisses,** im Rahmen dessen der Schuldner auf Einwendungen gegen Grund und Höhe der Forderung ausdrücklich verzichtet und das dem Gläubiger für den Fall der Nichtzahlung die Führung eines Urkundenmahnverfahrens (s. dazu Rdn. 104–106) oder eines Urkundenprozesses (s. Rdn. 135) ermöglicht. Eine noch bessere Sicherung erfolgt (insbesondere wenn der Gläubiger auf den Schuldner keine Rücksicht zu nehmen braucht) **durch Titulierung der Forderung** in einer notariellen vollstreckbaren Urkunde (schnell, da unabhängig vom Geschäftsgang eines Gerichts, diskret und billig, s. Kostenübersicht bei Rdn. 42) oder durch Zusicherung des Schuldners, gegen einen Mahn- und Vollstreckungsbescheid weder Widerspruch noch Einspruch einzulegen und zwar gegen die Verpflichtung des Gläubigers, aus dem Vollstreckungsbescheid so lange nicht zu vollstrecken, als die vereinbarten Raten eingehalten werden (vgl. Kostenübersicht Rdn. 42).

Durch letztere Maßnahme ist der Gläubiger durch den Titel gesichert und der Schuldner braucht, wenn er die Raten pünktlich zahlt, keine (diskriminierenden) Vollstreckungsmaßnahmen zu befürchten.

Der Gläubiger kann aber auch versuchen, vom Schuldner Sicherheiten zu erhalten, wie z. B. die **Abtretung eigener Forderungen des Schuldners** gegen Drittschuldner oder **Lohnabtretung** (s. Rdn. 8). Bei letzterer sind allerdings etwaige Abtretungsverbote und die Pfändungsgrenzen zu beachten (nur pfändbare Forderungen sind abtretbar, § 400 BGB).

Wird ein **schriftlicher Ratenzahlungsvergleich** geschlossen, sollte nach Möglichkeit folgendes vereinbart werden:

1. ein Sockelbetrag als Abschlag, der gleich zu zahlen ist,
2. die Raten sollten den Zeitraum eines Jahres nicht übersteigen,
3. der Vergleich sollte eine Verfallklausel enthalten,
4. es sollten angemessene Zinsen (z. Zt. etwa 14–16 %) vereinbart werden, die bei längeren Zahlungsfristen durchaus auch höher sein können,
5. ist ein Rechtsanwalt beim Vergleichsabschluß beteiligt, sollten die Kosten des Vergleichs dem Schuldner auferlegt werden.

42 Als brauchbares **Verhandlungsargument** kann dem Gläubiger, der einen Vollstreckungstitel anstrebt – der titulierte Anspruch – mit Ausnahme der laufenden Zinsen, die in vier Jahren verjähren, §§ 218 Abs. 2, 197 BGB, – verjährt erst in dreißig Jahren –, der Hinweis auf die **kostengünstige freiwillige Titulierung** dienen, wie folgende Übersicht zeigt.

Kosten verschiedener Vollstreckungstitel			
Forderung:	**Notarielles Schuldanerkenntnis** (freiwillig)	**Vollstreckungsbescheid** im gerichtl. Mahnverfahren	**Urteil** im Prozeß
500,– DM	20,– DM	25,– DM	150,– DM
1 000,– DM	20,– DM	35,– DM	210,– DM
10 000,– DM	80,– DM	117,50 DM	705,– DM

II. Das amtsgerichtliche Verfahren im allgemeinen

1. Sachliche Zuständigkeit des Amtsgerichts und Abgrenzung zur Arbeitsgerichtsbarkeit

Die sachliche Zuständigkeit des Amtsgerichts in bürgerlichen Rechtsstreitigkeiten besteht grundsätzlich für alle Ansprüche, deren Gegenstand an Geld oder Geldeswert den Betrag von 10 000 DM nicht übersteigt (§ 23 Nr. 1 GVG). Bei Streitwerten über 10 000 DM ist das Landgericht sachlich zuständig, bei dem Anwaltszwang besteht.

Eine große Zahl von Rechtsstreitigkeiten wickelt sich daher im ersten Rechtszug vor dem Amtsgericht ab.

Eine Ausnahme besteht ohne Rücksicht auf den Wert des Streitgegenstandes für **arbeitsgerichtliche Streitigkeiten:** für sie ist das Arbeitsgericht ausschließlich zuständig. Dies gilt vor allem für Lohnforderungen der Arbeitnehmer oder Forderungen aus unerlaubter Handlung, die mit dem Arbeitsverhältnis zusammenhängen, soweit sie zwischen Arbeitgeber und Arbeitnehmer bestehen (vgl. zur sachlichen Zuständigkeit des Arbeitsgerichts weiterhin die §§ 2 und 3 des Arbeitsgerichtsgesetzes).

Beim Amtsgericht und Arbeitsgericht besteht kein Anwaltszwang, es kann also jedermann, sei er Kaufmann, Gewerbetreibender, Beamter, Angestellter, Arbeiter oder Privatmann, sei er Landwirt oder selbständig Berufstätiger, seine Sache vor diesem Gericht selbst vertreten. Insbesondere gilt dies für das vor dem Amtsgericht (§§ 688 ff. ZPO) oder dem Arbeitsgericht (§ 46 a ArbGG) sich abspielende Mahnverfahren (Verfahren auf Erlaß eines Mahnbescheids mit nachfolgendem Vollstreckungsbescheid).

Hier besteht überhaupt keine Obergrenze für den Streitwert; es kann also beispielsweise ein Mahnbescheid über 100 000 DM oder 1 Million DM beantragt werden.

Wegen der Rechtslage, die dann entsteht, wenn der Schuldner gegen den Mahnbescheid Widerspruch oder gegen den Vollstreckungsbescheid Einspruch einlegt, vgl. Rdn. 84 und 103.

2. Zur Wahl zwischen Mahn- und Klageverfahren

44 Die Wahl zwischen dem Mahn- und dem Klageverfahren hat der Gläubiger zu treffen.

Er wird das – billigere und raschere – Mahnverfahren wählen, wenn er mit Einreden des Schuldners gegen den erhobenen Geldanspruch nicht zu rechnen braucht, insbesondere seine Forderung unbestritten und eine Verzögerungstaktik des Schuldners nicht zu befürchten ist. Glaubt dagegen der Gläubiger mit Einwendungen seines Schuldners rechnen zu müssen – mögen diese auch nur der Verzögerung seiner Zahlungsverpflichtungen dienen und daher zum Schluß sich als unberechtigt erweisen –, so ist es zweckmäßiger, vom gerichtlichen Mahnverfahren abzusehen. Der Gläubiger erhebt in diesem Falle innerhalb der Streitwertgrenze bis 10 000 DM am besten sofort Klage vor dem Amtsgericht (s. dazu Rdn. 127 ff.). Geht der Streitwert über 10 000 DM hinaus, so muß der Gläubiger einen bei dem dann zuständigen Landgericht zugelassenen Rechtsanwalt mit der Erhebung der Klage beauftragen.

In der folgenden kleinen Übersicht sind Mahn- und Klageverfahren am **Beispiel** einer 12 000-DM-Klage gegenübergestellt:

Mahnverfahren	Klageverfahren
Gebührenvorschuß 1/2 Gerichtsgebühr = 132,50 DM	Gebührenvorschuß 3 Gerichtsgebühren = 795 DM
Kein Anwaltszwang	Anwaltszwang 10/10 Anwaltsgebühr = 665 DM + 16 % MWSt
Schriftlich rasch selbst zu erledigen (Ausfüllen des Vordrucks für Mahnanträge)	Schriftliche Klageerhebung durch Rechtsanwalt, den man eingehend informieren muß. In der Regel Erscheinungspflicht im Gerichtstermin.
Keine Fristen, keine Termine	Termin zur mündlichen Verhandlung nach Ablauf der Einlassungsfrist von 2 Wochen.

III. Das amtsgerichtliche Mahnverfahren im einzelnen
1. Die örtliche Zuständigkeit des Amtsgerichts
a. Schuldner wohnt im Inland

Örtlich zuständig zum Erlaß eines Mahnbescheids – nicht aber auch für die unmittelbare Klageerhebung (s. Rdn. 117) – ist dasjenige Amtsgericht, in dessen Bezirk der Gläubiger seinen Wohnsitz oder seinen gewöhnlichen Aufenthalt hat (§§ 689 Abs. 2, 13, 16 ZPO)[32]. Bei juristischen Personen (Aktiengesellschaft, GmbH, eingetragener Verein) bestimmt sich die örtliche Zuständigkeit nach dem Ort, an dem die Verwaltung geführt wird. Bei einer **ausländischen Versicherungsgesellschaft** oder **Bank**, die im Inland eine selbständige Niederlassung unterhält, ist allgemeiner Gerichtsstand i. S. von § 689 Abs. 2 ZPO der Ort des Sitzes der Niederlassung (BGH in NJW 1979, 1785 = MDR 1979, 647; AG Frankfurt/Main in NJW 1980, 2028). Hat der Gläubiger im Inland keinen allgemeinen Gerichtsstand, so ist das Amtsgericht Schöneberg in Berlin ausschließlich zuständig[33]. 45

Im Mahnverfahren bedarf es also, vom Interesse des Gläubigers aus gesehen, keiner Gerichtsstandsvereinbarung mehr.

b. Schuldner wohnt im Ausland

Für Fälle, in denen der Schuldner (im Mahnverfahren neutral „Antragsgegner" genannt) keinen allgemeinen Gerichtsstand im Inland hat, gleichwohl aber ein Mahnverfahren mit nachfolgendem Streitverfahren wegen der an sich gegebenen Inlandszuständigkeit ermöglicht werden soll, gilt folgendes (§ 703 d ZPO): Zuständig für das Mahnverfahren ist das Amtsgericht, das für das streitige Verfahren zuständig sein würde, wenn die Amtsgerichte im ersten Rechtszug ohne Rücksicht auf den Streitwert unbeschränkt sachlich zuständig wären. Diese Zuständigkeitsregelung knüpft also an die Zuständigkeit für ein späteres Streitverfahren an (s. dazu Rdn. 117). 46

Hat der Schuldner also beispielsweise seinen Wohnsitz in London, so könnte ein Mahnantrag gegen ihn im Inland beim Amtsgericht, in dessen Bezirk er sich längere Zeit aufhält (z.B. in einem Krankenhaus) oder eine geschäftliche Niederlassung hat oder sich Vermögen des Schuldners befindet (§§ 20, 21, 23 ZPO), ge-

---

[32] Die Landesregierungen sind ermächtigt, Mahnverfahren einem Amtsgericht für den Bezirk eines oder mehrerer Oberlandesgerichte zuzuweisen, wenn dies ihrer schnelleren und rationelleren Erledigung dient. Mehrere Länder können die Zuständigkeit eines Amtsgerichts über die Landesgrenzen hinaus vereinbaren (§ 689 Abs. 3 ZPO).
Die Landesregierungen bestimmen durch Rechtsverordnung den Zeitpunkt, in dem bei einem Amtsgericht die maschinelle Bearbeitung des Mahnverfahrens eingeführt wird (§ 703 c Abs. 3 ZPO). Wo das maschinelle Mahnverfahren schon eingeführt ist, s. Rdn. 52.
[33] Zum Antrag einer französischen Gesellschaft ohne Sitz im Inland vgl. BGH in IPRax 1992, 43.

stellt werden. Zwischen Gläubiger und Schuldner kann aber auch die Zuständigkeit eines Amtsgerichts wirksam vereinbart werden, wenn mindestens einer von ihnen keinen allgemeinen Gerichtsstand im Inland hat (s. Rdn. 5, 122).

Ist eine solche Zuständigkeit der inländischen Gerichte für ein späteres Streitverfahren nicht gegeben, so kann der Anspruch auch nicht im Mahnverfahren geltend gemacht werden.

Das für das Mahnverfahren zuständige Amtsgericht hat die Sache bei Widerspruch oder Einspruch (s. Rdn. 103) als Streitgericht weiterzubehandeln, wenn sie in seinen sachlichen Zuständigkeitsbereich fällt. Anderenfalls ist sie an das übergeordnete Landgericht, im Falle der Zuweisung der Mahnverfahren an ein gemeinschaftliches Gericht (§ 689 Abs. 3 ZPO; s. Rdn. 51), an das zuständige Amtsgericht oder Landgericht abzugeben.

Von der vorstehend behandelten Sonderregelung werden in erster Linie Fälle erfaßt, in denen die Zustellung des Mahnbescheids an den Schuldner nach den allgemeinen Vorschriften im Inland bewirkt werden kann (z.B. Zustellung an einen Bevollmächtigten), und lediglich der allgemeine Gerichtsstand des Schuldners im Inland fehlt. Darüber hinaus kann es sich um Fälle mit notwendiger, aber nach § 688 Abs. 3 ZPO (s. Rdn. 49) zulässiger Zustellung des Mahnbescheids im Ausland handeln.

2. Im Mahnverfahren verfolgbare Ansprüche

47   Mit dem gerichtlichen Mahnverfahren kann nur ein Anspruch verfolgt werden, der die Zahlung einer bestimmten Geldsumme in inländischer Währung zum Gegenstand hat (§ 688 Abs. 1 ZPO). Hierunter fallen insbesondere die in DM zu erfüllenden Verbindlichkeiten aus Kauf, Werkvertrag, Darlehen, Wechsel, Hypothek, Grundschuld, Rentenschuld, Schiffshypothek und dgl.

Seit 1. 4. 1991 kann das Mahnverfahren auch für Zahlungsansprüche in **Wohnungseigentumssachen** benutzt werden (§ 46 a WEG).

Erfaßt werden

- Ansprüche der Wohnungseigentümer auf Beiträge zu den Lasten des gemeinschaftlichen Eigentums und zu den Kosten seiner Instandhaltung, Instandsetzung und sonstigen Verwaltung sowie eines gemeinschaftlichen Gebrauchs (§ 16 II WEG),
- Ansprüche auf Beiträge zur Instandhaltungsrückstellung (§ 28 I Nr. 3 WEG),
- Ansprüche auf Vorschüsse entsprechend dem Wirtschaftsplan (§ 28 II WEG),

Das amtsgerichtliche Mahnverfahren im einzelnen

- Ansprüche auf Schadenersatz wegen Verletzung der aus der Gemeinschaft entspringenden schuldrechtlichen Verpflichtungen,
- Ansprüche gegen den Verwalter wegen einer Verletzung des Verwaltervertrags,
- Ansprüche des Verwalters gegen Wohnungseigentümer, etwa auf Zahlung von Vergütung.

Das Mahnverfahren findet aber nicht statt, wenn die Geltendmachung des Anspruchs von einer noch nicht erfolgten Gegenleistung abhängig ist oder wenn die Zustellung durch öffentliche Bekanntmachung (z.b. bei unbekanntem Aufenthalt des Schuldners) erfolgen müßte (§ 688 Abs. 2 ZPO).

Wegen anderer Ansprüche als den vorgenannten, etwa wegen Leistung von vertretbaren Sachen (z.b. 30 Zentner Speisekartoffeln) oder Wertpapieren, kann ein Mahnverfahren nicht eingeleitet werden. Hier muß unmittelbar der Klageweg beschritten werden. Der Grund für diese Regelung ist insbesondere, daß bei Berücksichtigung auch solcher Ansprüche im Mahnverfahren dessen Umstellung auf die elektronische Datenverarbeitung (s. Rdn. 51) erhebliche Schwierigkeiten bereiten würde.

3. Besonderheiten bei Forderungen aus Verbraucherkrediten

Ab 1. 1. 1992 traten wichtige Änderungen beim Mahnverfahren in Kraft, die sich aus Artikel 6 des Gesetzes über Verbraucherkredite, zur Änderung der Zivilprozeßordnung u. a. Gesetze vom 17. 12. 1990 (BGBl I S. 2840) ergeben.

Durch diese Änderungen soll vermieden werden, daß künftig ein Kreditgeber sich für einen möglicherweise sittenwidrigen Kredit im Mahnverfahren einen raschen Vollstreckungstitel verschafft, ohne daß der Kreditnehmer nennenswerten Widerstand leistet.

Dieses Ziel soll durch folgende Regelung erreicht werden:
1. Der Gläubiger muß in Spalte (5) des Vordrucksatzes für das nichtmaschinelle Mahnverfahren (Anlage 1), bzw. in Zeile 50 des Vordrucksatzes für das maschinelle Mahnverfahren (Anlage 4) angeben, daß es sich um einen Anspruch aus einem Verbraucherkreditvertrag handelt (§ 690 Abs. 1 Nr. 3, 2. Hs. ZPO);
2. er muß dort auch das Datum des Vertragsabschlusses angeben und
3. den vereinbarten effektiven oder anfänglichen effektiven Jahreszins mitteilen.

Formulierungsbeispiel:
„Anspruch aus Vertrag vom 1. 2. 1999, für den das Verbraucherkreditgesetz gilt. Effektiver Jahreszins 17%."

Handelt es sich um eine Forderung aus einem Überziehungskredit, den eine Bank oder Sparkasse einem Verbraucher eingeräumt hat (§ 9 VerbrKrG), genügt die Angabe „Anspruch aus Vertrag, für den das Verbraucherkreditgesetz gilt".

Ein Mahnbescheid wird nicht erlassen (§ 688 Abs. 2 ZPO)
1. wenn die obengenannten Angaben fehlen oder
2. wenn der effektive Jahreszins um 12 % über dem Diskontsatz der Deutschen Bundesbank liegt (Diskontsatz seit 13. 5. 1994 4,5 % + 12 % = 16,5 %; sog. Schwellenzins).

Liegt der vereinbarte effektive Jahreszins darüber, kann der Gläubiger seine Forderung nur über das Klageverfahren (Rdn. 117) geltend machen.

Entspricht der Mahnantrag nicht den obigen Erfordernissen, so ist er vom Mahngericht zurückzuweisen. Zuvor ist der Antragsteller aber im Wege der Zwischenverfügung zu hören, in der er auf die Mängel aufmerksam gemacht wird. Er hat dann Gelegenheit, den Mahnantrag, soweit die Mängel behebbar sind, nachzubessern.

4. Das grenzüberschreitende Mahnverfahren

49 Das grenzüberschreitende Mahnverfahren ist statthaft, wenn die Zustellung des Mahnbescheids in einem Land erfolgen muß, mit dem Deutschland ein Anerkennungs- und Vollstreckungsübereinkommen geschlossen hat (§ 688 Abs. 3 ZPO i. V. m. §§ 34, 35 AVAG).

Das ist mit folgenden Ländern der Fall:

Belgien	Israel
Dänemark	Italien
Frankreich	Luxemburg
Griechenland	Niederlande
Großbritannien	Norwegen
Irland	Spanien

Hat der Antragsgegner keinen allgemeinen Gerichtsstand (s. dazu §§ 12–18 ZPO) in Deutschland, also insbesondere keinen Wohnsitz, so ist das Amtsgericht – Mahngericht – für den Mahnantrag örtlich zuständig, das für das streitige Verfahren (Klage) zuständig wäre, wenn die Amtsgerichte im ersten Rechtszug sachlich unbeschränkt zuständig wären, d. h., der Antragsteller muß sich an ein Mahngericht wenden, bei dem ein **besonderer Gerichtsstand** gegen den Antragsgegner gegeben ist (§ 703 d ZPO).

Das amtsgerichtliche Mahnverfahren im einzelnen

Es kommen in Betracht:
- Ein vereinbarter Gerichtsstand (§ 38 ZPO, Art. 17 EuGVÜ; s. dazu Rdn. 5);
- der Gerichtsstand des Erfüllungsorts (§ 29 ZPO, Art. 5 Nr. 1 EuGVÜ);
- der Gerichtsstand der unerlaubten Handlung (§ 32 ZPO, Art. 5 Nr. 3 EuGVÜ);
- der Gerichtsstand der Streitgenossenschaft (Art. 6 Nr. 1 EuGVÜ).

Der besondere Gerichtsstand des Vermögens (§ 23 ZPO) – er ist beispielsweise an dem Ort gegeben, an dem der Antragsgegner Geldforderungen hat –, der sich an sich anböte, ist durch Art. 3 Abs. 2 EuGVÜ ausgeschlossen. Er könnte allerdings mit Israel, Norwegen und Spanien, mit denen bilaterale Abkommen bestehen, herangezogen werden.

Beim grenzüberschreitenden Mahnverfahren nach § 688 Abs. 3 ZPO darf auch die Zahlung einer **Geldsumme in ausländischer Währung** verlangt werden (§ 34 Abs. 1 Satz 2 AVAG).

Vordruckzwang herrscht nicht, da Vordrucke für Mahnverfahren, in denen der Mahnbescheid im Ausland zuzustellen ist (§ 703 c Abs. 1 Nr. 3 ZPO), bisher noch nicht eingeführt sind. Es können also die für Inlandsmahnverfahren vorgesehenen Vordrucke verwandt werden. Es empfiehlt sich aber eine Anfrage beim zuständigen Mahngericht.

Besteht Grund zur Annahme, daß der Schuldner der deutschen Sprache nicht mächtig ist, so sind dem Mahn- und Vollstreckungsbescheid samt Rechtsbehelfsbelehrung entsprechende Übersetzungen in die Amtssprache am Sitz des Schuldners beizufügen (§ 25 ZRHO). Der Antragsteller darf notwendige Übersetzungen allerdings nicht eigenhändig anfertigen, auch nicht, wenn er eine entsprechende Genehmigung besitzt[34].

Zur Arbeitserleichterung für Gläubiger hat das Bundesjustizministerium Standardübersetzungen der deutschen Formulare für den Mahn- und Vollstreckungsbescheid in Französisch, Holländisch und Italienisch hergestellt, die von den Mahngerichten zur Verfügung gestellt werden.

Der Antragsteller kann das Amtsgericht bitten, Übersetzungen vom Mahn- und Vollstreckungsbescheid anzufertigen[35].

Das Mahngericht prüft zunächst seine Zuständigkeit nach § 703 d Abs. 2 ZPO. Eine etwaige **Gerichtsstandsvereinbarung** ist mit Schriftstücken, die dem Mahnantrag beizufügen sind, nachzuweisen (§ 34 Abs. 2 AVAG). So verlangt Art. 17 EuGVÜ entweder eine ausdrückliche schriftliche Gerichtsstandsvereinbarung oder eine mündliche Vereinbarung im Zusammenhang mit einer schrift-

---

[34] OLG Köln in NJW 1987, 1091.
[35] Näher dazu Hök in JurBüro 1991, 1145, 1303, 1441 und 1605.

lichen Bestätigung der Gerichtsstandsvereinbarung durch nur eine Partei. Ausreichend ist auch die Übersendung von Allgemeinen Geschäftsbedingungen mit Gerichtsstandsklausel als Anlage zu einem kaufmännischen Bestätigungsschreiben, wenn am Sitz des Adressaten ein entsprechender Handelsbrauch nachweisbar ist.

5. Inhalt des Antrags auf Erlaß eines Mahnbescheids Die amtlichen Vordrucke

50 Der Antrag auf Erlaß eines Mahnbescheids **muß** enthalten (§ 690 ZPO):

1. Die Bezeichnung der Parteien, ihrer gesetzlichen Vertreter und der etwaigen Prozeßbevollmächtigten (s. dazu Rdn. 66, 74);
2. die Bezeichnung des Gerichts, bei dem der Antrag gestellt wird. Diese Bezeichnung geht aus der Anschrift des Antrags hervor (Rdn. 53);
3. die Bezeichnung des Anspruchs unter bestimmter Angabe der verlangten Leistung, wobei Haupt- und Nebenforderungen gesondert und einzeln zu bezeichnen sind und besondere Kennzeichnungspflichten für Ansprüche im Sinne des Verbraucherkreditgesetzes gelten (s. Rdn. 47, 67);
4. die Erklärung, daß der Anspruch nicht von einer Gegenleistung abhängt oder daß die Gegenleistung erbracht ist (s. Rdn. 69);
5. die Bezeichnung des Gerichts, das für ein streitiges Verfahren sachlich und örtlich zuständig ist (s. Rdn. 54).

Der Antrag muß vom Antragsteller oder seinem Bevollmächtigten, bei Minderjährigen und Entmündigten von deren gesetzlichem Vertreter **handschriftlich** unterzeichnet werden. Eine Faksimileunterschrift mit einem Stempel genügt nicht. Ein Bevollmächtigter hat seine ordnungsgemäße Bevollmächtigung durch den Antragsteller zu versichern; des Nachweises einer Vollmacht bedarf es dagegen im Mahnverfahren nicht (§ 703 ZPO).

51 Der Antrag kann in einer nur maschinell lesbaren Aufzeichnung eingereicht werden, wenn die Aufzeichnung dem Gericht für seine maschinelle Bearbeitung geeignet erscheint (§ 690 Abs. 3 ZPO). Gemeint ist damit die Einreichung von Mahnanträgen im Wege des Datenträgeraustausches. Dabei werden Magnetbänder, Lochkarten oder Mikrofilme anstelle schriftlicher Anträge eingereicht. Hierdurch wird dem Antragsteller, der mit einer EDV-Anlage arbeitet, der Ausdruck von Mahnanträgen erspart; gleichzeitig entfällt bei einem Gericht, das mit einer EDV-Anlage arbeitet, die personalintensive Erfassung und Eingabe der schriftlichen Mahnanträge. Wegen der Abstimmung der EDV-Anlagen ist diese Art der Mahnantragstellung nur zulässig, wenn sie dem Gericht für seine maschinelle Bearbeitung geeignet erscheint.

52 Zur Vereinfachung sind für alle Mahnverfahren bei Gerichten, die die Verfahren nicht maschinell bearbeiten (das sind 1992 alle Amtsgerichte in der Bundesre-

Das amtsgerichtliche Mahnverfahren im einzelnen 73

publik mit Ausnahme derjenigen in den Bundesländern Baden-Württemberg und Berlin sowie in zum OLG-Bezirk Hamm und den LG-Bezirken Koblenz, Köln, Aachen und Bonn und dem AG-Bezirk Alzey, wo Mahnanträge maschinell bearbeitet werden – in Bayern wird ein maschinelles Mahnverfahren beim Amtsgericht München – nur für bestimmte Großgläubiger auf Antrag freigegeben –), amtliche Vordrucke für Mahnanträge eingeführt worden[36]. Diese Vordrucke **müssen** benutzt werden (Anl. 1–3). Sie sind in Schreibwarengeschäften erhältlich.

Wird der amtliche Vordruck nicht benutzt, wird der Mahnantrag zurückgewiesen (§§ 691 Abs. 1, 703 c Abs. 2 ZPO).

Seit 1. Januar 1979 müssen für Mahnverfahren bei Gerichten, die Verfahren maschinell bearbeiten (s. obige Aufzählung), besondere Vordrucksätze benutzt werden. Sie wurden mit Wirkung ab 1. 1. 1992 geändert (s. Anl. 4).

Die bedeutsamste Neuerung für den Gläubiger liegt in der „tagfertigen" Verarbeitung der Mahneingänge (§ 689 Abs. 1 Satz 3 ZPO). Auch wird grundsätzlich auf Aktenführung verzichtet (§ 696 Abs. 2 ZPO). Mahnakten sind nur zu führen, wenn sich die Sache für maschinelle Bearbeitung nicht eignet oder wenn sie der Rechtspfleger hiervon ausnimmt[37].

Als **Beilage** in einer Einstecklasche am Schluß des Buches werden beide amtlichen Vordrucksätze ausgefüllt als **Anlagen 1–4** wiedergegeben und in den nachfolgenden Kapiteln (Rdn. 53ff.) im einzelnen erläutert.

Im Mahnverfahren können bei **Auftreten von Schwierigkeiten** alle Anträge und Erklärungen vor dem zuständigen Rechtspfleger eines jeden deutschen Amtsgerichts abgegeben und verlangt werden, daß die Vordrucke vom Rechtspfleger ausgefüllt werden (§§ 702, 129 a ZPO).

6. Die Bezeichnung des Gerichts

Hier muß man unterscheiden zwischen dem Mahngericht, das im Anschriftenfeld bei Nr. ①(Zeile 53 maschineller Vordruck) anzugeben ist und dem Gericht, bei dem für den Fall des Widerspruchs gegen den Mahnbescheid oder des Einspruchs gegen den Vollstreckungsbescheid das streitige Verfahren 53

---

[36] Der bundeseinheitliche Vordrucksatz für das Mahnverfahren wurde durch Verordnung des Bundesministers der Justiz vom 6. Mai 1977 erstmals eingeführt. Inzwischen wurden die Vordrucke durch VO vom 18. Juli 1991 (BGBl I S. 1547 ff.) mit Wirkung ab 1. 1. 1992 geändert. Der **Formularzwang** gilt nicht für Mahnverfahren, in denen der Mahnbescheid im Ausland zuzustellen ist. Ferner nicht für Mahnverfahren, in denen der Mahnbescheid nach Art. 32 des Zusatzabkommens zum NATO-Truppenstatut vom 3. August 1959 (BGBl 1961 II S. 1183, 1218) zuzustellen ist. Allerdings **kann** der Antragsteller auch in diesen Fällen den amtlichen Vordrucksatz benutzen.
[37] Über erste Erfahrungen mit der Automation im Mahnverfahren berichtete Mayer in NJW 1983, 92 ff.

durchzuführen und das in der Zeile bei Nr. ⑩ (Zeile 45 maschineller Vordruck) einzutragen ist.

Welches Mahngericht zuständig ist, ergibt sich aus den Ausführungen in Rdn. 45 ff. Im Normalfall ist es das Amtsgericht am Wohnsitz des Antragstellers.

54 Will man das Gericht für das streitige Verfahren finden, muß man sich erst darüber klar werden, welches Gericht sachlich und örtlich für den Rechtsstreit zuständig sein wird. Es wird in Zeile 10 bzw. Zeile 45 eingetragen.

Sachlich zuständig ist für Ansprüche bis 10 000 DM (ohne Zinsen und Kosten) sowie für Ansprüche aus Wohnraummietverhältnissen und für Unterhaltsansprüche das Amtsgericht, sonst grundsätzlich das Landgericht.

Örtlich zuständig ist grundsätzlich das Gericht, in dessen Bezirk der Antragsgegner wohnt. Abweichend davon kann eine besondere oder ausschließliche Zuständigkeit gegeben sein, z.B. bei wirksamer Gerichtsstandsvereinbarung (§ 38 ZPO) oder bei Klagen aus unerlaubten Handlungen (§ 32 ZPO) oder bei bestimmten Erbschaftsstreitigkeiten (§§ 27, 28 ZPO), beim Gerichtsstand des Erfüllungsorts (§ 29 ZPO) oder beim besonderen Gerichtsstand des Vermögens oder des Streitobjekts (§ 23 ZPO), auch der besondere Gerichtsstand des Aufenthaltsorts kommt etwa bei Studierenden, Arbeitern, Schülern, Lehrlingen usw. in Betracht (§ 20 ZPO). In Wohnungseigentumssachen ist das Amtsgericht zuständig, in dessen Bezirk das Grundstück liegt (§ 43 WEG).

Daß die unrichtige Angabe über den Gerichtsstand für den Antragsteller nachteilige Folgen haben kann, erfährt er aus dem Vorblatt bei den Anmerkungen zu Zeile ⑩: „Haben Sie ein unzuständiges Gericht angegeben, drohen Ihnen Kostennachteile".

Nach § 696 Abs. 1 Satz 1 ZPO ist nach Widerspruch der Rechtsstreit zum Schutz des Antragsgegners ohne Ausnahme an das im Mahnbescheid für ein streitiges Verfahren als zuständig bezeichnete Gericht abzugeben. Die Berichtigung einer fehlerhaften Bezeichnung ist nicht vorgesehen, auch wenn der Antragsteller ein nicht oder nicht mehr zuständiges Gericht (z.B., wenn der Antragsgegner seinen Wohnsitz zwischen letzter vorgerichtlicher Mahnung und Zustellung des Mahnbescheids wechselt) angegeben hat. Die Prüfung des Mahngerichts beschränkt sich darauf, ob an dem im Mahnantrag bezeichneten Ort, wie angegeben, ein Amts- oder Landgericht besteht. Ist dies nicht der Fall, liegt ein Grund vor, den Antrag zurückzuweisen (§ 691 ZPO). Im übrigen soll das Mahngericht bei einer erkennbaren Unstimmigkeit den Mahnbescheid wie bisher nicht erlassen, sondern dem Antragsteller durch **Zwischenverfügung** mit Fristsetzung Gelegenheit zur Nachbesserung geben.

Das kann etwa der Fall sein, wenn der Antragsteller nicht das Gericht angegeben hat, bei dem für die Klage wegen des geltend gemachten Anspruchs ein

Das amtsgerichtliche Mahnverfahren im einzelnen 75

ausschließlicher Gerichtsstand – z.B. der ausschließliche Gerichtsstand in Mietsachen, § 29 a ZPO – besteht oder wenn ein Gericht bezeichnet wird, das auf Grund einer Gerichtsstandsvereinbarung zuständig sein soll, die Voraussetzungen für eine Gerichtsstandsvereinbarung aber offensichtlich nicht vorliegen (zu Gerichtsstandsvereinbarungen siehe Rdn. 5).

7. Die Bezeichnung des Antragsgegners im Mahnantrag

Die Bezeichnung des Antragsgegners muß so erfolgen, daß eine Zustellung des Mahnbescheids möglich ist und eine etwaige spätere Vollstreckung des Vollstreckungsbescheids, der aus dem Mahnbescheid hervorgeht, durchgeführt werden kann. Das bedeutet, daß der Antragsgegner im Adressenfeld ② des amtlichen Vordrucks möglichst individualisierbar zu bezeichnen ist.

55

Familienstand, Beruf oder Gewerbe brauchen nicht angegeben zu werden, erleichtern aber die Identifizierung. Auch kann ein Beizeichen zum Namen wie „junior" wichtig sein, wenn beispielsweise Vater und Sohn den gleichen Namen tragen. Auf die genaue Bezeichnung des Antragsgegners sollte größter Wert gelegt werden, da eine ungenaue Bezeichnung zu Schwierigkeiten bei der eventuellen späteren Vollstreckung führen kann. Es ist nämlich nach der Rechtsprechung nicht Aufgabe des Gerichtsvollziehers, die Anschrift eines **verzogenen Schuldners** festzustellen, denn Gerichtsvollzieher sind keine Ermittlungsorgane[38].

Trifft eine Schuldnerbezeichnung auf zwei Personen gleichermaßen zu, so kann eine Vollstreckung nicht erfolgen, wenn weder der Vollstreckungstitel noch sonstige Umstände einen verläßlichen Hinweis dafür geben, wer von beiden gemeint ist[39].

Trägt jemand einen **Familiennamen**, der **auch Vorname** sein könnte (Peter Franz), so sollte der Familienname nachgestellt und unterstrichen werden. Ist eine konkrete Verwechslungsgefahr nicht gegeben, so kann auch – wie z.B. in Bayern üblich – der Familienname vorangestellt werden[40].

Der gegen einen **Verstorbenen** (meist versehentlich) erlassene Mahnbescheid ist unwirksam, seine Berichtigung auf den Erben kommt nicht in Betracht. Gegen ihn muß der Gläubiger vielmehr einen neuen Mahnbescheid erwirken[41].

---

38 OLG München in KTS 1971, 289, LG Osnabrück in DGVZ 1971, 175; AG Augsburg in DGVZ 1994, 78.
39 LG Mainz in DGVZ 1973, 170.
40 Vgl. LG Hannover in JurBüro 1992, 57.
41 AG Köln in JurBüro 1968 Sp. 418 und in Rpfleger 1969, 250 mit weiteren Nachweisen. Mit dieser Frage und mit weiteren Fragen des Einflusses des Todes des Schuldners auf ein gerichtetes Mahnverfahren (Schuldner stirbt nach Zustellung des Mahnbescheids, jedoch vor Erteilung des Vollstreckungsbescheids, er stirbt nach rechtzeitigem Widerspruch oder nach Erteilung des Vollstreckungsbescheids) befaßt sich Ahlborn in JurBüro 1969 Sp. 19.

Auch ein **Künstlername** kann genügen, wenn damit die Identität festgestellt werden kann.

Die Angabe eines **Postfachs** des Schuldners ist nicht ausreichend, weil die Niederlegung des zuzustellenden Mahnbescheids einen vorhergehenden Zustellungsversuch in der Wohnung voraussetzt (§ 182 ZPO) und überdies nicht einmal die Einlegung der Niederlegungsmitteilung in das Schließfach den Zustellungsformalitäten entspricht[42]. Zur Ermittlung der Anschrift eines Postfachinhabers s. Rdn. 38.

56 Ein Vollkaufmann (zum Begriff s. Rdn. 120) kann unter seinem bürgerlichen Namen oder unter seiner **Firma** belangt werden (§ 17 Abs. 2 HGB). Die Firma ist im Handelsregister eingetragen (Soll- und Kann-Kaufmann erlangen die Kaufmannseigenschaft erst mit der Eintragung – § 2 HGB –/ der Mußkaufmann – § 1 HGB – hat seine Firma zur Eintragung in das Handelsregister anzumelden – § 29 HGB –). Die Firma muß mindestens einen ausgeschriebenen Vornamen enthalten (§ 18 Abs. 1 HGB). Schreibt z.B. der Gläubiger, daß sich sein Antrag gegen eine Firma „A. Müller" richte, so kann es sich um eine rechtmäßige Firma handeln, deren Bezeichnung nur unvollständig angegeben ist. Dann wird es zu keinen Beanstandungen kommen. Es kann sich aber auch um eine Firmenbezeichnung handeln, deren Bestehen später nicht feststellbar ist. Dann hat der Vollstreckungsbescheid für den Gläubiger keinen Wert, dieser muß von vorn beginnen.

57 Manchmal weiß der Gläubiger nur, daß sich sein Schuldner z.B. mit „Firma August Maier" bezeichnet. Damit weiß er aber noch nicht sicher, ob sein Schuldner tatsächlich auch August Maier heißt. Es kann dies auch ein Otto Müller sein. Denn der ursprünglich bestehende Grundsatz der Firmenwahrheit wird im Falle einer Veräußerung des Geschäfts zugunsten der Firmenbeständigkeit vielfach durchbrochen, um den Übernehmer nicht zur Neubildung einer Firma zu nötigen und um die in der alten Firma verkörperten Werte zu erhalten. Will in solchen Fällen der Gläubiger den Firmeninhaber persönlich in Anspruch nehmen, so muß er sich durch Einsicht in das beim Amtsgericht befindliche Handelsregister erst darüber vergewissern, wer der Firmeninhaber tatsächlich ist. Aber, wie gesagt, der Gläubiger kann in Fällen, in denen es sich tatsächlich um eine eingetragene Firma handelt, auch die Firma als den Schuldner in seinem Mahnantrag angeben, wenn es sich um eine Geschäftsverbindlichkeit handelt. Unrichtig ist es, im Antrag etwa als Schuldner anzuführen „1. die Firma August Maier, 2. deren Inhaber Otto Müller, je als Gesamtschuldner haftend". Denn ein Titel, der gegen eine Firma ergeht, richtet sich nicht gegen die Firma als solche, sondern gegen deren Inhaber. Die Firma ist kein Rechtssubjekt, sondern nur der Name des Kaufmanns im Handelsverkehr. **Partei** ist daher **nur**

---

[42] BayObLG in NJW 1963, 600.

derjenige, der zum Zeitpunkt der Zustellung des Mahnbescheids **Inhaber der Firma** war[43]. Es handelt sich also nicht um zwei Schuldner. Am sichersten ist es für den Gläubiger, wenn er als Schuldner anführt „Firma August Maier, Inhaber Kaufmann Otto Müller". Die Frage, in welcher Eigenschaft – Vollkaufmann oder Privatmann – der Schuldner beansprucht wird, ist für die Zulässigkeit der Zwangsvollstreckung gegen ihn von Erheblichkeit. Die Antwort auf diese Frage ergibt sich aus dem Namen, mit dem er im Mahnbescheid (und damit auch im Vollstreckungsbescheid bzw. im Urteil) als Partei bezeichnet ist. Geht der Titel gegen einen Einzelkaufmann unter seinem bürgerlichen Namen, dann ist es für die Zulässigkeit der Zwangsvollstreckung in sein gesamtes Vermögen ohne Bedeutung, ob der Anspruch gegen ihn aus seiner Tätigkeit im Handel entstanden ist oder nicht, da es bei ihm keine Trennung zwischen Privat- und Handelsvermögen gibt. Auch wenn der Anspruch des Gläubigers aus einem Handelsgeschäft herrührt, steht die bloße Bezeichnung des Schuldners mit seinem bürgerlichen Namen der Zwangsvollstreckung in sein Geschäftsvermögen grundsätzlich dann nicht entgegen, wenn **Handelsname und bürgerlicher Name übereinstimmen**, es sei denn, daß sich aus einer verschiedenen Lage von Geschäft und Wohnung oder aus sonstigen Gründen Zweifel am Besitz des Schuldners an seinen dort vorhandenen beiden Vermögensteilen ergeben. Weicht dagegen der bürgerliche Name des Einzelkaufmanns von seinem Handelsnamen ab, so ist für das Vollstreckungsorgan nur aus der Bezeichnung des Schuldners mit seinem Handelsnamen erkennbar, daß außer der Vollstreckung in ein Geschäftsvermögen noch eine Vollstreckung in ein Privatvermögen in Frage kommt und möglicherweise in das eines anderen Namensträgers[44].

Ein **Minderkaufmann** (§ 4 HGB, s. dazu Rdn. 120) weist überhaupt keine Kaufmannseigenschaft auf; er muß unter seinem bürgerlichen Namen als Schuldner aufgeführt werden. Streitig ist dabei jedoch, ob ein Titel, der den vollen bürgerlichen Namen des Schuldners, jedoch mit dem Beisatz „Firma" nennt, zur Zwangsvollstreckung geeignet ist[45]. Auf alle Fälle ist es unrichtig, einen Mahnbescheid etwa gegen das „Hotel zum Adler" oder gegen das Modehaus „Exquisit" oder gegen den Besitzer der Großbrauerei „Drei Kannen" zu beantragen. In solchen Fällen muß stets der bürgerliche Name des Schuldners im Anschriftenfeld des amtlichen Vordrucks unter Nr. ① angegeben werden.

58

---

[43] KG in Rpfleger 1982, 191; OLG München in NJW 1971, 1615.
[44] Vgl. näher dazu Zöller/Stöber, a.a.O., Rdn. 10 zu § 750.
[45] Bejahend OLG Hamm in DGVZ 1963, 27 = MDR 1962, 994, OLG Nürnberg in Rpfleger 1958, 319, Eickmann in Rpfleger 1968, 383, Petermann in Rpfleger 1973, 155; verneinend AG Bremen in Rpfleger 1955, 18 m. zust. Anm. Berner, abl. Petermann in Rpfleger 1973, 155, Bull in Rpfleger 1957, 257.

59 Ist Schuldner eine **offene Handelsgesellschaft**, so empfiehlt es sich, den Mahnbescheid sowohl gegen die – im Handelsregister eingetragene – Gesellschaft wie auch gegen die einzelnen Gesellschafter (feststellbar durch Einsichtnahme in das Handelsregister) zu richten[46]. Das gleiche gilt bei einer Kommanditgesellschaft und bei einer GmbH & Co Kommanditgesellschaft wegen der persönlich haftenden Gesellschafter (bei der zuletztgenannten Gesellschaft meist verkörpert durch eine GmbH).

60 Bei einer **Gesellschaft mit beschränkter Haftung** als Schuldnerin sind der oder die Geschäftsführer (feststellbar durch Einsicht in das Handelsregister) mitanzuführen. Bei einer Aktiengesellschaft gilt entsprechendes für deren Vorstandsmitglieder[47].

61 Bei einer **Gesellschaft nach bürgerlichem Recht** muß sich der Antrag auf Erlaß eines Mahnbescheids gegen alle Gesellschafter, nicht gegen die Gesellschaft, die keine eigene Firmenbezeichnung führen darf, richten[48]. Handwerkerunternehmen können als offene Handelsgesellschaften betrieben werden. Voraussetzung für die Eintragung als Gesellschaft ist in diesem Fall, daß der für die Leitung des technischen Betriebs vorgesehene persönlich haftende Gesellschafter die Meisterprüfung oder die Ausnahmebewilligung besitzt (§ 7 Abs. 4 HandwO und Gesetz über die Kaufmannseigenschaft von Handwerkern vom 31. März 1953; BGBl I S. 106).

Ein **land- oder forstwirtschaftlicher Unternehmer** kann, muß aber nicht, durch Eintragung in das Handelsregister Kaufmannseigenschaft erlangen, falls der Gewerbebetrieb nach Art und Umfang eine kaufmännische Einrichtung erfordert. Entsprechendes gilt, wenn mit dem Betrieb der Land- und Forstwirtschaft ein Unternehmen verbunden ist, das nur ein Nebengewerbe des land- oder forstwirtschaftlichen Unternehmens darstellt, für das Nebengewerbe. Unter diesen Voraussetzungen kann ein land- oder forstwirtschaftliches Unternehmen oder ein damit verbundenes Nebengewerbe eine offene Handelsgesellschaft oder eine Kommanditgesellschaft sein (Gesetz über die Kaufmannseigenschaften von Land- und Forstwirten vom 13. Mai 1976; BGBl I S. 1197)[49].

62 Ist der **Schuldner verheiratet**, so kommt eventuell ein Mahnantrag gegen die Eheleute in Betracht, wenn beide sich zur Zahlung verpflichtet haben und als Gesamtschuldner haften[50].

---

[46] Aus einem Titel nur gegen die Firma kann bloß in das Gesellschaftsvermögen vollstreckt werden (§ 124 Abs. 2 HGB), nicht in das persönliche Vermögen der Gesellschafter (§ 129 Abs. 4 HGB).
[47] Ein Antrag gegen die Firma A Versicherungs-Aktiengesellschaft in ... Regionaldirektion ... Straße mit dem Zusatz „Privat ... Straße" ist nicht zu beanstanden, also insbesondere vollstreckbar (OLG Köln in Rpfleger 1975, 102).
[48] Vgl. LG Mainz in DGVZ 1973, 157; s. auch § 736 ZPO.
[49] S. zu diesem Gesetz Hartmann in NJW 1976, 1297.
[50] Wegen der bei verheirateten Schuldnern bestehenden Rechtslage s. Rdn. 521.

Das amtsgerichtliche Mahnverfahren im einzelnen 79

In diesem Fall ist gegen jeden der Ehepartner ein eigener Vordrucksatz auszufüllen. Im Vordruck ist in der Zeile bei Nr. ④ auf den weiteren Antragsgegner hinzuweisen. Dort muß es dann etwa heißen: „macht gegen Sie und Ihren Ehemann" oder „macht gegen Sie und Ihre Ehefrau" folgenden Anspruch geltend ... Im Kästchen bei Nr. ⑭ des Vordrucks ist dann die Zahl 2 einzusetzen.

Soll der Mahnantrag **gegen** einen **Minderjährigen** oder gegen einen **Entmündigten** gerichtet werden, so ist im Feld Nr. ② nur die Anschrift des gesetzlichen Vertreters (Eltern, Vater, Mutter, Vormund) einzusetzen. Daß sich der Antrag gegen den Minderjährigen und dessen Vermögen richtet, geht dann aus der Zeile bei Nr. ④ hervor, wo es heißen muß: „macht gegen Ihren bei Ihnen wohnenden Sohn" oder „macht gegen Ihr bei Ihnen wohnendes Mündel folgenden Anspruch geltend ...". 63

Ist dem Antragsteller aus dem Schriftverkehr mit dem Antragsgegner bekannt, daß dieser bereits einen **Prozeßbevollmächtigten** hat, so ist dieser im Anschriftenfeld Nr. ② mit anzugeben. Eine Adressierung und Zustellung an den Prozeßbevollmächtigten wäre nur zulässig, wenn der Antragsteller zugleich mit dem Mahnantrag die Vollmachtsurkunde des Antragsgegners für dessen Prozeßbevollmächtigten vorlegen könnte, was normalerweise aber nicht möglich ist. 64

Wird der Mahnantrag auf zwei oder mehreren Vordrucken gegen **mehrere Antragsgegner als Gesamtschuldner** gerichtet (z.B. gegen mehrere Personen, die sich gemeinschaftlich zur Zahlung verpflichtet haben oder die gemeinschaftlich eine unerlaubte Handlung nach §§ 823, 840 BGB gegen den Antragsteller begangen haben), so ist das Kästchen bei Nr. ① auf dem Vordruck anzukreuzen. 65

8. Die Bezeichnung des Antragstellers im Mahnantrag

Der Antragsteller muß, ebenfalls im Hinblick auf den späteren Vollstreckungsbescheid, im Mahnantrag bei Nr. ③ des Vordrucks mit gleicher Genauigkeit wie der Antragsgegner bezeichnet werden, d.h. mit Vornamen, Namen oder Firma, sowie Straße, Hausnummer, Postleitzahl, Ort und ggf. Zustellpostamt (z.B. 80805 München). 66

Im Antrag ist ferner der etwaige gesetzliche Vertreter des Antragstellers, gegebenenfalls auch ein Prozeßbevollmächtigter, den der Antragsteller beauftragt hat, anzugeben[51].

Da das Feld bei Nr. ③ genügend groß ist, empfiehlt es sich, den weiteren Platz für die Angabe des Bank- oder Postscheckkontos samt Bankleitzahl zu nutzen,

---

51 Der gesetzliche Vertreter ist namentlich zu bezeichnen; nicht genügend ist z.B. die allgemeine Angabe „vertreten durch den Vorstand".

um dem Antragsgegner die lange Suche, wohin er bargeldlos seine Schulden bezahlen kann, zu ersparen. Im Feld Nr. (11) muß die komplette Anschrift des Antragstellers nochmals eingesetzt werden, weil dieses Feld auf den Durchschriften des Vordrucksatzes als Adresse für Benachrichtigungen an den Antragsteller dient.

9. Die Bezeichnung des Anspruchs

67 Anzugeben ist im Mahnantrag die Bezeichnung des Anspruchs unter bestimmter Angabe der verlangten Leistung (§ 690 Abs. 1 Nr. 3 ZPO). Angaben zur Begründung des Anspruchs sind nicht erforderlich. Nur Grund und Umfang der verlangten Leistung sind im Feld Nr. (5) des Vordrucks zu bezeichnen. Die danach **lediglich** zu fordernde **Individualisierung des Anspruchs** dient der Abgrenzung von etwaigen anderen Ansprüchen und ist bedeutsam für den Umfang der Rechtskraft des auf der Grundlage des Mahnbescheids später ergehenden Vollstreckungsbescheids[52].

Eine **Schlüssigkeitsprüfung** (= Prüfung, ob die tatsächlichen Angaben als richtig unterstellt, den Mahnantrag rechtfertigen) wie bei der Klage findet nicht statt.

Der Rechtspfleger beim Mahngericht hat aber in Ausnahmefällen eine Prüfungskompetenz, nämlich dahingehend, ob es sich um eine offensichtlich unbegründete oder gerichtlich nicht durchsetzbare Forderung handelt[52a].

Typische Anspruchsbezeichnungen im Feld Nr. (5) des Vordrucks sind beispielsweise

- bei Forderungen von Handwerkern und Unternehmern:
  „Werklohnforderung gemäß Rechnung vom ...",
  „Restwerklohnforderung gemäß Rechnung vom ...",
  „Reparatur gemäß Rechnung vom ...",

- bei Forderungen aus Darlehensvertrag:
  „Darlehensrückzahlung gemäß Vertrag vom ...",
  „Darlehenszinsen für die Zeit vom ... bis ... gem. Vertrag vom ...",

- bei Kaufpreisforderungen:
  „Warenkauf gem. Rechnung vom ...",

- bei Forderungen aus Miet- oder Pachtvertrag:
  „Miete/Pacht gemäß Vertrag vom ... für die Zeit vom ... bis ...",

---

[52] Hinsichtlich weiterer Einzelheiten zur ordnungsgemäßen Anspruchsbezeichnung vgl. Herbst in Rpfleger 1978, 200.
[52a] S. Wedel, „Die Prüfungsbefugnis des Rechtspflegers im gerichtlichen Mahnverfahren", in JurBüro 1994, 325.

Das amtsgerichtliche Mahnverfahren im einzelnen 81

- bei Forderungen aus Verkehrsunfall oder sonstigem Unfall:
  „Schadenersatz aus Unfall vom ...",
- bei Unterhaltsforderungen:
  „Rückständiger Unterhalt für die Zeit vom ... bis ...",
- bei Forderungen aus Dienstvertrag:
  „Dienstleistung gemäß Rechnung vom ...",
- ferner:
  „Mitgliedsbeitrag vom ... bis ...",
  „Ärztliche/Zahnärztliche/Architektenleistung gemäß Rechnung vom ...",
  „Versicherungsprämien für die Zeit vom ... bis ...",
  „Lehrgang/Unterricht gemäß Vertrag vom ... für die Zeit vom ... bis ...".

Wird ein Vordruck für das maschinell bearbeitete Mahnverfahren benutzt (s. Beilage Muster 9 a), so ist in den Zeilen Nr. 32–34 die entsprechende Nummer des Anspruchskatalogs einzusetzen (für Kaufvertrag z.B. die Katalog-Nr. 11, für Unterhaltsrückstände z.B. die Katalog-Nr. 38). Im Feld bei Nr. ⑥ wird der Betrag der **Hauptforderung** eingetragen.

Neu ist seit 1. 1. 1992, daß **Nebenforderungen** gesondert und einzeln zu bezeichnen sind (vgl. Zeile ⑦ im nicht maschinellen Vordruck und Zeile 44 im maschinellen Vordruck).

Darunter fallen z.B. notwendige vorprozessuale Kosten wie etwa Anschriftenermittlungskosten infolge Einwohnermeldeamtsauskünften und gegebenenfalls auch Detektivkosten sowie Kosten für Handelsregisterauskünfte, ferner Kontoführungsgebühren, Bearbeitungsgebühren, Inkassokosten, rückständige Zinsen. In Zeile 44 des Vordrucks für das maschinelle Verfahren sind einige beispielhaft aufgeführt.

Zu Ansprüchen, für die das Verbraucherkreditgesetz gilt, s. o. Rdn. 47.

Beim **Zusammentreffen von Mahnantrag und Prozeßkostenhilfeantrag** (vgl. Rdn. 108) genügt allerdings die bloße Individualisierung des Anspruchs nach obigem Schema nicht. Hier muß der Gläubiger den Antrag im Prozeßkostenhilfeantrag durch weiteren Tatsachenvortrag schlüssig darlegen (d. h., die vorgebrachten Tatsachen müssen – ihre Richtigkeit unterstellt – den Antrag rechtfertigen), damit die für die Gewährung der Prozeßkostenhilfe erforderliche Erfolgsaussicht geprüft werden kann (§ 114 Abs. 1 Satz 1 ZPO – s. Rdn. 182)[53].

68

---

[53] Vgl. hierzu näher Schlemmer in Rpfleger 1978, 204.

In den Fällen nicht typisierter Ansprüche kann darüber hinaus im allgemeinen allenfalls noch festgestellt werden, ob es sich bei dem geltend gemachten Anspruch um ein klagbares Recht handelt[54].

69 Ausdrücklich ist in einem der beiden Kästchen des Feldes Nr. ⑨ zu erklären, daß entweder der geltend gemachte Anspruch von einer Gegenleistung nicht abhängig oder daß die Gegenleistung bereits erbracht ist. So kann im Mahnverfahren beispielsweise eine Kaufpreisforderung erst dann geltend gemacht werden, wenn die Ware bereits geliefert wurde, d. h. die Gegenleistung erbracht wurde, es sei denn, daß Vorauszahlung des Preises vereinbart wurde. Kann diese Erklärung nicht abgegeben werden, so wird der Mahnantrag zurückgewiesen (§ 691 Abs. 1 ZPO).

70 So wie gegen mehrere Antragsgegner ein Anspruch im Mahnverfahren geltend gemacht werden kann (vgl. Rdn. 65), ist es auch möglich, **mehrere Ansprüche gegen einen Antragsgegner** zu erheben (Anspruchshäufung). In diesem Fall bedarf es nur eines Vordrucks, bei dem im Feld bei Nr. ⑤ die Ansprüche so genau wie oben angegeben einzutragen sind. Bei Nr. ⑨ ist dann der Gesamtbetrag aller Forderungen einzusetzen.

10. Was gehört in die Spalte „Zinsen"?

71 Mit Eintritt des Verzugs beginnt die Pflicht des Schuldners, die Schuld mit 4% zu verzinsen (§ 288 Abs. 1 BGB).

Dieser gesetzliche Verzugszinssatz ist der Mindestschaden, den der Gläubiger fordern kann. Der Schuldner kommt in Verzug, wenn er nach Fälligkeit gemahnt wird (§ 284 Abs. 1 Satz 1 BGB und Rdn. 16).

Wurde der Schuldner also durch ein Mahnschreiben unmißverständlich zur Zahlung aufgefordert, kann der Gläubiger 4 % Zinsen ab Zugang des Schreibens verlangen. Auf alle Fälle aber kann er 4 % Zinsen ab Zustellung des Mahnbescheids verlangen, da die Zustellung des Mahnbescheids einer Mahnung gleichsteht (§ 284 Abs. 1 Satz 2 BGB).

Den gesetzlichen Zinssatz von 4 % (§ 246 BGB) kann ferner der Verkäufer einer Sache ab deren Übergabe verlangen (§§ 452, 446 BGB), Forderungen aus beiderseitigen Handelsgeschäften sind ab Fälligkeit zu verzinsen (§ 353 HGB). Beim Werkvertrag sind von der Abnahme des Werkes an Zinsen aus der Vergütung zu zahlen, es sei denn, sie sei gestundet (§ 641 Abs. 2 BGB). Im Falle des Rücktritts vom Vertrag ist eine zurückzugewährende Geldsumme vom Zeitpunkt des Empfangs an zu verzinsen (§ 347 Satz 3 BGB).

---

[54] So die Stellungnahme im Bericht des Rechtsausschusses zu § 690 ZPO, Bundestagsdrucksache 7/5250, 13 f.

Das amtsgerichtliche Mahnverfahren im einzelnen 83

Zinseszinsen können nicht beansprucht werden (§ 248 BGB). Bei **beiderseitigen Handelsgeschäften** beträgt der gesetzliche Zinssatz – abweichend von den obigen Ausführungen – 5% (§ 352 HGB).

Höhere Verzugszinsen als 4% können als „weiterer Verzugsschaden" nach § 288 Abs. 2 BGB gefordert werden. Dabei ist zu unterscheiden zwischen

1. entgangenen Anlagezinsen (Anlagevereitelung),
2. aufgewendeten Kreditzinsen und
3. vereinbarten Verzugszinsen (vgl. dazu Rdn. 3).

Der erste, seltenere Fall liegt dann vor, wenn der Gläubiger bisher mit eingehenden Geldern zinsgünstige Anlagen in Wertpapieren getätigt hat und seine Vermögensverhältnisse dies auch weiterhin zulassen.

Der zweite, wesentlich häufigere Fall betrifft die Kreditaufnahme, die, wenn der Schuldner ordnungsgemäß und rechtzeitig gezahlt hätte, unterblieben wäre.

Bestreitet der Schuldner die aufgewandten Kreditzinsen, muß der Gläubiger für sie Beweis antreten. Dies geschieht in der Regel durch Vorlage einer Zinsbescheinigung seines Kreditinstituts. Aus ihr muß nicht nur die Höhe des Zinssatzes, sondern auch der Stand des Kredits und der Zeitraum der Überziehung hervorgehen.

Beispiel einer korrekten Zinsbescheinigung:

Kreissparkasse München　　　　　　　　　　München, den ...

Sehr geehrter Herr ...,

wir haben Ihnen auf Ihrem Konto eine Kontokorrentkreditlinie zur Verfügung gestellt, die seit dem 2. 2. 1999 von Ihnen mit einem Betrag von 50 000,– DM und mehr ständig beansprucht war und derzeit auch mindestens in dieser Höhe beansprucht wird.

Die Kontokorrentzinsen betragen seit 2. 2. 1999 12,75 %.

　　　　　　　　　　　　　　　　　　　Mit freundlichen Grüßen

Nach einer neuen Entscheidung des BGH kann der Gläubiger als Verzugsschaden auch **Zinsen aus Verzugszinsen** (– Zinseszinsen) verlangen, wenn er den Schuldner wegen zusammengerechneter rückständiger Verzugszinsbeträge wirksam in Verzug gesetzt hat (BGH in MDR 1993, 509 = NJW 1993, 1260).

Unter der Nr. ⑥ des Vordrucks wird man in der Spalte „Zinsen" nach obigen Ausführungen z.B. folgendes einsetzen:

„4 % hieraus (gemeint ist die davorstehende Hauptsacheforderung!) seit ... (Zeitpunkt des Verzugseintritts)"
oder
„4 % aus ... (Betrag einsetzen, den man verzinst haben möchte) seit .../ vom ... bis ... (wenn man Zinsen nur für einen bestimmten Zeitraum geltend machen will)"
oder
„14 % hieraus/aus ... wegen Inanspruchnahme von Bankkredit ab ... (Zeitpunkt des Verzugseintritts)".

11. Ersatz von vorgerichtlichen Mahnkosten

72 Sie sind in die Spalte Nr. (7) bzw. Zeile 44 des Vordrucks als Nebenforderung einzusetzen.

Darüber, daß der Schuldner verpflichtet ist, die vom Gläubiger aufgewendeten Kosten für eigene Mahnung zu erstatten, besteht keine ausdrückliche Vorschrift. Doch kann § 286 BGB angewendet werden, wonach der Schuldner dem Gläubiger den durch den Verzug entstehenden Schaden zu ersetzen hat. Die Kosten für die Mahnung selbst stellen aber noch keinen Verzugsschaden dar, da der Schuldner durch diese Mahnung vielfach erst in Verzug gesetzt werden soll, falls nicht seine Schuld bereits vorher fällig ist (vgl. Rdn. 12).

Zur Erstattung dieser Auslagen kann der Schuldner auch nicht unter dem Gesichtspunkt der sog. positiven Vertragsverletzung verpflichtet sein[55]. Es werden nicht nur die Kosten für eine einmalige Mahnung, sondern auch die für mehrmalige Mahnungen ersetzt verlangt werden können, falls es sich um eine unbestrittene Forderung handelt[56]. Weiß der Gläubiger, daß der Schuldner die Forderung bestreitet, die Mahnung also aussichtslos und überflüssig ist, so erübrigt sich eine Mahnung von selbst[57].

Die Höhe der Kosten für die vom Gläubiger selbst vorgenommene Mahnung ergibt sich aus den **Portoauslagen** und einer angemessenen **Entschädigung für die Schreibarbeit**, etwa in Höhe von 1 DM für jede angefangene Seite. Der Zeitverlust, der dem Gläubiger durch die Mahnung entsteht, kann dem Schuldner in der Regel nicht in Rechnung gestellt werden. Dagegen kommen als vorgerichtliche Kosten etwa auch die Kosten für eine Ermittlung des Aufenthalts des Antragsgegners (Kosten für Auskunft vom Einwohnermeldeamt) in Frage.

Wegen der durch Zuziehung eines Rechtsanwalts, Rechtsbeistands oder eines Inkassobüros entstandenen vorgerichtlichen Mahnkosten vgl. Rdn. 27.

---

[55] BGH in NJW 1985, 324.
[56] Über Postgebühren und Auslagen vgl. Schneider in JurBüro 1965 Sp. 196.
[57] BGH in VersR 1974, 642.

Das amtsgerichtliche Mahnverfahren im einzelnen

12. Antrag auf Durchführung des streitigen Verfahrens

Zweckmäßig ist es, bereits im Antrag auf Erlaß des Mahnbescheids den Antrag auf Durchführung des streitigen Verfahrens für den Fall aufzunehmen, daß der Schuldner gegen den Mahnbescheid Widerspruch erheben sollte (§ 696 Abs. 1 Satz 2 ZPO). Hierzu ist das Kästchen bei Nr. ⑫ anzukreuzen. Wird dies übersehen, so tritt bei Einlegung des Widerspruchs durch den Antragsgegner ein Stillstand für gewisse Zeit ein, nämlich bis zur entsprechenden Antragstellung durch den Antragsteller oder den Antragsgegner.

13. Unterzeichnung des Mahnantrags

Schließlich ist der Mahnantrag vom Antragsteller oder seinem gesetzlichen Vertreter (z.B. Eltern bei minderjährigen Kindern) oder seinem Bevollmächtigten unter Angabe von Ort und Datum zu unterzeichnen. Des Nachweises einer Vollmacht bedarf es dabei für den Bevollmächtigten nicht (§ 703 S. 1 ZPO). Allerdings muß der Bevollmächtigte im Kästchen Nr. ⑬ durch Ankreuzen seine ordnungsgemäße Bevollmächtigung versichern (§ 703 S. 2 ZPO). Beim maschinellen Mahnverfahren entfällt die Unterschrift, wenn sichergestellt ist, daß der Antrag mit Willen des Antragstellers oder seines Prozeßbevollmächtigten übermittelt wurde[58].

14. Zurückweisung des Mahnantrags

Der zuständige Rechtspfleger des Amtsgerichts weist den Mahnantrag in folgenden Fällen zurück:

1. wenn er sich gegen eine Person richtet, die der deutschen Gerichtsbarkeit nicht unterliegt (vgl. §§ 18 ff. GVG; insbesondere kommen hier in Betracht Mitglieder diplomatischer und konsularischer Vertretungen),
2. wenn der ordentliche Rechtsweg nicht zulässig ist,
3. wenn Partei- und Prozeßfähigkeit nicht vorliegen, bzw. wenn nicht der gesetzliche Vertreter handelt,
4. wenn das angegangene Gericht sachlich oder örtlich nicht zuständig ist (vgl. Rdn. 45 ff.),
5. wenn der Anspruch nicht die Zahlung einer bestimmten Geldsumme in inländischer Währung zum Gegenstand hat (§ 688 ZPO),
6. wenn die Erklärung fehlt, daß der Anspruch nicht von einer Gegenleistung abhängig ist oder die Gegenleistung schon erbracht sei (§ 688 Abs. 2 ZPO),
7. wenn die Zustellung durch öffentliche Bekanntmachung erfolgen müßte (also bei unbekanntem Aufenthalt des Antragsgegners),
8. wenn die Zustellung im Ausland – ausgenommen sind die in Rdn. 43 genannten Staaten – erfolgen müßte,

---

[58] S. Hansens in Rpfleger 1991, 134.

9. wenn dem Mahnantrag der notwendige Inhalt fehlt (s. Rdn. 50),
10. wenn ein Bevollmächtigter den Antrag einreicht, der seine ordnungsgemäße Bevollmächtigung nicht versichert hat (§ 703 S. 2 ZPO),
11. wenn der amtliche Vordruck nicht benutzt wird (§ 703 c Abs. 3 ZPO),
12. wenn die Gerichtskosten nicht oder nicht in der erforderlichen Höhe vorausentrichtet sind (vgl. dazu Rdn. 106),
13. bei Ansprüchen des Kreditgebers, wenn der sog. Schwellenzins überschritten wird (dazu Rdn. 47).
14. Zur Frage der Zurückweisung bei überhöhten Inkassokosten s. Wedel in JurBüro 1994, 325.

Liegt einer der obengenannten Mängel vor, so prüft der Rechtspfleger, ob dieser **Mangel behebbar** ist oder nicht. Ist er behebbar, so erläßt er eine **Zwischenverfügung**, in der der Antragsteller aufgefordert wird, binnen einer bestimmten Frist den Mangel zu beheben (also z.B. den gesetzlichen Vertreter genau zu bezeichnen). Wird der Mangel nicht behoben, weist der Rechtspfleger den Mahnantrag zurück (§ 691 ZPO).

Ist der Mangel von vornherein nicht behebbar (richtet er sich also z.B. gegen einen Exterritorialen, etwa einen Botschafter eines fremden Staates), so erfolgt sofortige Zurückweisung des Mahnantrags.

Der Mahnantrag ist auch dann in vollem Umfang zurückzuweisen, wenn der Mahnbescheid nur wegen eines Teils des Anspruchs nicht erlassen werden kann; vor der Zurückweisung ist der Antragsteller zu hören (§ 691 Abs. 2 ZPO).

76   Da der Antragsteller die Möglichkeit hat, nach Zurückweisung seines Mahntrags beliebig oft verbesserte Mahnanträge zu stellen, und er außerdem klagen kann (vgl. Rdn. 117), ist die Zurückweisung grundsätzlich nicht mit der **Beschwerde** anfechtbar. Eine Ausnahme gilt nur nach § 691 Abs. 3 ZPO. Ist der Antrag in einer nur maschinell lesbaren Aufzeichnung eingereicht und mit der Begründung zurückgewiesen, daß die Aufzeichnung dem Gericht für seine maschinelle Bearbeitung nicht geeignet erscheine, so ist der Zurückweisungsbeschluß des Rechtspflegers mit **einfacher Beschwerde** zur Beschwerdekammer des übergeordneten Landgerichts (§ 11 Abs. 1 RPflG i.V.m. § 567 ZPO) anfechtbar. Der Rechtspfleger kann der Beschwerde abhelfen (§ 571 ZPO).

Unbeschränkt zulässig ist gegen einen zurückweisenden Beschluß des Rechtspflegers dagegen stets die sog. **befristete Erinnerung**, der der Rechtspfleger abhelfen kann (§ 11 Abs. 2 Satz 2 RPflG) und über die der Amtsrichter endgültig entscheidet (§ 11 Abs. 2 Satz 3 RpflG). Sie ist binnen 2 Wochen ab Zustellung des Zurückweisungsbeschlusses einzulegen. Über sie entscheidet der Richter, dessen Entscheidung unanfechtbar ist. Vor drohender Zurückweisung

Das amtsgerichtliche Mahnverfahren im einzelnen

oder aus sonstigen Gründen (z.B. wenn der Schuldner inzwischen gezahlt hat) kann der Antragsteller seinen Antrag jederzeit zurücknehmen[59].

15. Der Mahnbescheid

Der Mahnbescheid des Amtsgerichts enthält: 77

1. die fünf Mußerfordernisse des Mahnantrags (s. oben Rdn. 50),
2. den Hinweis, daß das Gericht nicht geprüft hat, ob dem Antragsteller der geltend gemachte Anspruch zusteht,
3. die Aufforderung, innerhalb von zwei Wochen seit Zustellung des Mahnbescheids, soweit der geltend gemachte Anspruch als begründet angesehen wird, die behauptete Schuld nebst der geforderten Zinsen und den dem Betrag nach bezeichneten Kosten zu begleichen oder dem Gericht mitzuteilen, ob und in welchem Umfange dem geltend gemachten Anspruch widersprochen wird,
4. den Hinweis, daß ein dem Mahnbescheid entsprechender Vollstreckungsbescheid ergehen kann, aus dem der Antragsteller die Zwangsvollstreckung betreiben kann, falls der Antragsgegner nicht bis zum Fristablauf Widerspruch erhoben hat,
5. für den Fall, daß Vordrucke eingeführt sind (inzwischen gibt es Widerspruchs-Vordrucke – s. Anlage 2), den Hinweis, daß der Widerspruch mit einem Vordruck der beigefügten Art erhoben werden soll, der auch bei jedem Amtsgericht erhältlich ist und ausgefüllt werden kann,
6. für den Fall des Widerspruchs die Ankündigung, an welches Gericht die Sache abgegeben wird, mit dem Hinweis, daß diesem Gericht die Prüfung seiner Zuständigkeit vorbehalten bleibt.

Dieser Mahnbescheid, der gemäß § 692 ZPO die obigen Erfordernisse erfüllen muß (vgl. Anlage 1), braucht vom Rechtspfleger nicht handschriftlich unterzeichnet werden; es genügt vielmehr ein entsprechender Stempelaufdruck (§ 692 Abs. 2 ZPO).

Die Zustellung des Mahnbescheids an den Schuldner nimmt das Amtsgericht 78 vor (§ 693 Abs. 1 ZPO). Es benachrichtigt den Antragsteller vom Zeitpunkt der Zustellung (§ 693 Abs. 3 ZPO).

---

[59] S. dazu Schneider in JurBüro 1966 Sp. 645. Der Mahnbescheid ist nicht bereits mit seiner Unterzeichnung durch den Rechtspfleger, sondern erst dann erlassen, wenn er den unteren Geschäftsgang verlassen hat und unabänderlich geworden ist. Das bloße Versprechen einer Ratenzahlung durch den Schuldner sollte den Gläubiger jedenfalls im allgemeinen nicht sofort zur Zurücknahme des Antrags auf Erlaß eines Mahnbescheids veranlassen, dessen Kosten ohnehin grundsätzlich schon ausgelöst sind. Besser ist es, in solchen Fällen vorsorglich einen Vollstreckungsbescheid zu erwirken.

16. Widerspruch gegen den Mahnbescheid

79 Der Antragsgegner kann nach Zustellung des Mahnbescheids gegen den darin geltend gemachten Anspruch oder einen Teil des Anspruchs bei dem Gericht, das den Mahnbescheid erlassen hat, **schriftlich** Widerspruch erheben, solange der Vollstreckungsbescheid nicht verfügt ist (§ 694 Abs. 1 ZPO).

Der Antragsgegner wird dem Mahnbescheid widersprechen, wenn er glaubt, den geforderten Betrag nicht oder noch nicht (Fälligkeit vgl. Rdn. 12) zu schulden oder wenn er dem Antragsteller keinen Anlaß zur Einleitung eines Mahnverfahrens gegeben hat. Im letzteren Fall werden dann nämlich die Kosten des Rechtsstreits und damit auch des Mahnverfahrens dem Antragsteller auferlegt, wenn der Antragsgegner im Termin zur mündlichen Verhandlung den Anspruch sofort anerkennt (vgl. Rdn. 115 und 144).

Ist der Antragsgegner im Zweifel, ob sein Widerspruch Erfolg verspricht, sollte er sich Rat bei einem Rechtsanwalt, einem Rechtsbeistand oder bei einer Rechtsberatungsstelle holen. Eine Übersicht über die in einem Bezirk zugelassenen Rechtsanwälte und Rechtsbeistände findet sich im Branchenfernsprechbuch. Auch bei Gericht kann man eine Liste der dort zugelassenen Rechtsanwälte und Rechtsbeistände einsehen. Über die Qualität der einzelnen Anwälte und Beistände kann man unter Umständen Näheres im Bekanntenkreis erfahren, das Gerichtspersonal gibt hierüber keine Auskunft.

Gelegentlich legen Antragsgegner Widerspruch nur ein, um den Prozeß zu verzögern und nicht gleich zur Kasse gebeten zu werden. Sie wollen damit eine ihnen nicht eingeräumte Stundung ihrer Schuld erreichen.

Kann der Antragsgegner den Anspruch nicht bestreiten, so ist ein Widerspruch letztlich sinnlos, da er erheblich zur Steigerung der Kosten des Rechtsstreits beiträgt, was den Verlierer des Prozesses teuer zu stehen kommen kann.

80 Bei Einlegung des Widerspruchs, der innerhalb von zwei Wochen ab Zustellung zu erfolgen hat (§ 692 Abs. 1 Nr. 3 ZPO), wird sich der Antragsgegner in der Regel des Widerspruchsvordrucks (s. Anlage 2) bedienen. Abweichend vom Benutzungzwang für Mahnantragsvordrucke besteht ein solcher Zwang zur Benutzung des amtlichen Widerspruchsvordrucks jedoch nicht. Der Widerspruch kann auch telegrafisch oder bei der Geschäftsstelle eines jeden Amtsgerichts eingelegt werden. Die Erklärung muß nicht ausdrücklich als Widerspruch bezeichnet sein; es genügt, wenn das entsprechende Verlangen aus dem Inhalt der Erklärung hervorgeht.

81 Der Widerspruch kann erhoben werden, solange der Vollstreckungsbescheid nicht verfügt ist (= den inneren Geschäftsbetrieb des Gerichts verlassen hat); das bedeutet praktisch in vielen Fällen eine Verlängerung der Zweiwochenfrist,

Das amtsgerichtliche Mahnverfahren im einzelnen 89

wenn der Vollstreckungsbescheid aus irgendeinem Grund nicht unmittelbar nach Ablauf dieser zwei Wochen erteilt wird.

Ein **verspäteter**, also erst nach Verfügung des Vollstreckungsbescheids erhobener **Widerspruch** wird **als Einspruch** gegen den Vollstreckungsbescheid (s. Rdn. 100) behandelt. Dies ist dem Schuldner, der den Widerspruch erhoben hat, mitzuteilen (§ 694 Abs. 2 ZPO). 82

Das Gericht hat den Gläubiger von dem Widerspruch und dem Zeitpunkt seiner Erhebung in Kenntnis zu setzen. Wird das Mahnverfahren nicht maschinell bearbeitet, so soll der Schuldner die erforderliche Zahl von Abschriften mit dem Widerspruch einreichen (§ 695 ZPO). Dem amtlichen Widerspruchsvordruck ist als Blatt 2 eine Durchschrift des Widerspruchs beigegeben. 83

Der rechtzeitige Widerspruch bewirkt, daß dem Gläubiger der zur Vollstreckung in das Vermögen des Schuldners erforderliche Vollstreckungsbescheid nicht erteilt werden kann.

Wegen Zurücknahme des Widerspruchs durch den Antragsgegner vgl. Rdn. 90.

17. Abgabe an das Streitgericht nach Widerspruch

Wird rechtzeitig Widerspruch erhoben und beantragt eine Partei die Durchführung des streitigen Verfahrens, so gibt das Gericht (Rechtspfleger), das den Mahnbescheid erlassen hat, den Rechtsstreit von Amts wegen an das Gericht ab, das im Mahnantrag bei Nr. ⑩ bezeichnet worden ist. Die Abgabe erfolgt an dieses Gericht ohne Rücksicht darauf, ob es überhaupt zuständig ist. Der Rechtspfleger ist insoweit gebunden. Ist das streitige Verfahren beim selben Amtsgericht durchzuführen, bei dem der Mahnantrag gestellt wurde, so wird das Verfahren von der Mahnabteilung an das Streitgericht abgegeben. Die Abgabe erfolgt in jedem Fall durch Übersendung der Akten (§ 696 Abs. 1 S. 4 ZPO). 84

Der Antrag auf Durchführung des streitigen Verfahrens kann vom Antragsteller bereits in seinem Antrag auf Erlaß eines Mahnbescheids gestellt werden (vgl. Rdn. 73). Hierzu muß das Kästchen bei Nr. ⑫ im Vordruck angekreuzt werden. 85

Der Antragsteller kann aber auch erst nach Unterrichtung darüber, daß der Antragsgegner Widerspruch eingelegt hat, diesen Antrag stellen. Er kann dies vor dem Urkundsbeamten eines jeden Amtsgerichts tun oder eine schriftliche Erklärung an das Gericht, bei dem er seinen Mahnantrag eingereicht hat, senden:

Muster 10

„In meiner Mahnsache gegen ... Aktenzeichen ... beantrage ich, nachdem der Schuldner gegen den Mahnbescheid vom ... am ... Widerspruch eingelegt hat, die Durchführung des streitigen Verfahrens. Den weiteren Gerichtskostenvorschuß habe ich heute an die Gerichtskasse überwiesen.

Ort, Datum, Unterschrift

Dieser Antrag kann bei jedem deutschen Amtsgericht gestellt werden (§§ 702, 129 a ZPO).

86 Auf Antrag des Antragstellers erfolgt die Abgabe an das Streitgericht aber erst, wenn außer der bereits bezahlten Gebühr für das Mahnverfahren jetzt auch die pauschale Gebühr für das Streitverfahren vom Gläubiger eingezahlt wird.

Gebührenberechnungsbeispiel
nach dem seit 1. 7. 1994 geltenden Kostenänderungsgesetz 1994:

Gebühr Nr. 1100 KV für das Verfahren über
den Antrag auf Erlaß eines Mahnbescheids
aus 9 500,– DM .... 117,50 DM

Gebühr Nr. 1201 KV für das Prozeßverfahren
aus 9 500,– DM (3 Gerichtsgebühren nach
Kostentabelle Rdn. 173) .... 705,– DM

Somit als Verfahrensgebühr noch zu zahlen
705–117,50 DM (anzurechnende Gebühr
für das Mahnverfahren) .... 587,50 DM

Der Antragsgegner kann dagegen den Antrag auf Durchführung des streitigen Verfahrens zusammen mit seinem Widerspruch stellen, ohne daß ihn dies zunächst etwas kostet.

Wird nach Einlegung des Widerspruchs weder vom Antragsteller noch vom Antragsgegner ein Antrag auf Durchführung des streitigen Verfahrens gestellt, so tritt ein Stillstand des Verfahrens ein. Die verjährungsunterbrechende Wirkung gemäß § 693 Abs. 2 ZPO endet (§ 211 Abs. 2 BGB), während sie bei alsbaldiger Abgabe an das Streitgericht nach eingelegtem Widerspruch erhalten bleibt (§ 696 Abs. 3 ZPO).

Das Mahnverfahren endet mit dem Eingang der Akten beim Streitgericht. Die anläßlich des Mahnverfahrens entstandenen Kosten werden als Teil der Kosten des anschließenden streitigen Verfahrens behandelt (§ 696 Abs. 1 S. 5, § 281 Abs. 3 S. 1 ZPO).

Das amtsgerichtliche Mahnverfahren im einzelnen

Der Antrag auf Durchführung des streitigen Verfahrens kann von jeder Partei **87** bis zum Beginn der mündlichen Verhandlung des Antragsgegners zur Hauptsache zurückgenommen werden. Die Zurücknahme kann vor der Geschäftsstelle des Gerichts erklärt werden (§ 696 Abs. 4 S. 2 ZPO). Auch wenn das streitige Verfahren vor dem Landgericht, bei dem Anwaltszwang herrscht, stattfindet, kann die Partei die Zurücknahme zu Protokoll der Geschäftsstelle erklären, ohne einen Anwalt einschalten zu müssen.

Mit der Rücknahme des Antrags gilt die Sache als nicht rechtshängig geworden (§ 696 Abs. 4 S. 3 ZPO).

> **Muster 11**
>
> In meiner Streitsache gegen ... Aktenzeichen ... nehme ich den von mir am ... gestellten Antrag auf Durchführung des streitigen Verfahrens hiermit zurück.
>
> Ort, Datum, Unterschrift des Antragstellers

In gleicher Weise kann auch der Schuldner seinen Antrag zurücknehmen. Darin ist auch der Antrag auf Rücknahme seines Widerspruchs zu erblicken, so daß dem Gläubiger in diesem Fall auf Antrag Vollstreckungsbescheid erteilt werden kann.

Hatten beide Parteien die Durchführung des streitigen Verfahrens beantragt, so entfällt dieses nur, wenn beide ihre Anträge zurücknehmen.

Die **Rücknahme des Antrags** auf Durchführung des streitigen Verfahrens kann sich auch **kostenmäßig** auswirken:

Die nach Nr. 1201 KV angefallenen drei Gebühren (s. das Rechenbeispiel Rdn. 86) ermäßigen sich auf eine Gebühr.

Das Gericht, an das der Rechtsstreit abgegeben ist, ist hierdurch in seiner Zuständigkeit nicht gebunden (§ 696 Abs. 5 ZPO). Stellt sich z.B. heraus, daß es örtlich oder sachlich für den Rechtsstreit unzuständig ist, so verweist es auf Antrag des Klägers (früher Antragsteller) den Rechtsstreit an das zuständige Gericht. Die Verweisung erfolgt nicht von Amts wegen, sondern nur auf Antrag des Klägers. Stellt der Kläger keinen Verweisungsantrag, so wird seine Klage als unzulässig abgewiesen. Es ist auch möglich, daß der Rechtsstreit an das Gericht verwiesen wird, das das Verfahren abgegeben hatte. **88**

Bejaht das Gericht, an das der Rechtsstreit abgegeben wurde, seine Zuständigkeit, gibt es dem Antragsteller auf, seinen Anspruch binnen zwei Wochen in einer der Klageschrift (s. Rdn. 128) entsprechenden Form zu begründen (§ 697 Abs. 1 ZPO). **89**

Reicht der Antragsteller/Kläger die **Anspruchsbegründung nicht** innerhalb der 2-Wochenfrist ein, bestimmt das Gericht den Termin zur mündlichen Verhandlung bis zum Eingang der Anspruchsbegründung **nur** auf Antrag des Antragsgegners/Beklagten.

Beantragt der Beklagte Termin zur mündlichen Verhandlung, setzt das Gericht dem Kläger zusammen mit der förmlich zuzustellenden Terminsbestimmung nochmals eine Frist zur Anspruchsbegründung.

Versäumt er diese erneut, so ist seine später eingehende Anspruchsbegründung als verspätet zurückzuweisen und die Klage abzuweisen, es sei denn, daß die Erledigung des Rechtsstreits trotz Berücksichtigung der verspäteten Anspruchsbegründung nicht verzögert würde oder der Kläger die Verspätung genügend entschuldigt und die Gründe hierfür auf Verlangen des Gerichts glaubhaft gemacht hat (§ 697 Abs. 3 Satz 2, § 296 Abs. 1 und 4, § 294 ZPO; s. auch Rdn. 154).

Geht die **Anspruchsbegründung ein**, ist wie nach Eingang einer Klage weiter zu verfahren, d. h., der Vorsitzende wählt entweder ein schriftliches Vorverfahren zur Vorbereitung des Haupttermins oder er entscheidet sich für einen frühen ersten Termin. Zu beiden Möglichkeiten s. Rdn. 150–152.

Seit 1. 1. 1992 hat das Gericht die Möglichkeit, nach Widerspruch in einem vorausgegangenen Mahnverfahren ein **schriftliches Versäumnisurteil** nach § 331 Abs. 3 ZPO (s. dazu Rdn. 136) zu erlassen, wenn davon auszugehen ist, daß sich der Beklagte gegen den Klageanspruch nicht mehr wehren will.

Wählt der Vorsitzende nach Eingang der Anspruchsbegründung das **schriftliche Vorverfahren,** so fordert er den Beklagten mit der Zustellung der Anspruchsbegründung auf, seine Verteidigungsabsicht innerhalb einer Notfrist von zwei Wochen nach Zustellung dem Gericht schriftlich anzuzeigen (§ 276 Abs. 1 Satz 1 ZPO). Mit der Aufforderung ist der Beklagte darauf hinzuweisen, daß seine bisher im Verfahren abgegebenen Erklärungen, insbesondere auch der Widerspruch gegen den Mahnbescheid, noch nicht als Anzeige der Verteidigungsabsicht gelten und daß er, falls der Prozeß vor dem Landgericht läuft, einen dort zugelassenen Rechtsanwalt bevollmächtigen muß (Anwaltszwang!).

90 Der Beklagte kann seinen Widerspruch gegen den Mahnbescheid bis zum Beginn seiner mündlichen Verhandlung zur Hauptsache zurücknehmen. Die Zurücknahme ist ausgeschlossen, wenn bereits ein Versäumnisurteil gegen den Schuldner ergangen ist. Liegt bereits ein Titel vor, so soll es also dem Schuldner verwehrt sein, durch Zurücknahme des Widerspruchs diesen Titel wieder aus der Welt zu schaffen. Die Zurücknahme kann zu Protokoll der Geschäftsstelle erfolgen (§ 697 Abs. 4 ZPO), so daß sich, wenn der Streitfall beim Landgericht

Das amtsgerichtliche Mahnverfahren im einzelnen

anhängig geworden ist, die Zuziehung eines Rechtsanwalts durch den Schuldner lediglich zur Zurücknahme erübrigt.

Nach Zurücknahme des Widerspruchs durch den Schuldner endet das streitige Verfahren und es kann auf den vom Gläubiger gestellten Antrag hin Vollstreckungsbescheid erlassen werden (§ 699 ZPO). Um Verzögerungen zu vermeiden, wird der Vollstreckungsbescheid gleich von dem Gericht, bei dem die Sache anhängig ist, erlassen (§ 699 Abs. 1 S. 3 ZPO). Ist der Rechtsstreit also beim Landgericht anhängig, so erläßt der Rechtspfleger beim Landgericht den Vollstreckungsbescheid.

Die vorstehenden Ausführungen über die Abgabe des Verfahrens nach Widerspruch (§ 696 ZPO) gelten sinngemäß, wenn Mahnverfahren und streitiges Verfahren bei demselben Gericht durchgeführt werden (§ 698 ZPO).

18. Der Vollstreckungsbescheid

Hat der Antragsgegner gegen den ihm zugestellten Mahnbescheid nicht rechtzeitig Widerspruch erhoben, so erläßt das Gericht nach Ablauf der zweiwöchigen Widerspruchsfrist auf besonderen Antrag des Antragstellers hin auf der Grundlage des Mahnbescheids den Vollstreckungsbescheid.

Gleiches gilt, wenn der Antragsgegner einen erhobenen Widerspruch wieder zurückgenommen hat.

Der Antrag auf Erlaß des Vollstreckungsbescheids kann nicht bereits mit dem Mahnantrag gestellt werden, sondern erst nach Ablauf der Widerspruchsfrist oder nach Rücknahme des Widerspruchs durch den Antragsgegner. Der Antrag muß weiter die Erklärung enthalten, ob und welche Zahlungen der Antragsgegner zwischenzeitlich geleistet hat. Damit soll verhindert werden, daß es zum Vollstreckungsbescheid automatisch kommt, obwohl die Schuld inzwischen ganz oder teilweise bezahlt wurde (§ 699 Abs. 1 S. 2 ZPO). Weitere Voraussetzungen für den Erlaß des Vollstreckungsbescheids sind, daß der Mahnbescheid wirksam zugestellt wurde (§ 693 Abs. 1 ZPO) und daß seit Zustellung des Mahnbescheids nicht 6 Monate verstrichen sind und damit der Mahnbescheid wirkungslos geworden ist (§ 701 S. 1 ZPO).

Wurde dem Antragsteller vom Gericht die Zustellung des Mahnbescheids mitgeteilt (§ 693 Abs. 3 ZPO), so muß er mit dem Antrag auf Vollstreckungsbescheid mindestens zwei Wochen warten und darf ihn nicht später als nach 6 Monaten stellen. Er muß für den Antrag Blatt 3 des Vordrucksatzes (= im Original gelbes Blatt, vgl. Anlage Nr. 3) benutzen. Diesen Vordruck erhält er von der Geschäftsstelle des Gerichts mit dem Vermerk, wann der Mahnbescheid an den Antragsgegner zugestellt wurde, zugesandt. Der Antragsteller muß nun die Felder bei den Nummern ① bis ⑧ ausfüllen.

Zunächst sind bei Nr. ① Ort und Datum einzutragen. Hat der Antragsgegner nicht bezahlt, so sind die Kästchen bei Nr. ② und Nr. ⑥ anzukreuzen. Hat der Antragsgegner Zahlungen geleistet, so sind diese in der Zeile bei Nr. ④ anzugeben:

„abzüglich gezahlter ... DM am ... und gezahlter DM ... am ..."
Bei „am ..." ist der Tag des Zahlungseingangs zu vermerken.
Außerdem muß jetzt noch bei Nr. ⑥ das zweite Kästchen angekreuzt werden.

Hat z.B. der Antragsgegner nur wegen der verlangten Zinsen Widerspruch eingelegt und will der Antragsteller diese Frage zunächst offen lassen, weil es ihm darum geht, rasch den Hauptbetrag zu bekommen, so kann er in der Spalte bei Nr. ③ den Teil des Anspruchs bezeichnen (Haupt- und Nebenforderung), für den er einen Vollstreckungsbescheid erlassen haben will.

Der Antrag auf Erlaß eines Vollstreckungsbescheids wird dem Antragsgegner nicht mitgeteilt (§ 702 Abs. 2 ZPO). Dies stellt eine zulässige Einschränkung des vorherigen rechtlichen Gehörs dar, um die Überraschungswirkung einer sofortigen Zwangsvollstreckung nicht zu vereiteln.

94 In den Vollstreckungsbescheid sind gemäß § 699 Abs. 3 S. 1 ZPO die bisher entstandenen Kosten des Verfahrens aufzunehmen. Bei Zurücknahme des Widerspruchs nach Abgabe des Falles an das Streitgericht sind also auch die dort entstandenen Kosten in den Vollstreckungsbescheid aufzunehmen.

Der Antragsteller muß sie daher in den Feldern ① bis ④ bei Nr. ⑤ eintragen und deren Summe errechnen. Hier sind nur Beträge einzutragen, die nach Erlaß des Mahnbescheids entstanden sind, da die bis zum Erlaß des Mahnbescheids entstandenen Kosten vom Mahnbescheidsformular in das Vollstreckungsbescheidsformular bereits durchgeschrieben worden sind.

Bei Nr. ① wird der vorauszuzahlende Auslagenbetrag für die Zustellung des Vollstreckungsbescheids (9 DM) einzutragen sein, wenn der Antragsteller wünscht, daß das Gericht die Zustellung des Vollstreckungsbescheids veranlaßt. Ist dies der Fall, so muß er auch noch das Kästchen bei Nr. ⑦ in der Anlage 3 ankreuzen.

Auch das Porto für Übersendung des Antrags an das Gericht kann bei Nr. ① geltend gemacht werden. Hat der Antragsteller einen Rechtsanwalt oder Rechtsbeistand mit der Durchführung des Mahnverfahrens beauftragt, so kann dieser seine Gebühr, seine Auslagen und seine Mehrwertsteuer in den Kästchen ② bis ④ einsetzen. Auf besonderen Antrag des Antragstellers werden die gesamten Kosten des Mahnverfahrens ab Erlaß des Vollstreckungsbescheids mit 4% verzinst. Er muß dafür das letzte Kästchen in der Spalte Nr. ⑤ ankreuzen.

Das amtsgerichtliche Mahnverfahren im einzelnen

Möchte der Antragsteller den **Vollstreckungsbescheid selbst zustellen** lassen, so kann er sich eine Ausfertigung aushändigen lassen. Er muß dann das Kästchen Nr. ⑧ ankreuzen. Er wird sich den Vollstreckungsbescheid insbesondere dann aushändigen lassen, wenn er mit seiner Zustellung an den Schuldner durch den Gerichtsvollzieher (s. Rdn. 191) gleichzeitig die Zwangsvollstreckung in das bewegliche Vermögen des Schuldners betreiben will. Es kann aus ihm die Zwangsvollstreckung in das Vermögen des Schuldners ohne Sicherheitsleistung betrieben werden.

95

Entspricht der Antrag auf Vollstreckungsbescheid nicht den gesetzlichen Anforderungen, so wird der Antragsteller bei behebbaren Mängeln (z.B. wenn die Erklärung über Zahlungen des Antragsgegners fehlt) unter Fristsetzung in einer Zwischenverfügung aufgefordert, den Mangel zu beseitigen. Tut er dies nicht, wird der Antrag zurückgewiesen.

96

Bei unbehebbaren Mängeln (z.B. wenn die 6-Monatsfrist seit Zustellung des Mahnbescheids verstrichen ist) erfolgt sofortige Zurückweisung. Gegen den zurückweisenden Beschluß des Rechtspflegers kann der Antragsteller **unbefristete Erinnerung** nach § 11 Abs. 1 S. 1 RpflegerG schriftlich oder zu Protokoll der Geschäftsstelle einlegen. Hilft der Rechtspfleger nicht ab, so legt er die Erinnerung dem Richter vor. Falls dieser sie für zulässig und begründet hält, entscheidet er selbst, indem er ihr stattgibt. Anderenfalls legt er sie als Beschwerde (sog. Durchgriffserinnerung) dem Landgericht vor, das dann endgültig entscheidet.

97

Ist der Antrag auf Vollstreckungsbescheid danach endgültig zurückgewiesen, so entfällt die Wirkung des Mahnbescheids (§ 701 Satz 2 ZPO).

Bestehen gegen den Erlaß des Vollstreckungsbescheids keine Bedenken, so ist er unverzüglich zu erlassen. Zuständig ist der Rechtspfleger des Mahngerichts oder, wenn der Rechtsstreit nach Widerspruch des Antragsgegners bereits an das Prozeßgericht abgegeben war und dann der Widerspruch zurückgenommen wurde, der Rechtspfleger des Prozeßgerichts (§ 699 Abs. 1 S. 3 ZPO).

98

Er benutzt dabei Blatt 3 des Vordrucksatzes (= im Original gelbes Blatt), auf dem der Antragsteller bereits den unteren Teil ausgefüllt hat (s. Anlage 3). Der Vollstreckungsbescheid ergeht auf der Grundlage des Mahnbescheids. Das bedeutet, daß er – ausgenommen die weiteren Verfahrenskosten – keine Beträge erhalten darf, die nicht bereits im Mahnbescheid enthalten waren.

Die Ausfertigung des Vollstreckungsbescheids auf Blatt 4 ist für den Antragsteller, die Ausfertigung auf Blatt 5 des Vordrucksatzes ist für den Antragsgegner bestimmt. Die Urschrift (Blatt 3) bleibt bei Gericht.

Der Antragsteller kann zwischen der Zustellung im Amts- und derjenigen im Parteibetrieb wählen (vgl. Rdn. 95)[60].

Anders als der Mahnbescheid darf der Vollstreckungsbescheid auch öffentlich, d. h. durch Anheftung an der Gerichtstafel (§ 204 ZPO) zugestellt werden, wenn der Antragsgegner nach Zustellung des Mahnbescheids unbekannten Aufenthalts ist.

Die Anheftung des Vollstreckungsbescheids erfolgt an der Gerichtstafel des Gerichts, an das der Rechtsstreit im Falle des Einspruchs gegen den Vollstreckungsbescheid abzugeben wäre (§ 699 Abs. 4 S. 4 ZPO).

99 Der Vollstreckungsbescheid steht einem für vorläufig vollstreckbar erklärten Versäumnisurteil gleich (§ 700 Abs. 1 ZPO). Er stellt also für den Antragsteller einen vollstreckbaren Titel (§ 794 Abs. 1 Nr. 4 ZPO) dar, aus dem er ohne Rücksicht darauf, ob der Antragsgegner Einspruch dagegen einlegt, **sofort vollstrecken** kann. Der Antragsteller kann also sofort nach Erlaß des Vollstreckungsbescheids den Gerichtsvollzieher mit der Zwangsvollstreckung unter Zustellung des Vollstreckungsbescheids an den Schuldner beauftragen oder beim Vollstreckungsgericht die Pfändung und Überweisung einer Geldforderung des Schuldners beantragen.

Ein **gewisses Risiko** birgt die rasche Vollstreckung aber in sich: Legt der Schuldner Einspruch gegen den Vollstreckungsbescheid ein und wird dieser im streitigen Verfahren dann aufgehoben, so fällt auch seine vorläufige Vollstreckbarkeit weg und der Gläubiger muß dem Schuldner den Schaden ersetzen, den dieser durch die Zwangsvollstreckung erlitten hat (§ 717 ZPO). Wird gegen den Vollstreckungsbescheid Einspruch nicht erhoben, so steht er einem rechtskräftigen Urteil gleich. Ansprüche aus ihm verjähren erst in 30 Jahren, soweit es sich nicht um Zinsen oder andere regelmäßig wiederkehrende Leistungen handelt (§§ 195, 197 BGB). Letztere verjähren bereits in vier Jahren (§ 218 Abs. 2 ZPO).

19. Der Einspruch gegen den Vollstreckungsbescheid

100 Der Einspruch ist der einzige Rechtsbehelf, der dem Antragsgegner gegen den Vollstreckungsbescheid zusteht. Er kann ihn in vollem Umfang oder auf einen Teil beschränkt einlegen (wenn er z.B. in der Zwischenzeit einen Teil der geforderten Summe bezahlt hat). Zugleich mit Einlegung des Einspruchs kann der Antragsgegner bei Gericht beantragen, die Zwangsvollstreckung aus dem Vollstreckungsbescheid einstweilen einzustellen (§ 719 Abs. 1, § 707 ZPO). Die Stellung eines solchen Einstellungsantrags ist dann erforderlich, wenn der

---

[60] Zu den Amtspflichten des Urkundsbeamten der Geschäftsstelle bei Zustellungen im Mahnverfahren s. BGH in DGVZ 1991, 115.

Das amtsgerichtliche Mahnverfahren im einzelnen

Schuldner befürchten muß, der Gläubiger werde aufgrund des Vollstreckungsbescheids im Wege der Zwangsvollstreckung gegen ihn vorgehen. Einstellung der Vollstreckung ohne Sicherheitsleistung ist nur zulässig, wenn der Vollstreckungsbescheid nicht in gesetzlicher Form ergangen ist oder der Schuldner glaubhaft macht, daß seine Säumnis unverschuldet war (§ 719 Abs. 1, § 700 Abs. 1 ZPO).

Muster 12
für Einspruch unter Beachtung der Form des § 340 Abs. 2 ZPO
Gegen den Antrag des ... gegen mich am ... erlassenen Vollstreckungsbescheids – Aktenzeichen B ... – lege ich Einspruch ein. Ich beantrage zugleich, die Zwangsvollstreckung aus dem Vollstreckungsbescheid einstweilen einzustellen. Sicherheitsleistung bitte ich nicht anzuordnen. Ich bin zwei Tage vor Ablauf der Widerrufsfrist völlig unerwartet an ... schwer erkrankt und in die Intensivstation des Krankenhauses in ... aufgenommen worden. Angehörige durften mich dort in den ersten Tagen nicht besuchen. Beweis: Zeugnis des Arztes Dr. ... in ...
Datum und Unterschrift des Schuldners

Der wirksame Einspruch führt automatisch zur Abgabe des Rechtsstreits an das für das streitige Verfahren zuständige Gericht (§ 700 Abs. 3 S. 1 ZPO).

Auf der Rückseite von Blatt 5 des Vordrucksatzes wird der Antragsgegner darauf hingewiesen, daß sein Einspruch zwecklos und nur kostensteigernd sei, wenn der Anspruch nicht bestritten werden könne. Vielfach wollen aber Schuldner nur Zeit gewinnen und stören sich an diesem Hinweis nicht.

Die Einspruchsfrist beträgt zwei Wochen (§ 700 Abs. 1 i.V.m. § 339 Abs. 1 ZPO). Sie beginnt am Tag der Zustellung des Vollstreckungsbescheids und läuft auch in den Gerichtsferien (15. Juli bis 15. September), § 202 GVG.

Der Einspruch kann schriftlich oder durch mündliche Erklärung vor dem Urkundsbeamten der Geschäftsstelle eines jeden Amtsgerichts eingelegt werden (§§ 700 Abs. 1, 340 Abs. 1, 702 Abs. 1 S. 1 ZPO). Er kann auch telegrafisch oder per Fernschreiben oder Telefax eingelegt werden[61].

Ein Vordruck für den Einspruch existiert nicht, er könnte aber eingeführt werden. Jedoch gibt es dann wie beim Widerspruch keinen Benutzungszwang.

Wird der Einspruch zu Protokoll des Urkundsbeamten der Geschäftsstelle eines anderen Amtsgerichts als des Mahngerichts eingelegt, so ist die Ein-

---

[61] BGH in NJW 1986, 1759 und wohl auch telefonisch, vgl. LG Aschaffenburg in NJW 1969, 280 sowie BGH in Rpfleger 1980, 99 u. BayObLG in NJW 1980, 1592.

spruchsfrist nur gewahrt, wenn das Protokoll vor ihrem Ablauf beim Mahngericht eingeht (§ 129a Abs. 2 S. 2 ZPO). Allerdings kann sich der Einspruchsführer das Protokoll zur Übermittlung an das Mahngericht aushändigen lassen und selbst hinbefördern (§ 129a Abs. 2 S. 3 ZPO).

102 Hat es der Anspruchsgegner versäumt, gegen den Vollstreckungsbescheid rechtzeitig Einspruch einzulegen, so wird dieser rechtskräftig. Nur aus ganz besonderen Gründen kann der Antragsgegner **Wiedereinsetzung in den vorigen Stand** verlangen, nämlich dann, wenn er glaubhaft macht, daß er ohne sein Verschulden verhindert war, die Einspruchsfrist einzuhalten (§ 233 ZPO). Das wäre z.B. der Fall, wenn er die Einspruchsschrift nicht mehr rechtzeitig abgeben konnte, weil er unterwegs einen Verkehrsunfall mit anschließender Bewußtlosigkeit oder sonstiger Handlungsunfähigkeit erlitten hat.

Zusammen mit dem Wiedereinsetzungsgesuch muß der Antragsgegner den Einspruch nachholen. Die Wiedereinsetzung muß innerhalb zwei Wochen nach der Beseitigung des Hindernisses bei Gericht beantragt werden.

20. Die Durchführung des streitigen Verfahrens nach Einspruch

103 Wird rechtzeitig Einspruch eingelegt[62], so gibt das Gericht, das den Vollstreckungsbescheid erlassen hat, den Rechtsstreit von Amts wegen (also ohne Antrag einer Partei) an das für den Schuldner zuständige Gericht, das im Mahnbescheid bezeichnet worden ist, wenn die Parteien **übereinstimmend** die Abgabe an ein anderes Gericht verlangen, an dieses, ab (§ 700 Abs. 3 ZPO).

Die Abgabe ist den Parteien mitzuteilen; sie ist nicht anfechtbar. Mit Eingang der Akten bei dem Gericht (= Streitgericht), an das der Antrag abgegeben worden ist, gilt der Rechtsstreit als dort anhängig.

Das Streitgericht prüft zunächst seine Zuständigkeit und verfährt bei Unzuständigkeit wie oben bei Rdn. 88 geschildert.

Verweist es den Rechtsstreit an ein anderes Gericht, so werden auch die Kosten des Mahnverfahrens als Teil der Kosten behandelt, die bei dem Gericht entstehen, an das verwiesen wurde (§ 696 Abs. 5 S. 2 i.V.m. § 700 Abs. 3 ZPO). Erfolgt die Verweisung, weil das Gericht, an das verwiesen wird, ausschließlich zuständig ist (etwa bei Klagen aufgrund eines Mietverhältnisses über Wohnraum, § 29a ZPO) oder weil eine Gerichtsstandsvereinbarung zwischen den Parteien besteht, so hat der Antragsteller die Mehrkosten, die durch die Einschaltung des unzuständigen Gerichts entstanden sind, auch dann zu tragen, wenn er in der Hauptsache obsiegt (§ 281 Abs. 3 S. 2 ZPO).

---

[62] Ein verspäteter Widerspruch gegen den Mahnbescheid gilt als Einspruch gegen den Vollstreckungsbescheid, § 694 Abs. 2 ZPO.

Das amtsgerichtliche Mahnverfahren im einzelnen

Sodann prüft das Gericht, wenn es seine Zuständigkeit bejaht hat, die Zulässigkeit des Einspruchs, insbesondere die Einhaltung der Einspruchsfrist. Ist der Einspruch unzulässig, so verwirft es ihn entweder ohne mündliche Verhandlung durch Beschluß gemäß § 341 Abs. 1 ZPO oder bestimmt bei Zweifeln über die Zulässigkeit einen Termin zur mündlichen Verhandlung über den Einspruch. In diesem Termin wird es den Einspruch bei festgestellter Unzulässigkeit durch Endurteil verwerfen. Ist der Einspruch zulässig, fordert das Streitgericht den Kläger auf, seinen Anspruch binnen zwei Wochen in einer der Klageschrift entsprechenden Form (s. Rdn. 127) zu begründen.

Nach **Eingang der Anspruchsbegründung** verfährt das Gericht „wie nach Eingang einer Klage" (§ 700 Abs. 4 ZPO), d. h., es trifft die Wahl zwischen schriftlichem Vorverfahren oder einem früheren ersten Termin.

Häufig wird es statt des zeitraubenden schriftlichen Vorverfahrens (s. dazu Rdn. 152) einen frühen ersten Termin (Rdn. 150 ff.) bestimmen.

Sollte es sich für das schriftliche Vorverfahren entscheiden, so setzt es hier im Gegensatz zum allgemeinen Klageverfahren dem Beklagten keine Frist zur Anzeige der Verteidigungsabsicht, sondern nur die zweiwöchige Frist zur schriftlichen Klageerwiderung und belehrt ihn auch nicht über die Folgen einer Fristversäumnis (§ 700 Abs. 4 S. 2 ZPO).

Anders als im Verfahren nach Widerspruch gegen einen Mahnbescheid (s. Rdn. 89) kann hier **im schriftlichen Vorverfahren kein Versäumnisurteil** ergehen.

Geht die Anspruchsbegründung nicht innerhalb der Zweiwochenfrist ein, bestimmt der Vorsitzende von Amts wegen unverzüglich Termin zur mündlichen Verhandlung.

Erscheint der Beklagte im Termin nicht, so ist gegen ihn auf Antrag des Klägers ein den Einspruch verwerfendes Versäumnisurteil (zweites Versäumnisurteil i.S. von § 345 ZPO) zu erlassen; dies aber nur, wenn der Vollstreckungsbescheid ordnungsgemäß ergangen ist und die Klage zulässig und vor allem schlüssig ist (§ 700 Abs. 6 ZPO). Schlüssig ist die Klage dann, wenn das Vorbringen in der Anspruchsbegründung, seine Richtigkeit unterstellt, geeignet ist, den Klageantrag zu rechtfertigen. Ist das Vorbringen des Klägers nicht schlüssig, wird der Vollstreckungsbescheid durch Urteil aufgehoben.

Soweit die Entscheidung, die aufgrund der Verhandlung zu erlassen ist, mit der im Vollstreckungsbescheid enthaltenen Entscheidung übereinstimmt, spricht das Gericht aus, daß der **Vollstreckungsbescheid aufrechtzuerhalten** ist (§§ 700 Abs. 1, 343 ZPO).

In diesem Fall enthält das Urteil regelmäßig keinen vollstreckbaren Inhalt. Die Vollstreckbarkeit richtet sich weiterhin nach dem Vollstreckungsbescheid, so daß es zur Eintragung einer Zwangssicherungshypothek keiner Vollstreckungsklausel bedarf (LG Koblenz in Rpfleger 1998, 357).

21. Urkunden-, Wechsel- und Scheckmahnbescheid

104 Eine Art, beschleunigt zu seinem Geld zu kommen, eröffnet § 703 a ZPO demjenigen, dessen Geldforderung sich aus einer Urkunde, insbesondere einem Wechsel oder Scheck ergibt: Er kann den Erlaß eines Urkunden-, Wechsel- oder Scheckmahnbescheids beantragen. Er muß in diesem Fall im Vordruck in das weiße Feld über dem Wort Mahnbescheid das Wort „Wechsel-", „Scheck-" oder „Urkunden-" schreiben, sowie im Feld bei Nr. ⑥ die Urkunde genau bezeichnen, z.B. „aus nicht eingelöstem Scheck Nr. 166 730 vom 4. Januar 1999, gezogen auf die Kreissparkasse München."

Die Urkunde (bzw. der Wechsel oder Scheck) braucht dem Mahnantrag nicht beigefügt zu werden.

Erläßt das Gericht einen Urkunden-, Wechsel- oder Scheckmahnbescheid, so wird die Sache bei rechtzeitigem Widerspruch des Gegners nach Abgabe an das zuständige Streitgericht im sog. Urkunden-, Wechsel- oder Scheckprozeß anhängig.

Die Besonderheit dieser Prozeßart liegt darin, daß der Beklagte mit Einwendungen, die er nicht mit den im Urkundenprozeß einzig zugelassenen Beweismitteln – das sind Vorlage von Urkunden und Antrag auf Parteivernehmung – beweisen kann, nicht gehört wird. Er kann also z.B. in dieser Prozeßart den Beweis nicht mit einem Zeugen antreten, der bekunden kann, daß der geforderte Betrag bereits zurückgezahlt sei[63]. Allerdings kann der Schuldner diesen Zeugen später in einem Nachverfahren (§ 600 ZPO) in den Prozeß einführen (vgl. Rdn. 135).

Wird die Sache nach Widerspruch oder Einspruch des Antragsgegners an das zuständige Streitgericht abgegeben, so muß der Antragsteller nunmehr die Urkunden, auf die er seinen Antrag stützt, im Original oder in Abschrift (Ablichtung) seiner Anspruchsbegründung (vgl. Rdn. 89) beifügen (§ 703 a Abs. 2 Nr. 2 Halbs. 2 ZPO).

105 Statt ihn unbeschränkt einzulegen, kann der Antragsgegner im Urkundenmahnverfahren seinen Widerspruch auf den Antrag beschränken, „ihm die Ausführung seiner Rechte vorzubehalten". Dann wird der Vollstreckungsbescheid zwar erlassen; in ihn wird aber dieser Vorbehalt aufgenommen, was zur

---

[63] Zum Urkunden-, Scheck- und Wechselprozeß s. Rdn. 135.

Das amtsgerichtliche Mahnverfahren im einzelnen 101

Folge hat, daß der Rechtsstreit von Amts wegen an das Streitgericht abgegeben und im **ordentlichen Verfahren** (nicht im Urkundenprozeß, wie bei unbeschränkt eingelegtem Widerspruch) die Berechtigung des Vollstreckungsbescheids nachgeprüft wird (§ 697 ZPO). In diesem Nachverfahren (§ 600 ZPO) ist der Beklagte bei seiner Beweisführung nicht mehr auf Urkunden und Antrag auf Parteivernehmung zum Beweis seiner Einwendungen beschränkt, sondern es stehen ihm alle Beweismittel der Zivilprozeßordnung, u.a. auch der wichtige Zeugenbeweis, zur Verfügung.

Die Vollstreckung eines unter Vorbehalt erlassenen Vollstreckungsbescheids ist ohne Rücksicht auf das weiterlaufende Verfahren möglich, birgt aber gewisse Risiken in sich:

Bringt der Antragsgegner im Nachverfahren den Vollstreckungsbescheid zu Fall, so muß der Antragsteller die bereits empfangene Geldsumme zurückzahlen und wird mit den Kosten des Rechtsstreits belastet. Außerdem kann er sich nach § 717 Abs. 2 ZPO schadenersatzpflichtig machen, wenn dem Antragsgegner durch die Vollstreckung des Vollstreckungsbescheids oder durch eine zur Abwendung der Vollstreckung gemachte Leistung ein Schaden entstanden ist.

Die **Vollstreckung aus** einem **Scheck-Vollstreckungsbescheid** ist nur zulässig, wenn der Original-Scheck vorliegt[64].

22. Die Kosten im Mahnverfahren ab 1. 1. 1995

Ein Mahnbescheid soll erst nach Zahlung der dafür vorgesehenen Gebühr und der Auslagen für die Zustellung erlassen werden. Ist die maschinelle Bearbeitung des Mahnantrags eingeführt, so brauchen Gebühr und Zustellungskosten erst beim Erlaß des Vollstreckungsbescheids eingezahlt werden (§ 65 Abs. 3 Satz 2 GKG). 106

Als **pauschale Verfahrensgebühr** wird für das Mahnverfahren eine **halbe Gerichtsgebühr** erhoben. Sie richtet sich nach dem Streitwert, d. h. dem Wert der Hauptforderung, die im Feld bei Nr. ⑥ (vgl. oben Rdn. 67) eingetragen ist. Zinsen und Kosten spielen für den Streitwert keine Rolle. Die Höhe der Gebühr ist der Tabelle Rdn. 173 zu entnehmen. Der **Mindestbetrag** einer Gebühr ist **25 DM** (§ 11 Abs. 3 Satz 1 GKG). Eine gebührenfreie Rücknahme des Mahnantrags ist – weil es sich um eine Verfahrensgebühr und nicht wie früher um eine Entscheidungsgebühr handelt, nicht mehr möglich.

Beispiel:

Wenn eine Forderung in Höhe von 400 DM im Mahnverfahren geltend gemacht werden soll, so muß der Gläubiger (Antragsteller) einen Gebührenvorschuß 107

---
[64] LG Hannover in DGVZ 1991, 142.

von 25 DM leisten. Er kann sich die entsprechenden Kostenmarken bei der Gerichtskasse kaufen und sie in das freie Feld rechts oben auf seinen Mahnantrag kleben. Bei einer Forderung von 8 000 DM ist ein Vorschuß von 102,50 DM zu entrichten. Die Eintragung erfolgt in Feld 1 bei Nr. 8 .

108 **Keinen Gebührenvorschuß** braucht der Antragsteller zu leisten, dem **Prozeßkostenhilfe** für das Mahnverfahren bewilligt wurde (vgl. Rdn. 68 und 182). Über den Antrag auf Bewilligung von Prozeßkostenhilfe entscheidet der Rechtspfleger des Amtsgerichts, bei dem der Mahnantrag eingereicht werden soll.

Die Vorschußpflicht entfällt ferner, wenn der Antragsteller glaubhaft macht, daß ihm die alsbaldige Zahlung der Kosten mit Rücksicht auf seine Vermögenslage oder aus sonstigen Gründen Schwierigkeiten bereiten würde oder wenn glaubhaft gemacht wird, daß eine Verzögerung dem Antragsteller einen nicht oder schwer zu ersetzenden Schaden bringen würde (§ 65 Abs. 7 GKG). In den beiden letztgenannten Fällen entfällt die Vorschußpflicht jedoch nicht, wenn „die beabsichtigte Rechtsverfolgung aussichtslos oder mutwillig erscheint" (§ 65 Abs. 7 Satz 2 GKG).

109 Erteilt der Antragsteller einem **Rechtsanwalt** den Auftrag, für ihn das Mahnverfahren zu betreiben, so erhält dieser für seine **Tätigkeit im Verfahren über den Antrag auf Erlaß eines Mahnbescheids** eine volle Anwaltsgebühr (§ 43 Abs. 1 Nr. 1 BRAGO). Die Anwaltsgebühr richtet sich ebenfalls nach dem Streitwert, also der Höhe der Hauptforderung (vgl. Tabelle Rdn. 179).

In unseren beiden obengenannten Beispielen würde ein Rechtsanwalt Gebühren in Höhe von 50 bzw. 485 DM jeweils zuzüglich 16 % MWSt erhalten. Kommt es nach dem Mahnverfahren durch Einlegung eines Widerspruchs oder Einspruchs (vgl. Rdn. 84 und 100) zum streitigen Verfahren, so wird die obengenannte Gebühr auf die Prozeßgebühr des Rechtsanwalts angerechnet (§ 43 Abs. 2 BRAGO).

Beauftragt der Antragsgegner einen Rechtsanwalt mit der Einlegung eines Widerspruchs gegen den Mahnbescheid, so muß er diesem 3/10 einer Rechtsanwaltsgebühr bezahlen.

110 Führt das Mahnverfahren infolge Widerspruchs gegen den Mahnbescheid oder infolge Einspruchs gegen den Vollstreckungsbescheid zu einem streitigen Zivilprozeß, so ist hierfür meistens das Gericht am Wohnsitz des Schuldners zuständig (s. Rdn. 117). Bei diesem Gericht ist der mit der Durchführung des Mahnverfahrens vom Gläubiger beauftragte Rechtsanwalt häufig nicht zugelassen. Der Gläubiger muß also einen **zweiten Rechtsanwalt** beauftragen, der ihn vor dem Streitgericht vertritt. Die **Kosten mehrerer Anwälte** sind aber nur insoweit erstattungsfähig (= vom Schuldner zu verlangen), als sie die Kosten eines einzelnen Rechtsanwalts nicht übersteigen oder als in der Person des Anwalts ein Wechsel eintreten **mußte.**

Das amtsgerichtliche Mahnverfahren im einzelnen 103

Erstattungsfähig sind die Kosten beider Anwälte, soweit der Gläubiger mit einem Widerspruch des Schuldners im Mahnverfahren nicht zu rechnen brauchte. Ob das der Fall ist, entscheidet sich nach dem vorgerichtlichen Verhalten des Schuldners. Ergeben sich konkrete Anhaltspunkte dafür, daß der Schuldner gegen den Mahnbescheid Widerspruch einlegen würde, so z.B., wenn er in der vorgerichtlichen Korrespondenz die Forderung nachdrücklich bestritten hat, so ist der Gläubiger aus dem Gesichtspunkt der **Schadensminderungspflicht** verpflichtet, mit dem Mahnverfahren von vornherein einen Rechtsanwalt zu beauftragen, der auch das spätere Streitverfahren für den Gläubiger durchführen kann, der also beim späteren Streitgericht zugelassen ist[65]. 111

Hat der Antragsteller einen **Rechtsanwalt** für das Mahnverfahren beauftragt, so erhält dieser für seine **Tätigkeit im Verfahren über den Antrag auf Erlaß eines Vollstreckungsbescheids** 5/10 der vollen Anwaltsgebühr, in unseren Beispielen also 25,– bzw. 242,50 DM (vgl. Tabelle Rdn. 179). 112

Legt der Antragsgegner Widerspruch gegen den Mahnbescheid ein und beantragt der Antragsteller daraufhin die Durchführung des streitigen Verfahrens (vgl. Rdn. 84), so soll der Rechtspfleger die Sache an das für das streitige Verfahren als zuständig bezeichnete Gericht erst dann abgeben, wenn der Antragsteller die geforderte Gebühr für das Verfahren im allgemeinen gezahlt hat (§ 65 Abs. 1 Satz 2 Halbsatz 1 GKG); außerdem muß spätestens zu diesem Zeitpunkt die halbe Gebühr für das Mahnverfahren bezahlt sein, da anderenfalls eine Abgabe nicht erfolgt. 113

Schließt sich an das Mahnverfahren ein streitiges Verfahren an (weil der Antragsgegner Widerspruch gegen den Mahnbescheid oder Einspruch gegen den Vollstreckungsbescheid eingelegt hat und es zur Abgabe der Sache an das Streitgericht kommt), so werden die **Kosten des Mahnverfahrens** als **Teil der Kosten des anschließenden streitigen Verfahrens** angesehen, d. h., die Gerichtskosten werden auf die Gebühr für das Verfahren, die Anwaltskosten auf die Prozeßgebühr angerechnet. 114

Wird der Beklagte kostenpflichtig verurteilt, so erfaßt diese Verurteilung auch die Kosten des Mahnverfahrens. Erkennt der Beklagte im Termin vor dem Streitgericht den Anspruch sofort an und hat er durch sein Verhalten dem Kläger keinen Anlaß gegeben, einen Mahnbescheid gegen ihn zu beantragen, so fallen die Prozeßkosten (und damit auch die Kosten des Mahnverfahrens) dem Kläger zur Last (§ 93 ZPO; vgl. Rdn. 144). 115

Nimmt nach vorausgegangenem Mahnverfahren und Überleitung ins streitige Verfahren der Kläger seine Klage oder der Beklagte seinen Widerspruch oder 116

---
[65] H. M., vgl. OLG Hamm in Rpfleger 1989, 212; OLG Frankfurt in Rpfleger 1989, 213; OLG Koblenz in JurBüro 1990, 997, 1006; OLG Bremen in JurBüro 1990, 727.

seinen Einspruch vor dem Schluß der mündlichen Verhandlung zurück, so ermäßigen sich die Verfahrenskosten von drei Gebühren auf eine Gebühr (Nr. 1202 KV).

Gerichts- und Anwaltsgebühren sind in den neuen Bundesländern um 20 % ermäßigt.

23. Mahnverfahren und Insolvenz

116a Die **Insolvenz des Antragstellers** hindert die Zustellung des Mahnbescheids an den Antragsgegner nicht. Die Vorwirkungen des § 693 Abs. 2 ZPO treten zugunsten der Insolvenzsumme ein.

Der Insolvenzverwalter kann nach Eröffnung des Insolvenzverfahrens das Mahnverfahren weiterführen (§ 80 Abs. 1 InsO).

Bei **Insolvenz des Antragsgegners** kann ein Mahnbescheid weder an den Antragsgegner noch an den Insolvenzverwalter zugestellt werden (§ 87 InsO). Den Gläubigern bleibt nur die schriftliche Anmeldung zur Tabelle, die vom Insolvenzverwalter geführt wird (§§ 174 ff. InsO) oder ggf. die Feststellungsklage nach §§ 179, 180 InsO.

Nach Zustellung des Mahnbescheids, aber vor Widerspruch und Vollstreckungsbescheid wird das Mahnverfahren nach § 240 ZPO unterbrochen. Bei Insolvenz des **Antragstellers** kann der Insolvenzverwalter das Mahnverfahren aufnehmen (§ 85 InsO). Bei Insolvenz des **Antragsgegners** kann das Verfahren gegen ihn nicht nach § 250 ZPO aufgenommen werden. Es bleibt dem Gläubiger nur die Anmeldung zur Tabelle (§§ 174 ff. InsO) und bei Bestreiten im Prüfungstermin wiederum die Feststellungsklage nach §§ 179, 180 InsO. Bei Insolvenz einer der Parteien **nach Widerspruch** bis zur Abgabe an das Streitgericht oder **nach Einspruch** gegen den Vollstreckungsbescheid sind die §§ 240, 249, 250 ZPO unmittelbar anzuwenden.

IV. Das amtsgerichtliche Klageverfahren im einzelnen

1. Sachliche und örtliche Zuständigkeit des Amtsgerichts

117 Der Gläubiger kann das Klageverfahren vor dem Amtsgericht auch ohne vorhergehendes Mahnverfahren unmittelbar einleiten, soweit dieses Gericht in vermögensrechtlichen Streitigkeiten hierfür zuständig ist. Die sachliche Zuständigkeit des Amtsgerichts ist bei Rdn. 43 behandelt[66].

---

[66] Zur sachlichen Zuständigkeit des Amtsgerichts sei in Ergänzung der bereits bei Rdn. 43 hierüber gemachten Ausführungen der Vollständigkeit halber noch folgendes gesagt: Für diese Zuständigkeit ist nach § 23 GVG zu unterscheiden zwischen
   a) Streitigkeiten, die ohne Rücksicht auf den Wert des Streitgegenstandes stets vor dem Amtsgericht verhandelt werden;

Das amtsgerichtliche Klageverfahren im einzelnen 105

Die örtliche Zuständigkeit des Amtsgerichts in vermögensrechtlichen Angelegenheiten ist, wie sich bereits aus der Darstellung des Mahnverfahrens ergibt (vgl. insbesondere Rdn. 45), eine andere. Örtlich zuständig für das Klageverfahren ist gesetzlich dasjenige Amtsgericht, bei dem der Schuldner seinen allgemeinen Gerichtsstand hat, also das Amtsgericht, in dessen Bezirk der Schuldner seinen Wohnsitz oder seinen gewöhnlichen Aufenthalt hat. Bei juristischen Personen (Aktiengesellschaft, Gesellschaft mit beschränkter Haftung, eingetragener Verein) bestimmt sich der allgemeine Gerichtsstand nach ihrem Sitz, d. h. nach dem Ort, an dem ihre Verwaltung geführt wird. Von diesen Grundsätzen gibt es Ausnahmen: Das Gesetz kennt auch einen Gerichtsstand des Leistungsortes, der wahlweise neben dem allgemeinen Gerichtsstand in Frage kommt. Erfüllungsort ist in denjenigen Fällen, in denen ein Ort für die Leistung weder bestimmt noch aus den Umständen ersichtlich ist, der Wohnsitz dessen, der die Leistung schuldet (§ 269 BGB; § 29 ZPO). Es ist dies im allgemeinen ebenfalls der allgemeine Gerichtsstand des Schuldners. Wenn dieser aber etwa bei Eingehung der Schuld am Wohnsitz des Gläubigers gewohnt hat und erst später verzogen ist, so kann der Gläubiger die Klage am früheren Wohnsitz des Schuldners erheben. Die nachträgliche Wohnsitzänderung ist hier bedeutungslos.

Wesentliche Bedeutung kommt im Klageverfahren dem vereinbarten Gerichtsstand zu. Er kommt durch Vertrag zwischen Gläubiger und Schuldner zustande und hat meist die Wirkung, daß der Gläubiger die Klage bei dem für seinen Wohnsitz bzw. Firmensitz zuständigen Amtsgericht erheben kann. Die Vereinbarung eines solchen Gerichtsstands kann in der Auftragsbestätigung oder in den Geschäftsbedingungen des Gläubigers festgelegt sein, sofern diese dem Vertragsschuldner zugänglich gemacht sind. Ob er sie liest, ist seine Sache. Nicht ausreichend ist dagegen ein bloßer Vermerk auf der dem Schuldner nachträglich übersandten Rechnung oder der Vermerk auf einer Preisliste, falls diese dem Schuldner erst bei den Vertragsverhandlungen überreicht, aber nicht weiter durchgesprochen wird. **118**

Bei Beantwortung der Frage, inwieweit **Gerichtsstandsvereinbarungen** zulässig sind, muß zwischen Vereinbarungen unter Kaufleuten und Nichtkaufleuten unterschieden werden. **119**

---

b) Streitigkeiten über vermögensrechtliche Angelegenheiten, deren Gegenstand an Geld oder Geldeswert die Summe von 10 000 DM nicht übersteigt
Zu den Streitigkeiten unter a) gehören diejenigen zwischen Vermietern und Mietern wegen Überlassung, Benutzung, Räumung sowie Zurückbehaltung der vom Mieter eingebrachten Sachen, ferner diejenigen zwischen Reisenden und Wirten, Fuhrleuten usw. wegen Wirtszechen, Fuhrlohn, weiter die Viehmängelklagen, die Streitigkeiten auf Erfüllung einer durch Ehe oder Verwandtschaft begründeten gesetzlichen Unterhaltspflicht und aus einem Altenteilsvertrag. Maßgebend für die Wertberechnung im Falle b) ist der Verkehrswert des vom Kläger geltend gemachten Anspruchs, der vom Gericht grundsätzlich nach freiem Ermessen festgesetzt wird.

120 Ein nach dem Gesetz örtlich nicht zuständiges Gericht (Rdn. 117) kann als Gerichtsstand ausdrücklich (in Allgemeinen Geschäftsbedingungen, Formularverträgen oder sonstiger Weise) oder stillschweigend (aufgrund Verkehrssitte oder Handelsbrauchs) **vereinbart** werden, wenn beide Parteien Kaufleute (zum Begriff s. §§ 1–3, 5 u. 6 HGB) oder juristische Personen des öffentlichen Rechts oder öffentlich-rechtliche Sondervermögen sind (§§ 29 Abs. 2, 38 Abs. 1 ZPO). Bei Kaufleuten gilt dies nicht nur für beiderseitige Handelsgeschäfte, sondern auch für Geschäfte im privaten Bereich. Kaufleute sind auch die Handelsgesellschaften (OHG, KG, GmbH & Co. KG, GmbH, AG und KGaA). Kaufleute sind schließlich auch die persönlich haftenden Gesellschafter einer OHG und die Komplementäre einer KG, nicht dagegen Kommanditisten einer KG und Geschäftsführer einer GmbH. Juristische Personen des öffentlichen Rechts sind Bund, Länder, Gemeinden, Gemeindeverbände, Universitäten, Rundfunkanstalten und ähnliche Einrichtungen. An öffentlich-rechtlichen Sondervermögen sind Bundesbahn und Bundespost zu nennen.

Zum Schutz des Rechtsverkehrs müssen nunmehr nach § 37a Abs. 1 HGB und § 125a Abs. 1 HGB alle **Geschäftsbriefe** von Einzelkaufleuten und Personenhandelsgesellschaften (OHG u. KG) die Firma, den Ort der Handelsniederlassung, das Registergericht und die Handelsregisternummer enthalten. Alte Vordrucke dürfen noch bis 31. 12. 1999 aufgebraucht werden, soweit nicht die Firma geändert wird (Art. 39 EinführungsG zum HGB).

Soweit nach vorstehenden Ausführungen eine Gerichtsstandsvereinbarung zulässig ist, ist deren stillschweigende Vereinbarung auch dann anzunehmen, wenn der beklagte Schuldner, ohne die Unzuständigkeit geltend zu machen, zur Hauptsache mündlich verhandelt hat, obwohl ihn das Gericht vorschriftsmäßig (§ 504 ZPO) auf die Folgen einer rügelosen Einlassung zur Hauptsache hingewiesen hat (§ 39 Satz 2 ZPO).

121 Bei Schuldnern, die keine Kaufmannseigenschaft im Sinne der unter Rdn. 120 gemachten Ausführungen haben, also bei **Privatpersonen** (Letztverbrauchern) und Personengemeinschaften (BGB-Gesellschaft, nicht rechtsfähiger Verein) und bei juristischen Personen des Privatrechts, die nicht bereits kraft ihrer Form Kaufleute sind, sind Gerichtsvereinbarungen grundsätzlich unzulässig.

122 Ausnahmsweise sind sie zulässig, wenn sie ausdrücklich und schriftlich – also mit Unterschriften beider Vertragsparteien oder in einseitiger Schrift des Gläubigers mit schriftlicher Bestätigung des Schuldners – in einer besonderen Abrede in einem der nachgenannten Fälle vereinbart werden (§ 38 Abs. 2, 3 ZPO, zur Formulierung s. Rdn. 5):

a. Mindestens eine der Vertragsparteien hat keinen allgemeinen Gerichtsstand im Inland (ist also z.B. Ausländer). Hat eine der Parteien einen inländischen

Das amtsgerichtliche Klageverfahren im einzelnen 107

allgemeinen Gerichtsstand, so kann für das Inland nur ein Gericht gewählt werden, bei dem diese Partei ihren inländischen allgemeinen Gerichtsstand hat (s. dazu Rdn. 117).

b. Die Gerichtsstandsvereinbarung wird erst nach dem Entstehen der Streitigkeit getroffen.

c. Der im Klageweg in Anspruch zu nehmende Schuldner (etwa ein Gastarbeiter) verlegt nach Vertragsschluß seinen Wohnsitz oder gewöhnlichen Aufenthaltsort aus der Bundesrepublik oder aus West-Berlin. Gleichgestellt ist der Fall, daß der Wohnsitz oder der gewöhnliche Aufenthalt des Schuldners im Zeitpunkt der Klageerhebung nicht bekannt ist.

Im Verfahren vor dem Amtsgericht wird der Beklagte dadurch besonders geschützt, daß ihn das Gericht vor der Verhandlung zur Hauptsache auf die Unzuständigkeit und auf die Folgen einer rügelosen Einlassung zur Hauptsache hinzuweisen hat (§ 504 ZPO). Verhandelt der Beklagte trotz des Hinweises nach § 504 ZPO vor dem an sich unzuständigen Amtsgericht mündlich zur Hauptsache – bestreitet er also z.b. etwas zu schulden oder wendet er Verjährung ein – ohne die Unzuständigkeit geltend zu machen, so wird die Zuständigkeit dieses Gerichts begründet (§ 39 ZPO). **123**

Die Gerichtsstandsvereinbarung in den nach den Ausführungen in Rdn. 120 und 121 zulässigen Fällen muß den in Frage kommenden Tatbestand eindeutig bezeichnen, sich also auf ein bestimmtes Rechtsverhältnis und die aus ihm entspringenden Rechtsstreitigkeiten beziehen. Die Vereinbarung kann für den Einzelfall wie folgt gefaßt werden: **124**

Muster 13

Gerichtsstand für alle Streitigkeiten aus dem vorstehenden Rechtsverhältnis ist das Amts- bzw. Landgericht in ...

Gewählt wird in der Regel das dem Gläubiger am günstigsten gelegene Gericht.

Neben dem **allgemeinen Gerichtsstand** gibt es außer dem vereinbarten Gerichtsstand und dem oben erwähnten Gerichtsstand des vertraglichen Erfüllungsortes noch weitere **besondere Gerichtsstände**:

So kann der Gläubiger die Klage auch bei dem Gericht einreichen, in dessen Bezirk eine **unerlaubte Handlung** gegen ihn **begangen** wurde (Gerichtsstand der unerlaubten Handlung, § 32 ZPO). Dies ist z.B. bei Forderungen aus einem Verkehrsunfall oder wegen einer Verletzung bei einer Schlägerei bedeutsam. Wird Schadenersatz gegen einen Kraftfahrzeughalter nach einem Verkehrsunfall geltend gemacht, so kann die Klage auch bei dem Gericht erhoben werden, in dessen Bezirk das schädigende Ereignis eintrat (§ 20 StVG). Auch bei betrügerischer Täuschung bei Vertragsschluß (sog. Eingehungsbetrug) kommt der Gerichtsstand der unerlaubten Handlung in Betracht (§ 823 Abs. 2 BGB i. V. m. § 263 StGB).

125 Sind nach **mehreren Gerichtsständen** mehrere Gerichte für die Klage zuständig, so hat der Gläubiger die Wahl: Er kann sich das für ihn am günstigsten erreichbare Gericht auswählen (§ 35 ZPO). Dieses Wahlrecht gilt allerdings nicht für sogenannte ausschließliche Gerichtsstände: Liegt ein solcher vor, so kann nur in ihm bei einem bestimmten Gericht geklagt werden. So ist z. B. für Mietstreitigkeiten nur das Amtsgericht zuständig, in dessen Bezirk sich die Wohnung befindet (§ 29 a ZPO).

126 Reicht der Kläger eine Klage beim örtlich unzuständigen Gericht ein und stellt er auf Hinweis des Gerichts keinen Antrag auf Verweisung an das zuständige Gericht, so muß er mit kostenpflichtiger Klageabweisung rechnen.

Es ist also Aufgabe des Klägers, das zuständige Gericht herauszufinden und dort seine Klage zu erheben, da ihm sonst Kostennachteile und Zeitverlust entstehen.

2. Klageerhebung und Klagerücknahme vor dem Amtsgericht

127 Die Klageschrift im Verfahren vor dem Amtsgericht muß die Bezeichnung der Parteien (Kläger – Beklagter) und des Gerichts, die bestimmten Angaben des Gegenstandes und des Grundes des erhobenen Anspruchs und einen bestimmten Antrag (auf entsprechende Verurteilung des Beklagten) enthalten.

Mündliche Verhandlung vor dem Gericht ist hier unerläßlich.

Muster 14

128 An das
Amtsgericht München

Ich erhebe Klage gegen ... Ich beantrage Anberaumung eines Termins zur mündlichen Verhandlung, in der ich den Antrag stellen werde:

a) Der Beklagte wird verurteilt, an den Kläger ... DM samt ... % Zinsen hieraus seit ... zu zahlen.
b) Der Beklagte hat die Kosten des Rechtsstreits zu tragen.
c) Das Urteil ist vorläufig vollstreckbar[67].

Gründe: Ich habe dem Beklagten am ... Waren zum Kaufpreis von ... DM auf seine Bestellung geliefert, die am ... bezahlt werden sollten. Zahlung ist

---

[67] Über die Verpflichtung, die Prozeßkosten zu tragen, sowie über die vorläufige Vollstreckbarkeit entscheidet das Gericht auch ohne Antrag (§§ 308 Abs. 2, 708 ZPO).

Das amtsgerichtliche Klageverfahren im einzelnen

trotz Mahnung vom ... bis heute nicht erfolgt. Die Zinsen stellen Verzugsschaden dar. Ich muß Bankkredit mit diesem Zinssatz in Anspruch nehmen.

Datum und Unterschrift des Klägers

Mit Einreichung des Klageantrags ist der Gerichtskostenvorschuß (Rdn. 172) zu zahlen.

Das Gericht hat etwaige unklare Anträge berichtigen zu lassen und auf Stellung sachdienlicher Anträge hinzuwirken. **129**

Die Zustellung von Ladungen und Schriftstücken erfolgt durch die Geschäftsstelle des Amtsgerichts.

Der Kläger kann eine Klage ohne Einwilligung des Beklagten bis zum Beginn der mündlichen Verhandlung zurücknehmen (§ 269 Abs. 1 ZPO). Einwilligung des Beklagten ist notwendig, wenn er zum prozessualen Anspruch verhandelt hat, wenn er also beispielsweise vorgetragen hat, er habe die Schuld bereits bezahlt. **130**

Nach **Klagerücknahme** hat der Kläger die Kosten des Rechtsstreits – also auch die seinem Gegner erwachsenen Kosten – zu tragen. Die Verfahrensgebühr von drei Gerichtsgebühren ermäßigt sich bei Zurücknahme der Klage vor dem **Schluß der mündlichen Verhandlung** und im Falle des schriftlichen Verfahrens (Rdn. 155) **vor** dem Zeitpunkt, der dem **Schluß der mündlichen Verhandlung entspricht**, auf eine Gebühr (Rdn. 173). Eine Klagerücknahme hindert den Kläger übrigens nicht daran, denselben Anspruch in einem weiteren Prozeß erneut geltend zu machen. Voraussetzung hierfür ist nur, daß er inzwischen dem Beklagten dessen im ersten Prozeß entstandene Kosten erstattet hat, da dieser anderenfalls die Einlassung zur Hauptsache verweigern kann (§ 269 Abs. 4 ZPO). Werden ihm die Kosten vom Kläger nicht erstattet, wird die Klage auf die „Einrede der mangelnden Kostenerstattung" des Beklagten als unzulässig abgewiesen.

Muster 15

An das
Amtsgericht München **131**

Zum Rechtsstreit Franz Müller gegen Josef Meier 14 C 867/99

Meine am ... eingereichte Klage nehme ich zurück, da ich mich mit dem Beklagten gütlich geeinigt habe, und zwar auch über die Kosten des Rechtsstreits.

Datum und Unterschrift des Klägers

132 Bezahlt der Beklagte nach Klageerhebung die Forderung des Klägers oder schließen die Parteien einen außergerichtlichen Vergleich, so ist damit der **Rechtsstreit „in der Hauptsache erledigt"**, wenn die Parteien dies übereinstimmend dem Gericht mitteilen. Allerdings streiten die Parteien dann häufig noch über die Verteilung der entstandenen Kosten. In diesem Fall können der Kläger, der Beklagte oder beide einen Antrag folgenden Inhalts bei Gericht stellen (§ 91 a ZPO):

Muster 16

133 An das
Amtsgericht München

Zum Rechtsstreit Franz Müller gegen Josef Meier 14 C 867/99

Ich habe mit dem Beklagten einen außergerichtlichen Vergleich über die Hauptsache geschlossen. Eine Einigung über die Verteilung der Kosten des Rechtsstreits ist nicht zustande gekommen. Ich beantrage, über diese Kosten zu entscheiden und sie dem Beklagten aufzuerlegen.

Datum und Unterschrift des Klägers

Das Gericht entscheidet dann unter Berücksichtigung des bisherigen Sach- und Streitstandes „nach billigem Ermessen", wer die Kosten des Rechtsstreits zu tragen hat.

Bei klarer Sach- und Rechtslage werden die ganzen Kosten also der Partei aufzuerlegen sein, die voraussichtlich in der Sache selbst unterlegen wäre. Bei Teilerfolg und ungewissem Prozeßausgang ist Kostenaufhebung zulässig; ebenso, wenn die Parteien über die Kosten keine Vereinbarung getroffen haben (§ 98 ZPO in entsprechender Anwendung).

3. Die Rechtsantragsstelle des Amtsgerichts

134 Da beim Amtsgericht in vermögensrechtlichen Streitigkeiten kein Anwaltszwang herrscht, kann jedermann eine Klage selbst schriftlich formulieren (vgl. Muster Rdn. 128) und bei Gericht einreichen.

Er kann sich aber auch, z.B. wenn er schriftlich nicht so gewandt ist, an die Rechtsantragsstelle seines Amtsgerichts wenden. Dort kann er die Klage mündlich vortragen. Sie wird vom Rechtspfleger protokolliert (§ 496 ZPO, § 24 Abs. 2 RpflegerG). Der Rechtspfleger stellt dann eine Klageschrift nach den Angaben der Partei her.

Das amtsgerichtliche Klageverfahren im einzelnen

Eine derartige Klage zu Protokoll der Rechtsantragsstelle kann bei jedem Amtsgericht ohne Rücksicht auf seine Zuständigkeit aufgenommen werden (§ 129 a Abs. 1 ZPO).

Der Rechtspfleger hat die Klageschrift aufzunehmen und unverzüglich an das zuständige Amtsgericht zu übersenden. Die Wirkung der Klageeinreichung (Verjährungsunterbrechung! § 209 Abs. 1 BGB, § 270 Abs. 3 ZPO) tritt allerdings erst ein, wenn die Klageschrift beim zuständigen Gericht eingeht. Die Übermittlung des Protokolls bzw. der Klageschrift an das zuständige Gericht kann dem Antragsteller mit dessen Zustimmung (und selbstverständlich auf seinen Wunsch) überlassen werden (§ 129 a Abs. 2 ZPO), denn möglicherweise kann er die Klageschrift rascher befördern, als es im normalen Dienstbetrieb möglich ist.

Die Rechtsantragsstelle ist auch für die Aufnahme sonstiger Anträge und Erklärungen einer Partei sowie für die Aufnahme der Klageerwiderung zuständig (§ 496 ZPO).

4. Urkunden-, Wechsel- und Scheckprozeß

Entsprechend dem unter Rdn. 104–106 behandelten Urkunden-, Wechsel- und Scheckmahnverfahren gibt es auch einen nach ähnlichen Grundsätzen ausgestalteten Urkunden-, Wechsel- und Scheckprozeß (§§ 592–605a ZPO).

135

In ihm können Zahlungsansprüche und Ansprüche auf Leistung einer bestimmten Menge anderer vertretbarer Sachen oder Wertpapiere geltend gemacht werden, wenn die sämtlichen zur Begründung des Anspruchs erforderlichen Tatsachen durch **Urkunden** bewiesen werden können.

Auch hier ist es das Ziel, dem Gläubiger rasch einen Vollstreckungstitel zu verschaffen. Dies geschieht durch Beschränkung der Beweismittel auf Urkunden, soweit klagebegründende Tatsachen bewiesen werden sollen, und auf Urkunden und Parteivernehmung, soweit es um die Echtheit oder Unechtheit einer Urkunde oder andere Tatsachen (z.B. Einwendungen des Beklagten) geht. Der Zeugenbeweis ist in diesem Verfahren nicht zugelassen, eine Widerklage ist nicht statthaft.

Die wegen der Beschränkung der Beweismittel möglicherweise falsche Entscheidung des Gerichts kann, wenn der Beklagte dem Klageantrag widerspricht, in einem **Nachverfahren**, in dem alle Beweismittel des normalen Zivilprozesses (Zeugenbeweis, Urkundenbeweis, Augenscheinsbeweis, Sachverständigenbeweis, Parteivernehmung) zugelassen sind, überprüft werden. Dabei wird dann das im Urkundenprozeß ergangene sog. Vorbehaltsurteil (es ist vorbehaltlich der Rechte des Beklagten erlassen worden) entweder aufgehoben und die Klage abgewiesen oder aber bestätigt („Das Vorbehaltsurteil vom 13. März 1994 wird für vorbehaltslos erklärt.")[68].

Welche Risiken die Vollstreckung eines Vorbehaltsurteils in sich birgt, wurde unter Rdn. 105 für den unter Vorbehalt erlassenen Vollstreckungsbescheid dargelegt. Widerspricht der Beklagte dem Klageantrag nicht, so wird er ohne Vorbehalt verurteilt[69].

5. Das Versäumnisverfahren

136 **Ist der Beklagte** trotz ordnungsgemäß zugestellter Ladung im Termin zur mündlichen Verhandlung **nicht erschienen** oder ist er zwar erschienen, verhandelt aber nicht zur Sache oder läßt er die ihm im schriftlichen Vorverfahren (siehe dazu Rdn. 150, 155) gesetzte Frist, seine Verteidigungsbereitschaft anzuzeigen, ungenutzt verstreichen, so kann gegen ihn auf Antrag des Klägers ein Versäumnisurteil ergehen (§ 331 ZPO). Der Vorteil des Versäumnisverfahrens für den Kläger liegt vor allem darin, daß er die Tatsachen, die er zur Begründung seines Klageantrags vorgetragen hat, nicht zu beweisen braucht. Was der Kläger vorgetragen hat, wird als vom Beklagten zugestanden angesehen. Allerdings muß der Vortrag des Klägers geeignet sein, sein Klagebegehren zu rechtfertigen: Er muß schlüssig sein. Trägt der Kläger etwa vor, der Beklagte habe sich gegenüber seiner Forderung auf Verjährung berufen, so wird auch dieser Vortrag als feststehende Tatsache angesehen. Das kann dann statt zu einem Versäumnisurteil zur Abweisung der Klage führen, wenn das Gericht die Forderung des Klägers für verjährt erachtet.

137 Ausnahmsweise ist das Vorbringen des Klägers zur Zuständigkeit des Gerichts als vom Beklagten nicht zugestanden anzusehen, wenn es um Gerichtsstandsvereinbarungen (§§ 29 Abs. 2, 38, 331 Abs. 1 Satz 2 ZPO) geht. In diesem Fall kann das Gericht Beweise verlangen.

138 **Erscheint der Kläger** trotz ordnungsgemäßer Ladung im Termin zur mündlichen Verhandlung **nicht**[69], so wird die Klage auf Antrag des Beklagten ohne

---

[68] Das Nachverfahren setzt nicht die Rechtskraft des im Urkundenprozeß ergangenen Vorbehaltungsurteils voraus (BGH in NJW 1973, 467). Das Nachverfahren kann sich nicht mehr auf Einwendungen erstrecken, die im Vorbehaltsurteil nicht infolge der Beschränkung der Beweismittel im Urkundenprozeß, sondern ohne Rücksicht darauf als materiell unbegründet zurückgewiesen worden waren (BGH a.a.O.).
Zur Statthaftig- und Beweisbedürftigkeit im Urkundenprozeß s. Stürmer in NJW 1972, 1257.
Zum Versäumnisurteil gegen eine zunächst erschienene Partei, die sich dann wegen Terminsverzögerung entfernt, s. LArbG Hamm in NJW 1973, 1950.
[69] Die Zwangsvollstreckung aus einem rechtskräftigen Urteil im Wechselprozeß kann entsprechend §§ 707, 719 ZPO eingestellt werden; dabei ist jedoch ein strenger Maßstab anzulegen (OLG Hamm in MDR 1975, 850). Für Unzulässigkeit einer solchen Einstellung im Wechsel-Mahnverfahren KG in MDR 1973, 57.

Sachprüfung abgewiesen (§ 330 ZPO). Dabei ist es ohne Bedeutung, ob die Klage begründet ist oder nicht. Fehlt die Zuständigkeit des Gerichts, so wird die Klage trotz Säumnis des Klägers nicht wegen seiner Säumnis, sondern wegen Fehlens einer Prozeßvoraussetzung als unzulässig abgewiesen (sog. unechtes Versäumnisurteil).

Der Unterschied zwischen (echtem) Versäumnisurteil und unechtem Versäumnisurteil ist bedeutsam: Gegen ein echtes Versäumnisurteil ist der Einspruch als einziger Rechtsbehelf vorgesehen. Er ist wie im Mahnverfahren binnen zwei Wochen ab Zustellung des Versäumnisurteils durch Einreichung einer nach § 340 ZPO zu begründenden Einspruchsschrift bei Gericht oder zu Protokoll der Geschäftsstelle des Gerichts (s. Rdn. 134) einzulegen. Gegen das unechte Versäumnisurteil ist das Rechtsmittel der Berufung statthaft. 139

Ein Versäumnisurteil bedarf keines Tatbestandes und keiner Entscheidungsgründe, es genügt der Urteilssatz; das unechte Versäumnisurteil muß mit Tatbestand und Entscheidungsgründen versehen werden.

Der Antrag des Klägers auf Erlaß eines Versäumnisurteils wird durch Beschluß des Gerichts zurückgewiesen, wenn dem säumigen Beklagten eine Behauptung des Klägers oder ein Sachantrag nicht rechtzeitig vor dem Termin mitgeteilt war. Ein Vorbringen des Klägers im Termin, in dem der Beklagte säumig ist, darf nicht zu dessen Lasten als zugestanden angesehen werden, da nur über den Prozeßstoff entschieden werden soll, von dem die nicht erschienene Partei Kenntnis nehmen konnte. 140

Das Gericht vertagt die Verhandlung über den Antrag auf Erlaß eines Versäumnisurteils, wenn es der Ansicht ist, daß die abwesende Partei ohne ihr Verschulden am Erscheinen verhindert ist (§ 337 ZPO). Das kann z.B. der Fall sein, wenn ein Arztattest übersandt wird, aus dem hervorgeht, daß die Partei nicht erscheinen kann oder wenn die Partei telefonisch mitteilt, daß sie im Verkehrsgewühl steckengeblieben sei oder auf dem Weg zum Termin einen Verkehrsunfall erlitten habe.

Ein Versäumnisurteil ist ohne Sicherheitsleistung für vorläufig vollstreckbar zu erklären (§ 708 Abs. 1 Nr. 2 ZPO). Das gilt auch für Urteile, durch die der Einspruch gegen ein Versäumnisurteil als unzulässig verworfen wird (§ 708 Abs. 1 Nr. 3 ZPO). 141

Diese Urteile geben also einen sofort vollstreckbaren Titel. Die Zwangsvollstreckung aus einem Versäumnisurteil darf nur gegen Sicherheitsleistung durch den Beklagten eingestellt werden, es sei denn, daß das Versäumnisurteil nicht in gesetzlicher Form ergangen ist oder daß die säumige Partei glaubhaft macht, daß ihre Säumnis unverschuldet war (§ 719 Abs. 1 ZPO). Wegen der Rechtslage nach Erhebung eines Einspruchs gegen ein Versäumnisurteil vgl. Rdn. 164.

6. Entscheidung nach Lage der Akten

142 Erscheinen oder verhandeln in einem Termin beide Parteien nicht, so kann das Gericht nach Lage der Akten entscheiden. Ein Urteil nach Lage der Akten darf nur ergehen, wenn in einem früheren Termin mündlich verhandelt worden ist. Es darf frühestens in zwei Wochen verkündet werden. Das Gericht hat der nicht erschienenen Partei den Verkündungstermin formlos mitzuteilen. Es bestimmt einen neuen Termin zur mündlichen Verhandlung, wenn die Partei dies spätestens am siebten Tag vor dem zur Verkündung bestimmten Termin beantragt und glaubhaft macht, daß sie ohne ihr Verschulden ausgeblieben ist und die Verlegung des Termins nicht rechtzeitig beantragen konnte (§ 251 a Abs. 1, 2 ZPO).

143 Für die vorläufige Vollstreckbarkeit eines Urteils nach Lage der Akten gilt das gleiche wie für die Vollstreckbarkeit eines Versäumnisurteils (Rdn. 141), allerdings nur bei einem Urteil gegen die säumige Partei. Würde vorstehende Bestimmung (§ 708 Nr. 2 ZPO) auch für die nicht säumige Partei gelten, wäre diese, zu deren Gunsten das Urteil ergeht, günstiger gestellt als ohne Säumnis.

Wenn das Gericht nicht nach Lage der Akten entscheidet und nicht nach § 227 ZPO vertagt – was nur aus erheblichen Gründen zulässig ist[70] – ordnet es das Ruhen des Verfahrens an (§ 251 a Abs. 3 ZPO).

7. Anerkenntnisurteil

144 Erkennt der Beklagte den Klageanspruch – ganz oder teilweise – an, so ist auf Antrag des Klägers in der mündlichen Verhandlung Anerkenntnisurteil gegen ihn zu erlassen und zu verkünden.

Grundsätzlich trägt der Beklagte als unterlegene Partei die Kosten des Rechtsstreits. Hat er aber keine Veranlassung zur Klageerhebung gegeben, fallen die Prozeßkosten dem Kläger zur Last, wenn der Beklagte den Klageanspruch unter Protest gegen die Kostenlast sofort anerkennt (§ 93 ZPO).

Urteile, die aufgrund eines Anerkenntnisses ergehen, sind ohne Sicherheitsleistung für vorläufig vollstreckbar zu erklären (§ 708 Nr. 1 ZPO).

Wird das gesamte Verfahren durch ein Anerkenntnisurteil beendet, ermäßigen sich die Verfahrensgebühren von drei Gebühren auf eine Gebühr (KV Nr. 1202 b).

---

[70] Erhebliche Gründe sind insbesondere **nicht** das Ausbleiben einer Partei oder die Ankündigung, nicht zu erscheinen, wenn nicht das Gericht dafürhält, daß die Partei ohne ihr Verschulden am Erscheinen verhindert ist, die mangelnde Vorbereitung einer Partei, wenn nicht die Partei dies genügend entschuldigt, und das Einvernehmen der Parteien allein.

Das amtsgerichtliche Klageverfahren im einzelnen 115

8. Gütliche Einigung (Vergleich)

Ein durch gegenseitiges Nachgeben gekennzeichneter Vergleich kann besonders unter Verwandten, Freunden, Bekannten und Geschäftspartnern eine wesentlich bessere Lösung eines Streits darstellen als ein Urteil des Gerichts. 145

Er kann als **außergerichtlicher Vergleich** oder als **Prozeßvergleich** vor einem Gericht abgeschlossen werden.
Im ersten Falle wirkt er wie ein Vertrag zwischen den streitenden Parteien, d. h., bei seiner Nichterfüllung kann vor Gericht auf Erfüllung der Verpflichtungen aus dem Vergleich geklagt werden. Im letzteren Falle stellt er einen vollstreckbaren Titel dar, aus dem sofort vollstreckt werden kann (§ 794 Abs. 1 Nr. 1 ZPO).

Auch der außergerichtliche Vergleich kann dadurch zu einem Vollstreckungstitel werden, daß er im Rechtsstreit von den Parteien zu Protokoll des Gerichts erklärt wird.

Seit 1. 4. 1991 gibt es auch noch den sog. **Anwaltsvergleich**, der eine frühzeitige Beendigung von Streitigkeiten ohne Einschaltung des Prozeßgerichts ermöglicht. Er wird von den Parteien und ihren Anwälten unterschrieben und der Schuldner unterwirft sich darin der sofortigen Zwangsvollstreckung. Er wird dann vom Gericht oder einem Notar für vollstreckbar erklärt. Aus ihm kann sodann wie aus einem Urteil oder Prozeßvergleich vollstreckt werden (§§ 794 Abs. 1 Nr. 4 b, 796 a – c ZPO).

Beim Vergleich gibt es – wegen beiderseitigen Nachgebens – keinen völligen Verlierer, sei es, daß dem Beklagten Ratenzahlung zur Begleichung der Schuld eingeräumt wird, sei es, daß ihm ein Teil der Schuld, wenn er sofort zahlt, erlassen wird.

Ehe der Gläubiger einen langdauernden Prozeß mit umfangreicher Beweisaufnahme auf sich nimmt, wird er häufig dem Beklagten etwas nachlassen oder ihm Ratenzahlung einräumen, um möglichst bald etwas von ihm zu bekommen. Dem Schuldner, dem es häufig „ums Prinzip geht", wird durch ein solches Entgegenkommen der Entschluß zu zahlen erleichtert.

Vorsicht ist beim Vergleichsabschluß geboten, wenn der Prozeß ein Stadium erreicht hat, in dem bereits erhebliche Kosten entstanden sind. Hier muß darauf hingewirkt werden, daß auch hinsichtlich der Kostentragung eine befriedigende Lösung gefunden wird. Die Kosten eines abgeschlossenen Vergleichs sind anderenfalls als gegeneinander aufgehoben anzusehen (§ 98 ZPO), was bedeutet, daß jede Partei ihre eigenen Kosten (z.B. Anwaltskosten, Fahrtkosten zum Termin usw.) selbst zu tragen hat und etwaige Gerichtskosten hälftig geteilt werden.
Das Gericht, das nach der Zivilprozeßordnung in jeder Lage des Verfahrens auf

eine gütliche Beilegung des Rechtsstreits oder einzelner Streitpunkte (Teilvergleich) bedacht sein soll (§ 279 Abs. 1 ZPO), sollte dabei den Parteien auch die genauen Kosten des Rechtsstreits vorrechnen und diese in seinen Vergleichsvorschlag unbedingt einbeziehen. Für einen Güteversuch vor Gericht kann das persönliche Erscheinen der Parteien angeordnet, aber nicht erzwungen werden.

Bei einer Klage im Anwaltsprozeß, wenn also Rechtsanwälte beteiligt sind, ist stets zu beachten, daß jeder Rechtsanwalt für seine Mitwirkung beim Vergleich eine Anwaltsgebühr (sog. Vergleichsgebühr, vgl. Rdn. 177) erhält. Allerdings ermäßigt sich im Falle eines Vergleichsabschlusses vor Gericht, wenn dadurch das gesamte Verfahren beendet wird und kein Urteil vorausgegangen ist, die Verfahrensgebühr von drei Gebühren auf eine Gebühr (KV Nr. 1202 c).

Es beträgt die Ersparnis an Gerichtskosten bei einem Streitwert von 4 000 DM in erster Instanz 290 DM; die einem Anwalt zusätzlich zu zahlende Vergleichsgebühr aber bereits 307,40 DM (inklusive 16 % MWSt).

Eine Kostenersparnis wird erzielt, wenn sich die Parteien außerhalb des Gerichtstermins, also privat, einigen und den Vergleich ohne Erörterung vor Gericht lediglich von ihren Anwälten vor Gericht zu Protokoll geben lassen. Dann entfallen nämlich zwei Gebühren bei den Gerichtskosten, und die Anwälte erhalten nur jeweils 2 1/2 Gebühren (Prozeßgebühr und Vergleichsgebühr, vgl. Rdn. 176 und 177).

146 Nicht selten behält sich die eine oder andere Partei oder es behalten sich beide Parteien den Widerruf eines Vergleichs bis zu einem kalendermäßig festgelegten Zeitpunkt vor, weil man das Ergebnis des Vergleichs nochmals überdenken und in Ruhe abwägen möchte. Erfolgt dann der Widerruf, so ist beim außergerichtlichen Vergleich der Streit wieder in dem Stadium, in dem er sich vor Abschluß des Vergleichs befand, beim gerichtlichen Vergleich muß vor Gericht weiterverhandelt werden.

Gleiches gilt, wenn der Vergleich wegen arglistiger Täuschung angefochten wird.

Muster 17

147 **Vergleich**

1. Der Beklagte verpflichtet sich, an den Kläger 2 200 DM in monatlichen Raten zu je 200 DM, zahlbar am 1. eines jeden Monats, beginnend am 1. März 1999, zu bezahlen.
2. Kommt der Beklagte mit Zahlung einer Rate ganz oder teilweise zwei Wochen in Rückstand, so ist der gesamte noch offene Restbetrag zur Zahlung fällig.

Das amtsgerichtliche Klageverfahren im einzelnen

3. Damit sind sämtliche Ansprüche unter den Parteien abgegolten.
4. Der Beklagte hat die Kosten des Rechtsstreits zu tragen.
5. Der Beklagte kann diesen Vergleich durch Schriftsatz, der bis zum 15. Februar 1999 bei Gericht eingegangen sein muß, widerrufen.

Muster 18

An das
Amtsgericht Starnberg

Zum Rechtsstreit Josef Müller gegen Franz Meier 4 C 213/99

Hiermit widerrufe ich den im Termin vom ... geschlossenen Vergleich und bitte, den Rechtsstreit fortzusetzen. Nach reiflicher Überlegung erscheint mir der im Vergleich festgelegte Betrag von ... DM für die mit Mängeln behaftete Ware zu hoch. Ich werde im Termin ein Gutachten des Sachverständigen ... vorlegen, wonach die Ware höchstens einen Wert von ... DM hat. Auf dieser Basis könnte ich mich zu einem neuen Vergleich entschließen.

Datum und Unterschrift

148

Kommt ein Vergleich außergerichtlich nicht zustande, so kann der Beklagte auf die Klage etwa wie folgt erwidern:

Muster 19

Klageerwiderung

An das
Amtsgericht Starnberg

Zum Rechtsstreit ... Aktenzeichen ...

Im Termin zur mündlichen Verhandlung werde ich beantragen,
die Klage kostenpflichtig abzuweisen.
Ich habe gegen den Kläger eine bereits fällige Gegenforderung in Höhe von ... aus Kaufvertrag vom ..., mit der ich gegen seine Forderung aufrechne.

Datum und Unterschrift des Beklagten

149

9. Mündliche Verhandlung im Streitverfahren

Das Streitverfahren vor Gericht ist so gestaltet, daß der Rechtsstreit in regelmäßig nur einem umfassend vorbereiteten Termin zur mündlichen Verhandlung – dem Haupttermin – seine Erledigung finden soll. Dazu sind folgende Möglichkeiten für das Gericht gegeben:

150

a) Entweder bestimmt das Gericht einen frühen ersten Termin zur mündlichen Verhandlung, die sobald wie möglich erfolgen soll;
b) oder das Gericht veranlaßt ein schriftliches Vorverfahren (§ 272 ZPO).

Im Falle des Buchst. a) hat das Gericht aufgrund der mündlichen Verhandlung darauf hinzuwirken, daß noch nicht vorgetragener aber entscheidungserheblicher Streitstoff rechtzeitig zum nächsten Termin in das Verfahren eingeführt wird. Im Falle des Buchst. b) wird durch ein schriftliches Vorverfahren ein erst später stattfindender Verhandlungstermin vorbereitet.

151 Welchen der beiden Wege zum Haupttermin das Gericht einschlägt, steht in seinem freien Ermessen. Die Anberaumung eines frühen ersten Termins bietet den Vorteil, daß der streiterhebliche Prozeßstoff von vornherein eingegrenzt und geordnet werden kann. Nicht streitige Sachen können auf diese Weise gleich durch Anerkenntnisurteil (s. Rdn. 144), Versäumnisurteil (s. Rdn. 136ff.), durch Klagerücknahme (s. Rdn. 130) oder Vergleich (s. Rdn. 145) ausgeschieden werden. Der frühe erste Termin wird in der Praxis dem schriftlichen Vorverfahren häufig vorgezogen, weil eine mündliche Erörterung des Streitstoffes mit den Parteien zu einer rascheren Abklärung und damit Erledigung des Rechtsstreits führen kann.

Zur **Vorbereitung des frühen ersten Termins** zur mündlichen Verhandlung kann das Gericht dem Beklagten eine Frist zur schriftlichen Klageerwiderung setzen. Wird das Verfahren in dem frühen ersten Termin zur mündlichen Verhandlung nicht abgeschlossen, so trifft das Gericht alle Anordnungen, die zur Vorbereitung des Haupttermins noch erforderlich sind. Das Gericht setzt in dem Termin eine Frist zur schriftlichen Klageerwiderung, wenn der Beklagte noch nicht oder nicht ausreichend auf die Klage erwidert hat und ihm noch keine Frist im Sinne der vorstehenden Ausführungen gesetzt war. Das Gericht kann dem Kläger in dem Termin oder nach Eingang der Klageerwiderung eine Frist zur schriftlichen Stellungnahme auf die Klageerwiderung setzen (§ 275 ZPO). In dem dann anzusetzenden Haupttermin soll das Gericht umfassend und nach Möglichkeit erschöpfend den Rechtsstreit behandeln können.

152 Wählt das Gericht den **Weg des schriftlichen Vorverfahrens**, so fordert es den Beklagten mit der Zustellung der Klage auf, wenn er sich gegen die Klage verteidigen wolle, dies binnen einer Notfrist von zwei Wochen nach Zustellung der Klageschrift dem Gericht schriftlich mitzuteilen; der Kläger ist von der Aufforderung zu unterrichten. Zugleich ist dem Beklagten eine Frist von mindestens zwei weiteren Wochen zur schriftlichen Klageerwiderung zu setzen. Erklärt der Beklagte nicht, der Klage entgegentreten zu wollen, so ergeht gegen ihn auf Antrag des Klägers ein Versäumnisurteil im schriftlichen Verfahren (§ 331 Abs. 3 ZPO).

Das amtsgerichtliche Klageverfahren im einzelnen

Geht vom Beklagten im Vorverfahren eine Klageerwiderung ein, so kann das Gericht dem Kläger eine Frist zur schriftlichen Stellungnahme setzen (Frist mindestens zwei Wochen, §§ 276, 277 ZPO).

Sonstige erforderliche vorbereitende Maßnahmen hat das Gericht rechtzeitig zu veranlassen. In jeder Lage des Verfahrens ist darauf hinzuwirken, daß sich die Parteien rechtzeitig und vollständig erklären. Einzelheiten darüber ergeben sich aus § 273 ZPO. Insbesondere sind Zeugen, auf die sich eine Partei bezogen hat, und Sachverständige zur mündlichen Verhandlung zu laden. Das Gericht kann schon vor der mündlichen Verhandlung einen Beweisbeschluß erlassen. Dieser kann u.U. bereits vor der mündlichen Verhandlung ausgeführt werden (§ 358 a ZPO). **153**

Im Haupttermin führt das Gericht in den Sach- und Streitstand ein. Die Parteien sollen hierzu persönlich gehört werden. Der streitigen Verhandlung soll die Beweisaufnahme unmittelbar folgen. Im Anschluß an die Beweisaufnahme ist der Sach- und Streitstand erneut mit den Parteien zu erörtern (§ 278 ZPO).

Vor **Überraschungsentscheidungen** sollen die Parteien dadurch geschützt werden, daß das Gericht auf entscheidungserhebliche rechtliche Gesichtspunkte, die eine Partei erkennbar übersehen oder für unerheblich gehalten hat, hinzuweisen hat, um der Partei Gelegenheit zu geben, sich dazu zu äußern (§ 278 Abs. 3 ZPO).

Aus erheblichen Gründen kann ein Termin aufgehoben oder verlegt sowie eine Verhandlung vertagt werden (§ 227 ZPO; s. dazu Rdn. 144).

Die Parteien haben eine **Prozeßförderungspflicht**. Jede Partei hat in der mündlichen Verhandlung ihre Angriffs- und Verteidigungsmittel, insbesondere Behauptungen, Bestreiten, Einwendungen, Einreden, Beweismittel und Beweiseinreden, so rechtzeitig vorzubringen, wie es nach der Prozeßlage einer sorgfältigen und auf Förderung des Verfahrens bedachten Prozeßführung entspricht. Beziehen sich auf denselben Anspruch mehrere selbständige Angriffs- oder Verteidigungsmittel, so kann die Partei sich jedoch auf das Vorbringen einzelner beschränken, solange sie nach dem Sach- und Streitstand davon ausgehen darf, daß diese Angriffs- oder Verteidigungsmittel für ihre Rechtsverfolgung oder Rechtsverteidigung ausreichen (§ 282 Abs. 1 ZPO). Wichtigster Grundsatz im Zivilprozeß ist: **Tatsachen, die nicht ausdrücklich bestritten werden, sind als zugestanden anzusehen** (§ 138 Abs. 3 ZPO). Die Parteien sind also nur zu dem nach der jeweiligen Prozeßlage erforderlichen Vortrag verpflichtet, der ihnen ein stufenweises, prozeßtaktisches Vorgehen ermöglicht. Damit soll allerdings nicht die „tropfenweise" Information des Gerichts durch die Parteien gefördert werden. **154**

Angriffs- und Verteidigungsmittel, die erst nach Ablauf einer hierfür gesetzten Frist vorgebracht werden, sind nur zuzulassen, wenn nach der freien Überzeugung des Gerichts ihre Zulassung die Erledigung des Rechtsstreits nicht verzögern würde oder wenn die Partei die Verspätung genügend entschuldigt. Angriffs- und Verteidigungsmittel, die entgegen dem vorstehend behandelten § 282 ZPO nicht rechtzeitig oder auf eine rechtzeitige Mitteilung nicht im folgenden Termin vorgebracht werden, können zurückgewiesen werden, wenn ihre Zulassung nach der freien Überzeugung des Gerichts die Erledigung des Rechtsstreits verzögern würde und die Verspätung auf grober Nachlässigkeit beruht (§ 296 Abs. 1, 2 ZPO). Wegen der Rechtslage bei einem Vorbringen, das in erster Instanz zu Recht zurückgewiesen worden ist, in der zweiten Instanz s. § 528 ZPO.

154a Die Parteien trifft aber vor allem die **Wahrheitspflicht**: Sie haben ihre Erklärungen über tatsächliche Umstände vollständig und der Wahrheit gemäß abzugeben (§ 138 Abs. 1 ZPO). Bei Verstößen gegen die Wahrheitspflicht in der Absicht, sich einen rechtswidrigen Vermögensvorteil zu verschaffen, kann ein (versuchter) **Prozeßbetrug** vorliegen. Das Zivilgericht kann dann die Akten zur Strafverfolgung an die Staatsanwaltschaft senden.

10. Schriftliches Verfahren

155 Grundsatz ist, daß die Parteien über den Rechtsstreit vor dem Prozeßgericht mündlich verhandeln. Ausnahmsweise kann das Gericht aber auch ohne vorhergehende mündliche Verhandlung entscheiden; man spricht dann vom schriftlichen Verfahren. Dies ist einmal möglich, wenn **beide Parteien** zustimmen. Die Einverständniserklärungen werden vom Gericht zu Protokoll genommen oder sind in Schriftsätzen an das Gericht enthalten. Sie können nur bei einer wesentlichen Änderung der Prozeßlage widerrufen werden. Sie beziehen sich nur auf die jeweils nächste Entscheidung. Ist diese z. B. ein Beweisbeschluß, so muß danach wieder mündlich verhandelt werden. Liegen die Einverständniserklärungen der Parteien vor, so ergeht Beschluß des Gerichts, daß schriftlich entschieden werde. In diesem Beschluß gibt das Gericht an, bis zu welchem Zeitpunkt Schriftsätze eingereicht werden können. Zugleich wird in diesem Beschluß ein Entscheidungsverkündungstermin festgelegt, der innerhalb von drei Monaten nach Eingang der letzten Zustimmungserklärung liegen muß. Das Gericht entscheidet dann aufgrund des gesamten Akteninhalts, der bis zu dem im Beschluß genannten Zeitpunkt vorliegt (§ 128 Abs. 1 und 2 ZPO).

Bei vermögensrechtlichen Streitigkeiten mit einem Streitwert bis zu 1 500 DM (maßgebend ist der Zeitpunkt der Klageeinreichung) kann das Amtsgericht von Amts wegen (also ohne Antrag und ohne Zustimmung der Parteien) das schriftliche Verfahren anordnen, wenn einer Partei das Erscheinen vor Gericht

Das amtsgerichtliche Klageverfahren im einzelnen 121

wegen großer Entfernung oder aus einem sonstigen wichtigen Grund (Krankheit, hohes Alter, Arbeitsüberlastung) nicht zuzumuten ist (§ 128 Abs. 3 ZPO). Da diese Entscheidung aus Rücksicht auf die entfernt wohnende oder aus wichtigem Grund vom Erscheinen entbundene Partei ergangen ist, kann diese Partei auch auf diesen Schutz verzichten und die Aufhebung des Beschlusses und mündliche Verhandlung verlangen. Auch wenn das persönliche Erscheinen der Parteien zur Sachaufklärung unumgänglich ist, ist der Beschluß, in dem schriftliches Verfahren angeordnet wurde, aufzuheben.

11. Ruhen des Verfahrens

Nicht selten ergibt sich im Laufe eines Rechtsstreits die Aussicht, daß Kläger und Beklagter doch noch zu einer außergerichtlichen Einigung und Bereinigung des Prozesses kommen werden. Dann kann der Gläubiger das Gericht um Anordnung des Ruhens des Verfahrens mit jederzeitigem Widerrufsrecht bitten. 156

Muster 20

In meiner Rechtssache gegen ... (Aktenzeichen C ...) besteht aufgrund neuer privater Verhandlungen mit dem Beklagten die Möglichkeit einer außergerichtlichen Einigung. Im Einverständnis mit dem Beklagten bitte ich, das Ruhen des Verfahrens mit dem Recht meines jederzeitigen Widerrufs anzuordnen.

Datum und Unterschrift des Klägers

Muster 21

In meiner Rechtssache gegen ... (Aktenzeichen C ...) muß ich um Ansetzung eines neuen Verhandlungstermins bitten, da sich die außergerichtlichen Verhandlungen mit dem Beklagten leider zerschlagen haben.

Datum und Unterschrift des Klägers

Das Ruhen des Verfahrens wird auch dann vom Gericht angeordnet, wenn beide Parteien im Termin zur mündlichen Verhandlung nicht erscheinen und das Gericht weder eine Entscheidung nach Lage der Akten erläßt (s. Rdn. 142), noch den Termin verlegt (§ 251 a Abs. 3 ZPO). Ist das Ruhen des Verfahrens angeordnet, so kann es vor Ablauf von 3 Monaten nur mit Zustimmung des Gerichts bei Vorliegen eines wichtigen Grundes wieder aufgenommen werden (§ 251 Abs. 2 ZPO). In der Praxis der Gerichte wird meist der Termin verlegt; die Anordnung des Ruhens des Verfahrens wird seltener getroffen. 157

12. Parteifähigkeit – Prozeßfähigkeit

158 Parteifähig, d. h. fähig, Kläger oder Beklagter zu sein, ist, wer rechtsfähig ist (§ 50 Abs. 1 ZPO).

Das sind alle natürlichen Personen von der Geburt bis zum Tod. Ferner juristische Personen des öffentlichen (Staat, Gemeinden) und des privaten (rechtsfähige Vereine, GmbH, Aktiengesellschaft) Rechts. Obwohl nicht rechtsfähig, sind für parteifähig erklärt: die OHG und die KG. Sie können unter ihrer Firma klagen und verklagt werden (§§ 124 Abs. 1 und 161 Abs. 2 HGB). Der nicht rechtsfähige Verein ist lediglich passiv parteifähig, d. h., er kann verklagt werden, selbst aber nicht klagen (§ 50 Abs. 2 ZPO). Will ein nicht rechtsfähiger Verein klagen, so müssen alle Mitglieder als Kläger auftreten. Parteifähig sind außerdem die politischen Parteien (§ 3 Parteiengesetz).

Die Parteifähigkeit ist vom Gericht von Amts wegen zu prüfen. Wird sie verneint, so ist die Klage als unzulässig abzuweisen.

Von der Parteifähigkeit zu unterscheiden ist die **Prozeßfähigkeit,** das ist die Fähigkeit, im Prozeß in eigener Person oder durch einen bestellten Vertreter wirksam zu handeln. Sie entspricht der Geschäftsfähigkeit des Bürgerlichen Rechts. Geschäftsunfähige Personen (das sind nach § 104 BGB u.a. Kinder bis zum 7. Lebensjahr und wegen Geisteskrankheit Entmündigte) sind nicht prozeßfähig. Dies gilt grundsätzlich auch für Minderjährige zwischen 7 und 18 Jahren. Allerdings kann z.B. eine minderjährige Hausgehilfin ihren Lohn selbständig einklagen, weil sie insoweit geschäftsfähig und damit prozeßfähig ist (§ 113 BGB).

13. Parteivertreter – Prozeßvertreter

159 Minderjährige haben einen gesetzlichen Vertreter (Eltern, Vater oder Mutter – wenn der andere Teil verstorben ist oder wenn die Ehe geschieden wurde), ebenso Entmündigte (Vormund, Pfleger). Juristische Personen (Aktiengesellschaften, Gesellschaften mit beschränkter Haftung, eingetragene Vereine und Genossenschaften) werden durch die in ihrer Geschäftssatzung bestellten Organe (Vorstand, Geschäftsführer) vertreten.

Diese Vertreter einer Partei sind zu unterscheiden von den Prozeßbevollmächtigten, die von den Parteivertretern für einen bestimmten Prozeß bevollmächtigt werden. Bei den Amtsgerichten können die Parteivertreter selbst auftreten oder einen Prozeßvertreter bevollmächtigen.

In der Klageschrift sind die Parteivertreter stets, die Prozeßvertreter, wenn solche bestellt wurden, anzugeben.

Das amtsgerichtliche Klageverfahren im einzelnen

Muster 22

Klage   160
des Minderjährigen Arnold Schön, geb. am 19. 1. 1990,
gesetzlich vertreten durch seine Eltern Hubert und Anna Schön,
Landsberger Straße 278, 82940 München,

im Prozeß vertreten durch Rechtsanwalt Franz Hübner,
Karlsplatz 8/III, 80711 München,
– Kläger –

gegen

die Firma Raum und Glas GmbH, vertreten durch ihren Geschäftsführer
Felix Hell, Moosacher Straße 17, 82177 München,
im Prozeß vertreten durch Rechtsanwalt Kurt Eilig,
Lenbachplatz 6/II, 80711 München,
– Beklagte –

Für die Bevollmächtigung von Rechtsanwälten gibt es Vordrucke, die der Rechtsanwalt der Partei anläßlich der Vollmachterteilung zur Unterschrift vorlegt. Ansonsten kann jedermann seinen Prozeß durch jede prozeßfähige Person (s. Rdn. 158) vor dem Amtsgericht führen lassen (§ 79 ZPO). Eine Vollmacht sieht so aus:

Muster 23

Hiermit bevollmächtige ich Herrn Adam Müller, ... Anschrift ..., mich in   161
dem Rechtsstreit Kunze gegen Vogel – Aktenzeichen 3 C 313/99 AG München – zu vertreten.
München, den 12. März 1999
Rolf Kunze
(eigenhändige Unterschrift)

Soll die Vollmacht nur für einen Gerichtstermin gelten, so lautet die Vollmacht z.B. auf „Vertretung im Termin vom 22. März 1999".

Beglaubigung der Unterschrift des Vollmachtgebers durch einen Notar ist nicht erforderlich. Die Prozeßvollmacht berechtigt zu allen den Rechtsstreit einschließlich der Zwangsvollstreckung betreffenden Prozeßhandlungen.

Also z.B. auch zum Abschluß eines Vergleichs, zur Anerkennung des Anspruchs, zur Bestellung eines Unterbevollmächtigten. Hinsichtlich eines Vergleichs, einer Verzichtleistung auf den Streitgegenstand und eines Anerkenntnisses kann der Vollmachtgeber jedoch seine Vollmacht beschränken, d.h. diese Punkte von der Vollmacht wirksam ausschließen (§ 83 Abs. 1 ZPO).

162 Neben den Rechtsanwälten haben auch die Rechtsbeistände die Erlaubnis zur Besorgung fremder Rechtsangelegenheiten einschließlich der Rechtsberatung. Sofern sie als Prozeßagenten zugelassen sind, können sie auch in der mündlichen Verhandlung vor Gericht als Prozeß- oder Terminbevollmächtigte auftreten.

Vor dem Amtsgericht kann ferner jede Partei mit einer prozeßfähigen Person als Beistand erscheinen. Dieser Beistand ist nichts anderes als der Wortführer der Partei, für die er auftritt.

Tritt ein anderer für eine Partei im Prozeß auf, so prüft das Amtsgericht seine Vollmacht. Sie muß in schriftlicher Form vorgelegt werden. Im übrigen kann der Mangel der Vollmacht vom Gegner in jeder Lage des Rechtsstreits gerügt werden (§ 88 ZPO).

14. Das Urteil

163 Das Urteil wird in dem Termin, in dem die mündliche Verhandlung geschlossen wird, oder in einem sofort anzuberaumenden Termin verkündet. Dieser wird nur dann über drei Wochen hinaus angesetzt, wenn wichtige Gründe, insbesondere der Umfang oder die Schwierigkeit der Sache, dies erfordern. Wird das Urteil nicht in dem Termin, in dem die mündliche Verhandlung geschlossen wird, verkündet, so muß es bei der Verkündung in vollständiger Form abgefaßt sein (§ 310 ZPO).

Das Urteil hat insbesondere die Urteilsformel, den Tatbestand (eine knappe Darstellung des Sach- und Streitgegenstandes unter Hervorhebung der gestellten Anträge) und die Entscheidungsgründe (Begründung der in der Urteilsformel enthaltenen Entscheidung) zu enthalten (§ 313 ZPO).

Bei Versäumnis-, Anerkenntnis- und Verzichtsurteilen (s. Rdn. 136, 144) braucht das Urteil keinen Tatbestand und keine Entscheidungsgründe zu enthalten (§ 313 b ZPO – sog. Urteil in abgekürzter Form).
Alle Urteile werden den Parteien, verkündete Versäumnisurteile nur der unterliegenden Partei (die andere war ja bei Verkündung anwesend!) von Amts wegen zugestellt (§ 317 Abs. 1 ZPO).

Da die Zustellung eines Urteils die Rechtsmittelfrist (vgl. Rdn. 167) oder die Einspruchsfrist (bei Versäumnisurteilen vgl. Rdn. 139) in Lauf setzt, können die Parteien, die z.B. in Vergleichsverhandlungen stehen, den Beginn dieser Fristen hinauszögern, indem sie **übereinstimmend** bei Gericht den Antrag stellen, die Zustellung bis zum Ablauf von 5 Monaten nach der Verkündung hinauszuschieben (§ 317 Abs. 1 Satz 3 ZPO).

164 Ist ein Urteil verkündet und unterschrieben, kann sich jede Partei eine Ausfertigung des Urteils ohne Tatbestand und Entscheidungsgründe, auf besonderen Wunsch auch eine vollständige Ausfertigung, aushändigen lassen (§ 317 Abs. 2

Das amtsgerichtliche Klageverfahren im einzelnen 125

ZPO). Die erste Art dient vor allem der Zwangsvollstreckung und enthält nur den Urteilseingang, die Urteilsformel und die Unterschriften von Richter und Urkundsbeamten. Das Amtsgericht kann sein eigenes Urteil nicht abändern. Von diesem Grundsatz gibt es allerdings einige Ausnahmen. Ist ein Versäumnisurteil ergangen und von der anderen Partei rechtzeitig, spätestens innerhalb von zwei Wochen nach seiner Zustellung, Einspruch eingelegt, so wird weiter vor dem Amtsgericht verhandelt. Erscheint derjenige, gegen den das Versäumnisurteil ergangen ist, in dem neuen Termin wieder nicht, dann wird auf Antrag der erschienenen Partei der Einspruch durch ein **zweites Versäumnisurteil** verworfen. Gegen dieses Urteil gibt es nur unter ganz bestimmten Voraussetzungen, wenn der Fall der Säumnis nicht vorgelegen hat (s. § 513 ZPO), das Rechtsmittel der Berufung, das von einem Rechtsanwalt beim Landgericht einzulegen ist. Ein neuer Einspruch gegen das zweite Versäumnisurteil ist nicht zulässig (§ 345 ZPO). Ist in dem Einspruchstermin streitig verhandelt worden, dann wird in dem darauf ergehenden Urteil das Versäumnisurteil entweder aufgehoben und anderweitig entschieden oder dieses Urteil aufrechterhalten.

Urteile in vermögensrechtlichen Angelegenheiten sind, solange sie noch keine Rechtskraft erlangt haben, ohne Sicherheitsleistung für vorläufig vollstreckbar zu erklären, wenn der Gegenstand der Verurteilung in der Hauptsache 2 500 DM nicht übersteigt oder wenn nur die Entscheidung über die Kosten vollstreckbar ist und eine Vollstreckung im Wert von nicht mehr als 3 000 DM ermöglicht (§ 708 Nr. 11 ZPO). Andere Urteile sind gegen eine der Höhe nach zu bestimmende Sicherheit für vorläufig vollstreckbar zu erklären (§ 709, Ausnahmen § 710 ZPO). Wegen Abwendung der Vollstreckung durch Sicherheitsleistung seitens des Beklagten und anderen einschlägigen Fragen s. §§ 711 bis 717 ZPO. **165**

15. Die Berufung

Gegen ein amtsgerichtliches Urteil kann die damit nicht zufriedene Partei das Rechtsmittel der Berufung einlegen. Dies ist lediglich nicht möglich bei (echten) Versäumnisurteilen, gegen die als einziger Rechtsbehelf der Einspruch zugelassen ist (s. Rdn. 139). **166**

Eine Berufung ist ferner unzulässig, wenn in vermögensrechtlichen Streitigkeiten die Berufungssumme 1 500 DM nicht übersteigt. Damit ist keine Berufung möglich, wenn es sich um Streitigkeiten bis 1 500 DM Streitwert handelt, und zwar ohne Rücksicht, wie der Prozeß ausgeht. Bei Streitigkeiten mit einem Streitwert über 1 500 DM kommt es darauf an, wie hoch die Differenz zwischen dem Beantragten und dem Zugesprochenen ist. Wird z.B. im Rechtsstreit A gegen B auf Zahlung von 2 800 DM B zur Zahlung von 1 400 DM verurteilt und legt A, weil er die restlichen 1 400 DM auch noch haben möchte, Berufung ein, so wird diese als unzulässig verworfen, weil die 1 500- DM-Grenze (Berufungssumme, § 511 a ZPO) nicht erreicht ist. Ohne Einschränkung auf eine bestimmte Mindestsumme ist die Berufung gegen ein sog. zweites Versäumnisurteil zulässig (§ 513 ZPO; s. dazu auch Rdn. 164). Ist die Partei lediglich mit dem Kostenausspruch im Urteil unzufrieden, so kann sie die Entscheidung allein wegen der Kosten nicht mit der Berufung anfechten; hier muß vielmehr, um eine Überprüfung durch das Berufungsgericht zu erreichen, gegen die Entscheidung in der Hauptsache Berufung eingelegt werden (§ 99 Abs. 1 ZPO).

167 Die Berufung ist innerhalb eines Monats ab Zustellung des in vollständiger Form abgefaßten Urteils bei dem dem Amtsgericht übergeordneten Landgericht durch Einreichung einer Berufungsschrift einzulegen (§ 518 Abs. 2 ZPO).

Innerhalb eines weiteren Monats ab Einlegung ist die Berufung schriftlich zu begründen (§ 519 ZPO).

Die **Berufung** kann **wirksam nur von** einem bei dem zuständigen Landgericht zugelassenen **Rechtsanwalt** eingelegt und begründet werden, da vor den Landgerichten Anwaltszwang herrscht (§ 78 Abs. 1 ZPO).

Ist die Berufung zulässig (also gegen das betr. Urteil statthaft, sowie form- und fristgerecht durch einen Anwalt eingelegt), so prüft das Landgericht ihre Begründetheit in tatsächlicher und rechtlicher Hinsicht. Das Landgericht entscheidet hier in letzter Instanz. Eine Revision ist nicht statthaft.

168 Wird gegen ein für vorläufig vollstreckbar erklärtes Urteil (s. Rdn. 165) Berufung eingelegt, so kann das Gericht auf Antrag anordnen, daß die Zwangsvollstreckung gegen oder ohne Sicherheitsleistung einstweilen eingestellt wird oder nur gegen Sicherheitsleistung stattfindet und daß die Vollstreckungsmaßregeln gegen Sicherheitsleistung aufzuheben sind. Die Zwangsvollstreckung ist allerdings nur bei Erfolgsaussicht des Rechtsmittels einzustellen; dabei sind die Interessen der Parteien gegeneinander abzuwägen[71]. Die Einstellung sollte die Ausnahme bilden. Der Gegner ist vorher zu hören[72].

Die Einstellung der Zwangsvollstreckung ohne Sicherheitsleistung ist nur zulässig, wenn glaubhaft gemacht wird, daß der Schuldner zur Sicherheitsleistung nicht in der Lage ist und ihm die Vollstreckung einen nicht zu ersetzenden Schaden bringen würde (§§ 719, 707 ZPO).

16. Die Prozeßkosten

169 Die Kosten eines Prozesses gliedern sich in

a) **Gerichtskosten,** d. h. die von den Parteien dem Staat für die Inanspruchnahme des Gerichts zu entrichtenden Gebühren und Auslagen;

---

[71] OLG Köln in MDR 1975, 850.
[72] Schneider in MDR 1973, 356.

Das amtsgerichtliche Klageverfahren im einzelnen 127

b) **Parteikosten,** d. h. die Kosten, die der Rechtsstreit den Parteien an Aufwendungen jeder Art verursacht, und zwar der Partei selbst (Reisekosten, Portoauslagen), ihrem Prozeßbevollmächtigten (Gebühren und Auslagen) und dem Gerichtsvollzieher (Gebühren und Auslagen).

Jede Partei hat zunächst ihre Kosten selbst zu tragen. Ist eine Kostenentscheidung durch das Gericht ergangen, so kann die obsiegende Partei von der unterlegenen entsprechende Kostenerstattung fordern. Sie muß dazu bei Gericht einen Antrag auf Kostenfestsetzung in doppelter Fertigung einreichen (§§ 103 ff. ZPO).

Muster 24

An das 170
Amtsgericht
Starnberg

Im Rechtsstreit Franz Müller gegen Josef Meier – 2 C 144/94 –

beantrage ich, die vom Beklagten auf Grund des rechtskräftigen Urteils des Amtsgerichts Starnberg vom 3. Mai 1999 an den Kläger zu erstattenden Kosten wie folgt festzusetzen:

Streitwert: 2 250 DM
a) Prozeßgebühr 170,– DM
b) Verhandlungsgebühr 170,– DM
c) Beweisgebühr 170,– DM
d) Post- und Fernsprechgebühren pauschal 40,– DM
e) Gerichtskostenvorschuß 330,– DM
f) Mehrwertsteuer (16 % aus Summe a–d) 88,– DM
g) mein Verdienstausfall von 4 Stunden zu 28 DM 112,– DM
h) meine Fahrtauslagen zum Termin 18,– DM
i) Zustellungskosten bei Gericht 11,– DM

Ich versichere, daß die Auslagen unter g) und h) tatsächlich entstanden sind.

Ich beantrage auszusprechen, daß die festgesetzten Kosten von der Anbringung dieses Gesuchs an mit 4 % zu verzinsen sind[73].

Datum und Unterschrift des Klägers

Die seit 1. 7. 1994 um 25 % erhöhten **Gerichtsgebühren** bestimmen sich nach 171
dem Wert des Streitgegenstandes (§ 11 Abs. 2 GKG), also z.B. nach der Höhe der Geldforderung.

Es wird eine **pauschale Verfahrensgebühr** erhoben, mit der die Kosten des Verfahrens und auch die Auslagen wie z.B. Zustellungskosten abgegolten sind.

---
[73] Rechtsgrundlage für die Verzinsung ist § 104 Abs. 1 Satz 2 ZPO.

Sie beträgt drei volle Gebühren nach der unten abgedruckten Tabelle und ist im voraus zu zahlen.

172 Erst wenn die Vorauszahlung geleistet ist, wird die Klage dem Beklagten zugestellt (§ 65 Abs. 1 GKG).

Schuldner der Gerichtskosten ist zunächst der Kläger, ferner derjenige, dem die Kosten des Rechtsstreits durch Urteil auferlegt wurden. Beide haften der Gerichtskasse als Gesamtschuldner. Der Kläger muß allerdings die gesamten Gerichtskosten trotz Verurteilung des Beklagten tragen, wenn dieser unpfändbar ist (§ 58 Abs. 2 GKG).

173 Es beträgt eine volle **Gerichtsgebühr** bei Gegenständen im

Streitwert bis ... DM	Gebühr ... DM	Streitwert bis ... DM	Gebühr ... DM
600	50	70 000	775
1 200	70	80 000	835
1 800	90	90 000	895
2 400	110	100 000	955
3 000	130	130 000	1 155
4 000	145	160 000	1 355
5 000	160	190 000	1 555
6 000	175	220 000	1 755
7 000	190	250 000	1 955
8 000	205	280 000	2 155
9 000	220	310 000	2 355
10 000	235	340 000	2 555
12 000	265	370 000	2 755
14 000	295	400 000	2 955
16 000	325	460 000	3 250
18 000	355	520 000	3 545
20 000	385	580 000	3 840
25 000	430	640 000	4 135
30 000	475	700 000	4 430
35 000	520	760 000	4 725
40 000	565	820 000	5 020
45 000	610	880 000	5 315
50 000	655	940 000	5 610
60 000	715	1 000 000	5 905

von dem Mehrbetrag über 1 Million DM je angefangene 100 000 DM weitere 300 DM.

Der Kläger kann von der Zahlung des Gebührenvorschusses befreit werden, wenn ihm die alsbaldige Zahlung mit Rücksicht auf seine Vermögenslage oder aus sonstigen Gründen Schwierigkeiten bereiten würde (§ 65 Abs. 7 GKG). 174

Muster 25

Antrag auf Befreiung von der Zahlung des Gerichtskostenvorschusses

An das
Amtsgericht
Fürstenfeldbruck

Im Rechtsstreit Huber gegen Meier, Aktenzeichen 2 C 23/99, habe ich am 15. Januar 1999 Klage eingereicht und inzwischen die Aufforderung zur Zahlung des Gebührenvorschusses erhalten. Ich bin momentan nicht in der Lage, den Vorschuß zu entrichten, da ich wegen einer soeben durchgeführten Kur, zu deren Durchführung mir die Krankenkasse nur einen Teilbetrag gezahlt hat, derzeit nahezu ohne Bargeld bin. Ich bitte, mich daher von der Kostenvorschußpflicht zu befreien. Die Richtigkeit meiner Angaben versichere ich an Eides statt und füge zur Glaubhaftmachung die quittierte Rechnung des Kursanatoriums „Sonnenblick" in Bad Füssing, eine Ablichtung des Schreibens der ... Krankenkasse sowie eine ärztliche Bescheinigung über die Dringlichkeit der Kur bei.

Mit freundlichen Grüßen
Josef Huber

Neben den Gebühren zählen zu den Gerichtskosten auch noch die **gerichtlichen Auslagen**. Es kommen insbesondere in Betracht: Schreibauslagen (1 DM pro Seite), Entgelte für Telekommunikationsdienstleistungen außer für den Telefondienst und Kosten für die Zustellung in voller Höhe, wobei diese Entgelte und Kosten neben den Gerichtsgebühren für das Verfahren nur erhoben werden, wenn sie in einer Instanz 100 DM überschreiten, Kosten, die durch öffentliche Zustellung entstehen, und – was sehr häufig in Betracht kommt – Entschädigungsbeträge für Zeugen und Sachverständige (vgl. zur Höhe dieser Beträge, Gesetz über die Entschädigung von Zeugen und Sachverständigen vom 1. 10. 1969 – BGBl I S. 1756). Die Zeugen erhalten Verdienstausfall und Fahrtkosten ersetzt. Üblich ist je nach Entfernung des Zeugen vom Gerichtsort ein Vorschuß von 50–300 DM, den derjenige zunächst zu zahlen hat, der den Zeugen benannt hat. 175

176 Zu den **Parteikosten** oder außergerichtlichen Kosten zählen vor allem die gesetzlichen Gebühren und Auslagen des Rechtsanwalts sowie die Reisekosten der Partei und die Entschädigung für ihre Zeitversäumnis.

Der bevollmächtigte **Rechtsanwalt erhält** im normalen Prozeß von der Partei folgende vollen Gebühren:

die **Prozeßgebühr** für das Betreiben des Geschäfts einschließlich der Information,

die **Verhandlungsgebühr** für die mündliche Verhandlung (für die nichtstreitige Verhandlung, also im Versäumnisverfahren, erhält er nur eine halbe Verhandlungsgebühr),

die **Beweisgebühr** für die Vertretung bei der Beweisaufnahme.

177 Er hat daneben Anspruch auf eine volle Gebühr als **Vergleichsgebühr**, wenn er beim Abschluß eines Vergleichs mitwirkt. Allenfalls kann er noch eine **Erörterungsgebühr** fordern, wenn er die Sache erörtert hat und zwar auch im Rahmen eines Versuchs zur gütlichen Beilegung des Streits. Die Erörterungsgebühr entfällt jedoch, wenn dem Anwalt eine Verhandlungsgebühr zusteht. Auch hier gilt wie bei den Gerichtsgebühren der **Grundsatz der einmaligen Erhebung**, d. h., es fallen diese Gebühren nur einmal an, und zwar ohne Rücksicht auf die Dauer des Prozesses und die Zahl der Termine.

178 An Auslagen kann der Rechtsanwalt Post-, Telegrafen- und Fernsprechgebühren, Schreibauslagen, für Geschäftsreisen Tage- und Abwesenheitsgelder sowie Fahrtkosten ersetzt verlangen (näheres s. §§ 26 ff. BRAGO). Zudem fällt noch die gesetzliche Mehrwertsteuer in Höhe von z. Zt. 16 % an.

Der Rechtsanwalt kann von seinem Auftraggeber für die entstandenen und die voraussichtlich entstehenden Gebühren und Auslagen einen angemessenen Vorschuß verlangen (§ 17 BRAGO).

Das amtsgerichtliche Klageverfahren im einzelnen

Die volle **Gebühr eines Rechtsanwalts** beträgt bei einem   179

Gegenstands-wert bis ... DM	Gebühr ... DM	Gegenstands-wert bis ... DM	Gebühr ... DM
600	50	70 000	1 705
1 200	90	80 000	1 845
1 800	130	90 000	1 985
2 400	170	100 000	2 125
3 000	210	130 000	2 285
4 000	265	160 000	2 445
5 000	320	190 000	2 605
6 000	375	220 000	2 765
7 000	430	250 000	2 925
8 000	485	280 000	3 085
9 000	540	310 000	3 245
10 000	595	340 000	3 405
12 000	665	370 000	3 565
14 000	735	400 000	3 725
16 000	805	460 000	3 975
18 000	875	520 000	4 225
20 000	945	580 000	4 475
25 000	1 025	640 000	4 725
30 000	1 105	700 000	4 975
35 000	1 185	760 000	5 225
40 000	1 265	820 000	5 475
45 000	1 345	880 000	5 725
50 000	1 425	940 000	5 975
60 000	1 565	1 000 000	6 225

von dem Mehrbetrag über eine Million DM für je 100 000 DM 300 DM. Gegenstandswerte über eine Million DM sind auf volle 100 000 DM aufzurunden.

Die **Rechtsbeistände** und **Prozeßagenten**, deren man sich an Stelle von   180
Rechtsanwälten im Zivilprozeß vor den Amtsgerichten bedienen kann, erhalten Gebühren und Auslagen nach den gleichen Grundsätzen wie Rechtsanwälte. Ihre Gebühren richten sich daher nach obiger Tabelle[74].

---

[74] Rechtsgrundlage für die Bemessung der Gebühren und Auslagen der Rechtsbeistände ist das Gesetz zur Änderung und Ergänzung kostenrechtlicher Vorschriften vom 26. 7. 1957 (BGBl I S. 861), zuletzt geändert durch das Gesetz vom 18. 8. 1980 (BGBl I S. 1503).

Die Vereinbarung eines sog. **Erfolgshonorars,** d. h. einer besonderen Vergütung oder Honorarerhöhung für den Fall des Obsiegens der Partei oder einer Beteiligung am Prozeßgewinn, ist unzulässig. Eine derartige Vereinbarung verträgt sich nicht mit der Stellung des Rechtsanwalts als unabhängiges Rechtspflegeorgan und als Mittler zwischen Partei und Gericht. Sie ist nach der Rechtsprechung des Bundesgerichtshofs nichtig[75].

Auch eine Vereinbarung mit einem Rechtsbeistand, durch die die Höhe der Vergütung vom Ausgang der Sache oder sonst vom Erfolg seiner Tätigkeit abhängig gemacht wird, ist nichtig[76].

17. Beratungs- und Prozeßkostenhilfe[77]

181 Seit 1. Januar 1981 haben Personen, die die für eine Rechtsverfolgung erforderlichen Mittel nach ihren persönlichen und wirtschaftlichen Verhältnissen nicht aufbringen können, die Möglichkeit, sich entweder kostenlos oder gegen eine geringe Gebühr bereits **vor Einleitung eines Gerichtsverfahrens** über Möglichkeiten und Aussichten der Rechtsverfolgung **beraten** zu lassen (Beratungshilfe)[78].

Dabei kann der ratsuchende Bürger sich an die **Rechtsantragsstelle seines Wohnsitzamtsgerichts** mündlich oder schriftlich wenden. Der dort tätige Rechtspfleger wird nach Offenlegung der Einkommens- und Vermögensverhältnisse des Antragstellers prüfen, ob die Voraussetzungen für die Gewährung der Beratungshilfe gegeben sind.

Voraussetzung ist zunächst, daß der Antragsteller zum Kreis derjenigen zählt, die **volle Prozeßkostenhilfe** (s. unten Rdn. 182) beanspruchen könnten.

Das traf bis 31. 12. 1994 zu

- bei Ledigen bis zu einem monatlichen Nettoeinkommen von 850 DM,
- bei Verheirateten (wenn die Ehepartnerin oder der Ehepartner nicht mitverdient[79]) bis zu einem monatlichen Nettoeinkommen von 1 300 DM,

---

[75] BGHZ 34, 68; 39, 145.
[76] Art. IX des in FN 54 genannten Gesetzes.
[77] Literatur: Mümmler, Das Beratungshilfegesetz in JurBüro 1980, 1601; Grunsky, Die neuen Gesetze über die Prozeßkosten- und Beratungshilfe, NJW 1980, 2041; Schuster, Prozeßkostenhilfe, Köln 1980; Nöcker, Das Beratungshilfegesetz Rpfleger 1981, 1. Schneider, Die neuere Rechtsprechung zum Prozeßkostenhilferecht, MDR 1985, 441 und 529.
[78] Rechtsgrundlage ist das Gesetz über Rechtsberatung und Vertretung für Bürger mit geringem Einkommen vom 18. 6. 1980 – Beratungshilfegesetz – BGBl I S. 689, S. 1503.
[79] § 115 Abs. 4 ZPO: „Hat ein Unterhaltsberechtigter eigenes Einkommen, wird er bei der Anwendung der Tabelle nicht berücksichtigt. Dies gilt nicht, wenn bei einer Zusammenrechnung der Einkommen der Partei und des Unterhaltsberechtigten eine geringere oder keine Monatsrate zu zahlen ist."

Das amtsgerichtliche Klageverfahren im einzelnen

- für jedes unterhaltsberechtigte Kind des Antragstellers erhöht sich die Einkommensgrenze um weitere 275 DM.

Zu Einsatz von Einkommen und Vermögen ab 1. 1. 1995 s. unten Rdn. 182.

Weitere Voraussetzung der Gewährung von Beratungshilfe ist, daß die **Wahrnehmung der Rechte nicht mutwillig** erscheint. Das ist dann der Fall, wenn ein Bürger mit normalem Einkommen ebenfalls rechtskundigen Beistand in Anspruch nehmen würde, denn das Gesetz will keine Privilegierung des Rechtssuchenden, sondern seine Gleichstellung mit normal Verdienenden.

Beratungshilfe kommt natürlich nicht in Betracht, wenn der Rechtssuchende **rechtsschutzversichert** ist. Dann kann er sich nämlich ohne besondere Kosten von jedem Anwalt beraten und vertreten lassen.

Wird die Beratungshilfe nach Vorliegen dieser Voraussetzungen vom Rechtspfleger bejaht, wird sie wie folgt durchgeführt:

- soweit dem Anliegen des Ratsuchenden durch eine sofortige Auskunft (sog. Erstauskunft), einen Hinweis auf andere Möglichkeiten der Hilfe oder die Aufnahme eines Antrags oder einer Erklärung entsprochen werden kann, führt der **Rechtspfleger** die Beratung sogleich selbst **kostenlos** durch;
- wenn dies nicht möglich ist, insbesondere, wenn es sich um kompliziertere Rechtsfragen handelt, stellt er dem Bürger einen **Berechtigungsschein** für die Inanspruchnahme eines **Rechtsanwalts** aus. Dieser kann sich dann von einem Rechtsanwalt seiner Wahl gegen eine bei diesem zu zahlende **Pauschalgebühr von 20 DM** beraten lassen. Der Rechtsanwalt kann dem Ratsuchenden die Gebühr auch erlassen, wenn dessen Verhältnisse entsprechend bescheiden sind. Der Rechtsanwalt erhält eine zusätzliche Vergütung aus der Staatskasse.

Es besteht auch die Möglichkeit, daß sich der Ratsuchende gleich zu einem Rechtsanwalt begibt, der dann für ihn beim Amtsgericht den Antrag auf Gewährung der Beratungshilfe stellt. Vor Eingang des Berechtigungsscheins vom Amtsgericht berät der Anwalt den Ratsuchenden dann allerdings auf eigenes Kostenrisiko.

Zu seiner persönlichen Absicherung hat er sich vom Bürger versichern zu lassen, daß diesem in derselben Angelegenheit Beratungshilfe weder bereits gewährt, noch durch das Amtsgericht versagt wurde.

Beratungshilfe wird nur gewährt auf den Gebieten des Zivilrechts, Verwaltungsrechts, Verfassungsrechts und Straf- sowie Ordnungswidrigkeitenrechts.

Ausgeschlossen von der Beratungshilfe sind Arbeits-, Sozial- und Steuerrecht. Dies hielt der Gesetzgeber deshalb für gerechtfertigt, weil auf diesen Gebieten ausreichende Beratung bereits durch andere Institutionen wie Gewerkschaften, Träger der Sozialhilfe, Verbände der freien Wohlfahrtspflege oder Lohnsteuerhilfevereine gewährt würde.

182 An Stelle des früheren „Armenrechts" gibt es seit 1. 1. 1981 die **Prozeßkostenhilfe**.

Durch sie soll minderbemittelten Bürgern der Zugang zum Gericht durch Beseitigung der Kostenbarriere erleichtert und damit die Chancengleichheit für die Wahrnehmung von Rechten verbessert werden.

Die Bewilligung von Prozeßkostenhilfe kommt im Zivilprozeß für jedes Verfahren in Betracht, also nicht nur für das Urteilsverfahren, sondern auch für das häufig gewählte Mahnverfahren, das Beweissicherungsverfahren, die Nebenintervention, das Aufgebots- und Entmündigungsverfahren, die Zwangsvollstreckung, sowie den Vollstreckungs-, Arrest- und Konkursprozeß.

Die Prozeßkostenhilfe im Urteilsverfahren wird für jede Instanz besonders bewilligt (§ 119 Satz 1 ZPO).

Sie erstreckt sich – entgegen dem früheren Armenrecht – nicht automatisch auf die Zwangsvollstreckung; für diese muß sie vielmehr gesondert angeordnet werden.

Die Gewährung von Prozeßkostenhilfe setzt folgendes voraus:

– der Bürger (Deutscher, Ausländer, Staatenloser) verfügt nicht über genügend Einkommen oder verfügbares Vermögen, um die Kosten für die Prozeßführung aufbringen zu können. Dabei werden die **Einkommensverhältnisse** wie folgt bewertet:

§ 115 ZPO (Einsatz von Einkommen und Vermögen)

(1) Die Partei hat ihr Einkommen einzusetzen. Zum Einkommen gehören alle Einkünfte in Geld oder Geldeswert. Von ihm sind abzusetzen:

1. die in § 76 Abs. 2, 2 a des Bundessozialhilfegesetzes bezeichneten Beträge;

2. für die Partei und ihren Ehegatten jeweils 64 vom Hundert und bei weiteren Unterhaltsleistungen aufgrund gesetzlicher Unterhaltspflicht für jede unterhaltsberechtigte Person 45 vom Hundert des Grundbetrages nach § 79 Abs. 1 Nr. 1, § 82 des Bundessozialhilfegesetzes, der im Zeitpunkt der Bewilligung der Prozeßkostenhilfe gilt; das Bundesministerium der Justiz gibt jährlich die vom 1. Juli des Jahres bis zum 30. Juni des nächsten Jahres maßgebenden Beträge im Bundesgesetzblatt bekannt. Der Unterhaltsfreibetrag vermindert sich um das eigene Einkommen der unterhaltsberechtigten Person. Wird eine Geldrente gezahlt, so ist sie anstelle des Freibetrages abzusetzen, soweit dies angemessen ist;

3. die Kosten der Unterkunft und Heizung, soweit sie nicht in einem auffälligen Mißverhältnis zu den Lebensverhältnissen der Partei stehen;
4. weitere Beträge, soweit dies mit Rücksicht auf besondere Belastungen angemessen ist; § 1610 a des Bürgerlichen Gesetzbuches gilt entsprechend.

Von dem nach den Abzügen verbleibenden, auf volle Deutsche Mark abzurundenden Teil des Einkommens (einzusetzendes Einkommen) sind unabhängig von der Zahl der Rechtszüge höchstens achtundvierzig Monatsraten aufzubringen, und zwar bei einem

einzusetzenden Einkommen (Deutsche Mark)	eine Monatsrate von (Deutsche Mark)
bis 30	0
100	30
200	60
300	90
400	120
500	150
600	190
700	230
800	270
900	310
1 000	350
1 100	400
1 200	450
1 300	500
1 400	550
1 500	600
über 1 500	600 zuzüglich des 1 500 übersteigenden Teils des einzusetzenden Einkommens

(2) Die Partei hat ihr Vermögen einzusetzen, soweit dies zumutbar ist; § 88 des Bundessozialhilfegesetzes gilt entsprechend.

(3) Prozeßkostenhilfe wird nicht bewilligt, wenn die Kosten der Prozeßführung der Partei vier Monatsraten und die aus dem Vermögen aufzubringenden Teilbeträge voraussichtlich nicht übersteigen.

Die **in § 115 Abs. 1 Nr. 1 ZPO bezeichneten Beträge** setzen sich zusammen aus Einkommen- bzw. Lohnsteuer, Sozialversicherungsbeiträgen, gesetzlich vorgeschriebenen Versicherungsbeiträgen wie z.B. für die Kfz-Haftpflichtversicherung und Fahrtkosten zum Arbeitsplatz sowie Kosten für Arbeitsmaterial.
Der **in § 115 Abs. 1 Nr. 2 ZPO genannte Grundbetrag** beläuft sich seit 1. 7. 1994 auf 999 DM (RentenanpassungsVO 1994, BGBl I 1224, § 82 BSHG). Die Prozeßkostenhilfe ist auch dann **für jeden Ehegatten einzeln** zu berechnen, wenn Eheleute gemeinsam einen vermögensrechtlichen Anspruch einklagen. Nicht zu berücksichtigen ist das Einkommen von **Lebensgefährten** die mit dem PKH-Beantragenden in häuslicher Gemeinschaft leben (Zöller/Philippi, Rdn. 8 zu § 115).

– Weitere Voraussetzung für die Gewährung von Prozeßkostenhilfe ist, daß die Rechtsverfolgung oder Rechtsverteidigung **hinreichende Aussicht auf Erfolg** bietet und nicht mutwillig erscheint (§ 114 Satz 1 ZPO).

Das Gericht prüft hier bei Zugrundelegung der vom Antragsteller vorgetragenen Tatsachen, ob sich daraus der vom Antragsteller geltend gemachte oder zu machende Anspruch ergibt **(Schlüssigkeitsprüfung)**. Erfolgsaussicht ist zu bejahen, wenn auch eine zahlungsfähige Partei nach sorgfältiger und gewissenhafter Prüfung die Gefahr eines Prozesses in diesem Falle auf sich nehmen würde.

Mutwillig ist eine Prozeßführung, wenn sie durch sachliche Erwägungen nicht veranlaßt ist, z. B. wenn auch eine wohlhabende Partei nur einen Teil des Anspruchs einklagen würde, um Kosten zu sparen, wenn erwartet werden kann, daß der Gegner dann den Restanspruch freiwillig erfüllen wird.

183 Das **Verfahren** auf Gewährung von Prozeßkostenhilfe wird durch einen Antrag eingeleitet, der beim Urkundsbeamten der Geschäftsstelle des Gerichts, vor dem das im Antrag bezeichnete Verfahren anhängig ist oder anhängig gemacht werden soll, gestellt wird. Im Antrag muß das Streitverhältnis unter Angabe der Beweismittel dargelegt werden (§ 117 Abs. 1 Sätze 1 und 2 ZPO). Dem Antrag ist ferner eine **Erklärung des Antragstellers über seine persönlichen und wirtschaftlichen Verhältnisse** mit entsprechenden Belegen beizufügen (§ 117 Abs. 2 ZPO). Für diese Erklärung ist ein Vordruck eingeführt (erhältlich in Schreibwarenläden und bei Gericht, meistens in der Rechtsantragsstelle), der benutzt werden muß (§ 117 Abs. 4 ZPO). Die Erklärung darf dem Gegner nur mit Zustimmung des PKH-Antragstellers zugänglich gemacht werden (§ 117 Abs. 2 Satz 2 ZPO). Wichtig ist die **möglichst frühzeitige Beantragung von Prozeßkostenhilfe**, da sie erst ab Antragstellung bewilligt wird.

Beim Mahnverfahren entscheidet der Rechtspfleger über die Gewährung der Prozeßkostenhilfe (§ 4 Abs. 1 RPflG), beim Zivilprozeß das Prozeßgericht, für die Zwangsvollstreckung das Vollstreckungsgericht (§ 764 ZPO) und dort meistens der Rechtspfleger (§ 20 Nr. 5 RPflG).

Das Gericht schafft so rasch wie möglich die Voraussetzungen für die Prozeßkostenhilfe. Es kann verlangen, daß der Antragsteller die tatsächlichen Angaben glaubhaft macht und muß grundsätzlich dem Gegner Gelegenheit zur Stellungnahme geben. Es kann Erhebungen anstellen, insbesondere die Vorlegung von Urkunden anordnen und Auskünfte einholen. Zeugen und Sachverständige werden grundsätzlich nicht vernommen. Hat der Antragsteller innerhalb einer vom Gericht festgesetzten Frist Angaben zu seinen persönlichen und wirtschaftlichen Verhältnissen nicht glaubhaft gemacht oder bestimmte Fragen nicht oder ungenügend beantwortet, so lehnt das Gericht die Bewilligung von Prozeßkostenhilfe insoweit ab (§ 118 Abs. 2 ZPO).

Zu einer mündlichen Erörterung darf das Gericht die Parteien nur vorladen, wenn eine Einigung zu erwarten ist. Schließlich entscheidet das Gericht durch Beschluß, welcher der Partei oder ihrem Vertreter formlos mitgeteilt wird.

Gegen den die Prozeßkostenhilfe ablehnenden Beschluß kann der Antragsteller Beschwerde einlegen; wenn der Beschluß vom Rechtspfleger erlassen wurde, gibt es gegen seine Entscheidung die Erinnerung (§ 11 RPflG).

Die **Erteilung der Prozeßkostenhilfe** hat folgende **Wirkungen:**
– volle Kostenbefreiung oder Ratenzahlungseinräumung,
– rückständige oder künftige Gerichtskosten können nicht gegen die Partei geltend gemacht werden,
– auch die Gerichtsvollzieherkosten können von der Partei nicht verlangt werden,
– im Anwaltsprozeß wird der Partei ein beim Prozeßgericht zugelassener Rechtsanwalt ihrer Wahl beigeordnet (der gegen die Partei keinen Anspruch auf Vergütung geltend machen kann),
– auch im Prozeß ohne Anwaltszwang (vor dem Amtsgericht) ist der Partei auf Antrag ein Anwalt beizuordnen, wenn die Vertretung durch einen Rechtsanwalt nach dem Ermessen des Gerichts erforderlich erscheint oder wenn der Gegner durch einen Rechtsanwalt vertreten ist (Waffengleichheit!).

Die Prozeßkostenhilfe kann aufgehoben werden, wenn die Partei durch unrichtige Angaben über das Streitverhältnis die Voraussetzungen für die Prozeßkostenhilfe vorgetäuscht hat oder wenn sie absichtlich oder aus grober Nachlässigkeit unrichtige Angaben über die persönlichen oder wirtschaftlichen Verhältnisse gemacht hat, wenn die persönlichen oder wirtschaftlichen Voraussetzungen für die Gewährung der Prozeßkostenhilfe nicht vorgelegen haben oder wenn die Partei länger als drei Monate mit der Zahlung einer Monatsrate oder mit Zahlung eines sonstigen Betrags im Rückstand ist (§ 124 ZPO).

Dem beigeordneten Rechtsanwalt werden bis zu einem Streitwert von 6 000 DM die vollen Gebühren aus der Staatskasse vergütet (vgl. Rdn. 179). Anstelle der vollen Gebühren werden ihm nach § 123 BRAGO folgende ermäßigten Gebühren vergütet:

Gegenstandswert bis ... DM	Gebühr ... DM	Gegenstandswert bis ... DM	Gebühr ... DM
7 000	390	20 000	485
8 000	405	25 000	525
9 000	420	30 000	565
10 000	435	35 000	605
12 000	445	40 000	645
14 000	455	45 000	685
16 000	465	50 000	725
18 000	475	über 50 000	765

2. Abschnitt
Allgemeine Fragen der Zwangsvollstreckung[1]

I. Übersicht

1. Notwendigkeit der Zwangsvollstreckung

Hat der Gläubiger auf Grund eines Mahn- oder Klageverfahrens – oder sonstwie (s. Rdn. 92, 145, 165) – einen vollstreckbaren Schuldtitel über seinen Anspruch erlangt, so wird der Schuldner vielfach seine Schuld zahlen. Dann hat der Gläubiger sein Ziel erreicht, ohne von seinem Titel – den er nach Zahlung dem Schuldner aushändigt – Gebrauch machen zu müssen. In anderen, nicht wenigen Fällen aber ist der Gläubiger mit Erlangen eines Vollstreckungstitels noch nicht am Ziel angelangt. Sein Schuldner zahlt oft gleichwohl aus den verschiedensten Gründen nicht. Es bleibt dem Gläubiger dann nichts anderes übrig, als früher oder später von seinem Vollstreckungstitel Gebrauch zu machen, also im Wege der Zwangsvollstreckung gegen seinen Schuldner vorzugehen[2]. **184**

2. Einzelne Fragegebiete

Bei der Zwangsvollstreckung wegen einer Geldforderung sind insbesondere folgende Fragegebiete zu behandeln: **185**
a) Allgemeine Fragen der Zwangsvollstreckung (hierüber s. Rdn. 186 ff.)
b) Fragen der Zwangsvollstreckung in körperliche Sachen (hierüber s. Rdn. 233 ff.)
c) Fragen der Zwangsvollstreckung in Forderungen und ähnliche Ansprüche (hierüber s. Rdn. 284 ff.)
d) Fragen der Zwangsvollstreckung in unbewegliches Vermögen (hierüber s. Rdn. 493 ff.)
e) Sonderfragen bei verheirateten Schuldnern (hierüber s. Rdn. 521 ff.)
f) Das weite Gebiet des Vollstreckungsschutzes (hierüber s. Rdn. 542 ff.)
g) Spezialfragen bei Pfändung von Arbeitseinkommen (hierüber s. Rdn. 618 ff.)
h) Der Schutz des Gläubigers gegen Lohnschiebungen und dgl. (hierüber s. Rdn. 686 ff.)
i) Die eidesstattliche Offenbarungsversicherung (hierüber s. Rdn. 705 ff.).

---

[1] Erläuterungswerke: Jauernig, Zwangsvollstreckungs- und Insolvenzrecht, 20. Auflage, München 1996; Thomas-Putzo, Kommentar zur Zivilprozeßordnung, 21. Auflage, München 1998; Heussen, Zwangsvollstreckung für Anfänger, 5. Auflage, München 1996.
[2] Wegen des Nato-Truppenstatuts beim Forderungseinzug s. Stöber, Rdn. 45–52.

3. Die Wahl der Vollstreckungsart

186 Der Gläubiger hat in erster Linie zu überlegen, aus welchen Vermögenswerten des Schuldners am meisten und schnellstens mit dem Eingang seiner Forderung zu rechnen ist. Die **Zwangsvollstreckung in bewegliche körperliche Sachen und in Geldforderungen**, insbesondere in Arbeitseinkommen des Schuldners, geht ziemlich schnell vor sich. Bis dagegen der Gläubiger durch eine **Zwangsvollstreckung in Grundbesitz** seines Schuldners zu Geld kommt, kann erhebliche Zeit vergehen. Bei jeglicher Art von Zwangsvollstreckung kommt dem für den Schuldner vielfach bestehenden Vollstreckungsschutz erhebliche Bedeutung zu.

Die Zwangsvollstreckung in bewegliche körperliche Sachen (Sachpfändung), die von den rund 4 000 deutschen Gerichtsvollziehern durchgeführt wird, **leidet unter** erheblichen **Nachteilen:**

- Der Geschäftsgang beim Gerichtsvollzieher ist wegen Überlastung oft schleppend. Es können von der Auftragserteilung bis zum Vollstreckungsversuch bis zu 3 Monate vergehen. In den neuen Bundesländern kann es derzeit auch 1–2 Jahre dauern[2a]. § 64 Abs. 2 GVGA (s. Anhang), der von einem Monat ausgeht, kann oft nur in ländlichen Regionen eingehalten werden. Durch die Übertragung der eidesstattlichen Offenbarungsversicherung in die Zuständigkeit des Gerichtsvollziehers ab 1. 1. 1999 wird eine weitere Verzögerung bei der Sachpfändung eintreten.
- Das Betreten der Wohn- und Geschäftsräume wird dem Gerichtsvollzieher zunehmend unter Hinweis auf die Unverletzlichkeit der Wohnung (Art. 13 GG) verweigert, oder der Schuldner wird nicht angetroffen und reagiert auf Schreiben des Gerichtsvollziehers nicht (in München müssen jährlich über 19 000 richterliche Durchsuchungsanordnungen erlassen werden!) mit der Folge, daß pfändbare Habe verlagert wird, nachdem sich der Gerichtsvollzieher wieder entfernt hat. Dies wird sich aber voraussichtlich dadurch ändern, daß an die Durchsuchungsverweigerung ab 1. 1. 1999 die Abnahme der eidesstattlichen Offenbarungsversicherung auf Antrag des Gläubigers geknüpft ist.
- Viele Gegenstände, die der Schuldner besitzt, unterliegen wegen des weitreichenden Pfändungsschutzes des § 811 ZPO nicht der Pfändung. Vor allem geht es hier um alle Gegenstände, die der Schuldner zu einer bescheidenen Lebens- und Haushaltsführung (§ 811 Nr. 1 ZPO) und zur Fortsetzung seiner Erwerbstätigkeit (§ 811 Nr. 5 ZPO) benötigt (s. dazu näher Rdn. 568 ff.).

[2a] S. LG Neubrandenburg in MDR 1994, 305 und zuletzt LG Dessau in JurBüro 1997, 46.

Übersicht

Schneller und wesentlich schlagkräftiger ist dagegen eine **Forderungspfändung**, unterstützt durch eine Vorpfändung, sei es in Form der Lohnpfändung oder in Form der Kontenpfändung, um die beiden wichtigsten Arten zu nennen.

Der Gläubiger kann auch **mehrspurig vorgehen** und mehrere Vollstreckungsmaßnahmen einleiten, sofern er damit rechnen muß, daß eine allein nicht zum Erfolg führt. So kann er beim Vollstreckungsgericht unter Vorlage des Titels eine Forderungspfändung beantragen und gleichzeitig dem Gerichtsvollzieher einen Vollstreckungsauftrag erteilen und ihm ankündigen, daß die Übersendung des Vollstreckungstitels durch das Vollstreckungsgericht nach Erlaß eines Pfändungs- und Überweisungsbeschlusses erfolgen werde. Gleichzeitig kann er mit einer weiteren, auf die Immobiliarvollstreckung beschränkt erteilten vollstreckbaren Ausfertigung des Vollstreckungstitels, die Eintragung einer Zwangssicherungshypothek betreiben.

II. Voraussetzungen der Zwangsvollstreckung

1. Übersicht über die Voraussetzungen

Voraussetzungen für den Beginn einer Zwangsvollstreckung – gleichgültig welcher Art – sind das Vorliegen eines Vollstreckungstitels mit der Vollstreckungsklausel beim Gläubiger und die vorherige oder mindestens gleichzeitige Zustellung des Titels an den Schuldner (§§ 724 ff. ZPO)[3]. Bevor diese drei Voraussetzungen nicht gegeben sind, darf die Zwangsvollstreckung nicht beginnen. Wegen der Möglichkeit einer sogenannten außergerichtlichen Vorpfändung s. die Ausführungen Rdn. 313 ff.

187

2. Vollstreckungstitel

Von den Vollstreckungstiteln sind als am häufigsten vorkommend zu nennen: der im Mahnverfahren erwirkte **Vollstreckungsbescheid**, das **Leistungsurteil**, insbesondere das **Versäumnisurteil**, das **Anerkenntnisurteil**, das **Urteil nach Lage der Akten** gegen die säumige Partei, das Urteil, das im Urkunden-, Wechsel- oder Scheckprozeß ergangen ist, der **vollstreckbare Vergleich**[4] und das nach streitiger Verhandlung ergangene, **vorläufig vollstreckbare oder**

188

---

[3] Der Schuldner kann auf Zustellung des Vollstreckungstitels freiwillig verzichten (LG Ellwangen in Rpfleger 1966, 145 und Berner in Rpfleger 1966, 134), weil mit der Zustellung allein die Schuldnerinteressen gewahrt werden.

[4] Ist der vollstreckbaren Ausfertigung eines gerichtlichen Vergleichs nicht zu entnehmen, daß der Vergleich den Parteien vorgelesen und von ihnen genehmigt worden ist, so ist die Zwangsvollstreckung unzulässig. Dies gilt auch dann, wenn die Niederschrift über den Abschluß des Vergleichs keine Angaben enthält; BGH in NJW 1984, 1465, 1466.

rechtskräftige Urteil, sowie gerichtliche Kostenfestsetzungsbeschlüsse. Diese Vollstreckungstitel sind sämtlich im 1. Abschnitt behandelt. Weiter sind hier zu erwähnen Arreste (s. Rdn. 208), **Eintragung in die Konkurstabelle, bestätigter gerichtlicher Vergleich** (§§ 164, 194 KO; § 85 VerglO) und seit 1. 1. 1999 Eintragung in die **Insolvenztabelle** (§ 201 Abs. 2 InsO) und **vollstreckbare notarielle Urkunde** (s. Rdn. 41 und 42), die insbesondere im Hypotheken- und Grundschuldrecht, aber auch sonst oftmals vorkommt und die Durchführung eines gerichtlichen Mahn- und Klageverfahrens erübrigt[5] und schließlich der seit 1. 4. 1991 mögliche, für vollstreckbar erklärte **Anwaltsvergleich** (s. Rdn. 145). Üblicherweise wird zwischen den endgültig vollstreckbaren und den vorläufig vollstreckbaren Titeln unterschieden. Vorläufig vollstreckbar sind Titel bis zum Eintritt ihrer Rechtskraft. Von da an sind sie endgültig vollstreckbar. Hier interessierende vorläufig vollstreckbare Titel sind z. B. Versäumnis- und Anerkenntnisurteile (s. Rdn. 136, 144). Vielfach wird der Gläubiger sich scheuen, aus einem nur vorläufig vollstreckbaren Titel gegen seinen Schuldner vorzugehen, denn er muß dem letzteren allen Schaden ersetzen, wenn das für vorläufig vollstreckbare, erklärte Urteil später im Rechtsmittelverfahren aufgehoben oder geändert wird (§ 717 Abs. 2 ZPO).

189 Die Zwangsvollstreckung darf nur beginnen, wenn die Personen, für und gegen die sie stattfinden soll, in dem Urteil (oder in der ihm beigefügten Vollstreckungsklausel; s. Rdn. 190) namentlich bezeichnet sind (§ 750 Abs. 1 ZPO).

3. Vollstreckungsklausel

190 Die Vollstreckungsklausel geht in aller Regel dahin, daß auf der Urteilsausfertigung oder dem sonstigen Titel der Vermerk beigesetzt wird: „Vorstehende Ausfertigung wird dem Kläger (Gläubiger) zum Zwecke der Zwangsvollstreckung (oder kürzer: zur Zwangsvollstreckung) hiermit erteilt." Bei Vollstreckungsbescheiden (s. Rdn. 92) und bei Arrestbefehlen (s. Rdn. 214) ist eine solche Vollstreckungsklausel ausnahmsweise nicht erforderlich [6].

---

[5] Die vollstreckbare notarielle Urkunde ist in § 794 Abs. 1 Nr. 5, § 800 ZPO geregelt. Von ihr Gebrauch zu machen, wenn der Schuldner zur Mitwirkung – wenn auch oft nur unter dem Druck der Verhältnisse – zur Abgabe der entsprechenden Erklärung bereit ist, ist empfehlenswert. Sie kann über einen Anspruch errichtet werden, der die Zahlung einer **bestimmten** Geldsumme oder die Leistung einer **bestimmten** Menge anderer vertretbarer Sachen oder Wertpapiere zum Inhalt hat. Bestimmt bedeutet ziffernmäßig festgelegt, vgl. BGH in NJW 1983, 2262.

[6] Eine Ausfertigung des vollstreckbaren Titels ist dem Gläubiger erteilt, wenn sie vom Gericht abgesandt worden ist. Zum Nachweis hierüber genügt, daß die Absendung in den Akten vermerkt ist. Daß die Ausfertigung den Gläubiger bzw. seinen Bevollmächtigten nicht erreicht, fällt in seinen Risikobereich. Ist die Erstausfertigung des vollstreckbaren Titels erteilt, jedoch nicht beim Gläubiger oder dessen Bevollmächtigtem angekommen, so kann nur die Erteilung einer weiteren vollstreckbaren Ausfertigung bei Gericht beantragt werden (§ 733 ZPO; LG Köln in JurBüro 1969 Sp. 1218).

Möchte ein **Rechtsnachfolger** des Gläubigers, z. B. ein Erbe nach Anfall der Erbschaft oder derjenige, dem die titulierte Forderung abgetreten wurde, vollstrecken, muß der Vollstreckungstitel – auch der Vollstreckungsbescheid – „auf ihn umgeschrieben werden". Dies geschieht durch Erteilung der sog. qualifizierten Vollstreckungsklausel nach § 727 ZPO.

Sie wird vom Rechtspfleger des Gerichts 1. Instanz oder wenn der Rechtsstreit in einer höheren Instanz anhängig ist, vom Rechtspfleger dieses Gerichts erteilt (§ 20 Nr. 12 RPflG). Bei notariellen Urkunden erteilt sie der Notar (§ 797 Abs. 2 ZPO).

Gleiches gilt, wenn gegen einen Rechtsnachfolger des Schuldners vollstreckt werden soll.

4. Zustellung des Titels

Die (ebenfalls eine Voraussetzung des Beginns der Vollstreckung bildende) Zustellung des Vollstreckungstitels an den Schuldner erfolgt jetzt grundsätzlich durch das Gericht von Amts wegen (s. Rdn. 163). Gleichwohl ist auch Zustellung des Titels durch die Partei selbst zulässig, wobei die Ausfertigung des Urteils Tatbestand und Entscheidungsgründe nicht zu enthalten braucht (§ 750 Abs. 1 Satz 2 ZPO). Der Gläubiger kann sich also eine **abgekürzte Ausfertigung eines Urteils** geben lassen, die in der Regel noch am Tag der Urteilsverkündung erteilt wird, was die Durchführung der Zwangsvollstreckung deutlich beschleunigt (§ 317 Abs. 2 Satz 2 ZPO). Soweit der Schuldner durch einen Prozeßbevollmächtigten vertreten ist (s. darüber Rdn. 159), muß die Zustellung unbedingt und erkennbar an diesen, nicht an den Schuldner selbst, erfolgen (§ 176 ZPO). Ein Verstoß dagegen macht die Zustellung unwirksam. Der Zustellung auch der Vollstreckungsklausel bedarf es grundsätzlich nicht. Der Gläubiger kann zur Beschleunigung der Zustellung dadurch beitragen, daß er eine Abschrift des Vollstreckungstitels selbst fertigt und seinem Zustellungsauftrag an den Gerichtsvollzieher beilegt. Dieser Auftrag kann wie folgt gefaßt werden:

Muster 26

In meiner Rechtssache gegen ... bitte ich, anliegende vollstreckbare Ausfertigung des Versäumnisurteils des Amtsgerichts ... vom ... – Aktenzeichen C ... – dem Beklagten zuzustellen und die Ausfertigung mit Zustellungsnachweis unter Kostennachnahme an mich zurückzugeben. Eine unbeglaubigte Abschrift der Urteilsausfertigung für den Beklagten ist angeschlossen.

Datum und Unterschrift des Gläubigers

Der Zustellungsauftrag kann, soweit eine Pfändung in körperliche Sachen in Frage steht, gleich mit dem Pfändungsauftrag verbunden werden; s. darüber Muster 34 Rdn. 234.

193 Arrestbefehle (s. Rdn. 214) können ohne vorherige Zustellung vollstreckt werden. Bei selbständigen Kostenfestsetzungen und vollstreckbaren notariellen Urkunden muß zwischen der Zustellung und der Vollstreckung eine Frist von einer Woche liegen.

Die Frage, ob der Gerichtsvollzieher bei der Zustellung die Prozeßfähigkeit des Schuldners (s. über diesen Begriff die Ausführungen bei Rdn. 158) zu prüfen hat, wird teils verneint, teils bejaht; sie dürfte dem Grundsatz nach zu verneinen sein[7].

An den Zustellungsadressaten kann im Inland überall zugestellt werden, wo er angetroffen wird (§ 180 ZPO).

Wird er nicht angetroffen, so kann die Zustellung im Wege der **Ersatzzustellung** erfolgen

– in der Wohnung des Zustellungsadressaten an einen zur Familie gehörenden erwachsenen Hausgenossen, worunter nach richtiger Auffassung auch der **Lebensgefährte** fällt[8] (§ 181 ZPO),
– an eine in der Familie dienende Person in der Wohnung des Zustellungsadressaten (z. B. eine Hausangestellte),
– durch Niederlegung bei der Postanstalt am Ort der Zustellung, wenn Zustellung und sonstige Ersatzzustellung nicht möglich ist (§ 182 ZPO),
– im Geschäftsraum an einen anwesenden Gewerbegehilfen, wenn der Zustellungsadressat Gewerbetreibender ist (§ 183 ZPO).

III. Einstellung und Beschränkung der Zwangsvollstreckung

1. Einstellung

194 Wegen Einstellung der Zwangsvollstreckung aus einem Vollstreckungsbescheid und einem Versäumnisurteil s. die Ausführungen unter Rdn. 100, 141.

2. Sicherungsvollstreckung

195 Ein besonderes vorbeugendes und rangwahrendes Sicherungsmittel des Gläubigers ist die sog. Sicherungsvollstreckung (§ 720 a ZPO):

---

[7] S. Kube in MDR 1969, 10 (mit Nachweisen).
[8] BGHZ 111,1 = NJW 1990, 1666; Mayer / Rang in 1988, 811; David in DGVZ 1988, 162; Zöller / Stöber a. a. O. Rdn. 10 zu § 181.

Einstellung und Beschränkung der Zwangsvollstreckung 145

Aus einem nur gegen Sicherheitsleistung durch den Gläubiger vollstreckbaren Urteil, durch das der Schuldner zu einer Geldleistung verurteilt worden ist, darf der Gläubiger **ohne Sicherheitsleistung** die Zwangsvollstreckung insoweit betreiben, als bewegliches Vermögen gepfändet oder im Wege der Zwangsvollstreckung in das unbewegliche Vermögen eine Sicherungshypothek eingetragen wird.

Das bedeutet, daß der Gläubiger, bevor er Sicherheit geleistet hat, folgende Maßnahmen gegen den Schuldner veranlassen kann:
1. die Pfändung körperlicher Sachen des Schuldners. Dabei wird gepfändetes Geld vom Gerichtsvollzieher hinterlegt (§ 720a Abs. 2 ZPO). Auf Antrag kann das Vollstreckungsgericht anordnen, daß eine bewegliche körperliche Sache, wenn sie der Gefahr einer beträchtlichen Wertverringerung ausgesetzt ist oder wenn ihre Aufbewahrung unverhältnismäßige Kosten verursachen würde, versteigert und der Erlös hinterlegt wird (§ 720a Abs. 2 i.V.m. § 930 Abs. 2, 3 ZPO);
2. die Eintragung einer Sicherungshypothek auf einem Grundstück des Schuldners;
3. die Pfändung von Forderungen des Schuldners durch Pfändungsbeschluß (Muster s. Anlage 6 z. B. für Arbeitseinkommen am Ende des Buches; in der Überschrift ist das Wort „Überweisung" zu streichen, der Satz, der die Überweisung betrifft, ist wegzulassen).

Dem Gläubiger ist die Verwertung – bei der gepfändeten körperlichen Sache die Versteigerung, bei der gepfändeten Forderung die Überweisung zur Einziehung – solange versagt, bis er die Sicherheitsleistung erbracht hat.

Der Sinn der Sicherungsvollstreckung liegt in der Wahrung des Rangs vor späteren Pfändungen anderer Gläubiger und in der Möglichkeit einer raschen Beschlagnahme verwertbarer Vermögensbestandteile des Schuldners.

Der Schuldner ist befugt, die Zwangsvollstreckung nach vorstehenden Ausführungen durch Leistung einer Sicherheit in Höhe des Hauptanspruchs abzuwenden, wegen dessen der Gläubiger vollstrecken kann, wenn nicht der Gläubiger vorher die ihm obliegende Sicherheit geleistet hat (§ 720a Abs. 3 ZPO). In den hier behandelten Fällen darf die Zwangsvollstreckung nur beginnen, wenn das **Urteil und die Vollstreckungsklausel mindestens zwei Wochen vorher zugestellt** sind (§ 750 Abs. 3 ZPO). Erst nach Ablauf dieser Frist soll der Schuldner damit rechnen müssen, daß der Gläubiger Sicherungsmaßnahmen nach dem vorstehend behandelten § 720a ZPO betreibt. Innerhalb der Frist mag der Schuldner versuchen, seinerseits eine Sicherheitsleistung zu erbringen. Hierdurch kann er die Zwangsvollstreckung des Gläubigers ohne weiteres verhindern.

196

Erfolgt eine Vorpfändung im Rahmen der Sicherungsvollstreckung, so braucht die zweiwöchige Wartefrist nicht eingehalten zu werden[9].

IV. Vollstreckungsorgane

1. Sachliche Zuständigkeit

197 Der Gläubiger muß sich bei der Zwangsvollstreckung in das Vermögen seines Schuldners der hierzu berufenen staatlichen Vollstreckungsorgane bedienen. Er darf nicht etwa zur Selbsthilfe greifen[10].

Vollstreckungsorgane sind

a) der Gerichtsvollzieher bei der Zwangsvollstreckung in bewegliche körperliche Sachen (s. Rdn. 233 ff.)[11] und bei der eidesstattlichen Offenbarungsversicherung, wenn der Antrag vom Gläubiger nach dem 1. 1. 1999 gestellt wird, im Bereich der öffentlich-rechtlichen Ansprüche der Vollziehungsbeamte, z. B. derjenige des Finanzamts, aber nur für die Sachpfändung;

b) das Vollstreckungsgericht beim Amtsgericht bei der Zwangsvollstreckung in Forderungen und ähnliche Ansprüche (s. Rdn. 284 ff.), bei Anordnung eines Arrestes (s. Rdn. 208 ff.), bei der Grundstückszwangsversteigerung und Grundstückszwangsverwaltung (s. Rdn. 495 ff.) und bei der eidesstattlichen Offenbarungsversicherung (s. Rdn. 705 ff.), wenn der Antrag auf Bestimmung eines Offenbarungstermins vor dem 1. 1. 1999 gestellt worden ist (Art. 8 des Gesetzes zur Änderung des Einführungsgesetzes zur Insolvenzordnung und anderer Gesetze vom 19. 12. 1998, BGBl I 3836);

c) das Grundbuchamt beim Amtsgericht (in Baden-Württemberg beim Notar) bei Eintragung von Zwangshypotheken (s. Rdn. 516)[12].

---

[9] LG Frankfurt in Rpfleger 1983, 32; AG München in DGVZ 1986, 47; Zöller / Stöber, a. a. O., Rdn. 2 zu § 845.
[10] Selbsthilfe ist ausnahmsweise zulässig im Mietrecht. Hier kann der Vermieter die Entfernung der von einem Mieter eingebrachten, seinem gesetzlichen Pfandrecht unterliegenden Sachen auch ohne Anrufen des Gerichts verhindern und die Sachen in Besitz nehmen oder die Herausgabe der bereits entfernten Sachen zum Zweck der Zurückschaffung in die Miträume verlangen, vorausgesetzt, daß der Mieter noch Miete schuldet und die Sachen pfändbar sind (§§ 559 ff. BGB). Ähnliches gilt im Pachtrecht (§§ 585, 581 Abs. 2 BGB). In anderen Fällen ist Selbsthilfe zur Durchsetzung eines Anspruchs nur zulässig, wenn obrigkeitliche Hilfe nicht rechtzeitig zu erlangen ist und die Gefahr der Vereitelung des Anspruchs besteht (§ 229 BGB).
[11] Zur Stellung des Gerichtsvollziehers s. David, Die Sachpfändung, 2. Aufl. 1998, Rdn. 20 ff.
[12] Ausführlich zur Zwangshypothek Stöber, Zwangsvollstreckung in das unbewegliche Vermögen, 6. A. 1992, Rdn. 14 ff.

2. Örtliche Zuständigkeit

Örtlich zuständig ist der Gerichtsvollzieher oder das Vollstreckungsgericht, in dessen Bezirk das Vollstreckungsverfahren stattfindet. 198

An die Stelle des vorgenannten Gerichts tritt ausnahmsweise bei Pfändung von Forderungen das Amtsgericht des allgemeinen Gerichtsstands des Schuldners (s. dazu Rdn. 117), eventuell das Amtsgericht des Gerichtsstands des Vermögens (§ 828 ZPO).

V. Vollstreckungsantrag und Rechtsmittel

1. Antrag auf Vollstreckung

Der Vollstreckungsantrag muß bei demjenigen Vollstreckungsorgan eingereicht werden, das für die Zwangsvollstreckung sachlich und örtlich zuständig ist (Rdn. 197 und 198). Welchen Inhalt der Antrag haben muß, richtet sich nach dem Gegenstand, in den der Gläubiger vollstreckt haben will. Näheres ergibt sich aus den weiter unten folgenden Mustern (Nr. 34 ff.). Dem Antrag muß der in Frage kommende Vollstreckungstitel samt Vollstreckungsklausel und Zustellungsnachweis (Rdn. 191) beigefügt werden. Handelt es sich um eine Zwangsvollstreckung in bewegliche körperliche Sachen durch den Gerichtsvollzieher, so kann diesem auch der noch nicht zugestellte Titel übergeben werden; es erfolgt dann Titel-Zustellung im Zusammenhang mit der Pfändung, d. h. unmittelbar vor deren Vornahme. Der Gerichtsvollzieher kann seine Tätigkeit von der Entrichtung eines angemessenen Kostenvorschusses abhängig machen[13]. 199

2. Rechtsbehelfe und Rechtsmittel[14]

Weigert sich der **Gerichtsvollzieher**, dem Antrag des **Gläubigers** auf Pfändung beweglichen Vermögens zu entsprechen, so kann sich dieser mit der form- und fristlosen Erinnerung an das Amtsgericht (Vollstreckungsgericht) wenden (§ 766 Abs. 2 ZPO). 200

---

[13] Zur Frage des Vollstreckungsmißbrauchs bei Minimalforderungen vgl. Schneider in DGVZ 1978, 166, ferner OLG Düsseldorf in NJW 1980, 1171 (Zwangsvollstreckung wegen 22,17 DM) und AG Staufen, DGVZ 1978, 189, (Zwangsvollstreckung wegen 0,71 DM) sowie LG Aachen in DGVZ 1987, 139 (wegen 11 Pfg.), LG Köln in DGVZ 1991, 75 (wegen 2,10 DM) und LG Hannover in DGVZ 1991, 190 (wegen 18 Pfg.).
[14] Zu den Rechtsbehelfen in Vollstreckungssachen s. Stöber, Forderungspfändung, Rdn. 710 ff.

Muster 27

201 In meiner Zwangsvollstreckungssache gegen ... habe ich den Gerichtsvollzieher ... in ... mit Vornahme der Zwangsvollstreckung in das bewegliche körperliche Vermögen des Schuldners beauftragt und ihn gebeten, insbesondere in die beim Schuldner befindlichen, seinem ... Betrieb dienenden Maschinen zu vollstrecken. Der Gerichtsvollzieher hat laut Anlage die Pfändung dieser Maschinen abgelehnt und Pfandabstand erklärt, da die Maschinen nach seiner Auffassung zum Weiterbetrieb des Geschäfts des Schuldners unentbehrlich und daher unpfändbar seien. Dies trifft nach meiner Auffassung nicht zu. Bis vor kurzem hat der Schuldner sein Geschäft ohne die erst vor wenigen Wochen gekauften Maschinen in durchaus geordneter Weise betrieben. Ich lege daher gegen die Ablehnung der Pfändung durch den Gerichtsvollzieher Erinnerung ein mit dem Antrag, der Gerichtsvollzieher wolle zur Vornahme der genannten Pfändung angewiesen werden.

Datum und Unterschrift des Gläubigers

Der Gläubiger kann bei der Zwangsvollstreckung wegen Geldforderungen dem Gerichtsvollzieher grundsätzlich nicht vorschreiben, welche beweglichen Sachen des Schuldners er zu pfänden hat (s. auch Rdn. 239). Deshalb kann es sich in dem gegebenen Beispiel hinsichtlich der Maschinen nur um einen Hinweis auf pfändbare Vermögenswerte des Schuldners handeln, an den sich der Gerichtsvollzieher in der Regel zwar halten wird, aber nicht zu halten braucht. Er könnte in dem gegebenen Beispiel ebensogut den Inhalt der Kasse des Schuldners pfänden. Wenn aber der Gerichtsvollzieher unter Hinweis auf die vermeintliche Unpfändbarkeit der Maschinen und das sonstige Fehlen pfändbarer Sachen beim Schuldner die Pfändung überhaupt unterläßt, so kann sich der Gläubiger dagegen mit der Erinnerung gegen die Art und Weise der Zwangsvollstreckung (§ 766 Abs. 2 ZPO) beim Amtsgericht als Vollstreckungsgericht zur Wehr setzen[15].

202 Der **Schuldner** kann sich bei der Zwangsvollstreckung in bewegliche Sachen ebenfalls durch Einlegung von form- und fristloser Erinnerung beim Amtsgericht gegen das Vorgehen des Gerichtsvollziehers zur Wehr setzen (s. dazu Muster 35)[16]. Handelt es sich um die **Vollstreckung in eine Forderung** des

---

[15] Zum Sachpfändungsauftrag s. Rdn. 233 ff.

[16] Einwendungen, die sich gegen den im Urteil festgestellten Anspruch selbst richten, kann der Schuldner nur im Wege der Klage nach § 767 ZPO geltend machen. Der Streit, ob ein Gläubiger aufgrund einer Vereinbarung verpflichtet ist, eine nach Art und Umfang einwandfreie Vollstreckungsmaßnahme aufzuheben, also etwa den Verzicht auf ein Pfändungspfandrecht zu erklären, ist ebenfalls nicht vor dem Vollstreckungsgericht im Wege der Erinnerung nach § 766 ZPO, son-

Vollstreckungsantrag und Rechtsmittel 149

Schuldners und ist daher das Vollstreckungsgericht (Amtsgericht) zuständig, kann der **Gläubiger** dann, wenn der für die Pfändung regelmäßig zuständige Rechtspfleger seinen Antrag ablehnt, sofortige Beschwerde binnen einer Notfrist von zwei Wochen ab Zustellung beim Vollstreckungsgericht (§ 569 Abs. 1 ZPO) nach § 11 Abs. 1 RpflG i. V. m. § 793 ZPO erheben. Die zulässige Einlegung beim Beschwerdegericht (Landgericht) genügt zur Wahrung der Frist (§ 577 Abs. 2 Satz 2 mit § 569 Abs. 1 ZPO). Der Rechtspfleger kann der sofortigen Beschwerde nicht abhelfen (§ 577 Abs. 3 ZPO)[17].

Muster 28

Gegen den in meiner Zwangsvollstreckungssache gegen ... vom Rechtspfleger des dortigen Gerichts am ... erlassenen, mir am ... zugegangenen Abweisungsbeschluß lege ich hiermit sofortige Beschwerde ein mit dem Antrag, die Pfändung und Überweisung der in meinem Gesuch vom ... genannten, dem Schuldner gegen ... zustehenden Forderung auszusprechen. 203

Gründe: Es ist nicht richtig, daß der Anspruch des Schuldners auf Heiratsbeihilfe, deren Pfändung ich beantragt habe, für mich unpfändbar ist. Ich habe dem Schuldner anläßlich seiner Verheiratung das Schlafzimmer geliefert. Diese Lieferung liegt meinem Zahlungsanspruch zugrunde. Es handelt sich bei meiner Forderung also um einen Anspruch, der aus Anlaß der Heirat des Schuldners entstanden ist[18].

Datum und Unterschrift des Gläubigers

Spricht der Rechtspfleger eine Forderungspfändung aus, so kann der **Schuldner** hiergegen form- und **fristlos Erinnerung** nach § 766 ZPO einlegen, über welche der Richter des Vollstreckungsgerichts entscheidet[19]. Gegen dessen ablehnende Entscheidung kann der Schuldner binnen zwei Wochen nach ihrer Zustellung sofortige Beschwerde zum Landgericht einlegen. 204

Der Rechtspfleger kann der unbefristeten Erinnerung abhelfen.

Wird ein **Pfändungsbeschluß** auf Erinnerung des Schuldners vom Amtsgericht (bzw. auf sofortige Beschwerde des Schuldners vom Landgericht) **aufgehoben**, so steht dem Gläubiger die sofortige Beschwerde an das Landgericht 205

---

dern im Wege der Klage gegen den Gläubiger zu verfolgen, der sich weigert, diese Willenserklärung abzugeben (BGH in DB 1968, 171).
[17] S. dazu Zöller/Stöber, a. a. O., Rdn. 3 zu § 793 ZPO.
[18] Wegen der Pfändbarkeit von Heiratsbeihilfen s. § 850 a Nr. 5 ZPO (Rdn. 628).
[19] Der Rpfleger kann der Erinnerung abhelfen, d.h., er kann eine Vollstreckungsmaßnahme aufheben, wenn er die Erinnerung für begründet erachtet. Zuvor muß er dem Gläubiger jedoch rechtliches Gehör gewähren (OLG Frankfurt in Rpfleger 1979, 111).

(bzw. u. U. die sofortige weitere Beschwerde an das Oberlandesgericht) zu mit einer Beschwerdefrist von je zwei Wochen (§§ 793, 568 Abs. 2 ZPO). Hat die Beschwerde Erfolg, so lebt die zunächst aufgehobene Pfändung nicht automatisch wieder auf. Der in Frage kommende Vermögenswert muß vielmehr neu gepfändet werden[20]. Diese neue Pfändung hat keine Rückwirkung, so daß etwa in der Zwischenzeit vorgenommene Pfändungen durch andere Gläubiger ein Vorrecht haben. Abhilfe gegen diese dem Gläubiger ungünstige Rechtslage kann dadurch geschaffen werden, daß der Gläubiger dann, wenn der Schuldner die Aufhebung eines Pfändungs- und Überweisungs-Beschlusses beantragt, sofort bei Gericht den **Antrag** stellt, dieses möge die Vollziehung seiner Entscheidung bis zum Ablauf der Beschwerdefrist oder bis zu einer anderweitigen Entscheidung des Beschwerdegerichts **hinausschieben**. Weiterhin ist es in einem solchen Fall zweckmäßig, daß der Gläubiger mit Einlegung der eigenen Beschwerde gegen den Aufhebungsbeschluß des Amts- oder Landgerichts auf seinen ursprünglichen Pfändungsantrag hinweist und beim Beschwerdegericht beantragt, bei Erlaß einer für ihn günstigen Entscheidung sofort einen neuen Pfändungs- und Überweisungsbeschluß zu erlassen und dem Drittschuldner zuzustellen. Anwaltszwang besteht in einem solchen Fall nicht.

Hat der Gläubiger eine bewegliche Sache des Schuldners im Besitz, in Ansehung deren ihm ein Pfandrecht oder ein Zurückbehaltungsrecht für seine Forderung zusteht, so kann der Schuldner der Zwangsvollstreckung in sein übriges Vermögen im Wege der Erinnerung nach § 766 ZPO widersprechen, soweit die Forderung durch den Wert der Sache gedeckt ist (besonderes Erinnerungsrecht nach § 777 ZPO). Die Vorschrift gilt nur bei der Zwangsvollstreckung wegen einer Geldforderung, also nicht bei Vollstreckung auf Herausgabe einer Sache. Das Pfandrecht darf kein im Wege der Pfändung erworbenes Recht sein.

Beispiel: Der Gläubiger hat für seine Forderung ein Pfandrecht an einer ihm übergebenen Schreibmaschine des Schuldners, durch deren Wert seine Forderung gedeckt ist. Wenn er nun Arbeitseinkommen des Schuldners pfändet, kann der Schuldner Erinnerung einlegen.

206 Einwendungen, die den durch das Urteil selbst festgestellten Anspruch, nicht also die Art und Weise der Zwangsvollstreckung, betreffen, sind vom Schuldner im Wege der Klage beim Prozeßgericht des ersten Rechtszuges (Amts- oder Landgericht, vgl. Rdn. 43) geltend zu machen – sog. **Vollstreckungsabwehrklage** oder auch Vollstreckungsgegenklage genannt – (§ 767 ZPO). Zweck dieser Klage ist die Beseitigung der Vollstreckbarkeit des Urteils oder sonstigen Titels. Derartige Einwendungen sind nur insoweit zulässig, als die Gründe, auf denen sie beruhen, erst nach dem Schluß der mündlichen Verhandlung, in der

---

[20] S. dazu Stöber a.a.O., Rdn. 741 mit Rechtsprechungshinweisen.

die Einwendungen nach der ZPO hätten geltend gemacht werden müssen, entstanden sind und durch Einspruch nicht mehr geltend gemacht werden können. Das Prozeßgericht kann auf Antrag des Schuldners anordnen, daß bis zum Urteilserlaß die Zwangsvollstreckung gegen (nur ausnahmsweise ohne) Sicherheitsleistung eingestellt oder nur gegen Sicherheitsleistung fortgesetzt werde und daß Vollstreckungsmaßregeln gegen Sicherheitsleistung aufzuheben seien. In dringenden Fällen kann das Vollstreckungsgericht (Rechtspfleger) eine solche Anordnung erlassen, unter Bestimmung einer Frist, innerhalb der die Entscheidung des Prozeßgerichts beizubringen sei. Nach fruchtlosem Ablauf der Frist wird die Zwangsvollstreckung fortgesetzt[21]. Die Entscheidung über solche Vollstreckungsschutzanträge kann ohne mündliche Verhandlung ergehen (§ 769 ZPO). Gegen die Entscheidung ist sofortige Beschwerde grundsätzlich ausgeschlossen, es sei denn, das erstinstanzliche Gericht hat die Grenzen seines Ermessensspielraums verkannt oder eine greifbar gesetzwidrige Entscheidung getroffen[22]. Hat der Rechtspfleger des Vollstreckungsgerichts die einstweilige Einstellung der Zwangsvollstreckung ausgesprochen, so ist zunächst der aus Rdn. 200 ersichtliche Rechtsbehelf gegeben[23].

Ein Dritter, der Eigentums- oder Gläubigerrechte an einem beim Schuldner gepfändeten Gegenstand der Zwangsvollstreckung geltend macht, muß Widerspruchsklage erheben (§ 771 ZPO vgl. Rdn. 260). **207**

VI. Sonderfall des Arrestes

1. Voraussetzungen für einen Arrest

Der gerichtliche Arrest dient zur Sicherung der künftigen Zwangsvollstreckung **208** in das bewegliche und in das unbewegliche Vermögen des Schuldners. Er kann zur Sicherung einer beliebigen Geldforderung stattfinden, bevor überhaupt Klage erhoben und ein Urteil ergangen ist. Die Forderung des Gläubigers braucht noch nicht fällig zu sein. Grund zur Anordnung eines (sog. dinglichen) Arrests ist gegeben, wenn zu erwarten ist, daß ohne seine Verhängung die Vollstreckung eines Urteils vereitelt oder doch wesentlich erschwert würde (§§ 916 ff. ZPO). Der Umstand, daß sich der Schuldner in schlechten Vermögensverhältnissen befindet oder der Ansturm zahlreicher Gläubiger droht, ist

---

21 Um einen dringenden Fall handelt es sich nicht, wenn der Betroffene noch beim Prozeßgericht Klage erheben kann. Das Vollstreckungsgericht wird daher nur in Ausnahmefällen tätig. In Eilfällen kann die einstweilige Einstellung der Zwangsvollstreckung ohne Anhörung des Gegners erfolgen; die Anhörung ist dann bis zur endgültigen Entscheidung nachzuholen (OLG Celle in MDR 1962, 243).
22 So die überwiegende Ansicht; vgl. Zöller / Herget, a. a. O., Rdn. 13 zu § 769 m. w. N.
23 LG Frankenthal in RPfleger 1981, 314.

an und für sich kein Arrestgrund. Hinzukommen muß etwa, daß der Schuldner Anstalten trifft, ins Ausland zu gehen oder daß er wesentliche Vermögenswerte verschiebt oder verschleudert[24].

Als zureichender Arrestgrund (§ 917 Abs. 2 ZPO) ist es anzusehen, wenn das **Urteil im Ausland vollstreckt** werden müßte. Zum „Ausland" in diesem Sinne zählen nach einer Entscheidung des Europäischen Gerichtshofs **nicht** die Mitgliedstaaten des Europäischen Gerichtsstands- und Vollstreckungs-Übereinkommens[25].

Dieser Entscheidung hat der Gesetzgeber mit Wirkung ab 1. 10. 1998 Rechnung getragen, indem in § 917 Abs. 2 Satz 2 ZPO nunmehr festgelegt ist, daß der Arrestgrund der Auslandsvollstreckung im Bereich des EuGVÜ nicht gilt.

2. Arrestantrag

209 Der Arrest kann vom Gericht ohne Anhörung des Schuldners erlassen werden. Der Gläubiger braucht seinen Anspruch und den Arrestgrund nur glaubhaft zu machen. Dies geschieht in der Regel durch Vorlage entsprechender eidesstattlicher Versicherungen (vgl. § 294 Abs. 1 ZPO). Das Arrestgesuch kann wie folgt lauten:

Muster 29

210 In meiner Forderungssache gegen ... in ... beantrage ich, den dinglichen Arrest in das bewegliche Vermögen des Schuldners wegen einer mir gegen ihn zustehenden Forderung über ... DM aus Warenlieferungen anzuordnen. Die Kosten des Arrestes hat der Schuldner zu tragen.

Gründe: Die vorgenannten Warenlieferungen ergeben sich aus den angeschlossenen drei Rechnungsabschnitten mit den Daten ... Der Schuldner besitzt kein anderes Vermögen als seine nicht allzu umfangreichen Warenvorräte. Diese Vorräte verschleudert er seit einigen Tagen. Dies ergibt sich aus der anliegenden Zeitungsanzeige, nach der der Schuldner sein Geschäft aufgibt und bis ... alle Vorräte zu 40% ihres Einkaufspreises abgeben will. Es ist mithin zu erwarten, daß ohne Arrestverhängung die Vollstreckung des erstrebten Urteils vereitelt oder wesentlich erschwert wird. Wegen mei-

---

[24] Kein Arrestgrund ist allein die schlechte Vermögenslage des Schuldners (OLG Köln in FamRZ 1983, 1259) oder die drohende Konkurrenz anderer Gläubiger (LArbG Hamm in MDR 1977, 611).
[25] EuGH, 10. 2. 1994 – Rs. C – 398/92; ferner EuGH, 1. 7. 1993 – Rs. C – 20/92; zu den Mitgliedstaaten des EuGVÜ zählen neben Deutschland, Belgien, Frankreich, Italien, Luxemburg, Niederlande, Dänemark, Großbritannien, Irland, Griechenland, Spanien und Portugal.

ner Forderung selbst habe ich heute beim dortigen Gericht Zahlungsklage gegen den Schuldner eingereicht. Die Richtigkeit meiner Angaben versichere ich hiermit an Eides statt. Die Bedeutung einer solchen Versicherung und die Folgen ihrer Unrichtigkeit sind mir bekannt.

Mit Rücksicht auf die Eilbedürftigkeit bitte ich, über das Gesuch ohne mündliche Verhandlung zu entscheiden.

Datum und Unterschrift des Gläubigers

Das vorstehende Gesuch ist bei demjenigen Amtsgericht einzureichen, in dessen Bezirk sich der mit Arrest zu belegende Vermögensgegenstand befindet. Ist bereits ein Klageverfahren vor Gericht anhängig, so kann das Arrestgesuch auch bei dem hierfür zuständigen Gericht eingereicht werden. Ist dieses ein Landgericht, so besteht für das Arrestgesuch kein Anwaltszwang. 211

3. Arrestanordnung und -vollzug

Das Gericht hat über das Arrestgesuch zu entscheiden. Es kann dem Gesuch stattgeben oder es abweisen[26]. Geschieht die Abweisung durch Beschluß – ohne mündliche Verhandlung –, so kann der Gläubiger einfache – fristlose – Beschwerde einlegen. Geschieht die Abweisung nach mündlicher Verhandlung durch Urteil, so ist Berufung nach den allgemeinen Vorschriften zulässig (s. Rdn. 166). Wird der Arrest angeordnet, so kann der Schuldner fristlos Widerspruch einlegen. 212

Muster 30

In der Forderungssache des ... gegen mich ... erhebe ich gegen den Arrestbefehl des Amtsgerichts ... vom ... – Aktenzeichen G ... – Widerspruch mit dem Antrag, zu erkennen: 213

1. Der genannte Arrestbefehl wird aufgehoben.
2. Der Antragsteller hat die Kosten des Verfahrens zu tragen.
3. Das Urteil ist vorläufig vollstreckbar.

Gründe: Richtig ist, daß ich dem Antragsteller den fraglichen Betrag schulde. Ich gebe zwar mein nicht mehr rentables Geschäft auf, will aber aus dem Erlös meine Gläubiger befriedigen. Ich habe auch bereits ab ... eine Stellung als Buchhalter bei der Firma ... angenommen. Gehalt monatlich ... DM. Ein

---

[26] Wird das Arrestgesuch ohne mündliche Verhandlung zurückgewiesen, so erfährt der Gegner davon nichts.

Fortzug kommt also nicht in Frage. Im Termin[27] werde ich Quittungen darüber vorlegen, welche Gläubiger ich inzwischen mit dem Erlös aus meinem Warenlager befriedigt habe. Ein Arrestgrund ist also nicht gegeben.

Datum und Unterschrift des Schuldners

214 Erläßt das Gericht den Arrest, so ist in diesem ein Geldbetrag festzusetzen, durch dessen Hinterlegung die Vollziehung des Arrests gehemmt und der Schuldner zu dem Antrag auf Aufhebung des vollzogenen Arrestes berechtigt wird.

Das Gericht kann die Anordnung des Arrests auch dann von einer Sicherheitsleistung durch den Gläubiger abhängig machen, wenn der Anspruch und der Arrestgrund glaubhaft gemacht sind.

Die Vollziehung des Arrests erfolgt nach den Regeln der Zwangsvollstreckung. Der Arrestbefehl bedarf aber keiner Vollstreckungsklausel, es sei denn, daß er für oder gegen eine andere als die in ihm bezeichnete Person vollstreckt wird. Die Vollziehung ist auch vor Zustellung des Arrestbefehls an den Schuldner zulässig. Sie ist aber ohne Wirkung, wenn die Zustellung auf Antrag des Gläubigers nicht binnen einer Woche nach der Vollziehung und vor Ablauf eines Monats seit Verkündung bzw. Zustellung des Arrestes durch das Gericht an den Gläubiger erfolgt. Die Vollziehung ist unstatthaft, wenn seit dem Tage, an dem der Befehl verkündet oder der Partei, auf deren Gesuch er erging, zugestellt worden ist, ein Monat verstrichen ist (§ 929 Abs. 2 ZPO)[28].

Muster 31

215 Ich beantrage, den anliegenden Arrestbefehl des Amtsgerichts ... vom ... – Aktenzeichen G ... – zu vollziehen und die meinem Schuldner gegen ... zustehende Forderung in Höhe von ... DM aus Warenlieferung zu pfänden.

Die Zustellung des Arrestbefehls und des Pfändungsbeschlusses wolle vermittelt werden.

Datum und Unterschrift des Gläubigers

---

[27] Bei Widerspruch ist mündliche Verhandlung zwingend vorgeschrieben. Die Entscheidung erfolgt durch Endurteil.

[28] Vollstreckungsmaßnahmen aus einem Arrestbefehl, die unter Wahrung der obigen Monatsfrist eingeleitet worden sind, können auch nach Fristablauf fortgesetzt werden, wenn sie eine wirtschaftliche und zeitliche Einheit bilden (OLG München in NJW 1968, 708). S. auch Finger in NJW 1971, 1242, wonach auch nach Ablauf der Frist des § 929 Abs. 2 ZPO eine Vollziehung des Arrests noch statthaft ist, wenn der Gläubiger innerhalb der Monatsfrist ausreichende Vollstreckungsversuche unternommen hatte. Zum erneuten Erlaß eines Arrests nach Ablauf der Vollziehungsfrist s. OLG Hamm in MDR 1970, 936. Über die Gefahren des § 929 Abs. 2 ZPO s. im einzelnen Schaffer in NJW 1972, 1176.

Sonderfall des Arrestes 155

Da der Arrest lediglich zur Sicherstellung des Gläubigeranspruchs dient, kann aus ihm mithin nur gepfändet (Geld hinterlegt), der Gläubiger aber nicht befriedigt werden. Bei beweglichen Sachen ist also nur die Pfändung, nicht die Verwertung, bei Forderungen nur die Pfändung, nicht die Überweisung zur Einziehung oder an Zahlungs statt zugunsten des Gläubigers zulässig. Zur Vornahme der Forderungspfändung ist das Arrestgericht (Streitgericht) selbst zuständig, nicht wie sonst das Vollstreckungsgericht beim Amtsgericht. 216

Ist bei Erlaß des Arrestbefehls die Hauptsache – Klage über den Anspruch – noch nicht anhängig gemacht, so hat das Arrestgericht auf Antrag des Schuldners anzuordnen, daß der Gläubiger binnen einer vom Gericht festzusetzenden Frist Klage zur Hauptsache zu erheben hat (§ 926 Abs. 1 ZPO).

Muster 32

In der Arrestsache des ... gegen mich – Aktenzeichen ... – beantrage ich, dem Gläubiger eine Frist zu bestimmen, innerhalb der er wegen seiner Forderung Klage beim ordentlichen Gericht gegen mich zu erheben hat. 217

Datum und Unterschrift des Schuldners

Wird der vom Gericht in diesem Sinne erlassenen Anordnung vom Gläubiger nicht fristgemäß Folge geleistet, so ist auf Antrag des Schuldners die Aufhebung des Arrests durch Urteil nach mündlicher Verhandlung anzuordnen.

Muster 33

In der Arrestsache des ... gegen mich ... – Aktenzeichen G ... – beantrage ich, die Aufhebung des Arrestes durch Endurteil anzuordnen, weil der Gläubiger nach der anliegenden Bescheinigung der Geschäftsstelle des Amtsgerichts ... vom ... die ihm durch Beschluß des Arrestgerichts vom ... auferlegte Klage nicht eingereicht hat. 218

Datum und Unterschrift des Schuldners

Der Gläubiger kann einen Antrag auf gerichtliche Verlängerung der ihm gesetzten Frist stellen. Gegen die Verlängerung kann sich dann der Schuldner beschweren. 219

VII. Kostenfragen in der Zwangsvollstreckung

1. Kostentragung

220 Die Kosten der Zwangsvollstreckung, die beim Gerichtsvollzieher oder dem Gericht anfallen, hat, soweit sie notwendig waren, der Schuldner zu tragen[29]. Sie sind zugleich mit dem zu vollstreckenden Anspruch beizutreiben, ohne daß es einer besonderen Festsetzung bedarf (§ 788 ZPO). Auch die Kosten der Vertretung des Gläubigers durch einen Rechtsanwalt im Zwangsvollstreckungsverfahren hat insoweit der Schuldner zu tragen. Das gleiche gilt grundsätzlich für die Kosten früherer Vollstreckungsversuche. Diese müssen aber im Pfändungsantrag nach Grund und Höhe bezeichnet und glaubhaft gemacht werden.

Leistet der Schuldner nach Beginn der Zwangsvollstreckung freiwillige Zahlungen, so ändern diese an seiner vorstehend behandelten Zahlungspflicht nichts.

Nicht notwendige Kosten einer Zwangsvollstreckung muß der Gläubiger selbst tragen.

220a Sind mehrere **Schuldner als Gesamtschuldner** verurteilt worden, so haften sie auch für die notwendigen Kosten der Zwangsvollstreckung gesamtschuldnerisch, d. h. der Gläubiger kann auch die Kosten, die durch eine Zwangsvollstreckungsmaßnahme gegen einen von mehreren Gesamtschuldnern entstanden sind, von den anderen Gesamtschuldnern erstattet verlangen (§ 788 Abs. 1 Satz 3 ZPO).

221 Der Gläubiger kann die Kosten der Zwangsvollstreckung ohne vorhergehende Festsetzung zugleich mit dem zu vollstreckenden Anspruch beitreiben. Er kann aber auch eine gerichtliche Festsetzung dieser Kosten erwirken (§ 104 ZPO). Ein Anlaß dazu kann insbesondere bestehen, wenn die Kostenerstattungsforderung nicht durch die sie auslösende Vollstreckungsmaßnahme befriedigt worden ist und der Gläubiger für künftige weitere Beitreibungsversuche möglichen Nachweisschwierigkeiten über Höhe und Notwendigkeit der Kosten vorbeugen will. Auf **Antrag des Gläubigers** setzt das **Vollstreckungsgericht**, bei dem zum Zeitpunkt der Antragstellung eine Vollstreckungshandlung anhängig ist, die Kosten gemäß §§ 103 Abs. 2, 104, 107 ZPO fest. Stellt der Gläubiger Antrag, die Kosten mehrerer Vollstreckungsverfahren festzusetzen (z. B. für Suchpfändung, Lohnpfändung, Immobiliarvollstreckung), dann ist nach Beendigung das Vollstreckungsgericht zuständig, in dessen Bezirk die letzte Vollstreckungshandlung erfolgt ist (§ 788 Abs. 2 S. 1 ZPO). Sind Vollstreckungsverfahren bei mehreren Gerichten noch anhängig, hat der Gläubiger die Wahl unter den zuständigen Vollstreckungsgerichten. In Fällen der

---

[29] Über notwendige und nicht notwendige Kosten der Zwangsvollstreckung s. die Zusammenfassung bei Zöller / Stöber, a. a. O., Rdn. 9–13 zu § 788 ZPO.

Kostenfragen in der Zwangsvollstreckung

Vollstreckung nach §§ 887, 888, 890 ZPO entscheidet nicht das Vollstreckungs- sondern das Prozeßgericht (§ 788 Abs. 2 Satz 2 ZPO)[30].

Soweit keine solche Kostenfestsetzung erfolgt, hat der Gerichtsvollzieher nur die notwendigen Kosten der Zwangsvollstreckung zu berücksichtigen; darüber hinaus geltend gemachte Beträge scheiden aus. Der Gläubiger ist verpflichtet, die von ihm geltend gemachten **Vollstreckungskosten aufzugliedern und nachzuweisen**. Der Gerichtsvollzieher hat insbesondere auch zu prüfen, ob die mehrfach angesetzten Gebühren des Gläubigervertreters angemessen sind.

222

Im Verfahren der Pfändung einer Forderung ist eine eidesstattliche Versicherung des betreibenden Anwalts erforderlich, um glaubhaft zu machen, daß Vollstreckungskosten entstanden sind. Eine bloße Versicherung des Rechtsanwalts genügt nur, soweit es sich um Post-, Telegraphen- und Fernsprechgebühren handelt (§ 104 Abs. 2 ZPO)[31].

Die Entscheidungen, die sich mit der Frage befassen, ob der Schuldner die Vollstreckungskosten auf Grund des hier behandelten § 788 ZPO zu tragen hat, sind kaum zu überblicken. Es soll hier nur auf einige Entscheidungen von Obergerichten hingewiesen werden: Die sofortige Anmahnung der Leistung vom Schuldner durch einen Rechtsanwalt kann bei Vorliegen der formellen Voraussetzungen der Zwangsvollstreckung nicht uneingeschränkt als notwendig bejaht werden mit der Folge, daß diese Kosten den Schuldner belasten (OLG Hamburg in JurBüro 1971 Sp. 770). Die Erstattungsfähigkeit der Vollstreckungskosten des § 57 BRAGO ist auch dann nicht gegeben, wenn der Anwalt den Schuldner zur Leistung unter Androhung der Zwangsvollstreckung bereits auffordert, bevor die zur Zwangsvollstreckung erforderliche Sicherheit schon geleistet ist (OLG Hamburg in JurBüro 1972 Sp. 422 mit Anm. Mümmler).

Zur Frage der Erstattungsfähigkeit von Mehrkosten infolge Einreichung eines Mahngesuchs beim unzuständigen Gericht: OLG Hamm in MDR 1973, 944. Die Kosten einer Avalbürgschaft, die geleistet wurde, um die Zwangsvollstreckung aus einem noch nicht rechtskräftigen Urteil zu ermöglichen, sind als Verfahrenskosten im weiteren Sinn von dem unterlegenen Prozeßgegner zu tragen. Ob sie im Kostenfestsetzungsverfahren angesetzt werden können, bleibt dahingestellt (BGH in NJW 1974, 693).

Zur Erstattbarkeit der Kosten für eine Sicherheitsleistung (Eintragung einer Grundschuld): OLG München in MDR 1974, 408. Kosten, die aus einer Darlehensaufnahme zwecks Sicherheitsleistung im Zusammenhang mit einer

---

[30] Zöller/Stöber a. a. O. Rdn. 19b zu § 788 ZPO.
[31] LG München I in Anwaltsblatt 1970, 107. Im einfachen Verfahren zur Pfändung einer Forderung sind bereits entstandene Vollstreckungskosten dann in den beantragten Pfändungs- und Überweisungsbeschluß aufzunehmen, wenn sie nicht allzu hoch sind, aufgeschlüsselt werden und ihre Entstehung eidesstattlich versichert wird (AG Hannover in Anwaltsblatt 1973, 47).

Zwangsvollstreckung entstanden sind, können im Kostenfestsetzungsverfahren nicht berücksichtigt werden (OLG Celle in NdsRpfl 1973, 321 und OLG München in JurBüro 1970 Sp. 514 = MDR 1970, 599 = NJW 1970, 1195). Nach OLG Frankfurt in Rpfleger 1973, 101 und OLG Nürnberg in JurBüro 1970 Sp. 698 dagegen gehören derartige Kosten zu den notwendigen Kosten der Zwangsvollstreckung. S. zu diesen Fragen auch Lange in VersR 1972, 713, Noack in JurBüro 1973 Sp. 677 und Schneider in MDR 1974, 885.

Provisionszahlungen für eine vom Gläubiger zum Zwecke der Sicherheitsleistung beigebrachte **Bankbürgschaft** sind als Kosten der Zwangsvollstreckung festsetzungsfähig (KG in JurBüro 1975, 78). Vollstreckungskosten, die zeitlich vor einem Prozeßvergleich entstanden sind, können auf Grund des Vergleichs nur festgesetzt werden, wenn der Vergleichswortlaut ausreichende Anhaltspunkte für eine Einbeziehung enthält (OLG Koblenz in NJW 1976, 719).

Kosten der Arrestvollziehung können nicht mehr beigetrieben oder festgesetzt werden, wenn der Arrestbefehl aufgehoben worden ist, mag dies auch durch gerichtlichen Vergleich geschehen sein, es sei denn, die Parteien vereinbaren im Vergleich die Erstattung solcher Kosten (OLG Hamm in NJW 1976, 1409; KG in NJW 1963, 661).

Aufwendungen für Detektive (eine Detektivstunde kostet durchschnittlich 150 DM, der gefahrene Kilometer 1,50 DM; Aufenthaltsermittlung pauschal 80–130 DM) stellen nur dann notwendige Kosten der Zwangsvollstreckung dar, wenn deren Tätigkeit für die Realisierung der Zwangsvollstreckung erforderlich ist (z. B. Ermittlungen zur Feststellung der Anschrift des Schuldners, der die polizeiliche Anmeldung unterlassen hat oder Arbeitsplatzermittlung, nachdem der Schuldner bei der eidesstattlichen Offenbarungsversicherung angegeben hat, er stehe nicht in Arbeit, AG Bad Hersfeld in DGVZ 1993, 116 und AG Fürth in DGVZ 1990, 14) und nicht nur der allgemeinen schuldnerischen Überwachung dient (LG Hannover in JurBüro 1989, 705 und LG Berlin in Rpfleger 1990, 37). Die **Kosten eines** im Vollstreckungsverfahren geschlossenen **Vergleichs** sind nur insoweit nach § 788 Abs. 1 ZPO beitreibbar, als sie vom Schuldner ausdrücklich übernommen wurden; fehlt eine solche Abrede, so sind die Kosten gemäß § 98 ZPO als gegeneinander aufgehoben anzusehen (OLG Düsseldorf in Rpfleger 1994, 264).

223 Vielfach hat der Gläubiger bei Beginn einer Zwangsvollstreckung noch vorgerichtliche Kosten (Mahnauslagen, Wechselkosten) und die Kosten des Rechtsstreits selbst, den er zur Erlangung eines Vollstreckungstitels geführt hat, gut. Solche Kosten können nur auf Grund eines mit Vollstreckungsklausel versehenen gerichtlichen Kostenfestsetzungsbeschlusses (s. Rdn. 169 ff.) geltend gemacht werden.

2. Kostenarten und -höhe

Die **Gerichtskosten** im Zwangsvollstreckungsverfahren sind von der Höhe des Streitwerts unabhängig. Es wird stets eine feste Gebühr – auch in den neuen Bundesländern – in Höhe von 20 DM erhoben (vgl. Nr. 1640–1642 des Kostenverzeichnisses – Anlage zu § 11 Abs. 1 GKG).

224

Die Gebühr für den Erlaß eines Pfändungs- und Überweisungsbeschlusses hinsichtlich einer Geldforderung (z. B. Lohnpfändung) beträgt also 20 DM zuzüglich der Zustellungskosten, unabhängig davon, in welcher Höhe die Forderung gepfändet wird.

Rechtsanwalt und Rechtsbeistand erhalten für ihre Tätigkeit in der Zwangsvollstreckung regelmäßig eine 3/10-Verfahrensgebühr (§ 57 BRAGO). Für die Berechnung maßgebend ist der Betrag der beizutreibenden Forderung (s. die Gebührentabelle Rdn. 179). Der Rechtsanwalt hat bereits Anspruch auf eine 3/10-Gebühr, wenn er nach Erhalt des Vollstreckungsauftrags den Schuldner auffordert, zur Vermeidung der Zwangsvollstreckung zu zahlen. (Zur Erstattungsfähigkeit von Rechtsanwaltsgebühren im Zwangsvollstreckungsverfahren s. Mümmler in DGVZ 1973, 184.) Eine Verhandlungs-, Beweis- oder Erörterungsgebühr entsteht selten, und zwar meistens in Verbindung mit einem Erinnerungsverfahren.

225

Die dem Gläubiger im Rechtsstreit für das Verfahren erster Instanz gewährte **Prozeßkostenhilfe** (vgl. Rdn. 181 ff.) umfaßt **nicht** auch die Zwangsvollstreckung. Diese stellt vielmehr ein neues Verfahren dar, für das Prozeßkostenhilfe bei dem für die Zwangsvollstreckung zuständigen Gericht gesondert beantragt werden muß (§ 117 Abs. 1 Satz 3 ZPO).

Die beim Gerichtsvollzieher entstehenden Kosten ergeben sich aus dem Gesetz über Kosten der Gerichtsvollzieher vom 27. 7. 1957 (BGBl I S. 887 mit letzten Änderungen durch das Kostenänderungsgesetz vom 24. 6. 1994, BGBl I S. 1325 und die 2. Zwangsvollstreckungsnovelle vom 17. 12. 1997, BGBl I S. 3039). Für die Pfändung beweglicher Sachen wird z. B. die volle Gebühr erhoben, berechnet aus dem Betrag der beizutreibenden Forderung. Nimmt die Pfändung mehr als eine Stunde in Anspruch, so erhöht sich die Gebühr für jede angefangene weitere Stunde um die Hälfte, höchstens jedoch um je 15 DM. Ist der Pfändungsversuch erfolglos, wird nur die Hälfte der für die Pfändung bestimmten Gebühr erhoben. Wird eine gepfändete Sache später versteigert, so wird das 2 1/2fache der vollen Gebühr erhoben, berechnet nach dem Betrag des erzielten Erlöses. Zu den Gebühren treten noch Auslagen, insbesondere Schreibzulagen, Wegegeld, Reisekostenpauschbetrag[32].

---

[32] Zu allen, die Gerichtsvollzieherkosten betreffenden Fragen s. David, Die Sachpfändung, 1994, Rdn. 147 ff.

226 Die volle Gebühr beträgt beim Gerichtsvollzieher z. B. bei einem Gegenstandswert

bis	1 000 DM	20 DM	bis	48 000 DM	300 DM
bis	2 000 DM	30 DM	bis	50 000 DM	310 DM
bis	3 000 DM	40 DM	bis	52 000 DM	320 DM
bis	4 000 DM	50 DM	bis	54 000 DM	330 DM
bis	5 000 DM	60 DM	bis	56 000 DM	340 DM
bis	6 000 DM	70 DM	bis	58 000 DM	350 DM
bis	7 000 DM	80 DM	bis	60 000 DM	360 DM
bis	8 000 DM	90 DM	bis	62 000 DM	370 DM
bis	9 000 DM	100 DM	bis	64 000 DM	380 DM
bis	10 000 DM	110 DM	bis	66 000 DM	390 DM
bis	12 000 DM	120 DM	bis	68 000 DM	400 DM
bis	14 000 DM	130 DM	bis	70 000 DM	410 DM
bis	16 000 DM	140 DM	bis	72 000 DM	420 DM
bis	18 000 DM	150 DM	bis	74 000 DM	430 DM
bis	20 000 DM	160 DM	bis	76 000 DM	440 DM
bis	22 000 DM	170 DM	bis	78 000 DM	450 DM
bis	24 000 DM	180 DM	bis	80 000 DM	460 DM
bis	26 000 DM	190 DM	bis	82 000 DM	470 DM
bis	28 000 DM	200 DM	bis	84 000 DM	480 DM
bis	30 000 DM	210 DM	bis	86 000 DM	490 DM
bis	32 000 DM	220 DM	bis	88 000 DM	500 DM
bis	34 000 DM	230 DM	bis	90 000 DM	510 DM
bis	36 000 DM	240 DM	bis	92 000 DM	520 DM
bis	38 000 DM	250 DM	bis	94 000 DM	530 DM
bis	40 000 DM	260 DM	bis	96 000 DM	540 DM
bis	42 000 DM	270 DM	bis	98 000 DM	550 DM
bis	44 000 DM	280 DM	bis	100 000 DM	560 DM
bis	46 000 DM	290 DM			

Von dem Mehrbetrag für je 2 000 DM   10 DM.

227 Der Gerichtsvollzieher darf einen Vorschuß verlangen, der die bei ihm voraussichtlich entstehenden Kosten deckt. Dies gilt nicht, wenn der Auftrag vom Gericht erteilt wird oder dem Auftraggeber Prozeßkostenhilfe bewilligt ist. Er ist auch befugt, sich aus dem für den Gläubiger beigetriebenen Geld vorweg um seine Kosten zu befriedigen.

Die Gebühr für das **Verfahren zur Abnahme der eidesstattlichen Versicherung** beträgt das Doppelte der Festgebühr des § 13 Abs. 2 GVKostG, also **40 DM**. Ob die eidesstattliche Versicherung abgelegt wird, hat auf die Höhe der

Gebühr, da es sich um eine **Verfahrungsgebühr** handelt, keinen Einfluß. Die Gebühr entsteht in voller Höhe, sobald der Auftrag beim Gerichtsvollzieher eingegangen ist, also auch wenn der Antrag vom Gerichtsvollzieher abgelehnt wird, weil z. B. der Schuldner die eidesstattliche Versicherung bereits abgegeben hat.

Beantragt der Gläubiger eine **Abschrift des** oder Einsicht in das **Vermögensverzeichnis** und stellt das Vollstreckungsgericht fest, daß der Schuldner noch keine eidesstattliche Offenbarungsversicherung abgegeben hat und beantragt der Gläubiger darauf beim Gerichtsvollzieher die Abgabe der Offenbarungsversicherung, so fällt jeweils eine Gebühr von 40 DM beim Vollstreckungsgericht (KV 1644, 1645) und beim Gerichtsvollzieher (§ 27 a GVKostG) an[33].

3. Sonderfragen bei Pfändung von Arbeitseinkommen

Der das Arbeitseinkommen pfändende Gläubiger (s. Rdn. 494 ff.) ist zur Geltendmachung der Forderungsrechte seines Schuldners gegen dessen Arbeitgeber in eigenem Namen berechtigt. Damit kommt auch § 270 BGB zur Anwendung, wonach der Schuldner Geld im Zweifel auf seine Kosten und Gefahr dem Gläubiger an dessen Wohnsitz zu übermitteln hat. Mithin hat der Arbeitgeber die gepfändeten Lohnteile an den Wohn- oder Geschäftssitz des Gläubigers zu übermitteln. Es darf aber aus § 270 BGB nicht auch gefolgert werden, daß der Arbeitgeber die etwaigen Kosten der Geldübersendung zu tragen hätte. Denn er ist nicht der Schuldner des Gläubigers geworden; als solcher Schuldner kann nach wie vor nur der Arbeitnehmer betrachtet werden. Daher hat letzterer die Kosten der Geldübersendung allein und endgültig zu tragen (§ 788 ZPO). Nach Stöber, Rdn. 608, kann der Drittschuldner diese Kosten von dem an den Gläubiger monatlich zu überweisenden Betrag absetzen. Dem Gläubiger sind die Kosten mit der letzten Arbeitseinkommens-Abzugsrate auf Kosten des Schuldners zu erstatten. 228

Wesentlicher als die nicht besonders bedeutsamen Geldüberweisungskosten ist in der Regel die mit Kosten verbundene zeitliche Inanspruchnahme des Arbeitgebers oder seines Büros für die Feststellung der gepfändeten Beträge, für die Benachrichtigung des Gläubigers und für den sonstigen Schriftwechsel mit diesem. Hier gilt § 788 ZPO nicht, wonach die Kosten der Zwangsvollstreckung, soweit sie notwendig waren, dem Schuldner zur Last fallen, denn diese Vorschrift gilt nur zwischen Gläubiger und Schuldner[34]. 229

Nicht einfach zu beantworten ist dabei die Frage, welcher Betrag für die im Büro des Arbeitgebers bei Lohnpfändungen aufgewendete Arbeit jeweils ange- 230

---

[33] Zu weiteren Fallgestaltungen s. Winterstein in DGVZ 1998, 54.
[34] S. dazu David, Ratgeber Lohnpfändung, 4. Aufl. 1997, S. 75.

messen ist. Man wird hier gewisse Berechnungen über die aufgewendete Zeit anzustellen und nach dieser Zeit, nach dem Arbeitseinkommen und nach der Höhe der Pfändung den in Frage kommenden Betrag gestaffelt festzustellen haben. Im allgemeinen wird ein Betrag von 1,5 % des dem Gläubiger jeweils übersandten Lohnbetrags für angemessen gehalten, wenn der Arbeitgeber – wie es jetzt die Regel bildet (Pfändungstabellen; s. Rdn. 626) – den pfändungsfreien Betrag nicht besonders errechnen muß, sonst von 3 %. Teilweise geht der Vorschlag auch auf einen festen Geldbetrag für jeden Fall, etwa 6–8 DM für jede Pfändung, 1–2 DM für jede Überweisung, 4–5 DM für jedes weitere Schreiben. Notfalls muß das Gericht über die Höhe des in Frage kommenden Betrags entscheiden. Um Schwierigkeiten in dieser Richtung von vornherein zu vermeiden, kann eine kollektive Regelung durch Tarifvertrag oder Betriebsvereinbarung in pauschalierten Beträgen, z. B. 30 DM pro Monat, zweckmäßig sein[34].

Der Arbeitgeber kann sich wegen der Kosten für die Bearbeitung von Lohnpfändungen nur an den Arbeitnehmer halten. Da er aber gegen den unpfändbaren Teil des Arbeitseinkommens nicht aufrechnen kann (§ 394 BGB), muß er mit Bereinigung seines Anspruchs warten, bis der Gläubiger aus der Lohnpfändung voll befriedigt ist, es sei denn, der Gläubiger hat nicht den vollen überhaupt pfändbaren Teil des Arbeitseinkommens gepfändet. Erst dann kann der Arbeitgeber mit seiner Forderung gegen das pfändbare Arbeitseinkommen seines Arbeitnehmers aufrechnen. Scheidet dieser vorher bei ihm aus, so wird der Arbeitgeber in der Regel das Nachsehen haben. Ist allerdings der Ersatzanspruch des Arbeitgebers entstanden und pfändet erst nachher ein weiterer Gläubiger des Arbeitnehmers, so kann der Arbeitgeber nach Befriedigung des ersten Gläubigers insoweit aufrechnen, als sein Anspruch vor der zweiten Pfändung entstanden ist.

231 Die Frage, ob der Arbeitgeber die Möglichkeit hat, mit den bei ihm entstehenden Kosten gegen das gepfändete Arbeitseinkommen aufzurechnen, so daß er die Kosten auf diese Weise gegenüber dem Gläubiger geltend machen könnte, ist zu verneinen, weil §§ 392, 407, 406, 412, 1275, 1070 BGB entgegenstehen[35]. Nach diesen Vorschriften ist durch die Beschlagnahme des Arbeitseinkommens die Aufrechnung einer dem Arbeitgeber gegen den Arbeitnehmer zustehenden Forderung dann ausgeschlossen, wenn der Arbeitgeber seine Forderung erst nach der Beschlagnahme erworben hat (s. auch Rdn. 633).

232 Kosten, die dem Drittschuldner durch Abgabe der Erklärung nach § 840 ZPO (Rdn. 298) entstehen, kann er vom Gläubiger nicht erstattet verlangen, weil dafür eine Rechtsgrundlage fehlt[36].

---

[35] Ebenso Mertz in BB 1959, 493 und Stöber, Rdn. 942; a.A. Gutzmann in BB 1976, 700.
[36] BAG in NJW 1985, 1181 = MDR 1985, 523 = BB 1986, 188; näher dazu David, Lohnpfändung, S. 75.

3. Abschnitt
Zwangsvollstreckung in bewegliche körperliche Sachen[1]

I. Allgemeine Fragen

1. Grundsätze und Pfändungsauftrag

Die Zwangsvollstreckung wegen einer Geldforderung in das bewegliche körperliche Vermögen des Schuldners erfolgt durch Pfändung seitens des Gerichtsvollziehers (s. Rdn. 197). Der Gerichtsvollzieher wird hoheitlich tätig und ist an Weisungen des Gläubigers nur insoweit gebunden, als sie sich im Rahmen der gesetzlichen Vorschriften halten. Das Handeln des Gerichtsvollziehers richtet sich im wesentlichen nach der **Geschäftsanweisung für Gerichtsvollzieher (GVGA).** Diese ist eine wahre Fundgrube für den Gläubiger, die es ihm einerseits ermöglicht, zu überprüfen, ob sich der Gerichtsvollzieher korrekt verhält, und die ihm andererseits die Möglichkeit gibt, durch gezielte Hinweise an den Gerichtsvollzieher die Wirksamkeit der Zwangsvollstreckung zu beeinflussen. So kann er den Gerichtsvollzieher etwa bitten, auf Möglichkeiten der vorläufigen Austauschpfändung besonders zu achten (§ 124 GVGA). Andererseits kann der Gläubiger die Vollstreckung durch gezielte Weisungen auch einschränken, wenn er z.B. den Gerichtsvollzieher anweist, keine Pfändung von Gegenständen durchzuführen, an denen der Gläubiger Sicherungseigentum besitzt (§ 111 Nr. 1 GVGA).

233

Die **Beachtung der Geschäftsanweisung,** die bundesweit gilt, gehört zu den **Amtspflichten des Gerichtsvollziehers** (§ 1 Abs. 3 GVGA). Bei Nichtbeachtung kann sich eine Amtspflichtverletzung ergeben, für die das betreffende Bundesland Schadenersatz zu leisten hat und zwar gegenüber Gläubiger, Schuldner und Dritten (z.B. bei Pfändung eines Pkw, der nicht dem Schuldner, sondern einem Dritten gehört, wenn der Gerichtsvollzieher die §§ 157 ff. GVGA nicht beachtet).

Wegen der großen Bedeutung der GVGA sind ihre wichtigsten Vorschriften in der ab 1. 1. 1999 geltenden Fassung, sowie die die eidesstattlichen Versicherungen betreffenden, ab 1. 1. 1999 gültigen Dienstvorschriften (§§ 185 a ff. GVGA) am Ende des Buches als Anhang beigefügt.

---

[1] Bei der Zwangsvollstreckung unterscheidet man je nach Zugriffsobjekt das „bewegliche Vermögen" (es ist unterteilt in körperliche bewegliche Sachen und Forderungen des Schuldners) und das „unbewegliche Vermögen" des Schuldners (z. B. Grundstücke). Dieser Unterteilung folgen die Abschnitte 3, 4 und 5 dieses Buches. Zur Zwangsvollstreckung in bewegliche körperliche Sachen ausführlich David, Die Sachpfändung, 2. Auflage 1998, Rudolf Haufe Verlag, Zweigniederlassung Berlin. Die Auflage enthält auch das ab 1. 1. 1999 geltende neue Zwangsvollstreckungsrecht.

Zwangsvollstreckung in bewegliche körperliche Sachen

Die Zwangsvollstreckung darf nicht weiter ausgedehnt werden, als zur Deckung des durch den Vollstreckungstitel ausgewiesenen Geldbetrags einschließlich der Kosten der Zwangsvollstreckung (über diese s. Rdn. 220 ff.) erforderlich ist (Verbot der Überpfändung; s. darüber auch Rdn. 549). Sie hat zu unterbleiben, wenn aus der Verwertung der zu pfändenden Gegenstände ein Überschuß über die Kosten der Vollstreckung nicht zu erwarten ist (Verbot der überflüssigen Pfändung; s. darüber Rdn. 550). Durch die Pfändung erwirbt der Gläubiger ein Pfandrecht – Pfändungspfandrecht – an den gepfändeten Gegenständen. Das durch eine **frühere Pfändung** begründete Pfandrecht **geht** demjenigen **vor**, das erst durch eine spätere Pfändung erworben worden ist (§§ 803, 804 ZPO; vgl. Rdn. 245). Es gilt also der Satz: „Wer zuerst kommt, mahlt zuerst"[2]. Die Verwertung der gepfändeten Gegenstände erfolgt in der Regel durch Versteigerung seitens des Gerichtsvollziehers in einem besonderen Versteigerungstermin (Rdn. 248 ff.; wegen einer anderen Verwertungsmöglichkeit in Ausnahmefällen s. Rdn. 256 und Rdn. 552). Wegen des Mindestgebots und des Gebots bei Versteigerung von Gold- und Silbersachen s. Rdn. 548.

234 Der Pfändungsauftrag an den örtlich zuständigen Gerichtsvollzieher (s. Rdn. 197 und 198) kann etwa lauten[3]:

Muster 34

In meiner Rechtssache gegen ... in ... bitte ich um Vornahme der Zwangsvollstreckung in das bewegliche körperliche Vermögen des Schuldners. Meine Forderung setzt sich wie folgt zusammen:

a) Hauptforderung ... DM
b) ... Zinsen hieraus vom ...
   bis ... ... DM
c) bisherige Kosten ... DM
d) künftig entstehende Kosten und weitere ... % Zinsen ab ... aus ... DM.

Meinen Schuldtitel, nämlich Vollstreckungsbescheid des Amtsgerichts ... vom ... – Aktenzeichen: M ... – mit Zustellungsnachweis schließe ich an. Um Übermittlung einer Abschrift des Pfändungsprotokolls wird gebeten.

Datum und Unterschrift des Gläubigers

---

[2] Zur Erledigung mehrerer konkurrierender Vollstreckungsaufträge vgl. § 168 GVGA, Anhang zu diesem Buch.
[3] Er muß eigenhändig unterzeichnet sein; ein Faksimilestempelabdruck genügt nicht (LG München I in DGVZ 1983, 57; AG Aachen in DGVZ 1984, 61; Müller In DGVZ 1993, 7).

Allgemeine Fragen

Eine **direkte Beauftragung des** zuständigen **Gerichtsvollziehers** – das ist **235** derjenige, in dessen Bezirk der Schuldner wohnt oder Geschäftsräume unterhält (§ 753 I, § 764 II ZPO) – bringt Zeitgewinn (Ablichtung des Verteilungsplans von der Gerichtsvollzieherverteilungsstelle anfordern!).

Der Sachpfändungsauftrag, dem stets eine vollstreckbare Ausfertigung des Titels beizufügen ist (§ 754 ZPO), muß eine **detaillierte Forderungsaufstellung** enthalten. Wird der Auftrag nur auf einen **Teilbetrag** der titulierten Forderung beschränkt[4]– wegen der oft geringen Aussichten der Sachpfändung empfiehlt sich dies aus Kostengründen – (nur halbe Gerichtsvollziehergebühr bei erfolglosem Vollstreckungsversuch, § 17 IV GVKostG) – braucht keine vollständige Forderungsaufstellung vorgelegt werden, es sei denn, es bestünden Anhaltspunkte dafür, daß wegen geleisteter Zahlungen eine Forderung in Höhe des verlangten Teilbetrags nicht mehr besteht (LG Frankfurt/M. in DGVZ 1988, 95). Betreibt der Gläubiger die Vollstreckung wegen eines **Restbetrages**, so hat er dem Vollstreckungsauftrag eine Berechnung der Gesamtforderung beizufügen, um dem Gerichtsvollzieher die Prüfung zu ermöglichen, ob die Forderung in der angegebenen Höhe noch besteht (LG Hagen in DGVZ 1994, 91).

Die Vorlage einer Berechnung der Gesamtforderung ist jedoch dann erforderlich, wenn der Gläubiger dem Pfändungsauftrag den in diesem Fall zweckmäßigen Zusatz anfügt: „Zahlt der Schuldner die Gesamtforderung einschließlich der aufgelaufenen Zinsen, kann ihm der Vollstreckungstitel ausgehändigt werden."

Statt des Musters 34 kann für den Pfändungsauftrag an den Gerichtsvollzieher auch eines der üblichen **Formblätter** benutzt werden.

Es können folgende **Zusätze**, die die Effektivität steigern und von Kenntnis der **236** GVGA zeugen, angefügt werden:

- Bitte um **Ermittlung des Arbeitgebers** bei (teilweise) fruchtlosem Pfändungsversuch. Die Ermittlung wird seit 1. 4. 1991 durch die gesetzliche Möglichkeit für den Gerichtsvollzieher, anläßlich der Zwangsvollstreckung den Schuldner zu befragen und Einsicht in Schriftstücke (z. B. Lohnbescheinigungen) zu nehmen, sowie zum Hausstand des Schuldners gehörende erwachsene Personen bei Abwesenheit des Schuldners nach dessen Arbeitgeber zu befragen (§ 806 a ZPO), erleichtert. Sodann **sofortiger Anruf** beim angegebenen Arbeitgeber, ob der Schuldner dort zu erreichen ist (manche Schuldner geben den früheren Arbeitgeber an!);

---

[4] § 111 Nr. 1 GVGA (Anhang).

- Erteilung selbständiger **Vorpfändungsermächtigung** an den Gerichtsvollzieher durch ausdrücklichen Auftrag. Sie erlaubt ihm Ermittlungen zum Aufspüren pfändbarer Forderungen (z. B. Durchsuchung einer Dokumentenmappe, Suchen nach Bankbelegen oder Unterlagen über Arbeitsverhältnis). Zweckmäßig ist es, ein bis auf die zu pfändende Forderung und den Drittschuldner ausgefülltes Vorpfändungsformular (s. Anlage 5) beizufügen. Der Gerichtsvollzieher sollte gebeten werden, von einer Vorpfändung abzusehen, falls sich der Schuldner noch in einem **Probearbeitsverhältnis** befindet;
- Anweisung an den Gerichtsvollzieher, keine Pfändung von Gegenständen durchzuführen, an denen der **Gläubiger Sicherungseigentum** besitzt (§ 111 Nr. 1 GVGA);
- Erklärung der **Bereitschaft zur Einräumung von Ratenzahlungen** mit Verfallklausel verteilt auf höchstens ein Jahr, wenn möglich mit gleich zu zahlendem Abschlag und zwar sowohl für den Fall, daß der Gerichtsvollzieher pfändbare Habe nicht vorfindet (§ 806 b ZPO), als auch in Verbindung mit einem Verwertungsaufschub (§ 813 a ZPO) und im Rahmen der eidesstattlichen Offenbarungsversicherung (§ 900 Abs. 3 ZPO);
- Bitte um vorläufige **Wegnahme von Papieren** i. S. d. § 836 III ZPO (Sparbücher, Schuldscheine, Pfandscheine, Depotscheine etc.) im Wege der Hilfspfändung (§ 156 GVGA);
- Auftrag zur **Pfändung** auch **angeblich sicherungsübereigneter** (näher dazu: Rdn. 280–283) oder nach Angaben des Schuldners sonstigen Dritten gehörender oder unter **Eigentumsvorbehalt** (zu deren Pfändung s. Rdn. 269–279) gelieferter **Gegenstände** (§ 119 Nr. 2 GVGA). Andernfalls fragt der Gerichtsvollzieher beim Gläubiger an, ob er solche Gegenstände pfänden soll (bei Pfändung doppelte Gebühr, § 17 I GVKostG);
- Antrag für den **Fall, daß dem Gerichtsvollzieher die Durchsuchung verweigert** wird oder er pfändbare Habe nicht vorfindet oder sonst die Voraussetzungen für die eidesstattliche Offenbarungsversicherung gemäß § 807 Abs. 1 ZPO vorliegen, dem Schuldner die eidesstattliche Offenbarungsversicherung abzunehmen, es sei denn, daß der Schuldner Ratenzahlungen anbietet (s. kombinierten Sachpfändungs-/Offenbarungsversicherungsantrag Anlage 8 am Ende des Buches);
- Bitte, im Protokoll zu vermerken, welche qualifizierten **elektrischen und elektronischen Geräte** beim Schuldner vorgefunden wurden und warum von einer **vorläufigen Austauschpfändung** dieser Geräte abgesehen wurde (§ 135 Nr. 6 c GVGA)[5];

---

[5] § 135 GVGA wurde mit Wirkung vom 1. 11. 1994 neu gefaßt.

Allgemeine Fragen **167**

- Verlangen, daß **Anschlußpfändung** auch für von anderen Gläubigern bereits **vorgepfändete Gegenstände** durchgeführt wird (§ 167 Nr. 5 Satz 2 GVGA), wenn der Wert der Gegenstände für die Befriedigung beider Forderungen nicht auszureichen scheint. Bei Befriedigung des erstpfändenden Gläubigers durch Zahlung Möglichkeit des Aufrückens!
- Erklärung, daß einer **Einstellung der Vollstreckung** nach § 63 GVGA (Rücksendung des Vollstreckungstitels ohne Vollstreckungsversuch wegen begründeter Anhaltspunkte für Fruchtlosigkeit und Betrachtung des Vollstreckungsauftrags als zurückgenommen) **widersprochen** und auf der Ausführung des Auftrags (z. B. zur Verjährungsunterbrechung, insbesondere bei rückständigen Zinsen, §§ 197, 218 II BGB) bestanden werde;
- Hinweis darauf, daß besonders **§ 107 Nr. 2 GVGA bei Nichtgestattung der Durchsuchung** beachtet werden solle.

Es können ferner Hinweise auf das Vorhandensein bestimmter Wertgegenstände (Sammlungen, Weinkeller, Videorecorder, Computer etc.) und auf eine günstige Vollstreckungszeit (z. B. bei Geschäftsschluß um 18.30 Uhr) angefügt werden. Auch ein Hinweis auf Austausch- und Taschenpfändung ist angebracht.

Der Gerichtsvollzieher hat Forderungen, über die ein Vollstreckungstitel vorliegt, als bestehend zu erachten, solange die Zwangsvollstreckung nicht zu ihrer Erfüllung geführt hat. Materielle Einwendungen gegen einen Titel muß der Schuldner beim Prozeßgericht geltend machen (Rdn. 206). **237**

Für den Fall, daß der Vollstreckungstitel dem Schuldner noch nicht zugestellt ist, s. Muster 26, das dann entsprechend mitzuverwerten ist. Lehnt der Gerichtsvollzieher den Vollzug des Pfändungsauftrags des Gläubigers ab, so kann dieser dagegen beim Amtsgericht Erinnerung erheben (s. Rdn. 201)[6].

Der Schuldner kann eine **Pfändung** dadurch **abwenden, daß er an den zur Pfändung erschienenen Gerichtsvollzieher Zahlung** nach Maßgabe des Vollstreckungstitels gegen Aushändigung des Vollstreckungstitels leistet oder daß er ihm eine vom Gläubiger bewilligte Stundung oder die inzwischen erfolgte Zahlung des gesamten Gläubigeranspruchs anhand von Belegen nachweist[7].

Will sich der Schuldner gegen die Art und Weise der vom Gerichtsvollzieher vorgenommenen Pfändung beweglicher körperlicher Sachen zur Wehr setzen, so kann er form- und fristlos Erinnerung beim Amtsgericht als Vollstreckungsgericht erheben.

---

[6] Darüber und über die weiteren Rechtsmittel s. die Ausführungen Rdn. 200 ff.
[7] Es genügt die Vorlage eines Einzahlungs- oder Überweisungsnachweises einer Bank oder Sparkasse (s. § 775 Nr. 5 ZPO).

Muster 35

238 In der Zwangsvollstreckungssache des ... gegen mich ... hat der Gerichtsvollzieher am ... bei mir eine Schreibmaschine Fabrikat ... gepfändet. Gegen diese Pfändung lege ich Erinnerung ein mit dem Antrag, sie aufzuheben. Ich benötige die Schreibmaschine unbedingt zur Führung der in meinem Geschäft (... Angestellte) anfallenden umfangreichen Korrespondenz. Die Maschine ist also für mich unentbehrlich.

Bis zur Entscheidung über diesen Antrag bitte ich, die Zwangsvollstreckung in die Maschine einstweilen einzustellen.

Datum und Unterschrift des Schuldners

2. Art der Pfändung in körperliche Sachen[8]

239 Liegen Hinderungsgründe nicht vor, pfändet der Gerichtsvollzieher bewegliche körperliche Sachen des Schuldners, die sich in seinem Gewahrsam befinden[9]. Gewahrsam hat der Schuldner an solchen Sachen, die in seiner tatsächlichen Herrschaft sind[10]. Der Gerichtsvollzieher hat allgemein nicht zu prüfen, ob eine im Gewahrsam des Schuldners befindliche Sache in fremdem Eigentum steht (§ 119 GVGA), es sei denn, das Nichteigentum des Schuldners werde ihm sofort in völlig einwandfreier Form nachgewiesen[11] oder der Gläubiger hat die Pfändung ausdrücklich verlangt (§ 119 Nr. 2 GVGA; s. den lehrreichen Fall LG Aschaffenburg in DGVZ 1995, 57). Im übrigen ist es Sache des tatsächlichen Eigentümers, im Falle der unrechtmäßigen Pfändung seine Rechte geltend zu machen (s. Rdn. 257).

Die Pfändung erfolgt dadurch, daß der Gerichtsvollzieher die zur Pfändung geeigneten körperlichen Sachen in Besitz nimmt. Dabei ist er berechtigt, verschlossene Haustüren, Zimmertüren und Behälter öffnen zu lassen. Nach früherer Rechtsauffassung durfte der Gerichtsvollzieher bei Widerstand des Schuldners – soweit erforderlich – Gewalt anwenden und dessen Wohnung und Behältnisse durchsuchen. Das Bundesverfassungsgericht[12] hat jedoch in-

---

[8] Dazu gehören auch die noch nicht vom Boden getrennten Früchte, solange nicht ihre Beschlagnahme im Wege der Immobiliarzwangsvollstreckung erfolgt ist (§ 810 ZPO).
[9] Welche beweglichen Sachen beim Schuldner zu pfänden sind, steht grundsätzlich im pflichtgemäßen Ermessen des Gerichtsvollziehers. Auf etwaige Wünsche des Gläubigers nimmt der Gerichtsvollzieher angemessen Rücksicht (§ 104 Abs. 2 GVGA). Die Pfändung von nicht dem Schuldner gehörenden, aber in seinem Gewahrsam befindlichen Sachen darf der Gerichtsvollzieher nur ablehnen, wenn es von vornherein **offensichtlich** ist, daß diese Sachen dem Schuldner nicht gehören.
[10] Vgl. dazu Gaul in RPfleger 1971, 91.
[11] S. etwa LG Koblenz in DGVZ 1968, 124, AG Bremen in DGVZ 1968, 42 und AG Wilhelmshaven in DGVZ 1968, 159, ferner Schneider in JurBüro 1970 Sp. 365.
[12] Beschluß vom 3. 4. 1979 in DGVZ 1979, 115.

Allgemeine Fragen 169

zwischen entschieden, daß die beim Schuldner zum Zwecke der Mobiliarpfändung vorgenommene Wohnungsdurchsuchung wegen der Unverletzlichkeit der Wohnung (Art. 13 GG) einer besonderen richterlichen Anordnung bedarf. Dies gilt nicht bei Gefahr im Verzug (Art. 13 Abs. 2 GG). Die richterlich angeordnete Durchsuchung der Wohnung des Schuldners zum Zwecke der Zwangsvollstreckung scheitert nicht daran, daß der Schuldner die Wohnung gemeinsam mit einer am Vollstreckungsverfahren unbeteiligten Person bewohnt. Der Mitbewohner darf die Durchsuchung nicht abwehren[13].

Wird der Gerichtsvollzieher vom Schuldner nicht hereingelassen – was allerdings künftig selten der Fall sein wird, da die Durchsuchungsverweigerung auf Antrag des Gläubigers sofort zur Abnahme der eidesstattlichen Offenbarungsversicherung führen kann –, kann der Gläubiger dennoch einen gewissen Überraschungseffekt, der der Verlagerung pfändbarer Habe durch den Schuldner entgegenwirkt, in folgender Weise erzielen: 240

Mit dem Vollstreckungsauftrag an den Gerichtsvollzieher kann ihm gleichzeitig ein Antrag auf Durchsuchungsanordnung für den Fall, daß der Schuldner ihm das Betreten oder die Durchsuchung seiner Wohnung und seiner Geschäftsräume verweigert mit der Bitte übergeben werden, den Antrag beim Vollstreckungsgericht einzureichen. Der Gerichtsvollzieher muß dieser Bitte allerdings nicht nachkommen. In der GVGA ist dieser Fall nicht geregelt.

An das Amtsgericht – Vollstreckungsgericht – München

**Antrag auf Durchsuchungsanordnung
in der Zwangsvollstreckungssache**

Franz Meier gegen Karl Huber

Ich beantrage den Erlaß folgenden Beschlusses:

Die Öffnung und Durchsuchung von Wohnung und Geschäftsräumen des Schuldners in München, Goetheplatz 12/o einschließlich der Öffnung und Durchsuchung aller Räume und Behältnisse zum Zweck der Zwangsvollstreckung aus dem Endurteil des Landgerichts München I vom 14. Oktober 1997 – 16 O 345/94 – wird angeordnet.

Begründung:

Der Schuldner hat nach dem anliegenden Protokoll des Gerichtsvollziehers die Durchsuchung seiner Räume verweigert, so daß die Vollstreckung aus dem anliegenden, im Antrag genannten Urteil erfolglos geblieben ist.

---

[13] § 758 a Abs. 3 Satz 1 ZPO.

Unter Hinweis auf den Beschluß des Bundesverfassungsgerichts vom 3.4.
1979 – DGVZ 1979, 115 – beantrage ich die Anordnung der Durchsuchung.
Die Vollstreckungsunterlagen bitte ich mir mit dem Beschluß zurückzugeben.

Franz Meier
(eigenhändige Unterschrift!)

Der Durchsuchungsbeschluß wird in der Regel rasch erlassen – in München gab es 1992 19 000 Durchsuchungsanordnungen – und der Gerichtsvollzieher kann sich sofort wieder zum Schuldner begeben.

Umstritten ist die Frage, ob nur der Gläubiger oder auch der Gerichtsvollzieher den **Antrag auf richterliche Durchsuchungsanordnung** beim Vollstreckungsgericht stellen darf.

In der Praxis wird die Antragstellung durch den Gerichtsvollzieher gelegentlich im Gläubigerinteresse vorgenommen, etwa wenn der Schuldner den Abtransport von Pfandstücken aus seiner Wohnung nach vorheriger Erlaubnis des Betretens durch den Gerichtsvollzieher verhindern will oder wenn er zwischenzeitlich pfändbare Habe wegschaffen könnte. Die Bevollmächtigung des Gerichtsvollziehers hierzu wird im Vollstreckungsauftrag des Gläubigers erblickt[14].

Nach anderer, wohl richtiger Ansicht, steht das **Antragsrecht** im Sinne des § 861 ZPO **allein dem Gläubiger** zu (s. auch § 107 Nr. 3 GVGA). Der Gerichtsvollzieher ist staatliches Vollstreckungsorgan, nicht bloßer Gläubigervertreter. Zwischen ihm und dem Gläubiger besteht kein zivilrechtliches Auftragsverhältnis. Er ist nicht der „verlängerte Arm" des Gläubigers. Kraft der im Vollstreckungsrecht herrschenden Dispositionsmaxime (danach kann der Gläubiger allein über das Ob und Wann der Zwangsvollstreckung entscheiden) ist ein Antragsrecht des Gerichtsvollziehers zu verneinen[15].

Keinesfalls besteht für den Gerichtsvollzieher eine Antragspflicht[16].

Bei konkreter Gefahr der Wegschaffung pfändbarer Habe ist „Gefahr im Verzug" im Sinne von Art. 13 Abs. 2 GG anzunehmen, was den Gerichtsvollzieher zur zwangsweisen Wohnungsdurchsuchung auch ohne richterliche Durchsuchungsanordnung berechtigt (§ 758 a Abs. 1 Satz 2 ZPO). Das kann z. B. der Fall sein, wenn ein Umzug des Schuldners bevorsteht.

Auch **Geschäftsräume**, die allgemein zugänglich sind, dürfen zum Zweck der Pfändung gegen den Willen des Inhabers nur auf Grund einer richterlichen An-

---

[14] So Kleemann in DGVZ 1980, 3 (4); einschränkend Seip in DGVZ 1979, 97 (101).
[15] So ebenfalls Behr in DGVZ 1980, 49 (58/59).
[16] AG Lübeck in DGVZ 1980, 62.

Allgemeine Fragen

ordnung durchsucht werden[17]. Andere Sachen als Geld, Kostbarkeiten und Wertpapiere sind im Gewahrsam des Schuldners zu belassen, soweit nicht hierdurch die Befriedigung des Gläubigers gefährdet wird[18]. Werden die gepfändeten Sachen im Gewahrsam des Schuldners belassen, so ist die Wirksamkeit der Pfändung dadurch bedingt, daß durch Anlegung von Siegeln oder auf sonstige Weise die Pfändung ersichtlich gemacht ist (§ 808 ZPO)[19].

Der Gerichtsvollzieher übermittelt dem Gläubiger eine Abschrift des Pfändungsprotokolls[20]. Dieser kann dann prüfen, ob durch die Pfändung Aussicht auf Befriedigung besteht und ob nach seiner Kenntnis alle beim Schuldner pfändbaren Sachen gepfändet worden sind, soweit dies zu seiner Befriedigung erforderlich ist. Notfalls muß er sich um Ausdehnung der Pfändung beim Gerichtsvollzieher bemühen. Bedeutsam ist im Einzelfall § 811 d ZPO: Ist zu erwarten, daß eine Sache demnächst pfändbar wird, so kann sie gepfändet werden, ist aber im Gewahrsam des Schuldners zu belassen. Die Vollstreckung darf erst fortgesetzt werden, wenn die Sache pfändbar geworden ist. Die Pfändung ist aufzuheben, wenn die Sache nicht binnen eines Jahres pfändbar geworden ist. – Der Begriff der demnächstigen Pfändbarkeit betrifft nicht den Fall, daß eine noch schuldnerfremde Sache demnächst in das Eigentum des Schuldners gelangt (AG Gronau in MDR 1967, 223)[21]. Der Gerichtsvollzieher hat **auf Verlangen** des Gläubigers, diesem rechtzeitig den Zeitpunkt der Vollstreckung mitzuteilen und die **Anwesenheit des Gläubigers** bei der Vollstreckungshandlung zu dulden (§ 62 Nr. 5 GVGA). Ein selbständiges Eingreifen des Gläubigers in den Gang der Vollstreckungshandlung, etwa das Durchsuchen von Behältnissen, darf der Gerichtsvollzieher aber nicht dulden. Der Schuldner braucht den Gläubiger – ebenso wie den Gerichtsvollzieher – in seine Wohn- und Geschäftsräume ohne richterliche Durchsuchungsanordnung aber nicht einlassen. Dem Gläubiger wird die Erlaubnis, bei der Durchsuchung anwesend zu sein, in der Regel nur gestattet, wenn er etwa zur Identifizierung von Gegenständen benötigt wird. Die Rechtsprechung ist regional stark unterschiedlich[22].

Es gibt zahlreiche Sachen, die der Gerichtsvollzieher nicht pfänden darf. Wegen Einzelheiten hierüber s. Rdn. 568 ff. **241**

---

17 LG Wuppertal in DGVZ 1980, 11; AG Rheydt in DGVZ 1981, 14. Zöller/Stöber, a. a. O., Rdn. 12 zu § 758 a ZPO.
18 Eine Gefährdung wird in der Regel bei Kraftfahrzeugen anzunehmen sein, vgl. § 157 GVGA.
19 Wird gegen diese Vorschrift verstoßen, ist die Pfändung unheilbar unwirksam.
20 Näheres hierzu vgl. § 135 GVGA.
21 Vorwegpfändung kommt z. B. wegen bevorstehendem Berufswechsel in Betracht.
22 LG Münster in NJW-RR 1991, 1407; LG Hof in DGVZ 1991, 123; LG Bochum in JurBüro 1992, 57.

242 Gegenstände, die sich im Gewahrsam eines Dritten befinden, darf der Gerichtsvollzieher nur pfänden, wenn der Dritte zu ihrer Herausgabe bereit ist (§ 809 ZPO, OLG Düsseldorf in DGVZ 1997, 57 für den Fall einer Pkw-Pfändung)[23]. Der Gerichtsvollzieher darf Kosten für die Fortschaffung gepfändeter Kraftfahrzeuge, die sich bei einem zur Herausgabe bereiten Dritten befinden, nur dann aufwenden, wenn andernfalls die Befriedigung des Gläubigers gefährdet würde.

243 Zur **Nachtzeit** – das ist vom 1. 4.–30. 9. von 21–4 Uhr und vom 1. 10.–31. 3. von 21–6 Uhr – **und an Sonn- und Feiertagen** darf der Gerichtsvollzieher außerhalb von Wohnungen (s. dazu Rdn. 67) Zwangsvollstreckungshandlungen vornehmen, wenn dies weder für den Schuldner noch für die Mitgewahrsamsinhaber eine unbillige Härte darstellt (z. B. akute schwere Erkrankung) und wenn der zu erwartende Erfolg in keinem Mißverhältnis zu dem Eingriff steht (z. B. wenn die Vollstreckung nach Einschätzung des Gerichtsvollziehers keine ausreichende Aussicht auf Erfolg bietet). Voraussetzung ist allerdings (§ 65 Nr. 1 GVGA), daß der Gerichtsvollzieher wenigstens einmal zur Tageszeit und an einem gewöhnlichen Werktag die Vollstreckung vergeblich versucht hat (ergänzend zum Wortlaut des § 758 a Abs. 4 ZPO, s. Zöller/Stöber, a. a. O., Rdn. 35 zu § 758 a ZPO). In Wohn- und Geschäftsräumen darf der Gerichtsvollzieher nur aufgrund einer besonderen richterlichen Anordnung vollstrecken. Das gilt auch für den Vollzug eines Haftbefehls zur Erzwingung der eidesstattlichen Versicherungen[24].

Der Nacht- und Feiertagsdurchsuchungsbeschluß, den der Richter am Amtsgericht erteilt, in dessen Bezirk die Vollstreckungshandlung durchgeführt werden soll, ist auch erforderlich, wenn die Zwangsvollstreckungshandlung in der geschützten Zeit fortgesetzt werden soll (§ 65 Nr. 6 GVGA). In Betracht kommen vor allem Pfändungsversuche in Gaststätten, Restaurants, Discos und Nachtbars am Ende der Öffnungszeit, ferner bei (Wochenend-)Veranstaltungen und bei Schuldnern, die keiner geregelten Arbeit nachgehen, z. B. aber abends in einer bestimmten Gaststätte anzutreffen sind (s. Taschenpfändung Rdn. 78). Im Antrag muß der Gläubiger darlegen, daß die Vollstreckung zur ungewöhnlichen Zeit erforderlich ist, weil der Schuldner innerhalb und außerhalb der normalen Arbeitszeit nicht angetroffen wurde oder die Zwangsvollstreckung in der geschützten Zeit größere Erfolgsaussicht bietet.

---

[23] Das gilt auch für Sachen, an denen ein Dritter Mitbesitz hat (LG Berlin in MDR 1975, 939). Gelangt der Pfandgegenstand nachträglich in den Besitz eines Dritten, so hat der Gerichtsvollzieher nach AG Dortmund in DGVZ 1974, 24 keine gesetzliche Ermächtigung, diesen mit Gewalt aus dem Gewahrsam des Dritten zuzuholen, während nach LG Saarbrücken in DGVZ 1975, 170 die nach erfolgter Pfändung eingetretene Änderung des Gewahrsams ab den Pfandgegenständen die Fortsetzung der Zwangsvollstreckung nicht hindert. S. zu § 809 ZPO auch Pawlowski in DGVZ 1976, 33.

[24] LG Trier in DGVZ 1981, 13.

Allgemeine Fragen 173

> **Muster 36**
>
> In meiner Vollstreckungssache gegen … waren zwei Vollstreckungsversu- **244**
> che erfolglos, da die Registrierkasse des Schuldners bei Erscheinung des
> Gerichtsvollziehers stets leer war. Ich kann nur dann zum Ziel kommen,
> wenn die Pfändung beim Schuldner überraschend erfolgt. Ich bitte daher zu
> genehmigen, daß der Gerichtsvollzieher an einem der drei kommenden
> Sonntage (Datum …) nach 23 Uhr beim Schuldner eine Geldpfändung vor-
> nimmt.
>
> Datum und Unterschrift des Gläubigers

Abschrift des durch den Schuldner nicht anfechtbaren Beschlusses erhält der
Gläubiger, der sie dem Gerichtsvollzieher übergeben muß[25].

Bereits gepfändete Sachen können für einen anderen Gläubiger oder für den **245**
gleichen Gläubiger wegen einer anderen Forderung nochmals gepfändet werden (Anschlußpfändung; § 826 ZPO)[26]. Können sich in einem solchen Verfahren die verschiedenen Gläubiger über die Verteilung des Erlöses nicht einigen,
so wird dieser vom Gerichtsvollzieher hinterlegt und vom Vollstreckungsgericht ein Verteilungsverfahren durchgeführt (§ 827 ZPO)[27].

Zur besonderen Pfändungserleichterung gegen verheiratete Schuldner s.
Rdn. 534 ff.

3. Verwertungsaufschub

Vor Verwertung gepfändeter Sachen ist dem Schuldner Gelegenheit zu geben, **246**
seine Schuld durch freiwillige Leistungen zu tilgen, falls es sich nicht um eine
Wechselschuld handelt. Der Gerichtsvollzieher kann die **Verwertung** der gepfändeten Sachen bei Vorliegen der Zustimmung des Gläubigers zur Einräumung von Ratenzahlungen oder bei Fehlen eines ausdrücklichen Ausschlus-
ses **aufschieben**, wenn der Schuldner sich verpflichtet, den geschuldeten Betrag einschließlich der Kosten der Zwangsvollstreckung innerhalb eines Jahres
zu zahlen (§ 813 a ZPO). Hat der Gläubiger im Vollstreckungsauftrag Bedingun-

---

[25] Dabei ist nicht notwendig, für jede Einzelvollstreckung zur Nachtzeit (oder an Sonn- oder allgemeinen Feiertagen) jeweils eine besondere Genehmigung einzuholen (LG Hagen in JurBüro
1967 Sp. 673 mit zust. Anm. Bauer). In Bayern gilt die Anordnung einer Nachtzeitpfändung in
der Regel 6 Monate.
[26] Hatte der Dritte, in dessen Besitz sich eine bewegliche Sache vor der Erstpfändung befunden
hatte, dieser widersprochen, so ist – auch nach Verbringung der gepfändeten Sache in die Pfand-
kammer – eine Anschlußpfändung nur zulässig, wenn der Dritte damit einverstanden ist (OLG
Düsseldorf in OLGZ 1973, 50). S. zur Anschlußpfändung auch Mümmler in DGVZ 1973, 20.
[27] Zum Verteilungsverfahren näher bei David, Sachpfändung, Rdn. 125.

gen für sein Einverständnis mit einer Ratenzahlung festgelegt, so darf der Gerichtsvollzieher hiervon nicht abweichen. Der Verwertungsaufschub endet, wenn ihm der Gläubiger widerspricht oder wenn der Schuldner mit einer Zahlung ganz oder teilweise in Rückstand kommt. Stimmt der Gläubiger dem Verwertungsaufschub nicht zu, kann das Vollstreckungsgericht auf unverzüglich nach der Pfändung zu stellenden Antrag des Schuldners unter Anordnung von Zahlungsfristen die Verwertung der Pfandstücke durch unanfechtbaren Beschluß zeitweilig aussetzen, wenn dies nach der Persönlichkeit und den wirtschaftlichen Verhältnissen des Schuldners und nach der Art der Schuld angemessen erscheint und nicht überwiegende Belange des Gläubigers entgegenstehen (§ 813 b ZPO; über Einzelheiten s. Rdn. 551).

Muster 37

Für ... hat der Gerichtsvollzieher ... am ... folgende Gegenstände bei mir gepfändet: ... Die Forderung des Gläubigers betrug ursprünglich ... DM und ist durch meine bisherigen Zahlungen auf ... DM zurückgegangen. Ich bin infolge einer unerwarteten sechswöchigen Grippeerkrankung außerstande, die Restschuld sofort zu zahlen. Durch den Verlust der Pfandstücke würde mir ein unverhältnismäßiger Nachteil erwachsen. Ich wäre auf lange Zeit außerstande, Ersatzstücke zu beschaffen. Ich beantrage daher, die Verwertung der Pfandstücke einstweilen auszusetzen und mir zu gestatten, die Restschuld in monatlichen Raten von ... DM, die erste Rate fällig am ..., abzutragen.

Die Richtigkeit meiner vorstehenden Angaben versichere ich in Kenntnis der Bedeutung einer solchen Erklärung an Eides Statt. Bis zur Beschlußfassung bitte ich um einstweilige Einstellung der Zwangsvollstreckung.

Datum und Unterschrift des Schuldners

247 Kommt nach erfolgter Aussetzung der Verwertung der Schuldner seinen Zahlungsverpflichtungen nicht fristgemäß nach, so kann der Gläubiger Antrag auf Aufhebung des Beschlusses und auf Fortsetzung der Vollstreckung stellen (§ 813 b Abs. 3 ZPO).

Muster 37a

Der Schuldner hat die ihm durch Beschluß vom ... auferlegten Ratenzahlungen nicht eingehalten. Ich beantrage die Aufhebung des Beschlusses, damit ich den Gerichtsvollzieher mit Fortsetzung der Zwangsvollstreckung beauftragen kann.

Datum und Unterschrift des Gläubigers

Allgemeine Fragen

Vielfach wird der gerichtliche Einstellungsbeschluß bereits dahin gefaßt, daß die Vollstreckung vom Gerichtsvollzieher ohne weiteres fortgesetzt werden darf, wenn der Schuldner eine Rate binnen einer Woche nach Fälligkeit noch nicht bezahlt hat.

4. Verwertung gepfändeter Sachen

Der Gerichtsvollzieher hat die Verwertung der im Auftrag eines Gläubigers gepfändeten Sachen, ohne daß es dazu eines weiteren Auftrags des Gläubigers bedarf, normalerweise durch öffentliche Versteigerung vorzunehmen (§ 814 ZPO). Er ist dabei nicht Beauftragter des Gläubigers, nimmt vielmehr damit einen staatlichen Hoheitsakt vor[28]. 248

Der Verwertung wirksam gepfändeter Sachen steht weder der **Tod des Schuldners** noch die Eröffnung des Insolvenzverfahrens über dessen Vermögen entgegen. Die Verwertung erfolgt aber nicht, wenn abgesonderte Verwertung (§ 50 InsO) ausgeschlossen ist, weil die Pfändung durch einen Insolvenzgläubiger im letzten Monat vor dem Antrag auf Eröffnung des Insolvenzverfahrens unwirksam geworden ist (§ 88 InsO).

Der Gerichtsvollzieher setzt den Termin zur öffentlichen Versteigerung der Sachen bei der Pfändung an. Der Termin ist öffentlich bekanntzugeben[29]. 249

Vor der Versteigerung sind die gepfändeten Sachen durch den Gerichtsvollzieher (bzw. durch einen Sachverständigen) zu schätzen. Die Schätzung ist schriftlich vorzunehmen. Bei der Schätzung von Gold- und Silbersachen ist außer dem Verkaufswert auch der Metallwert zu ermitteln.

Die Versteigerung soll nicht vor Ablauf einer Woche seit der Pfändung erfolgen, sofern sich nicht Gläubiger und Schuldner auf einen früheren Termin einigen oder eine frühere Versteigerung erforderlich ist, um die Gefahr einer beträchtlichen Wertverminderung oder um unverhältnismäßige Kosten einer längeren Aufbewahrung zu vermeiden. Die Frist zwischen der Pfändung und dem Versteigerungstermin ist so zu bestimmen, daß die Versteigerung in einer der Beschaffenheit und dem Wert der zu versteigernden Sachen entsprechenden Weise öffentlich bekanntgemacht werden kann. In der Regel ist die Frist auf zwei Wochen zu bestimmen. Über einen Monat soll der Versteigerungstermin nicht hinausgeschoben werden. Art und Weise der öffentlichen Bekanntmachung stehen im pflichtgemäßen Ermessen des Gerichtsvollziehers.

---

[28] RGZ 156, 398.
[29] § 816 Abs. 3 ZPO und § 142 GVGA.

250 Die Versteigerung erfolgt entweder in der Gemeinde, in der die Pfändung vorgenommen worden ist oder an einem anderen Ort im Bezirk des Vollstreckungsgerichts, sofern nicht der Gläubiger **und** der Schuldner sich über einen dritten Ort einigen (§ 816 Abs. 2 ZPO).

Von der Möglichkeit, die Versteigerung an einem anderen Ort im Gerichtsbezirk vorzunehmen, wird der Gerichtsvollzieher z. B. dann Gebrauch machen, wenn am Pfändungsort voraussichtlich kein angemessener Preis zu erzielen sein wird (z. B. bei Versteigerung eines wertvollen Kunstgegenstandes in einem kleinen Ort). Da die Versteigerung einen möglichst hohen Erlös bringen soll, kann der Gerichtsvollzieher auf Antrag des Gläubigers oder Schuldners anordnen, daß die Verwertung der Sache an einem anderen Ort zu erfolgen hat, wenn z. B. an den obengenannten Versteigerungsorten geeignete Kaufinteressenten fehlen dürften (§ 825 ZPO).

251 Der pfändende Gläubiger und der Schuldner können bei der Versteigerung mitbieten. Das Gebot des Schuldners kann der Gerichtsvollzieher jedoch zurückweisen, wenn der Betrag nicht bar hinterlegt wird (§ 816 Abs. 4 ZPO).

252 Bei der Versteigerung beweglicher Sachen darf nur für ein solches Gebot der Zuschlag erteilt werden, das mindestens die Hälfte des gewöhnlichen Verkaufswerts der Sachen erreicht (§ 817a ZPO). Der gewöhnliche Verkaufswert und das **Mindestgebot** sollen beim Ausbieten bekanntgegeben werden. Pfändet der Gerichtsvollzieher Gegenstände höchstens im doppelten Wert der Forderung des Gläubigers, so verstößt er mithin nicht gegen seine Amtspflicht.

253 Der **Zuschlag** erfolgt an den Meistbietenden nach dreimaligem Aufruf. Die Ablieferung der ersteigerten Sache an den Ersteher darf **nur gegen Barzahlung** erfolgen. Ist der Gläubiger der Ersteher, so ist er von der Pflicht zur Barzahlung insoweit befreit, als der Erlös zu seiner Befriedigung zu verwenden ist.

Den Erlös[30] hat der Gerichtsvollzieher in der Regel an den Gläubiger abzuführen, soweit dies zu dessen Befriedigung erforderlich ist, im Verhältnis zwischen Gläubiger und Schuldner gilt bereits die Empfangnahme des Erlöses durch den Gerichtsvollzieher als Zahlung (§§ 817 ff. ZPO). Damit geht die Gefahr des Verlustes des Geldes auf den Gläubiger über.

Die Zwangsvollstreckung endet erst mit der Übergabe des Erlöses an den Gläubiger.

---

[30] Über den Erlös gepfändeter Sachen (Surrogation des Erlöses – Pfandrechtskonkurrenz – Verlust des Gläubigerrechts – Pfändung des Erlöses gegen den Gerichtsvollzieher als Drittschuldner – Behandlung des Vollstreckungstitels) s. Noack in MDR 1973, 988.

Allgemeine Fragen

Wird der Zuschlag nicht erteilt, weil ein das Mindestgebot erreichendes Gebot nicht abgegeben wird[31], bleibt das Pfandrecht des Gläubigers bestehen. Dieser kann jederzeit die Anberaumung eines neuen Versteigerungstermins oder die Anordnung anderweitiger Verwertung (§ 825 ZPO) beantragen, aber auch bei der anderweitigen Verwertung sind die vorstehend behandelten Vorschriften über das Mindestgebot zu beachten.

254

Die Versteigerung ist einzustellen, sobald der Erlös zur Befriedigung des Gläubigers und der Kosten der Zwangsvollstreckung ausreicht (§ 818 ZPO). Die gepfändeten Sachen, deren Versteigerung nicht erforderlich ist, sind an den Schuldner zurückzugeben. Dieser erhält auch einen etwaigen Erlösüberschuß, wenn nicht eine Anschlußpfändung oder eine Pfändung des überschießenden Versteigerungserlöses vorliegt.

255

Die Verwertung einer gepfändeten Sache kann er Gerichtsvollzieher auf Antrag des Gläubigers in anderer Weise als durch Versteigerung zulassen, auch durch freihändigen Verkauf oder durch Überweisung an den Gläubiger zu einem bestimmten Preis (§ 825 ZPO; über Einzelheiten s. Rdn. 552).

256

Muster 38

In meiner Zwangsvollstreckungssache gegen ... in ... hat der Gerichtsvollzieher am ... 10 naturheilkundliche Bücher mit einem Einkaufswert von ... DM gepfändet. Der voraussichtliche Erlös wird vom Gerichtsvollzieher nur auf 1/8 dieses Wertes geschätzt. Da mithin bei der Versteigerung nur ein geringer Erlös zu erwarten ist, stelle ich den Antrag, den Gerichtsvollzieher zur freihändigen Verwertung der Bücher zu ermächtigen und zu gestatten, daß sie auch mir für ... DM überlassen werden können, falls nicht der Schuldner innerhalb ... Tagen ab Zustellung des Beschlusses einen Käufer beibringt, der mehr als ich in bar zahlt.

Datum und Unterschrift des Gläubigers

Der Gerichtsvollzieher hat nach Empfang der Leistungen, gleichgültig ob freiwillig oder zwangsweise erlangt, dem Schuldner die vollstreckbare Ausfertigung nebst einer Quittung auszuliefern, bei teilweiser Leistung diese auf der vollstreckbaren Ausfertigung zu vermerken und dem Schuldner Quittung zu erteilen. Das Recht des Schuldners, nachträglich eine Quittung des Gläubigers selbst zu fordern, wird dadurch nicht berührt (§ 757 ZPO)[32].

---

[31] Es ist eine Erfahrungstatsache, daß gebrauchte Gegenstände bei der Zwangsvollstreckung oft schwer absetzbar sind (vgl. OLG Hamm in JurBüro 1972 Sp. 290, KG in NJW 1968, 846 und OLG Zweibrücken in NJW 1978, 110).

[32] Der Gerichtsvollzieher ist nicht verpflichtet, den auf dem Schuldtitel angebrachten Vermerk über den erzielten Versteigerungserlös nach Beendigung der Vollstreckung zu ändern, wenn der

5. Rechtslage, wenn die gepfändete Sache einem Dritten gehört oder dieser ein Pfand- oder Vorzugsrecht besitzt

257 Es kommt nicht selten vor, daß durch den Gerichtsvollzieher beim Schuldner Sachen gepfändet werden, die nicht in dessen Eigentum stehen (vgl. dazu die in Rdn. 239 gemachten Ausführungen). Eigentümer ist vielfach der Verkäufer der Sachen, dem daran noch ein Eigentumsvorbehalt zusteht. Die Sachen können auch einem anderen Gläubiger zur Sicherung übereignet sein. Auch vom Schuldner **geleaste Sachen** stehen nicht in seinem Eigentum (s. dazu Rdn. 761). Nicht selten behauptet der Ehegatte des Schuldners, daß die Sachen ihm gehören (s. auch Rdn. 531 ff.) [33]. Der Schuldner muß in solchen Fällen den tatsächlichen Eigentümer von der Pfändung unverzüglich benachrichtigen. Der wahre Eigentümer selbst muß sich gegen die Pfändung rechtzeitig zur Wehr setzen und unter Nachweis seines Eigentums die Freigabe der gepfändeten Gegenstände erwirken. Zu diesem Zweck muß er zunächst den **Gläubiger zur Freigabe auffordern.**

Muster 39

258 Herrn ... in ... Der Gerichtsvollzieher ... beim Amtsgericht ... hat in Ihrem Auftrag bei ... in ... am ... eine Ziehharmonika Fabrikat Hohner gepfändet. Dieses Instrument hat Ihr Schuldner bei mir am ... auf Raten gekauft. Ich habe mir bis zur vollständigen Zahlung des Kaufpreises das Eigentum daran vorbehalten. Vom Gesamtkaufpreis mit ... DM wurden bis heute nur ... DM bezahlt, so daß mein Eigentumsrecht an dem Instrument noch nicht erloschen ist. Zur Glaubhaftmachung schließe ich Abschrift des Bestellscheins mit darauf vom Schuldner anerkannten Eigentumsvorbehalt an.

Ich bitte Sie, mir bis spätestens ... mitzuteilen, daß die Pfändung der Ziehharmonika aufgehoben ist. Andernfalls müßte ich Widerspruchsklage gegen Sie erheben.

Datum und Unterschrift des Lieferanten

Der Gläubiger sollte einen Durchschlag dieser Aufforderung dem zuständigen Gerichtsvollzieher zusenden.

259 Erfährt der Dritte erst kurz vor dem Versteigerungstermin von der Pfändung, so ist er meist genötigt, beim Vollstreckungsgericht die vorläufige Einstellung der

---

Gläubiger den Erlös später teilweise an den Eigentümer der versteigerten Sache herausgeben mußte (AG Frankfurt in DGVZ 1974, 15). Nach Aufhebung der Pfändung und Aushändigung des Schuldtitels an den Schuldner kann der Gerichtsvollzieher nicht angewiesen werden, die Zwangsvollstreckung wegen eines Restbetrags fortzusetzen (LG Düsseldorf in DGVZ 1974, 38).

[33] S. zum Widerspruchsrecht des Dritten (Käufers) nach § 771 ZPO aufgrund seines Anwartschaftsrechts auch BGH in BB 1971, 14 = MDR 1971, 212 = NJW 1971, 799 = Rpfleger 1971, 13.

Allgemeine Fragen

Zwangsvollstreckung zu beantragen, damit die Versteigerung nicht stattfindet, bevor er sich mit dem Gläubiger im Sinne von Muster 39 in Verbindung setzen konnte. Das Gericht setzt dem Dritten dann eine Frist, innerhalb derer er die Widerspruchsklage gegen den Gläubiger beim Streitgericht (Amts- oder Landgericht) spätestens zu erheben hat.

Muster 40

In der Zwangsvollstreckungssache des ... gegen ... beantrage ich einstweilige Einstellung der Zwangsvollstreckung in die vom Gerichtsvollzieher ... in ... am ... gepfändete Ziehharmonika Fabrikat Hohner ohne Sicherheitsleistung.

Gründe: Der Schuldner hat dieses Instrument bei mir gekauft. Vom Gesamtkaufpreis mit ... DM ist er noch ... DM schuldig. Nach dem anliegenden Bestellschein vom ... steht mir das Eigentumsrecht an dem Instrument zu. Ich habe von der Pfändung erst gestern erfahren und den Gläubiger sofort zur Freigabe aufgefordert. Versteigerungstermin steht aber bereits auf morgen an.

Datum und Unterschrift des Lieferanten

Gibt der Gläubiger dem Freigabeersuchen des Dritten trotz ausreichender Glaubhaftmachung nicht statt, so muß dieser Drittwiderspruchsklage bei dem (Amts- oder Land-)Gericht, in dessen Bezirk der Gläubiger vollstreckt, erheben (§ 771 ZPO). Beim Amtsgericht (Streitwert bis 10 000 DM) kann der Dritte diese Klage selbst einreichen. Beim Landgericht besteht dagegen Anwaltszwang.

Muster 41

Ich erhebe Klage gegen ... mit dem Antrag, zu erkennen:
a) Die vom Gerichtsvollzieher ... in ... am ... in Sachen des Beklagten gegen ... vorgenommene Zwangsvollstreckung in eine Ziehharmonika Fabrikat Hohner wird für unzulässig erklärt.
b) Die Kosten des Rechtsstreits fallen dem Beklagten zur Last.
c) Das Urteil ist vorläufig vollstreckbar.
Gleichzeitig beantrage ich die einstweilige Einstellung der Zwangsvollstreckung ohne Sicherheitsleistung. Den Wert des Streitgegenstandes gebe ich mit ... DM an.

Gründe: Das gepfändete Instrument ist nicht Eigentum des Schuldners, sondern mein Eigentum. Der Schuldner hat es bei mir am ... für ... DM gekauft. Vom Kaufpreis ist er noch ... schuldig. Nach dem angeschlossenen

> Bestellschein vom ... habe ich mir das Eigentum an dem Instrument bis zur völligen Zahlung vorbehalten. Den pfändenden Gläubiger habe ich am ... unter Setzung einer Frist von zwei Wochen erfolglos zur Freigabe aufgefordert; s. angeschlossenen Durchschlag des genannten Schreibens.
>
> Datum und Unterschrift des Lieferanten

261 Wegen der Möglichkeit der Pfändung einer unter Eigentumsvorbehalt stehenden Sache s. die Ausführungen Rdn. 269, einer zur Sicherung übereigneten Sache s. die Ausführungen Rdn. 280.

262 Der Pfändung einer Sache kann ein Dritter, der sich nicht im Besitz der Sache befindet, auf Grund eines Pfand- oder Vorzugsrechts nicht nach Rdn. 257 ff. widersprechen. Er kann jedoch seinen **Anspruch auf vorzugsweise Befriedigung aus dem Erlös** im Wege der Klage geltend machen, ohne Rücksicht darauf, ob seine Forderung fällig ist oder nicht. Diese Möglichkeit besteht für Vertragspfandrechte, gesetzliche Pfandrechte (etwa des Vermieters oder Verpächters nach §§ 559, 590 BGB)[34] und Pfändungspfandrechte an der Sache, soweit ihnen ein besserer Rang zusteht (s. dazu § 804 ZPO; Rdn. 233). Die Klage ist bei dem Vollstreckungsgericht und, wenn der Streitgegenstand zur Zuständigkeit des Amtsgerichts nicht gehört (vgl. Rdn. 43), bei dem Landgericht zu erheben, in dessen Bezirk das Vollstreckungsgericht seinen Sitz hat (§ 805 ZPO). Der Klageantrag ist wie folgt zu fassen:

> **Muster 42**
>
> „Der Kläger ist aus dem Reinerlös des am ... gepfändeten Gegenstandes, nämlich ... bis zum Betrag von ... DM von dem Beklagten zu befriedigen."

Aufgrund des Urteils zahlt der Gerichtsvollzieher, bei nach § 805 Abs. 4 ZPO erfolgter Hinterlegung die Hinterlegungsstelle, den Erlös an den Kläger in beantragter Höhe aus.

II. Pfändung eines Bankstahlfach-Inhalts

1. Art der Pfändung

263 Ist der Gerichtsvollzieher mit der Pfändung in das bewegliche Vermögen eines Schuldners beauftragt und findet er dabei einen Schlüssel zu einem Bankstahl-

---

[34] Der Vermieter (Verpächter) hat sein Vorzugsrecht dem Gerichtsvollzieher gegenüber glaubhaft zu machen. Er muß eine etwaige Behauptung des Pfändungsgläubigers widerlegen, daß genügend andere verwertbare pfändbare Sachen in der Wohnung des Mieters sind. Wegen Einzelheiten über das Vermieterpfandrecht in der Zwangsvollstreckung s. Noack in DGVZ 1975, 1303, insbesondere Sp. 1307.

fach (Tresor) vor, so hat er diesen im Wege der Hilfspfändung von Amts wegen an sich zu nehmen, das Stahlfach zu öffnen, seinen Inhalt zu entnehmen und zu pfänden, soweit zulässig (§ 808 Abs. 1 ZPO).

2. Weigerung der Bank zur Stahlfachöffnung

Wie aber ist die Rechtslage, wenn sich die Bank der Öffnung des Stahlfaches und der Pfändung seines Inhalts widersetzt? Im allgemeinen wird das Rechtsverhältnis zwischen Schuldner und Bank ein Mietverhältnis (kein Verwahrungsverhältnis) sein, und zwar auch dann, wenn der Kunde, was die Regel bildet, das Fach nur zusammen mit der Bank öffnen kann[35]. Es besteht damit insbesondere kein Herausgabeanspruch des Kunden an die Bank, den der Gläubiger pfänden könnte. Steht der Bank das bereits genannte Mitverschlußrecht zu, dann kann der Gerichtsvollzieher einen etwaigen Widerstand der Bank nicht ohne weiteres brechen. Der Gläubiger muß in einem solchen Fall vielmehr einen Pfändungs- und Überweisungsbeschluß beim Amtsgericht erwirken, durch den der Anspruch des Schuldners gegen die Bank auf Zutritt zum Stahlfach und auf Mitwirkung beim Öffnen gepfändet und ihm zur Einziehung überwiesen wird (§ 857 ZPO).

264

Muster 43

In meiner Zwangsvollstreckungssache gegen ... beantrage ich unter Bezugnahme auf den angeschlossenen, mit Zustellungsnachweis versehenen Vollstreckungstitel wegen meiner darin genannten, noch nicht getilgten Forderung, den Anspruch des Schuldners als Inhaber eines Stahlfachs bei der X Bank in ... auf Zutritt zu dem Fach und auf Mitwirkung der genannten Bank bei der Öffnung oder auf Öffnung durch den Drittschuldner allein zum Zwecke der Pfändung des Fachinhalts zu pfänden und mir zur Einziehung zu überweisen, sowie einem von mir zu beauftragenden Gerichtsvollzieher den Zutritt zum Stahlfach zu gestatten.

265

Datum und Unterschrift des Gläubigers

Die Pfändung des Öffnungsanspruchs begründet aber noch kein Pfandrecht des Gläubigers an den im Stahlfach befindlichen Sachen. Der Gerichtsvollzieher muß vielmehr diese Pfändung nach Zustellung des Beschlusses und Öffnung des Faches noch besonders vornehmen. Verweigert die Bank auch dabei ihre Mitwirkung, so kann der Gerichtsvollzieher ihren Widerstand mit Gewalt brechen (§ 758 Abs. 2 ZPO).

266

---

[35] RGZ 141, 99.

267 Bei Nichtbestehen eines Mitverschlußrechts der Bank kann der Gerichtsvollzieher deren etwaigen Widerstand ohne Hilfspfändung jederzeit brechen, um den Fachinhalt pfänden zu können[36].

3. Nichtauffindbarkeit des Schlüssels

268 Weiß der Gläubiger, daß sein Schuldner ein Stahlfach hat, findet aber der Gerichtsvollzieher bei ihm den Schlüssel nicht, so bildet der hiervor behandelte Pfändungs- und Überweisungsbeschluß die Grundlage dafür, vom Schuldner die Herausgabe des Schlüssels zu erzwingen (§§ 836, 883 ZPO). Ist ein Schlüssel nicht beibringbar, so kann der Gerichtsvollzieher das Fach für den Schuldner gewaltsam öffnen lassen.

III. Pfändung einer unter Eigentumsvorbehalt stehenden Sache[37]

1. Wesen des Eigentumsvorbehalts

269 Hat sich der Verkäufer einer beweglichen Sache das Eigentum an ihr bis zur Zahlung des Kaufpreises vorbehalten, so ist im Zweifel anzunehmen, daß die Übertragung des Eigentums unter der aufschiebenden Bedingung vollständiger Zahlung des Kaufpreises erfolgt (§ 455 BGB). Der Käufer der Sache – nachfolgend Vorbehaltskäufer genannt – wird, wenn ihm die Sache übergeben ist, was die Regel bildet, ihr Besitzer. Das auf ihn ebenfalls übertragene Eigentum erwirbt er aber nur bedingt; diese Bedingung ist eine aufschiebende; endgültiger Erwerb des Eigentums erfolgt nur und erst nach vollständiger Zahlung des Kaufpreises.

Das Recht des Vorbehaltskäufers, mit Zahlung des Kaufpreises endgültig Eigentümer der gekauften Sache zu werden, und zwar ohne weiteres, d. h. ohne weiteres Zutun der Beteiligten, bezeichnet man als **Anwartschaftsrecht**. Es ist ein Vermögensrecht und um so wertvoller, je mehr der Vorbehaltskäufer selbst bereits auf den Kaufpreis bezahlt hat.

2. Pfändung des Anwartschaftsrechts des Vorbehaltskäufers

270 Das unter Rdn. 269 behandelte Anwartschaftsrecht des Käufers ist übertragbar, es kann daher auch von einem seiner Gläubiger gepfändet werden. Diese Pfändung allein verschafft allerdings dem Gläubiger noch keine sichere Rechts-

---

[36] Noack in DGVZ 1956, 195.
[37] S. dazu ausführlich, auch wegen Pfändung durch den Vorbehaltsverkäufer selbst, Stöber, Rdn. 1487 ff., mit weiteren Nachweisen. Wegen Überlegungen zur Pfändung von Sachen bei bestehendem Eigentumsvorbehalt s. Noack in DGVZ 1972, 81.

stellung; er muß zusätzlich auch die Sache selbst pfänden (sog. **Doppelpfändung**; s. Rdn. 239, 272).

Die Pfändung der Anwartschaft hat als Pfändung eines Rechts, also durch Beschluß des Amtsgerichts als Vollstreckungsgericht, zu erfolgen. Ob als Drittschuldner dabei der Verkäufer der Sache oder der Vorbehaltskäufer anzusehen ist, ist eine streitige Frage[38]. Um sie zu umgehen, sollte der Pfändungsbeschluß beiden Beteiligten zugestellt werden.

Die Pfändung des Anwartschaftsrechts zugunsten des Pfändungsgläubigers 271 hat folgende Wirkungen: Der Pfändungsschuldner (Vorbehaltskäufer) kann jetzt über sein Anwartschaftsrecht nicht mehr mit Wirkung gegenüber dem Pfändungsgläubiger verfügen, d. h. es nicht mehr veräußern oder verpfänden. Andererseits muß der Pfändungsgläubiger eine bereits vorher erfolgte Verfügung über das Anwartschaftsrecht gegen sich gelten lassen.

Eine weitere, praktisch wichtige Wirkung der Pfändung des Anwartschaftsrechts für den Pfändungsgläubiger ist, daß er durch die Pfändung und die Überweisung des gepfändeten Anwartschaftsrechts befugt wird, den Kaufpreis oder Restkaufpreis an den Verkäufer zu zahlen (s. dazu auch § 271 BGB), um dadurch den Vorbehaltskäufer endgültig zum Eigentümer zu machen und auf diese Weise freie Zugriffsmöglichkeit an der Sache selbst zu erlangen.

3. Pfändung der unter Eigentumsvorbehalt stehenden Sache

Das Pfändungspfandrecht am Anwartschaftsrecht des Vorbehaltskäufers wan- 272 delt sich nach endgültigem Erwerb des Eigentums durch diesen (Zahlung des Kaufpreises) nicht in ein Pfändungsrecht an der Sache um[39]. Solange eine Pfändung der Sache nicht erfolgt, kann der Vorbehaltskäufer über diese unbeschränkt verfügen, auch mit Wirkung gegen den Gläubiger. Er kann solange auch den Restkaufpreis zahlen mit der Folge, daß das – gepfändete – Anwartschaftsrecht untergeht und an Stelle dieses Rechts sein mit einem Pfandrecht nicht belastetes Eigentum an der Sache tritt.

Um dies zu vermeiden, muß der Gläubiger auch die Sache selbst pfänden. Diese Pfändung erfolgt in der üblichen Weise, also durch den Gerichtsvollzieher

---

[38] Vgl. dazu BGHZ 49, 197 = BB 1968, 271 = DNotZ 1968, 483 = MDR 1968, 313 = NJW 1968, 493 mit Anm., Rose in NJW 1968, 1097 = Rpfleger 1968, 83. Dazu Stöber Rdn. 1489.
[39] BGH a.a.O., Stöber a.a.O. Umgekehrt ergreift die Sachpfändung nicht die Pfändung des Anwartschaftsrechts des Vorbehaltskäufers (Tiedtke in NJW 1972, 1404) gegen LG Braunschweig in MDR 1972, 57 wie folgt: Die Pfändung beweglicher Sachen, die der Schuldner zuvor einem Darlehensgläubiger zur Sicherung übereignet hat, durch einen anderen Gläubiger ist nach Rückzahlung des Darlehens einem dritten Gläubiger gegenüber wirksam, dem der Schuldner nach der Pfändung seinen Anspruch gegen den Sicherungsnehmer für den Fall der Rückzahlung des Darlehens überträgt.

(§§ 808 ff. ZPO). Streitig ist, ob das Pfändungspfandrecht bereits im Zeitpunkt der Pfändung entsteht oder erst dann, und zwar ohne Rückwirkung, wenn der Schuldner Eigentümer geworden ist, also bei einem Vorbehaltskauf erst mit Zahlung des Kaufpreises. Die letztere Ansicht ist die herrschende. Der Gläubiger kann den Eigentumsübergang auf den Vorbehaltskäufer (Pfändungsschuldner) dadurch herbeiführen und so seine Pfändung wirksam machen, daß er an den Vorbehaltsverkäufer den Kaufpreis oder Restkaufpreis bezahlt. Dadurch kann auch verhindert werden, daß der Verkäufer der Pfändung der Sache durch Klage nach § 771 ZPO widerspricht oder es kann erreicht werden, daß die bereits erhobene Widerspruchsklage gegenstandslos wird (s. dazu die Ausführungen Rdn. 257).

273 Zweifelhaft ist, ob der vorgenannten Zahlung vom Vorbehaltskäufer (Pfändungsschuldner) mit der Wirkung widersprochen werden kann, daß der Verkäufer zur Verweigerung der Annahme der Zahlung berechtigt wird (§ 267 BGB). Auf jeden Fall kann die Annahme der Zahlung dann nicht verweigert werden, wenn der Gläubiger auch das Anwartschaftsrecht des Käufers gepfändet hat.

274 Ist dem Pfändungsgläubiger, der Zahlung leisten will, die Höhe oder restliche Höhe des Kaufpreises nicht bekannt, so kann er vom Pfändungsschuldner und vom Drittschuldner entsprechende Auskunft verlangen (§§ 836, 840 ZPO; s. Rdn. 298).

275 Der Pfändungsgläubiger kann den Betrag, den er an den Verkäufer bezahlt hat, als Kosten der Zwangsvollstreckung (§ 788 ZPO) geltend machen. Doch benötigt er dazu einen besonderen Schuldtitel[40].

Der Pfändungsgläubiger muß in seinem Interesse vor Zahlung des Kaufpreises, also einer fremden Schuld, prüfen, ob er Aussicht hat, sein Geld wiederzubekommen. Dazu gehört die Prüfung der Frage, ob die dem Pfändungsschuldner bedingt übereignete Sache selbst pfändbar ist (s. dazu inbesondere § 811 ZPO) und, bejahendenfalls, ob sie sich nicht im Laufe der Zeit in ihrem Wert erheblich gemindert hat oder noch einen angemessenen Versteigerungserlös erwarten läßt. Auch hat er darauf zu achten, ob seine Zahlung nicht etwaige im Zeitpunkt der Zahlung bestehende Pfandrechte (Vermieterpfandrecht oder andere Pfandrechte oder Pfändungspfandrechte) wirksam werden läßt.

276 Unerheblich ist, ob zuerst das Anwartschaftsrecht oder die Sache selbst gepfändet wird. Der Rang richtet sich immer allein nach der Pfändung der Sache.

277 Hat der Vorbehaltskäufer das Anwartschaftsrecht an einen Dritten veräußert, so erlangt der Erwerber des Anwartschaftsrechts das Eigentum an der Sache

---

[40] Kein Titel erforderlich, vielmehr Abzug am Versteigerungserlös möglich nach LG Aachen in Rpfleger 1968, 60 und LG Bonn in Rpfleger 1956, 44.

Pfändung einer unter Eigentumsvorbehalt stehenden Sache 185

ohne weiteres, sobald die Kaufpreisforderung des Verkäufers bezahlt ist. Dieser Erwerb der Sache geschieht unmittelbar, d. h. ohne ihren Durchgang durch das Vermögen des Vorbehaltskäufers. Daraus folgt: Ist die Sache in der Zwischenzeit durch einen Gläubiger des ersten Anwartschaftsberechtigten (des Vorbehaltskäufers) gepfändet worden, so wird diese Pfändung nicht wirksam; dem Erwerber des Anwartschaftsrechts steht die Widerspruchsklage nach § 771 ZPO gegen den vorgenannten Pfändungsgläubiger zu[41].

Seit 1. 1. 1999 ist der **Vorbehaltsverkäufer** privilegiert, wenn er **Gläubiger** 277a
ist und in den unter Eigentumsvorbehalt gelieferten Gegenstand vollstrecken will: Ihm kann der Schuldner nicht mehr entgegenhalten, daß der Gegenstand nach § 811 Abs. 1 Nr. 1, 4, 5 und 7 ZPO unpfändbar sei (§ 811 Abs. 2 ZPO). Damit ist der Vorbehaltsverkäufer als Gläubiger nicht mehr gezwungen, sich einen Herausgabetitel (über § 985 BGB) zu beschaffen, um den Gegenstand zu erlangen und zu verwerten.

Die Vereinbarung des Eigentumsvorbehalts ist dem Gerichtsvollzieher durch Urkunden nachzuweisen. Dieses Pfändungsprivileg steht auch dem Lieferanten des Verkäufers zu, wenn ihm dieser die Kaufpreisforderung abgetreten hat (s. § 121 Nr. 2 c GVGA).

4. Muster eines Pfändungsantrags wegen des Anwartschaftsrechts und wegen der Sache selbst

Muster 44

(für den Antrag auf Pfändung der Anwartschaft): 278

In meiner Zwangsvollstreckungssache gegen ... in ... beantrage ich wegen meiner Forderung über ... DM Hauptsumme, ...% Zinsen daraus seit ... und meiner bisherigen durch Belege nachgewiesenen Vollstreckungskosten mit ... DM folgende Rechte und Ansprüche des Schuldners zu pfänden und mir zur Einziehung zu überweisen:

a) die Anwartschaft des Schuldners auf den endgültigen Erwerb der durch ihn unter Eigentumsvorbehalt von der Firma ... in ... gekauften Rechenmaschine Fabrikat ...,
b) im Falle des bereits erfolgten oder noch erfolgenden Rücktritts des Lieferanten vom Kaufvertrag oder infolge sonstiger Vertragsauflösung sämtliche dem Schuldner an den Lieferanten zustehenden Rückvergütungsansprüche.

---

[41] BGHZ 20, 88 = MDR 1956, 593 (mit Anm. Reinicke) = NJW 1956, 665; LG Bückeburg in NJW 1955, 1156 und LG Köln in NJW 1954, 1773 je mit Anm. Baumann.

Vollstreckungstitel und Zustellungsnachweis sind angeschlossen. Ich bitte, die Zustellung des Pfändungs- und Überweisungsbeschlusses zu vermitteln und den Vollstreckungstitel mit Zustellungsnachweis baldmöglichst der dortigen Gerichtsvollzieherstelle zu übermitteln, bei der ich heute gleichzeitig die Pfändung der Rechenmaschine selbst beantragt habe.

Datum und Unterschrift des Gläubigers

Vorstehender Antrag ist an das Vollstreckungsgericht beim Amtsgericht zu richten.

Muster 44a

279 (für den Antrag auf Pfändung der Sache selbst):

In meiner Zwangsvollstreckungssache gegen ... in ... beantrage ich wegen meiner Forderung über ... DM Hauptsumme, ... % Zinsen daraus seit ... und meiner bisherigen durch Belege nachgewiesenen Vollstreckungskosten mit ... DM sowie wegen der künftig entstehenden Kosten, die beim Schuldner befindliche Rechenmaschine Fabrikat ... zu pfänden (Lieferant Firma ... in ...). Einen Versteigerungstermin bitte ich zunächst nicht anzusetzen, da die Maschine unter Eigentumsvorbehalt steht. Ich habe heute beim dortigen Amtsgericht gleichzeitig die Pfändung des Anwartschaftsrechts des Schuldners auf die genannte Maschine beantragt und gebeten, den dem Amtsgericht beigelegten Vollstreckungstitel mit Zustellungsnachweis baldigst an die Gerichtsvollzieherstelle weiterzuleiten.

Datum und Unterschrift des Gläubigers

Vorstehender Antrag ist an den Gerichtsvollzieher zu richten. Wegen des Pfändungsschutzes nach § 811 Nr. 1 und 5 ZPO bei einer unter Eigentumsvorbehalt stehenden Sache s. Rdn. 568, 581, 585[42].

IV. Pfändung einer zur Sicherung übereigneten Sache

1. Wesen der Sicherungsübereignung

280 Die Sicherungsübereignung einer beweglichen Sache stellt eine in ernstlicher Absicht erfolgende Übertragung von Volleigentum zum Zwecke der Sicherung einer dem Erwerber zustehenden Forderung mit der Maßgabe dar, daß letzterer keine Verfügung über die Sache treffen darf, die außerhalb des Sicherungs-

---

[42] S. dazu Hartmann, Sicherungsübereignung, Freiburg/Breisgau, 1968, S. 122 ff.

zweckes liegt. Der Erwerber darf die ihm übereignete Sache insbesondere vor Fälligkeit seiner Forderung nicht verwerten, namentlich nicht veräußern. Nach rechtzeitiger Befriedigung seiner Forderung muß der Erwerber die Sache auf den Sicherungsgeber zurückübertragen (schuldrechtlicher Anspruch), falls diese Rückübertragung infolge der bei Abschluß des Sicherungsübereignungsvertrags getroffenen Vereinbarungen nicht bereits automatisch eintritt (sogenannte auflösend bedingte Übereignung).

Erfüllt der Sicherungsgeber seine Zahlungsverpflichtungen gegenüber dem Sicherungsnehmer nicht rechtzeitig, so kann letzterer zu seiner Befriedigung die übereignete Sache verwerten.

Anders als bei einer Verpfändung kann die übereignete Sache im Besitz des Sicherungsgebers verbleiben. Zu diesem Zweck wird zwischen den Beteiligten ein bestimmtes Besitzkonstitut, etwa Leihe, Verwahrung, kommissionsähnliches Verhältnis (vgl. §§ 930, 868 BGB), vereinbart.

2. Pfändung bei Sicherungsübereignung

Eine zur Sicherung übereignete, aber im Besitz des Sicherungsgebers (Schuldners) verbliebene Sache kann ein dritter Gläubiger durch den Gerichtsvollzieher pfänden lassen (§ 808 ZPO). Einer solchen Sachpfändung kann aber der Sicherungsnehmer widersprechen (§ 771 ZPO; s. Rdn. 257 ff.).

Zur Abwendung dieses Widerspruchs muß der pfändende Gläubiger durch das Vollstreckungsgericht zusätzlich den schuldrechtlichen Anspruch auf Rückübertragung des Eigentums an der übereigneten Sache pfänden lassen, der dem Sicherungsgeber nach Befriedigung des Sicherungsnehmers gemäß den Ausführungen in Rdn. 249 zusteht. Dies gilt auch für eine auflösend bedingte Übereignung. Es ist also im Ergebnis eine Doppelpfändung (wie bei Pfändung einer unter Eigentumsvorbehalt stehenden Sache; s. Rdn. 270, 272) notwendig.

Hierauf kann der Pfändungsgläubiger den Sicherungsnehmer um seine (Rest-)Ansprüche befriedigen, wobei letzterer kein Widerspruchsrecht nach § 267 Abs. 2 BGB hat[43].

Der pfändende Gläubiger kann nach Pfändung auch zuwarten, bis der Schuldner den Sicherungsgläubiger selbst befriedigt.

---

[43] OLG Celle in NJW 1960, 2196.

3. Muster eines Pfändungsantrags wegen des Rückübertragungsanspruchs

Muster 45

282   Ich beantrage wegen meiner Forderung laut angeschlossener Aufstellung und der Kosten der Pfändung folgende Ansprüche und Rechte des Schuldners an X (Sicherungsnehmer) aus dem (zur Sicherung eines Darlehens erfolgten) Sicherungsübereignungsvertrag vom ... über Übereignung einer Rechenmaschine Fabrikat ... zu pfänden und mir zur Einziehung zu überweisen:

a) das Recht des Schuldners, durch Zahlung der gesicherten Schuld die Rückübertragung des Eigentums an der Rechenmaschine herbeizuführen[44],
b) das Recht des Schuldners auf Ausgleich in Geld samt Rechnungslegung,
c) den Anspruch des Schuldners gegenüber dem Gerichtsvollzieher auf Herausgabe eines sich ergebenden Überschusses, falls durch ihn die Verwertung der übereigneten Rechenmaschine erfolgt. Vollstreckungstitel mit Zustellungsnachweis ist angeschlossen.

Datum und Unterschrift des Gläubigers

283   Für die Pfändung der übereigneten Sache selbst gilt nichts besonderes. Wegen des für sie u. U. bestehenden Pfändungsschutzes nach § 811 Nr. 1 oder 5 ZPO, s. Rdn. 568, 581, 585.

V. Vollstreckung in den neuen Bundesländern

283a   In den neuen Bundesländern gab es zu Zeiten der DDR keine Gerichtsvollzieher. Die Zwangsvollstreckung wegen titulierter Geldforderungen erfolgte durch die Sekretäre der Kreisgerichte überwiegend durch Lohnpfändung. Die Sachpfändung kam seltener vor. Auch heute, 9 Jahre nach der Wende, herrscht noch erheblicher Mangel an Gerichtsvollziehern. So waren 1997 im gesamten Bundesland Mecklenburg-Vorpommern nur 86 planmäßige Gerichtsvollzieher im Einsatz, während zur gleichen Zeit etwa in München 92 Gerichtsvollzieher, darunter 12 Frauen, tätig waren.

Der Leitsatz einer Entscheidung des LG Neubrandenburg in MDR 1994, 305 zeigt die Schwierigkeiten deutlich auf:

---

[44] Im Falle einer auflösend bedingten Sicherungsübereignung (s. Rdn. 280) ist zu formulieren: „des Anwartschaftsrechts des Schuldners auf Wiedererwerb des Eigentums."

Die Verpflichtung des Schuldners zur Offenbarungsversicherung setzt auch dann einen vergeblichen Pfändungsversuch voraus, wenn ein Pfändungsauftrag in absehbarer Zeit nicht ausgeführt werden kann, weil für den Wohnort des Schuldners noch kein Gerichtsvollzieher bestellt worden ist oder nach seiner Bestellung durch zahlreiche ältere Aufträge für lange Zeit ausgelastet ist.

Daß es immer noch erhebliche Verzögerungen bei der Sachpfändung gibt, zeigt die Entscheidung des LG Dessau in JurBüro 1997, 46:

*Bei bekannter Arbeitsüberlassung der Gerichtsvollzieher in den neuen Bundesländern ist dem Gerichtsvollzieher auf Erinnerung des Gläubigers keine Frist zur Erledigung eines fast **zwei Jahre alten Vollstreckungsauftrags** zu setzen. Es ist nicht zu beanstanden, daß die unerledigten Vollstreckungsaufträge ihrem Rang entsprechend abgearbeitet werden. Eine bevorzugte Bearbeitung aufgrund von Beschwerden kommt nicht in Betracht.*

Einjährige Wartezeiten und mehr für die Erledigung von Vollstreckungsaufträgen sind keine Seltenheit. Dabei hat eigentlich jedermann ein Recht darauf, daß ihm für die Durchsetzung seiner Vollstreckungstitel von den Rechtspflegeorganen hinreichender Rechtsschutz gewährt wird (sog. Vollstreckungsanspruch).

Nicht zuletzt wegen der erheblichen Vollstreckungsverzögerungen hatten die „Schwarzen Schatten", „Schwarzen Männer" und „Schwarzen Ladies" (s. Rdn. 26 a) so erheblichen Zulauf in den neuen Ländern. Manche Gläubiger griffen auch zur Selbsthilfe und holten gelieferte und nicht bezahlte Gegenstände selbst zurück.

Zur Vollstreckungsverzögerung durch Gerichtsvollzieher in den neuen Ländern und was man dagegen unternehmen kann, s. ausführlich Gleußner in DGVZ 1994, 145 ff.

Hier nur ein Hinweis auf das in den neuen Bundesländern fortgeltende DDR-Staatshaftungsgesetz vom 12. 5. 1969 (Gesetzblatt DDR I S. 34). Dieses Gesetz ist zwar durch den Einigungsvertrag grundlegend geändert worden (Anl. II B Kap. III Sachgebiet B Abschnitt III – BGBl 1990 II S. 889, 1168). Es gilt aber in den neuen Bundesländern als Landesrecht fort (s. Gleußner a. a. O. S. 152). § 1 Abs. 1 dieses Gesetzes enthält eine unmittelbare, **verschuldensunabhängige Staatshaftung:**

Für Schäden, die einem Bürger oder seinem persönlichen Eigentum durch Mitarbeiter oder Beauftragte staatlicher Organe oder staatlicher Einrichtungen in Ausübung staatlicher Tätigkeit rechtswidrig zugefügt werden, haftet das jeweilige staatliche Organ oder die staatliche Einrichtung.

Verzögerungsschäden, wozu auch die Kosten erfolglos eingelegter Rechtsbehelfe gehören, können danach, ohne den Verschuldensnachweis eines Rechtspflegeorgans erbringen zu müssen, vom jeweiligen Bundesland ersetzt verlangt werden (Gleußner a. a. O. S. 153).

4. Abschnitt
Zwangsvollstreckung in Forderungen[1]

I. Allgemeine Fragen

1. Pfändung und Überweisung

Die Forderungspfändung ist – insbesondere unterstützt durch eine vorausgehende Vorpfändung (s. Rdn. 313) – die wirksamste Vollstreckungsart. Da sie ohne vorherige Anhörung des Schuldners durchgeführt wird (§ 834 ZPO), kann der Schuldner nur wenig Vorsorge gegen sie treffen. 284

Forderungen und ähnliche vermögensrechtliche Ansprüche des Schuldners[2] stehen der Pfändung durch einen Gläubiger in erheblichem Umfang offen. Insbesondere gilt dies für die Pfändung von Arbeitseinkommen. Allerdings besteht auch ein bestimmter Vollstreckungsschutz, vielfach aus sozialen oder familiären Gründen (s. Rdn. 618 ff.). Immerhin führt die Pfändung von dem Schuldner zustehenden Forderungen vielfach zu einem Erfolg, insbesondere, wenn der Gläubiger die Einzelheiten der Pfändungsmöglichkeiten kennt. Die Forderungspfändung gehört zur Zuständigkeit des Vollstreckungsgerichts (Amtsgericht; s. Rdn. 197). Durch sie allein kommt der Gläubiger allerdings noch nicht zu seinem Geld. Ihm muß zusätzlich durch das Vollstreckungsorgan die gepfändete Forderung überwiesen werden. Pfändung und Überweisung erfolgen – entsprechend dem Antrag des Gläubigers – meist durch einen Beschluß, den Pfändungs- und Überweisungsbeschluß. Die **Pfändung** wird **mit Zustellung** des Pfändungs- und Überweisungsbeschlusses **an** den Drittschuldner (nicht bereits mit Zustellung an den Schuldner!) **wirksam** (§ 829 Abs. 3 ZPO). Gleiches gilt für die Überweisung (§ 835 Abs. 3 ZPO).

Der Gläubiger hat die Wahl, ob er Überweisung zur Einziehung oder an Zahlungs Statt beantragen will. Die **Überweisung zur Einziehung** – die weitaus häufigere Form der Überweisung – ermächtigt den Gläubiger, die gepfändete Forderung an Stelle des Schuldners im eigenen Namen geltend zu machen und vom Drittschuldner die von diesem geschuldete Leistung zur Erfüllung seiner Schuld anzunehmen. Einen Forderungsübergang auf den pfändenden Gläubiger hat die Überweisung zur Einziehung nicht zum Inhalt. Inhaber der gepfändeten Forderung bleibt also der Schuldner. 285

---

[1] Als Standarderläuterungswerk gilt hier: Stöber, Forderungspfändung, 12. Auflage, Bielefeld 1999.
[2] Beispielsweise der Anspruch des Schuldners gegen die Bank auf Mitwirkung bei der Öffnung eines Bankschließfaches oder das Bezugsrecht des Aktionärs für neue Aktien.

Die Einziehungsbefugnis ist der Höhe nach auf den Betrag der durch den Vollstreckungstitel gedeckten Ansprüche des Gläubigers begrenzt, falls die überwiesene Forderung höher ist. Die Forderung des pfändenden Gläubigers erlischt nicht mit der Überweisung, sondern erst dann, wenn – und soweit – dieser Gläubiger wegen seines Anspruchs gegen den Schuldner befriedigt ist.

286 Verzögert der Gläubiger die Einziehung der ihm überwiesenen Forderung, so wird er dem Schuldner ersatzpflichtig (§ 842 ZPO; § 276 BGB).

287 Verzichtet der Gläubiger auf die durch die Pfändung und Überweisung erworbenen Rechte, so wird dadurch sein Anspruch als solcher nicht berührt (§ 843 ZPO).

288 Bei der – vom Gläubiger zu beantragenden – **Überweisung an Zahlungs Statt** wird die gepfändete Forderung auf den Gläubiger übertragen, sie geht auf ihn wie im Falle einer Abtretung über (§ 398 BGB). Der Schuldner scheidet aus dem Schuldverhältnis aus.

Ist die **Forderung, die gepfändet worden ist, höher als der Anspruch** des pfändenden Gläubigers, so geht sie auf diesen nur in Höhe seiner Forderung im Zeitpunkt der Zustellung des gerichtlichen Beschlusses an den Drittschuldner über, und zwar im gleichen Rang mit dem dem Schuldner verbleibenden Teil, falls sich aus dem Pfändungsantrag und -beschluß nichts anderes ergibt. Der Gläubiger sollte aus den Rdn. 294 a. E. ersichtlichen Gründen stets eine „**Vollpfändung**" beantragen. Mit dem durch die Überweisung an Zahlungs Statt erlangten Gläubigerrecht stehen dem pfändenden Gläubiger auch die aus der zu pfändenden Forderung etwa zu erbringenden Zinsen zu. Aus seiner eigenen – durch die Überweisung an Zahlungs Statt erloschenen – Forderung kann der Gläubiger auch keine Zinsen mehr geltend machen.

289 Die vorstehend behandelten Wirkungen der Überweisung an Zahlungs Statt treten ohne Rücksicht darauf ein, ob die Forderung gegen den Drittschuldner einbringlich ist oder nicht. Der Schuldner haftet für die Uneinbringlichkeit nicht. Dann allerdings, wenn die überwiesene Forderung gar nicht besteht oder durch Einwendungen des Drittschuldners (§§ 404 ff. BGB) vernichtet wird, treten die Wirkungen der Überweisung an Zahlungs Statt nicht ein. Der Gläubiger kann dann wegen seiner weithin bestehenden Forderung in andere Vermögenswerte des Schuldners vollstrecken.

Eine dem Gläubiger nach Pfändung an Zahlungs Statt überwiesene Forderung kann von anderen Gläubigern seines Schuldners nicht mehr gepfändet werden.

Allgemeine Fragen

2. Pflichten des Schuldners nach erfolgter Überweisung

Nach Erlaß eines Pfändungs- und Überweisungsbeschlusses ist der Schuldner verpflichtet, dem Gläubiger **die zur Geltendmachung der Forderung nötige Auskunft** zu erteilen (§ 836 Abs. 3 Satz 2 ZPO). Dabei wird der Umfang der Auskunftspflicht recht weit gezogen: In der Auskunft müssen dem Gläubiger vom Schuldner alle für die Forderung und ihre Nebenrechte wichtigen Einzelheiten genannt werden, also Höhe der Forderung, Zeit und Ort der Leistung, etwaige Einwendungen des Drittschuldners und Verteidigungsmittel dagegen und sämtliche Beweismittel, die dem Schuldner zur Verfügung stehen. Erteilt der Schuldner die nötige Auskunft innerhalb gesetzter Frist (1–2 Wochen) nicht, ist er auf Antrag des Gläubigers verpflichtet, sie zu Protokoll des Gerichtsvollziehers zu geben und seine Angaben an Eides Statt zu versichern (§ 836 Abs. 3 Satz 3, § 899 Abs. 1 ZPO).

291

Erscheint der Schuldner zum Termin nicht oder verweigert er die Abgabe der eidesstattlichen Versicherung, hat das Vollstreckungsgericht auf Antrag des Gläubigers **Haftbefehl** zur Erzwingung der eidesstattlichen Versicherung zu erlassen (§ 901 ZPO).

Ist die Auskunft unzureichend, hat der Schuldner in einem weiteren Termin nachzubessern.

Der Schuldner hat dem Gläubiger auch die über die Forderung vorhandenen Unterlagen, insbesondere Schuldschein, Mietvertrag, Sparkassenbuch, Versicherungsschein (LG Darmstadt in DGVZ 1991, 9), Flugschein (LG Frankfurt/M. in DGVZ 1990, 169), nicht aber Lohnabtretungsurkunden (LG Hof in DGVZ 1991, 138), herauszugeben (§ 836 Abs. 3 ZPO). Die **Urkundenherausgabe** kann der Gläubiger im Wege der Zwangsvollstreckung erzwingen (§ 836 Abs. 3 S. 2 ZPO). Die Wegnahme erfolgt durch den Gerichtsvollzieher (§ 883 Abs. 1 ZPO), dem vom Gläubiger der Vollstreckungstitel und der Überweisungsbeschluß ausgehändigt wurden (LG Limburg in DGVZ 1975, 11). Herausgabetitel ist dabei der Überweisungsbeschluß, der die herauszugebenden Urkunden genau bezeichnen muß (§ 174 GVGA, s. Anhang). Ist die Urkunde im Überweisungsbeschluß nicht (genau) bezeichnet, so kann der Gläubiger die Ergänzung des Beschlusses auch noch nachträglich beim Vollstreckungsgericht beantragen[2a]. Sind die Urkunden im Besitz eines zu ihrer Herausgabe nicht bereiten Dritten, so berechtigt der Pfändungs- und Überweisungsbeschluß den Gläubiger zur Klage auf Herausgabe der in Frage stehenden Urkunden.

An den Schuldner wird im (Pfändungs- und) Überweisungsbeschluß das Gebot erlassen, sich jeder Verfügung über die Forderung, insbesondere ihrer Einziehung, zu enthalten (§ 829 Abs. 1 ZPO).

[2a] Näher zur Urkundenherausgabe Behr in JurBüro 1994, 327.

3. Rechtsstellung des Drittschuldners

292 Dem Drittschuldner wird im Überweisungsbeschluß verboten, noch an seinen Gläubiger zu zahlen. Zahlt er gleichwohl, so wird er von seiner Zahlungspflicht gegenüber dem pfändenden Gläubiger nicht befreit[3].

Der Drittschuldner kann dem Gläubiger alle Einreden und Einwendungen entgegenhalten, die ihm zur Zeit der Pfändung gegenüber dem Schuldner zustanden; er kann insbesondere geltend machen, daß die Forderung nicht entstanden oder erloschen ist. Der Drittschuldner kann ferner die Wirksamkeit der Pfändung und Überweisung bestreiten oder geltend machen, daß die Forderung – zumindest teilweise – unpfändbar ist, wie dies auf Arbeitseinkommen in großem Umfang zutrifft (s. Rdn. 618 ff.).

Verweigert der Drittschuldner die Zahlung an den pfändenden Gläubiger, so bleibt diesem nichts anderes übrig, als den Drittschuldner auf Zahlung zu verklagen. Hierzu ist er bei der Überweisung zur Einziehung befugt, weil ihm das Einziehungsrecht verliehen ist, bei der Überweisung an Zahlungs statt (Rdn. 288), weil er der Gläubiger der Forderung geworden ist (s. Rdn. 302).

4. Voraussetzungen der Pfändung von Forderungen

293 Die Voraussetzungen, unter denen die Pfändung einer Forderung zulässig ist, sind die gleichen wie bei jeder anderen Vollstreckung, also (s. Rdn. 187 ff.): Vollstreckungstitel, Vollstreckungsklausel und Zustellung des Titels an den Schuldner.

II. Arten der Pfändung von Forderungen und deren Verwertung

1. Normale Art

294 Die **Pfändung einer Forderung** oder eines ähnlichen vermögensrechtlichen Anspruchs erfolgt auf Antrag des Gläubigers **ohne Anwaltszwang** durch das Vollstreckungsgericht beim Amtsgericht. Zuständig ist der Rechtspfleger. Glaubhaftmachung der zu pfändenden Forderung durch den Gläubiger ist nicht erforderlich. Das Gericht pfändet die **„angebliche" Forderung** des Schuldners. Eine Anhörung des Schuldners vor der Pfändung erfolgt nicht

---

[3] Dadurch, daß der Drittschuldner einer gepfändeten Forderung verbotswidrig an den Schuldner zahlt, verliert er nicht seine Einwendungen gegen die gepfändete Forderung (BGH in NJW 1972, 428).

Arten der Pfändung von Forderungen und deren Verwertung 195

(§ 834 ZPO)[4]. Der Antrag kann auf einem der üblichen Formblätter (s. Anlage 6 am Ende des Buches) oder nach folgendem Muster gestellt werden:

> **Muster 46**
>
> Nach dem beiliegenden, dem Schuldner am ... zugestellten[5] Vollstreckungsbescheid des Amtsgerichts ... vom ... – Aktenzeichen M ... – steht mir gegen ... in ... eine Forderung von ... DM Hauptsumme, ... % Zinsen hieraus seit ... und ... DM bisherige Kosten der Vollstreckung zu[6]. Wegen dieser Forderung und wegen der durch diesen Antrag weiter entstehenden Kosten beantrage ich, die dem Schuldner ... gegen ... in ... als Drittschuldner zustehende Forderung von ... DM für im Monat ... gelieferte Ware[7] zu pfänden und mir zur Einziehung zu überweisen. Um Vermittlung der Zustellung an Drittschuldner und Schuldner bitte ich.
>
> Datum und Unterschrift des Gläubigers

Dabei ist zu beachten, daß der Nennbetrag der zu pfändenden Forderung durchaus den Nennbetrag der zu vollstreckenden Forderung übersteigen darf (**sog. Vollpfändung**), ohne daß gegen das Verbot der Überpfändung verstoßen wird[8].

Die Vollpfändung ist deshalb angebracht, weil der Gläubiger, der stets nur die „angebliche Forderung" seines Schuldners gegen den Drittschuldner pfändet, nicht über den wahren Bestand der Forderung und ihre Durchsetzbarkeit informiert ist. Eine Beschränkung der Pfändung auf die Höhe der zu vollstreckenden Forderung, wie sie in manchen Pfändungsformblättern enthalten ist, kann für den Gläubiger recht unvorteilhaft sein: Wird z. B. wegen einer 1 000,--DM-Forderung in eine 5 000,--DM-Forderung vollstreckt, so geht der Gläubiger bei

---

[4] Dieses Verbot ist eine Schutzvorschrift nur zugunsten des Gläubigers. Beantragt der Gläubiger die Anhörung des Schuldners, so hat das Gericht im Rahmen seiner Aufklärungspflicht den Schuldner zu hören (OLG Celle in MDR 1972, 958 m. Zust. von Schneider in MDR 1972, 912).

[5] Die fehlende Zustellung des Vollstreckungstitels macht einen Pfändungs- und Überweisungsbeschluß nicht nichtig, sondern nur anfechtbar. Solange er nicht aufgehoben ist, muß er im Prozeß des Gläubigers gegen den Drittschuldner als rechtswirksam angesehen werden (BFH in NJW 1976, 851).

[6] Der Gläubiger muß seine Ansprüche bei Pfändung einer Forderung in gleicher Weise bezeichnen wie bei Pfändung in das bewegliche Vermögen des Schuldners.

[7] Die zu pfändende Forderung muß so genügend bezeichnet oder so hinreichend bestimmbar gekennzeichnet sein, daß ihre Identität klar ist. Die gebotene Erkennbarkeit der gepfändeten Forderung muß objektiv sein; nicht nur für die unmittelbar Beteiligten, sondern auch für Dritte, namentlich für andere Gläubiger, die pfänden wollen, muß zweifelsfrei feststehen, welche Forderung Gegenstand der Pfändung ist (s. BGH in MDR 1978, 839).

[8] BGH in NJW 1975, 738; NJW 1985, 1155, 1157.

Beschränkung der Vollstreckung in Höhe von 1 000,- DM bei einer Aufrechnung durch den Drittschuldner mit einer Gegenforderung in Höhe von 1 000,- DM leer aus, während er bei Durchführung einer Vollpfändung voll befriedigt wird. Ähnlich liegt es, wenn der Drittschuldner in Insolvenz fällt: Dann wird die Verteilungsquote im Fall der Vollpfändung aus 5 000,- DM, ansonsten nur aus 1 000,- DM berechnet. Das als Anlage 6 diesem Buch beigegebene Formblatt „Antrag auf Pfändungs- und Überweisungsbeschluß" entspricht der für den Gläubiger vorteilhaften Vollpfändung.

295 Die Pfändung wird mit der Zustellung des Pfändungsbeschlusses an den Drittschuldner wirksam[9]. Der Gläubiger erhält, nachdem der Beschluß auch dem Schuldner zugestellt worden ist, Ausfertigung des Pfändungsbeschlusses mit Zustellungsnachweisen. Ersatzzustellung ist statthaft (AG Köln in DGVZ 1988, 123); öffentliche Zustellung an den Drittschuldner ist ausgeschlossen, weil er nicht Partei ist. Wegen der für Gläubiger und Schuldner bestehenden Rechtsmittel s. die Ausführungen Rdn. 200. Wegen der Möglichkeit einer Vorpfändung s. die Ausführungen Rdn. 313 ff.

2. Andere Arten von Pfändung

296 Ist die gepfändete Forderung bedingt oder betagt oder ist ihre Einziehung wegen der Abhängigkeit von einer Gegenleistung oder aus anderen Gründen mit Schwierigkeiten verbunden, so kann das Gericht auf Antrag an Stelle der Überweisung eine andere Art der Verwertung anordnen. Vor Erlaß des Beschlusses, durch welchen dem Antrag stattgegeben wird, ist der Gegner zu hören, sofern nicht eine Zustellung im Ausland oder eine öffentliche Zustellung erforderlich wird (§ 844 ZPO). Angeordnet werden kann z. B. der freihändige Verkauf oder eine Versteigerung der Forderung oder die Überweisung an Zahlungs Statt zu einem unter dem Nennwert liegenden Betrag.

3. Rangfragen

297 Das durch eine frühere Pfändung begründete Pfandrecht geht demjenigen vor, das durch eine spätere Pfändung begründet wird (§ 804 ZPO; vgl. für die Pfändung beweglicher Sachen Rdn. 205)[10]. Gleichzeitige Pfändungen haben gleichen Rang. Bei Vorrang wird der Gläubiger des früheren Rechts vor dem nachrangigen Gläubiger **voll** befriedigt. Bei Gleichrang wird der Erlös im Verhältnis der einzelnen Forderungen verteilt.

---

[9] Die Zustellung des Pfändungsbeschlusses kann nur an den darin namentlich bezeichneten Drittschuldner erfolgen. Wechselt etwa der Schuldner seinen Arbeitsplatz (s. dazu auch Rdn. 661), und will der Gläubiger die Lohnpfändung fortsetzen, so muß er einen neuen Pfändungsbeschluß erwirken (AG Stuttgart in DGVZ 1973, 61).

[10] Zum „Rang" beim Zusammentreffen von Abtretung und Pfändung s. Rdn. 305.

Arten der Pfändung von Forderungen und deren Verwertung

4. Aufforderung an Drittschuldner zur Erklärung[11]

In zahlreichen Fällen wird es sich empfehlen, daß der Gläubiger den Drittschuldner durch den Gerichtsvollzieher (bei Zustellung durch die Post ist dies nicht möglich) zur Erklärung nach § 840 ZPO auffordern läßt. Der Drittschuldner hat dem Gläubiger in diesem Falle binnen zwei Wochen, von der Zustellung des Pfändungsbeschlusses an ihn ab gerechnet (gleichzeitige Überweisung der gepfändeten Forderung ist nicht erforderlich[12]), zu erklären:

a) ob und inwieweit er die Forderung als begründet anerkenne und Zahlung zu leisten bereit sei[13];
b) ob und welche Ansprüche andere Personen an die Forderung stellen, wobei die anderen Gläubiger namentlich anzuführen sind;
c) ob und wegen welcher Ansprüche die Forderung bereits für andere Gläubiger gepfändet ist.

Will der Gläubiger auf diese Weise vorgehen, so muß er am Schluß seines an das Vollstreckungsgericht gerichteten Pfändungsantrags (Muster 46) noch den Satz einfügen:

Muster 47

Antrag auf Aufforderung des Drittschuldners zur Erklärung nach § 840 ZPO wird hiermit gestellt.

Als etwaige Einwendungen des Drittschuldners nach vorstehend Buchst. a kommen in Frage: Arbeitgeber hat selbst einen fälligen Darlehensanspruch gegen den Schuldner in Höhe von ... DM, mit dem aufgerechnet wird; Schuldner hat das Arbeitsverhältnis zum ... gekündigt; Pfändungsbeschluß enthält folgende Unklarheiten ...[14] Unter oben Buchst. b wäre eine etwaige Abtretung des Anspruchs durch den Schuldner anzugeben. Bei Buchst. c müssen auch Vorpfändungen angegeben werden, wenn die dabei zu beachtende Monatsfrist noch nicht abgelaufen ist (s. dazu Rdn. 321). Anzugeben ist hier auch, ob ein bevorrechtigter oder ein gewöhnlicher Gläubiger (s. darüber Rdn. 623 und Rdn. 641) gepfändet hat. Auch der Zustellungstag ist mitzuteilen. Die mithin in Frage kommenden Erklärungen des Drittschuldners können bei Zustellung

---

[11] Zu Fragen der Drittschuldnererklärung s. David, S. 69, 72.
[12] Verlängerung dieser Frist durch den Gläubiger ist möglich.
[13] Zur Vorlage von Belegen ist der Drittschuldner, der die Forderung nicht anerkennt, nicht verpflichtet (BGH in NJW 1983, 687). Insoweit aber Auskunftsanspruch gegen den Schuldner (Arbeitnehmer) gemäß § 836 Abs. 3 ZPO.
[14] S. zur Auskunftspflicht nach oben Buchst. a. auch OLG München in NJW 1975, 174 (wenn von einem Kaufmann abgegeben, in der Regel deklaratorisches Schuldanerkenntnis, mit krit. Ausführungen von Benöhr in NJW 1976, 6).

des Pfändungsbeschlusses durch den Gerichtsvollzieher oder innerhalb der genannten Zweiwochenfrist an den Gerichtsvollzieher erfolgen. Der Drittschuldner ist nur einmal zur Auskunftserteilung verpflichtet. Eine erneute Auskunft – nach Ablauf einer gewissen Zeit – kann der Pfändungsgläubiger nur auf Grund neuer Vorlage und Zustellung eines Pfändungsbeschlusses verlangen.

Der Pfändungsgläubiger hat keinen einklagbaren Anspruch auf Abgabe der Drittschuldnererklärung. Er kann jedoch ohne Kostenrisiko gegen den Drittschuldner auf Zahlung klagen, falls dieser die in § 840 Abs. 1 ZPO geforderten Angaben unterläßt[15].

300 Die durch Abgabe der Erklärung entstandenen Kosten muß der Gläubiger dem Drittschuldner mangels Rechtsgrundlage nicht erstatten[16].

Für den aus der Nichterfüllung seiner ihm nach den vorstehenden Ausführungen obliegenden Pflicht entstandenen Schaden haftet der Drittschuldner dem Pfändungsgläubiger[17].

Der **Schaden** kann z. B. in nutzlos aufgewandten Gerichts- und Anwaltskosten für einen Prozeß gegen den Drittschuldner bestehen (BGH in DGVZ 1984, 137). Diese Kosten sind dem Gläubiger zu erstatten (BGHZ 79, 275; OLG Stuttgart in Rpfleger 1990, 265). Der Schaden umfaßt auch – entgegen der früheren Rspr. – die dem Gläubiger durch die Zuziehung eines Anwalts beim Arbeitsgericht entstandenen Kosten (BAG in ZIP 1990, 1094; LG Rottweil in Rpfleger 1990, 265; LG Oldenburg in JurBüro 1991, 727).

Ferner ist auch ein etwaiger Schaden vom Drittschuldner zu ersetzen, den der Gläubiger dadurch erlitten hat, daß er infolge der unzulänglichen Auskunft andere Vollstreckungsmöglichkeiten gegen den Schuldner versäumt hat (BGHZ 69, 328, 333).

301 Der Gläubiger kann sich wegen Erteilung von Auskunft auch unmittelbar an den Drittschuldner wenden. Reagiert dieser nicht, so muß aber der Weg des § 840 ZPO nachträglich beschritten werden.

5. Klage des Gläubigers gegen Drittschuldner bei Nichtzahlung

302 Ist dem Gläubiger die gepfändete Forderung zur Einziehung überwiesen (Rdn. 285 ff.), zahlt aber der Drittschuldner nicht, so muß der Gläubiger wegen seines Anspruchs gegen den Drittschuldner Klage erheben. Für die Klage ist

---

[15] BGH in DGVZ 1984, 137.
[16] BAG in NJW 1985, 1181. Bei schwieriger Sach- und Rechtslage sind nach anderer Ansicht Rechtsanwaltskosten zu erstatten, AG Düsseldorf in JurBüro 1985, 723; Eckert in MDR 1986, 799.
[17] Zu den Folgen der Nichtabgabe der Drittschuldnererklärung s. ausführl. David, Lohnpfändung, S. 70.

Arten der Pfändung von Forderungen und deren Verwertung

das Gericht sachlich und örtlich zuständig, bei dem der Schuldner seine Forderung gegen den Drittschuldner nach den gesetzlichen Bestimmungen (Rdn. 43) geltend machen müßte, bei Arbeitseinkommen also beim Arbeitsgericht (Rdn. 43). Der Gläubiger tritt selbständig auf, d. h. als Partei im eigenen Namen. Wegen **Streitverkündung** des Gläubigers an den Schuldner s. §§ 841, 73 ZPO.

Muster 48

In meinem Rechtsstreit gegen ... – Aktenzeichen ... des Amtsgerichts ... – verkünde ich hiermit meinem Schuldner ... den Streit. Im Rechtsstreit mache ich die für mich mit Pfändungs- und Überweisungsbeschluß des Amtsgerichts vom ... – Aktenzeichen ... – gepfändete und zum Einzug überwiesene Forderung des Schuldners an den Beklagten aus ... vom ... geltend. Eingeklagt sind ... DM Hauptsumme, ... % Zinsen hieraus seit ... und ... DM Kosten.

Termin zur ersten mündlichen Verhandlung findet vor dem Amtsgericht ... am ... Uhr statt.

Datum und Unterschrift des Gläubigers

Wegen des Klageverfahrens im einzelnen s. Rdn. 127 ff.

303

304

III. Pfändung einer bereits abgetretenen oder verpfändeten Forderung

1. Pfändung einer uneingeschränkt abgetretenen Forderung

Die Pfändung einer Forderung, die bereits abgetreten ist[18], durch einen Gläubiger ihres bisherigen Gläubigers (nachstehend kurz „Altgläubiger" genannt) würde ins Leere greifen, denn eine Pfändung kann nicht erfassen, was nicht mehr dem Schuldner gehört; die abgetretene Forderung unterliegt vielmehr fortan nur noch dem Zugriff der Gläubiger des neuen Gläubigers (letzterer nachstehend „Neugläubiger" genannt)[19]. Voraussetzung der Unwirksamkeit der durch Gläubiger des Altgläubigers erfolgten Pfändung einer von diesem bereits abgetretenen Forderung ist, daß die **Abtretung** rechtswirksam erfolgt ist, und zwar **vor** dem Zeitpunkt des Wirksamwerdens der **Pfändung**.

305

---

[18] Wegen der Möglichkeit der Abtretung von Arbeitseinkommen s. im einzelnen die Ausführungen Rdn. 666. Wegen der Rechtslage bei Zusammentreffen von Abtretung und Pfändung von Arbeitseinkommen s. die Ausführungen Rdn. 673.
[19] Ist eine Forderung bereits vor der Pfändung vom Schuldner abgetreten worden, so wird sie, wenn der neue Gläubiger sie nach der Pfändung zurückabtritt, von dieser nicht erfaßt (BGH in MDR 1971, 910 = NJW 1971, 1938 = Rpfleger 1971, 351; zur Pfändung des Rückabtretungsanspruchs s. Rdn. 307.

Zu einer rechtswirksamen Abtretung genügt in der Regel ein formloser – auch ein bloß mündlicher – Abtretungsvertrag, ausgenommen grundsätzlich bei der Abtretung hypothekarisch gesicherter Forderungen und hypothekarischer Rechte. Ferner ist Voraussetzung der Unwirksamkeit der durch Gläubiger des Altgläubigers erfolgten Pfändung einer bereits abgetretenen Forderung, daß die Abtretung in voller Höhe der Forderung erfolgt ist. Ist nur ein **Teilbetrag abgetreten** worden, der Altgläubiger also in Höhe ihres Restbetrags noch weiterhin der Gläubiger, dann bleibt dieser Restbetrag durch seine Gläubiger pfändbar. Gleichgültig für die Unwirksamkeit der Pfändung ist, ob die Abtretung gegen Entgelt erfolgt ist (sog. Forderungskauf) oder, was praktisch auf das gleiche herauskommt, zur sofortigen Tilgung einer Forderung des Neugläubigers (sog. Abtretung an Erfüllungs Statt).

Auch eine bloß zahlungshalber oder erfüllungshalber erfolgte Abtretung ist eine wirkliche Abtretung. In diesem Falle hat aber im Zweifel, d. h. wenn ein anderer Wille der Beteiligten nicht ersichtlich ist, der Altgläubiger einen Anspruch an den Neugläubiger auf Erstattung des etwa von diesem über seine eigene Forderung hinaus aus der abgetretenen Forderung Erlangten. Dieser Anspruch des Altgläubigers ist schon jetzt als bedingte bzw. künftige Geldforderung von seinen Gläubigern pfändbar.

Auch eine Abtretung, die lediglich zu dem Zwecke erfolgt ist, die abgetretene Forderung für Rechnung des abtretenden Gläubigers einzuziehen, kann eine wirkliche Abtretung (sog. Inkassoabtretung) sein; sie kann aber auch nur als bloße Einziehungsermächtigung gewollt sein. In beiden Fällen hat der abtretende Gläubiger gegen den Inkassoberechtigten (Inkassobüro und dergl.) einen Anspruch auf Ausfolgung des von diesem aus der Einziehung der Forderung Erlangten. Dieser Anspruch des abtretenden Gläubigers ist schon jetzt als bedingte bzw. künftige Geldforderung von seinen Gläubigern pfändbar. Liegt eine Inkassoabtretung vor, so kann die ihr zugrunde liegende Inkassovollmacht vom Vollmachtgeber grundsätzlich jederzeit widerrufen und alsdann von ihm die Rückabtretung der Forderung an ihn verlangt werden.

2. Rechtslage bei Sicherungsabtretung

306 Der Grund für die erfolgte Abtretung einer Forderung kann auch der sein, durch diese Abtretung dem Neugläubiger bloße Sicherheit für eine ihm selbst zustehende Forderung zu leisten. Auch eine derartige, d. h. nur sicherungshalber abgetretene, Forderung gehört nicht mehr dem abtretenden Gläubiger, dem Altgläubiger, sondern demjenigen, an den sie abgetreten ist, also dem Neugläubiger. Die Gläubiger des Altgläubigers können deshalb die abgetretene Forderung nicht mehr, auf jeden Fall nicht mehr ohne weiteres, pfänden. Es besteht aber für die Gläubiger des Altgläubigers in Ansehung der abgetretenen Forderung eine andere Zugriffsmöglichkeit. Denn der Altgläubiger hat bei einer durch ihn nur sicherungshalber erfolgten Abtretung einen durch die völlige Tilgung der zu sichernden Forderung des Neugläubigers aufschiebend bedingten schuldrechtlichen **Anspruch** an diesen **auf Rückübertragung – Rückabtretung –** der abgetretenen Forderung. Nach erfolgter Rückabtretung der Forderung gehört diese Forderung wieder zum Vermögen des Altgläubigers.

Der vorerwähnte Anspruch des Altgläubigers auf Rückabtretung der Forderung kann von seinen Gläubigern gepfändet und ihnen zur Einziehung – Geltendmachung – überwiesen werden (§§ 829, 835, 857 ZPO). Der Anspruch auf diese Pfändung kann gestellt werden, bevor der Anspruch an den Neugläubiger auf Rückabtretung existent geworden, d. h. seine Forderung getilgt ist. Der auf den Pfändungsantrag hin ergangene Pfändungs- und Überweisungsbeschluß muß, um wirksam zu sein, dem Neugläubiger zugestellt werden; denn er ist bei dieser Pfändung der Drittschuldner[20].

307

Die vorgenannte Pfändung und Überweisung des Rückabtretungsanspruchs gibt dem Pfändungsgläubiger die folgende Befugnis: Er kann vom Neugläubiger, sobald dessen – durch die Abtretung gesicherte – Forderung getilgt ist, die Abgabe der zur Rückabtretung an den Altgläubiger erforderlichen (Abtretungs-) Erklärung verlangen, und zwar zu seinen – des Pfändungsgläubigers – Händen. Diese Erklärung kann erforderlichenfalls im Klageweg erzwungen werden (s. dazu § 894 ZPO). Zweckmäßig stellt der Pfändungsgläubiger **bei** der Beantragung der **Pfändung des Rückabtretungsanspruchs** den Antrag, **auch die Forderung selbst** für den Fall ihrer künftig erfolgenden Rückabtretung zu **pfänden**. Außerdem wäre, um auch insoweit Klarheit zu schaffen, von ihm anzugeben, ob er Überweisung dieser Forderung zur Einziehung oder an Zahlungs Statt wünscht (s. Rdn. 284) oder ob eine gerichtliche Anordnung nach § 844 ZPO (s. Rdn. 192) ergehen soll.

Der besonderen Rückabtretung einer sicherungshalber abgetretenen Forderung bedarf es nicht, wenn bei der Abtretung der Forderung des Altgläubigers an den Neugläubiger vereinbart wird, daß die abgetretene Forderung ohne weiteres wieder dem Altgläubiger zustehen soll, sobald die durch die Abtretung gesicherte Forderung des Neugläubigers vom Altgläubiger getilgt wird (sog. auflösend bedingte Abtretung). In diesem Falle kann die Forderung sofort, d. h. trotz ihrer Abtretung, als eine dem Altgläubiger bedingt bzw. künftig zustehende Forderung von seinen Gläubigern gepfändet werden; die vorherige Pfändung und Überweisung des bei Rdn. 306 besprochenen Rückabtretungsanspruchs des Altgläubigers kommt hier nicht in Betracht.

308

---

[20] Instruktiver Fall: LG Münster in Rpfleger 1991, 379.

Wird die sicherungshalber abgetretene Forderung von ihrem Schuldner – dem Drittschuldner – an den Neugläubiger bezahlt, so gilt folgendes: Ist die durch diese Abtretung gesicherte, also die eigene Forderung des Neugläubigers, gerade so hoch oder höher als die vom Drittschuldner zu zahlende und bezahlte abgetretene Forderung, so hat der Pfändungsgläubiger endgültig das Nachsehen. Ist aber der vom Drittschuldner zu zahlende und an den Neugläubiger bezahlte Betrag höher, so hat der Altgläubiger gegen den Neugläubiger grundsätzlich Anspruch auf Erstattung des Mehrbetrags; auch dieser – eventuell – künftige bzw. bedingte Geldanspruch des Altgläubigers kann von vornherein von jedem seiner Gläubiger gepfändet und ihm überwiesen werden.

3. Pfändung bei Abtretungsverbot

309 Zwischen dem Gläubiger und dem Schuldner einer Forderung kann vereinbart worden sein, daß die Forderung nicht abgetreten werden darf (§ 399 BGB). Eine derartige Nichtabtretbarkeit einer Forderung bildet kein Hindernis für ihre Pfändung (§ 851 Abs. 2 ZPO). Wurde trotz einer derartigen Vereinbarung die Forderung ohne Zustimmung ihres Schuldners abgetreten, so ist die Abtretung (schwebend) unwirksam, und zwar grundsätzlich auch dann, wenn dem Abtretungsempfänger (Zessionar) die Vereinbarung der Nichtabtretbarkeit unbekannt war; die Forderung kann sonach in diesem Falle trotz ihrer erfolgten Abtretung von den Gläubigern des abtretenden Gläubigers wirksam gepfändet werden. Diese Pfändung würde auch dann wirksam bleiben, wenn der Schuldner der abgetretenen Forderung (der Drittschuldner) etwa nachträglich, d. h. erst nach der Pfändung, die – einseitige – Zustimmung zur Abtretung erteilt hat (§ 184 Abs. 2 BGB).

3a. Pfändung nach Abtretung, die wirksam angefochten wird

310 Ist die Forderungspfändung ins Leere gegangen, weil der Vollstreckungsschuldner die Forderung vorher abgetreten hatte, wird die Pfändung und Überweisung nicht dadurch wirksam, daß der Vollstreckungsgläubiger die Abtretung erfolgreich wegen Gläubigerbenachteiligung anficht.

Es bedarf vielmehr einer **neuen Pfändung und Überweisung** der Forderung aufgrund des im Anfechtungsprozeß gegen den Abtretungsempfänger ergangenen Urteils, denn der alte Pfändungsbeschluß kann nicht die Wirkung haben, dem Anfechtungsgegner als neuem Anspruchsinhaber die Einzugsberechtigung zu entziehen, obwohl sich der Beschluß gar nicht gegen ihn richtet.

Anderenfalls ist weder der Abtretungsempfänger gehindert, über die Forderung anderweitig zu verfügen, noch der Drittschuldner, mit befreiender Wirkung an den Abtretungsempfänger zu leisten[21].

---

[21] BGH, Urteil vom 5. 2. 1987 in Der Betrieb 1987, 778 = NJW 1987, 1703.

3b. Pfändung nach rückdatierter Abtretung

Wird dem Drittschuldner nach einer wirksamen Forderungspfändung eine Abtretungsurkunde des Vollstreckungsschuldners vorgelegt, die auf einen Zeitpunkt vor der Pfändung rückdatiert, tatsächlich aber erst nach der Pfändung ausgestellt ist, so wird er weder nach § 408 noch nach § 409 BGB gegenüber dem Vollstreckungsgläubiger von der Leistungspflicht frei, wenn er im Vertrauen auf die Urkunde und in Unkenntnis des zeitlichen Vorrangs der Pfändung an den in der Urkunde genannten Abtretungsempfänger leistet oder mit ihm ein Rechtsgeschäft über die Forderung vornimmt (kein Gutglaubensschutz!)[21].

311

4. Pfändung nach erfolgter Verpfändung

Eine verpfändete Forderung ist gleichwohl pfändbar. Denn ihr Verpfänder ist rechtlich Gläubiger geblieben; die Forderung gehört also weiterhin zu seinem Vermögen. Wird eine bereits verpfändete Forderung später gepfändet, dann geht aber das Pfandrecht des Pfandgläubigers dem Pfändungspfandrecht des Pfändungsgläubigers im Range vor. Voraussetzung des Rangvorrechts des Pfandgläubigers ist allerdings, daß die Verpfändung an ihn vorschriftsmäßig erfolgt, namentlich dem Schuldner der Forderung angezeigt worden ist (§§ 1274, 1280 BGB), und zwar noch vor dem Zeitpunkt des Wirksamwerdens der Pfändung (Zustellung der gerichtlichen Pfändung bzw. privaten Vorpfändungen an den Drittschuldner; § 829 Abs. 3 ZPO). Liegen diese Voraussetzungen vor, so hat der Pfandgläubiger das Vorrecht, ohne Rücksicht darauf, ob der Pfändungsgläubiger bei der Pfändung Kenntnis von der bereits erfolgten Verpfändung hatte oder nicht; denn bei Forderungen gibt es insoweit keinen Schutz des guten Glaubens.

312

Die Pfändung einer bereits verpfändeten Forderung hat in der gleichen Weise zu erfolgen, wie wenn sie nicht verpfändet wäre.

Eine andere Frage ist, ob durch die Pfändung einer bereits verpfändeten Forderung praktisch etwas erreicht wird, d. h. ob der Pfändungsgläubiger trotz der bereits erfolgten Pfändung noch Befriedigung erlangen kann.

IV. Private Vorpfändung von Forderungen (Pfändungsankündigung; sog. vorläufiges Zahlungsverbot) [22]

1. Bedeutung und Grundlagen der Vorpfändung

313 Wenn ein Gläubiger gegen seinen Schuldner im Zwangswege vorgehen will, muß er zunächst im Verfahren nach der ZPO einen Vollstreckungstitel erwirken, etwa einen Vollstreckungsbescheid im Mahnverfahren oder ein zumindest vorläufig vollstreckbares Urteil im Klageverfahren (s. darüber Rdn. 92 und 165). Sodann muß eine vollstreckbare Ausfertigung dieses Schuldtitels dem Schuldner durch den Gerichtsvollzieher zugestellt werden. Ist dies geschehen, so muß der Gläubiger, wenn er eine zugunsten seines Schuldners bestehende Forderung pfänden will, unter Vorlage des zugestellten Schuldtitels bei Gericht einen Antrag auf Erlaß eines Pfändungs- und Überweisungsbeschlusses einreichen, der vom Gericht zu verfügen und zu seiner Wirksamkeit dem Drittschuldner zuzustellen ist. Eine unmittelbare Einwirkungsmöglichkeit auf Beschleunigung des Verfahrens hat der Gläubiger dabei nicht. S. dazu im einzelnen die Ausführungen Rdn. 191, 293 ff.

Es kann daher oft vorkommen, daß der Schuldner noch vor dem Zeitpunkt, in dem die Forderungspfändung des Gläubigers wirksam wird – Tag der Zustellung des Pfändungsbeschlusses an den Drittschuldner –, über seine Forderung verfügt oder daß diese zuvor von anderer Seite gepfändet wird, so daß der Gläubiger leer ausgeht. Um dies zu verhüten, um also eine beschleunigte Sicherstellung des Gläubigers herbeizuführen, gibt es eine wichtige Möglichkeit, nämlich die Vorpfändung nach § 845 ZPO. Nach dieser Vorschrift kann der Gläubiger schon vor der Pfändung auf Grund eines vollstreckbaren Schuldtitels durch den Gerichtsvollzieher dem Drittschuldner und dem Schuldner die Benachrichtigung, daß die Pfändung bevorstehe, zustellen lassen mit der Aufforderung an den Drittschuldner, nicht an den Schuldner zu zahlen, und mit der Aufforderung an den Schuldner, sich jeder Verfügung über die Forderung, insbesondere ihrer Einziehung, zu enthalten. Der Gerichtsvollzieher hat die Benachrichtigung mit den Aufforderungen selbst anzufertigen, wenn er vom Gläubiger hierzu ausdrücklich beauftragt worden ist (§ 845 Abs. 1 S. 2 ZPO). Für die Durchführung des Auftrages nach § 845 Abs. 1. S. 2 ZPO wird vom Gerichtsvollzieher eine Gebühr von 10 DM erhoben. **Der vorherigen Erteilung einer vollstreckbaren Ausfertigung und der Zustellung des Schuldtitels bedarf es nicht. Der Gläubiger kann also unverzüglich nach Verkündung eines Urteils die Vorpfändung vornehmen. Voraussetzung ist also lediglich die Existenz eines Vollstreckungstitels.**

---

[22] S. zur Vorpfändung u. a. Mümmler in JurBüro 1975 Sp. 1413; Noack in Rpfleger 1967, 136 und DGVZ 1974, 161; Schneider in JurBüro 1969 Sp. 1027; Schütz in NJW 1965, 1009; Stöber, Rdn. 795 .; Weimar in MDR 1968, 297.

Private Vorpfändung von Forderungen 205

Die Benachrichtigung an den Drittschuldner hat die Wirkung eines Arrestes 314
(§ 930 ZPO; Rdn. 208), sofern die Pfändung der Forderung innerhalb eines Monats bewirkt wird. Die Frist beginnt mit dem Tage zu laufen, an dem die Benachrichtigung zugestellt ist[23].

2. Voraussetzungen der Vorpfändung

Eine Vorpfändung kann nur erfolgen, wenn gegen den Schuldner ein Urteil auf 315
Zahlung eines Geldbetrages ergangen ist oder über einen solchen Anspruch ein sonstiger vorläufig vollstreckbarer Schuldtitel (Vollstreckungsbescheid, vollstreckbarer Vergleich, vollstreckbare notarielle Urkunde usw.)[24] bereits vorliegt. Einer vollstreckbaren Ausfertigung des Schuldtitels oder einer Zustellung des Titels an den Schuldner bedarf es bei Vornahme der Vorpfändung dagegen nicht. Gerade darin liegt der große Vorteil: Die Vorpfändung erlaubt dem Gläubiger, sofort nach Entstehung des vollstreckbaren Schuldtitels[25] auf die Außenstände des Schuldners selbst die Hand zu legen. Die Vorpfändung stellt eine privatrechtliche Maßnahme mit öffentlich-rechtlichen Wirkungen dar.

3. Durchführung der Vorpfändung

Sofort nach Erwirkung des Vollstreckungstitels teilt der Gläubiger dem Schuldner und dem Drittschuldner mit, daß die Pfändung der dem Schuldner zustehenden, im einzelnen genau zu bezeichnenden[26] Forderung bevorstehe und fordert den Drittschuldner auf, nicht mehr an den Schuldner (Gläubiger seiner Schuld) zu zahlen. Der Schuldner wird aufgefordert, sich jeder Verfügung über seine Forderung, insbesondere ihrer Einziehung, zu enthalten. Soweit für die zu pfändende Forderung, etwa Arbeitseinkommen des Schuldners, ein bestimmter Pfändungsschutz besteht (s. Rdn. 618), muß der Gläubiger diesen Schutz bereits bei der Vorpfändung berücksichtigen[27]. Es darf also in der Pfändungsankündigung nur der Teil des Arbeitseinkommens des Schuldners als vorgepfändet bezeichnet werden, der bei der endgültigen gerichtlichen Pfändung auch wirklich gepfändet werden kann (wegen des andernfalls bestehenden Erinnerungsrechts des Schuldners s. Rdn. 324). 316

Ein ausgefülltes Musterformblatt findet sich als Anlage 5 in der Schlaufe am Ende des Buches.

---

[23] § 221 ZPO.
[24] Aus einem selbständigen Kostenfestsetzungsbeschluß und aus einer vollstreckbaren notariellen Urkunde darf die Zwangsvollstreckung nur beginnen, wenn der Schuldtitel mindestens zwei Wochen vorher zugestellt ist (§ 798 ZPO).
[25] Der Titel braucht nicht einmal auf den Rechtsnachfolger des Gläubigers oder des Schuldners umgeschrieben zu sein (BGH in JR 1956, 186).
[26] RGZ 64, 216; RGZ 75, 317; OLG Düsseldorf in MDR 1974, 409.
[27] RGZ 64, 216.

Muster 49

317

Gesonderte Pfändungsankündigung an den Schuldner

Herrn
Otto Müller
... genaue Anschrift ...

Auf Grund des Versäumnisurteils des Amtsgerichts München vom ... – Geschäftszeichen C ... – steht mir gegen Sie aus Kauf eine Forderung von 3 000 DM nebst 8 % Zinsen hieraus seit ... zu. Wegen dieser Forderung sowie wegen der Kosten im Betrag von 200 DM steht die gerichtliche Pfändung derjenigen Ansprüche bevor, die Sie aus Werkvertrag (Ausführung von Schreinerarbeiten) gegen Herrn Xaver Huber ... genaue Anschrift ... haben.

Ich benachrichtige Sie hiervon gemäß § 845 ZPO und fordere Sie auf, sich jeder Verfügung über die Forderung, insbesondere ihrer Einziehung, zu enthalten. Diese Benachrichtigung hat nach der genannten Vorschrift die Wirkung eines Arrestes.

Datum und Unterschrift des Gläubigers

Muster 50

Gesonderte Pfändungsankündigung an den Drittschuldner

Herrn
Xaver Huber
... genaue Anschrift ...

Auf Grund Versäumnisurteils des Amtsgerichts München vom ... – Geschäftszeichen C ... – steht mir gegen Otto Müller in ... genaue Anschrift ... aus Kauf eine Forderung von 3 000 DM samt 8 % Zinsen hieraus seit ... zu. Wegen dieser Forderung sowie wegen der Kosten im Betrag von 200 DM steht die gerichtliche Pfändung derjenigen Ansprüche bevor, die Herrn Müller aus Werkvertrag (Ausführung von Schreinerarbeiten) gegen Sie zustehen.

Ich benachrichtige Sie hiervon gemäß § 845 ZPO und fordere Sie auf, nicht mehr an Herrn Müller zu zahlen. Diese Benachrichtigung hat nach der genannten Vorschrift die Wirkung eines Arrestes.

Datum und Unterschrift des Gläubigers

Private Vorpfändung von Forderungen

Muster 51

Zusammengefaßte Pfändungsankündigungen an Drittschuldner und Schuldner

An
1. Herrn Xaver Huber ... genaue Anschrift ...
2. Herrn Otto Müller ... genaue Anschrift ...

Auf Grund Versäumnisurteils des Amtsgerichts München vom ... – Geschäftszeichen C ... – steht mir gegen Herrn Otto Müller aus Kauf eine Forderung von 3 000 DM nebst 8 % Zinsen hieraus seit ... zu.

Wegen dieser Forderung sowie wegen der Kosten im Betrag von etwa 100 DM steht die gerichtliche Pfändung derjenigen Ansprüche bevor, die Herrn Müller aus Werkvertrag (Ausführung von Schreinerarbeiten) gegen Herrn Xaver Huber zustehen.

Ich benachrichtige den Drittschuldner und den Schuldner davon, daß die Pfändung der genannten Forderung des Schuldners an den Drittschuldner bevorsteht.

Ich fordere den Drittschuldner auf, nicht mehr an den Schuldner zu zahlen. Letzteren fordere ich auf, sich jeder Verfügung über die Forderung, insbesondere ihrer Einziehung, zu enthalten.

Diese Benachrichtigung hat die Wirkung eines Arrestes (s. 845 ZPO).

Datum und Unterschrift des Gläubigers

Soll die Vorpfändung das Arbeitseinkommen des Schuldners erfassen, so ist etwa wie folgt zu formulieren:

Muster 52

Wegen dieser Forderung sowie wegen der Kosten von etwa ... DM steht die Pfändung auf Arbeitseinkommen des Schuldners jeder Art gegen seinen Arbeitgeber, nämlich die Firma ... bevor.

Grundlage für die Pfändung dieses Arbeitseinkommens ist das Nettoeinkommen des ledigen, nicht mit Unterhaltspflichten belasteten Schuldners. Der pfändbare Betrag bestimmt sich nach § 850 c ZPO und der ihm als Anlage beigefügten Lohnpfändungstabelle, auf die ausdrücklich Bezug genommen wird.

Ich benachrichtige ...

319 Es ist mehr oder weniger Geschmackssache, ob der Gläubiger dem Schuldner und Drittschuldner je ein besonderes, nach ihrer Rechtsstellung abgefaßtes Schreiben zustellen lassen oder ob beide ein gleichlautendes zusammengefaßtes Schreiben erhalten sollen. Die vorersichtliche, vom Gläubiger zu vollziehende **Benachrichtigung muß dem Gerichtsvollzieher** zum Zweck der **sofortigen Zustellung** an den Drittschuldner und den Schuldner **übergeben** werden. Zuständig ist **jeder** der über 4 000 deutschen **Gerichtsvollzieher** (§ 22 Satz 2 GVO: „Eilige Zustellungen durch die Post von Vorpfändungsbenachrichtigungen nach § 178 GVGA darf jeder Gerichtsvollzieher ausführen.") Wird für Drittschuldner und Schuldner je eine besondere Benachrichtigung gefertigt (s. Muster 49 und 50), so muß von jeder Benachrichtigung eine Mehrfertigung dem Gerichtsvollzieher mitübergeben werden. Wird die Benachrichtigung von Drittschuldner und Schuldner in einem Schreiben zusammengefaßt (s. Muster 51), so müssen von diesem zwei Mehrfertigungen hergestellt und dem Gerichtsvollzieher mitübergeben werden. Die Mehrfertigungen verwendet der **Gerichtsvollzieher zur Zustellung an Drittschuldner und Schuldner,** während er die Hauptfertigung(en) samt den Zustellungsnachweisen dem Gläubiger zurückgibt.

Man kann auch eines der üblichen Formulare, die es im Schreibwarenhandel gibt, benutzen (s. Anlage 5).

Muster 53

320 An den
Herrn Gerichtsvollzieher
beim Amtsgericht München

Betr.: Eilige Zustellung zwecks Vorpfändung

In meiner Forderungssache gegen Otto Müller, ... genaue Anschrift ..., bitte ich, die in dreifacher Ausfertigung angeschlossene Pfändungsankündigung dem genannten Schuldner und dem Drittschuldner Xaver Huber, ... genaue Anschrift ..., umgehend zuzustellen und die Zustellungsnachweise baldmöglichst an mich zu übersenden.

Datum und Unterschrift des Gläubigers

Das Anschreiben ist auf das Muster 51 abgestellt. Wird von den Mustern 49 und 50 Gebrauch gemacht, so ist anstelle der Worte „in dreifacher Fertigung" zu sagen „je in doppelter Fertigung für Drittschuldner und Schuldner".

Der Gläubiger darf die Benachrichtigung an den Drittschuldner und den Schuldner nicht etwa selbst durch die Post übersenden; eine solche Übermittlung wäre, auch wenn sie als Einschreibebrief erfolgt, wirkungslos. Es muß vielmehr die vorstehend behandelte formelle Zustellung erfolgen.

Die Zustellung der Vorpfändung an den Schuldner darf auf keinen Fall unterbleiben.

4. Wirkungen der Vorpfändung

Die Zustellung der aus Rdn. 316 ersichtlichen Benachrichtigung an den Drittschuldner hat auf die **Dauer von einem Monat**, beginnend mit dem Tag, an dem die Zustellung erfolgt (Fristberechnung nach § 222 ZPO, § 187 Abs. 1 BGB), die gleiche Wirkung wie ein gerichtlicher Arrest (s. Rdn. 208). Es ist also die dem Schuldner gegen den Drittschuldner zustehende Forderung bis zur endgültigen Pfändung für den Gläubiger beschlagnahmt. Überwiesen wird die Forderung dem Gläubiger zur Einziehung aber erst durch den unverzüglich zu erwirkenden gerichtlichen Pfändungs- und Überweisungsbeschluß. Bis zur Zustellung dieses Beschlusses an den Drittschuldner ist dieser nicht verpflichtet, an den Gläubiger zu zahlen. Gleichwohl ist für diesen aber die Forderung sichergestellt, weil ihm gegenüber eine etwaige Zahlung des Drittschuldners an den Schuldner nach Eingang der Pfändungsbenachrichtigung beim Drittschuldner unwirksam ist.

321

Innerhalb der genannten Monatsfrist muß der Gläubiger die Erteilung einer vollstreckbaren Ausfertigung des Schuldtitels, deren Zustellung an den Schuldner, den Erlaß eines Pfändungs- und Überweisungsbeschlusses durch das Amtsgericht und dessen Zustellung an den Drittschuldner durch den Gerichtsvollzieher herbeiführen[28]. Diese Handlungen werden einen erheblichen Teil der erwähnten Monatsfrist in Anspruch nehmen. Die ganze Vorpfändung muß also der Gläubiger (und der Gerichtsvollzieher) als Eilsache behandeln (§ 6 GVGA, s. Anhang). Der Gerichtsvollzieher muß die Zustellung an den Drittschuldner besonders beschleunigen und den **Zustellungszeitpunkt nach Tag, Stunde und Minute beurkunden** oder veranlassen, daß dies durch den Postbediensteten erfolgt (§ 178 Nr. 2 GVGA).

Erkennt der Gläubiger, daß die Monatsfrist nicht ausreichen wird, um alle vorgenannten Handlungen durchzuführen, deren letzte die fristgemäße Zustellung des eigentlichen Pfändungsbeschlusses an den Drittschuldner ist, so kann er sich damit helfen, daß er rechtzeitig vor Ablauf der Monatsfrist eine **erneute** – gleichlautende – **Vorpfändungs**benachrichtigung an Schuldner und Drittschuldner zustellen läßt, die dann eine neue Monatsfrist in Gang setzt und ein neues – auflösend bedingtes – Pfandrecht für den Gläubiger begründet. Ein

---

[28] Zweckmäßigerweise wird der Gläubiger seinen Antrag auf Pfändungs- und Überweisungsbeschluß mit dem Vermerk: **Eilt! Vorpfändung läuft seit...**" versehen, um das Vollstreckungsgericht auf die Eilbedürftigkeit hinzuweisen. Es empfiehlt sich auch, dem Antrag auf Pfändungs- und Überweisungsbeschluß eine Ablichtung der Verpfändungsurkunde beizufügen.

Rangverlust kann dadurch eintreten, daß inzwischen ein anderer Gläubiger pfändet[29], denn die Vorpfändung verliert nach einem Monat ihre Wirkung. Erfolgt wirksame Pfändung der Forderung innerhalb der Monatsfrist, so kommt die an die Vorpfändung geknüpfte auflösende Bedingung in Wegfall, und es erlangt der Gläubiger ein volles Pfändungsrecht. Dies hat, wie bereits hervorgehoben, die Wirkung, daß das Pfandrecht den Rang der Vorpfändungszeit hat und Verfügungen des Schuldners nach Vorpfändung und vor endgültiger Pfändung dem Gläubiger gegenüber unwirksam sind[30].

Wird die hier behandelte Monatsfrist nicht eingehalten, so verliert die Vorpfändung jede Wirkung[31]. Wird gegen den Schuldner innerhalb der Monatsfrist ab Zustellung der Verpfändung das **Insolvenzverfahren** eröffnet, verliert die Verpfändung ebenfalls ihre Wirkung, weil in diesen Fällen die Pfändung nicht mehr nachgeholt werden kann. Bei nachfolgender Pfändung innerhalb der Monatsfrist des § 88 InsO verliert auch die Vorpfändung ihre Wirkung.

322 Die **Kosten der Vorpfändung** fallen, wenn diese durch fristgemäße Pfändung wirksam bleibt, als Kosten der Zwangsvollstreckung, soweit sie notwendig waren, dem Schuldner zur Last, andernfalls nicht (vgl. Rdn. 220)[32]. Betreibt der Gläubiger nicht binnen der Monatsfrist des § 845 Abs. 2 ZPO die Pfändung, so war die Vorpfändung sinnlos und löst keine Kostenerstattungspflicht aus[32a].

323 Eine Aufforderung an den Drittschuldner zur Erklärung nach § 840 ZPO (Rdn. 298) kann in eine Vorpfändung wirksam nicht aufgenommen werden. Eine entsprechende **Bitte** ist jedoch in den üblichen Formblättern enthalten. Siehe Anlage 5 Kästchen auf der linken Blattseite.

5. Rechtsbehelfe gegen eine Vorpfändung

324 Gegen eine Vorpfändung sind dieselben Rechtsbehelfe gegeben wie gegen eine gerichtliche Pfändung. **Schuldner, Drittschuldner und Dritte** können also bei Gericht Erinnerung (§ 766 ZPO Rdn. 200 ff.) einlegen, wenn sie sich gegen Art und Weise der Vorpfändung zur Wehr setzen wollen. Er kann mit der Erin-

---

[29] S. Schneider in JurBüro 1969 Sp. 1027.
[30] Erhöht sich zwischen Vorpfändung und wirksam werdender Pfändung die gepfändete Forderung, etwa ein Bank- oder Sparkassenguthaben, so erstreckt sich die Vollpfändung auf den erhöhten Betrag (Schütz in NJW 1965, 1009).
[31] OLG Hamm in JurBüro 1971 Sp. 175 = Rpfleger 1971, 113. Wird in eine Forderung aus ArbEink eine Vorpfändung vorgenommen, die Pfändung aber nicht innerhalb der Monatsfrist bewirkt, so ist das ArbEink, Fälligkeit vorausgesetzt, an den Arbeitnehmer auszuzahlen.
[32] Vgl. OLG Frankfurt in MDR 1994, 843; KG in JurBüro 1987, 715; OLG München in JurBüro 1973 Sp. 872 = DGVZ 1973, 188 = MDR 1973, 943 = NJW 1973, 2070 = Rpfleger 1973, 374. S. auch Mümmler in JurBüro 1975 Sp. 1418 und Stöber Rdn. 812.
[32a] LAG Köln in MDR 1993, 915.

nerung etwa behaupten, der Gläubiger habe ihm versprochen, mit einer Pfändung noch zuzuwarten oder sein Arbeitseinkommen nicht zu pfänden. Der Schuldner kann einwenden, daß nur ein Teil seines Arbeitseinkommens gepfändet werden kann, weil es im übrigen Pfändungsschutz genießt (vgl. auch Rdn. 316). Nach wirksam erfolgter Forderungspfändung können mit der Erinnerung gegen eine Vorpfändung nur noch Mängel geltend gemacht werden, die der Pfändungsbeschluß nicht hat, um die rangsichernde Vorpfändung zu beseitigen. Dies gilt auch, wenn die Forderungspfändung der Erinnerung gegen die Vorpfändung zeitlich nachfolgt.

Bei Zurückweisung der Erinnerung ist sofortige Beschwerde an das Landgericht zulässig, Beschwerdefrist zwei Wochen ab Zustellung des Zurückweisungsbeschlusses (§ 793 ZPO).

Weigert sich der Gerichtsvollzieher, die Zustellung der Vorpfändung für den **Gläubiger** vorzunehmen, so kann dieser ebenfalls form- und fristlose Erinnerung einlegen (§ 766 Abs. 2 ZPO). 325

Ist der **Drittschuldner** der Ansicht, daß er dem Schuldner des Gläubigers nichts mehr schuldet, so braucht er sich gegen die Vorpfändung nicht besonders zur Wehr setzen. Die Pfändung ist in diesem Falle von selbst wirkungslos. Immerhin wird der Drittschuldner in diesem Falle den Gläubiger entsprechend verständigen. Vertritt dieser die Ansicht, daß sein Schuldner gleichwohl Ansprüche an den Drittschuldner hat, so muß er nach erfolgter – gerichtlicher – Pfändung den Drittschuldner auf Zahlung verklagen.

Ein **Dritter** kann Widerspruchsklage (§ 771 ZPO) erheben, wenn ihm eine Gläubigerschaft an der gepfändeten Forderung zusteht. 326

V. Pfändung von Bank- und Sparkassenkonten
1. Pfändung eines Sparguthabens

Bei Prüfung der Frage, inwieweit ein Sparguthaben bei einer Bank oder Sparkasse pfändbar ist, ergibt sich sofort eine in der Natur der Sache liegende Beschränkung dahin, daß praktisch nur die Pfändung des im Zeitpunkt ihres Wirksamwerdens vorhandenen Sparguthabens samt Zinsen in Frage kommt. Denn auf ein gepfändetes Sparguthaben wird der Schuldner nichts mehr einzahlen oder überweisen lassen. Für die Pfändung, die eine Forderungspfändung darstellt, ist die Angabe der Kontonummer des Guthabens zweckdienlich, aber nicht erforderlich[33]; der Anspruch kann auch ohne sie hinreichend be- 327

---
[33] BGH in NJW 1982, 2193, 2195.

zeichnet werden. Die das Sparkonto etwa führende Filiale der Bank oder Sparkasse braucht der Gläubiger im Pfändungsantrag ebenfalls nicht unbedingt anzugeben. Der Pfändungsbeschluß kann sowohl der **Hauptstelle wie der Filiale** oder einer sonstigen Niederlassung wirksam zugestellt werden. Ein vom Schuldner mit der Bank oder Sparkasse vereinbartes **Kennwort** hindert die Pfändung nicht, der Gläubiger braucht dieses Kennwort gar nicht zu wissen. Er kann nach erfolgter Pfändung und Überweisung des Guthabens ohne Angabe des Kennworts über das Guthaben verfügen.

Die **Auszahlung** des gepfändeten und zur Einziehung überwiesenen Sparguthabens kann – u. U. nach Ablauf der etwa vereinbarten Kündigungsfrist, der pfändende Gläubiger kann kündigen – **nur gegen Vorlage des Sparbuchs** erfolgen. Dieses Sparbuch wird der Gläubiger zunächst nicht im Besitz haben. Zu seiner Erlangung kann er **zwei Wege** beschreiten:

Der im Auftrag des Gläubigers in das bewegliche Vermögen des Schuldners pfändende Gerichtsvollzieher kann ein Sparbuch, das er im Besitz des Schuldners vorfindet, diesem wegnehmen und im Wege der sog. Hilfspfändung (§ 836 Abs. 3 ZPO) vorläufig in Besitz nehmen. Hiervon hat er den Gläubiger zu verständigen. Der Gerichtsvollzieher hat das Sparbuch an den Schuldner zurückzugeben, wenn der Gläubiger nicht innerhalb einer Frist von einem Monat einen Pfändungs- und Überweisungsbeschluß über das Spargutbaben vorlegt (§ 156 GVGA; s. Anhang), dem das vom Gerichtsvollzieher sichergestellte Sparbuch zugrundeliegt. Es kann sich empfehlen, daß der Gläubiger dem Gerichtsvollzieher einen Hinweis gibt, wenn er vermutet, der Schuldner habe ein Sparbuch im Besitz.

328 Der andere Weg ist der, daß der Gläubiger zunächst das Spargutbaben durch das Gericht pfänden und sich zum Einzug überweisen läßt. Dann erlangt er gleichzeitig einen Anspruch gegen den Schuldner auf Herausgabe des Sparbuchs. Gibt der Schuldner das Sparbuch gleichwohl nicht freiwillig heraus, so kann der Gläubiger den Gerichtsvollzieher mit der zwangsweisen Wegnahme beauftragen. Die Grundlage für diese Herausgabevollstreckung bildet der gerichtliche Überweisungsbeschluß zusammen mit dem Schuldtitel, aufgrund dessen er ergangen ist. Im Überweisungsbeschluß und damit auch im Antrag des Gläubigers ist das herauszugebende **Sparbuch** (u. U. auch die besondere Ausweiskarte) **genau** und bestimmt **anzugeben**. Fehlt eine solche Bezeichnung im Beschluß, so bedarf es eines entsprechenden **Ergänzungsbeschlusses**. Der Überweisungs- bzw. Ergänzungsbeschluß ist dem Schuldner spätestens bei der Vollstreckung zuzustellen. Findet der Gerichtsvollzieher das Sparbuch bei der Vollstreckung beim Schuldner nicht vor, so kann der Gläubiger beim Gerichtsvollzieher (§ 899 Abs. 1 ZPO) den Antrag auf Anberaumung eines Termins zur Leistung einer eidesstattlichen Versicherung durch den

Schuldner stellen (§ 883 Abs. 2 ZPO). In diesem Termin muß der Schuldner an Eides Statt versichern, „daß er die Sache – hier das Sparbuch – nicht besitze und auch nicht wisse, wo die Sache sich befinde". Befindet sich das Sparbuch im Besitz eines Dritten, so kann der Gläubiger nach erfolgter Pfändung und Überweisung das Sparbuch von dem Dritten herausverlangen. Gibt der Dritte das Sparbuch nicht freiwillig heraus, so kann der Gläubiger Klage auf Herausgabe gegen ihn erheben.

Wird das Sparbuch über das gepfändete Sparguthaben überhaupt nicht gefunden, so berührt das die Wirksamkeit der Pfändung nicht. Die Sparkasse muß in diesem Fall das Sparbuch für ungültig erklären und kann dann an den Gläubiger auszahlen (**Aufgebotsverfahren,** das allerdings einige Monate dauern kann). 329

Die Wirksamkeit der Pfändung eines Sparguthabens tritt in jedem Falle bereits mit Zustellung des Pfändungsbeschlusses an die Bank oder Sparkasse als Drittschuldner ein, nicht etwa erst dann, wenn der Gläubiger den Besitz am Sparbuch erlangt hat. Das Sparbuch dient dem Gläubiger nur zur Verwirklichung seines Pfandrechts. Es ist nur ein Ausweispapier, kein selbständiges Wertpapier. 330

Übersteigt die Spareinlage die Gläubigerforderung, so ist im Überweisungsbeschluß die Pflicht des Gläubigers zur Zurückgabe des Sparbuchs nach seiner Befriedigung auszusprechen. Gibt der Gläubiger das Sparbuch nicht freiwillig an den Schuldner zurück, so kann dieser seine Herausgabe erzwingen. Der Überweisungsbeschluß bildet dabei den Vollstreckungstitel (§ 794 Nr. 3 ZPO). 331

Für die Pfändung eines mit Sperrvermerk (§ 1809 BGB) versehenen Sparguthabens eines Mündels bestehen keine Besonderheiten. Insbesondere ist eine Genehmigung des Vormundschaftsgerichts zu einer solchen Pfändung nicht erforderlich. 332

Ist für **Ehegatten oder Lebensgefährten** ein gemeinsames Sparguthaben vorhanden, so ist in der Regel zu unterstellen, daß sie Gesamtgläubiger (§ 428 BGB) sind, so daß jeder von ihnen die Verfügungsmacht über das Sparguthaben hat (**sog. Oder-Konto**). Jeder Gläubiger von Mann und Frau kann in ein solches Guthaben vollstrecken[34]. Da die Eheleute bzw. Lebensgefährten im Verhältnis zueinander im Zweifel zu gleichen Teilen berechtigt sind, muß der Pfändungsgläubiger, der das Sparguthaben pfändet, einen entsprechenden Teil, im Regelfall die Hälfte der Spareinlage, an den anderen Teil herausgeben.

---

[34] Vgl. dazu Stöber, a.a.O., Rdn. 341. Ehegatten sind jedoch als Berechtigte in Bruchteilgemeinschaft anzusehen, wenn sie für den gemeinsamen Haushalt Geld nur aus dem Einkommen eines Ehegatten auf ein für diesen angelegtes Sparkonto einzahlen, während das Einkommen des anderen Ehegatten restlos im Haushalt verbraucht wird (BGH in FamRZ 1966, 442).

Ebenso kann der Pfändungsgläubiger vom anderen Teil, falls dieser das Sparguthaben nach der Pfändung abhebt, die Hälfte erstatten verlangen. Bei Weigerung kann der Gläubiger den seinem Schuldner zustehenden Ausgleichsanspruch pfänden und sich zur Einziehung überweisen lassen.

333 Der pfändende Gläubiger kann im allgemeinen davon ausgehen, daß die im Sparbuch benannte Person der tatsächliche Gläubiger des Sparguthabens ist. Selbst wenn ein Elternteil den Wunsch hat, das Sparguthaben einem Kinde zukommen zu lassen, ist er noch als der Berechtigte anzusehen, wenn das Sparbuch auf seinen Namen lautet. Aber auch dann, wenn als Berechtigter ein Kind oder Enkelkind angegeben ist, Einzahler aber seine Eltern bzw. Großeltern waren, werden diese vielfach noch als die eigentlichen Berechtigten anzusehen sein, wenn sie noch Verfügungsberechtigte bleiben wollten. Insbesondere ist dies dann anzunehmen, wenn die Eltern bzw. Großeltern das Sparbuch in ihrer Verfügungsgewalt behalten haben[35] (sog. **verdeckte Inhaberschaft**).

Muster 54

334 Ich beantrage, wegen meiner vorgenannten Forderungen das gesamte Guthaben meines Schuldners bei der X-Bank in Y auf dem Sparkonto Nr. ... zu pfänden und mir zur Einziehung zu überweisen, einschließlich des Rechts des Schuldners auf Kündigung. Dem Schuldner ist aufzugeben, das Sparbuch über das Konto an mich herauszugeben.

Im übrigen hat der Pfändungsantrag die bei jeder Forderungspfändung vorgeschriebenen Angaben zu enthalten (s. Rdn. 294 und Muster 46).

Ist der Schuldner, dessen Guthaben gepfändet und an den Gläubiger zur Einziehung überwiesen ist, eine natürliche Person (§ 1 BGB), so tritt allerdings eine **befristete Leistungssperre** ein: Die Bank darf erst **2 Wochen** nach Zustellung des Überweisungsbeschlusses aus dem Guthaben an den Gläubiger leisten (§ 835 Abs. 3 Satz 2 ZPO). Damit soll dem Schuldner Gelegenheit zur Stellung eines Antrags nach § 850k ZPO gegeben werden (s. dazu Rdn. 652).

Zu den Besonderheiten bei Postspargutheben s. Rdn. 461–467.

2. Pfändung eines prämienbegünstigten Sparguthabens

335 Die Pfändung eines Guthabens aus einem prämienbegünstigten Sparvertrag nach dem Sparprämiengesetz i.d.F. vom 10. Februar 1982 (BGBl I S. 126) samt Änderungen ist zulässig. Dies gilt auch insoweit, als die Sparbeträge aus vermö-

---

[35] Zu derartigen Fällen s. OLG Koblenz in NJW 1989, 2545; OLG Zweibrücken in NJW 1989, 2546; BGH in FamRZ 1959, 154 = NJW 1959, 662, BGH in FamRZ 1970, 375 = MDR 1970, 756 = NJW 1970, 1181, BGH in FamRZ 1972, 559; Haegele in JurBüro 1968 Sp. 950.

genswirksamen Leistungen nach dem 5. Gesetz zur Förderung der Vermögensbildung i.d.F. vom 19. Januar 1989 (BGBl I S. 138) mit Änderungen herrühren. Pfändungsmöglichkeit besteht auch für die prämienbegünstigt angelegten Treuegelder, die der Arbeitgeber dem Schuldner gemäß Tarifvertrag unter der Bedingung vermögenswirksamer Anlage zahlt[36].

Nach erfolgter Pfändung und Überweisung eines prämienbegünstigten Sparguthabens braucht der Gläubiger die gesetzlich festgelegte Sperrfrist grundsätzlich nicht einzuhalten; er kann also über die Spareinlage vor Ablauf der Sperrfrist verfügen[37]. Bei prämienschädlicher **Verfügung vor Ablauf der Frist**, soweit eine solche nach den Sparbedingungen möglich ist, wird jedoch die Prämie nicht ausbezahlt (§ 3 Abs. 5 SparPrämG), sondern ihre Gutschrift rückgängig gemacht (§ 5 SparPrämG). Bei vorzeitiger Verfügung ist außerdem die vom Arbeitgeber gezahlte Arbeitnehmersparzulage (s. nachstehend) zurückzuzahlen (§ 14 Abs. 4 des 5. VermBildG). Der Rückzahlungsbetrag kann von der Spareinlage einzubehalten sein (§ 14 Abs. 6 des 5. VermBildG). **336**

Verlangt der Gläubiger die Auszahlung des Sparguthabens kurze Zeit vor Ablauf der Sperrfrist, so kann das Vollstreckungsgericht auf Antrag des Schuldners durch zeitweilige Aussetzung der Einziehungsbefugnis des Pfändungsgläubigers Schutz gewähren, weil in der vorzeitigen Einziehung für den Schuldner eine besondere Härte liegen würde (§ 765a ZPO)[38].

Die **Arbeitnehmer-Sparzulage**, die nach § 13 des 5. VermBildG für vermögenswirksame Leistungen, die ab 1. 1. 1994 angelegt werden, gewährt wird, ist unpfändbar (§ 851 Abs. 1 ZPO), da sie nicht übertragbar ist (§ 113 Abs. 3 Satz 2 des 5. VermbG i. d. F. vom 21. 7. 1994, BGBl I 1630, 1666)[39]. **337**

Wegen des Pfändungsschutzes bei vermögenswirksamen Leistungen s. die Ausführungen unter Rdn. 315.

---

[36] LG Essen in JurBüro 1973, 257 = MDR 1973, 323 = Rpfleger 1973, 147; Weimar in JurBüro 1976 Sp. 437; S. zur Pfändung von prämienbegünstigten Sparguthaben auch Bauer in JurBüro 1975 Sp. 280; Borrmann in DB 1974, 382 und 2057; Brych in DB 1974, 2054 und Rewolle in DB 1966, 150; Muth, DB 1979, 1118.
[37] LG Essen FN 36; Beyer in BB 1952, 586 und Rewolle in DB 1966, 151; a.A. Butenschön in BB 1957, 906 und Quardt in JurBüro 1959 Sp. 39.
[38] LG Essen FN 36.
[39] Zöller/Stöber, a. a. O., Rdn. 2 zu § 851 ZPO.

3. Pfändung eines Kontokorrent-(Giro-)Kontos[40]

338 Die Kontenpfändung – sie ist nach der Lohn- und Sozialgeldleistungspfändung die dritthäufigste Forderungspfändung – stellt einen schwerwiegenden Eingriff in die Lebenshaltung des Schuldners dar.

Neben der Meldung an die Schufa (zur Bedeutung und Funktion der Schufa s. Bach in DGVZ 1992, 49 ff.) zur Speicherung als Negativinformation droht dem Schuldner mit der Girokontenpfändung auch die Kündigung der Geschäftsbeziehung durch die Bank oder Sparkasse und der Verlust seiner Kreditwürdigkeit.

Die Pfändung der Konten, meist unterstützt durch die privatschriftliche Vorpfändung nach § 845 ZPO, die den Geldverkehr des Schuldners lahmlegt, kann auch schwerwiegende mitteilbare Folgen haben, etwa die Kündigung der Wohnung, weil die bislang per Dauerauftrag gezahlte Miete nicht mehr überwiesen wird. Dies alles stärkt meist die Bereitschaft des Schuldners, mit dem Gläubiger in Verbindung zu treten und über die Bezahlung der Schulden zu verhandeln.

Zur Pfändung von Girokonten des Schuldners ist die Angabe der Kontonummer nicht erforderlich. Solche Angaben können vom Gläubiger nicht verlangt werden, da er in der Regel die Verhältnisse des Schuldners nur oberflächlich kennt[41].

Will der Gläubiger die Bankverbindung eines Schuldners erfahren, kann ihm dies eventuell durch eine kleine Einzahlung bei der Bank, die das Konto des Schuldners führt, gelingen. Für Einzahlungen geben die Banken die Kontonummer in der Regel bekannt; einige füllen allerdings den Einzahlungsschein selbst aus und decken dabei die Kontonummer des Schuldners ab.

Manche Gläubiger in kleineren Orten lassen allen ortsansässigen Banken und Sparkassen, bei denen sie Konten des Schuldners vermuten, Pfändungs- und Überweisungsbeschlüsse zustellen; einige davon gehen „ins Leere", bei anderen werden sie „fündig". Dieses Verfahren ist nicht allzu kostspielig, da jeder Pfändungs- und Überweisungsbeschluß einheitlich 20,– DM zuzügl. Zustellgebühren kostet und die Pfändungen bei mehreren Banken in einem Beschluß zusammengefaßt werden können. Ab einer bestimmten Anzahl von Banken, z. B. bei 20, nimmt die Rechtsprechung unzulässige „Ausforschungspfändung" an.

---

[40] Schrifttum zur Pfändung eines Kontokorrent-Kontos: Lwowski und Bitter, Grenzen der Pfändbarkeit von Girokonten in WM-Festgabe für Thorwald Hellner vom 9. 5. 1994; Baßlsperger, Das Girokonto in der Zwangsvollstreckung, RPfleger 1985, 177; Ehlenz, Die Pfändung eines Giroguthabens bei Führung mehrerer Girokonten, JurBüro 1982, 1767; Ploch, Pfändung der Kreditlinie, DB 1986, 1961.
[41] BGH in NJW 1982, 2193, 2195 und NJW 1988, 2543.

Pfändung von Bank- und Sparkassenkonten

Die gleichzeitige Pfändung bei 264 Kreditinstituten (in Frankfurt am Main), ist als offensichtliche flächendeckende „Verdachtspfändung" unzulässig (OLG München, 14. Zivilsenat in Augsburg, WM 1990, 1591). Billiger kann die Bankverbindung durch Versuche, kleinere Geldbeträge auf ein angebliches Konto des Schuldners bei verschiedenen Kreditinstituten in der Nähe der Wohnung des Schuldners zu überweisen, festgestellt werden: Kommt der Betrag nicht zurück, besteht ein Konto.

Der Gläubiger kann den Antrag auf Pfändung eines Kontokorrentkontos seines Schuldners bei einer Bank oder Sparkasse (vgl. § 355 HGB) auf den im Zeitpunkt der Zustellung des Pfändungsbeschlusses an den Drittschuldner festzustellenden Saldo des Kontokorrentverhältnisses beschränken. Das ist insbesondere dann möglich, wenn das Guthaben des Schuldners auf diesem Konto so hoch ist, daß der Pfändungsgläubiger voraussichtlich zu seiner vollen Forderung gelangen wird. Bei einer derartigen Pfändung erfolgt Saldoziehung durch Verrechnung der Haben- und Sollposten auf diesen Zeitpunkt. Gepfändet ist nur der Saldo, nicht der einzelne dem Kontokorrent unterstellte Anspruch. Alle Beträge, die dem Konto nach der Pfändung gutgeschrieben oder belastet werden, scheiden bei der Saldoziehung aus. Der Pfändungsgläubiger muß sich jedoch auf den Saldo zur Zeit der Pfändung alle nach ihr erfolgenden Schuldposten in Rechnung stellen lassen, die auf Grund eines schon vor der Pfändung entstandenen Rechts oder einer schon vor diesem Zeitpunkt bestehenden Verpflichtung der Bank oder Sparkasse als Drittschuldner erwachsen (§ 357 Satz 2 HGB). Dazu rechnen insbesondere Kontoführungs- und Abschlußspesen, Stornoposten sowie Rückbelastungen von unter Vorbehalt des Eingangs gebuchten, aber nicht eingelösten Schecks und Wechseln.

338a

Der gepfändete Saldo ist erst mit dem Abschluß der normalen Rechnungsperiode nach erfolgter Pfändung und Überweisung an den pfändenden Gläubiger auszuzahlen, falls nicht der Schuldner selbst sofortige Zahlung verlangen kann, wie dies auf ein Bankkontokorrent-Konto vielfach zutrifft. Entscheidend ist, ob nach Übung der in Frage stehenden Bank die Kontenabstimmung vierteljährlich oder halbjährlich oder jährlich dadurch erfolgt, daß die Bank sich die ermittelten Salden vom Kontoinhaber (wenn auch nur durch dessen Stillschweigen) bestätigen läßt. Täglichen Kontenauszügen kommt in diesem Zusammenhang keine Bedeutung zu; sie sollen nur eine tägliche Übersicht buchungstechnischen Charakters über den Stand der beiderseitigen Ansprüche sein, die die Zinsberechnung erleichtern und Auszahlungen verhindern soll, die nicht durch ein Guthaben gedeckt sind[42].

---

[42] Vgl. Stöber Rdn. 156.

Ist zur Zeit der Pfändung nur des gegenwärtigen Kontos ein Guthaben des Schuldners nicht vorhanden, so geht die Pfändung ins Leere.

Bewegungen auf dem Konto, die erst nach dem für die Pfändung maßgebenden Zeitpunkt, also nach Feststellung des gegenwärtigen Saldos, erfolgen, werden nicht zugunsten des pfändenden Gläubigers erfaßt. Der Schuldner kann vielmehr über ein neu entstandenes Guthaben zu Lasten seines Kontos verfügen. Zu Lasten des Schuldners gehende Verbindlichkeiten, die nach der Pfändung nur des gegenwärtigen Saldos durch neue Geschäfte entstehen, sind dem pfändenden Gläubiger gegenüber unwirksam, können also dessen Anspruch nicht mehr schmälern. Wirksam sind sie dagegen, soweit sie sich auf neue Guthaben des Kontos beziehen.

339 Der Gläubiger wird mithin mit einer **Pfändung nur des gegenwärtigen Kontokorrentkontos** vielfach nicht zu seinem Ziele kommen. Er wird also gleichzeitig Antrag auf Pfändung auch des künftigen Guthabens auf dem Kontokorrentkonto stellen. Die Voraussetzungen dafür sind gegeben, denn zur Zeit der Pfändung besteht bereits eine Rechtsbeziehung zwischen Bank oder Sparkasse und Schuldner, aus der heraus künftige Ansprüche nach Art und Person des Drittschuldners bestimmt werden können[43]. Die Pfändung auch des künftigen Kontokorrentguthabens muß der Gläubiger ausdrücklich beantragen und das Vollstreckungsgericht ausdrücklich anordnen. Über die zeitliche Dauer einer solchen Pfändung gehen die Ansichten allerdings auseinander. Teilweise wird die Ansicht vertreten, daß eine solche Pfändung **nur** das Guthaben erfassen kann, das sich aus dem nächsten periodischen Saldoabschluß ergibt[44]. Inzwischen hat sich aber die Ansicht durchgesetzt, daß künftige Ansprüche aus Kontokorrent ohne zeitliche Begrenzung gepfändet werden können, so daß die Pfändung alle Saldoforderungen erfaßt, die sich bis zur vollen Befriedigung des Gläubigers aus den Rechnungsabschlüssen ergeben[45]. Die Pfändung erstreckt sich aber auch hier jeweils nur auf den Saldo im Zeitpunkt eines Rechnungsabschlusses. Bis zum jeweiligen Abschluß ist der Schuldner in der Verfügung über sein Konto nicht beschränkt. In dieser Zwischenzeit kann er Geld auf sein Konto einzahlen oder überweisen lassen oder sonst über sein Konto verfügen, ohne dadurch gegen das im Pfändungsbeschluß enthaltene Verfügungsverbot zu verstoßen. Der Schuldner hat es damit in der Hand, über das für die Zukunft gepfändete Kontokorrentkonto keine Gelder mehr laufen zu lassen, aus denen sich für ihn im nächsten Abrechnungszeitpunkt ein von der Pfändung erfaßtes Guthaben ergeben könnte. Praktisch kommt also der hier behandelten Pfän-

---

[43] RGZ 140, 219, 222; OLG Oldenburg in MDR 1952, 549; Klee in BB 1961, 689, Scheerer in NJW 1952, 1389.
[44] So RGZ 140, 222; OLG Oldenburg in MDR 1952, 549 und OLG München in JurBüro 1976, 968.
[45] BGHZ 84, 326.

Pfändung von Bank- und Sparkassenkonten

dung der künftigen Ansprüche aus einem Kontokorrentkonto für sich allein keine allzu große Bedeutung zu. Der Schuldner kann das Konto auch jederzeit durch Kündigung nach den Geschäftsbedingungen auflösen[46].

Allerdings besteht für den Gläubiger die Möglichkeit, die Ansprüche des Schuldners aus dem mit der Bank oder Sparkasse geschlossenen, dem Kontokorrentverkehr zugrundeliegenden Rechtsverhältnis ausdrücklich und zusätzlich zu pfänden[47]. Im Kontokorrent- (Giro-) Verkehr mit einer Bank oder Sparkasse sind dies die Ansprüche des Schuldners an die Bank auf Gutschrift aller Eingänge und fortlaufende Auszahlung der Guthaben sowie auf Durchführung von Überweisungen an Dritte. Werden diese Ansprüche mitgepfändet, so erlangt der Gläubiger auch den **Zugriff auf die Tagesguthaben zwischen den Rechnungsperioden**, über die der Schuldner andernfalls auch dann verfügen kann, wenn neben dem gegenwärtigen der künftige Anspruch auf das Kontokorrentguthaben gepfändet worden ist[48]. Die Bank ist damit gehindert, Verfügungen des Schuldners über eingehende Beträge zwischen den Rechnungsperioden zu erfüllen. Sie kann dann dem Schuldner auch keinen (weiteren Überziehungs-)Kredit gewähren, um diesen mit gegenwärtigen Guthaben oder künftigen Eingängen zu verrechnen[49].

340

Hinzuweisen ist aber auf Nr. 14 der AGB der Banken, die lautet:

341

„**Vereinbarung eines Pfandrechts zugunsten der Bank**

(1) Einigung über das Pfandrecht
Der Kunde und die Bank sind sich darüber einig, daß die Bank ein Pfandrecht an den Wertpapieren und Sachen erwirbt, an denen eine inländische Geschäftsstelle im bankmäßigen Geschäftsverkehr Besitz erlangt hat oder noch erlangen wird. Die Bank erwirbt ein **Pfandrecht auch an den Ansprüchen, die dem Kunden gegen die Bank aus der bankmäßigen Geschäftsverbindung zustehen oder künftig zustehen werden (zum Beispiel Kontoguthaben).**

(2) Gesicherte Ansprüche
Das Pfandrecht dient der **Sicherung aller bestehenden, künftigen und bedingten Ansprüche**, die **der Bank** mit ihren sämtlichen in- und ausländischen Geschäftsstellen **aus der bankmäßigen Geschäftsverbindung gegen den Kunden** zustehen. Hat der Kunde gegenüber der Bank eine Haf-

---
46 Vgl. Stöber Rdn. 165.
47 Teilweise wird auch die Ansicht vertreten, daß es einer besonderen Pfändung der Ansprüche aus dem Rechtsverhältnis nicht bedarf (vgl. Forgach in DB 1974, 809). Doch sollte der Gläubiger den sicheren Weg gehen und diese Ansprüche mitpfänden.
48 BGHZ 84, 371 = NJW 1982, 2193.
49 S. Stöber, Rdn. 166, insbesondere unter Bezugnahme auf Forgach a.a.O.

tung für Verbindlichkeiten eines anderen Kunden der Bank übernommen (zum Beispiel als Bürge), so sichert das Pfandrecht die aus der Haftungsübernahme folgende Schuld jedoch erst ab ihrer Fälligkeit.

(3) Ausnahmen vom Pfandrecht
Gelangen Gelder oder andere Werte mit der Maßgabe in die Verfügungsgewalt der Bank, daß sie nur für einen bestimmten Zweck verwendet werden dürfen (zum Beispiel Bareinzahlung zur Einlösung eines Wechsels), erstreckt sich das Pfandrecht der Bank nicht auf diese Werte. Dasselbe gilt für die von der Bank selbst ausgegebenen Aktien (eigene Aktien) und für die Wertpapiere, die die Bank im Ausland für den Kunden verwahrt. Außerdem erstreckt sich das Pfandrecht nicht auf die von der Bank selbst ausgegebenen eigenen Genußrechte/Genußscheine und nicht auf die verbrieften und nicht verbrieften nachrangigen Verbindlichkeiten der Bank.

(4) Zins- und Gewinnanteilscheine
Unterliegen dem Pfandrecht der Bank Wertpapiere, ist der Kunde nicht berechtigt, die Herausgabe der zu diesen Papieren gehörenden Zins- und Gewinnanteilscheine zu verlangen."

Das wirksam vereinbarte **Pfandrecht der Bank** geht nach dem Prioritätsgrundsatz (§ 804 Abs. 4 ZPO) des Zwangsvollstreckungsrechts dem Pfändungspfandrecht des Gläubigers vor[50].

342 Vom BGH bisher nicht entschieden ist die Frage, ob der Gläubiger auch Ansprüche des Schuldners gegen seine Bank auf Zurverfügungstellung eines Kredits auf Grund einer **Kreditzusage** pfänden lassen kann.

In seinem Urteil vom 24. 1. 1985 (Rpfleger 1985, 201 = JZ 1985, 488) hat der BGH lediglich ausgeführt, daß die **bloße Duldung einer Kontoüberziehung** seitens der Bank dem Kunden keinen ihr gegenüber pfändbaren Anspruch auf Kredit gebe. Siehe dazu neuerdings OLG Frankfurt in WM 1994, 684.

Die Pfändung des Anspruchs des Schuldners auf Auszahlung eines **eingeräumten Kredits** wird teils zugelassen, teils als unzulässig abgelehnt.

Für eine Pfändung sprechen sich aus: OLG Köln in WM 1983, 1049, LG Düsseldorf in JurBüro, 1985, 470, LG Hamburg in NJW 1986, 998, Grunsky in JZ 1985, 490, Luther in BB 1985, 1886, Wagner in JZ 1985, 490, Baßlsperger in Rpfleger 1985, 177 und 1986, 266, LG Düsseldorf in JurBüro 1987, 936, LG Itzehoe in NJW-RR 1987, 819.

---

[50] BGHZ 93, 71 ff.

Dagegen sprechen sich aus: LG Wuppertal in JurBüro 1989, 1317, LG Hannover in JurBüro 86, 304, LG Lübeck in NJW 1986, 1115, LG Münster in WM 1984, 1312, LG Landau in JurBüro 1985, 1742, LG Dortmund in NJW 1986, 997, Stöber, Forderungspfändung, Rdn. 116, Häuser in ZIP 1983, 899 und Koch in JurBüro 1986, 1761 und zuletzt OLG Schleswig in WM 1992, 751.

Das Vollstreckungsgericht München läßt die Pfändung eines zugesagten Kredits zu.

Bei **zweckgebundenem Geschäftskredit** findet eine Pfändung allerdings nur zur Tilgung von Forderungen statt, die der Zweckbestimmung dienen (OLG Köln a.a.O.).

Der Gläubiger sollte jedenfalls den „angeblichen" Kreditanspruch des Schuldners gegen die Bank mitpfänden (s. folgendes Muster Nr. 55 unter d), denn dies kostet ihn keinen Pfennig mehr an Gebühren.

Geschieht das, so ist die Bank als Drittschuldnerin verpflichtet, die nicht ausgenutzten Kreditmittel an den Vollstreckungsgläubiger abzuführen[51].

Der Erfolg einer derartigen Pfändung bleibt jedoch aus, wenn die Bank von dem ihr zustehenden Widerrufsrecht nach § 610 BGB[52], konkretisiert in Nr. 19 der AGB der Banken, Gebrauch macht und ihr Darlehensversprechen widerruft.

Nr. 19 Abs. 3 AGB-Banken lautet:

„**Kündigung aus wichtigem Grund ohne Einhaltung einer Kündigungsfrist**
Eine fristlose Kündigung der gesamten Geschäftsverbindung oder einzelner Geschäftsbeziehungen ist zulässig, wenn ein wichtiger Grund vorliegt, der der Bank, auch unter angemessener Berücksichtigung der berechtigten Belange des Kunden, deren Fortsetzung unzumutbar werden läßt. Ein solcher Grund liegt insbesondere vor, wenn der Kunde unrichtige Angaben über seine Vermögenslage gemacht hat, die für die Entscheidung der Bank über eine Kreditgewährung oder über andere mit Risiken für die Bank verbundenen Geschäfte (zum Beispiel Aushändigung der Scheckkarte) von erheblicher Bedeutung waren, oder wenn eine **wesentliche Verschlechterung seiner Vermögenslage eintritt oder einzutreten droht und dadurch die Erfüllung von Verbindlichkeiten gegenüber der Bank gefährdet ist.** Die Bank darf auch fristlos kündigen, wenn der Kunde seiner Verpflich-

---
[51] OLG Köln Rdn. 307 b, a.a.O.
[52] § 610 BGB: „Wer die Hingabe eines Darlehens verspricht, kann im Zweifel das Versprechen widerrufen, wenn in den Vermögensverhältnissen des anderen Teils eine wesentliche Verschlechterung eintritt, durch die der Anspruch auf die Rückerstattung gefährdet wird."

tung zur Bestellung oder Verstärkung von Sicherheiten nach Nr. 13 Absatz 2 dieser Geschäftsbedingungen oder aufgrund einer sonstigen Vereinbarung nicht innerhalb der von der Bank gesetzten angemessenen Frist nachkommt"[53].

Dann ist nämlich infolge des Widerrufs der Darlehensvertrag und damit auch der Darlehensauszahlungsanspruch des Schuldners beseitigt und die Pfändung geht ins Leere. Widerruft die Bank das Darlehensversprechen nicht – was ein Anzeichen dafür sein kann, daß sie anderweitige Sicherheiten vom Schuldner besitzt! – so kann der Gläubiger von der Bank die Auszahlung des noch nicht voll ausgeschöpften Kredits verlangen.

Muster 55 (in Verbindung mit Formblatt Anlage 6)

343   Ich beantrage, wegen meiner vorstehend aufgeführten Forderungen zu pfänden und mir zum Einzug zu überweisen folgende Ansprüche des Schuldners an die X-Bank in Y aus dem unter der Nr. ... bestehenden Kontokorrentverhältnis:

a) das gegenwärtige Guthaben nach Saldoziehung,
b) alle künftigen Guthaben je nach Saldoziehung,
c) alle Ansprüche und Forderungen aus dem über das genannte Konto bestehenden Girovertrag, insbesondere auf Gutschrift aller künftigen Eingänge und auf fortlaufende Auszahlung der Guthaben sowie auf Durchführung von Überweisungen an Dritte,
d) ferner die im Rahmen einer gegenwärtig oder künftig gewährten Kreditzusage gegenwärtig oder künftig bestehenden Ansprüche des Vollstreckungsschuldners auf Auszahlung von Kreditmitteln oder auf Überweisung an Dritte aus Kreditmitteln.

Die befristete Leistungssperre (s. Rdn. 334) gilt auch hier.

343a   Eine Pfändung von **Fremdkosten** (= Tarnkosten; Gelder des Schuldners auf dem Konto eines Dritten) scheidet aus, denn das Konto eines Dritten gehört nicht zum Vermögen des Schuldners, auch wenn dieser eine Kontenvollmacht besitzt. Es besteht jedoch die Möglichkeit, den Anspruch des Schuldners gegen den Dritten als Kontoinhaber („**Kontenverleiher**") zu pfänden. Ist dem Dritten – häufig ist es die Lebensgefährtin oder Ehefrau – das Geld des Schuldners überlassen, um es dem Zugriff des Gläubigers zu entziehen, so ist der Dritte als Treuhänder anzusehen, gegen den der Schuldner einen Rückzahlungsanspruch hat.

---

[53] Entsprechendes gilt nach den AGB-Sparkassen.

Dieser Anspruch ist pfändbar (BGHZ 124, 298, 300; LG Stuttgart in Rpfleger 1997, 175).

4. Sonstige Fragen zur Pfändung eines Bank- oder Sparkassenguthabens

Zur Frage, in welchem Umfang Arbeitseinkommen des Schuldners, das auf ein Bank- oder Sparkassenkonto überwiesen worden ist, pfändbar ist, s. die Ausführungen Rdn. 652. Gelangen Sozialgeldleistungen auf das Konto des Schuldners, so ist der siebentägige Pfändungsschutz zu beachten (s. Rdn. 578). 344

Auch Ansprüche aus **Anderkonten und Treuhandkonten** sind pfändbar (§ 851 Abs. 2 ZPO). Dabei muß das Anderkonto im Pfändungsbeschluß ausdrücklich als solches aufgeführt sein. Der Vollstreckungstitel muß sich dabei gegen den Kontoinhaber (Treuhänder) als Vollstreckungsschuldner richten. Allerdings muß der Pfändungsgläubiger damit rechnen, daß der Treugeber im Wege der Drittwiderspruchsklage nach § 771 ZPO gegen ihn vorgeht und beantragt, die Pfändung für unzulässig zu erklären (s. Rdn. 260 und BGH in NJW 1959, 1123). Zu Einzelfragen s. Stöber Rdn. 400–407.

Zur Pfändung von **Postgiro- und Postspargutaben** s. Rdn. 455.

VI. Pfändung im Erbrecht [54]

1. Erblasser als Gläubiger oder als Schuldner

a. Rechtslage beim Tode des Gläubigers

Gehört zum Nachlaß eines Erblassers eine Forderung, über die dieser einen Vollstreckungstitel bereits erwirkt hat, so können seine Erben gegen den Schuldner nur vorgehen, wenn die auf den Namen des Erblassers lautende Vollstreckungsklausel auf sie selbst umgeschrieben worden ist. Die Umschreibung hat, wenn mehrere Erben vorhanden sind, auf alle Erben in Erbengemeinschaft zu erfolgen. Der Stelle, die für eine Umschreibung der Vollstreckungsklausel zuständig ist, muß zur Umschreibung die Erbfolge nachgewiesen werden. Das geschieht durch Vorlage eines Erbscheins bzw. von vom Nachlaßgericht beglaubigten Abschriften des öffentlichen Testaments oder Erbvertrags und der Niederschrift über die Eröffnung. Den Antrag auf Umschreibung der Klausel – auf alle Erben – kann jeder Miterbe für sich allein stellen. Nach erfolg 345

---

[54] **Schrifttum:** Stöber, Forderungspfändung, 12. Aufl., 1999, Rdn. 1664 ff., Bauer, Zwangsvollstreckung in einen Nachlaßanteil in JurBüro 1958, Sp. 241, 501, Löscher, Grundbuchberichtigung bei Erbteilspfändung in JurBüro 1962, 391, Ripfel, Das Pfändungspfandrecht am Erbanteil in NJW 1958, 692.

ter Umschreibung muß die auf die Erben lautende Vollstreckungsklausel dem Schuldner zugestellt werden. Zuzustellen sind ihm auch Abschriften der Urkunden, aufgrund derer die Klausel umgeschrieben worden ist (§§ 727, 750 ZPO).

Hat der Erblasser die Pfändung bereits eingeleitet, so ist bei deren Fortsetzung nach seinem Tode die gleiche Umschreibung der Vollstreckungsklausel und dieselbe Zustellung, wie vorstehend dargelegt, erforderlich.
Bei Vorhandensein eines Alleinerben ist die Rechtslage die gleiche.

Hat der Erblasser wegen seiner Forderung keinen vollstreckbaren Titel erwirkt, so kann nach seinem Tode jeder Miterbe die zum Nachlaß gehörende Forderung gerichtlich geltend machen, sobald sie fällig ist. Die Geltendmachung kann aber nur dahin erfolgen, daß Zahlung an alle Erben zu erfolgen hat (§§ 2039, 2040 BGB). Dies gilt insbesondere auch für die gerichtliche Überweisung eines wegen der zum Nachlaß gehörenden Forderung gepfändeten Anspruchs[55].

b. Rechtslage beim Tode des Schuldners

346 Hatte der Gläubiger – nunmehriger Nachlaßgläubiger – eine Pfändungsmaßnahme gegen den Erblasser bereits eingeleitet, so kann er diese weiter betreiben, ohne daß eine Umschreibung des Vollstreckungstitels gegen den oder die Erben erforderlich ist[56]. Die Pfändung kann in einem solchen Fall nach dem Tode des Schuldners auch in andere Nachlaßgegenstände, die der Gläubiger zu Lebzeiten des Erblassers nicht hatte pfänden lassen, ohne Klauselumschreibung betrieben werden (§ 779 ZPO)[57]. Für die Zulässigkeit der Fortsetzung einer bereits zu Lebzeiten des Erblassers eingeleiteten Pfändung kommt es auch nicht darauf an, ob die Erbschaft von den Erben bereits angenommen ist oder nicht. Voraussetzung dafür ist, daß die Pfändung nur in Gegenstände des Nachlasses betrieben wird, nicht auch in das eigene Vermögen der Erben.

Hat der Gläubiger gegen den Erblasser selbst keine Pfändungsmaßnahmen eingeleitet, so ist vor Annahme der Erbschaft durch seine Erben die gerichtliche Geltendmachung einer Gläubigerforderung gegen die Erben während der für die Erbschaftsannahme bestehenden Schwebezeit unzulässig (§ 1958 BGB)[58]. Es kann über diese Zeit weder ein gegen den Erblasser erwirkter Vollstreckungstitel auf die – in diesem Zeitpunkt noch unbekannten – Erben umgeschrieben noch gegen diese unmittelbar ein Vollstreckungstitel erwirkt werden.

---

[55] S. dazu insbesondere Noack in JR 1969, 8.
[56] KG in NJW 1957, 1154 = Rpfleger 1957, 256.
[57] LG Verden in MDR 1969, 932.
[58] S. dazu insbesondere Noack FN 48.

Die Schwebezeit wird beendigt durch ausdrückliche Annahme der Erbschaft seitens der Erben oder durch unausgenutzten Ablauf der Ausschlagungsfrist (§ 1944 BGB). Bis zur Erbschaftsannahme hat aber das Gericht auf Antrag des Gläubigers einen Nachlaßpfleger zu bestellen (§ 1961 BGB). Ihm gegenüber kann der Gläubiger seine Forderung als Nachlaßverbindlichkeit geltend machen. Er kann dem Nachlaßpfleger gegenüber entweder einen Vollstreckungstitel oder zu einem bereits gegen den Erblasser bestehenden Titel die Umschreibung der Vollstreckungsklausel erwirken. Alsdann ist die Pfändung in den Nachlaß zulässig (§ 1960 Abs. 3 BGB).

Hat die Pfändung aus einem gegen den Erblasser erwirkten Titel im Zeitpunkt seines Todes noch nicht begonnen, ist aber die Erbschaft bereits durch die Erben angenommen, so hat der Gläubiger die Vollstreckungsklausel in gleicher Weise gegen die Erben umschreiben zu lassen wie in dem Fall, daß der Erblasser Gläubiger einer Forderung war (s. Rdn. 345). Wird die Erbfolge nicht durch den Erbschein dargelegt, so hat der Gläubiger die Erbschaftsannahme nachzuweisen (vgl. § 1958 BGB). Er ist berechtigt, anstelle der Erben zum Zwecke der Zwangsvollstreckung vom Nachlaßgericht einen **Erbschein** zu verlangen (§ 792 ZPO, § 85 FGG).

Hat der Gläubiger gegen den Erblasser keinen Vollstreckungstitel erlangt, so muß er einen solchen gegen die Erben erwirken, um in den Nachlaß – und in das eigene Vermögen der Erben – pfänden zu können (§ 747 ZPO), nachdem die Erbschaft angenommen ist.

Der Vollstreckungstitel gegen alle Erben muß, um den Nachlaß vollstrecken zu können, bis zu dessen Auseinandersetzung erwirkt sein (§ 747 ZPO, § 2059 Abs. 2 BGB).

Besitzt der Gläubiger gegen alle Erben einen Vollstreckungstitel, so kann er gegen den Nachlaß und gegen die Erben vorgehen. Wegen Einzelheiten s. Rdn. 349.

Besitzt der Gläubiger nur gegen einen oder gegen einzelne Erben einen Vollstreckungstitel, so kann er gegen diese Schuldner vorgehen. Wegen Einzelheiten s. Rdn. 350.

Bei einer Pfändung aus einer Nachlaßverbindlichkeit in das eigene Vermögen der Erben muß der Gläubiger damit rechnen, daß letztere die Beschränkung der Haftung auf den Nachlaß geltend machen (§§ 1975 ff. BGB). Dieses Recht haben die Erben aber nur dann, wenn die Haftungsbeschränkung in dem gegen sie erwirkten Vollstreckungstitel vorbehalten ist (§ 780 ZPO)[59]. Der Vorbehalt

---

[59] BGH in NJW 1954, 635.

entfällt, wenn der bereits gegen den Erblasser erwirkte Titel auf die Erben umgeschrieben worden ist. Macht ein Erbe bei der Zwangsvollstreckung in sein eigenes Vermögen den Vorbehalt der beschränkten Erbenhaftung geltend, so muß er den Antrag stellen, die Zwangsvollstreckung in sein eigenes Vermögen aufzuheben bzw. für unzulässig zu erklären (§§ 784, 785 ZPO).

c. Rechtslage bei Bestehen von Vor- und Nacherbfolge

347 Zu einer Vorerbschaft gehörende Nachlaßgegenstände können auf Grund eines gegen den Vorerben gerichteten Titels bis zum Eintritt der Nacherbfolge wegen einer Nachlaßverbindlichkeit ohne Rücksicht auf die spätere Nacherbfolge gepfändet werden. § 2115 S. 1 BGB, der bestimmte Einschränkungen des Pfändungsrechts bei Vor- und Nacherbschaft enthält, findet in einem solchen Fall keine Anwendung, denn Nachlaßverbindlichkeiten belasten auch den Nacherben (§ 2115 S. 2 BGB). Wegen der Rechtslage im Falle einer Pfändung gegen den Vorerben wegen einer erst in seiner Person entstandenen Verbindlichkeit s. die Ausführungen Rdn. 355 ff. Dort ist auch die Zwangsvollstreckung gegen einen Nacherben behandelt.

d. Rechtslage bei Bestehen von Testamentsvollstreckung, Nachlaßverwaltung oder Nachlaßpflegschaft

348 Hat der Erblasser einen (nicht gem. §§ 2208 ff. BGB beschränkten) Testamentsvollstrecker ernannt oder besteht Nachlaßverwaltung (§§ 1975 ff. BGB) oder Nachlaßpflegschaft (§§ 1960 ff. BGB), so ist der Vollstreckungstitel gegen den Testamentsvollstrecker bzw. Nachlaßverwalter bzw. Nachlaßpfleger zu erwirken. Auch die notwendigen Zustellungen haben an diese Person zu erfolgen. Der Nachlaßpfleger vertritt den Erben auch bei einer Zwangsvollstreckung gegen diesen[59a].

2. Pfändung gegen Erben in Erbengemeinschaft

a. Pfändung gegen alle Miterben

349 Hat ein Nachlaßgläubiger gegen alle Miterben einen Vollstreckungstitel, etwa weil er einen solchen Titel bereits gegen den Erblasser erwirkt hat und der Titel auf dessen Erben umgeschrieben worden ist (s. Rdn. 346), so kann er alle Miterben-Anteile auf die in Rdn. 350 behandelte Art pfänden. Er kann aber auch in die einzelnen Nachlaßgegenstände und in das eigene Vermögen der Erben vollstrecken, letzteres allerdings nur dann, wenn die Erben eine beschränkte Erbenhaftung im Sinne der bei Rdn. 346 gemachten Ausführungen nicht geltend machen können.

[59a] Müko-Leipold Rdn. 56 zu § 1960 BGB.

Die Zwangsvollstreckung in den ungeteilten Nachlaß steht auch anderen als Nachlaßgläubigern offen, denen die Erben aus demselben Rechtsgrund als Gesamtschuldner haften[60], falls der Gläubiger gegen alle Erben einen Titel erwirkt hat.

b. Pfändung gegen einzelne Miterben

Besitzt der Gläubiger nur gegen einen oder gegen einzelne Miterben einen Vollstreckungstitel – also nicht gegen alle Miterben (vgl. Rdn. 349) –, weil er nur insoweit einen Geldanspruch hat, so kann er nicht in den Nachlaß als solchen vollstrecken oder den Anteil des Miterben an den einzelnen Nachlaßgegenständen pfänden. Vielmehr kann er nur den Erbteil dieses oder dieser Miterben insgesamt pfänden (§ 859 Abs. 2 ZPO). Zu diesem Erbanteil gehört auch das Auseinandersetzungsguthaben, das nicht selbständig pfändbar ist. Eine derartige Pfändung richtet sich nach den Vorschriften über die Pfändung einer Forderung (§ 857 Abs. 1 ZPO). Erforderlich ist also die gerichtliche Pfändung mit Überweisung zur Einziehung nicht an Zahlungs Statt (weil der Anteil keinen Nennwert hat). Zur Wirksamkeit der Pfändung bedarf es der Zustellung des Pfändungsbeschlusses an sämtliche Miterben in ihrer Eigenschaft als Drittschuldner (§ 829 Abs. 2, 3 ZPO)[61]. Erst mit der Zustellung an den letzten Miterben wird die Pfändung wirksam. Die Erben müssen also im Pfändungsantrag und im Pfändungsbeschluß sämtlich genau nach Vor- und Zunamen, Beruf und Wohnort angegeben werden. Die Pfändung eines Erbteils ist bis zur Auseinandersetzung des Nachlasses zulässig. Nach diesem Zeitpunkt können noch die den betreffenden Miterben gegen andere Miterben aus der Auseinandersetzung etwa zustehenden Ansprüche gepfändet werden.

350

Im Falle einer Erbteilspfändung sind den Miterben einseitige, den Pfändungsgläubiger benachteiligende Verfügungen über den Erbteil und die zum Nachlaß gehörenden Gegenstände verwehrt (§ 1258 BGB). Die Befugnisse zur Ausübung der dem Miterben an der Erbengemeinschaft zustehenden Rechte stehen neben den übrigen Miterben dem Pfändungsgläubiger zu, insbesondere die der Verwaltung und Verfügung (§§ 2038 ff. BGB) und der Mitwirkung bei der Auseinandersetzung des Nachlasses (§§ 2042 ff. BGB) samt Anspruch auf den sich hierbei ergebenden Überschuß (§ 2047 Abs. 1 BGB). Miterbe wird der Gläubiger kraft seines Pfandrechts nicht[62]. Er haftet auch nicht für die Nachlaßverbindlichkeiten[63].

---

[60] BGH in MDR 1970, 313 = NJW 1970, 473 = Rpfleger 1970, 87.
[61] RGZ 74, 54; 75, 180; 86, 295.
[62] RGZ 90, 235.
[63] RGZ 60, 131.

Ist die Ausschlagungsfrist im Zeitpunkt des Eintritts der Wirksamkeit der Pfändung (Zustellung des gerichtlichen Beschlusses an alle Miterben als Drittschuldner) noch nicht abgelaufen, so kann der Miterbe trotz erfolgter Erbteilspfändung die Erbschaft noch ausschlagen. Tut er dies, so wird die Pfändung unwirksam; der Pfändungsgläubiger kann nicht etwa die Ausschlagung wegen Benachteiligung anfechten. Der anstelle des Ausschlagenden eintretende Erbe ist nicht Rechtsnachfolger des ersteren.

Zum Zwecke der Verwertung des gepfändeten Erbteils kann der Pfändungsgläubiger wie folgt vorgehen:

Er kann bei Gericht den Antrag stellen, die Art der Verwertung des gepfändeten Erbteils anzuordnen. In Frage kommt dabei freihändiger Verkauf oder Versteigerung des Erbteils durch einen Gerichtsvollzieher (§§ 844, 857 Abs. 5 ZPO). Durch den Zuschlag des Gerichtsvollziehers an den Meistbietenden geht der Erbteil auf diesen über, ohne daß es noch einer besonderen Übertragungshandlung nach § 2033 Abs. 1 BGB in notarieller Urkunde bedarf[64].

Der Pfändungsgläubiger kann aber auch die Auseinandersetzung des Nachlasses durch die Erben verlangen (§§ 2042 ff. BGB). Bei der Auseinandersetzung fallen die auf den gepfändeten Erbteil zugeteilten Nachlaßwerte in das Pfandrecht des Gläubigers[65]. Für ihre Verwertung gelten §§ 847, 848 ZPO entsprechend. Für die Auseinandersetzung kommt in erster Linie Abschluß eines Vertrags unter Mitwirkung aller Erben und des Pfändungsgläubigers in Frage. Letzterer kann auch den Antrag auf Vermittlung der Nachlaßauseinandersetzung durch das Nachlaßgericht stellen (§§ 86 ff. FGG). Letzten Endes bleibt die Auseinandersetzungsklage vor dem Prozeßgericht meist eine schwierige Sache, da ein bestimmter Auseinandersetzungsvorschlag zu machen ist.

Der Gläubiger, der einen Erbteil gepfändet hat, kann von einem Testamentsvollstrecker Auskunft und Rechnungslegung verlangen (§§ 2018, 2197 BGB). Die selbständige Pfändung des Anspruchs auf Rechnungslegung ist nicht möglich.

Hat der Erblasser die Auseinandersetzung des Nachlasses auf bestimmte Zeit ausgeschlossen oder haben die Erben eine entsprechende Vereinbarung getroffen, so bindet der Ausschluß den Pfändungsgläubiger nicht. Dieser kann also gleichwohl sofortige Auseinandersetzung verlangen, vorausgesetzt, daß sein Vollstreckungstitel nicht nur ein vorläufig vollstreckbarer ist (vgl. § 2042 BGB, § 751 ZPO).

Verfügt ein Miterbe, dessen Erbteil gepfändet ist, trotz des im Pfändungsbeschluß ausgesprochenen Verbots über den Erbteil durch Übertragung, Ver-

---

[64] OLG Frankfurt in JR 1954, 183 mit Anm. v. Riedel.
[65] RGZ 60, 133.

pfändung oder Nießbrauchbestellung, so kann der Dritte nicht gutgläubig erwerben. Das Pfändungsrecht bleibt vielmehr in vollem Umfang bestehen. Verfügungen vorstehender Art über den gepfändeten Erbteil sind aber nur gegenüber dem Pfändungsgläubiger unwirksam; mit seiner Zustimmung werden sie auch ihm gegenüber wirksam.

Wegen der Pfändung in das eigene Vermögen eines Erben s. Rdn. 346.

Muster 56

Mir steht gegen XY, Maler in Z, aus Kauf von Farben am ... der Betrag von 300 DM nebst 5 % Zinsen ab ... und ... DM Kosten für den beigefügten Vollstreckungsbescheid des Amtsgerichts Z vom ..., der mit Zustellungsnachweis versehen ist, zu. Die Kosten der bisherigen Zwangsvollstreckung betragen nach den beigefügten Belegen ... DM.

Ich beantrage, wegen der vorstehend bezeichneten Forderung und der Kosten dieses Pfändungsverfahrens den Erbanteil des Schuldners am Nachlaß seines am ... verstorbenen Vaters ... einschließlich des Auseinandersetzungsanspruchs und des Anspruchs auf Auskunftserteilung und Rechnungslegung sowie auf Grundbuchberichtigung zu pfänden und mir zur Einziehung zu überweisen.

Die weiteren Erben des genannten Nachlasses sind ... (es folgt genaue Anführung der übrigen Miterben mit Anschriften). Um Vermittlung der Zustellung des Pfändungsbeschlusses an die Drittschuldner wird gebeten.

Datum und Unterschrift des Gläubigers

c. Rechtslage bei Grundbesitz und Grundstücksrechten

Gehören zum Nachlaß des Erblassers Grundstücke oder Rechte an Grundstücken und sind diese bereits auf die Erben in Erbengemeinschaft umgeschrieben, so kann der Gläubiger, der einen oder mehrere Erbteile gepfändet hat, im Falle der gerichtlichen Überweisung zur Einziehung die erfolgte Pfändung (nicht auch die Überweisung) an den betreffenden Grundstücken bei den entsprechenden Erbteilen der Miterben als Belastung – Verfügungsbeschränkung – eintragen lassen. Formloser Antrag des Pfändungsgläubigers gegenüber dem Grundbuchamt reicht aus. Mitwirkung der Miterben ist nicht erforderlich[66]. Ausfertigung des Pfändungs- und Überweisungsbeschlusses mit Nachweisen über dessen Zustellung an die Miterben als Drittschuldner ist vorzulegen. Zur Wirksamkeit der Erbteilspfändung selbst ist die vorstehend behandelte Grundbuchberichtigung nicht erforderlich. Sie schützt aber den Pfändungsgläubiger dagegen, daß sich ein

---

[66] RGZ 90, 237; s. auch Ripfel in NJW 1958, 693.

Dritter bei Verfügungen aller Erben über den Grundbesitz auf den öffentlichen Glauben des Grundbuchs (§ 892 BGB) berufen kann. Eine Grundbuchsperre hat die Eintragung der Pfändung nicht zur Folge. Mehrere einen Erbteil pfändende Gläubiger haben den sich nach der Zustellung des gerichtlichen Beschlusses an den oder die Miterben als Drittschuldner ergebenden Rang. Dieses Rangverhältnis kann im Grundbuch eingetragen werden, wenn durch Vorlage der mehreren Pfändungsbeschlüsse mit den Zustellungsurkunden der Nachweis über den Rang in grundbuchlicher Form geführt wird.

Sind die zum Nachlaß gehörenden Grundstücke oder Rechte an Grundstücken noch nicht – im Wege der Grundbuchberichtigung – auf die Erben umgeschrieben, also noch auf den Erblasser eingetragen, so ist die Eintragung der Erbteilspfändung im Grundbuch nur möglich, wenn gleichzeitig die Umschreibung auf die Erben erfolgt (§ 39 Abs. 1 GBO). Zur Stellung eines solchen Antrags ist jeder Miterbe für sich allein berechtigt. Er muß dabei die in Rdn. 310 ersichtlichen Erbnachweise erbringen. Auch der Pfändungsgläubiger ist antragsberechtigt. Die Erteilung des erforderlichen Erbnachweises kann er selbst beantragen (§ 792 ZPO, § 85 FGG).

Gehören zum Nachlaß Grundstücke und andere Vermögenswerte, so kann der Gläubiger, der einen Erbteil (oder mehrere Erbteile) gepfändet und zur Einziehung überwiesen erhalten hat, die Zwangsversteigerung zum Zwecke der Aufhebung der Erbengemeinschaft (§§ 180 ff. ZVG) nur beantragen, wenn er die Auseinandersetzung des gesamten Nachlasses betreibt. Denn zur Durchsetzung einer Teilauseinandersetzung ist der Pfändungsgläubiger nicht befugt. Der Miterbe, dessen Erbteil gepfändet ist, kann die Teilungsversteigerung nur gemeinschaftlich mit dem Pfändungsgläubiger betreiben. Vollstreckungsschutzgewährung nach § 180 Abs. 2 ZVG kann der Miterbe, dessen Erbteil gepfändet ist, beantragen.

Besteht der Nachlaß dagegen nur (noch) aus Grundstücken, so hat der Pfändungsgläubiger, wenn ihm das Gericht den Erbteil zur Einziehung überwiesen hat, für sich allein das Recht, Antrag auf Zwangsversteigerung der Grundstücke zur Aufhebung der Erbengemeinschaft zu stellen. Er muß dazu das Miterbenrecht seines Schuldners nachweisen. Der vorherigen Grundbuchberichtigung auf die Erben bedarf es nicht[67].

Trotz der Eintragung der Pfändung im Grundbuch kann eine etwaige Übertragung des gepfändeten Erbteils auf einen Miterben oder einen Dritten

---

[67] Konkurriert ein Vertragspfandrecht an einem Erbteil mit einem später entstandenen Pfändungspfandrecht, so steht, wenn ein Nachlaßgrundstück zur Aufhebung der Gemeinschaft versteigert wird, der auf den Schuldner entfallende Erlösanteil dem Vertragspfandgläubiger zu (BGH in BB 1969, 1331 = DNotZ 1969, 673 = MDR 1969, 750 = NJW 1969, 1347 m. krit. Anm. von Wellmann in NJW 1969, 1903).

(§§ 2033 ff. BGB; Rdn. 350) im Grundbuch eingetragen werden, sofern der Pfändungsvermerk nicht gelöscht wird.

d. Rechtslage bei Bestehen von Testamentsvollstreckung, Nachlaßverwaltung oder Nachlaßpflegschaft

In diesen Fällen gilt wegen der Zustellung des Pfändungs- und Überweisungsbeschlusses sinngemäß das gleiche wie in Rdn. 348 ausgeführt. 353

e. Rechtslage bei Bestehen von Vor- und Nacherbschaft

Ist der Schuldner Mit-Vorerbe, so ist die Pfändung seines Erbteils durch einen 354
Gläubiger gleichwohl zulässig. Die Pfändung ist jedoch im Falle des Eintritts der Nacherbfolge gegenüber dem Nacherben insoweit unwirksam, als sie dessen Nacherbenrecht vereiteln oder beeinträchtigen würde (§ 2115 S. 1 BGB). Es darf in einem solchen Fall weder eine Veräußerung des gepfändeten Erbteils nach §§ 844, 857 Abs. 5 ZPO noch dessen Überweisung zur Einziehung durch das Gericht angeordnet werden (§ 773 ZPO). Der Nacherbe muß seine vorstehend behandelten Rechte u. U. durch Erhebung von Widerspruchsklage nach § 771 ZPO (Rdn. 260) geltend machen.

Die bis zum Eintritt der Nacherbfolge dem Vorerben zufallenden Nutzungen der Erbschaft kann ein Gläubiger des Vorerben in jedem Fall pfänden, ohne daß die Einschränkungen, die im Rahmen der §§ 2113, 2114 BGB gelten, zur Anwendung kommen. Sie bestehen auch dann nicht, wenn es sich bei der Schuld des Nacherben um eine Nachlaßverbindlichkeit handelt (vgl. Rdn. 347).

Das dem Nacherben bis zum Eintritt der Nacherbfolge zustehende gegenwärti- 355
ge und unentziehbare Anwartschaftsrecht kann durch einen Gläubiger des Nacherben vom Erbfall an gepfändet werden. Auch seine Überweisung zur Einziehung ist möglich. Die Pfändung des Anwartschaftsrechts erfolgt als Erbteilspfändung (Rdn. 350). Sie bedarf zu ihrer Wirksamkeit der Zustellung an die Mit-Nacherben als Drittschuldner (§ 859 ZPO). Sind die Mitnacherben noch unbekannt – dann wird allerdings meist auch der Nacherbe, dessen Anwartschaftsrecht gepfändet werden soll, noch unbekannt sein –, so erhebt sich die Frage, ob zur Zustellung Bestellung eines Pflegers nach § 1913 BGB erforderlich wird, falls nicht Nacherben-Testamentsvollstreckung nach § 2222 BGB besteht. Die Frage nach der Pflegerbestellung wird wohl zu verneinen sein; es wird in diesem Fall Zustellung der Pfändung an die Vorerben genügen. Diese Zustellung ist auch bei Bekanntsein der weiteren Mit-Nacherben ratsam[68].

---

[68] KGJ 42, 228, 241 hält diese Zustellung nicht für erforderlich. Nach Stöber, Forderungspfändung, Rdn. 1658, genügt bei Unbekanntsein der Mitnacherben Zustellung an den Vorerben als Drittschuldner.

Die Pfändung kann in das Grundbuch eingetragen werden (§ 51 GBO und Rdn. 352). Vor Eintritt der Nacherbfolge kann der Pfändungsgläubiger Befriedigung nur durch Veräußerung des gepfändeten Anwartschaftsrechts erlangen (§§ 844, 857 Abs. 5 ZPO; Rdn. 350). Bei Versteigerung durch den Gerichtsvollzieher (§§ 816 ff. ZPO) geht das Anwartschaftsrecht auf den Nacherbteil mit dem Zuschlag auf den Meistbietenden über, ohne daß es eines besonderen Übertragungsaktes bedarf. Der Erwerber des Nacherbenrechts wird mit dem Eintritt des Nacherbfalls unmittelbar Rechtsnachfolger des Nacherben[69].

Nach Eintritt der Nacherbfolge bei Vorhandensein mehrerer Nacherben sind die Rechte des Pfandgläubigers an einem Erbteil die gleichen wie bei einem nicht mit Nacherbschaft belasteten gepfändeten Miterbenanteil (Rdn. 350).

3. Pfändung gegen Alleinerben

a. Schuldner ist alleiniger Vollerbe

356 Die Alleinerbschaft geht im Vermögen des Alleinerben auf. Bei Vorliegen eines Titels gegen den alleinigen Vollerben kann der Gläubiger also unmittelbar dessen gesamtes pfändbares Vermögen vollstrecken. Eine pfändbare „Erbschaft" ist nicht vorhanden.

Der Alleinerbe hat aber – wie der Miterbe – das Recht, durch Herbeiführung der beschränkten Erbenhaftung sein eigenes Vermögen aus der Haftung für eine Nachlaßverbindlichkeit freizubekommen (vgl. die Ausführungen Rdn. 346).

b. Schuldner ist alleiniger Vorerbe

357 Für diesen Fall gilt das in Rdn. 349 Ausgeführte ebenfalls. Das Recht des oder der Nacherben darf aber durch eine gegen den alleinigen Vorerben gerichtete Pfändung weder vereitelt noch beeinträchtigt werden, falls nicht wegen einer Nachlaßverbindlichkeit vollstreckt wird (s. Rdn. 347 und 355).

c. Schuldner ist alleiniger Nacherbe

358 Pfändbar ist bis zum Eintritt der Nacherbfolge das in Rdn. 355 behandelte Anwartschaftsrecht des Nacherben durch gerichtlichen Pfändungs- und Überweisungsbeschluß. Zustellung des Beschlusses an einen weiteren Nacherben scheidet aus, da ein solcher nicht vorhanden ist. Streitig ist, ob die Vorerben in diesem Fall als Drittschuldner anzusehen sind oder nicht. Eine Entscheidung

---

[69] RGZ 101, 190.

dieser Frage kann dadurch vermieden werden, daß eine Zustellung an die Vorerben auf alle Fälle veranlaßt wird[70].

Wegen der Eintragung der Pfändung gegen den alleinigen Nacherben im Grundbuch gilt das gleiche wie unter Rdn. 352 ausgeführt ist (vgl. dazu auch § 51 GBO).

Mit Eintritt des Nacherbfalls wandelt sich das Pfandrecht an der Anwartschaft des alleinigen Nacherben von selbst in das Pfandrecht an den einzelnen Nachlaßgegenständen um, bei Grundstücken erwirbt der Gläubiger für seine Ansprüche eine Sicherungshypothek an diesen (§ 1287 BGB, § 848 Abs. 2 ZPO).

Der Pfändungsgläubiger hat die Möglichkeit, sich bereits vor dem Eintritt der Nacherbfolge dadurch aus dem gepfändeten Anwartschaftsrecht Befriedigung zu verschaffen, daß er beim Vollstreckungsgericht den Antrag auf Anordnung des freihändigen Verkaufs oder der Zwangsversteigerung dieses Rechts stellt (§§ 857 Abs. 5, 844 ZPO). Mit dem Zuschlag geht das Anwartschaftsrecht auf den Meistbietenden über, ohne daß es einer besonderen Übertragungshandlung bedarf (vgl. Rdn. 355).

4. Pfändung gegen Vermächtnisnehmer

a. Art der Pfändung eines Vermächtnisses

Die Pfändung eines Vermächtnisanspruchs kann erst nach dem Tode des Erblassers erfolgen[71]. Drittschuldner sind dabei die mit dem Vermächtnis Belasteten. Es werden dies in der Regel Erben sein, es können aber auch Vermächtnisnehmer in Frage kommen (vgl. das in § 2147 BGB geregelte Untervermächtnis). Zu pfänden ist der Anspruch auf Zahlung eines Geldbetrags oder auf Leistung des vermachten Gegenstandes (§§ 829, 846 ff. ZPO). Es wird sich meist empfehlen, den Herausgabeanspruch des Bedachten gegen die Belasteten mitpfänden zu lassen. Das Gericht ordnet in diesem Fall die Herausgabe des Gegenstandes an den vom Gläubiger zu beauftragenden Gerichtsvollzieher, dessen Name im Pfändungsbeschluß nicht genannt zu werden braucht, an.

359

Trotz der Pfändung kann der Bedachte das Vermächtnis ausschlagen (§§ 2176, 2180 BGB).

---

[70] Vgl. FN 61.
[71] RGZ 67, 425. Bei einem unter einer aufschiebenden Bedingung oder unter Bestimmung eines Anfangstermins angeordneten Vermächtnis ist Pfändung des Anwartschaftsrechts bereits vom Erbfall an zulässig (BGH in MDR 1963, 824).

Muster 57

Eingang wie in Muster 56.

Ich beantrage, den angeblichen Anspruch des Schuldners an die Erben des am ... verstorbenen ... nämlich an ... auf Zahlung des Pflichtteils aus diesem Nachlaß zu pfänden und mir zur Einziehung zu überweisen. Der Pflichtteil ist vertraglich anerkannt. Vertrag vom ... Abschluß des Antrags wie bei Muster 56.

b. Bestehen von Testamentsvollstreckung, Nachlaßverwaltung oder Nachlaßpflegschaft

Zustellung des Pfändungsbeschlusses an einen solchen Verwalter ist nicht zwingend vorgeschrieben, aber zumindest empfehlenswert[72].

c. Verwertung des Vermächtnisgegenstandes

360 Auf die Verwertung des Vermächtnisgegenstandes sind die darüber allgemein bestehenden Vorschriften anzuwenden, also grundsätzlich Versteigerung beweglicher Sachen durch den Gerichtsvollzieher (§§ 814 ff. ZPO).

5. Pfändung gegen Pflichtteilsberechtigten

a. Zulässigkeit der Pfändung eines Pflichtteils[72a]

361 Ein Pflichtteilsanspruch kann nur gepfändet werden, wenn er durch Vertrag anerkannt oder wenn er rechtshängig geworden ist (§ 852 ZPO). Dadurch soll verhindert werden, daß ein Pflichtteilsanspruch ohne entsprechenden Willen des Berechtigten geltend gemacht wird. Als Anerkenntnis genügt jede Vereinbarung, die erkennen läßt, daß der Berechtigte den Pflichtteil geltend machen will. Ausreichend ist auch, daß der Anerkennungswille gegenüber dem Berechtigten vom Pflichtteilsschuldner in schlüssiger Weise zum Ausdruck kommt[73]. Die Anerkennung kann sich auch aus der Abtretung des Anspruchs ergeben. Rechtshängig ist ein Pflichtteil, wenn wegen seiner Geltendmachung

---

[72] Stöber, Rdn. 549.
[72a] S. dazu jetzt Kuchinke in NJW 1994, 1769 und BGH in NJW 1993, 2876.
[73] S. auch BGH in MDR 1973, 401 = NJW 1973, 620. Fraglich ist die Zulässigkeit der Pfändung eines Pflichtteilsanspruchs für den künftig möglichen Fall der Anerkennung oder der Rechtshängigkeit des Anspruchs. Die Frage verneint KG in JW 1935, 3486 = Rpfleger 1936, 121; die Frage bejaht OLG Naumburg in OLGZ 40, 154. Das Erstere ist zutreffend. Das schließt aber nicht aus, daß eine Pflichtteilspfändung, die vor dem Anerkenntnis oder vor der Rechtshängigkeit – und damit unzulässigerweise – erfolgt, gültig wird, wenn vor rechtskräftiger Erledigung der vom Pflichtteilsberechtigten eingelegten Erinnerung der Anspruch anerkannt oder rechtshängig gemacht wird (OLG Karlsruhe in HRR 1930 Nr. 1164).

ein prozessuales Verfahren anhängig ist, etwa Klageerhebung (§ 263, s. auch § 253 ZPO).

Zum Pflichtteil gehört auch ein etwaiger Ergänzungsanspruch nach §§ 2325 bis 2327 BGB und der etwaige Anspruch des Pflichtteilsberechtigten gegen den Beschenkten nach § 2329 BGB.

Für ein Vermächtnis, das einem Pflichtteilsberechtigten zugewendet ist, gilt das in Rdn. 359 Ausgeführte (vgl. § 2307 BGB)[74].

b. Art der Pflichtteilspfändung

Es handelt sich um eine Forderungspfändung. Das Gericht hat also auf Antrag einen Pfändungs- und Überweisungsbeschluß zu erlassen (§ 829 ZPO). Im Antrag reicht die schlüssige Behauptung des Gläubigers aus, der Pflichtteilsanspruch sei anerkannt oder rechtshängig. Dies muß aus dem Pfändungsbeschluß hervorgehen. Bestreitet der Pflichtteilsberechtigte das Vorliegen dieser Voraussetzung, so ist der Gläubiger beweispflichtig[75]. Drittschuldner sind die mit dem Pflichtteil belasteten Erben (vgl. §§ 2318 ff. BGB). Untersteht der Nachlaß der Verwaltung eines Testamentsvollstreckers, so ist zur Vollstreckung aus dem Pflichtteil in den Nachlaß ein Titel gegen den Erben auf Leistung und gegen den Testamentsvollstrecker auf Duldung der Zwangsvollstreckung erforderlich (§ 2213 BGB; § 748 Abs. 3 ZPO).

362

6. Sonstige Pfändungsfragen im Erbrecht

a. Pfändung erbrechtlicher Ansprüche eines nichtehelichen Kindes

Für die Pfändung der erbrechtlichen Ansprüche eines nichtehelichen Kindes gilt nichts anderes als für die Pfändung der entsprechenden Ansprüche eines ehelichen Kindes. Vielfach wird bei einem nichtehelichen Kind nur Pfändung seines Erbersatzanspruchs in Frage kommen (vgl. §§ 1924, 1934 a ff. BGB).

363

Der Pfändung unterliegt auch der zu Lebzeiten eines nichtehelichen Kindes u. U. in Frage kommende Erbausgleichsanspruch gegen seinen Vater nach Vereinbarung oder rechtskräftiger Entscheidung (§ 1934 d BGB)[76].

b. Enterbung in guter Absicht

Ist ein Erbe durch Anordnung von Nacherbschaft in guter Absicht enterbt (§ 2338 BGB), so sind die Nutzungen der Erbschaft dem Zugriff der Gläubiger

364

---

[74] BayObLGZ 8, 26.
[75] RGZ 54, 308.
[76] Vgl. dazu Stöber, Rdn. 122 m. w. N.

des Vorerben insoweit entzogen, als sie zum standesgemäßen Unterhalt des letzteren und zur Erfüllung seiner gesetzlichen Unterhaltspflichten erforderlich sind (§ 863 Abs. 1 Satz 1 ZPO).

Ist die Enterbung in guter Absicht in Form der Anordnung von Testamentsvollstreckung auf Lebenszeit des Abkömmlings erfolgt, so hat dieser nur Anspruch auf den jährlichen Reinertrag, dessen Pfändung in gleicher Weise beschränkt ist (§ 863 Abs. 1 Satz 2 ZPO).

Die vorstehend ersichtlichen Beschränkungen gelten aber nicht für Nachlaßgläubiger (§ 1967 BGB) und für die Gläubiger, deren Rechte auch dem eingesetzten Nacherben nach § 326 Abs. 2 ZPO oder dem ernannten Testamentsvollstrecker gegenüber nach § 2213 BGB wirksam sind. Sind Nacherbschaft und Testamentsvollstreckung angeordnet, so müssen beide Voraussetzungen gegeben sein. Die hier behandelten Pfändungseinschränkungen wirken also im Ergebnis nur gegenüber persönlichen Gläubigern des Schuldners.

Die Einwendungen gegen die Pfändung sind im Wege der Erinnerung geltend zu machen (§ 766 ZPO). Eine solche kann neben den Erben jeder einlegen, zu dessen Gunsten die Anordnungen getroffen sind[77].

c. Schlußerbe beim „Berliner Testament"

365 Der Erbe des überlebenden Ehegatten beim „Berliner Testament" (sog. Schlußerbe; § 2269 BGB) hat vor dem Tode dieses Ehegatten kein übertragbares Anwartschaftsrecht[78], sondern nur ein künftiges Erbrecht. Dieses künftige Erbrecht ist aber nicht pfändbar (vgl. Rdn. 366).

d. Unpfändbarkeit eines künftigen Erbrechts oder dgl.

366 Die bloße Aussicht, Erbe einer noch lebenden Person zu werden, mag später gesetzliche oder testamentarische Erbfolge eintreten, ist nicht pfändbar. Dabei kommt es nicht darauf an, ob es sich um eine Vollerbschaft, eine Vorerbschaft oder eine Nacherbschaft handelt.

Das gleiche gilt für ein künftiges Vermächtnis oder einen künftigen Pflichtteilsanspruch.

---

[77] S. zu obigen Ausführungen auch Stöber Rdn. 1652 ff.
[78] BGHZ 37, 319 = BB 1962, 9758 = DNotZ 1963, 553 = FamRZ 1962, 468 = MDR 1962, 894 = NJW 1962, 1910.

VII. Pfändung gesellschaftsrechtlicher Ansprüche

1. Grundsatz

In das Vermögen einer Gesellschaft als Ganzes, also als rechtlicher Gesamtheit, ist eine Zwangsvollstreckung nicht möglich. Pfändbar sind vielmehr bei Vorliegen eines Vollstreckungstitels gegen eine Gesellschaft nur die einzelnen Vermögenswerte, aus denen sich das Gesellschaftsvermögen zusammensetzt, soweit sie nicht unpfändbar sind. Dabei sind die Formen einzuhalten, die allgemein für die Pfändung von Vermögenswerten bestehen. 367

Von vorstehendem Vorgehen gegen die Gesellschaft ist die Pfändung von Ansprüchen zu unterscheiden, die dem einzelnen Gesellschafter aus dem Gesellschaftsverhältnis zustehen. Dafür gilt folgendes:

2. Pfändung bei Personengesellschaften[79]

Bei der Personengesellschaft – offenen Handelsgesellschaft, Kommanditgesellschaft, Gesellschaft mit beschränkter Haftung & Co. Kommanditgesellschaft – ist der Anteil des einzelnen Gesellschafters am Gesellschaftsvermögen pfändbar, wenn **ein Vollstreckungstitel gegen die Gesellschaft** vorliegt. Diese Pfändung erstreckt sich auf dasjenige, was dem Gesellschafter (Schuldner) bei der Gewinnverteilung und Auseinandersetzung zusteht. Sicherheitshalber sollten im Pfändungsantrag diese beiden Arten von Ansprüchen an die Gesellschaft besonders erwähnt werden. Drittschuldner im Falle der Pfändung sind die übrigen Gesellschafter. Sie können durch Einsichtnahme in das Handelsregister leicht festgestellt werden. Für ausreichend wird es gehalten, wenn der Pfändungs- und Überweisungsbeschluß an die Gesellschaft selbst für die Gesellschafter zugestellt wird. 368

Die Pfändung des Gesellschaftsanteils erfaßt auch das Kündigungsrecht des Gesellschafters, gegen den sich die Pfändung richtet. Hat der Privatgläubiger eines Gesellschafters, nachdem innerhalb der letzten sechs Monate eine Zwangsvollstreckung in dessen bewegliches Vermögen von ihm oder einem anderen Gläubiger ohne Erfolg versucht worden ist, auf Grund eines nicht nur vorläufig vollstreckbaren Titels (s. darüber Rdn. 165) die Pfändung und Überweisung des Anspruchs auf dasjenige, was dem Gesellschafter bei der Ausein-

---

[79] Clasen in NJW 1965, 2141 und Stöber Rdn. 1552ff. Zu Vollstreckungstitel und Vollstreckungsklausel gegen Personengesellschaften s. Eickmann in Rpfleger 1970, 113. Über aktuelle Fragen der Zwangsvollstreckung gegen die offene Handelsgesellschaft (Gesellschaft im Prozeß und in der Zwangsvollstreckung, Fassung des Titels, der nicht nur gegen die Gesellschaft, sondern auch gegen die Gesellschafter gerichtet ist, kein Schutz der Gesellschaft nach § 811 Nr. 5 ZPO) s. Noack in DB 1970, 1817.

andersetzung zukommt, herbeigeführt, so kann die Gesellschaft ohne Rücksicht darauf, ob sie für bestimmte oder für unbestimmte Zeit eingegangen worden ist, kündigen (§ 135 HGB). Die Kündigung muß gegenüber allen Gesellschaftern, also auch dem Schuldner gegenüber, erklärt werden. Zum Recht der anderen Gesellschafter, die Auflösung der Gesellschaft zu verhindern, s. § 141 Abs. 1 und § 142 Abs. 2 HGB. Einem Gesellschaftsgläubiger, der den Schuldner als Gesellschafter für eine Verbindlichkeit der Gesellschaft persönlich in Anspruch nimmt, steht das Kündigungsrecht nicht zu. Privatgläubiger ist also, wer unabhängig von dem Gesellschaftsverhältnis einen Anspruch gegen den Schuldner hat.

369 Von der Pfändung nicht erfaßt werden das Geschäftsführungs- und Vertretungsrecht (§§ 114, 116, 125, 126 HGB), das Widerspruchsrecht (§ 115 HGB), das Antragsrecht auf Entziehung der Befugnis zur Geschäftsführung (§ 117 HGB), das Recht auf Unterrichtung, Einsicht in die Handelsbücher und Papiere und das Recht auf Anfertigung einer Bilanz (§ 118 HGB) sowie das Stimmrecht (§ 119 HGB).

370 Gegen persönlich haftende Gesellschafter einer OHG darf nur vollstreckt werden, wenn diese im Vollstreckungstitel eindeutig als Schuldner aufgeführt sind.

371 Bei einer Kommanditgesellschaft besteht eine Pfändungsmöglichkeit vorstehenden Umfangs sowohl gegenüber einem persönlich haftenden Gesellschafter wie gegenüber einem Kommanditisten.

Da auch die GmbH & Co. KG eine echte KG ist, ergeben sich bei ihr – vom Umfang der Haftung der meist allein als persönlich haftenden Gesellschafterin vorhandenen GmbH abgesehen – keine pfändungsrechtlichen Besonderheiten (wegen Pfändung bei der GmbH selbst s. die Ausführungen Rdn. 378).

Muster 58

372 Wegen meiner vorstehend zusammengestellten Ansprüche beantrage ich, den Anteil des Schuldners als Gesellschafter der offenen Handelsgesellschaft unter der Firma... mit dem Sitz in... zu pfänden und mir zur Einziehung zu überweisen. Mitgesellschafter dieser Firma sind:...

Insbesondere beantrage ich zu pfänden und zu überweisen die dem Schuldner zustehenden Ansprüche auf laufende Gewinnanteile, Leistungen aus Geschäftsführung und das künftige Auseinandersetzungsguthaben.

373 Die Pfändung des Anteils des Schuldners am Gesellschaftsvermögen ist auch zulässig, wenn der Anteil nicht ohne Zustimmung der übrigen Gesellschafter übertragen werden darf.

Der Anspruch auf den nach dem Gesellschaftsvertrag bestehenden jetzigen und künftigen Gewinn kann auch gesondert gepfändet werden, ebenso das künftige Auseinandersetzungsguthaben.

3. Pfändung bei Gesellschaft nach bürgerlichem Recht

Ist der Schuldner Gesellschafter einer Gesellschaft nach bürgerlichem Recht (§§ 705ff. BGB), so gelten die bei Rdn. 368ff. für die Personengesellschaft gemachten Ausführungen ebenfalls[80]. Der Pfändungsbeschluß muß hier allerdings an alle Gesellschafter persönlich zugestellt werden, da eine Gesellschaft nach bürgerlichem Recht zur Führung einer Firma nicht befugt ist. **374**

Der Gläubiger kann den **Anteil des Schuldners am Gesellschaftsvermögen** pfänden, die Gesellschaft ohne Einhaltung einer Frist kündigen und den Anspruch auf den dem Anteil des Gesellschafters entsprechenden Liquiditätsüberschuß sich überweisen lassen. Pfändung und Überweisung ermächtigen den Gläubiger gemäß § 836 Abs. 1 ZPO zu allen im Recht des Schuldners begründeten, der Befriedigung dienenden Maßnahmen, also auch dazu, die Auseinandersetzung der Gesellschaft unmittelbar herbeizuführen[81].

Zur **Vollstreckung in das Gesellschaftsvermögen** ist ein gegen alle Gesellschafter lautender Vollstreckungstitel erforderlich (§ 73 b ZPO; LG Saarbrücken in DGVZ 1997, 58). Die Verurteilung aller Gesellschafter braucht nicht in einem einzigen Urteil erfolgt sein.

Die Mitgesellschafter haben das Recht, durch Befriedigung der Ansprüche des pfändenden Gläubigers die Auflösung der Gesellschaft abzuwenden (§ 268 BGB). **375**

Der Gläubiger kann den Anspruch seines Schuldners auf das, was ihm bei der späteren Auseinandersetzung zukommt und den Gewinnanspruch auch selbständig pfänden (§ 717 BGB). Das Muster 58 (Rdn. 372) kann hier mit der erforderlichen Abwandlung verwendet werden.

4. Pfändung bei Aktiengesellschaft

In Aktien des Schuldners ist Zwangsvollstreckung wie in sonstige bewegliche körperliche Sachen durch den Gerichtsvollzieher möglich. Verwertung erfolgt durch Verkauf aus freier Hand zum Tageskurs oder durch Versteigerung (§ 821 ZPO). **376**

Das Bezugsrecht auf neue Aktien nach §§ 186, 187 AktG ist ebenfalls pfändbar (§§ 857, 847 ZPO).

---

[80] Zur Zwangsvollstreckung bei der Gesellschaft nach bürgerlichem Recht s. Mümmler in JurBüro 1982, 1607; Noack in DGVZ 1974, 1.
[81] BGH in MDR 1992, 294, 295.

5. Pfändung bei Kommanditgesellschaft auf Aktien

377 Bei der Kommanditgesellschaft auf Aktien (§§ 278ff. AktG) kann der Gläubiger eines Kommandit-Aktionärs dessen Aktien wie bei einer sonstigen Aktiengesellschaft pfänden und sich zur Einziehung überweisen lassen. Der Gläubiger eines persönlich haftenden Gesellschafters einer solchen Gesellschaft kann dessen Anteil am Gesellschaftsvermögen in gleicher Weise wie gegenüber dem Kommanditisten einer KG (s. Rdn. 371) pfänden, wodurch das Auseinandersetzungsguthaben des Schuldners in Beschlag genommen wird.

6. Pfändung bei Gesellschaft mit beschränkter Haftung

378 Bei einer GmbH sind die Geschäftsanteile der einzelnen Gesellschafter pfändbar (§§ 14, 15 GmbH; § 857 ZPO)[82]. Dies gilt auch dann, wenn die Abtretung eines Geschäftsanteils von der Genehmigung der Gesellschaft abhängig ist (§ 15 Abs. 5 GmbHG). Drittschuldner ist die GmbH als solche. Übersteigt der Wert des Geschäftsanteils die Forderung des Gläubigers, so ist eine Teilpfändung selbst dann möglich, wenn die Teilung eines Geschäftsanteils nach dem Gesellschaftsvertrag ausgeschlossen oder von der Genehmigung der Gesellschaft abhängig ist (§ 17 GmbHG). Im Vertrag einer GmbH kann festgelegt sein, daß ein Geschäftsanteil im Falle seiner Pfändung von der Gesellschaft einzuziehen ist (§ 34 GmbHG). Dann wird von dessen bereits erfolgter Pfändung das bei der Einziehung[83] zu zahlende Entgelt erfaßt, das grundsätzlich vollwertig sein muß.

Dem Gläubiger kann der gepfändete Geschäftsanteil nicht zur Einziehung überwiesen werden. Er ist vielmehr auf den Anspruch auf das künftige Auseinandersetzungsguthaben und den Gewinnanteil – der auch selbständig gepfändet werden kann – beschränkt. Für den Geschäftsanteil kommt jedoch eine anderweitige Verwertung im Sinne des § 844 ZPO in Frage. Meist wird der Gläubiger die Anordnung der Versteigerung des gepfändeten Geschäftsanteils gegenüber dem Vollstreckungsgericht beantragen (s. auch § 814 ZPO). Der Anteilserwerber erlangt damit die Stellung eines Gesellschafters.

Muster 59

379 Wegen meiner vorstehenden Ansprüche beantrage ich, den Geschäftsanteil meines Schuldners bei der X-Gesellschaft mit beschränkter Haftung mit dem Sitz in Y zu pfänden, und zwar einschließlich des Anspruchs auf Gewinnbeteiligung. Geschäftsführer der Gesellschaft ist ...

---

[82] S. dazu Noack in MDR 1970, 890; Pfaff in GmbH-Rdsch 1964, 92; Sachs in GmbH-Rdsch 1974, 84; Schulen in NJW 1960, 1427; Rdn. 343 ff.; Stöber und Tiedau in DNotZ 1964, 94.
[83] Zur Verwertung des gepfändeten GmbH-Anteils s. Petermann in Rpfleger 1973, 387.

7. Pfändung bei stiller Gesellschaft

Bei der stillen Gesellschaft können Gläubiger des Geschäftsinhabers ohne Rücksicht auf den stillen Gesellschafter wie sonst vollstrecken. Gläubiger des stillen Gesellschafters können nur seinen Gewinnanteil und den Anspruch auf das Auseinandersetzungsguthaben pfänden (vgl. auch § 717 BGB). Drittschuldner ist der Inhaber des Handelsgeschäfts.

380

Das Kündigungsrecht des Gläubigers im Falle der Pfändung und Überweisung des Auseinandersetzungsguthabens des stillen Gesellschafters ist das gleiche wie bei der offenen Handelsgesellschaft. Nach Auflösung der Gesellschaft hat der Geschäftsinhaber das Guthaben des Schuldners in Geld zu berichtigen (§ 235 HGB).

381

Eine unmittelbare Inanspruchnahme des stillen Gesellschafters durch Gläubiger des Geschäftsinhabers ist ausgeschlossen.

Besondere Arten von stillen Gesellschaften sind die Innengesellschaft und die Unterbeteiligung. Bei ihnen tritt nach außen nur eine Person auf, die aber die Geschäfte im Innenverhältnis auch für die übrigen Gesellschafter führt.

382

Pfändbar sind bei diesen Gesellschaftsformen die Ansprüche des Schuldners auf den Gewinnanteil und auf das Auseinandersetzungsguthaben.

Das Bestehen einer solchen Gesellschaft wird der Gläubiger oft nur schwer feststellen können.

VIII. Pfändung von Grundpfandrechten und anderen grundbuchlichen Rechten[84]

1. Allgemeines zur Pfändung von Grundpfandrechten[85]

Die Pfändung von Hypotheken (Brief-, Buch-, Sicherungs- und Höchstbetragshypotheken; §§ 1113–1190 BGB), von Grundschulden (Brief- und Buchgrundschulden; §§ 1191–1198 BGB) und von Rentenschulden (Brief- und Buchrechten; §§ 1199–1203 DGB) richtet sich zwar wenigstens grundsätzlich nach den für die Pfändung sonstiger Forderungen bestehenden Vorschriften (s. Rdn. 284ff.), doch sind wesentliche Zusatzbestimmungen zu beachten, deren Einhaltung in der Praxis erhebliche Schwierigkeiten bereiten kann. Es führt also nicht jede Pfändung eines Grundpfandrechts zu einem Erfolg für den Gläubiger.

383

---

[84] S. dazu Reiter in NJW 1972, 22 und Weber in BB 1969, 425; Balser/Bögner, Vollstreckung im Grundbuch, 10. Aufl. 1994.
[85] S. dazu Haegele in JurBüro 1954 Sp. 255 und 1955 Sp. 81; Hahn in JurBüro 1958 Sp. 161 und Stöber Rdn. 1795 ff.

2. Pfändung einer Hypothek

384 Bei der Pfändung jeder Art von Hypotheken ist als gemeinsam folgendes zu beachten: Das Primäre bei einer Hypothek ist die durch sie gesicherte Forderung. Die Hypothek ist rechtlich nicht etwa ein selbständiges Vermögensrecht des Gläubigers, das an Stelle seiner Forderung getreten ist, vielmehr hat die Hypothek nur den Zweck, die Forderung des Gläubigers zu sichern. Die Forderung ist und bleibt rechtlich die Hauptsache (vgl. auch § 1153 BGB). Die Hypothek ist nur ein Nebenrecht der Forderung, wie es etwa auch eine Bürgschaft ist. Wirtschaftlich allerdings kommt vielfach der Sicherheit, also der Hypothek, die größere Bedeutung zu. Forderung und Hypothek können nur zusammen gepfändet werden.

Die zu pfändende Hypothek ist im Pfändungsantrag möglichst genau zu bezeichnen, also nach Grundbuchstelle, Gläubiger, Grundstückseigentümer, Höhe, Art der durch die Hypothek gesicherten Forderung (etwa Darlehen, Kaufpreis), Verzinsung und sonstigen Nebenleistungen, Angabe, ob Brief- oder Buchhypothek. Bei Zinsen (und anderen Nebenleistungen) ist anzugeben, von welchem Zeitpunkt ab sie mitgepfändet werden sollen. S. dazu Muster 62 ff.

385 Auch dann, wenn die zu pfändende Hypotheken-Forderung höher ist als der Gesamtanspruch des pfändenden Gläubigers, kann dieser die Forderung in voller Höhe pfänden lassen. Die Überweisung kann in einem solchen Fall natürlich nur in Höhe des Vollstreckungsanspruchs des Pfändungsgläubigers erfolgen. Der Gläubiger kann sich auch auf eine Teilpfändung beschränken. Bei tatsächlich gewollter Teilpfändung muß der Teilbetrag, der gepfändet werden soll, im Pfändungsantrag ziffernmäßig angegeben werden. Ein gepfändeter Teil der Hypotheken-Hauptsumme hat nur den Vorrang vor dem nicht gepfändeten Rest, wenn ein entsprechender Antrag gestellt ist und das Gericht den Vorrang im Pfändungsbeschluß anerkannt hat.

386 Wird eine Hypothek in das Grundbuch eingetragen, so ist die Regel, daß der Gläubiger über sie vom Grundbuchamt einen Hypothekenbrief erhält (§ 1116 Abs. 1 BGB). Der besondere Vorteil einer Briefhypothek ist, daß die Abtretung oder Verpfändung einer solchen Hypothek nicht in das Grundbuch eingetragen zu werden braucht, vielmehr zu deren Wirksamkeit Ausstellung einer entsprechenden schriftlichen Erklärung und Briefübergabe genügen (§§ 1154, 1155 BGB).

Demzufolge bedarf es zur **Pfändung einer Briefhypothek** neben dem Pfändungs- (und Überweisungs-)Beschluß der Übergabe des darüber bestehenden Briefs vom Pfändungsschuldner an den Pfändungsgläubiger (§ 830 Abs. 1 Satz 1 ZPO) oder der zwangsweisen Wegnahme des Briefes beim Pfändungs-

Pfändung von Grundpfandrechten u.a. grundbuchlichen Rechten 243

schuldner durch den Gerichtsvollzieher. Eintragung der Pfändung einer Briefhypothek im Grundbuch kann die Übergabe des Hypothekenbriefs keineswegs ersetzen. Der Pfändungsschuldner ist zur Übergabe des Hypothekenbriefs an den Pfändungsgläubiger auch dann verpflichtet, wenn diese Verpflichtung im gerichtlichen Pfändungsbeschluß nicht ausdrücklich ausgesprochen ist. Der Übergabe des Briefes steht es gleich, wenn der Hypothekengläubiger (Pfändungsschuldner) den Brief bei der amtlichen Hinterlegungsstelle hinterlegt, auf seine Rücknahme verzichtet und der Pfändungsgläubiger die Annahme erklärt.

Dem Gerichtsvollzieher steht das Recht zur Empfangnahme des Briefes aufgrund des Pfändungs- und Überweisungsbeschlusses ohne weiteres zu, ohne daß darüber im Beschluß eine Anordnung enthalten sein müßte. Bei der zwangsweisen, also gegen den Willen des Pfändungsschuldners erfolgenden Wegnahme des Briefes muß aber der Pfändungsbeschluß dem Pfändungsschuldner bereits zugestellt sein oder gleichzeitig zugestellt werden (§ 750 ZPO). Bereits mit der Briefwegnahme durch den Gerichtsvollzieher, die der freiwilligen Briefübergabe durch den Pfändungsschuldner an den Pfändungsgläubiger gleichsteht, wird die Pfändung voll wirksam, also nicht etwa erst mit Übergabe des Briefes durch den Gerichtsvollzieher an den Pfändungsgläubiger.

Die Pfändung einer Briefhypothek kann der Pfändungsgläubiger unter Vorlage des Hypothekenbriefs und des Pfändungs- und Überweisungsbeschlusses durch formlosen Antrag in das Grundbuch eintragen lassen. Die Eintragung ist bei einer Briefhypothek zur Wirksamkeit der Pfändung aber nicht erforderlich. Sie stellt jedoch das durch die Pfändung unrichtig gewordene Grundbuch wieder richtig. Mitwirkung des Schuldners (Gläubigers der Hypothek) ist bei dieser Grundbuchberichtigung nicht erforderlich. **387**

Bei einer **Buchhypothek**, über die kein Hypothekenbrief erteilt ist, bedarf es neben dem Pfändungs- (und Überweisungs-) Beschluß der Eintragung der Pfändung im Grundbuch (§ 830 Abs. 1 S. 3 ZPO). Buchhypotheken (§ 1116 Abs. 2 BGB) sind auch Sicherungshypotheken (§§ 1184, 1185 Abs. 1, 1187 BGB) und Höchstbetragshypotheken (§§ 1190 Abs. 3, 1185 Abs. 1 BGB); für sie gelten einige Besonderheiten, auf die wegen der Seltenheit dieser Hypothekenart hier aber nicht eingegangen wird, ferner Zwangshypotheken (§ 866 ZPO) und Arresthypotheken (§ 932 ZPO; s. auch Rdn. 516). **388**

Die Eintragung der Pfändung einer Buchhypothek, die zur Voraussetzung hat, daß das Vollstreckungsgericht (Rechtspfleger) dem Gläubiger diese auf dessen meist im Pfändungsantrag mitgestellten Antrag zur Einziehung (Rdn. 284) überwiesen hat, hat der Gläubiger unter Vorlage einer Ausfertigung des Pfändungs- und Überweisungsbeschlusses unmittelbar beim Grundbuchamt zu beantragen (§ 13 GBO). Einer besonderen Form (etwa Beglaubigung der Unterschrift des Gläubigers) oder der Vorlage des Vollstreckungstitels oder eines Nachweises über die erfolgte Zustellung des Pfändungsbeschlusses an den Drittschuldner und Schuldner bedarf es dabei nicht. Die Pfändung einer auf mehreren Grundstücken eingetragenen Buchhypothek (Gesamthypothek) wird erst mit ihrer Eintragung an allen belasteten Grundstücken wirksam. Ist der Schuldner nicht als Berechtigter im Grundbuch eingetragen (§ 39 GBO), so kann der Gläubiger aufgrund seines vollstreckbaren Titels Grundbuchberichtigung herbeiführen (§ 14 GBO, § 894 BGB, § 792 ZPO).

389 Die Überweisung einer wirksam gepfändeten Brief- oder Buchhypothek zur Einziehung berechtigt den Pfändungsgläubiger, die Hypothekenforderung nach Fälligkeit, wie diese zwischen dem Pfändungsschuldner (Hypothekengläubiger) und seinem Schuldner (meist Grundstückseigentümer) vereinbart ist, also zutreffendenfalls nach entsprechender Kündigung, einzuziehen und ohne Mitwirkung seines Schuldners dafür zu bescheinigen. Das Vollstreckungsgericht kann auf Antrag des Pfändungsgläubigers eine andere Verwertung der gepfändeten Hypothek anordnen, etwa einen freihändigen Verkauf oder eine Versteigerung durch den Gerichtsvollzieher (§ 844 ZPO)[86].

390 Will der Pfändungsgläubiger aufgrund der für ihn gepfändeten und ihm zur Einziehung überwiesenen Hypothekenforderung gegen deren Schuldner (seinen Drittschuldner) nach Fälligkeit der Hypothekenforderung vorgehen, so bedarf er dazu, wie jeder Gläubiger, eines Vollstreckungstitels gegen ihn. Aufgrund des Pfändungs- und Überweisungsbeschlusses ist der Pfändungsgläubiger berechtigt, sich einen vollstreckbaren Titel (durch Klageerhebung oder durch Umschreibung der Vollstreckungsklausel aus der bei Rdn. 188 behandelten, vor einem Notar erfolgten Unterwerfung nach § 794 Abs. 1 Nr. 5 ZPO) zu verschaffen. Bei jeder Art von Vorgehen des Pfändungsgläubigers gegen den Pfändungsschuldner ist aber § 841 ZPO zu beachten, wonach ersterer dem letzteren den Streit verkünden muß (§§ 72ff. ZPO). Wird die Streitverkündung unterlassen, muß der Pfändungsgläubiger u.U. Schadenersatz leisten (§ 249 BGB).

Nach erfolgter Befriedigung kommt nicht Ausstellung einer Löschungsbewilligung durch den Pfändungsgläubiger in Betracht, sondern nur Erteilung einer Quittung des Inhalts, daß er vom Hypothekenschuldner, in der Regel also vom Grundstückseigentümer, um seine Ansprüche an Hauptforderung und Zinsen (und sonstigen Nebenleistungen) befriedigt worden ist. Die Unterschrift des Pfändungsgläubigers muß notariell beglaubigt sein (§ 29 GBO).

---

[86] S. dazu Stöber Rdn. 1837 ff.

Pfändung von Grundpfandrechten u.a. grundbuchlichen Rechten

Ist eine Hypothek gepfändet worden, die später in der Zwangsversteigerung des belasteten Grundstücks nach den Versteigerungsbestimmungen mit dem Zuschlag erlischt (§ 91 Abs. 1 ZVG), so setzt sich das Pfandrecht an dem mit dem Erlöschen der Hypothek entstandenen Anspruch des Hypothekengläubigers auf Befriedigung aus dem Versteigerungserlös fort, sofern dieser nach der Rangordnung des § 10 ZVG (vgl. Rdn. 501) dazu ausreicht[87]. **391**

3. Pfändung einer Grundschuld

Der wesentlichste Unterschied zwischen einer Hypothek in ihren verschiedenen Formen und einer Grundschuld (die als Brief- und Buchgrundschuld vorkommt) ist folgender: Während bei Errichtung einer Hypothek die durch diese zu sichernde Forderung des Gläubigers unbedingt angegeben und im Grundbuch eingetragen werden muß, bleibt bei Eintragung einer Grundschuld die zu sichernde Forderung ungenannt, sie darf überhaupt nicht genannt werden und tritt im Grundbuch nicht in Erscheinung. Es ist im Grundbuch also nie etwa zu lesen: „Grundschuld für eine Darlehensforderung." In der Regel dient allerdings auch eine Grundschuld zur Sicherung einer persönlichen Forderung, meist sogar eines ganzen Kreises von Forderungen, nur kommt dies nach außen hin nicht zum Ausdruck. Die abstrakte Grundschuld ist unabhängig vom Schicksal der persönlichen Forderung, die sie nahezu in allen Fällen sichern soll. In der Befugnis des Gläubigers, mangels anderweitiger Zahlung des fälligen Grundschuldbetrags das belastete Grundstück zur Zwangsversteigerung zu bringen, gibt es zwischen Hypothek und Grundschuld keinen Unterschied. Besteht neben der Grundschuld keine ausdrücklich durch Rechtsgeschäft übernommene persönliche Haftung des Grundstückseigentümers – ein praktisch seltener Fall –, so kann der Grundschuldgläubiger wegen der Ansprüche aus der Grundschuld in dessen außer dem belasteten Grundstück vorhandenes Vermögen nicht vollstrecken. S. aber für die für eine Grundschuld (und eine Hypothek) mithaftenden Vermögenswerte §§ 1120–1130 BGB. **392**

Gepfändet werden können bei Bestehen einer Fremdgrundschuld, sofern sie, was die Regel ist, zur Sicherung irgendeiner Forderung dient (wegen der Rechtslage bei einer Eigentümergrundschuld s. die Ausführungen Rdn. 396): **393**

a) die Grundschuld ohne die Forderung (meist ohne praktischen Wert) oder
b) die Forderung allein (wobei die Grundschuld nicht gepfändet wäre) oder
c) Grundschuld und Forderung zusammen (was stets ratsam ist).

Die Pfändung einer Brief- oder Buchgrundschuld als solche vollzieht sich nach den gleichen Vorschriften wie die Pfändung einer Hypothekenforderung (s. Rdn. 384). Drittschuldner ist hier nur der Grundstückseigentümer, denn **394**

---

[87] Wegen Einzelheiten s. Stöber Rdn. 1870.

nach den vorstehend gemachten Ausführungen ist die persönliche Forderung kein Bestandteil der Grundschuld. Bei Teilpfändung einer Briefgrundschuld wegen einer verzinslichen Forderung kann der Beanstandung des Grundbuchamts, die Höhe des Anspruchs des vollstreckenden Gläubigers sei noch unbestimmt, dadurch Rechnung getragen werden, daß der Antrag an das Grundbuchamt auf bereits entstandene Zinsen beschränkt wird. Der Teilpfändung einer Grundschuld steht nicht entgegen, daß der Pfändungsbeschluß keine Angaben über das Rangverhältnis des zu pfändenden Grundschuldteils zum Restbetrag enthält. Bestimmt der Pfändungsbeschluß den Zeitpunkt der Mitpfändung der Grundschuldzinsen nicht, so werden von der Pfändung nur Zinsen erfaßt, die nach Wirksamkeit der Pfändung zu entrichten sind[88].

395 Bei einer Grundschuld entsteht bei Nichtentstehung oder Erlöschen der durch die Grundschuld gesicherten Forderung in aller Regel (es gibt also Ausnahmen) keine Eigentümergrundschuld, wie dies bei einer Hypothek der Fall ist (s. Rdn. 396). Wohl aber entsteht hier aus dem der Grundschuldbestellung zugrunde liegenden Rechtsverhältnis oder aus auf § 812 BGB beruhenden Bereicherungsansprüchen ein Anspruch des Sicherungsgebers (meist des Grundstückseigentümers) gegen den Grundschuldgläubiger auf Rückübertragung der Grundschuld, zu dessen Verwirklichung er wahlweise entweder Übertragung der Grundschuld auf sich, Verzicht auf die Grundschuld (§§ 1168, 1192 BGB) oder Aufhebung der Grundschuld (§§ 875, 1183, 1192 BGB) verlangen kann[89].

Die Pfändung eines derartigen Rückgewährungsanspruchs als eines selbständigen Vermögensrechts des Sicherungsgebers ist möglich. Sie richtet sich nach dem allgemein für eine Forderungspfändung maßgeblichen § 829 ZPO (§ 857 Abs. 1 ZPO). Die Pfändung bedarf also zur Wirksamkeit der Zustellung des Pfändungsbeschlusses an den Grundschuldgläubiger als Drittschuldner. Mit ihr wird in aller Regel auf entsprechenden Antrag die Überweisung zur Einziehung (nicht an Zahlungs Statt) mitverbunden. Ratsam ist, jeweils alle drei Ansprüche zusammen zu pfänden. Der Grundschuldgläubiger wird durch eine derartige Pfändung in seinen vertraglichen und gesetzlichen Rechten nicht betroffen. Er kann insbesondere Befriedigung aus der Grundschuld suchen.

4. Pfändung einer Eigentümergrundschuld und Eigentümerhypothek[90]

396 Aus einer Hypothek für einen Fremdgläubiger entsteht insbesondere in folgenden Fällen eine Grundschuld für den Eigentümer selbst:

---

[88] OLG Oldenburg in Rpfleger 1970, 100.
[89] Zur Bestimmtheit der Bezeichnung des Pfändungsgegenstandes bei der Pfändung von Ansprüchen eines Schuldners auf Rückübertragung einer Grundschuld s. BGH in NJW 1975, 980.
[90] Vgl. zur Pfändung einer Eigentümergrundschuld Mümmler in JurBüro 1969 Sp. 789 und Stöber Rdn. 1876 ff.

Pfändung von Grundpfandrechten u.a. grundbuchlichen Rechten 247

a) wenn die Forderung, für welche die Hypothek bestellt ist, nicht zur Entstehung gelangt, zugunsten des Eigentümers des belasteten Grundstücks zur Zeit der Eintragung der Hypothek (§§ 1163 Abs. 1 S. 1, 1177 Abs. 1 BGB);
b) wenn die Forderung des Gläubigers erloschen ist, etwa infolge ihrer Tilgung, zugunsten des Eigentümers zur Zeit des Erlöschens (§§ 1163 Abs. 1 S. 2, 1177 Abs. 1 BGB);
c) wenn der über die Hypothek erteilte Brief (s. Rdn. 386) dem Gläubiger nicht übergeben ist, zugunsten des Eigentümers im Zeitpunkt der Hypothekeneintragung (§ 1163 Abs. 2 BGB);
d) wenn sich das Eigentum am Grundstück mit dem Gläubigerrecht an der Hypothek vereinigt, zugunsten des Eigentümers in diesem Zeitpunkt (Beispiele: Hypothek wird an Eigentümer abgetreten oder Gläubiger erwirbt das belastete Grundstück);
e) wenn der Gläubiger auf seine Hypothek verzichtet, zugunsten des Eigentümers im Zeitpunkt des Wirksamwerdens des Verzichts (§ 1168 BGB);
f) wenn bei einer Zwangshypothek oder Arresthypothek durch eine vollstreckbare Entscheidung die der Eintragung der Hypothek zugrunde liegende Entscheidung aufgehoben oder die Zwangsvollstreckung für unzulässig erklärt wird oder deren Einstellung angeordnet ist, zugunsten des Eigentümers im Zeitpunkt des Eintritts der für die Entstehung der Eigentümergrundschuld erforderlichen Voraussetzungen (§§ 868 Abs. 1, 2, 932 Abs. 2 ZPO; vgl. Rdn. 520).

Darüber, daß bei einer Grundschuld vielfach nur ein Rückgewährungsanspruch besteht, s. Rdn. 395.

Der Zweck der Entstehung einer Eigentümergrundschuld ist insbesondere der, dem begünstigten Grundstückseigentümer die Rangstelle zu erhalten. Er kann über eine Eigentümergrundschuld namentlich durch ihre Abtretung verfügen und sich so neues Geld beschaffen.

397 Eine Eigentümergrundschuld verbleibt dem Grundstückseigentümer, in dessen Person sie entstanden ist, auch dann, wenn er das belastete Grundstück später veräußert. Es liegt dann aber künftig eine Fremdgrundschuld vor.

Eigentümergrundschulden sind vielfach schwer erkennbar, da sie meist nicht auf den Grundstückseigentümer im Grundbuch umgeschrieben werden.

398 Statt einer Eigentümergrundschuld entsteht zuweilen eine Eigentümerhypothek, nämlich dann, wenn dem Eigentümer nach Vereinigung von Hypothek und Eigentum in einer Person auch die Forderung zusteht (§ 1177 Abs. 2 BGB). Hauptfälle der Entstehung einer Eigentümerhypothek sind: Befriedigung des Gläubigers durch den nicht als persönlicher Schuldner haftenden Grundstückseigentümer (§ 1143 Abs. 1 BGB) und Vereinigung von Eigentum und Gläubigerrecht in einer Person, wenn der Grundstückseigentümer nicht persönlicher Schuldner ist (s. die bei der Eigentümergrundschuld in Rdn. 396 Buchst. d gebrachten Beispiele).

399 Vielfach wird bei Bestellung einer Hypothek oder einer Grundschuld vom Grundstückseigentümer (auf Wunsch eines Gläubigers) die Verpflichtung übernommen, das bestellte Recht löschen zu lassen, wenn es sich mit dem Eigentum in einer Person vereinigt, also namentlich, wenn es getilgt ist. Dadurch wird zwar die Entstehung einer Eigentümergrundschuld der bisher behandelten Art nicht verhindert, der Berechtigte aus der Löschungsverpflichtung, bei dem es sich oft um einen im Range nachgehenden Hypotheken- oder Grundschuldgläubiger handelt, kann aber bei Eintritt der Vereinigung die Löschung der entstandenen Eigentümergrundschuld verlangen. Das hat zur Folge, daß er mit seinem Recht in eine bessere Rangstelle vorrückt. Eine derartige Löschungsverpflichtung wird in aller Regel im Grundbuch durch Eintragung einer Vormerkung nach §§ 1179, 1163 Abs. 1 S. 1 BGB gesichert. Eine Pfändung der Grundschuld und Vormerkung wird durch eine solche Verpflichtung zwar nicht unmöglich, der Pfändungsgläubiger muß aber damit rechnen, daß der Berechtigte aus der Verpflichtung die Löschung verlangt, wodurch die Pfändung gegenstandslos wird (vgl. auch §§ 883 Abs. 2, 888 BGB).

400 Die wirksame Pfändung einer Eigentümergrundschuld (Eigentümerhypothek) erfordert neben dem gerichtlichen Pfändungs- und Überweisungsbeschluß bei einem Briefrecht die Übergabe des Grundpfandrechtsbriefs[91], bei einem Buchrecht die Eintragung der Pfändung im Grundbuch (§§ 857 Abs. 6, 830 ZPO).

401 Nur dann, wenn die Eigentümergrundschuld als solche bereits im Grundbuch eingetragen ist – offene Eigentümergrundschuld –, macht ihre Pfändung pfändungs- und grundbuchrechtlich im allgemeinen keine Schwierigkeiten. Ist die in Wirklichkeit entstandene Eigentümergrundschuld nach den unter Rdn. 396 gemachten Ausführungen nicht als solche im Grundbuch eingetragen – sog. verschleierte Eigentümergrundschuld – so muß im Pfändungsantrag das Fremdrecht, aus welchem die Eigentümergrundschuld entstanden sein soll, genau angegeben werden. Die Höhe der Eigentümergrundschuld kann vorerst offen gelassen werden, da sie der Pfändungsgläubiger vielfach zunächst nicht genau beziffern kann.

402 Bei einem Buchrecht ist die zur Wirksamkeit der Pfändung einer Eigentümergrundschuld erforderliche Eintragung im Grundbuch nur möglich, wenn dem

---

[91] Im Falle der Teilpfändung einer Eigentümergrundschuld erwirbt der Pfandgläubiger das Pfandrecht ohne Besitz des Stammbriefs durch Aushändigung des vom Grundbuchamt oder Notar hergestellten Teilbriefs. Die freiwillige Vorlage des Stammbriefs durch den briefbesitzenden Dritten zum Zwecke der Herstellung eines Teilbriefs für den pfändenden Gläubiger ermöglicht die beabsichtigte Teilpfändung (OLG Oldenburg in Rpfleger 1970, 100).

Grundbuchamt der Nachweis der vollen oder teilweisen Entstehung einer Eigentümergrundschuld aus dem noch auf den Fremdgläubiger gebuchten Recht durch öffentliche oder öffentlich beglaubigte Urkunde (§ 29 GBO) erbracht werden kann. Der Nachweis kann durch Vorlage einer entsprechenden Erklärung des Fremdgläubigers oder durch eine beglaubigte Quittung (nicht durch eine einfache Löschungsbewilligung) und auf einige andere Arten, nicht selten aber gar nicht erbracht werden. In allen anderen Fällen ist Zuziehung eines Sachkenners nicht zu umgehen.

Die wirksame Überweisung einer Eigentümer-Grundschuld zur Einziehung berechtigt den Pfändungsgläubiger, sich durch Einziehung des Grundschuldanspruchs um seine Ansprüche zu befriedigen. Einen Anspruch auf Zinsen kann der Gläubiger aber nur während einer Zwangsverwaltung geltend machen (§ 1197 Abs. 2 BGB).

Der Pfändungsgläubiger kann auch selbst die Grundstückszwangsversteigerung betreiben, benötigt aber dazu einen besonderen dinglichen Vollstreckungstitel.

Ist Überweisung der gepfändeten Eigentümergrundschuld an Zahlungs Statt erfolgt, so geht sie auf den Pfändungsgläubiger über; sie besteht jetzt als Fremdrecht. **403**

5. Pfändung einer Rentenschuld

Bei einer Rentenschuld, bei der in regelmäßig wiederkehrenden Terminen eine wiederkehrende Geldsumme aus dem Grundstück zu zahlen ist (§ 1199 BGB), ist die Form der Pfändung der noch nicht fälligen Leistungen einschließlich des Anspruchs auf die Ablösungssumme die gleiche wie bei einer Grundschuld (s. Rdn. 392). **404**

6. Muster für Grundpfandsrechtspfändungen

Muster 60

Antrag auf Pfändung einer Briefhypothek, wenn Schuldner im Briefbesitz ist **405**

Gepfändet wird die angebliche Restwerklohnforderung des Schuldners gegen ... – persönlicher Drittschuldner – zusammen mit der angeblich zur Sicherung dieser Forderung im Grundbuch des Amtsgerichts ... für die Gemarkung ... Band ... Blatt ... in Abteilung III Nr. ... auf dem Grundstück ... straße Nr. ... FlurSt.Nr. ... des – dinglicher Drittschuldner – eingetragenen Hypothek mit Brief.

Die Herausgabe des Hypothekenbriefs an den von mir beauftragten Gerichtsvollzieher bitte ich anzuordnen ... (ansonsten wie Muster 46 Rdn. 294).

Muster 61

406 Pfändung einer Buchhypothek

In meiner Zwangsvollstreckungssache gegen XY in Z steht mir folgender Anspruch zu: – folgt Anführung nach Rechtsgrund, Hauptsumme, Zinsen, etwaigen sonstigen Nebenleistungen und Kosten –. Wegen und bis zur Höhe dieser Ansprüche und der Kosten für den Beschluß und dessen Zustellung mit ... DM beantrage ich die Forderung des Schuldners an A, B (Drittschuldner) in C aus einem Darlehen von ... DM nebst ...% Zinsen seit dem ... sowie die zur Sicherung dieses Darlehens im Grundbuch von C Band ... Blatt ... Abt. III Nr. ... eingetragene Buchhypothek über ... DM nebst den Zinsen vom ... an zu pfänden einschließlich des Anspruchs des Schuldners auf Berichtigung des Grundbuchs.
Zugleich beantrage ich, die gepfändeten Ansprüche mir zur Einziehung zu überweisen.

Datum und Unterschrift des Gläubigers

Dazu Antrag an das Grundbuchamt

Muster 62

407 An das Grundbuchamt C

Unter Bezugnahme auf den angeschlossenen Pfändungs- und Überweisungsbeschluß des Amtsgerichts Z vom ... beantrage ich die Eintragung der zu meinen Gunsten erfolgten Pfändung der im Grundbuch von C ... Bd. ... Bl. ... Abt. III Nr. ... eingetragenen Buchhypothek des ... über DM ...

Datum und Unterschrift des Gläubigers

Die Überweisung der Hypothek zur Einziehung kann nicht in das Grundbuch eingetragen werden, wohl aber die Überweisung an Zahlungs Statt (wegen dieser beiden Überweisungsarten s. Rdn. 285).

Muster 63

408 Antrag auf Pfändung einer Fremdgrundschuld

Der Pfändungsantrag hat sich auf die „Pfändung des Anspruchs des Schuldners an X aus der für diesen im Grundbuch von ... eingetragenen Grundschuld mit – ohne – Brief in Höhe von ... DM nebst den grundbuchmäßigen Zinsen ab ..." zu erstrecken. Im Falle der Pfändung einer Briefgrundschuld ist ferner die „Pfändung des Anspruchs auf Aushändigung des über die Grundschuld gebildeten Briefes zu beantragen, der an den vom Pfandgläubiger zu beauftragenden Gerichtsvollzieher herauszugeben ist."

Stets zweckmäßig ist es, zusätzlich Antrag auf Pfändung der durch die Grundschuld gesicherten persönlichen Forderung des Grundschuldgläubigers zu stellen (s. die Ausführungen Rdn. 392).

Muster 64

Antrag auf Pfändung einer sich bereits aus dem Grundbuch ergebenden Eigentümergrundschuld   **409**

Das zu pfändende Recht kann im Pfändungsantrag, der sonst keine Besonderheiten aufweist, wie folgt bezeichnet werden:

Ich beantrage wegen meiner vorbezeichneten Forderung den Anspruch des Schuldners aus der im Grundbuch von ... Bd. ... Bl. ... Abt. III Nr. ... eingetragenen ursprünglichen Hypothek des ... von ... DM, bei der ihr in voller Höhe erfolgter Übergang auf den Grundstückseigentümer bereits vermerkt ist, nebst den Zinsen vom ... an zu pfänden und mir zur Einziehung zu überweisen.

7. Pfändung in andere grundbuchliche Rechte

Die anderen grundbuchlichen Rechte – außer Grundpfandrechten – kommen zur Befriedigung des Gläubigers für eine Geldforderung meist nicht in Betracht, mögen sie auch in bestimmtem Umfang pfändbar sein.   **410**

Insbesondere gilt dies für eine Grunddienstbarkeit (§§ 1018–1029 BGB), für eine beschränkte persönliche Dienstbarkeit (§§ 1090–1093 BGB)[92] und für ein Vorkaufsrecht (§§ 1094–1104 BGB).   **411**

Bei einem Erbbaurecht aufgrund der Erbbaurechtsverordnung vom 15. Januar 1919 und einem Wohnungseigentum aufgrund des Wohnungseigentums-Gesetzes vom 15. März 1951 kommt allenfalls die Eintragung einer Zwangshypothek (Rdn. 486), letzten Endes seine Zwangsversteigerung (Rdn. 495), in Frage, bei einem Erbbaurecht die Pfändung der Erbbauzinsen (s. Rdn. 477).

---

[92] Ein im Grundbuch eingetragenes Wohnungsrecht – beschränkte persönliche Dienstbarkeit nach § 1093 BGB – kann nur gepfändet werden, wenn dem Berechtigten die Überlassung der Ausübung an einen anderen gestattet und die Gestattung durch Eintragung im Grundbuch zum Inhalt des Rechts gemacht worden ist (KG in MDR 1968, 760 = NJW 1968, 1882 = Rpfleger 1968, 329).

Im Einzelfalle können für die Beitreibung einer Geldforderung an grundbuchlichen Ansprüchen in Betracht kommen:

412 a) Ein **Altenteil (Leibgeding)**: Es stellt kein einheitliches Recht dar, ist vielmehr ein Inbegriff von Nutzungen und Leistungen zum Zweck der Versorgung des Berechtigten. Es setzt sich aus Dienstbarkeit (s. o.) und Reallast (§§ 1105–1112 BGB, s. unten Buchst. c) zusammen. Die Pfändung eines Altenteils als ganzem ist unzulässig. Da das Recht meist höchstpersönlicher Natur ist, können auch die Einzelleistungen aus ihm grundsätzlich nicht gepfändet werden. S. auch den in Rdn. 612 behandelten Vollstreckungsschutz nach § 850 b ZPO.

413 b) Der **Nießbrauch** (§§ 1030–1089 BGB): Er kann als solcher, obwohl er nicht übertragbar ist (§ 1059 BGB), nach neuerer Rechtsprechung gepfändet werden, und zwar das Stammrecht, nicht der Anspruch auf seine Ausübung[93]. Der Gläubiger kann aber nur den Nießbrauch zu seiner Befriedigung ausüben, nicht ihn etwa zum Zwecke seiner Befriedigung verwerten. Der Gläubiger muß die gesetzlichen Lasten tragen. Das Vollstreckungsgericht kann nähere Anordnungen treffen, insbesondere eine Verwaltung anordnen, durch die sichergestellt wird, daß der Gläubiger die Nutzungen erhält (§ 857 Abs. 4 ZPO). Der Schuldner (Nießbraucher) kann nach der Pfändung des Nießbrauchs dessen Ausübung nicht mehr einem Dritten überlassen, er kann ohne Mitwirkung des Pfändungsgläubigers weder auf den Nießbrauch verzichten noch diesen aufheben.

414 c) Eine **Reallast** (§§ 1105–1112 BGB; vgl. oben Buchst. a): Die Reallast kann zugunsten des jeweiligen Eigentümers eines anderen Grundstücks bestellt sein (§ 1110 BGB). Dann ist sie wie die Grunddienstbarkeit unpfändbar. Ist die Reallast zugunsten einer bestimmten Person bestellt (§ 1111 BGB), so ist sie grundsätzlich übertragbar und pfändbar, ausgenommen, wenn der Anspruch auf die einzelne Leistung nicht übertragbar ist.

Auf die Pfändung einer Reallast als ganzes sind die Vorschriften über die Pfändung einer Hypothekenforderung (s. Rdn. 384) entsprechend anzuwenden; Eintragung im Grundbuch ist erforderlich (§ 830 Abs. 1 ZPO).

Die Pfändung künftiger Einzelleistungen aus einer Reallast bedarf dieser Eintragung ebenfalls, nicht dagegen die Pfändung einzelner rückständiger Leistungen (§§ 829, 830, 835, 857 ZPO).

Da auf einen Erbbauzins (§ 9 ErbbauVO) die Vorschriften über eine Reallast entsprechende Anwendung finden, gilt das hiervor Ausgeführte auch für seine Pfändung (s. dazu auch Rdn. 477).

---

[93] BGHZ 62, 133 = DNotZ 1974, 433 = JurBüro 1974 Sp. 717 = MDR 1974, 664 = NJW 1974, 796 = Rpfleger 1974, 186; OLG Bremen in NJW 1969, 2147 und 1970, 286; KG in MDR 1968, 760 = NJW 1968, 1882 = Rpfleger 1968, 329; OLG Köln in NJW 1962, 1621.

d) Ein **Dauerwohn- oder Dauernutzungsrecht** (§§ 31–42 WEG) kann, weil übertragbar, gepfändet werden (§ 857 ZPO). Die Pfändung erfolgt durch gerichtlichen Pfändungs- und Überweisungsbeschluß sowie Eintragung im Grundbuch. Die Eintragung ist zur Entstehung des Pfandrechts notwendig. Der Antrag dazu an das Grundbuchamt ist formlos unter Beifügung der Beschlußausfertigung zu stellen. Die Überweisung an den Gläubiger zur Einziehung kann mit dem Recht der Versteigerung oder Veräußerung gemäß § 857 Abs. 5 ZPO erfolgen. Statt der Überweisung kann auf Antrag des Gläubigers vom Gericht die Verwertung auch nach § 844 ZPO angeordnet werden, z.B. durch Übertragung auf den Gläubiger zum Schätzungswert.

415

e) Eine **Vormerkung** zur Sicherung des Anspruchs auf Einräumung (oder Aufhebung) eines Rechts an einem Grundstück (§ 883 BGB): Das Recht aus einer Vormerkung ist nicht selbständig übertragbar und nicht pfändbar. Übertragung und Pfändung richten sich vielmehr nach dem durch die Vormerkung gesicherten Anspruch. Die Pfändung des Anspruchs hat Pfändung der Vormerkung zur Folge. § 401 BGB gilt entsprechend. Die Pfändung ist nicht eintragungsbedürftig, aber eintragungsfähig.

416

Die wohl am häufigsten vorkommende Vormerkung ist die Vormerkung zur Sicherung des Anspruchs auf Auflassung eines Grundstücks. Hier ist der Anspruch des Schuldners gegen den eingetragenen Eigentümer auf Auflassung bzw. auf Verschaffung des Eigentums einschl. des Rechts aus der bestehenden Auflassungsvormerkung zu pfänden (§ 848 ZPO). Vom Gericht wird ein Sequester bestellt, dessen Aufgabe es ist, die Auflassung entgegenzunehmen, die Eintragung des Schuldners zu beantragen und die Eintragung einer Sicherungshypothek für den Gläubiger zu bewilligen.

Ist die Auflassung an den Schuldner bereits erfolgt, so kann der Gläubiger, statt nach § 848 ZPO vorzugehen, den Anspruch auf Eigentumsverschaffung (einschl. des Rechts aus der Vormerkung) pfänden und ohne Sequester die Umschreibung des Eigentums auf den Schuldner und zugleich die Eintragung seiner Sicherungshypothek beim Grundbuchamt beantragen (§ 857 ZPO).

IX. Pfändung von Lebensversicherungen

1. Art der Pfändung

Im Jahre 1993 hatten 58 % aller Haushalte in den alten und 56 % in den neuen Bundesländern eine Lebensversicherung. Die Pfändung des Anspruchs aus einer Lebensversicherung erfolgt in den üblichen Formen der Forderungspfändung durch das Amtsgericht als Vollstreckungsgericht (§ 829 ZPO, §§ 159ff. VVG). Die Pfändung wird – wie auch sonst – wirksam mit der Zustellung des

417

Pfändungsbeschlusses an den Drittschuldner (§ 829 Abs. 3 ZPO; Rdn. 295). Drittschuldner ist die Versicherungsgesellschaft. Der Pfändungsbeschluß ist der Hauptniederlassung oder einer Filialdirektion zuzustellen. Die Zustellung an eine Generalagentur oder Bezirksdirektion – mögen diese auch mit dem Prämieninkasso oder mit der Auszahlung von Versicherungsbeträgen befaßt sein – reicht für das Wirksamwerden der Pfändung nicht aus. Eine derartige Zustellung kann aber als zusätzliche Maßnahme insofern praktische Bedeutung erlangen, als dadurch verhindert wird, daß eine etwa schon dort befindliche Auszahlungsanweisung ausgeführt wird. Trotz der Mehrkosten kann es deshalb ratsam sein, insbesondere den Pfändungsbeschluß auch der mit der Auszahlung befaßten Stelle zustellen zu lassen, vor allem dann, wenn der Versicherungsfall bereits eingetreten ist.

Der Drittschuldner kann bei der Zustellung des Pfändungsbeschlusses aufgefordert werden, dem pfändenden Gläubiger Auskunft über das Versicherungsverhältnis, insbesondere über das Vorhandensein bezugsberechtigter Dritter, zu erteilen (§ 840 ZPO; s. Rdn. 298, 421ff.).

2. Von der Pfändung erfaßte Ansprüche

418 Durch die Pfändung allein erlangt der Pfändungsgläubiger noch nicht die Befugnis, sich aus dem gepfändeten Anspruch Befriedigung zu verschaffen, insbesondere die Auszahlung dieses Anspruchs nach Fälligkeit (s. dazu Rdn. 420) an sich zu verlangen. Dazu ist vielmehr, wie bei gepfändeten sonstigen Forderungen, noch nötig, daß ihm der gepfändete Anspruch durch Beschluß des Vollstreckungsgerichts überwiesen ist, sei es zur Einziehung oder an Zahlungs Statt (s. Rdn. 284). Die vor Eintritt des Versicherungsfalls erfolgende, gleichzeitig auch die vorgenannte Überweisung enthaltende Pfändung einer Lebensversicherung umfaßt ohne weiteres auch die sog. Gestaltungsrechte, so u.a. das Kündigungsrecht (§§ 165, 176 VVG) sowie die Befugnis zum Widerruf der grundsätzlich widerruflichen Bezugsberechtigung eines Dritten (s. dazu auch Rdn. 420 ff.). Es empfiehlt sich jedoch, bei der immerhin nicht ganz unbestrittenen Rechtslage ausdrücklich Antrag auf Mitpfändung der vorgenannten Gestaltungsrechte zu stellen und dabei die einzelnen Befugnisse der Klarheit wegen mit aufzuführen (s. Muster Rdn. 426).

Der Anspruch auf Zahlung der Dividende ist ebenfalls Bestandteil des Versicherungsanspruchs; er ist aber dann nicht pfändbar, wenn die Dividende vereinbarungsgemäß gegen die Prämie zu verrechnen oder der Versicherungssumme hinzuzuschlagen ist.

Der Pfändungsschuldner ist aufgrund der Überweisung verpflichtet, dem Pfändungsgläubiger die zur Geltendmachung des gepfändeten Anspruchs und der zu ihm gehörenden letzten Prämienrechnung erforderliche Auskunft zu erteilen und ihm den Versicherungsschein herauszugeben. Diese Herausgabe kann vom Gerichtsvollzieher erzwungen werden. Besitzt ein Dritter den Versicherungsschein, so muß notfalls auf Herausgabe gegen ihn geklagt werden. Der Besitz des Versicherungsscheins ist für den Pfändungsgläubiger wichtig, weil dieser Schein über die Versicherung und ihre Bedingungen näheren Aufschluß gibt. Außerdem kann der Besitz des Versicherungsscheins insofern von Bedeutung sein, als die Versicherungsbedingungen regelmäßig bestimmen, daß mit befreiender Wirkung an den Inhaber des Scheines gezahlt werden kann.

Bei Verlust des Versicherungsscheins kann der Gläubiger das Aufgebotsverfahren betreiben.

3. Rechtslage, wenn Versicherungsnehmer Prämienzahlung einstellt

Bezahlt der Versicherungsnehmer nach erfolgter Pfändung die Prämien nicht mehr, so ist der Pfändungsgläubiger berechtigt, die Versicherung durch Weiterzahlung der Prämien aufrecht zu erhalten (s. dazu § 39 VVG). Er kann an dieser Aufrechterhaltung insbesondere dann ein Interesse haben, wenn die Versicherung noch keinen Rückkaufswert hat. Die Versicherungsgesellschaft darf die Annahme der von einem Pfändungsgläubiger angebotenen Zahlung der Prämie nicht verweigern, und zwar auch dann nicht, wenn sie die Zahlung nach den Vorschriften des bürgerlichen Rechts (z.B. nach § 267 Abs. 2 BGB infolge Widerspruchs des Versicherungsnehmers) zurückweisen könnte. Die Zahlung der Prämien berechtigt den Pfändungsgläubiger, sein Pfändungspfandrecht am Versicherungsanspruch auch wegen dieser gezahlten Prämien und ihrer Zinsen geltend zu machen (§ 35 a Abs. 2 VVG). Diese Aufwendungen des Pfändungsgläubigers sind als Kosten der Zwangsvollstreckung (§ 788 ZPO; Rdn. 220) zu behandeln. Werden nach Pfändung die Prämien weder vom Versicherungsnehmer noch vom Pfändungsgläubiger bezahlt, so kann letzterer die Umwandlung der Versicherung in eine prämienfreie verlangen, wenn bereits Prämien für mindestens 3 Jahre geleistet sind (§§ 174, 173 VVG).

419

4. Kündigung der Versicherung und Rückkaufswert

Der Pfändungsgläubiger kann die Zahlung der Versicherungssumme nur zu dem Zeitpunkt verlangen, der für den Versicherungsnehmer maßgebend ist. Wünscht der Pfändungsgläubiger alsbaldige Befriedigung aus dem gepfändeten Versicherungsanspruch, so kann er dies auf einfachem Wege dadurch erreichen, daß er den sog. Rückkaufswert (Prämienreserve, Rückvergütung) durch Kündigung der Versicherung fällig macht (§§ 176, 165 VVG). Voraussetzung dieser Kündigungsbefugnis des Pfändungsgläubigers ist, daß ihm der gepfändete Anspruch auch überwiesen ist (s. Rdn. 418). Wegen der Berechnung der

420

Höhe des Rückkaufswerts s. § 6 der Allg. Versicherungsbedingungen für Lebensversicherungen. Ein Rückkaufswert kommt nur in Betracht, wenn die Prämie für einen Zeitraum von drei Jahren bezahlt ist (§ 173 mit § 176 VVG).

Der Anspruch auf den – durch Kündigung der Versicherung fällig werdenden – Rückkaufswert der Versicherung braucht übrigens nicht besonders gepfändet zu werden, denn er ist nicht etwas anderes, sondern er ist der gepfändete Versicherungsanspruch selbst in der durch die Kündigung gewandelten Form.

Die Kündigung der Versicherung kann jederzeit auf den Schluß des laufenden Versicherungsjahres oder innerhalb des Versicherungsjahres mit Frist von drei Monaten auf den Monatsschluß, frühestens auf den Schluß des ersten Versicherungsjahres, ganz oder teilweise erfolgen (§ 6 der Allg. Versicherungsbedingungen für Lebensversicherungen). Bei Teilkündigungen darf die verbleibende Summe nicht unter 1000 DM sinken, sie muß durch 100 ohne Rest teilbar sein. Sind die dem Pfändungsgläubiger nach dem Inhalt des gerichtlichen Pfändungsbeschlusses zustehenden Ansprüche geringer als die Prämienreserve, so ist er nur zu einer Kündigung des – nach vorstehenden Ausführungen kündigungsfähigen – Teilbetrags der Versicherungssumme befugt, dessen Prämienreserve (Rückkaufswert) zur Deckung seiner Ansprüche ausreicht.

Die Kündigung ist schriftlich unmittelbar an die Gesellschaft zu richten; Versicherungsschein und Nachweis der letzten Prämienzahlung sind miteinzureichen (die Beifügung dieser Unterlagen ist aber nur Ordnungsvorschrift, nicht Bedingung für die Wirksamkeit der Kündigung; vgl. § 178 Abs. 1 VVG).

Macht der Gläubiger seine Rechte aus der gepfändeten Versicherung sofort geltend, obwohl in absehbarer Zeit ohnehin Fälligkeit der Versicherung eintreten wird, so kann darin für den Schuldner eine unbillige Härte vorliegen. Ihm kann dann u. U. mit der vollstreckungsschutzrechtlichen Generalklausel des § 765 a ZPO geholfen werden (s. Rdn. 542).

5. Rechtslage bei widerruflicher Bezugsberechtigung eines Dritten

421 Eine Lebensversicherung mit widerruflicher Bezugsberechtigung zugunsten eines Dritten (§ 328 BGB) verbleibt bis zum Eintritt des Versicherungsfalles im Vermögen des Versicherungsnehmers, daher solange keine Pfändungsmöglichkeit für die Gläubiger des Bezugsberechtigten. Nachher steht die Versicherung dem Bezugsberechtigten zu (§ 166 VVG). Der Pfändungsgläubiger hat daher ein berechtigtes Interesse daran, diese Bezugsberechtigung raschestens zu beseitigen; die Pfändung allein hat diese Wirkung nicht. Die Beseitigung kann durch Widerruf der Bezugsberechtigung herbeigeführt werden, den auch der Pfändungsgläubiger vornehmen kann.

Mit dem vor Eintritt des Versicherungsfalles erklärten Widerruf vernichtet der Pfändungsgläubiger das Bezugsrecht des Dritten (§ 166 VVG und § 15 Allg. Lebensversicherungsbedingungen).

Im Falle des Unterbleibens des Widerrufs erwirbt der Bezugsberechtigte trotz der – durch einen Gläubiger des Versicherungsnehmers erfolgten – Pfändung den Versicherungsanspruch mit dem Eintritt des Versicherungsfalles[94]. Es ist also für den Pfändungsgläubiger unter allen Umständen wichtig, daß er die Bezugsberechtigung rechtzeitig, d. h. vor dem Eintritt des Versicherungsfalles, ausdrücklich widerruft. Dies hat durch Erklärung gegenüber der Versicherungsgesellschaft zu geschehen; erst hierdurch wird eine für ihn praktisch wirksame Pfändung herbeigeführt.

Auch der Pfändungsschuldner (Versicherungsnehmer) ist trotz des ihm gegenüber im Pfändungsbeschluß ausgesprochenen Verfügungsverbots nicht gehindert, die Bezugsberechtigung zu widerrufen, weil dadurch das Pfändungspfandrecht verstärkt wird[95]. Er ist aber auch nicht gehindert, jetzt noch einen Bezugsberechtigten zu bestimmen und diese Bestimmung wieder zu ändern; denn das Verfügungsverbot ist nur ein relatives, d. h. ein nur dem Schutz des Pfändungsgläubigers dienendes. Mit dem etwaigen Wegfall des Pfändungspfandrechts erlangen Verfügungen des Pfändungsschuldners volle Wirkung.

6. Rechtslage bei unwiderruflicher Bezugsberechtigung eines Dritten

Hat der Versicherungsnehmer die Bezugsberechtigung zugunsten eines namentlich genannten Dritten als unwiderruflich bezeichnet, so entzieht er damit die Versicherung sofort mit Festlegung der unwiderruflichen Bezugsberechtigung dem Zugriff seiner Gläubiger[96]. Die **Gläubiger des unwiderruflich Bezugsberechtigten haben** dagegen vor und nach Eintritt des Versicherungsfalles ein **Zugriffsrecht** auf die Versicherung.

Handelt es sich um eine Lebensversicherung auf den Todes- und den Erlebensfall (gemischte Versicherung), so hat bei unwiderruflicher Bezugsbezeichnung ihre Pfändung für den Fall der Fälligkeit der Leistungen zu Lebzeiten des Versicherungsnehmers immerhin Bedeutung, ebenso für den Fall, daß der Bezugsberechtigte vor dem Versicherungsnehmer durch Tod ersatzlos wegfällt. In diesen Fällen erlischt das auflösend bedingte Bezugsrecht des Dritten, die Versicherungssumme gehört mithin zum Vermögen des Versicherungsnehmers. Gleichwohl steht bis zum Eintritt des Erlebensfalles der An-

---

[94] RG 127, 269.
[95] Berner in Rpfleger 1957, 196.
[96] LG Frankfurt in VersR 1957, 211.

spruch auf den Rückkaufswert (s. Rdn. 420) dem unwiderruflich Bezugsberechtigten zu[97].

7. Rechtslage bei verbundenen Leben

423 Bei verbundenen Leben geht jeder Ehegatte eine Versicherung auf das Leben des anderen mit der Maßgabe ein, daß der Versicherer die Leistung nur einmal, und zwar entweder an den Überlebenden auf den Tod des Erststerbenden oder an beide Ehegatten bei Fälligkeit zu Lebzeiten zu zahlen hat. Der Anspruch auf die Leistungen steht den Eheleuten im Zweifel zu gleichen Teilen zu. Die Rechte und Ansprüche auch nur eines Ehegatten können gesondert gepfändet werden. Nach Pfändung des anteiligen Rechts eines Ehegatten kann der Gläubiger vom anderen Ehegatten verlangen, daß er der Kündigung der Versicherung zustimmt und den damit fällig werdenden Anspruch auf die Prämienreserve nach Kopfteilen mit einzieht[98].

8. Eintritts- und Ablösungsrecht Dritter

424 Ist der Versicherungsanspruch gepfändet, so haben gewisse Personen das Recht, an Stelle des Versicherungsnehmers in den Versicherungsvertrag einzutreten, vorausgesetzt, daß dieser hierzu die Zustimmung gibt (§ 177 VVG). Der Eintritt verpflichtet aber den Eintretenden, den Pfändungsgläubiger bis zur Höhe des Rückkaufswerts der Versicherung zu befriedigen (wegen dieser Höhe s. § 177 Abs. 1 Satz 2 in Verbindung mit § 176 VVG, ferner Rdn. 420)[99]. Das Eintrittsrecht besteht auch, wenn die Pfändung auf Grund eines Arrestbefehls erfolgt ist. Eintrittsberechtigt ist, wenn ein für die Versicherungssumme bezugsberechtigter Dritter bestimmt ist, nur dieser. Voraussetzung ist aber, daß dieser Dritte mit Namen bezeichnet ist. Allgemeine Bezeichnungen wie „Meine Angehörigen" oder „Meine Hinterbliebenen" usw. genügen nicht. Ist ein bezugsberechtigter Dritter nicht bestimmt oder nicht mit Namen bezeichnet, so steht das – ebenfalls der Zustimmung des Versicherungsnehmers bedürfende – Eintrittsrecht dem Ehegatten und den Kindern des Versicherungsnehmers zu.

Voraussetzung des Eintritts in die Versicherung ist ferner, daß die Zahlung des Rückkaufswerts an den Pfändungsgläubiger bereits erfolgt ist. Ist für diesen der Versicherungsanspruch nur gepfändet, ihm aber noch nicht überwiesen (s. Rdn. 420), so hat nicht Zahlung des Rückkaufswerts an den Pfändungsgläubiger, sondern Hinterlegung zu erfolgen.

---

[97] BGH in BB 1966, 347 = DB 1966, 577 = FamRZ 1966, 230 = MDR 1966, 483 = NJW 1966, 1071.
[98] Sasse in VersR 1956, 751; s. auch LG Berlin in VersR 1963, 569.
[99] Das Eintrittsrecht besteht aber auch dann, wenn noch kein Rückkaufswert gegeben ist (so wenigstens Heilmann in NJW 1950, 136).

Pfändung von Lebensversicherungen 259

Der Eintritt in den Versicherungsvertrag erfolgt durch Anzeige an die Versicherungsgesellschaft. Zulässig ist die Anzeige nur binnen Monatsfrist, nachdem der Eintrittsberechtigte von der Pfändung Kenntnis erlangt hat.

9. Gegen Pfändung geschützte Lebensversicherung

Über die Fälle der bereits behandelten unwiderruflichen Bezugsberechtigung hinaus sind folgende Pfändungsschutzbestimmungen bei bestimmten Versicherungen zu beachten: 425

Renten, die auf Grund von Versicherungsverträgen gewährt werden, wenn diese Verträge zur Versorgung des Versicherungsnehmers oder seiner unterhaltsberechtigten Angehörigen eingegangen sind, genießen den gleichen Pfändungsschutz wie Arbeitseinkommen (§ 850 Abs. 3 b ZPO; s. Rdn. 618 ff.).

Handwerkerlebensversicherungen bis zum Höchstbetrag von 10 000 DM unterliegen gewissen Pfändungsbeschränkungen nach der Gesetzgebung über die Altersversorgung für das deutsche Handwerk (s. insbesondere § 22 Abs. 1 der DVO vom 13. 7. 1939 – RGBl I S. 1255). Diese Vorschriften sind zwar seit 1. 1. 1962 aufgehoben (§ 14 Nr. 2 Handwerkerversicherungsgesetz vom 8. 9. 1960 – BGBl I S. 737), die auf ihrer Grundlage eingetretene Unpfändbarkeit besteht aber für die vor dem 1. 1. 1962 zur Befreiung von der Versicherungspflicht abgeschlossenen Versicherungen nach altem Recht fort[100].

Ansprüche aus **Lebensversicherungen,** die nur **auf den Todesfall des Versicherungsnehmers** abgeschlossen sind, sind grundsätzlich unpfändbar, wenn die Versicherungssumme 4 140 DM nicht übersteigt (§ 850 b Abs. 1 Nr. 4 ZPO)[101]. Bei höherem Betrag ist der Gesamtbetrag pfändbar. Bei mehreren solchen Versicherungen kommt es auf deren Gesamtbetrag an. Liegt dieser über 4 140 DM, so sind alle Versicherungen pfändbar[102].

Bestimmter Schutz besteht auch für Bezüge aus **Witwen-, Waisen-, Hilfs- und Krankenkassen,** die ausschließlich oder zu einem wesentlichen Teil zu Unterstützungszwecken gewährt werden (Einzelheiten s. Rdn. 612).

---

[100] BGH in BB 1965, 1374 = MDR 1966, 43 = NJW 1966, 155, OLG Düsseldorf in VersichR 1967, 750, AG Worms in Rpfleger 1964, 216 mit Anm. von Berner (o. auch Berner in Rpfleger 1957, 196). Übersteigt die Versicherung den Betrag von 10000 DM, so ist der Mehrbetrag pfändbar. Die 10000 DM werden auch nur einmal gewährt, wenn mehrere Versicherungen der geschützten Art vorliegen (LG Berlin in Rpfleger 1973, 223 mit Nachweisen). S. auch Stöber Rdn. 1022.
[101] Unter diese Vorschrift fallen nicht Versicherungsansprüche, die entweder nur oder auch auf den Erlebensfall abgestellt sind (AG Köln in VersR 1967, 948).
[102] So OLG Hamm in MDR 1962, 661, LG Essen in VersR 1962, 245. Wegen einiger Streitfragen s. Berner in Rpfleger 1964, 68. S. auch Stöber Rdnr. 1021.

Weder durch § 54 SGB I, noch durch §§ 850 ff. ZPO vor Pfändung geschützt und damit wie jede normale Kapitallebensversicherung pfändbar ist die sog. **befreiende Lebensversicherung**[103].

10. Muster für einen Pfändungsantrag über eine Lebensversicherung

Muster 65

426 Ich beantrage, wegen folgender Forderung – folgt genaue Zusammenstellung – und der Kosten der Pfändung die dem Schuldner an die X. Lebensversicherungsanstalt in A aus der auf den Erlebens- und Todesfall geschlossenen Lebensversicherung über 5000 DM (Versicherungsnummer 2000) zustehenden Ansprüche und Rechte zu pfänden und mir zur Einziehung zu überweisen. Die Pfändung und Überweisung soll sämtliche meinem Schuldner aus der genannten Versicherung zustehenden Ansprüche und Rechte erfassen, mithin insbesondere auch seine **Ansprüche auf Gewinnanteile** und auf **Zahlung des Rückkaufswerts**, ferner sein **Recht auf Kündigung der Versicherung**, auf ihre **Umwandlung in eine prämienfreie Versicherung** und sein **Recht auf Widerruf der Bezugsberechtigung** eines Dritten sowie **das Recht zur Benennung eines anderen Bezugsberechtigten**. Gleichzeitig beantrage ich anzuordnen, daß der Schuldner den Versicherungsschein und die letzte Prämienquittung an mich herauszugeben hat.

Ich bitte um Vermittlung der Zustellung des Pfändungsbeschlusses, und zwar an die Versicherungsgesellschaft mit der Aufforderung nach § 840 ZPO.

Datum und Unterschrift des Gläubigers

426a Auch die vom Arbeitgeber als Form der betrieblichen Altersversorgung auf das Leben des Arbeitnehmers abgeschlossene sog. **Direktversicherung** (284 DM maximal pro Monat sind mit 20 % pauschal besteuerungsfähig) ist wie eine Lebensversicherung für den Gläubiger des Arbeitnehmers pfändbar[103a].

---

[103] BFH in NJW 1992, 527 m. w. N.
[103a] S. ausführlich Stöber Rdn. 892 a.

X. Die Pfändung von Steuererstattungsansprüchen

1. Die Lohnsteuererstattung[104]

Vom Arbeitslohn behält der Arbeitgeber für Rechnung des Arbeitnehmers bei jeder Lohnzahlung einen bestimmten Betrag, der sich aus der vom Bundesfinanzministerium herausgegebenen Jahreslohnsteuertabelle ergibt, als Lohnsteuer ein (§§ 38 Abs. 3, 38 a EStG) und führt ihn an das zuständige Finanzamt ab (§ 41 a EStG).

427

Bei Arbeitnehmern, die **nicht zur Einkommensteuer veranlagt** werden, kommt eine Lohnsteuererstattung bei zu hohem Steuerabzug vom Arbeitseinkommen in Betracht. Das ist z. B. der Fall, wenn dem Arbeitnehmer im Laufe des Jahres Werbungskosten (z. B. Fortbildungskosten) entstanden sind oder er in eine günstigere Steuerklasse (z. B. wegen Heirat) einzustufen ist oder ein zusätzliches Kind zu berücksichtigen ist.

428

Bis einschließlich **1990** hatte er die Möglichkeit, entweder bei seinem Arbeitgeber oder beim Finanzamt einen Lohnsteuer-Jahresausgleich zu beantragen[105].

Ab 1991 gibt es zwar noch den Lohnsteuerjahresausgleich beim Arbeitgeber, bei dem viel wichtigeren und öfter vorkommenden Ausgleich beim Finanzamt hat sich durch das Steueränderungsgesetz 1992 folgende Änderung ergeben: Will der Arbeitnehmer einen zu hohen Steuerabzug vom Lohn erstattet haben, muß er die sog. **Antragsveranlagung** wählen, d. h., er muß Erstattungsantrag durch **Abgabe einer Einkommensteuererklärung** beim Finanzamt stellen[106].

429

Der Lohnsteuerausgleich durch das Finanzamt ist abgeschafft worden. Seine Überführung in die Antragsveranlagung wird damit begründet, daß damit die doppelte Bearbeitung eines Steuerfalles – auch nach bestandskräftigem Vorliegen eines Lohnsteuer-Jahresausgleichs mußte in vielen Fällen noch eine Einkommensteuerveranlagung nach § 46 EStG durchgeführt werden – und ein isoliertes Nachforderungsverfahren vermieden werden soll; außerdem sei die Zahl der Lohnsteuerausgleichsverfahren erheblich gesunken, während die Zahl der Einkommmensteuerveranlagungen stark gestiegen sei[107].

430

---

[104] Rechtsgrundlagen: §§ 19, 38–42f. des Einkommensteuergesetzes 1990 i. d. F. des Steueränderungsgesetzes 1992 vom 25. 2. 1992, BGBl I S. 297; Abschnitte 105–143 der Lohnsteuerrichtlinien 1990 (LStR) i.d.F. vom 12. 10. 1989, BStBl I Sondernummer 3.
[105] S. dazu die Vorauflage Rdnr. 395 ff.
[106] § 46 Abs. 2 Nr. 8 EStG.
[107] Bundestags-Drucksache 12/1506 S. 174 und 175.

2. Die Pfändung des Lohnsteuer-Erstattungsanspruchs

431 Es handelt sich um einen öffentlich-rechtlichen Erstattungsanspruch aus dem Steuerverhältnis, nicht um einen Teil des Arbeitseinkommens des Schuldners. Die **Vorschriften, die zum Schutz von Arbeitseinkommen** bestehen (§§ 850 ff., insbesondere § 850 c ZPO), **gelten nicht**[108].

Die Pfändung erfolgt unterschiedlich, je nachdem, ob der Lohnsteuererstattungsanspruch beim Arbeitgeber des Schuldners oder beim Finanzamt zu pfänden ist.

432 Führt das **Finanzamt** den Lohnsteuer-Jahresausgleich (bis einschließlich 1990) oder die Lohnsteuererstattung durch Antragsveranlagung (ab 1991) durch, so ist eine Pfändung erst zulässig, wenn der Erstattungsanspruch entstanden ist (§ 46 Abs. 6 AO). Ein zuvor erlassener Pfändungs- und Überweisungsbeschluß ist nichtig. Das bedeutet bei der Lohn- und Einkommensteuer, daß ein Pfändungs- und Überweisungsbeschluß hinsichtlich des Anspruchs auf Lohn- bzw. Einkommensteuererstattung für das Kalenderjahr 1999 erst nach dem 31. 12. 1999 24.00 Uhr zulässig ist, da der Erstattungsanspruch erst mit Ablauf des Veranlagungszeitraums entsteht (§ 25 Abs. 1 EStG).

433 Inzwischen hat das Bundesfinanzministerium in den Lohnsteuerrichtlinien 1996 (Abschnitt 149 Abs. 7, BStBl 1995 I, Sondernummer vom 29. 11. 1995, S. 141) dem Pfändungsgläubiger die Berechtigung abgesprochen, den **Antrag auf Veranlagung nach § 46 Abs. 2 Nr. 8 EStG** (Antragsveranlagung) für den Schuldner zu stellen. Die h. M. in der Rechtsprechung sieht die Lohnsteuerrichtlinien als bloße Verwaltungsvorschrift ohne bindende Außenwirkung an. Pfändungsgläubiger seien nach wie vor berechtigt, den Antrag auf Antragsveranlagung zu stellen und der Schuldner sei verpflichtet, ihnen seine Lohnsteuerkarte herauszugeben. Auf Antrag sei eine entsprechende Anordnung in den Pfändungsbeschluß aufzunehmen (s. Rdn. 441, Muster 66 a. E.).

So entschied LG Siegen in JurBüro 1998, 380; LG Darmstadt in JurBüro 1997, 163; LG Koblenz in Rpfleger 1997, 223 = JurBüro 1997, 267; LG Aachen in JurBüro 1997, 269; LG Heilbronn, Dortmund, Bochum, Karlsruhe, Stuttgart, Trier, Essen, Berlin, sämtliche in Rpfleger 1997, 224.

Anderer Ansicht – also keine Herausgabe der Lohnsteuerkarte mangels Rechtsschutzbedürfnisses, weil kein Erstattungsantrag durch Gläubiger –: LG Aurich in JurBüro 1997, 385; LG Düsseldorf in JurBüro 1997, 385; LG Krefeld in MDR 1995, 414; LG Osnabrück in JurBüro 1997, 384; LG Würzburg in JurBüro 1997, 385.

---

[108] H. M., vgl. Stöber Rdnr. 377.

Nach Ansicht von Stöber (Forderungspfändung Rdn. 387 ff.) kann zwar der Pfändungsgläubiger den Steuererstattungsanspruch geltend machen, die Einkommensteuererklärung kann er jedoch nicht abgeben, denn sowohl bei der Pflichtveranlagung als auch bei der Antragsveranlagung ist der Gläubiger nur Beteiligter nach § 78 AO und nicht Steuerpflichtiger. Daher kann er auch in beiden Fällen die Lohnsteuerkarte vom Schuldner nicht über § 836 Abs. 3 ZPO herausverlangen. Kommt allerdings der Schuldner nach Pfändung des Steuererstattungsanspruchs seiner Verpflichtung zur Abgabe der Steuererklärung nicht nach, so kann der Gläubiger unter Darlegung dieser Tatsache beim Vollstreckungsgericht die Herausgabeanordnung bezüglich der Lohnsteuerkarte beantragen. Eine Klärung der Frage der Verbindlichkeit des Abschnitts 149 Abs. 7 LStRichtlinien gegenüber dem Pfändungsgläubiger durch die Finanzgerichtsbarkeit – wie ihn das LG Koblenz a. a. O. empfiehlt – steht noch aus. Entsprechende Verfahren sind jedoch bereits anhängig. Inzwischen ist eine Entscheidung des Bundesfinanzhofs ergangen (NJW 1999, 1056): keine Einkommensteuererklärung bei Antragsveranlagung durch Pfändungsgläubiger.

Der Antrag auf Lohnsteuererstattung im Rahmen der Antragsveranlagung ist bis zum Ablauf des auf den Veranlagungszeitraum folgenden zweiten Kalenderjahres zu stellen, also für 1997 bis zum Ablauf des Jahres 1999 (§ 46 Abs. 2 Nr. 8 EStG). Dabei handelt es sich um eine nicht verlängerbare Ausschlußfrist. Ein später eingehender Antrag ist nicht mehr wirksam. Bei unverschuldeter Fristversäumnis kann Wiedereinsetzung in den vorigen Stand bewilligt werden (§ 110 AO). **434**

Um eine Zurückweisung des Pfändungsantrags durch das Vollstreckungsgericht zu vermeiden, sollten Pfändungen erst nach dem 31. Dezember des jeweiligen Jahres beantragt werden. **435**

Da der frühestmögliche Zeitpunkt einer wirksamen Zustellung an den Drittschuldner (Wohnsitzfinanzamt des Schuldners) der 2. Januar ab 6.00 ist (§ 188 ZPO) – vorausgesetzt, er fällt nicht auf einen Samstag oder Sonntag –, können sich beim **Zugriff mehrerer Gläubiger** Rangnachteile für den später zugreifenden Gläubiger ergeben (Vorrang der früheren Pfändung, s. Rdn. 297).

Da – wie ausgeführt – Pfändungsbeschlüsse erst nach dem 31. 12. wirksam erlassen und zugestellt werden können, läuft der Pfändungsgläubiger Gefahr, gegenüber einem Gläubiger, dem der Erstattungsanspruch vom Schuldner bereits während des laufenden Jahres zulässigerweise abgetreten wurde, ins Hintertreffen zu geraten; denn letzterer kann die Abtretungsanzeige dem Finanzamt gleich in den Morgenstunden des 2. 1. zustellen, während sich der Pfändungsgläubiger zu dieser Zeit beim Vollstreckungsgericht erst den Pfändungs- und Überweisungsbeschluß beschaffen muß.

Zwangsvollstreckung in Forderungen

ACHTUNG
Beachten Sie unbedingt die Hinweise in Abschnitt V. des Formulars!
Zutreffendes bitte ankreuzen bzw. leserlich ausfüllen!

Eingangsstempel

Finanzamt __München IV__
__Deroystraße 6__

80335 München

Raum für Bearbeitungsvermerke

__Neues Formular 1990__

§ 46 (1) ...AO
(2) Die Abtretung wird erst wirksam, wenn sie der Gläubiger <u>in der</u> nach Abs.3 <u>vorgeschriebenen Form</u> der zuständ. Behörde nach <u>Entstehung</u> des Anspruchs anzeigt.

[x] **Abtretungsanzeige**
[ ] **Verpfändungsanzeige**

I. Abtretende(r) /Verpfänder(in) xxx
   xxxxxxxxx

Familienname bzw. Firma (des Gesellschaftlers)	Vorname	Geburtsdatum
Seiler	Hans	18.2.40
	Steuernummer	
	110/10178	
Ehegatte: Familienname	Vorname	Geburtsdatum
---	--	

Anschrift(en) Ingolstädter Landstraße 243/III 80939 München

II. Abtretungsempfänger(in) / Pfandgläubiger(in)
Name / Firma u. Anschrift

Max Sonnleitner König-Ludwig-Straße 13. 82310 Starnberg

III. Anzeige

Folgender Erstattungs- bzw. Vergütungsanspruch ist abgetreten / verpfändet worden:

1. Bezeichnung des Anspruchs:
[x] Lohnsteuer-Jahresausgleich bzw. Einkommensteuerveranlagung   Kalenderjahr 1998   für
[ ]   Zeitraum ___ für
[ ] Umsatzsteuerfestsetzung   Kalenderjahr ___ für
[ ] Umsatzsteuer-Voranmeldung   Monat bzw. Quartal / Jahr ___ für

Der gesamte Anspruch besteht voraussichtlich in Höhe von   ca. 3.500,-- DM

2. Umfang der Abtretung bzw. Verpfändung:
[x] VOLL-Abtretung/Verpfändung   [ ] TEIL-Abtretung/Verpfändung   in Höhe von   2.121,-- DM

3. Grund der Abtretung / Verpfändung:
[ ] Sicherungsabtretung oder Tilgung von Schulden aus Darlehen v. 2.4.1997

ASt 148 (OFD Nbg / Mann – 06.90 – 50.000/60.000 – 321) Abtretungsanzeige / Verpfändungsanzeige

Die Pfändung von Steuererstattungsansprüchen

IV. Überweisung / Verrechnung

Der abgetretene / verpfändete Betrag soll ausgezahlt werden durch:

[x] Überweisung auf Konto-Nr. 180 244 398   Bankleitzahl

Kreissparkasse München   702 501 50
Geldinstitut (Zweigstelle) und Ort

Kontoinhaber, wenn abweichend von Abschnitt II.

[ ] Verrechnung mit Steuerschulden des / der Abtretungsempfängers(in) / Pfandgläubigers(in)

beim Finanzamt _____ Steuernummer _____

Steuerart _____ Zeitraum _____
(für genauere Angaben bitte einen gesonderten Verrechnungsantrag beifügen!)

V. Wichtige Hinweise

Unterschreiben Sie bitte kein Formular, das nicht ausgefüllt ist oder dessen Inhalt Sie nicht verstehen!

Prüfen Sie bitte sorgfältig, ob sich eine Abtretung für Sie überhaupt lohnt! Denn das Finanzamt bemüht sich, Erstattungs- und Vergütungsansprüche (insbesondere Anträge auf Lohnsteuer-Jahresausgleich) schnell zu bearbeiten.

Vergleichen Sie nach Erhalt des Steuerbescheids den Erstattungsbetrag mit dem Betrag, den Sie gegebenenfalls im Wege der Vorfinanzierung erhalten haben.

Denken Sie daran, daß die Abtretung aus unterschiedlichen Gründen unwirksam sein kann, daß das Finanzamt dies aber nicht zu prüfen braucht! Der geschäftsmäßige Erwerb von Steuererstattungsansprüchen ist nur Kreditinstituten (Banken und Sparkassen) im Rahmen von Sicherungsabtretungen gestattet. Die Abtretung an andere Unternehmen und Privatpersonen ist nur zulässig, wenn diese nicht geschäftsmäßig handeln. Haben Sie z. B. Ihren Anspruch an eine Privatperson abgetreten, die den Erwerb von Steuererstattungsansprüchen geschäftsmäßig betreibt, dann ist die Abtretung unwirksam. Hat aber das Finanzamt den Erstattungsbetrag bereits an den/die von Ihnen angegebenen neuen Gläubiger ausgezahlt, dann kann es nicht mehr in Anspruch genommen werden, das heißt Sie haben selbst dann keinen Anspruch mehr gegen das Finanzamt auf den Erstattungsanspruch, wenn die Abtretung nicht wirksam ist.

Abtretungen/Verpfändungen können gem. §46 Abs. 2 der Abgabenordnung dem Finanzamt erst dann wirksam angezeigt werden, wenn der Anspruch entstanden ist. Der Anspruch entsteht grundsätzlich mit Ablauf des Besteuerungszeitraumes (bei der Einkommensteuer/Lohnsteuer: grundsätzlich Kalenderjahr; bei der Umsatzsteuer: Monat, Kalendervierteljahr bzw. Kalenderjahr).

Die Anzeige ist an das für die Besteuerung des/der Abtretenden/Verpfändenden zuständige Finanzamt zu richten. So ist z. B. für den Erstattungsanspruch aus dem Lohnsteuer-Jahresausgleich das Finanzamt zuständig, in dessen Bereich der/die Abtretende/Verpfändende seinen/ihren Wohnsitz hat.

Bitte beachten Sie, daß neben den beteiligten Personen bzw. Gesellschaften auch der abgetretene/verpfändete Erstattungsanspruch für die Finanzbehörde zweifelsfrei erkennbar sein muß. Die Angaben in Abschnitt III. dienen dazu, die gewünschte Abtretung/Verpfändung schnell und problemlos ohne weitere Rückfragen erledigen zu können!

Die Abtretungs/Verpfändungsanzeige ist sowohl von dem/der Abtretenden/Verpfändenden als auch von dem/der Abtretungsempfänger(in)/Pfändungsgläubiger(in) zu unterschreiben. Dies gilt z. B. auch, wenn der/die zeichnungsberechtigte Vertreter(in) einer abtretenden juristischen Person (z. B. GmbH) oder sonstigen Gesellschaft und der/die Abtretungsempfänger(in)/Pfandgläubiger(in) personengleich sind (2 Unterschriften).

VI. Unterschriften

1. Abtretende(r) / Verpfänder(in) lt. Abschnitt I. – Persönliche Unterschrift –

   Ort, Datum

   München, den 2. 1. 1999   *Hans Seiler*

   (Werden bei gemeinsamem Lohnsteuer-Jahresausgleich bzw. Einkommensteuer-Zusammenveranlagung die Ansprüche beider Ehegatten abgetreten, ist unbedingt erforderlich, daß beide Ehegatten persönlich unterschreiben.)

2. Abtretungsempfänger(in) / Pfandgläubiger(in) lt. Abschnitt II. – Unterschrift unbedingt erforderlich –

   Ort, Datum

   München, den 2. 1. 1999   *Max Sambitus*

Es besteht jedoch die Möglichkeit, die **Benachteiligung zu vermeiden**:

436 Der Pfändungsgläubiger kann im Wege der **Vorpfändung** (Pfändungsankündigung) gemäß § 845 ZPO (vgl. Rdn. 313 ff.) rangwahrend zugreifen: Er kann am Morgen des 2. 1. dem Finanzamt eine Pfändungsankündigung durch den Gerichtsvollzieher zustellen lassen. Er muß sich dann allerdings innerhalb von einem Monat den Pfändungs- und Überweisungsbeschluß beschaffen, damit sein durch die Vorpfändung erworbener Rang gewahrt bleibt. Wenn mehrere Pfändungen oder Abtretungen durch Zustellung am 2. 1. gleichzeitig wirksam werden, so sind sie im Verhältnis der einzelnen Forderungen gleichmäßig zu befriedigen.

Noch wirksamer kann der Gläubiger vorgehen, dem der Schuldner seinen Erstattungsanspruch abgetreten hat: Dann kann er die Abtretungsanzeige, die allerdings nur unter **Benutzung des vorstehenden**, bei den Lohnsteuerstellen der Finanzämter kostenlos erhältlichen **Formblatts** erfolgen kann, am 2. Januar zu Dienstbeginn um 8 Uhr selbst oder durch einen Boten beim zuständigen Finanzamt abgeben.

437 Die Pfändung des Lohnsteuer-Erstattungsanspruchs gegen den **Arbeitgeber** unterliegt nicht der Beschränkung des § 46 Abs. 6 AO, d. h., sie kann bereits vor seiner Entstehung während des laufenden Kalenderjahres und für kommende Ausgleichsjahre erfolgen[109].

Der Arbeitgeber ist berechtigt, seinen unbeschränkt einkommensteuerpflichtigen Arbeitnehmern, die während des abgelaufenen Kalenderjahrs (Ausgleichsjahres) ständig in einem Dienstverhältnis gestanden haben, die für das Ausgleichsjahr einbehaltene Lohnsteuer insoweit zu erstatten, als sie die auf den Jahresarbeitslohn entfallende Jahreslohnsteuer übersteigt[110].

438 Wird nur das Arbeitseinkommen gepfändet, wird dadurch der **Erstattungsanspruch** aus dem Lohnsteuer-Jahresausgleich nicht erfaßt; es muß vielmehr **gesondert gepfändet** werden. Beide Pfändungen können jedoch in einem Pfändungs- und Überweisungsbeschluß zusammengefaßt werden. Dies ist zweckmäßig, da dann nur einmal die Gebühr von 20 DM[111] anfällt.

3. Besonderheiten bei verheirateten Schuldnern

439 Ist der unbeschränkt einkommensteuerpflichtige Schuldner verheiratet und lebt er von seiner Ehefrau nicht dauernd getrennt, so können die Ehegatten

---

[109] Vgl. Stöber Rdnr. 380 m. w. N.
[110] § 42 b Abs. 1 Satz 1 EStG.
[111] Nr. 1640 des Kostenverzeichnisses Anl. 2 zu § 11 Abs. 2 GKG.

Die Pfändung von Steuererstattungsansprüchen 267

zwischen getrennter Veranlagung und Zusammenveranlagung wählen[112]. Der gemeinsame Lohnsteuer-Jahresausgleich ist abgeschafft[113].

Auch im Falle der Zusammenveranlagung ist der Gläubiger an der Pfändung des schuldnerischen Erstattungsanspruchs nicht gehindert. Er kann aber nur den anteiligen Anspruch seines Schuldners am Erstattungsanspruch pfänden.

In diesem Fall ist das Finanzamt als Drittschuldner verpflichtet, den zu erstattenden Gesamtbetrag auf die Ehegatten zu verteilen und den für den Schuldner errechneten Betrag aufgrund der Überweisung an den Gläubiger abzuführen.

4. Die Lage bei Einkommen- und Umsatzsteuer

Die **Einkommensteuer** entsteht grundsätzlich mit Ablauf des Veranlagungszeitraums[114]. Sie ist eine Jahressteuer und wird nach Ablauf des Kalenderjahres (Veranlagungszeitraum) nach dem Einkommen veranlagt, das der Steuerpflichtige in diesem Veranlagungszeitraum bezogen hat[115]. **440**

Lohn- und Gehaltsempfänger zahlen die Einkommensteuer in Form des Steuerabzugs vom Lohn durch den Arbeitgeber. Sie werden entweder von Amts wegen oder auf Antrag zur Einkommensteuer veranlagt[116]. Neu ist die oben unter Rdnr. 429 behandelte Antragsveranlagung zur Erstattung zu hoher Steuerabzüge vom Lohn.

Nach Anrechnung der Einkommensteuervorauszahlungen und der einbehaltenen Steuerabzugsbeträge in Form von Lohn- und Kapitalertragsteuer, ergibt sich entweder eine Nachforderung oder ein Erstattungsbetrag[117]. Der Erstattungsanspruch des steuerpflichtigen Schuldners kann ebenso wie der Lohnsteuererstattungsanspruch gepfändet werden. Es ist aber wichtig, daß die Steuerart genau bezeichnet wird.

Ein Pfändungs- und Überweisungsbeschluß, in dem neben der Steuernummer des Schuldners nur angegeben ist, es werde der „angebliche Erstattungsanspruch für das Jahr 1994" gepfändet, genügt nicht den Anforderungen an die hinreichende Bestimmtheit der Bezeichnung des Anspruchs. Es muß vielmehr auch die Steuerart angegeben werden[118].

Die **Umsatzsteuer** entsteht für Lieferungen und sonstige Leistungen mit Ablauf des Voranmeldungszeitraums, in dem die Leistungen ausgeführt worden

---

[112] § 26 EStG.
[113] § 42 a EStG wurde durch das SteueränderungsG 1992 aufgehoben.
[114] § 36 Abs. 1 EStG.
[115] § 25 Abs. 1 EStG.
[116] § 46 EStG.
[117] § 36 Abs. 4 EStG.
[118] BFH in NJW 1990, 2645.

sind, für den Eigenverbrauch mit Ablauf des Voranmeldungszeitraums, in dem der Unternehmer Gegenstände entnommen hat[119].

Die Umsatzsteuer wird für den Besteuerungszeitraum (Kalenderjahr) veranlagt[120]. Im Falle der Umsatzsteuererstattung ist wie bei der Einkommensteuererstattung zu verfahren: Es muß der genau bezeichnete Umsatzsteuererstattungsanspruch gepfändet werden.

5. Muster für Pfändungsanträge bei Steuererstattung

Muster 66

441
a. Beim Lohnsteuer-Jahresausgleich durch den Arbeitgeber: „Gepfändet wird der angebliche Anspruch des Schuldners an seinen Arbeitgeber... – Drittschuldner – auf Durchführung des Lohnsteuer-Jahresausgleichs für das Kalenderjahr 1999 und alle folgenden Kalenderjahre und auf Auszahlung des als Lohnsteuerüberzahlung jeweils auszugleichenden Erstattungsbetrages."

b. Bei Lohnsteuererstattung im Wege der Antragsveranlagung durch das Finanzamt:

„Gepfändet wird der angebliche Anspruch des Schuldners an das Finanzamt... – Drittschuldner – auf Auszahlung des sich aus der Anrechnung von Lohnsteuer auf die Einkommensteuer ergebenden Erstattungsbetrags aus der Einkommensteuer für das abgelaufene Kalenderjahr 1999 sowie frühere Erstattungszeiträume. Der Anspruch wird mir zur Einziehung überwiesen."

c. Bei Einkommensteuer- und Umsatzsteuererstattung:

„Gepfändet und zur Einziehung überwiesen wird der angebliche Anspruch des Schuldners an das Finanzamt ... auf Einkommensteuererstattung bzw. Umsatzsteuerrückzahlung für das abgelaufene Kalenderjahr 1999 und frühere Erstattungszeiträume".

Folgt man der oben (Rdn. 433) dargestellten, h. M. in der Rechtsprechung, ist **Muster 66 b** wie folgt zu **ergänzen**:

Hinter dem Wort – Drittschuldner – ist einzufügen ... „auf Durchführung der Einkommensteuer-Antragsveranlagung und auf Auszahlung ...".

Am Ende des Musters ist zu ergänzen:

„Die Herausgabe der Lohnsteuerkarte 1999 an den Gläubiger wird angeordnet."

---

[119] § 13 Abs. 1 UStG.
[120] § 18 Abs. 3 UStG.

Die Pfändung von Steuererstattungsansprüchen

Weiß der Gläubiger nicht, ob der Schuldner die Lohnsteuererstattung über den Arbeitgeber oder das Finanzamt durchführen läßt, so empfiehlt sich die Kombination von a. und b. Die Gebühr von 20 DM bleibt gleich, wenn **ein Antrag** gestellt wird; es fällt lediglich eine zusätzliche Zustellungsgebühr an.

XI. Pfändung von Miet- und Pachtzinsen

1. Pfändbarkeit von Miet- und Pachtzinsen[121]

Miet- und Pachtzinsen können als Geldforderungen **grundsätzlich frei gepfändet** werden. Ein Pfändungsschutz besteht nur insoweit, als diese Forderungen zur Bestreitung der Grundstückslasten benötigt werden (s. bei Rdn. 579, 610). Im übrigen wickelt sich die Pfändung von Miet- und Pachtzinsen in gleicher Weise wie die Pfändung einer sonstigen Forderung ab.   442

Die Pfändung nur rückständiger Miet- oder Pachtzinsen wird selten zum Erfolg führen. Meist wird ein rückständiger Miet- oder Pachtzins gar nicht vorhanden sein oder er wird von einem Mieter oder Pächter geschuldet, von dem nichts zu bekommen ist. Mag auch unterstellt werden können, daß sich bei dieser Lage der Antrag auf Pfändung von Miet- oder Pachtzinsen stets auf künftige Miet- oder Pachtzinsforderungen richtet, so ist es gleichwohl empfehlenswert, im Pfändungsantrag ausdrücklich hervorzuheben, daß sich die Pfändung auf rückständige und auf künftige Miet- oder Pachtzinsen erstreckt. Die Pfändung künftiger Miet- oder Pachtzinsforderungen kann, entsprechend der Höhe der Gläubigerforderung, auf eine bestimmte Zeit beschränkt werden, etwa bei 3 000 DM Forderung auf fünf Mietzinsansprüche von monatlich 600 DM. Notwendig ist dies aber nicht, weil auf der einen Seite die Pfändung nach Befriedigung des Gläubigers ohnehin wirkungslos wird und auf der anderen Seite Umstände in der Richtung eintreten können, die die Rechnung des Gläubigers, er werde jeweils die volle Miete oder Pacht erhalten (im Beispiel monatlich unverändert 600 DM) illusorisch machen, etwa nachträgliche Zahlungsunfähigkeit des Schuldners, Aufrechnung mit Gegenforderungen, Minderung der Miete oder Pacht.   443

Muster 67

Wegen meiner vorstehend zusammengestellten Ansprüche beantrage ich, die Forderung meines Schuldners auf rückständige, laufende und künftige Miete gegen ... als Drittschuldner zu pfänden und mir zur Einziehung zu überweisen. Es handelt sich um die Miete, die meinem Schuldner aus der Vermietung seines Einfamilienhauses Bergstr. 1 in ... an den genannten Drittschuldner zusteht.   444

---
[121] Zur Pfändung von Miet- und Pachtzinsen ausführlich bei Stöber Rdn. 219 ff.

2. Zulässigkeit einer Vorauspfändung wegen Miet- oder Pachtzinsforderung

445 Die Frage, ob wegen einer erst künftig fällig werdenden Miet- oder Pachtzinsforderung das Arbeitseinkommen eines Schuldners in der Form einer sog. Vorauspfändung gepfändet werden kann, wird überwiegend bejaht. Die Zulassung einer solchen Pfändung wird damit begründet, daß sie allen Beteiligten eine unrationelle Häufung von Pfändungshandlungen erspart. Die Pfändung in dieser Form wird aber nur zugelassen, wenn sie gleichzeitig auf Grund bereits fälliger Miet- oder Pachtzinsansprüche erfolgt. Auch wird sie für künftige Ansprüche dahin eingeschränkt, daß sie erst mit dem auf den Fälligkeitstag der künftigen Miet- und Pachtzinsansprüche folgenden Monat wirksam wird. Damit schafft eine solche Pfändung keinen einheitlichen Rang. Die Verfügungsbefugnis des Schuldners wird bis zum Wirksamwerden der Pfändung durch den Eintritt der Fälligkeit der künftigen Miet- oder Pachtzinsansprüche nicht berührt. Eine in der Zwischenzeit erfolgte Pfändung durch einen anderen Gläubiger, die wegen eines bereits fälligen Anspruchs erfolgt ist, hat Rang vor der zwar zeitlich früher ausgebrachten, aber erst am später liegenden Tage der Fälligkeit wirksam werdenden Vorauspfändung[122].

3. Pfändung gegen mehrere Mieter oder Pächter

446 Sollen mehrere Mieten oder Pachten gepfändet werden, etwa weil in einem Haus mehrere Mieter wohnen oder weil der Eigentümer seine Grundstücke an mehrere Pächter verpachtet hat, sind verschiedene Pfändungsbeschlüsse erforderlich, da die Drittschuldner verschiedene Personen sind. Die Pfändung wird aber in einen Pfändungsbeschluß aufgenommen werden können. Eine Verteilung des Anspruchs des Gläubigers auf die verschiedenen Miet- und Pachtzinsen kommt hierbei nicht in Frage.

4. Einwirkungen einer Grundstücksbeschlagnahme

447 Solange eine Miet- oder Pachtzinsforderung nicht im Wege der Zwangsvollstreckung in den dem Schuldner gehörenden Grundbesitz für einen Gläubiger beschlagnahmt ist, kann sie von jeder Art von Gläubigern im Wege der Forderungspfändung gepfändet werden. Es ist insoweit ohne Bedeutung, daß Miet- oder Pachtzinsen für eine am Grundstück eingetragene Hypothek oder Grundschuld mithaften (§ 1123 BGB). Wird das vermietete oder verpachtete Grundstück im Wege der Zwangsversteigerung beschlagnahmt, so hat auch diese Tatsache auf die Pfändbarkeit des Miet- oder Pachtzinses durch einen nicht hypo-

---

[122] S. u.a. OLG München in Rpfleger 1972, 321; LG Essen in Rpfleger 1967, 419 und LG Saarbrücken in Rpfleger 1973, 373; Baer in NJW 1962, 574, Berner in Rpfleger 1962, 238.

thekarisch gesicherten Gläubiger keinen Einfluß, denn eine solche Beschlagnahme erfaßt die Miet- oder Pachtzinsen nicht (§ 21 Abs. 2 ZVG). Vom Zuschlag an gebühren allerdings die Miet- oder Pachtzinsen dem Ersteher. Der Schuldner ist dann nicht mehr Gläubiger, so daß eine gegen ihn erfolgte Pfändung von Miet- oder Pachtzinsen gegenstandslos wird.

Wird der Grundbesitz des Schuldners dagegen durch Anordnung der Zwangsverwaltung beschlagnahmt, so erfaßt die Beschlagnahme auch die Miet- und Pachtzinsen (§§ 146, 148 Abs. 1 ZVG) mit der Folge, daß nach der Beschlagnahme (die mit der Zustellung des Anordnungsbeschlusses an den Grundstückseigentümer oder mit dem Eingang des Ersuchens des Vollstreckungsgerichts um Eintragung des Zwangsverwaltungsvermerks im Grundbuch beim Grundbuchamt oder mit der Erlangung des Besitzes durch den vom Gericht zu bestellenden Zwangsverwalter wirksam wird) nur noch die länger als ein Jahr seit der Beschlagnahme fälligen Rückstände gepfändet werden können (§ 1123 Abs. 2 BGB; § 865 Abs. 1 ZPO). Eine gleichwohl darüber hinaus erfolgte Pfändung ist nichtig. Sie ist auch nicht etwa bedingt für den Fall der Wiederaufhebung der Beschlagnahme zulässig.

Eine vor der durch Anordnung der Zwangsverwaltung erfolgten Vollstreckung in den Grundbesitz des Schuldners vorgenommene Pfändung von Miet- oder Pachtzinsforderungen hat Wirkung nur für die Zeit bis zur Beschlagnahme. Die Wirkung erstreckt sich, gleichviel, ob der Miet- oder Pachtzins im voraus oder nachträglich fällig wird, nur noch auf den Miet- oder Pachtzins, der für den zur Zeit der Beschlagnahme laufenden Monat zu zahlen ist. Bei Beschlagnahme erst nach dem fünfzehnten des Monats erstreckt sich die Pfändung auch noch auf den Miet- oder Pachtzins für den folgenden Kalendermonat (§ 1124 Abs. 2 BGB). Auch ein die Zwangsverwaltung betreibender Gläubiger kann der vorstehend behandelten Wirkung der Pfändung nicht widersprechen. Miet- oder Pachtzinsen für eine spätere als die vorgenannte Zeit nach der Beschlagnahme werden von der Forderungspfändung frei; sie stehen dem Zwangsverwalter zur Erfüllung seiner Aufgaben zu (vgl. §§ 155 ff. ZVG). Die Pfändung von Miete oder Pacht wird in den vorstehend behandelten Fällen nicht völlig gegenstandslos; sie ruht vielmehr nur und erlangt nach Wegfall der Zwangsverwaltung volle Wirksamkeit. **448**

Eine Beschlagnahme mit diesen Wirkungen liegt auch in der Pfändung von Miet- oder Pachtzinsen, die durch einen Hypotheken oder Grundschuldgläubiger erfolgt, wenn er sie auf Grund eines zufolge dieses Rechts erwirkten Titels (sog. dinglichen Titels) betreibt. **449**

5. Pfändung von Miete oder Pacht bei bestehendem Nießbrauch

450 Ist der Grundbesitz, aus dem die Miet- oder Pachtzinsen zu erbringen sind, mit Nießbrauch belastet, so gehören die Zinsen nicht mehr dem Grundstückseigentümer, sondern dem Nießbraucher. Ein Gläubiger des Grundstückseigentümers kann sie mithin nicht pfänden, wohl aber ein Gläubiger des Nießbrauchers. Dem Nießbraucher steht bei Pfändung durch einen Gläubiger des Grundstückseigentümers ein Widerspruchsrecht zu (§ 771 ZPO). Dies gilt auch dann, wenn nach Eintragung des Nießbrauchs im Grundbuch eine Hypothek oder Grundschuld im Nachrang eingetragen worden ist.

6. Pfändung von Miet- oder Pachtzinsen wegen öffentlicher Lasten

451 Wird ein Grundstück zur Zwangsverwaltung oder Zwangsversteigerung gebracht, so steht den öffentlichen Grundstückslasten ein Recht auf vorrangige Befriedigung in der 3. Rangklasse des ZVG (§ 10 Abs. 1 ZVG) zu. Dieser Rangklasse gehen nur die folgenden Ansprüche vor: der Anspruch eines die Zwangsverwaltung betreibenden Gläubigers auf Ersatz seiner Aufgaben zur Erhaltung und nötigen Verbesserung des Grundstücks, wenn die Zwangsverwaltung bis zum Zuschlag fortdauert und die Ausgaben nicht aus den Nutzungen des Grundstücks erstattet werden können; ferner bei einem land- oder forstwirtschaftlichen Grundstück die Ansprüche der zur Bewirtschaftung des Grundstücks oder der zum Betrieb eines mit dem Grundstück verbundenen land- oder forstwirtschaftlichen Nebengewerbes angenommenen, in einem Dienst- oder Arbeitsverhältnis stehenden Personen, insbesondere des Gesindes, der Wirtschafts- und Forstbeamten auf Lohn, Kostgeld und andere Bezüge wegen der laufenden und der aus dem letzten Jahr rückständigen Beträge.

452 In dem für diese Bevorzugung der öffentlichen Abgaben mit maßgeblichem Gesetz über die Pfändung von Miet- und Pachtzinsforderungen wegen Ansprüchen aus öffentlichen Lasten vom 9. 3. 1934 (RGBl I S. 181) heißt es wörtlich:

„Die öffentlichen Lasten eines Grundstücks, die in wiederkehrenden Leistungen bestehen, erstrecken sich auf die Miet- und Pachtzinsforderungen. Werden solche Forderungen wegen des zuletzt fällig gewordenen Teilbetrags der öffentlichen Last gepfändet, so wird die Pfändung durch eine später von einem Hypotheken- oder Grundschuldgläubiger bewirkte Pfändung nicht berührt. Werden die wiederkehrenden Leistungen in monatlichen Beträgen fällig, so gilt dieses Vorrecht auch für den vorletzten Teilbetrag. Ist vor der Pfändung der Miet- oder Pachtzins eingezogen oder in anderer Weise über ihn verfügt, so bleibt die Verfügung gegenüber dem aus der öffentlichen Last Berechtigten, soweit seine Pfändung das soeben behandelte Vorrecht genießt, nur für den zur Zeit der Pfändung laufenden Kalendermonat

Pfändung von Miet- und Pachtzinsen

und, wenn die Pfändung nach dem fünfzehnten Tage des Monats bewirkt ist, auch für den folgenden Monat wirksam".

Unter öffentliche Grundstückslasten fallen insbesondere der Brand- und Sturmschadensbeitrag, soweit es sich um eine Versicherung bei einer öffentlichen Anstalt handelt, der Erschließungsbeitrag, die Grundsteuer und die Schornsteinfegergebühr.

Aus dem Pfändungsantrag muß sich ergeben, daß es sich um eine öffentliche Grundstückslast handelt und wann diese fällig ist.

Da, wie ausgeführt, die öffentliche Last Vorrang vor einer Hypothek oder Grundschuld hat, wird eine Pfändung von Miet- und Pachtzinsen, die zuvor ein Hypotheken- oder Grundschuldgläubiger vorgenommen hat, mit dem Zeitpunkt der Pfändung wegen einer öffentlichen Grundstückslast unwirksam, soweit es sich um bevorzugte Raten der öffentlichen Last handelt. Wird das Grundstück, aus dem Miet- oder Pachtzinsen zu zahlen sind, durch Zwangsverwaltung beschlagnahmt, so endigen damit auch die Wirkungen der für eine öffentliche Last erfolgten Pfändung. 453

7. Pfändung einer Miet- oder Pachtzinsforderung gegen künftigen Mieter oder Pächter

Ist dem – künftigen – Mieter oder Pächter die Pfändung einer Sache noch nicht überlassen, so kann Miete oder Pacht nur gepfändet werden, wenn zwischen ihm und dem Grundstückseigentümer (Schuldner) bereits ein Vertragsverhältnis besteht. 454

Aus einem noch nicht in diesem Sinne vermieteten oder verpachteten Grundstück künftig erst entstehende Miet- oder Pachtzinsforderungen können nicht gepfändet werden.

XII. Pfändung von Postbankgiro- und Postsparguthaben

1. Postbankgiroguthaben

Eine rasche und sehr effektive Zugriffsmöglichkeit für den Gläubiger bot bis August 1990 die Pfändung von Postbankgiroguthaben nach Ausfindigmachen des Kontos durch die kostenlose Kontenauskunft der Postgiroämter. 455

Offenbar machten aber zu viele Gläubiger – wohl auch angeregt durch die Anleitung dazu in der vorletzten Auflage dieses Buches – von diesem Kundendienst der Postbank Gebrauch. Die Postbank erkannte den Wettbewerbsnachteil – die Möglichkeit der Auskunftssperre wurde nur von wenigen Postgirokunden in Anspruch genommen – gegenüber den übrigen Banken und Sparkassen, bei denen die Kontoverbindung des Kunden ein wohlgehütetes Geheimnis ist und reagierte.

456 Seit August 1990 erhält der um Kontenauskunft Bittende einen freundlichen Brief von der Postbankniederlassung, in dem es heißt, daß die „zunehmende Sensibilisierung der Öffentlichkeit die Weitergabe personenbezogener Daten" es erforderlich mache, sich der bei den Banken üblichen Verfahrensweise anzupassen. Es wird also keine Auskunft mehr erteilt.

457 Es verbleibt dem Gläubiger, der ein Postbankgirokonto seines Schuldners ermitteln möchte, nur noch die Möglichkeit, die Kontonummer einem Schreiben des Schuldners (Überweisungsbeleg, Geschäftsbrief) zu entnehmen oder einen kleinen Betrag auf das angebliche Postbankgirokonto zu überweisen versuchen; dabei genügt die Angabe der Bankleitzahl der Postbankniederlassung. Kommt der überwiesene Betrag zurück, besitzt der Schuldner dort kein Konto, kommt er nicht zurück, kann man davon ausgehen, daß dort ein Konto des Schuldners existiert. Es gibt über 5 Millionen Postbankgirokonten.

458 Der Pfändungs- und Überweisungsbeschluß ist zu seiner Wirksamkeit der **kontoführenden Postbankniederlassung** zuzustellen (in München gibt es z. B. eine Niederlassung mit 15 Zweigstellen)[123]. Häufig ist sie diejenige, in deren Bereich der Schuldner wohnt. Die Bankleitzahl kann der Gläubiger bei seiner Bank oder Sparkasse erfahren.

Der Pfändungsantrag lautet:

Muster 68

459 Wie Muster 55 Rdn. 343 mit folgender Änderung: Statt „x-Bank in y" ist einzusetzen „Deutsche Postbank AG, Niederlassung X".

Auch hier ist die Nennung der Kontonummer nicht erforderlich.

460 Wegen Pfändung von auf ein Postbankgirokonto überwiesenen unpfändbaren Bezügen vgl. Rdn. 577, 652.

Die befristete Leistungssperre (Rdn. 334) gilt auch hier.

2. Postsparguthaben

461 Das Postsparguthaben des Schuldners bei der Postbank AG ist nach Außerkrafttreten des Postgesetzes am 31. 12. 1997[124] wie jedes andere Sparguthaben zu pfänden. S. dazu Rdnrn. 327–333 und das Muster Rdn. 334.

Die befristete Leistungssperre (Rdn. 334) gilt auch hier.

462–467 **Diese Randnummern sind z. Zt. nicht besetzt.**

---

[123] S. Stöber in Rpfleger 1995, 277.
[124] S. Art. 6 Postneuordnungsgesetz vom 14. 9. 1994, BGBl 2325, 2371.

XIII. Pfändbarkeit sonstiger Forderungen

Es gibt noch eine Reihe sonstiger pfändbarer Vermögenswerte. Die Art ihrer Pfändung richtet sich grundsätzlich nach den Vorschriften, die allgemein für die Pfändung einer Forderung gelten (Rdn. 255 ff.). Da die Pfändung der nachgenannten Vermögenswerte seltener vorkommt als diejenige der bisher behandelten, sollen dazu hier nur kurze Hinweise und Muster, aber keine voll ausgearbeiteten Pfändungsanträge gegeben werden. Die Darstellung erfolgt in Abc-Form. **468**

1. Automaten-Inhalt[125]

Üblicherweise handelt es sich hier nicht um die Pfändung eines Automaten selbst, sondern um die Pfändung des Anteils desjenigen an seinem Inhalt, in dessen Lokal der Automat aufgestellt ist. Wesentlicher Inhalt des Pfändungsantrags: **469**

Muster 70

Gepfändet werden soll die Forderung des Schuldners auf Auszahlung seines geldlichen Anteils an dem in dem Lokal ... aufgestellten Spielautomaten Fabrikat ..., Drittschuldner ... **470**

2. Baugeld

Solange eine Bank oder Sparkasse das einem Schuldner zugesagte Baugeld (für das der Schuldner in aller Regel ein Grundpfandrecht zu bestellen hat) noch nicht ausgezahlt hat, kann es von einem Gläubiger des Schuldners unter gewissen Voraussetzungen gepfändet werden. Vielfach ist festgelegt, daß die Auszahlung nur entsprechend dem Fortschreiten des Baues erfolgt. In solche Baugelder können **nur Gläubiger von Bauforderungen** unbeschränkt vollstrecken. Das Nähere regelt das Baugeldgesetz vom 1. 6. 1909 (RGBl I S. 449), zuletzt geändert durch Gesetz vom 2. 3. 1974 (BGBl I S. 469). Begleicht allerdings der Schuldner die Forderung eines Baugläubigers aus anderen Mitteln als aus Baugeld, so ist letzteres insoweit für jeden Gläubiger pfändbar[126]. **471**

---

[125] Zu Automatenaufstellungsvertrag und Vollstreckungsrecht (Problemstellung, Zubehöreigenschaft von Automaten, Pfändung des Automaten, Rechtspfändung, Pfändung des Inhalts der Automatenkasse) s. Schmidt in MDR 1972, 374 und Stöber Rdn. 1509–1511.

[126] S. dazu Bauer, Die Zwangsvollstreckung in Baugelder, in JurBüro 1963, 65, LG Aachen in Rpfleger 1962, 450. Der Anspruch des Mieters gegen seinen Vermieter auf Rückzahlung eines nicht abgewohnten Baukostenzuschusses oder dgl. ist pfändbar (Stöber, Rdn. 79 ff.).

Muster 71

472 Zu pfänden ist der Anspruch des Schuldners auf Auszahlung von Baugeldern für die Erstellung eines Wohnhauses in der Y-Straße in Z, gerichtet gegen ... als Drittschuldner. Der Schuldner hat den Vertrag über die Baugeldgewährung an den vom Gläubiger zu beauftragenden Gerichtsvollzieher herauszugeben.

Diese Herausgabepflicht beruht auf § 836 Abs. 3 ZPO, wonach der Schuldner verpflichtet ist, dem Gläubiger die über die Forderung vorhandenen Urkunden herauszugeben.

3. Bausparvertrag

473 Pfändbar ist der Anspruch auf Auszahlung der zur vollen Bausparsumme angesammelten Sparbeträge des Schuldners. Der darüber hinaus als Baugeld gewährte Darlehensbetrag ist dagegen zweckgebunden (s. hiervor Baugeld). Der pfändende Gläubiger muß den vom Bausparer-Schuldner mit der Bausparkasse geschlossenen Vertrag einhalten[127].

Muster 72

474 Zu pfänden ist der Anspruch meines Schuldners gegen die Bausparkasse X in Y aus dem am ... abgeschlossenen Bausparvertrag (möglichst Nummer-Angabe), insbesondere der Anspruch auf Kündigung, auf Rückzahlung der Sparverträge, auf Auszahlung der Sparbeträge nach Einzahlung der vollen Bausparsumme und jedes sonstige sich aus dem Bausparvertrag ergebende Recht. Der Schuldner hat den genannten Bausparvertrag an den von mir als Gläubiger zu beauftragenden Gerichtsvollzieher herauszugeben.

Wegen der Herausgabepflicht bezüglich des Bausparvertrages s. vorstehend Rdn. 472.

3 a. Beihilfe

474a Ansprüche eines Beamten auf Gewährung von Beihilfe im Krankheits-, Geburts- und Todesfällen sind **nicht pfändbar**, nicht abtretbar und auch nicht verpfändbar (§ 51 Abs. 3 Beamtenversorgungsgesetz). Richtet sich der Beihilfeanspruch nicht gegen den Dienstherrn, z. B. das Bundesland, sondern gegen eine betriebliche Sozialeinrichtung, wie sie z. B. bei der Deutschen Bahn AG besteht, so ist eine Pfändung des Beihilfeanspruchs dagegen zulässig, wenn der

---

[127] Über die Pfändung von Bausparverträgen allgemein s. Stöber Rdn. 87 ff.

Gläubiger wegen eines Anspruchs vollstreckt, für den dem Schuldner der Beihilfeanspruch zusteht, z. B. für eine Zahnbehandlung[128].

4. Darlehen

Der dem Darlehensgläubiger zustehende Anspruch auf Rückzahlung des Darlehens durch den Schuldner kann von einem Gläubiger des ersteren gepfändet werden. Die Kündigungsfrist muß eingehalten werden. Ist eine solche nicht vertraglich festgelegt, so beträgt sie gesetzlich bei Darlehen unter 300 DM einen Monat, sonst drei Monate (§ 609 Abs. 2 BGB).   475

Muster 73

Ich beantrage, zu pfänden und mir zum Einzug zu überweisen die Forderung meines Schuldners gegen ... auf Rückzahlung des diesem durch Vertrag vom ... gewährten Darlehens über ... DM samt Zinsen. Der Schuldner hat den Schuldschein an einen von mir zu benennenden Gerichtsvollzieher herauszugeben.

Wegen der Herausgabe des Schuldscheins s. Rdn. 472.

5. Dienstvertrag

Hat ein Rechtsanwalt oder sonstiger Beauftragter für seinen Mandanten Geld bei dessen Schuldner eingezogen, aber noch nicht an seinen Mandanten ausgefolgt, so kann ein Gläubiger des letzteren den Herausgabeanspruch pfänden. Es liegt ein Dienstvertrag vor (§ 611 BGB). Auf ihn findet § 667 BGB, der vom Auftrag handelt, entsprechende Anwendung.   476

6. Erbbauzins

Bereits fälliger Erbbauzins kann gepfändet werden, nicht dagegen noch nicht fälliger (vgl. Rdn. 411).   477

Muster 74

Ich beantrage, zu pfänden den am ... fällig gewordenen Erbbauzinsanspruch meines Schuldners aus dem zugunsten des ... (erbbauberechtigten Drittschuldners) auf dem Grundstück Flurstück ... in A eingetragenen Erbbaurecht (Erbbaugrundbuch von A Bd. ... Blatt ...).   478

Wegen der Zwangsvollstreckung in ein Erbbaurecht selbst s. die Ausführungen Rdn. 494.

---

[128] LG Münster in Rpfleger 1994, 473.

7. Genossenschaft

479 Der Anteil eines Genossen am Geschäftsguthaben, das ihm bei seinem Ausscheiden zusteht, und auf den laufenden Gewinn kann gepfändet werden, nicht auch der Geschäftsanteil als solcher (§§ 19, 73 GenG).

> **Muster 75**
>
> Ich beantrage, wegen meines vorstehenden Anspruchs und der Kosten der Vollstreckung den Anspruch meines Schuldners an die Molkereigenossenschaft ... e. G. in ... auf fortlaufende Auszahlung des Gewinns und auf Auszahlung seines Geschäftsguthabens zu pfänden und mir zur Einziehung zu überweisen[129].

Wegen eines Pfändungsschutzes im Genossenschaftsrecht s. die Ausführungen Rdn. 603.

8. Gütergemeinschaft

480 Während des Bestehens der Gütergemeinschaft (vgl. Rdn. 525) ist der Anteil eines Ehegatten am Gesamtgut (§ 1416 BGB) und an den einzelnen dazugehörenden Gegenständen unpfändbar (§ 860 Abs. 1 ZPO). Das gleiche gilt bei der fortgesetzten Gütergemeinschaft (vgl. Rdn. 117) von den Anteilen des überlebenden Ehegatten und der Abkömmlinge.

Nach der Beendigung der Gütergemeinschaft ist der Anteil am Gesamtgut zugunsten der Gläubiger des Anteilsberechtigten pfändbar (§ 860 Abs. 2 ZPO).

Drittschuldner ist der andere Ehegatte; bei fortgesetzter Gütergemeinschaft sind es zusätzlich die Abkömmlinge (§ 1483 Abs. 1 BGB).

9. Insolvenzgeld

481 Der Anspruch auf Insolvenzgeld aufgrund §§ 324, 183 ff. SGB III wird, soweit die Ansprüche auf Arbeitseinkommen vor Stellung des Antrags auf Konkursausfallgeld gepfändet worden sind, von dieser Pfändung miterfaßt (§ 188 Abs. 2 SGB III).

Ist Antrag auf Insolvenzgeld gestellt, so kann dieser Anspruch wie der Anspruch auf Arbeitseinkommen gepfändet werden (s. dazu § 189 SGB III). Drittschuldner ist in diesem Fall das Arbeitsamt. Den Antrag auf Insolvenzgeld kann auch der Gläubiger stellen. Für das selbständig gepfändete Insolvenzgeld gelten die gleichen Schutzbestimmungen wie für Arbeitseinkommen (vgl. Rdn. 623 ff.)[130].

---

[129] S. zur Pfändung im Genossenschaftsrecht auch Stöber Rdn. 1631 ff.
[130] S. auch Stöber Rdn. 1450, 1451.

Muster 76

Ich beantrage, wegen meines vorstehenden Anspruchs zu pfänden und mir zur Einziehung zu überweisen den Anspruch des Schuldners gegenüber dem Arbeitsamt ... als Drittschuldner auf Insolvenzgeld wegen der Insolvenz der Firma ... in ..., soweit dieser Anspruch nach den Lohnpfändungsbestimmungen (§§ 850 c ff. ZPO) pfändbar ist.

10. Investment-Anteil

Pfändung von Inhaber- und Namensanteilschein erfolgt nicht durch das Gericht, sondern durch den Gerichtsvollzieher (§ 808 ZPO), dem ein entsprechender Pfändungsauftrag zu erteilen ist (Muster s. Rdn. 234)[131].   482

Auch ein Immobilienzertifikat ist durch den Gerichtsvollzieher zu pfänden und nach §§ 821, 822 ZPO zu verwerten[132].

11. Kaufpreis

Die Pfändung eines Kaufpreises weist als Forderungspfändung keine Besonderheiten auf[133].   483

Muster 77

Ich beantrage, den Kaufpreis über ... DM nebst etwaigen Zinsen zu pfänden, der meinem Schuldner X gegen Y aus Verkauf von ... am ... zusteht.   484

12. Leibrente

Eine Leibrente als eine auf die Lebensdauer des Berechtigten zu zahlende Rente ist grundsätzlich frei pfändbar. Sie kann in Geld oder in Naturalien bestehen. Ähnelt allerdings die Leibrente einem Altenteil, so ist sie nur beschränkt pfändbar (s. Rdn. 412, 612)[134].   485

Muster 78

Ich beantrage, die Ansprüche meines Schuldners gegen ... aus Leibrente – Geld und (oder) Naturalien – zu pfänden, soweit sie bereits fällig sind oder künftig fällig werden.

---

[131] Wegen Einzelheiten s. Berner in Rpfleger 1960, 33 und Stöber Rdn. 2102.
[132] LG Berlin in Rpfleger 1970 S. 371.
[133] Zur Pfändung des hinterlegten Kaufpreises s. Schneider in JurBüro 1964 Sp. 779.
[134] Eine Leibrente wird durch § 850 b ZPO nicht geschützt (LG Hannover in WPM 1966, 212).

13. Scheck

486 Findet der Gerichtsvollzieher beim Schuldner einen zu dessen Gunsten lautenden Scheck eines Dritten vor, so kann er diesen durch einfache Wegnahme pfänden, ohne daß es eines besonderen Pfändungsbeschlusses wegen der durch den Scheck begründeten Forderung bedarf. Der Gerichtsvollzieher behält den Scheck in Besitz, bis ihm ein Verwertungsbeschluß des Gerichts vorgelegt wird (**Isolierte Überweisung zur Einziehung** nach §§ 835 ff. ZPO; vgl. Rdn. 285).

Muster 79

487 Ich beantrage, den Anspruch des Schuldners an die D Bank auf Zahlung des Betrags von ... gegen Vorlage des auf diese Bank ausgestellten, vom Gerichtsvollzieher meinem Schuldner am ... weggenommenen Schecks[135] Nr. ... Aussteller ... zu pfänden und mir zur Einziehung zu überweisen.

14. Schmerzensgeld

488 Solches war nur pfändbar, wenn es durch Vertrag anerkannt oder rechtshängig geworden war (§ 847 Abs. 1 BGB). Nach Aufhebung des § 847 Abs. 1 Satz 2 BGB mit Wirkung ab 1. 7. 1990 ist der Anspruch grundsätzlich frei pfändbar. Beachte jedoch die Einschränkung des § 850 b ZPO (Rdn. 612) für in Rentenform gezahltes Schmerzensgeld[136].

14a. Sozialplan- und Kündigungsabfindungen

489 Die Sozialplanabfindung nach § 112 Betriebsverfassungsgesetz und die Kündigungsabfindungen nach den §§ 9, 10 Kündigungsschutzgesetz sind Arbeitseinkommen i. S. von § 850 ZPO. Da sie nicht zum laufenden Arbeitsentgelt zählen, kommt ein Pfändungsschutz nach § 850 c ZPO also nicht in Betracht, sondern allenfalls nach § 850 i ZPO (BAG, Urteil vom 13. 11. 1991 – Az.: 4 AZR 20/91, MDR 1992, 590).

15. Strafgefangenenanspruch und ähnliche Ansprüche[137]

490 **Eigengeld und Arbeitslohn** eines in Strafhaft befindlichen Schuldners sind nach §§ 850 ff. ZPO wie Arbeitseinkommen pfändbar[137a], d. h., die Pfändung un-

---

[135] Über Pfändung und zwangsweise Verwertung von Schecks im Inlandsverkehr s. Prost in NJW 1958, 1618; s. auch Stöber Rdn. 2099.
[136] S. dazu Bauer, Umfang und Begrenzung der Zwangsvollstreckung in verkehrsunfallbedingte Schadenersatzforderungen, in JurBüro 1962 Sp. 655 und Krebs, Zur Pfändbarkeit von Schadenersatzforderungen, in VersR 1962, 389, – Allgemein s. zur Pfändung von Schmerzensgeld Stöber Rdn. 326, 327, 498, 1009.
[137] Ausführlich dazu Stöber Rdn. 134 ff.
[137a] OLG Karlsruhe in Rpfleger 1994, 370; Schleswig-Holst. OLG in Rpfleger 1995, 29; LG Hannover in Rpfleger 1995, 264; LG Münster in JurBüro 1996, 107.

terliegt den Beschränkungen der Lohnpfändungstabelle (s. Anlage 7). Ist das Arbeitsentgelt dem Eigengeldkonto des gefangenen Schuldners gutgeschrieben worden, kann er einen Schutzantrag nach § 850 k ZPO stellen[138].

Allerdings ist, um eine ungerechtfertigte Besserstellung von Gefangenen gegenüber Normalschuldnern zu vermeiden, das Arbeitsentgelt nach § 850 e Nr. 3 ZPO (s. dazu Rdn. 654) zu berechnen. Der Gefangene muß sich also den Naturalunterhalt, den er in Form von Kost und Logis erhält, zum Arbeitslohn dazurechnen lassen[139].

Das sog. **Überbrückungsgeld** ist kraft Gesetzes von der Pfändung ausgeschlossen (§ 51 Abs. 4 S. 1 Strafvollzugsgesetz).

Die Pfändbarkeit von **Einzahlungen,** die **Dritte** im Interesse eines Strafgefangenen bei der Kasse der Strafanstalt vornehmen und deren Verwendungszweck ausdrücklich angegeben ist, dürfte zu verneinen sein[140].

Der Anspruch auf Auszahlung eines **Vorschusses auf die Haftentschädigung** ist nicht pfändbar[141].

Das sogenannte **Hausgeld** – ein Teil seines Arbeitseinkommens als Gefangener (§ 47 Strafvollzugsgesetz) – ist zweckgebunden für die Befriedigung seiner persönlichen Bedürfnisse (Einkauf von Nahrungs- und Genußmitteln, Bücher und Zeitschriften, Fahrtkosten bei gewährtem Ausgang) und damit unpfändbar[142].

16. Wechsel

Forderungen aus Wechseln soll der Gerichtsvollzieher nur pfänden, wenn ihn der Gläubiger ausdrücklich damit beauftragt hat oder wenn andere Pfandstücke entweder nicht vorhanden sind oder zur Gläubigerbefriedigung nicht ausreichen. Der Gerichtsvollzieher fordert den Wechsel vom Vollstreckungsschuldner und nimmt ihn für den Vollstreckungsgläubiger in Besitz, **ohne** daß hierzu ein **Pfändungsbeschluß** erforderlich ist (§ 831 ZPO). Zur Verwertung eines gepfändeten Wechsels bedarf es eines besonderen Gerichtsbeschlusses, dessen Erlaß der Vollstreckungsgläubiger herbeizuführen hat (§ 828 Abs. 2 ZPO). Dazu genügt meist Bezugnahme auf die Pfändungsakten des Gerichts-

491

---

[138] LG Kiel in SchlHA 1994, 89 gegen LG Berlin in Rpfleger 1992, 128 und Stöber Rdn. 135.
[139] LG Kiel a. a. O.
[140] Ebenso Berner in der Anm. zu einer gegenteiligen Entscheidung des LG Berlin in Rpfleger 1966, 311. Nach LG Berlin in Rpfleger 1970, 29 sind die auf ein Konto bei der Privatkasse einer Strafanstalt eingezahlten Gelder auch dann pfändbar, wenn es sich um eine für den Schuldner überwiesene Rente nach dem Bundesversorgungsgesetz handelt.
[141] OLG Hamm in NJW 1975, 2075.
[142] LG Münster in Rpfleger 1992, 129.

vollziehers. In Frage kommen kann Überweisung der Wechselforderung an den Vollstreckungsgläubiger oder Anordnung einer anderen Art der Verwertung. Eine Versteigerung des Wechsels (§ 814 ZPO) kommt nicht in Betracht[143].

17. Zugewinnausgleich

492 Der nach Beendigung des gesetzlichen Güterstands der Zugewinngemeinschaft (s. Rdn. 523), z. B. nach Ehescheidung, eventuell entstehende Zugewinnausgleichsanspruch eines Ehegatten kann nur gepfändet werden, wenn er entweder durch Vertrag anerkannt oder rechtshängig geworden ist (§ 852 Abs. 2 ZPO). Rechtshängig bedeutet, daß der Anspruch durch den anspruchsberechtigten Ehegatten bei Gericht eingeklagt wurde.

---

[143] Wegen Einzelheiten s. Stöber Rdn. 2080 ff.

5. Abschnitt
Grundriß der Zwangsvollstreckung in unbewegliches Vermögen[1]

I. Allgemeine Fragen zur Grundstückszwangsvollstreckung

1. Einzelne Möglichkeiten

Gehören dem Schuldner Grundstücke, so bietet das Vollstreckungsrecht dem Gläubiger zwei Befriedigungsmöglichkeiten, nämlich die Grundstückszwangsversteigerung und die Grundstückszwangsverwaltung, und eine Sicherungsmöglichkeit, kombiniert mit einer Befriedigungsmöglichkeit, nämlich die Zwangshypothek, deren Nichtzahlung den Gläubiger aber dann vielfach zur Durchführung einer Grundstückszwangsversteigerung oder -zwangsverwaltung zwingt. 493

Die Grundstückszwangsvollstreckung ist kein einfaches Rechtsgebiet. Sie ist beim Gläubiger insbesondere auch deshalb nicht besonders beliebt, weil er bei Durchführung eines solchen Verfahrens oft recht lange auf seine Befriedigung warten und inzwischen einen nicht unerheblichen Kostenvorschuß an das Gericht leisten muß.

Es kann sich hier nur darum handeln, das Grundstückszwangsvollstreckungsverfahren in seinen wesentlichen Grundzügen, ohne Eingehen auf Einzelheiten, darzustellen.

2. Grundstücksähnliche Rechte

Für den Bereich der Grundstückszwangsvollstreckung sind den Grundstükken gleichgestellt Erbbaurechte, grundsätzlich auch Wohnungseigentumsrechte, ferner Schiffe und Schiffsbauwerke, wenn sie eingetragen sind, sowie landesrechtliche Bergwerkseigentumsrechte und selbständige Fischereirechte. 494

II. Grundstückszwangsversteigerung

1. Anordnung der Versteigerung

Die Zwangsversteigerung eines Grundstücks setzt, wie jede sonstige Vollstreckungsmaßnahme voraus, daß die allgemeinen Vollstreckungserfordernisse der 495

---

[1] Erläuterungswerke zur Grundstückszwangsvollstreckung: Stöber, Zwangsvollstreckung in das unbewegliche Vermögen, 6. Aufl., München 1992; Zeller-Stöber, Zwangsversteigerungsgesetz, 15. Aufl., München 1996; Steiner/Riedel, Zwangsversteigerung und Zwangsvollstreckung (Kommentar zum ZVG), 9. Aufl., Berlin 1984 ff.; Balser/Bögner/Ludwig, Vollstreckung im Grundbuch, 10. Aufl. 1994.

Grundriß der Zwangsvollstreckung in unbewegliches Vermögen

ZPO – vollstreckbarer Titel, Vollstreckungsklausel und vorher erfolgte Zustellung des Vollstreckungstitels (s. Rdn. 187–193) – erfüllt sind und daß der Gläubiger einen Versteigerungsantrag an dasjenige Amtsgericht, in dessen Bezirk der Grundbesitz des Schuldners belegen ist, stellt. Der – formlose – Antrag soll das Grundstück, den Eigentümer, den Anspruch und den vollstreckbaren Titel bezeichnen (§ 16 ZVG).

Muster 80

496   Dem Unterzeichneten steht auf Grund des vollstreckbaren Urteils des Amtsgerichts ... vom ... – Aktenzeichen ... – und des auf dieses Urteil gesetzten Kostenfestsetzungsbeschlusses vom ... gegen den ... in ... eine Forderung mit ... DM Hauptsumme, ... % Zinsen hieraus seit ... und ... DM bisherigen Vollstreckungskosten zu. Der Schuldner ist Eigentümer des im Grundbuch von ... Band ... Blatt ... eingetragenen Grundstücks ... Unter Vorlage einer mit Zustellungsvermerk versehenen vollstreckbaren Ausfertigung des genannten Urteils und einer beglaubigten Grundbuchabschrift[2] beantragt der Unterzeichnete, wegen seiner angegebenen Forderung die Zwangsversteigerung des vorgenannten Grundstücks anzuordnen.

Datum und Unterschrift des Gläubigers

497   Will der Gläubiger die Zwangsversteigerung aus seinem Titel wegen eines hypothekarischen Anspruchs auch aus diesem Recht in der Rangklasse des Rechts (s. Rdn. 501) betreiben, so muß der Titel auch auf Duldung der Zwangsversteigerung in das Grundstück aus dem betr. Recht gerichtet sein.

498   Ein Gläubiger kann auch dem Zwangsversteigerungsverfahren, das auf Antrag eines anderen Gläubigers bereits angeordnet worden ist, beitreten. Die Voraussetzungen sind die gleichen wie in dem Falle, daß dieser Gläubiger selbst den Antrag auf Anordnung der Zwangsversteigerung stellt. Bei Zulassung des Beitritts durch das Gericht hat der beitretende Gläubiger die gleichen Rechte, wie wenn die Versteigerung auf seinen Antrag angeordnet wäre (§ 27 ZVG).

---

[2] Ist das Amtsgericht zugleich Grundbuchamt, so bedarf es nur der Bezugnahme auf das Grundbuch, nicht der Vorlage einer Grundbuchabschrift (vgl. § 17 Abs. 2 ZVG).

Muster 81

Die beiden ersten Sätze lauten wie in Muster 80, also bis zu dem Wort „Grundstücks ...". Dann ist zu sagen:
Unter Vorlage einer mit Zustellungsvermerk versehenen Ausfertigung des genannten Urteils und einer beglaubigten Grundbuchabschrift[2] beantragt der Unterzeichnete, seinen Beitritt zu dem auf Antrag des ... beim dortigen Gericht über das genannte Grundstück bereits anhängigen Zwangsversteigerungsverfahren – Aktenzeichen ... – zuzulassen.

Datum und Unterschrift des Gläubigers

Die Zwangsversteigerung darf nur angeordnet werden, wenn der Vollstreckungsschuldner als Eigentümer des Grundstücks im Grundbuch eingetragen oder Erbe des eingetragenen Eigentümers ist (§ 17 ZVG). Die Anordnung erfolgt durch Beschluß des Vollstreckungsgerichts beim Amtsgericht[3]. Der Beschluß wird den Beteiligten (Kreis s. § 9 ZVG) zugestellt; auch erfolgt Eintragung eines Zwangsversteigerungsvermerks im Grundbuch (§ 19 ZVG). Der Beschluß bewirkt die Beschlagnahme des Grundstücks (§ 20 ZVG). Diese Beschlagnahme hat die Wirkung eines zugunsten des Gläubigers ergangenen Veräußerungsverbots[4] und verschafft ihm ein Recht auf bevorzugte Befriedigung aus dem Versteigerungserlös nach näherer Maßgabe des § 10 Nr. 5 ZVG (s. Rdn. 501). Die Beschlagnahme erstreckt sich nur auf die wirtschaftliche Substanz, nicht auch auf die Nutzungen des Grundstücks. Sie erstreckt sich also auf das Grundstück mit Bestandteilen und Zubehör, sowie sonstige Gegenstände, auf die sich eine Hypothek erstreckt (s. §§ 1120 ff. BGB). Will der Gläubiger auch die Nutzungen des Grundstücks erfassen, so muß er gleichzeitig Antrag auf Anordnung der Grundstückszwangsverwaltung stellen (s. Rdn. 510).

499

Erzeugnisse, Miet- und Pachtzinsen läßt die Beschlagnahme dagegen frei; der Schuldner ist auch nicht gehindert, das Grundstück in den Grenzen einer ordnungsmäßigen Wirtschaft zu verwalten und zu benutzen (§§ 21, 24 ZVG)[5].

---

[3] Spätestens bei Bestimmung des Versteigerungstermins (s. Rdn. 500) ist ein Vorschuß in Höhe der doppelten Verfahrensgebühr zu erheben. Weder die Anordnung der Zwangsversteigerung noch die Fortsetzung des Verfahrens kann aber von der Zahlung eines Vorschusses abhängig gemacht werden (§ 66 GKG).
[4] Das Grundbuch wird durch die Eintragung des Versteigerungsvermerks nicht gesperrt, das Grundstück kann auch jetzt noch übertragen und belastet werden, der Gang des Zwangsversteigerungsverfahrens wird aber dadurch nicht aufgehalten. Der neu eingetretene Berechtigte geht dem betreibenden Gläubiger im Range nach.
[5] Bei der Vollstreckung in Gebäude, Anlagen und Einrichtungen, die trotz fester Verbindung mit dem Grundstück der Mobilarvollstreckung unterliegen, ist § 811 ZPO (Rdn. 568ff.) zu beachten (AG und LG Braunschweig in DGVZ 1972, 14 und 169).
S. zur Grundstückszwangsverwaltung im einzelnen Drischler in Rechtspfleger-Jahrbuch 1969, 369 und 1970, 365.

2. Versteigerungstermin – Geringstes Gebot – Versteigerungsbedingungen

500 Der Versteigerungstermin wird vom Gericht von Amts wegen bestimmt und dabei der **Verkehrswert** (§ 38 ZVG) festgesetzt. (§§ 35 ff. ZVG). Er wird den Beteiligten und öffentlich bekanntgemacht (§§ 39 ff. ZVG). Wegen des für den Grundstückseigentümer bestehenden Vollstreckungsschutzes s. Rdn. 559. Der Verkehrswert ist mit sofortiger Beschwerde anfechtbar (§ 74 a Abs. 5 ZVG).

Im Zwangsversteigerungstermin – die „Bietstunde" beträgt mindestens 30 Minuten (§ 73 Abs. 1 Satz 1 ZVG) – wird nur ein solches Gebot zugelassen, durch das die Verfahrenskosten und die dem Anspruch des betreibenden (oder eines besser berechtigten beigetretenen) Gläubigers vorgehenden Rechte gemäß nachfolgender Rangordnung gedeckt werden (sog. geringstes Gebot; § 44 ZVG). Die Berücksichtigung von Rechten an dem Grundstück, die dem betreibenden Gläubiger im Range vorgehen, erfolgt in der Regel dadurch, daß diese Rechte in der Zwangsversteigerung bestehen bleiben und als Belastungen des Grundstücks vom Erwerber mitzuübernehmen sind. Andere Belastungen des Grundstücks erlöschen in der Regel durch den Zuschlag in der Zwangsversteigerung, soweit mit dem Ersteher nichts anderes vereinbart wird, auch dann, wenn keine Befriedigung erfolgt.

501 Ein Recht auf Befriedigung aus dem Grundstück haben nach folgender Rangordnung, bei gleichem Rang nach dem Verhältnis ihrer Beträge (§ 10 ZVG):

a) der Anspruch eines die Zwangsverwaltung betreibenden Gläubigers auf Ersatz seiner Ausgaben zur Erhaltung oder nötigen Verbesserung des Grundstücks, im Falle der Zwangsversteigerung aber nur, wenn die Zwangsverwaltung bis zum Zuschlag fortdauert und die Ausgaben nicht aus den Nutzungen des Grundstücks erstattet werden können,

b) bei einem land- oder forstwirtschaftlichen Grundstück die Ansprüche der zur Bewirtschaftung des Grundstücks oder zum Betrieb eines mit dem Grundstück verbundenen land- oder forstwirtschaftlichen Nebengewerbes angenommenen, in einem Dienst- oder Arbeitsverhältnis stehenden Personen, insbesondere des Gesindes, der Wirtschafts- und Forstbeamten auf Lohn, Kostgeld und andere Bezüge wegen der laufenden und der aus dem letzten Jahre rückständigen Beträge,

c) die Ansprüche auf Entrichtung der öffentlichen Lasten des Grundstücks wegen der aus den letzten vier bzw. zwei Jahren rückständigen Beträge (mit einigen Sondervorschriften, auch in bezug auf eine etwaige Hypothekengewinnabgabe),

d) die Ansprüche aus Rechten an dem Grundstück (Grundpfandrechten usw., soweit sie nicht infolge der Beschlagnahme dem Gläubiger gegenüber unwirksam geworden sind) einschließlich der Ansprüche auf Beträge, die zur allmählichen Tilgung einer Schuld als Zuschlag zu den Zinsen zu entrichten sind; Ansprüche auf wiederkehrende Leistungen, insbesondere Zinsen, Zuschläge, Verwaltungskosten oder Rentenleistungen genießen das Vorrecht dieser Klasse nur wegen der laufenden und der aus den letzten zwei Jahren rückständigen Beträge,

e) der Anspruch des betreibenden Gläubigers, soweit er nicht in einer der vorhergehenden Klassen zu befriedigen ist, also insbesondere der Anspruch des die Zwangsversteigerung betreibenden, nicht durch ein Grundpfandrecht gesicherten Gläubigers,

f) die Ansprüche der unter Buchst. d genannten Klasse, soweit sie infolge der Beschlagnahme dem Gläubiger gegenüber unwirksam sind, insbesondere aus Rechten, die der Grundstückseigentümer nach der in Rdn. 463 behandelten Grundstücksbeschlagnahme in das Grundbuch eintragen ließ,

g) die Ansprüche der unter c genannten Klasse wegen der älteren Rückstände,

h) die Ansprüche der unter d genannten Klasse wegen der älteren Rückstände.

Sind Ansprüche aus verschiedenen Rechten nach Rangklasse Buchst. d, f und h in derselben Klasse zu befriedigen, so ist für sie das Rangverhältnis maßgebend, das unter den Rechten besteht (§ 11 ZVG). Die laufenden Beträge wiederkehrender Leistungen nehmen ihren Anfang von dem letzten Fälligkeitstermin vor der Beschlagnahme des Grundstücks, die Rückstände werden von demselben Zeitpunkt zurückgerechnet (§ 13 ZVG mit Einzelheiten). **502**

Besondere Bestimmungen bestehen über ein sog. Mindestgebot (7/10 bzw. 1/2 des Grundstückswerts) – s. §§ 74 a, b, 85 a ZVG Rdn. 561–564. **503**

Gebote auf landwirtschaftliche Grundstücke bedürfen derzeit keiner besonderen behördlichen Genehmigung. **504**

3. Zuschlag

Die Entscheidung über den Zuschlag, der dem Meistbietenden zu erteilen ist, sofern das geringste Gebot (s. Rdn. 500) erreicht ist, ergeht nach Anhörung der Beteiligten durch Beschluß. Der Zuschlag darf nur in bestimmten Fällen versagt werden (§§ 83, 85 a ZVG; vgl. dazu insbesondere Rdn. 564). **505**

Die Entscheidung über den Zuschlag unterliegt der sofortigen Beschwerde (§§ 96 ff. ZVG; § 577 ZPO). Ist der Zuschlag rechtskräftig geworden, so kommt es nicht mehr darauf an, ob die Voraussetzungen für seine Erteilung vorgelegen haben oder nicht.

506 In die bestehenden Miet- und Pachtverhältnisse tritt der Ersteher ein, kann sie jedoch ohne Rücksicht auf abweichende Vereinbarungen der bisherigen Vertragsteile unter Einhaltung der gesetzlichen Fristen der §§ 565, 595 BGB zum ersten zulässigen Termin kündigen (§§ 57, 57 a ZVG). Das Kündigungsrecht kann aber bei Bestehen eines Baukostenzuschusses des Mieters nach näherer Maßgabe der §§ 57 c, d ZVG nicht ausgeübt werden. Vorausverfügungen des bisherigen Eigentümers über den Miet- und Pachtzins sind dem Ersteher gegenüber nur wirksam, wenn sie sich auf den zur Zeit der Beschlagnahme laufenden Kalendermonat und, wenn die Beschlagnahme nach dem 15. eines Kalendermonats erfolgt ist, auch auf den folgenden Kalendermonat beziehen (§ 57 b ZVG).

507 **4. Verteilung des Erlöses**

Die Verteilung des Erlöses erfolgt in einem besonderen Verteilungstermin auf Grund eines vom Gericht unter Berücksichtigung der gesetzlichen Rangordnung (Rdn. 501) aufgestellten Teilungsplanes (§§ 105 ff. ZVG). Im Verteilungstermin muß der Ersteher das **Bargebot** nebst 4 % Zinsen vom Zuschlag abzahlen. Er kann das Bargebot nach § 49 Abs. 3 ZVG entweder durch Barzahlung oder durch Überweisung oder Einzahlung auf ein Konto der Gerichtskasse entrichten (§ 107 Abs. 2 ZVG). Damit für das Versteigerungsgericht sichergestellt ist, daß der Betrag auch zur Verfügung steht, muß eine Zahlungsanzeige der Gerichtskasse im Versteigerungstermin vorliegen.

Jeder Beteiligte (§ 9 ZVG), also insbesondere Gläubiger und Schuldner, kann von dem Bieter Sicherheitsleistung verlangen (§ 67 ZVG). Die Sicherheit ist für ein Zehntel des in der Terminsbestimmung genannten Verkehrswertes zu leisten.

Als Sicherheit sind unter bestimmten Bedingungen Verrechnungsschecks zugelassen (§ 69 Abs. 1 ZVG).

Streitigkeiten der Beteiligten über die Erlösverteilung halten die Verteilung nicht auf. Wird der Widerspruch eines Beteiligten gegen den Teilungsplan nicht im Verteilungstermin erledigt, so muß der Streit durch besondere Klage außerhalb der Verteilung ausgetragen werden. Der Verteilungsplan hat nur festzustellen, wie der streitige Betrag zu verteilen ist, wenn der Widerspruch für begründet erklärt wird. Der Betrag wird hinterlegt.

Nach Rechtskraft des Zuschlags und Ausführung des Teilungsplans ersucht das Vollstreckungsgericht von Amts wegen das Grundbuchamt um Eintragung des Erstehers als Eigentümer und um Löschung der erloschenen Rechte im Grundbuch (§ 130 ZVG).

Grundstückszwangsverwaltung

5. Sonderfälle

Sondervorschriften gelten namentlich für die Zwangsversteigerung eines Grundstücks zur Aufhebung einer Gemeinschaft, insbesondere des Bruchteilseigentums an einem Grundstück, oder einer Erbengemeinschaft. Hier ist ein vollstreckbarer Schuldtitel nicht erforderlich. Die Rechtsstellung des Gläubigers nimmt der die Versteigerung betreibende Gemeinschafter als Antragsteller, die Stelle des Schuldners nehmen die anderen Gemeinschafter ein. Wegen Einzelheiten s. §§ 180 ff. ZVG. **508**

Auch für die durch einen Insolvenzverwalter betriebene Zwangsversteigerung gibt es Sondervorschriften (§§ 172 ff. ZVG, § 165 InsO). **509**

III. Grundstückszwangsverwaltung[6]

1. Zweck der Zwangsverwaltung

Die Zwangsverwaltung will den Gläubiger nicht aus der Substanz – wie bei der Zwangsversteigerung (die vielfach neben der Zwangsverwaltung betrieben wird) –, sondern aus den laufenden Erträgnissen des Grundstücks befriedigen. Dieses Ziel wird aber oft nicht erreicht. **510**

2. Antrag auf Zwangsverwaltung und Anordnung der Verwaltung

Die Anordnung von Zwangsverwaltung findet nur auf – formlosen – Antrag des Gläubigers statt, der dazu die gleichen Unterlagen vorlegen muß wie bei der Zwangsversteigerung (Rdn. 495). **511**

> **Muster 82**
>
> In meiner Zwangsvollstreckungssache gegen ... in ... beantrage ich, wegen der mir gegen diesen Schuldner zustehenden Forderung von ... DM Hauptsumme, ... % Zinsen hieraus seit ... und ... DM bisherigen Vollstreckungskosten die Zwangsverwaltung des im Grundbuch von ... Band ... Blatt ... auf den Namen des Schuldners eingetragenen Grundstücks ... anzuordnen.
>
> Das mit Zustellungsnachweis versehene vollstreckbare Urteil des Amtsgerichts ... von ... ist angeschlossen, ferner eine beglaubigte Abschrift des Grundbuchs über das genannte Grundstück.
>
> Datum und Unterschrift des Gläubigers

512

---

[6] S. über diese u.a. Drischler in Rechtspflegerjahrbuch 1969, 369 und 1970, 365, sowie Stöber, Zwangsvollstreckung in das unbewegliche Vermögen, Rdn. 576 ff.

Will der Gläubiger einem von anderer Seite bereits eingeleiteten Zwangsverwaltungsverfahren beitreten, so kann er Antrag auf Zulassung seines Beitritts zum Verfahren stellen. Dazu kann das Muster 81 verwendet werden unter Änderung von Zwangsversteigerung in Zwangsverwaltung.

513 Die durch Beschluß erfolgende, im Grundbuch einzutragende Anordnung der Zwangsverwaltung bewirkt eine Beschlagnahme des Grundstücks. Diese erfaßt alle land- und forstwirtschaftlichen Erzeugnisse sowie die Miet- und Pachtzinsen des Grundstücks. Der Schuldner darf das Grundstück nicht mehr benützen und verwalten, doch sind ihm die für seinen Hausstand unentbehrlichen Räume zu belassen (§§ 148, 149 ZVG). Das Gericht bestellt einen Zwangsverwalter.

3. Gang der Zwangsverwaltung

514 Der Zwangsverwalter ist berechtigt und verpflichtet, alle Handlungen vorzunehmen, die erforderlich sind, um das Grundstück in seinem wirtschaftlichen Bestand zu erhalten und ordnungsmäßig zu benutzen. Jährlich sowie nach Beendigung der Zwangsverwaltung hat der Zwangsverwalter Rechnung zu legen.

Aus den Nutzungen des Grundstücks kann der Zwangsverwalter ohne besonderes Verfahren die laufenden Ausgaben der Verwaltung und Bewirtschaftung des Grundstücks sowie laufende Beträge der öffentlichen Grundstückslasten bestreiten. Bei weiteren Zahlungen muß ein Teilungsplan aufgestellt werden, und zwar für die ganze Dauer des Verfahrens. Nach Feststellung des Teilungsplans im Verteilungstermin ordnet das Gericht die planmäßige Auszahlung an die Beteiligten an. Rückstände können überhaupt nicht und an Kapitalschulden können nur die des betreibenden Gläubigers berücksichtigt werden, und zwar diese an letzter Rangstelle. In den Teilungsplan werden daher nur die Kosten der Anordnung des Verfahrens oder des Beitritts eines weiteren Gläubigers an erster Rangstelle, die Ausgaben aus Ersatzansprüchen des Gläubigers für seine Aufwendungen (§ 10 Nr. 1 ZVG) an zweiter Stelle und dann in der Rangklasse des § 10 ZVG (s. Rdn. 501) die laufenden Beträge wiederkehrender Leistungen aus Landarbeiterlohn, öffentlichen sowie privatrechtlichen Grundstückslasten an dritter Stelle eingestellt. An letzter Stelle kommt der betreibende Gläubiger mit seinem gesamten Anspruch, soweit er nicht schon in eine bessere Rangklasse (wegen laufend wiederkehrender Leistungen) gehört. Er wird also, wenn die Nutzungen des Grundstücks nicht ganz erheblich sind, auf seinen Kapitalanspruch selten eine Zahlung aus der Zwangsverwaltung erhalten, ein Grund mit dafür, daß neben der Zwangsverwaltung vielfach gleich die Zwangsversteigerung betrieben wird.

4. Aufhebung der Zwangsverwaltung

Das Verfahren ist aufzuheben, wenn der Gläubiger befriedigt ist oder seinen Antrag zurücknimmt. Das Gericht kann die Aufhebung auch anordnen, wenn die Fortsetzung des Verfahrens besondere Aufwendungen erfordert und der Gläubiger den nötigen Geldbetrag nicht vorschießt (§ 161 ZVG). **515**

IV. Zwangshypothek[7]

1. Voraussetzungen der Eintragung einer Zwangshypothek

Die Eintragung einer Zwangshypothek (§§ 866 bis 868 ZPO) hat zur Voraussetzung, daß an das Grundbuchamt ein entsprechender formloser Antrag gerichtet wird, der Schuldner als Eigentümer des Grundstücks im Grundbuch eingetragen ist[8] und der dem Schuldner bereits zugestellte vollstreckbare Titel auf eine Geldsumme von über 1 500 DM Hauptforderung lautet[9]. Soll die Zwangshypothek auf mehreren Grundstücken eingetragen werden, dann muß vom Gläubiger die Forderung auf die einzelnen Grundstücke verteilt werden, die Eintragung einer Gesamthypothek auf allen Grundstücken ist also nicht zulässig[10]. **516**

Muster 83

Auf Grund der anliegenden Ausfertigung des Vollstreckungsbescheids des Amtsgerichts ... vom ..., dem Schuldner zugestellt am ..., beantrage ich wegen meiner Forderung von ... DM Hauptsumme, ... DM festgesetzten Kosten, sowie ... % Zinsen aus ... seit ... die Eintragung einer Zwangs-Sicherungshypothek auf den im Grundbuch von ... Band ... Blatt ... auf den Namen des Schuldners eingetragenen Grundstücken Flur-Nummer ... und Flur-Nummer ... Ich verteile die Forderung dahin, daß die Zwangshypothek eingetragen werden soll auf Flur- Nummer ... bezüglich ... DM Teilbetrag samt Zinsen hieraus und bezüglich der gesamten Kosten mit ... DM und auf Flur-Nummer ... bezüglich ... DM Teilbetrag samt Zinsen hieraus. **517**

Datum und Unterschrift des Gläubigers

---

[7] S. zur Zwangshypothek eingehend Stöber, Zwangsvollstreckung in das unbewegliche Vermögen, 6. Aufl., S. 10 ff.

[8] Ist dies nicht der Fall, so kann der Gläubiger nach § 14 GBO die Berichtigung des Grundbuchs durch Eintragung des Eigentümers formlos beantragen. Die erforderlichen Unterlagen, z.B. Erbschein, Testament mit Eröffnungsprotokoll, muß er sich beschaffen (vgl. § 792 ZPO, § 22 Abs. 2 GBO). Eine Einzelfirma als solche kann nicht im Grundbuch eingetragen werden. Jedoch kann eine Zwangshypothek auf Grundbesitz des Firmeninhabers auch dann eingetragen werden, wenn der Titel auf die Einzelfirma lautet, deren Inhaber nachweisbar der Grundstückseigentümer ist (s. zu dieser Frage Noack in MDR 1967, 640).

[9] Aufgrund mehrerer dem gleichen Gläubiger zustehenden Schuldtitel kann eine einheitliche Zwangshypothek eingetragen werden (§ 866 Abs. 3 ZPO). Beträgt die Gesamtforderung weniger als 500 DM, so kann der Gläubiger gleichwohl Grundstücks-Zwangsversteigerung oder -Zwangsverwaltung betreiben.

[10] S. dazu insbesondere BGH in NJW 1958, 1090 = Rpfleger 1958, 216.

518 Die Eintragung einer Zwangshypothek auf land- oder forstwirtschaftlichen Grundstücken bedarf keiner besonderen behördlichen Genehmigung nach dem derzeit geltenden landwirtschaftlichen Grundstücksverkehrsrecht[11].

2. Rechte aus der Zwangshypothek

519 Mit der Eintragung einer Zwangshypothek hat der Gläubiger zwar eine – wenn auch nicht immer besonders gute – Sicherheit erlangt, aber noch kein Geld. Immerhin ist eine solche Hypothek für den Schuldner meist eine unangenehme Sache. Er wird versuchen, sie durch Zahlung des Anspruchs baldmöglichst zu beseitigen. Insbesondere dann, wenn er beabsichtigt, den belasteten Grundbesitz in naher Zukunft zu veräußern, wird ihm viel daran liegen, die Hypothek baldmöglichst wieder zur Löschung zu bringen, denn der Käufer wird eine solche Zwangshypothek in der Regel nicht übernehmen wollen. Nachdem der Gläubiger zunächst eine Sicherheit erlangt hat, wird er u. U. bereit sein, dem Schuldner die Forderung noch einige Zeit zu stunden. Darin liegt dann für diesen ebenfalls ein gewisser Vorteil, den er sich allerdings auch dadurch verschaffen kann, daß er dem Gläubiger rechtsgeschäftlich eine Hypothek bestellt, möglicherweise, ohne daß er es zuvor wegen der Forderung zu einem Prozeß kommen läßt.

Kommt der Gläubiger durch die Zwangshypothek nicht zu seinem Geld, so wird er zu überlegen haben, ob er die Zwangsversteigerung und – oder – die Zwangsverwaltung des belasteten Grundbesitzes betreiben soll[12]. Er wird sich dazu allerdings nur dann entschließen, wenn er hoffen kann, im Falle der Zwangsversteigerung auf Grund des Ranges seiner Zwangshypothek durch das Meistgebot noch gedeckt zu werden. Bei Zwangsverwaltung für sich allein wird der Gläubiger nicht aus der Substanz, sondern höchstens aus den laufenden Erträgnissen des Grundstücks befriedigt. Dieses Ziel wird aber nur selten erreicht (s. Rdn. 514). **Seit 1. 1. 1999 braucht der Gläubiger den Schuldner nicht mehr auf Duldung der Zwangsvollstreckung verklagen; es genügt zur Zwangsvollstreckung in das Grundstück der Vollstreckungstitel, auf dem die Eintragung der Zwangshypothek vom Grundbuchamt vermerkt ist (§ 867 Abs. 3 ZPO).**

---

[11] Gegen die Eintragung einer Zwangshypothek ist die unbefristete Beschwerde nach § 71 Grundbuchordnung, nicht die sofortige Beschwerde nach § 793 ZPO gegeben (OLG Köln in OLGZ 1967, 499). Gegen die Ablehnung der Eintragung einer Zwangshypothek durch das Grundbuchamt ist ebenfalls unbefristete Beschwerde nach § 71 GBO möglich.

[12] Die Entscheidung wird ihm oft durch Banken abgenommen, die anstelle der Zwangsversteigerung im Einvernehmen mit dem Schuldner den Verkauf über den Immobilienteil einer Zeitung in Angriff nehmen, was einen höheren Verkaufserlös verspricht. Hierzu benötigen sie aber die Entfernung der Zwangshypothek. Fazit: Sie kaufen dem Hypothekengläubiger die Löschungsbewilligung nach § 19 GBO ab.

Zwangshypothek

Die Zwangshypothek verwandelt sich in eine dem Grundstückseigentümer selbst zustehende Grundschuld, wenn der vollstreckbare Titel vom Gericht aufgehoben, wenn die Zwangsvollstreckung vom Gericht für unzulässig erklärt oder eingestellt wird oder wenn der Grundstückseigentümer den Gläubiger voll befriedigt (vgl. Rdn. 396).

520

V. Zusammentreffen von Immobiliarvollstreckung und Insolvenzverfahren

Ist die **Zwangshypothek** durch Eintragung erworben worden, bevor die Monatsfrist des § 88 InsO (sog. Rückschlagsperre) greifen konnte oder das Insolvenzverfahren eröffnet wurde, ist gemäß § 49 InsO der Gläubiger zur **abgesonderten Befriedigung** aus dem Grundstück berechtigt und ist durch die Eröffnung des Insolvenzverfahrens auch nicht gehindert, Befriedigung durch Zwangsversteigerung oder Zwangsverwaltung des beschlagnahmten Grundstücks zu beantragen.

520a

Die Eröffnung des Insolvenzverfahrens führt nicht zur Unterbrechung eines laufenden Zwangsversteigerungsverfahrens gemäß § 240 ZPO (§§ 22, 15, 19 ZVG, §§ 27, 80 InsO). Nach Insolvenzeröffnung muß er allerdings, um die Zwangsvollstreckung in das Grundstück betreiben zu können, den Vollstreckungstitel analog § 727 ZPO gegen den Insolvenzverwalter umschreiben und ihm diesen zustellen lassen (§ 750 Abs. 2 ZPO).

Für Gläubiger, die im letzten Monat vor dem Antrag auf Insolvenzeröffnung oder nach diesem Antrag die Zwangshypothek erlangt haben und damit unter die „Rückschlagsperre" des § 88 InsO fallen, wird die eingetragene Zwangshypothek unwirksam.

Wenn **Zwangsversteigerungsmaßnahmen** mit der Insolvenz des Schuldners zusammentreffen, können die Gläubiger das Zwangsversteigerungsverfahren nur fortsetzen, wenn der Anordnungsbeschluß der Zwangsversteigerung dem Schuldner bereits **vor Insolvenzeröffnung** zugestellt oder das Ersuchen um Eintragung des Zwangsversteigerungsvermerks dem Grundbuchamt zugegangen ist (§§ 15, 22, 146 ZVG). Die Gläubiger haben dann gemäß §§ 80 Abs. 2 Satz 2, 49 InsO ein Recht auf **abgesonderte Befriedigung** ohne Titelumschreibung gegen den Insolvenzverwalter. **Nach Eröffnung des Insolvenzverfahrens** benötigt der dingliche Grundpfandgläubiger, wie oben dargelegt, einen gegen den Insolvenzverwalter umgeschriebenen Vollstreckungstitel mit Zustellungsnachweis.

520b

Zu den Möglichkeiten des Insolvenzverwalters, die einstweilige Einstellung der Zwangsversteigerung zu beantragen s. § 30 d Abs. 4 ZVG (dazu in einzelnen Vallender in Rpfleger 1997, 353 ff. und Helwich in DGVZ 1998, 50 ff.).

Zur Kostenbeitragspflicht der absonderungsberechtigten Gläubiger – der Kostenpauschalbetrag beträgt gemäß § 10 Abs. 1 a ZVG 4 % des gemäß § 74 a Abs. 5 ZVG festgesetzten Grundstückswerts – vgl. §§ 170, 171 Abs. 1 InsO.

520c Für die **Zwangsverwaltung** gelten die gleichen Grundsätze wie für die Zwangsversteigerung: Auch hier gibt es die Möglichkeit des Insolvenzverwalters, die einstweilige Einstellung nach § 153 b ZVG zu beantragen, z. B. wenn durch die Vermietung des Grundstücks an einen Dritten die Gefahr einer vorzeitigen Betriebsstillegung droht (Vallender a. a. O., S. 355).

6. Abschnitt
Zwangsvollstreckung bei verheirateten Schuldnern

I. Allgemeine Fragen

1. Bedeutung des Güterrechts für die Zwangsvollstreckung

Ein großer Teil von Schuldnern ist verheiratet. Muß wegen eines Geldanspruchs eine Zwangsvollstreckung in das Vermögen eines solchen Schuldners betrieben werden, so erlangt das in einer Ehe bestehende Güterrecht Bedeutung, vor allem deshalb, weil sich die Frage, welche Teile des beim Schuldner befindlichen Vermögens ihm selbst und welche seinem Ehegatten gehören, vor allem nach dem in seiner Ehe bestehenden Güterrecht beantwortet. 521

2. Güterrechtsarten

Zu unterscheiden ist im Güterrecht zwischen dem kraft Gesetzes eintretenden Güterstand der Zugewinngemeinschaft, der grundsätzlich nur durch notariellen Ehevertrag begründbaren Gütertrennung und der stets auf Ehevertrag beruhenden Gütergemeinschaft. 522

Der gesetzliche Güterstand der Zugewinngemeinschaft gilt auch für Ehegatten, die am 3. Oktober 1990 im gesetzlichen Güterstand der Eigentums- und Vermögensgemeinschaft des Familiengesetzbuchs der ehemaligen DDR (§§ 13–16 FGB) gelebt haben (Art. 234 § 4 Abs. 1 EGBGB). Dies gilt nicht, wenn ein Ehegatte bis 2. Oktober 1992 dem Kreisgericht gegenüber notariell beurkundet erklärt, daß für die Ehe der bisherige gesetzliche Güterstand fortgelten soll (Art. 234, § 4 Abs. 2 EGBGB). Wenn die Ehegatten allerdings zuvor einen Ehevertrag geschlossen haben oder ihre Ehe geschieden wurde, besteht diese Möglichkeit nicht[1].

II. Die Güterstände im einzelnen

1. Zugewinngemeinschaft

Gesetzlicher Güterstand ist die Zugewinngemeinschaft (§§ 1363 ff. BGB). Bei ihr sind Vermögen des Mannes und der Frau güterrechtlich voneinander getrennt, also gesetzlich nicht irgendwie gemeinschaftlich. Jeder Ehegatte verwaltet sein Vermögen grundsätzlich selbständig (§ 1364 BGB; Ausnahmen für bestimmte rechtsgeschäftliche Verfügungen s. §§ 1365, 1369 BGB). 523

---

[1] Näher zur Zwangsvollstreckung gegen Ehegatten nach der deutschen Einigung, Arnold in DGVZ 1992, 20, 24.

Der gesetzliche Güterstand der Zugewinngemeinschaft gilt immer dann, wenn die Eheleute einen abweichenden Güterstand durch notariellen Ehevertrag nicht vereinbaren.

Im allgemeinen ist daher das Bestehen von Zugewinngemeinschaften zu unterstellen.

Ehegatten können auch bei Zugewinngemeinschaft gemeinschaftliches Vermögen haben, so etwa, wenn sie ein Grundstück je zur ungeteilten Hälfte erwerben. Dabei handelt es sich aber um keine Folge des Güterstandes, sondern um einen rechtsgeschäftlichen Erwerb. Auch eine Innengesellschaft kann unter Ehegatten u. U. bestehen.

2. Gütertrennung

524 Gütertrennung kann jederzeit durch notariell beurkundeten Ehevertrag begründet werden. Sie tritt ferner ein, wenn die Eheleute den zunächst in ihrer Ehe bestehenden gesetzlichen Güterstand der Zugewinngemeinschaft (s. Rdn. 523) durch Ehevertrag aufheben, soweit sie dabei nichts Gegenteiliges bestimmen. Schließlich tritt bei Fehlen abweichender Bestimmungen Gütertrennung auch dann ein, wenn der beim gesetzlichen Güterstand der Zugewinngemeinschaft vorgesehene Ausgleich des Zugewinns (§§ 1371 ff. BGB) ehevertraglich ausgeschlossen, die zunächst bestehende Gütergemeinschaft (s. Rdn. 525) durch Ehevertrag ersatzlos aufgehoben oder der Versorgungsausgleich ausgeschlossen wird. Im allgemeinen kann das Bestehen von Gütertrennung nur durch Abschrift des Ehevertrags nachgewiesen werden. Die Fälle, daß die Gütertrennung im Güterrechtsregister beim Amtsgericht eingetragen ist, sind verhältnismäßig selten. Bei Gütertrennung verwaltet jeder Ehegatte sein Vermögen völlig allein.

Wegen gemeinschaftlichen Eigentums von Eheleuten kraft rechtsgeschäftlichen Erwerbs s. die Ausführungen Rdn. 523.

3. Gütergemeinschaft mit etwaiger Fortsetzung

525 Gütergemeinschaft (§§ 1416 ff. BGB) kann nur durch notariell beurkundeten Ehevertrag vereinbart werden.

Soweit Gütergemeinschaft bereits vor dem 1. 7. 1958 bestanden hat, verwaltet der Mann das Gesamtgut allein. Wird der Ehevertrag auf Gütergemeinschaft erst seit 1. 7. 1958 geschlossen, so sollen die Eheleute in ihm bestimmen, ob das Gesamtgut vom Mann oder von der Frau oder ob es von den beiden Eheleuten gemeinschaftlich verwaltet wird. Enthält der Ehevertrag keine derartige Bestimmung, so verwalten die Eheleute bei einer erst seit 1. 7. 1958 vereinbar-

Güterstände im einzelnen 297

ten Gütergemeinschaft das Gemeingut gemeinschaftlich. Dieses Verwaltungsrecht ist insbesondere auch für die Zwangsvollstreckung von Bedeutung.

Bei Gütergemeinschaft kann es als Vermögensmassen Gesamtgut der Eheleute, Vorbehaltsgut jedes Ehegatten und Sondergut jedes Ehegatten geben. Das bei Abschluß des Ehevertrages vorhandene Vermögen von Mann und Frau wird kraft Gesetzes Gesamtgut. Das gleiche gilt für das Vermögen, das der Mann oder die Frau während der Gütergemeinschaft erwirbt. Vorbehaltsgut sind diejenigen Gegenstände, die durch Ehevertrag als Vorbehaltsgut eines Ehegatten erklärt werden oder die ein Ehegatte von Todes wegen erwirbt oder die ihm von einem Dritten unentgeltlich zugewendet werden, wenn der Erblasser durch letztwillige Verfügung, der Dritte bei der Zuwendung bestimmt hat, daß der Erwerb Vorbehaltsgut sein soll. Einige weitere Fälle von Vorbehaltsgut interessieren hier nicht näher. Sondergut eines Ehegatten sind diejenigen Gegenstände, die nicht durch Rechtsgeschäft übertragen werden können. Dazu gehört z. B. grundsätzlich der Anteil eines Ehegatten an einer offenen Handelsgesellschaft, nicht aber das Abfindungs- oder Auseinandersetzungsguthaben bei einer solchen Gesellschaft. Im allgemeinen kann man feststellen, daß bei Gütergemeinschaft das meiste Vermögen Gesamtgut ist. Für diese Eigenschaft besteht eine gesetzliche Vermutung.

Leben die Eheleute in Gütergemeinschaft und stirbt einer von ihnen, so kann die Gütergemeinschaft zwischen dem überlebenden Ehegatten und den gemeinschaftlichen Abkömmlingen bis zum Tode oder bis zur etwaigen Wiederverheiratung des überlebenden Ehegatten fortgesetzt werden (§§ 1483 ff. BGB). Ist der Ehevertrag vor dem 1. 7. 1958 geschlossen worden, so tritt diese Fortsetzung kraft Gesetzes ein, wenn sie nicht im Ehevertrag ausgeschlossen oder vom überlebenden Ehegatten fristgemäß abgelehnt wird. Ist der Ehevertrag dagegen seit 1. 7. 1958 geschlossen, so tritt fortgesetzte Gütergemeinschaft nur ein, wenn dies im Ehevertrag ausdrücklich vereinbart ist. **526**

Bei fortgesetzter Gütergemeinschaft kann es folgende Vermögensmassen geben: das Gesamtgut, das Vorbehalts- und das Sondergut des überlebenden Ehegatten sowie das Vermögen der Abkömmlinge. Das Gesamtgut der fortgesetzten Gütergemeinschaft besteht aus dem ehelichen Gesamtgut und aus dem Vermögen, das der überlebende Ehegatte aus dem Vorbehalts- oder Sondergut des verstorbenen Ehegatten oder das er nach Eintritt der fortgesetzten Gütergemeinschaft erwirbt. Für das Vorbehalts- und Sondergut des überlebenden Ehegatten gilt das bereits unter Rdn. 525 bei der ehelichen Gütergemeinschaft Ausgeführte. Das Vermögen, das ein gemeinschaftlicher Abkömmling zur Zeit des Eintritts der fortgesetzten Gütergemeinschaft hat oder später erwirbt, gehört nicht zum Gesamtgut.

Der überlebende Ehegatte hat bei fortgesetzter Gütergemeinschaft in bezug auf die Verwaltung die Rechtsstellung des Ehegatten, der während der ehelichen Gütergemeinschaft das Gesamtgut allein verwaltet. Die Abkömmlinge haben die rechtliche Stellung des anderen Ehegatten.

527 Das Bestehen von ehelicher Gütergemeinschaft wird in aller Regel durch Vorlage einer Abschrift des notariellen Ehevertrags nachgewiesen werden. Bestehen von fortgesetzter Gütergemeinschaft ist durch ein Zeugnis des Nachlaßgerichts nachzuweisen (§ 1507 BGB).

4. Der Güterstand der Eigentums- und Vermögensgemeinschaft

528 Zur Fortgeltung dieses ehemals gesetzlichen Güterstands der DDR s. Rdn. 522. Bei diesem Güterstand gehören den Ehegatten **gemeinsam** die von beiden oder von einem der Ehegatten während der Ehe – auch bei Getrenntleben – durch Arbeit oder aus Arbeitseinkünften erworbenen Sachen, Vermögensrechte und Ersparnisse (§ 13 Abs. 1 FGB).

Jedem Ehegatten **allein** gehören die vor der Eheschließung erworbenen, die ihm während der Ehe als Geschenk oder als Auszeichnung zugewendeten und die durch Erbschaft zugefallenen Sachen und Vermögensrechte, sowie die nur von ihm zur Befriedigung persönlichen Bedürfnisse – also z. B. Sportgeräte oder Schmuck – oder zur Berufsausübung genutzten Sachen – z. B. Computer – von nicht unverhältnismäßig großem Wert (§ 13 Abs. 2 FGB).

Über Häuser, Grundstücke und Gegenstände des ehelichen Hausrats können die Eheleute nur gemeinsam verfügen (§ 15 Abs. 2 FGB). Über andere Sachen und Vermögensrechte des gemeinschaftlichen Eigentums und Vermögens kann jeder Ehegatte Außenstehenden gegenüber allein verfügen (§ 15 Abs. 1 FGB). Diese Verfügungsbefugnis entspricht der Verwaltung des Gesamtguts durch den Ehegatten bei Gütergemeinschaft (s. Rdn. 525, 526).

III. Erforderlicher Vollstreckungstitel

1. Bei Zugewinngemeinschaft und Gütertrennung[2]

529 Soll in das Vermögen des einen Ehegatten vollstreckt werden, so bedarf es bei Zugewinngemeinschaft und vollkommener Gütertrennung eines Vollstreckungstitels nur gegen diesen Ehegatten. Bei Zwangsvollstreckung in das bewegliche Vermögen bestehen zugunsten des Gläubigers noch weitere Erleichterungen (s. Rdn. 534).

---

[2] Die Zustellung eines gegen Ehegatten ergangenen Urteils durch Übergabe einer Ausfertigung an beide Ehegatten zusammen verstößt gegen das Gesetz. Jedem Empfänger muß das für ihn bestimmte Schriftstück zugestellt werden (BFH in DStR 1972, 281).

2. Bei ehelicher und fortgesetzter Gütergemeinschaft

Verwaltet bei ehelicher Gütergemeinschaft einer der Eheleute das Gesamtgut allein, so ist zur Zwangsvollstreckung in das Gesamtgut ein Urteil gegen diesen Ehegatten erforderlich und genügend. Verwalten dagegen die Eheleute das Gesamtgut gemeinschaftlich, so ist die Zwangsvollstreckung in dieses Vermögen nur zulässig, wenn beide Ehegatten zur Leistung (nicht bloß zur Duldung) verurteilt sind (§ 740 ZPO). Eine einheitliche Verurteilung ist dabei nicht vorgeschrieben, es genügen also auch getrennte Vollstreckungstitel gegen Mann und Frau. Der das Gesamtgut nicht verwaltende Ehegatte darf der Vollstreckung nicht unter Hinweis auf seinen Mitbesitz widersprechen. Eine Ausnahme von vorstehender Regelung besteht, wenn einer der Ehegatten selbständig ein Erwerbsgeschäft betreibt. Verwaltet er in diesem Falle das Gesamtgut nicht oder nicht allein, so kann gleichwohl auf Grund eines gegen ihn ergangenen Titels in das Gesamtgut vollstreckt werden. Dies gilt allerdings nicht, wenn zur Zeit der Rechtshängigkeit (insbesondere Klageerhebung) der Einspruch des anderen Ehegatten gegen den Betrieb des Erwerbsgeschäfts oder der Widerruf seiner Einwilligung zu dem Betrieb im Güterrechtsregister des Amtsgerichts eingetragen war (§ 741 ZPO). 530

Ist Gütergemeinschaft erst eingetreten, nachdem ein von einem Ehegatten oder gegen einen Ehegatten geführter Rechtsstreit rechtshängig geworden ist, und verwaltet dieser Ehegatte das Gesamtgut nicht oder nicht allein, so bestehen einige Erleichterungen (s. im einzelnen § 742 ZPO). Nach Beendigung der ehelichen Gütergemeinschaft ist vor der Auseinandersetzung die Zwangsvollstreckung in das Gesamtgut nur zulässig, wenn beide Eheleute zu der Leistung oder der eine Ehegatte zu der Leistung und der andere Ehegatte zur Duldung der Zwangsvollstreckung verurteilt sind (§ 743 ZPO).

Zur Vollstreckung in Vorbehaltsgut und Sondergut eines Ehegatten ist ein Titel gegen diesen Ehegatten erforderlich. 531

Zur Zwangsvollstreckung in das Gesamtgut der fortgesetzten Gütergemeinschaft ist ein gegen den überlebenden Ehegatten ergangener Titel erforderlich und genügend (§ 745 Abs. 1 ZPO). 532

3. Beim Güterstand der Eigentums- und Vermögensgemeinschaft

Zur **Zwangsvollstreckung** in die im **Alleineigentum** eines Ehegatten stehenden Gegenstände ist ein gegen ihn als Schuldner gerichteter Vollstreckungstitel erforderlich. 533

Bei der Sachpfändung gelten die Pfändungserleichterungen des § 739 ZPO (s. Rdn. 534).

Die Zwangsvollstreckung **in die den Ehegatten gemeinsam gehörenden Vermögenswerte** erfolgt in entsprechender Anwendung der für die Vollstreckung in Gesamtgut geltenden Vorschriften der §§ 740–744 ZPO (§ 744 a ZPO). Danach ist nach § 740 Abs. 1 ZPO ein Urteil gegen einen Ehegatten erforderlich und ausreichend, wenn in gemeinschaftliches Eigentum und Vermögen vollstreckt werden soll, soweit Verfügungsbefugnis eines Ehegatten gegenüber Außenstehenden besteht (s. Rdn. 528). Zur Zwangsvollstreckung in Häuser, Grundstücke und Gegenstände des ehelichen Hausrats, über die die Ehegatten nur gemeinsam verfügen können (s. Rdn. 528), ist nach § 740 Abs. 2 ZPO ein Vollstreckungstitel gegen beide Ehegatten erforderlich.

Nach § 741 ZPO genügt ein Vollstreckungstitel gegen den Ehegatten, der selbständig ein Erwerbsgeschäft betreibt, um in das gemeinschaftliche Vermögen der Ehegatten zu vollstrecken.

Wird vor dem 2. 10. 1992 eine Erklärung über die Fortgeltung der Eigentums- und Vermögensgemeinschaft abgegeben (s. Rdn. 522), so kann bei Rechtshängigkeit eines von oder gegen einen der Ehegatten geführten Rechtsstreits oder bei Vorliegen eines rechtskräftigen Vollstreckungstitels gegen den anderen Ehegatten eine vollstreckbare Ausfertigung des Vollstreckungstitels – ohne neue Klage – beantragt werden (§ 742 ZPO).

IV. Besonderheiten bei Zwangsvollstreckung in das bewegliche Vermögen

1. Grundsätzliche Fragen

534 Zur Erleichterung der Zwangsvollstreckung in bewegliches Vermögen von Schuldnern, die im gesetzlichen Güterstand der **Zugewinngemeinschaft** oder in **Gütertrennung** oder im Güterstand der **Eigentums- und Vermögensgemeinschaft** nach dem FGB der ehemaligen DDR leben[3], wird zugunsten der Gläubiger beider Ehegatten vermutet, daß die im Besitz eines Ehegatten oder im Besitz beider Ehegatten befindlichen beweglichen Gegenstände dem Ehegatten, der der Schuldner ist, gehören (§ 1362 Abs. 1 BGB). Allerdings wird die Eigentumsvermutung zugunsten eines früheren Besitzers (§ 1006 Abs. 2 BGB) – hier der Ehefrau, die die Sachen mit in die Ehe gebracht hat – nicht durch die in § 1362 Abs. 1 BGB enthaltene Vermutung verdrängt[4]. Inhaberpapiere und Orderpapiere, die mit Blankoindossament versehen sind, sind den beweglichen Sachen gleichgestellt. Auch Geld gehört zu den beweglichen Sachen. Diese Vermutung gilt allerdings nicht, wenn die **Ehegatten getrennt**

---

[3] Zöller / Stöber, Rdn. 9 zu § 744 a ZPO.
[4] BGH in NJW 1992, 1162.

Besonderheiten bei Zwangsvollstreckung i.d. bewegl. Vermögen

leben und sich die Sachen im Besitz des Ehegatten befinden, der nicht der Schuldner ist. In diesem Falle wird angenommen, daß jeder Ehegatte nur seine Sachen im Besitze hat.

Für die ausschließlich zum persönlichen Gebrauch eines Ehegatten bestimmten Sachen wird im Verhältnis der Ehegatten zueinander und zu den Gläubigern vermutet, daß sie dem Ehegatten gehören, für dessen Gebrauch sie bestimmt sind (§ 1362 Abs. 2 BGB). **535**

Die vorstehenden Vorschriften werden für das Vollstreckungsrecht in bezug auf die Beurteilung der Besitzverhältnisse an den zu pfändenden beweglichen Sachen durch § 739 ZPO ergänzt. Nach dieser Vorschrift gilt zugunsten der Gläubiger eines **Ehemannes** und der Gläubiger einer **Ehefrau** für die Durchführung der Zwangsvollstreckung nur der schuldnerische Ehegatte als Gewahrsamsinhaber und Besitzer der fraglichen Sachen (s. über diese Begriffe Rdn. 239, 573). Auf eheähnliche Partnerschaften, also bei sog. **Lebensgefährten**, ist § 739 ZPO nicht anwendbar[5]. Ebenso nicht bei **Wohngemeinschaften**. **536**

Während § 1362 BGB eine Eigentumsvermutung aufstellt, die widerlegbar ist, enthält § 739 ZPO unter den Voraussetzungen des § 1362 BGB die zwingende, also nicht widerlegbare gesetzliche Annahme, daß nur der Schuldner Gewahrsamsinhaber und Besitzer ist. Damit ist dem anderen Ehegatten die Möglichkeit genommen, der Zwangsvollstreckung mit der bloßen Begründung zu widersprechen, sein Recht auf Mitbesitz sei verletzt worden[6]. **537**

Der ursprüngliche Vorschlag der Zwangsvollstreckungs-Reformkommission, die Gewahrsams- und Eigentumsvermutung des § 739 ZPO, die bisher nur für Ehegatten gilt, auf nichteheliche Lebensgemeinschaften auszudehnen, wurde aus dem Gesetzentwurf der 2. Zwangsvollstreckungsnovelle entfernt. Die Fragen der nichtehelichen Lebensgemeinschaft – es gibt inzwischen 1,5 und 2 Millionen in Deutschland – sollen nach dem politischen Willen insgesamt gesetzlich geregelt werden. Rosenberg/Gaul/Schilken, Zwangsvollstreckungsrecht, 11. Aufl., § 20 II 1 S. 332 halten § 739 ZPO in der geltenden Fassung für verfassungswidrig, weil gegen Art. 3 I und 6 I GG verstoßend. **537a**

Ist allerdings ein Ehegatte Gewerbetreibender mit eigenem Geschäftslokal, so findet der vorbehandelte § 739 ZPO keine Anwendung. Der betr. Ehegatte lebt in einem derartigen Falle vom anderen Ehegatten geschäftlich getrennt. Hier ist der tatsächliche Gewahrsam festzustellen. Dies gilt wiederum dann nicht, wenn sich nicht feststellen läßt, welcher Ehegatte der eigentliche Herr im Betrieb ist. Wegen Einzelheiten zu diesen Fragen s. die Ausführungen Rdn. 573. **538**

---

[5] Vgl. Zöller/Stöber, Rdn. 13 zu § 739 m.w.N.
[6] Der Schuldner kann eine Erinnerung nach § 766 ZPO nicht auf die Begründung stützen, nach § 739 ZPO geltender Gewahrsam bestehe tatsächlich nicht, vgl. Zöller / Stöber Rdn. 9.

Bei der ehelichen Gütergemeinschaft ist die Rechtslage eine andere. Wird dem Gerichtsvollzieher der Nachweis erbracht, daß dieser Güterstand in der Ehe des Schuldners besteht (durch Vorlage einer Ehevertragsabschrift), so wird vermutet (§ 1416 Abs. 1 BGB), daß der Gegenstand zum Gesamtgut gehört. Diese Vermutung hat den Vorrang vor den vorst. behandelten Vermutungen des § 1362 BGB. Dies gilt auch dann, wenn die Eheleute getrennt leben oder wenn es sich um zum persönlichen Gebrauch dienende Gegenstände handelt. Die Zwangsvollstreckung richtet sich hier nach den unter Rdn. 530 gemachten Ausführungen. Das Bestehen von Vorbehaltsgut muß hier dem Gerichtsvollzieher besonders nachgewiesen werden. Sondergut an beweglichen Sachen kommt ohnedies nicht in Frage.

2. Einzelfragen

539 Bei der Zwangsvollstreckung in bewegliche Sachen eines Schuldners, der im gesetzlichen Güterstand der Zugewinngemeinschaft oder in Gütertrennung lebt, ist es für den Gerichtsvollzieher auf Grund des bei Rdn. 534 Ausgeführten gleichgültig, gegen welchen Ehegatten der Vollstreckungstitel lautet. Die gleiche Sache kann sowohl für Gläubiger des Mannes wie der Frau – gleichzeitig – gepfändet werden. Einwendungen aus Besitz und Gewahrsam des anderen Ehegatten sind unbeachtlich. Ein Duldungstitel gegen den anderen Ehegatten ist nicht erforderlich. Dadurch ist dem Gläubiger der Zugriff wesentlich erleichtert, da immer vermutet wird, daß der Schuldner der Eigentümer ist und immer fingiert wird, daß er den alleinigen Gewahrsam hat. Die Pfändung durch den Gerichtsvollzieher ist stets – mindestens zunächst – durchaus rechtmäßig.

540 Soweit es sich um einen dem persönlichen Gebrauch eines Ehegatten dienenden Gegenstand handelt, z. B. um Kleider, Wäsche, Arbeitsgeräte[7], nicht aber um Geld, darf dieser Gegenstand mit einem Titel, der nur gegen den anderen Ehegatten gerichtet ist, nicht gepfändet werden. Der Gerichtsvollzieher kann also mit einem Titel gegen den Mann einen Mantel der Frau selbst dann nicht pfänden, wenn dieser sich im Kleiderschrank des Mannes befindet.

541 Der pfändende Gläubiger muß natürlich damit rechnen, daß die Vermutung des § 1362 Abs. 1 BGB im Einzelfalle widerlegt wird. Der Ehegatte, der nicht Schuldner ist, kann mit der **Drittwiderspruchsklage** (§ 771 ZPO, s. Rdn. 260) nachweisen, daß der gepfändete Gegenstand sein ausschließliches Eigentum ist. Dann muß der Gläubiger freigeben. Der widersprechende Ehegatte hat aber die Beweislast für sein Eigentum (s. auch Rdn. 257).
Der Ehegatte, der nicht Schuldner ist, kann Erinnerung einlegen (§ 766 ZPO; Rdn. 238), wenn der Gerichtsvollzieher entgegen den Ausführungen bei Rdn. 534 bei Getrenntleben der Ehegatten gepfändet hat.

---

[7] Ein Auto gehört dazu in der Regel nicht (LG Essen in NJW 1962, 883).

7. Abschnitt
Vollstreckungsschutz

I. Allgemeine Fragen zum Vollstreckungsschutz

1. Vollstreckungsschutzrechtliche Generalklausel

Das Vollstreckungsgericht (Amtsgericht) kann **auf Antrag des Schuldners**[1], 542
jegliche Maßnahme der Zwangsvollstreckung ganz oder teilweise aufheben, im voraus untersagen oder einstweilen einstellen, wenn sie unter voller Würdigung des Schutzbedürfnisses des Gläubigers wegen ganz besonderer Umstände eine Härte bedeutet, die mit den guten Sitten nicht vereinbar ist (§ 765 a ZPO). Diese Generalklausel ist als Ausnahmevorschrift eng auszulegen, wird aber in der Praxis gleichwohl meist recht weitgehend angewandt, obwohl dies nicht richtig ist. Die Generalklausel kann in Wirklichkeit nur durchgreifen, wenn die Anwendung des Gesetzes zu einem für den Schuldner **ganz untragbaren Ergebnis** führen würde. Dabei kommt es auf die Umstände des konkreten Falles an. Ohne Bedeutung ist, ob die Entscheidung des Gerichts, die vollstreckt werden soll, falsch war oder für falsch gehalten wird. Eine sittenwidrige Härte kann z.B. bei Krankheit vorliegen. Auch ein besonders krasses Mißverhältnis zwischen Grundstückswert und Meistgebot in der Zwangsversteigerung kann eine sittenwidrige Härte darstellen (so BVerfG in NJW 1978, 368). Ebenso die Erteilung des Zuschlags auf ein Meistgebot, das unter der Hälfte des Grundstückswerts liegt, wenn konkrete Umstände in einem neuen Versteigerungstermin mit Wahrscheinlichkeit ein höheres Gebot erwarten lassen (OLG Hamm in Rpfleger 1976, 146). Die gegen den Schuldner ohne Rücksicht auf eine bestehende **Selbstmordgefahr** durchgeführte Zwangsvollstreckung verstößt gegen das Grundrecht auf Leben und körperliche Unversehrtheit; sie ist deshalb zumindest zeitweilig einzustellen[2].

Dem Gericht ist für den einzelnen Fall der Zwangsvollstreckung überlassen, 543
welche Maßnahmen es im Rahmen der Vorschrift nach pflichtgemäßem Ermessen zum Schutze des Schuldners treffen will. Fest umrissene Tatbestände enthält die Generalklausel nicht. Zu einer völligen Aufhebung der Vollstreckungsmaßnahme wird nur selten geschritten werden können. Die Gewährung von Schutz kann von Auflagen (Ratenzahlung, Leistung anderer Sicherheit und dgl.) abhängig gemacht werden. Das Gericht hat die für den Gläubiger am wenigsten schädliche Maßnahme zu treffen, wenn dem Schuldner auch damit im Rahmen der Klausel die erforderliche Hilfe gewährt werden kann.

---

[1] Ohne Antrag gibt es kein Verfahren nach § 765 a ZPO, vgl. LG Limburg in Rpfleger 1977, 219. Das Antragserfordernis ist verfassungsrechtlich nicht zu beanstanden. Der Schuldner muß entscheiden, ob er von der Schutzvorschrift Gebrauch machen will (BVerfG in Rpfleger 1983, 80).
[2] BVerfG in DGVZ 1994, 71 und OLG Köln in JurBüro 1994, 367.

Der Gerichtsvollzieher kann eine Maßnahme der Erwirkung der Herausgabe von Sachen bis zur Entscheidung des Vollstreckungsgerichts, jedoch nicht länger als eine Woche, aufschieben, wenn ihm das Vorliegen der obigen Voraussetzungen glaubhaft gemacht wird und dem Schuldner die rechtzeitige Anrufung des Vollstreckungsgerichts nicht möglich war. Bei der Vollstreckung wegen einer Geldforderung hat der Gerichtsvollzieher die vorbehandelte Möglichkeit nicht[3].

Das Vollstreckungsgericht kann seinen Beschluß auf Antrag aufheben oder ändern, wenn dies mit Rücksicht auf eine Änderung der Sachlage geboten ist.

Die Kosten des Vollstreckungsschutzverfahrens kann das Gericht ganz oder teilweise dem Gläubiger auferlegen, wenn dies aus besonderen in den Verhältnissen des Gläubigers liegenden Gründen der Billigkeit entspricht (§ 788 Abs. 3 ZPO).

Muster 84

544

In der Zwangsvollstreckungssache des ... gegen mich hat der Gerichtsvollzieher in ... auf Grund des vollstreckbaren Vergleichs, geschlossen vor dem dortigen Amtsgericht am ... unter dem Aktenzeichen C..., in meiner Wohnung 300 DM Bargeld gepfändet und an sich genommen.

Ich stelle den Antrag, diese Pfändung auf Grund des § 765 a ZPO aufzuheben, da sie für mich eine Härte bedeuten würde, die mit den guten Sitten nicht vereinbar wäre. Es handelt sich um einen sehr eiligen Antrag.

Den gepfändeten Betrag benötige ich dringend zur Anschaffung von Arzneimitteln zur Bekämpfung meiner Zuckerkrankheit. Die Krankenkasse hat die Übernahme dieser Kosten nach ihrem angeschlossenen Schreiben vom ... abgelehnt. Die sofortige Beschaffung dieser Arznei ist nach dem anliegenden Zeugnis meines Hausarztes Dr. ... vom ... dringlich. Ich kann damit nicht warten, bis ich in drei Wochen wieder Zahltag habe. Aus dem nächsten Arbeitseinkommen werde ich den Gläubiger wenigstens zu einem Teilbetrag befriedigen können.

Datum und Unterschrift des Schuldners

---

[3] Es ist nicht Sache des Gerichtsvollziehers, die notwendige Versorgung der Kinder eines Schuldners sicherzustellen, wenn dieser zur Erzwingung der eidesstattlichen Versicherung über sein Vermögen verhaftet werden soll (s. darüber Rdn. 703 ff.). Ist allerdings die notwendige Versorgung nicht gewährleistet, so muß die Verhaftung aufgrund des § 765 a ZPO unterbleiben (AG Ludwigshafen in DGVZ 1972, 31).

Allgemeine Fragen zum Vollstreckungsschutz

2. Schutz nur bei Vollstreckung aus Geldforderung

Der Vollstreckungsschutz, der sich bei der Pfändung von körperlichen Sachen aus den Ausführungen Rdn. 568 ff. ergibt, besteht nur bei der Zwangsvollstreckung wegen einer Geldforderung (für die vollstreckungsrechtliche Generalklausel nach Rdn. 542 gilt dies ausnahmsweise nicht). 545

Bei der Vollstreckung eines Anspruchs auf Herausgabe einer körperlichen Sache gilt der vorgenannte Schutz dagegen nicht. Der Schuldner z. B., der zur Zurückgabe gekaufter, aber infolge nicht völliger Zahlung des Kaufpreises noch unter Eigentumsvorbehalt des Verkäufers stehender Sachen im Sinne des § 811 ZPO (s. darüber Rdn. 568) verurteilt ist, kann sich also auf den in dieser Vorschrift enthaltenen Vollstreckungsschutz nicht berufen (vgl. Rdn. 575)[4].

3. Unpfändbarkeit von Amts wegen zu beachten

Die Unpfändbarkeit beweglicher körperlicher Sachen hat der Gerichtsvollzieher von Amts wegen zu beachten. Er hat eine entsprechende Pfändung trotz Auftrags des Gläubigers abzulehnen (s. dazu auch Rdn. 200, 239). Hat er allerdings gepfändet, so darf er nicht eigenmächtig freigeben, muß jedoch den Schuldner über seine Rechtsbehelfe belehren und den Gläubiger zur Freigabe auffordern. 546

Bei der Pfändung von Arbeitseinkommen (Rdn. 618 ff.) hat das Vollstreckungsgericht von Amts wegen die dabei bestehenden Pfändungsbeschränkungen zu beachten.

Die Zwangsvollstreckung in unpfändbare Vermögenswerte ist nicht ohne weiteres nichtig. Schuldner, Drittschuldner und nachrangiger Pfändungspfandgläubiger können sich aber auf die Fehlerhaftigkeit einer solchen Pfändung berufen. Rechtsbehelf ist die Erinnerung, evtl. die sofortige Beschwerde und die weitere Beschwerde (s. darüber die Ausführungen Rdn. 200 ff.).

Der Schuldner kann weder vor, noch bei, noch nach der Pfändung auf Pfändungsschutz wirksam verzichten[5].

---

[4] Das gesetzliche Pfandrecht des Vermieters, Verpächters und Gastwirts erstreckt sich dagegen nicht auf unpfändbare Gegenstände (s. dazu § 559 S. 3, § 581 Abs. 2, § 704 S. 2 BGB).
[5] Im einzelnen bestehen in der Frage der Zulässigkeit und Auswirkungen des Verzichts des Schuldners auf Pfändungsschutz, insbesondere im Rahmen des § 811 ZPO (s. Rdn. 568 und Rdn. 585), Meinungsverschiedenheiten; s. Zöller / Stöber, Rdn. 25 zu § 765 a ZPO.

II. Allgemeine Schutzvorschriften bei einzelnen Vollstreckungsarten

1. Mindestgebot

547 Bei der Versteigerung körperlicher Sachen darf – als Schutz gegen Verschleuderung – der Zuschlag nur für ein Gebot erteilt werden, das mindestens die Hälfte des gewöhnlichen Verkaufswerts der Sache erreicht (§ 817a ZPO)[6]. Der gewöhnliche Verkaufswert und das Mindestgebot sollen beim Ausbieten bekanntgegeben werden. Der Gerichtsvollzieher kann mithin Gegenstände im doppelten Wert der Forderung des Gläubigers pfänden, ohne gegen das Verbot der Überpfändung (s. Rdn. 549) zu verstoßen.

Wird der Zuschlag nicht erteilt, weil ein das Mindestgebot erreichendes Gebot nicht abgegeben ist, bleibt das Pfandrecht des Gläubigers bestehen. Dieser kann jederzeit die Anberaumung eines neuen Versteigerungstermins oder die Anordnung anderweitiger Verwertung der gepfändeten Sache (§ 825 ZPO; dazu Rdn. 552) beantragen. Aber auch bei der anderweitigen Verwertung sind die Vorschriften über das Mindestgebot zu beachten.

548 Gold- und Silbersachen dürfen nicht unter ihrem Gold- oder Silberwert zugeschlagen werden (§ 817a ZPO). Wird ein den Zuschlag gestattendes Gebot nicht abgegeben, so kann der Gerichtsvollzieher den Verkauf aus freier Hand zu dem Preis bewirken, der den Gold- oder Silberwert erreicht, jedoch nicht unter der Hälfte des gewöhnlichen Verkaufswerts.

2. Verbot der Überpfändung

549 Die Pfändung in bewegliche Sachen und Forderungen darf nicht weiter ausgedehnt werden, als zur Befriedigung des Gläubigers und zur Deckung der Kosten der Zwangsvollstreckung erforderlich ist (§ 803 Abs. 1 ZPO)[7]. Eine trotzdem weitergehende Pfändung ist aber wirksam. Der **einzige pfändbare Gegenstand** darf aber gepfändet werden, auch wenn sein Wert den Gläubigeranspruch übersteigt.

3. Verbot der überflüssigen Pfändung

550 Die Pfändung in bewegliches Vermögen und in Forderungen hat zu unterbleiben, wenn sich aus der Verwertung der zu pfändenden Gegenstände ein Überschuß über die Kosten der Zwangsvollstreckung nicht erwarten läßt (§ 803 Abs. 2 ZPO)[8]. Dies trifft auch dann zu, wenn die Sachen keinen Verkaufswert haben. Nicht ausreichend ist dagegen, daß nur ein geringer Erlös zu erwarten

---

[6] S. zum Mindestgebot auch Noack in DGVZ 1967, 34.
[7] S. zur Überpfändung auch Noack in JR 1967, 81.
[8] LG Stuttgart in DGVZ 1991, 58.

Allgemeine Schutzvorschriften bei einzelnen Vollstreckungsarten

ist. Unzulässig ist die isolierte Pfändung eines **Kfz-Kennzeichens** wegen dessen geringen Werts. Die Pfändung des Kennzeichens eines vom Schuldner geleasten Pkw diene lediglich als Druckmittel, was dem Sinn der Zwangsvollstreckung, sich aus dem Erlös der gepfändeten Sache zu befriedigen, nicht entspreche[8].

4. Zulassung eines Verwertungsaufschubs

Zum Verwertungsaufschub bei Einräumung von Ratenzahlungen durch den **Gerichtsvollzieher** gemäß § 813 a ZPO s. Rdn. 246. Die Verwertung gepfändeter körperlicher Sachen kann das **Vollstreckungsgericht** auf Antrag des Schuldners unter Anordnung entsprechender Zahlungsfristen zeitweilig aussetzen, wenn dies nach der Persönlichkeit und den wirtschaftlichen Verhältnissen des Schuldners sowie nach Art der Schuld angemessen erscheint und nicht überwiegende Belange des Gläubigers entgegenstehen (§ 813 b ZPO)[9]. Der Schuldner muß den Antrag unverzüglich, also ohne schuldhaftes Zögern, stellen (s. Muster 37, Rdn. 246). Wird der Antrag nicht binnen einer Frist von zwei Wochen nach der Pfändung gestellt, so ist er vom Vollstreckungsgericht ohne sachliche Prüfung zurückzuweisen, wenn das Gericht der Überzeugung ist, daß der Schuldner den Antrag in der Absicht der Verschleppung oder aus grober Nachlässigkeit nicht früher gestellt hat[10]. Das Gericht wird zunächst – nach vorläufiger Einstellung der Zwangsvollstreckung – den Gläubiger und auch den Gerichtsvollzieher um Äußerung ersuchen. Anordnungen vorstehender Art können mehrmals ergehen. Die Verwertung darf aber nicht länger als ein Jahr nach der Pfändung hinausgeschoben werden[11]. Das Gericht kann seine Anordnung auf Antrag je derzeit aufheben oder ändern, soweit dies nach Lage der Verhältnisse, insbesondere wegen nicht ordnungsmäßiger Erfüllung der Zahlungsauflagen durch den Schuldner, geboten ist. Das Gericht kann auch von vornherein festlegen, daß die Aussetzung der Verwertung von selbst hinfällig wird, wenn der Schuldner den festgelegten Ratenzahlungsverpflichtungen nicht jeweils binnen einer bestimmten Frist nachkommt. Über den Antrag auf Hinausschiebung der Verwertung entscheidet beim Amtsgericht der Rechtspfleger. Er soll vorher in der Regel den Gläubiger hören. Gegen den Beschluß des Rechtspflegers ist befristete Erinnerung (Rdn. 202) zulässig. Die darauf ergehende Entscheidung des Richters des Amtsgerichts ist grundsätzlich unanfechtbar.

551

---

[8] LG Stuttgart, DGVZ 1991, 58.
[9] S. zur Verwertungshinausschiebung insbesondere Noack in JR 1967, 360. Der Schuldner muß seinen Antrag glaubhaft begründen, Pauschalbegründung genügt nicht (Schneider in JurBüro 1970 Sp. 366).
[10] Herzig tritt in JurBüro 1967 Sp. 633 grundsätzlich für Zurückweisung eines verspäteten Schuldner-Antrags ein.
[11] Die Frage, ob das Vollstreckungsgericht bei ausdrücklichem oder stillschweigendem Einverständnis des Gläubigers Ratenzahlungen bewilligen darf, die insgesamt über die Jahresfrist hinausgehen, wird teils verneint, teils bejaht; s. dazu die Nachweise von Seither in Rpfleger 1968, 381.

In Wechselsachen findet eine Aussetzung der Verwertung gepfändeter Sachen nicht statt.

Die Kosten des Verfahrens kann das Gericht ganz oder teilweise dem Gläubiger auferlegen, wenn dies aus besonderen im Verhalten des Gläubigers liegenden Gründen der Billigkeit entspricht (§ 788 Abs. 3 ZPO).

5. Anordnung anderweitiger Verwertung

552 Auf Antrag des Gläubigers oder des Schuldners kann der Gerichtsvollzieher die gepfändete Sache anderweitig als durch Zwangsversteigerung oder an einem anderen Ort verwerten (§ 825 ZPO)[12], nämlich durch

- **freihändigen Verkauf**, z. B. wenn durch die öffentliche Versteigerung kein angemessener Erlös zu erwarten ist[13],
- durch **Veräußerung an den Gläubiger**[14] oder eine bestimmte **dritte Person**,
- durch **Versteigerung unter Stundung** der Zahlung des Versteigerungserlöses entgegen § 917 Abs. 2 ZPO,
- durch **Versteigerung an einem Ort**, wo ein höherer Erlös zu erwarten ist, z. B. für Kunstgegenstände.

Über die beabsichtigte Verwertung hat der Gerichtsvollzieher den Antragsgegner zu unterrichten (§ 825 Abs. 1 Satz 2 ZPO). Soll die Versteigerung durch eine andere Person als den Gerichtsvollzieher erfolgen, so trifft diese Anordnung das Vollstreckungsgericht (§ 825 Abs. 2 ZPO).

Über den Antrag auf Anordnung einer Versteigerung durch eine andere Person entscheidet der Rechtspfleger des Amtsgerichts. Gegen seine Entscheidung ist sofortige Beschwerde im Sinne von Rdn. 202 zulässig.

Zur Vollziehung der Anordnung braucht die Rechtskraft des Beschlusses nicht abgewartet zu werden. Ein etwa eingelegtes Rechtsmittel wird mit der Durchführung der anderweitigen Verwertung gegenstandslos[15].

---

[12] S. zu dieser Vorschrift, insbesondere auch zu ihrer Verwendung beim Abzahlungskauf, Hadamus in RPfleger 1980, 420.
[13] Auch im Falle der Anordnung des freihändigen Verkaufs einer gepfändeten Sache bedarf es zum Eigentumserwerb durch den Erwerber der Verschaffung des unmittelbaren Besitzes. Ein Übergabeersatz in den Formen der §§ 930, 931 BGB – Vereinbarung eines Besitzkonstituts oder Abtretung des Herausgabeanspruchs – ist dabei ausgeschlossen (OLG München in MDR 1971, 1018).
Eine anderweitige Verwertung kommt z.B. nicht in Frage vor einem Versteigerungsversuch, wenn mehrere Bietungsinteressenten vorhanden sind (LG Berlin in Rpfleger 1973, 34).
[14] Dem Abzahlungskäufer, der sich das Eigentum an dem von ihm wegen der Kaufpreisforderung gepfändeten Gegenstand vorbehalten hat, kann grundsätzlich die Pfandsache nach § 825 ZPO überwiesen werden (OLG München in MDR 1969, 60 und LG Oldenburg in DGVZ 1968, 57). S. aber auch Rdn. 239.
[15] OLG Celle in MDR 1961, 858 = NJW 1961, 1730; Noack in MDR 1969, 180.

6. Austauschpfändung

Soweit die Unpfändbarkeit einer beweglichen Sache auf § 811 Nr. 1, 5, 6 ZPO (s. Rdn. 568 ff., 585) beruht, kann die Pfändung vom Vollstreckungsgericht gleichwohl zugelassen werden, wenn der Gläubiger dem Schuldner vor der Wegnahme der Sache ein Ersatzstück, das dem geschützten Verwendungszweck genügt, oder den zur Beschaffung eines solchen Ersatzstückes erforderlichen Geldbetrag überläßt, der dann unpfändbar ist (§§ 811 a, 811 b ZPO)[16]. **553**

Ist dem Gläubiger die rechtzeitige Ersatzbeschaffung nicht möglich oder nicht zuzumuten, so kann die Pfändung mit der Maßgabe zugelassen werden, daß dem Schuldner der zur Ersatzbeschaffung erforderliche Geldbetrag aus dem Vollstreckungserlös überlassen wird. Über die Zulässigkeit der Austauschpfändung entscheidet das Vollstreckungsgericht (nicht der Gerichtsvollzieher) auf Antrag des Gläubigers. Es soll die Austauschpfändung nur zulassen, wenn sie nach Lage der Verhältnisse angemessen ist, insbesondere wenn zu erwarten ist, daß der Vollstreckungserlös den Wert des Ersatzgegenstandes erheblich übersteigen würde. Das Gericht setzt den Wert eines vom Gläubiger angebotenen Ersatzstückes oder den zur Ersatzbeschaffung erforderlichen Betrag fest.

Eine **vorläufige Austauschpfändung** ohne vorhergehende Entscheidung des Gerichts ist zulässig, wenn eine Zulassung durch das Gericht zu erwarten ist. Der Gerichtsvollzieher soll die Austauschpfändung nur vornehmen, wenn zu erwarten ist, daß der Vollstreckungserlös den Wert des Ersatzstückes erheblich übersteigen wird[17]. Die Pfändung ist aufzuheben, wenn der Gläubiger nicht binnen einer Frist von zwei Wochen nach Benachrichtigung von der Pfändung einen Antrag auf Anordnung der Austauschpfändung beim Vollstreckungsgericht stellt (§ 811 b Abs. 2 ZPO). **554**

Eine Zulassung der Austauschpfändung dürfte nur dann in Betracht kommen, wenn die in Frage stehende Sache noch im Zeitpunkt der gerichtlichen Entscheidung unpfändbar ist. Fällt die Unpfändbarkeit während des Verfahrens weg, weil der Schuldner einen gleichen Gegenstand dazuerworben hat oder weil er seinen Geschäftsbetrieb aufgibt, so ist eine Zulassung der Austauschpfändung nicht mehr erforderlich. Das wird auch dann zu gelten haben, wenn der Schuldner während des Verfahrens einen vom Gläubiger angebotenen Ersatzgegenstand freiwillig annimmt, der dem geschützten Verwendungszweck ausreichend dient. **555**

Die Zulassung der Austauschpfändung durch das Gericht setzt einen entsprechenden Antrag des Gläubigers voraus. Der Schuldner selbst ist nicht antrags-

---

[16] S. zur Austauschpfändung ausführlich David, Die Sachpfändung, Rdn. 118.
[17] Bei einem Fernsehgerät im Schätzwert von 500 DM ist die vorläufige Austauschpfändung zulässig, LG Berlin in DGVZ 1991, 91.

berechtigt, und zwar auch dann nicht, wenn ihm daran gelegen ist, eine fruchtlose Pfändung und im Zusammenhang damit eine eidesstattliche Versicherung nach Rdn. 703 ff. zu verhindern.

556 Der Antrag des Gläubigers muß die Angaben enthalten, die als Voraussetzung für die Zulassung der Austauschpfändung erforderlich sind. Der Gläubiger muß insbesondere die Sache genau bezeichnen, in welche die Austauschpfändung zugelassen werden soll. Eine Austauschpfändung wird im allgemeinen nur einem solchen Gläubiger möglich sein, dem die Verhältnisse seines Schuldners näher bekannt sind. Der Gläubiger muß in seinem Antrag auch angeben, in welcher Form die Austauschpfändung vor sich gehen soll, d. h. ob durch die Gewährung einer Ersatzsache, durch die Gewährung eines entsprechenden Geldbetrags oder in der Weise, daß dem Schuldner aus dem Versteigerungserlös vorweg ein Geldbetrag überlassen wird, der zur Beschaffung einer Ersatzsache ausreicht. In letzterem Falle muß der Gläubiger die Umstände klarlegen, aus denen sich ergibt, daß ihm selbst die Ersatzgewährung unmöglich oder nicht zuzumuten ist. Als Gründe kommen hier die Vermögenslage des Gläubigers, aber auch der Entstehungsgrund der Forderung in Betracht. Auch in solchen Fällen, in denen es sich um eine nur schwer zu veräußernde Sache handelt, wird man dem Gläubiger die vorläufige Ersatzgewährung nicht zumuten können.

557 Das Vollstreckungsgericht hat den Schuldner vor Zulassung der Austauschpfändung zu hören. Dies kann allerdings dahin führen, daß der Schuldner die in Frage stehende unpfändbare Sache beiseite zu bringen versucht oder schnell noch veräußert. Für den Gläubiger empfiehlt es sich daher, in erster Linie den Weg der oben dargelegten vorläufigen Austauschpfändung einzuschlagen, also zunächst den Gerichtsvollzieher zu beauftragen, die unpfändbare Sache des Schuldners zu pfänden und dann erst die Zulassung der Austauschpfändung zu beantragen. Dann ist die Anhörung des Schuldners durch das Vollstreckungsgericht für den Gläubiger ohne besondere Gefahr.

Über den Antrag auf Anordnung von Austauschpfändung entscheidet der Rechtspfleger beim Amtsgericht. Gegen seine Entscheidung ist befristete Erinnerung im Sinne von Rdn. 202 gegeben (§§ 11, 20 Nr. 17 RpflG).

558 Aus der Rechtsprechung seien folgende Fälle angeführt, in denen eine Austauschpfändung zugelassen worden ist, wenn diese Fälle auch nicht verallgemeinert werden dürfen: goldene oder sonst wertvolle Uhr gegen einfache Uhr, wertvolle Waschtoilette gegen einfache Waschtoilette, maschinell bewegtes Gerät gegen von Hand zu bewegendes Gerät (Grenzfall), Musiktruhe mit eingebautem Radio gegen einfaches Radio, luxuriöser Pkw gegen einfachen Pkw, Stereofarbfernseher gegen einfachen gebrauchten Farbfernseher. Nicht zugelassen wurde z. B. Austausch einer Schnellwaage gegen eine einfache Balkenwaage,

Allgemeine Schutzvorschriften bei einzelnen Vollstreckungsarten 311

einer elektrischen Haarschneidemaschine gegen eine von Hand betriebene Maschine, eines Küchenschranks gegen einen gewöhnlichen Schrank, eines relativ neuen Lastkraftwagens eines selbständigen Fuhrunternehmens gegen einen gebrauchten, weniger wertvollen, aber gebrauchsfähigen Lastkraftwagen. Es kommt eben immer auf die Lage des Einzelfalles an. Die Kosten des Verfahrens einer Austauschpfändung hat an sich der Schuldner zu tragen, das Gericht kann sie aber ganz oder teilweise dem Gläubiger auferlegen, wenn dies aus besonderen, in dessen Verhalten liegenden Gründen der Billigkeit entspricht (§ 788 Abs. 3 ZPO).

7. Einstweilige Einstellung einer Grundstückszwangsversteigerung

Eine vom Gericht angeordnete Grundstücks-Zwangsversteigerung ist auf Antrag des Schuldners vom Vollstreckungsgericht einstweilen auf die Dauer von höchstens sechs Monaten einzustellen, wenn Aussicht besteht, daß durch die Einstellung die Versteigerung vermieden wird, und wenn die Einstellung nach den persönlichen und wirtschaftlichen Verhältnissen des Schuldners sowie nach der Art der Schuld der Billigkeit entspricht (§ 30 a ZVG)[18].

Die einstweilige Einstellung ist binnen einer Notfrist von zwei Wochen zu beantragen. Diese Frist beginnt mit der Zustellung der Verfügung, in welcher der Schuldner auf das Recht zur Stellung des Einstellungsantrags, den Fristbeginn und die Rechtsfolgen eines fruchtlosen Fristablaufs hingewiesen wird. Die einstweilige Einstellung ist durch Beschluß anzuordnen, vor dessen Erlaß der betreibende Gläubiger und der Schuldner zu hören sind. Die einstweilige Einstellung kann auch mit der Maßgabe angeordnet werden, daß sie außer Kraft tritt, wenn der Schuldner während der Einstellung fällig werdende wiederkehrende Leistungen nicht binnen zwei Wochen nach Fälligkeit bewirkt. In bestimmten Fällen muß eine solche Anordnung getroffen werden. Der Einstellungsantrag des Schuldners ist abzulehnen, wenn die einstweilige Einstellung dem betreibenden Gläubiger unter Berücksichtigung seiner wirtschaftlichen Verhältnisse nicht zuzumuten ist, insbesondere ihm einen unverhältnismäßigen Nachteil bringen würde.

Gegen den Beschluß ist sofortige Beschwerde zulässig. Beschwerdefrist zwei Wochen ab Zustellung des Beschlusses (s. Rdn. 202).

Einmalige erneute Einstellung ist zulässig (§ 30 d ZVG).

Im Falle einer einstweiligen Einstellung der Zwangsversteigerung darf das Verfahren nur auf Antrag des Gläubigers fortgesetzt werden. Wird der Antrag nicht

---

[18] Dies ist der **Rechtszustand ab 1. Juli 1979. Bis dahin** konnte die Einstellung nicht mit persönlichem Mißgeschick des Schuldners (z.B. Krankheit) begründet werden. Es mußte sich vielmehr um Vorgänge handeln, die unmittelbar die Wirtschaftskraft des Schuldners betroffen hatten.

binnen sechs Monaten seit dem Zeitpunkt gestellt, bis zu dem die Einstellung angeordnet ist, so ist das Verfahren aufzuheben (§ 31 ZVG).

Der Ersteher eines Grundstücks im Wege der Zwangsversteigerung gilt auch insoweit als aus dem Grundstück befriedigt, als sein Anspruch durch das abgegebene Meistgebot nicht gedeckt ist, aber bei einem Gebot zum Betrag der 7/10-Grenze gedeckt sein würde (§ 114 a ZVG)[19]. Hierbei sind dem Anspruch des Erstehers vorgehende oder gleichstehende Rechte, die erlöschen, nicht zu berücksichtigen.

8. Mindestgebot bei der Grundstückszwangsversteigerung

561 Bleibt das im Zwangsversteigerungstermin abgegebene **Meistgebot** – der Ersteher kann es nach § 49 Abs. 3 ZVG entweder durch **Barzahlung** oder durch **Überweisung oder Einzahlung** auf ein Konto der **Gerichtskasse** entrichten – einschließlich des Kapitalwerts der bestehenbleibenden Rechte unter sieben Zehnteln des Grundstückswerts, so kann ein auf Grund einer Eintragung im Grundbuch (z. B. einer Hypothek) Berechtigter, dessen Anspruch ganz oder teilweise durch das Meistgebot nicht gedeckt ist, aber bei einem Gebot in der genannten Höhe voraussichtlich gedeckt sein würde, die **Versagung des Zuschlags beantragen**; der Antrag muß bis zum Schluß der Verhandlung über den Zuschlag gestellt werden. Der Antrag ist abzulehnen, wenn der betreibende Gläubiger widerspricht und glaubhaft macht, daß ihm durch die Versagung des Zuschlags ein unverhältnismäßiger Nachteil erwachsen würde. Der maßgebende Grundstückswert – entsprechend dem **Verkehrswert** – wird vom Vollstreckungsgericht, notfalls unter Zuziehung von Sachverständigen, **bereits bei Terminsbestimmung** (§ 38 ZVG) festgesetzt. Die Festsetzung ist mit sofortiger Beschwerde anfechtbar (§§ 74 a, 74 b ZVG)[20]. Eine weitere Beschwerde ist nicht statthaft.

562 Wird das Meistgebot von einem Hypotheken- oder Grundschuldgläubiger abgegeben, so ist eine Versagung des Zuschlags im hier behandelten Sinne dann nicht möglich, wenn das Meistgebot unter Zurechnung des Kapitalwerts der nach den Versteigerungsbedingungen bestehen bleibenden Rechte (insbesondere aus vorgehenden Grundpfandrechten) zusammen mit dem Betrag, mit dem der Meistbietende bei der Verteilung des Erlöses ausfallen würde, sieben Zehntel des Grundstückswerts erreicht und dieser Betrag im Range unmittelbar hinter dem letzten Betrag steht, der durch das Gebot noch gedeckt ist. Die

563 Regelung ist nicht gerade einfach. Dazu daher ein Beispiel: Verkehrswert des

---

[19] S. zu dieser Vorschrift auch Schiffhauer in Rpfleger 1970, 316.
[20] S. dazu Drischler in Rpfleger 1954, 495, 549, Stöber in Rpfleger 1969, 221, OLG München in Rpfleger 1969, 250 und LG München in Rpfleger 1969, 251. In den 7/10-Wert des Grundstücks fallende Zwischenkredite sind bei der Anrechnung auch dann zu berücksichtigen, wenn sie bei der Versteigerung ausgefallen sind (BGH in Rpfleger 1968, 219).

Allgemeine Schutzvorschriften bei einzelnen Vollstreckungsarten

zur Zwangsversteigerung stehenden Grundstücks 14 000 DM. Der Gläubiger B, dem eine bestehenbleibende Grundschuld des A mit 3 000 DM vorgeht, gibt wegen seiner Hypothekenforderung von 7 000 DM ein Meistgebot mit 5 000 DM ab. Er fällt also rechnerisch mit 2 000 DM (7 000 DM ab Gebot von 5 000 DM) bei seiner Hypothek aus. Dann ist zu rechnen: Meistgebot 5 000 DM zuzüglich 3 000 DM bestehenbleibende Grundschuld = 8 000 DM zuzüglich Ausfallbetrag des meistbietenden Hypothekengläubigers B mit 2 000 DM, also 10 000 DM. Diese 10 000 DM übersteigen 7/10 des Verkehrswerts von 14 000 DM mit 9 800 DM. Der ausfallende Betrag steht auch unmittelbar hinter dem letzten Betrag, der durch das Gebot noch gedeckt ist. Der Zuschlag darf also nicht versagt werden.

Seit 1. Juli 1979 gilt bei der Zwangsversteigerung von Grundstücken eine zusätzliche Schutzvorschrift zugunsten des Eigentümers, die vor Verschleuderung von Grundbesitz schützen soll: **564**

Bei der Versteigerung ist der Zuschlag von Amts wegen zu versagen, wenn das abgegebene Meistgebot einschließlich des Kapitalwertes der nach den Versteigerungsbedingungen bestehenbleibenden Rechte die **Hälfte des Grundstückswerts** nicht erreicht (§ 85 a ZVG). In einem neuen Versteigerungstermin kann der Zuschlag aus diesem Grund allerdings nicht mehr versagt werden.

Ist das Meistgebot von einem zur Befriedigung aus dem Grundstück Berechtigten abgegeben worden (s. Rdn. 562), so ist der Zuschlag nicht zu versagen, wenn das Gebot unter Zurechnung des Kapitalwerts der nach den Versteigerungsbedingungen bestehenbleibenden Rechte mit dem Betrag, mit dem der Meistbietende bei der Verteilung des Erlöses ausfallen würde, die Hälfte des Grundstückswerts erreicht (§ 85 a Abs. 3 ZVG) – zur Berechnung vgl. Beispiel Rdn. 563 mit entsprechenden Zahlen.

Wird der Zuschlag entgegen § 85 a ZVG erteilt, so kann jeder Beteiligte eine auf diesen Verstoß gestützte Beschwerde binnen 2 Wochen ab Verkündung des Zuschlagsbeschlusses einreichen (§§ 95, 97, 100 ZVG)[21].

9. Beschränkungen der Zwangsvollstreckung in eine Heimstätte

Das Reichsheimstättengesetz vom 25. 11. 1937 wurde durch Gesetz vom 17. 6. 1994 (BGBl I S. 912), in Kraft seit 1. 10. 1994, aufgehoben. **565**

Auf Forderungen, die im Zeitpunkt des Inkrafttretens des Aufhebungsgesetzes bestanden, ist jedoch die Pfändungsbeschränkung des § 20 ReichsheimstättenG weiter anzuwenden. Nach dieser Vorschrift ist die **Zwangsversteige-**

---

[21] Näheres zum Versteigerungsverfahren s. Rdn. 500.

rung oder **Zwangsverwaltung** wegen einer dinglich – d. h. durch Hypothek oder Grundschuld – nicht gesicherten Forderung unzulässig (§ 20 Abs. 1). Hat die Schuld des Heimstätters bereits bestanden, als er die Heimstätte erwarb, so kann bis zum Ablauf eines Jahres nach dem Erwerb die Zwangsvollstreckung durch **Eintragung einer Sicherungshypothek** beantragt werden. Soweit die Forderung nach Ablauf von 5 Jahren nach der Eintragung der Sicherungshypothek nicht getilgt ist, kann die Zwangsversteigerung beantragt werden (§ 20 Abs. 2).

10. Beschränkungen der Zwangsversteigerung eines Landarbeitereigenheims

566   Wegen einer persönlichen, also nicht durch Hypothek oder Grundschuld gesicherten Forderung ist die Zwangsvollstreckung in ein Landarbeitereigenheim nur mit Zustimmung der Durchführungsbehörde (oberen Landesbehörde, die ihre Aufgaben vielfach auf die Landeskreditanstalt übertragen hat) zulässig (§ 11 der Verordnung zur beschleunigten Förderung des Baues von Heuerlings- und Werkwohnungen sowie von Eigenheimen für ländliche Arbeiter und Handwerker vom 10. 3. 1937 – RGBl I S. 292).

11. Vergleichsverfahren und Pfändungsschutz

567   Im Vergleichsverfahren zur Abwendung eines Konkurses gelten die besonderen Schutzvorschriften der §§ 28, 48, 87 Vergleichsordnung vom 26. 2. 1935 (RGBl I S. 321, 356), zuletzt geändert durch Gesetz vom 17. 12. 1990 (BGBl I S. 2847).

III. ABC der unpfändbaren körperlichen Sachen[22]

1. Arbeitsgeräte

568   Unpfändbar sind die zur Fortführung der Erwerbstätigkeit erforderlichen Gegenstände – ohne Rücksicht auf ihren Wert – bei Personen, die aus ihrer körperlichen oder geistigen Arbeit oder aus sonstigen persönlichen Leistungen ihren Erwerb ziehen (Kopf- und Handarbeiter), mag es sich um haupt- oder nebenberuflichen Erwerb handeln (§ 811 Nr. 5 ZPO). Der Begriff „erforderlich" stellt ein Weniger gegenüber dem Begriff „unentbehrlich" dar. Voraussetzung ist, daß die **persönliche Leistung des Schuldners** gegenüber der Ausnutzung sachlicher Betriebsmittel und gegenüber der Leistung von Hilfspersonal wirtschaftlich ins Gewicht fällt. **Pfändbar** sind daher die Sonnenbänke eines mit Münzen betriebenen Sonnenstudios (LG Oldenburg in DGVZ 1993, 12). **Un-**

---

[22] Siehe zur Problematik der unpfändbaren Sachen zusammenfassend Zöller/Stöber, a. a. O., Rdn. 28 zu § 811 ZPO.

ABC der unpfändbaren körperlichen Sachen

pfändbar sind sowohl vom Schuldner und von seinen Gehilfen bediente Maschinen oder benützte Geräte, sofern sie zur Unterstützung, Ergänzung oder Verbesserung der menschlichen Arbeitsleistung allgemein gebräuchlich sind, als auch die zur Verarbeitung bestimmten Rohstoffvorräte, soweit sie zur Fortführung des Gewerbebetriebs des Schuldners erforderlich sind. Unpfändbar sind etwa der Computer eines Schuldners, der ein elektrotechnisches Planungsbüro betreibt (LG Heilbronn in DGVZ 1994, 55), der Computer eines Versicherungskaufmanns (AG Bersenbrück in DGVZ 1990, 78) oder eines Bauzeichners und Bauplaners (LG Hildesheim in DGVZ 1990, 30). Der Gegenstand, an dem Arbeit geleistet wird, und Kaufpreisforderungen genießen den hier behandelten Schutz nicht.

Die Erwerbstätigkeit muß ausgeübt werden. Unmittelbares Bevorstehen ihrer Aufnahme genügt allerdings. Eine nur vorübergehende Nichtausübung oder Stillegung des Betriebs berührt den Vollstreckungsschutz nicht.

In erster Linie steht der vorersichtliche Pfändungsschutz dem selbständig Erwerbstätigen zu, sofern die eigene persönliche Arbeitsleistung und Tätigkeit gegenüber dem Einsatz und der Ausnützung der vorhandenen Hilfsmittel überwiegt, d. h. seinem Geschäft den Stempel aufdrückt. Beispiele dafür: Fuhr- und Taxiunternehmer, die selbst fahren, Gastwirte, die selbst bedienen. Zusätzliche Tätigkeit von Hilfskräften stellt den Schutz nicht in Frage, wenn sie hinter dem persönlichen Einsatz des Schuldners zurücksteht und die persönliche Tätigkeit des letzteren im wesentlichen nur unterstützt[23].

Die **Warenvorräte** eines Kaufmanns sind dagegen pfändbar[24].

Der Frage, ob der Schuldner im Handelsregister eingetragen ist, kommt für die Schutzgewährung keine Bedeutung zu. Mag auch ein Kaufmann – zu Unrecht – im Handelsregister eingetragen sein, so steht ihm doch der hier behandelte Schutz zu[25].

Gegenstände, die der Schuldner zur Fortsetzung seiner Erwerbstätigkeit benötigt, z. B. ein Telefaxgerät und eine Schreibmaschine, werden nicht deshalb pfändbar, weil er im Zeitpunkt der Vollstreckung ohne Aufträge ist und deshalb seine Tätigkeit nicht ausübt[26].

Ein Schausteller, der mit einem Karussell und einem Autoscooter arbeitet, gehört nicht zum geschützten Personenkreis[27].

---

23 OLG Düsseldorf in MDR 1957, 428; OLG Hamm in JMBl NRW 1961, 8; KG in Rpfleger 1958, 225.
24 Beispiele bei Zöller/Stöber, a. a. O., Rdn. 27 zu § 811 ZPO.
25 LG Oldenburg in NJW 1964, 505.
26 LG Wiesbaden in DGVZ 1997, 59 bei einem selbständigen Maschinenbauingenieur.
27 AG Hannover in DGVZ 1975, 75.

570 Den hier behandelten Schutz genießen nicht: juristische Personen, also nicht AG und GmbH einschl. Einmann-GmbH (sog. Formkaufleute), ferner nicht OHG, KG und Komplementär bei KG[28].

Ist der Betrieb ein kapitalistischer, so steht ihm der hier behandelte Vollstreckungsschutz selbst dann nicht zu, wenn sich der Schuldner nach den gemachten Ausführungen an sich auf ihn berufen könnte[29], etwa bei Büromöbeln und Büromaschinen.

571 Der hier behandelte Pfändungsschutz steht dagegen ferner zu:
Arbeitnehmern ohne Ausnahme, Angehörigen freier Berufe, Architekten, Schriftstellern – für Ärzte und Rechtsanwälte s. § 811 Nr. 7 ZPO –, Handwerkern, falls sie handwerklich mitarbeiten, Künstlern (Musikern, Schauspielern). Unpfändbar ist z.B. der Computer eines Rechtsanwalts; hat er jedoch zwei, kann einer davon gepfändet werden (LG Frankfurt/M. in DGVZ 1994, 28).

572 Maßgebend ist, zusammenfassend gesagt, daß der dem geschützten Personenkreis angehörende Schuldner den Pfändungsschutz dieser Vorschrift genießt, wenn seine persönliche Tätigkeit sowohl gegenüber der Zahl seiner Gehilfen und ihren Arbeitsleistungen wie hinsichtlich der Ausnützung tatsächlicher Betriebsmittel das wirtschaftlich Entscheidende ist[30].

573 Ist der Schuldner verheiratet und lebt er im gesetzlichen Güterstand der Zugewinngemeinschaft (§§ 1363 ff. BGB; s. Rdn. 523) oder in Gütertrennung (§ 1414 BGB; s. Rdn. 524), so kommt der hier behandelte Schutz auch seinem Ehegatten zugute[31]. Der Ehegatte des Schuldners, der einen nach § 811 Nr. 5 ZPO geschützten Beruf ausübt und die gepfändete Sache als Hilfsmittel für diese Berufsausübung benötigt, kann sich durch das Bestehen seines Alleingewahrsams an den zu seinem persönlichen Gebrauch bestimmten Gegenständen (z.B. Arbeitsgeräte) die geschützten Sachen erhalten. Betreibt der Ehegatte des Schuldners selbständig und erkennbar auf eigene Rechnung ein Erwerbsgeschäft, so steht ihm an den im Geschäftslokal befindlichen Arbeitsgeräten ebenfalls Alleingewahrsam zu, weil ein Getrenntleben der Ehegatten im Sinne des § 1362 Abs. 1 Satz 2 BGB auch dann vorliegt, wenn diese in wirtschaftlicher Beziehung getrennt arbeiten. Das hat allerdings zur Voraussetzung, daß die geschäftlichen und persönlichen Gewahrsamsbereiche der Ehegatten klar gegeneinander abgegrenzt sind[32]. Daraus folgt, daß in einem derartigen Fall nur auf Grund eines gegen den das Geschäft betreibenden Ehegatten gerichteten Titels im Geschäftslokal eine Pfändung vorgenommen werden kann, gegen-

---

[28] S. dazu Zöller/Stöber Rdn. 26 zu § 811 ZPO.
[29] LG Duisburg in JR 1951, 665.
[30] LG Berlin in DGVZ 1965, 28. Über allgemeine Grundsätze des Schutzes nach § 811 ZPO s. Noack in DGVZ 1969, 113.
[31] OLG Hamm in DGVZ 1984, 138.
[32] S. Noack in MDR 1966, 809.

über der sich der Ehegatte auf den hier behandelten Schutz zu berufen vermag. In Zweifelsfällen wird der Gerichtsvollzieher allerdings im Geschäftslokal pfänden, mag der Titel auf Mann oder Frau lauten (§ 739 ZPO; s. Rdn. 539)[33]. Es ist dann Sache der Eheleute, Erinnerung einzulegen und nachzuweisen, daß der andere Ehegatte tatsächlich der Geschäftsinhaber ist.

574 Unpfändbarkeit von Arbeitsgeräten wird beispielsweise gegeben sein bei: geringem Biervorrat in einer kleinen Gastwirtschaft, Fahrrad oder Motorrad zur Erreichung von Arbeitsstelle oder Kundschaft, Instrumenten von Musikern, Artisten usw. (soweit der eigenen Person, nicht dem Gehilfen, dienend), Klavier eines Musikers (u. U. auch in Gastwirtschaft oder Kabarett), Kraftwagen[34], elektrische Nähmaschine bei Schneider, Schnellwaage bei Kleingewerbetreibenden, Schreibmaschinen bei Agenten, Kaufleuten, Schriftstellern, Steuerberatern, Hebebühne eines Kfz-Handwerkers, Wechselgeld als Hilfsmittel beim Warenumsatz eines Ladengeschäftes, das der Inhaber selbst betreibt, Kamera, Weitwinkelobjektiv und Teleobjektiv bei gelernten Reisefotografen, Diktiergerät bei Rechtsanwälten, aber je nur soweit für ihre Person bestimmt. Pfändungsschutz ist dagegen z. B. abgelehnt worden für Bücher einer Mietbücherei, Registrierkasse in einem Blumen-Einzelgeschäft, Mähdrescher bei Lohndreschunternehmer. Entscheidend ist jeweils die Lage des Einzelfalles. U. U. kommt eine Austauschpfändung nach den Rdn. 553 gemachten Ausführungen in Frage.

575 Auf den hier behandelten Pfändungsschutz kann sich der Schuldner grundsätzlich auch bei einer noch unter Eigentumsvorbehalt (s. Rdn. 545) stehenden Sache berufen, wenn deren Verkäufer (Gläubiger), statt mit der Eigentumsklage gegen den Schuldner vorzugehen, aus einem Zahlungstitel wegen seiner Geldforderung gegen ihn pfänden will. Das gleiche gilt im Falle einer Sicherungsübereignung[35].

576 Den vorstehend behandelten Schutz genießen auch Witwen und minderjährige Erben der vorgenannten Personen, wenn sie das Erwerbsgeschäft für ihre Rechnung durch einen Stellvertreter ausüben (§ 811 Nr. 6 ZPO). Üben sie die Tätigkeit selbst aus, so steht ihnen der Schutz bereits unmittelbar zu.

---

[33] LG Essen in NJW 1962, 2307.
[34] Voraussetzung ist, daß der Schuldner das Auto z. B. als Arzt, Vertreter, Reisender oder Handwerker beruflich benötigt, um Patienten und Kunden zu besuchen (vgl. LG Braunschweig in MDR 1970, 338) oder weil er es wegen körperlicher Gebrechen braucht (vgl. LG Lübeck in DGVZ 1979, 25). Zur Frage der Pfändbarkeit eines **Wohnwagenanhängers** bei einem Handelsvertreter s. KG in DGVZ 1967, 181. Zusammenfassend zur neuen Rechtsprechung s. Bloedhorn in DGVZ 1976, 104.
[35] Für den Fall des Eigentumsvorbehalts s. in diesem Sinne OLG Celle in DGVZ 1972, 152 = MDR 1973, 58 = Rpfleger 1972, 324, OLG Schleswig in DGVZ 1978, 9; kein Schutz nach § 811 ZPO besteht jedoch, wenn der Gläubiger die Herausgabevollstreckung betreibt. Für Sicherungsübereignung den Pfändungsschutz bejahend OLG Köln in Rpfleger 1969, 436, verneinend LG München in DGVZ 1972, 61.

2. Bargeld und Kontoguthaben

577 Bei Personen, die wiederkehrende Einkünfte aus Arbeit oder dgl. beziehen (Gehalts-, Lohn- und Rentenempfängern), ist ein Geldbetrag unpfändbar, der dem der Pfändung nicht unterworfenen Teil der Einkünfte für die Zeit von der Pfändung bis zum nächsten Zahlungstermin entspricht (§ 811 Nr. 8 ZPO). Der Gerichtsvollzieher, der zur **Bargeldpfändung** zuständig ist (s. Rdn. 233), muß dabei feststellen, in welcher Höhe das vom Schuldner zuletzt eingenommene Arbeitseinkommen nach § 850 c oder § 850 d ZPO (Rdn. 623 und 640) unpfändbar gewesen wäre, wenn es noch vor seiner Auszahlung an den Schuldner gepfändet worden wäre. Hierauf muß er ausrechnen, welcher Teil von dem mithin unpfändbaren Betrag nach Tagen umgerechnet auf den Zeitraum von der Pfändung bis zum nächsten Zahlungstermin entfällt. Dabei kommt es nicht darauf an, ob das beim Schuldner vorgefundene bare Geld tatsächlich noch aus dem letzten Arbeitseinkommen stammt. Hinsichtlich des Pfändungsschutzes von **auf ein Konto** des Schuldners **überwiesenem Arbeitseinkommen** siehe bei Rdn. 652.

578 Für **Sozialgeldleistungen** (Ausbildungsförderung, Arbeitsförderung, gesetzliche Kranken-, Unfall- und Rentenversicherung, Kindergeld, Wohngeld, Leistungen der Jugendhilfe, Leistungen für die Eingliederung Behinderter etc.) gilt nach § 55 SGB I folgende Sonderregelung:

Wird eine Geldleistung auf das Konto des Berechtigten (Schuldners) bei einem Geldinstitut (Bank, Sparkasse, Postscheckamt) überwiesen, so ist die Forderung, die durch die Gutschrift (auf einem Giro- oder Sparkonto) gegen das Geldinstitut entsteht, für die Dauer von sieben Tagen ab Gutschrift der Überweisung unpfändbar.

Bei der Berechnung der Frist wird der Tag der Gutschrift nicht mitgerechnet (§ 187 Abs. 1 BGB). Fristende ist der Ablauf des letzten Tages (§ 188 Abs. 1 BGB).

Eine Pfändung des Guthabens gilt als mit der Maßgabe ausgesprochen, daß sie das Guthaben in Höhe der obengenannten Forderung während der sieben Tage nicht erfaßt, d. h., daß das Guthaben in dieser Höhe in der 7-Tage-Frist an den Gläubiger nicht ausbezahlt werden kann. Eine Auszahlung innerhalb der 7-Tage-Frist durch das Geldinstitut an den Gläubiger ist dem Schuldner gegenüber unwirksam (§ 55 Abs. 3 SGB I). Der Schuldner kann somit vom Geldinstitut nochmalige Zahlung fordern.

Die Frage, inwieweit bei einem Pfändungs- und Überweisungsbeschluß die Voraussetzungen des § 55 Abs. 2 SGB I (Nachweis des Schuldners, daß das Guthaben von der Pfändung nicht erfaßt ist) vorliegen, ist nicht im Vollstrekkungsverfahren, sondern in einem Rechtsstreit zwischen dem Schuldner und seinem Geldinstitut zu klären[35a].

Verfügungen des Schuldners innerhalb der 7-Tage-Frist dürfen bei Vorliegen einer Pfändung vom Geldinstitut nur ausgeführt werden, wenn der Schuldner z. B. durch Vorlage des Rentenbescheids nachweist, daß das Guthaben durch Einzahlung einer Sozialleistung entstanden, also von der Pfändung nicht erfaßt ist.

Hat der Schuldner nach Ablauf der 7-Tage-Frist die Sozialleistungen von seinem Konto noch nicht abgehoben, dann bleibt das Guthaben insoweit weiterhin unpfändbar, als der Anspruch auf die Sozialleistung nach § 53 Abs. 3 SGB I i. V. m. §§ 850 c ff. ZPO unpfändbar wäre (s. unter Rdn. 577, 623).

Das gilt allerdings nur für den Betrag, der auf die Zeit von der Pfändung bis zum nächsten Zahlungstermin entfällt (§ 55 Abs. 4 SGB I). Dieser Schutz nach Ablauf der 7-Tage-Frist tritt jedoch nicht automatisch ein, sondern muß für den Fall der Pfändung vom Schuldner mit dem Rechtsbehelf der Erinnerung geltend gemacht werden[36].

Unpfändbar sind **Barmittel, die aus Miet- oder Pachtzinszahlungen herrühren** insoweit, als der Schuldner die Beträge zur laufenden Unterhaltung des Grundstücks, zur Vornahme notwendiger Instandsetzungsarbeiten sowie zur Befriedigung von Ansprüchen braucht, die bei einer Zwangsvollstreckung in das Grundstück dem Anspruch des Gläubigers gemäß § 10 ZVG (s. hierüber Rdn. 501) vorgehen würden (§ 851 b ZPO). 579

Ob § 851 b ZPO auch Pfändungsschutz für Untermietzinsen gewährt, ist umstritten[37].

3. Dienstkleidung und Dienstausrüstung

Mit Dienst ist der öffentliche Dienst gemeint. Unpfändbar sind demnach z. B. Polizeiuniformen, Richterroben etc. Auch die zur Ausübung des Berufs erforderlichen Gegenstände einschließlich angemessener Kleidung sind unpfändbar bei: Geistlichen, Rechtsanwälten, Notaren und Ärzten und Hebammen, z. B. der Pkw des Landarztes. Anders dagegen unter Umständen beim Pkw des Stadtarztes[38]. 580

[35a] LG Heilbronn in JurBüro 1994, 610.
[36] So Terpitz in BB 1976, 1564 (1567) und Stöber Rdn. 1439.
[37] Bejahend, soweit der Untermietzins auf den entsprechenden Teil der Hauptmiete entfällt, OLG München in MDR 1957, 10; verneinend Stöber Rdn. 247 m. w. N.
[38] FG Bremen in DGVZ 1994, 14.

4. Einrichtungsgegenstände in möblierten Zimmern

581 In möbliert vermieteten Zimmern sind die Einrichtungsgegenstände unpfändbar, wenn der Vermieter dem Mieter persönlich die Reinigung und Aufwartung besorgt und seinen Verdienst nicht überwiegend aus der Kapitalnutzung der Möbel zieht (§ 811 Nr. 5 ZPO).

5. Eisenbahnbetriebsmittel

582 Die Fahrbetriebsmittel der Eisenbahn, welche Personen oder Güter im öffentlichen Verkehr befördern, sind von der ersten Einstellung in den Betrieb bis zur endgültigen Ausscheidung aus den Beständen der Pfändung nicht unterworfen (Ausnahme: Konkursfall; Gesetze vom 3. 5. 1886 und 7. 4. 1934 – RGBl 1886 S. 86, 131 und 1934 II S. 911).

6. Fernsehgeräte

583 Farbfernsehgeräte werden inzwischen in der Regel als unpfändbar angesehen, weil sie heute bescheidener Lebensführung dienen[39].

Bei hohem Wert des Geräts kann die Unpfändbarkeit durch die Möglichkeit der Austauschpfändung (Rdn. 553 ff.) eingeschränkt sein. Pfändbar sind dagegen heute (noch!) **Videorecorder und Heimcomputer.**

7. Gartenhäuser und Wohnlauben

584 Diese sind ohne Rücksicht auf ihre Größe und die Art ihrer Verbindung mit dem Boden unpfändbar, wenn der Schuldner oder seine Familie ihrer zur ständigen Unterkunft bedarf (§ 811 Nr. 1 ZPO)[40].

8. Haushaltsgegenstände

585 Unpfändbar sind die dem tatsächlich bestehenden Haushalt dienenden Sachen, insbesondere Haus- und Küchengeräte, soweit der Schuldner ihrer zu einer angemessenen bescheidenen Lebenshaltung und Haushaltsführung bedarf (§ 811 Nr. 1 ZPO). Dies ist dann der Fall, wenn er andere entsprechende Gegenstände zur Haushaltsführung tatsächlich nicht zur Verfügung hat, auch wenn diese nicht in seinem Eigentum stehen[41]. Unentbehrlich im strengen Sinne brauchen die geschützten Gegenstände nicht zu sein[42]. Im Einzelfalle kann

---

[39] OLG Stuttgart in NJW 1987, 196; LG Lübeck in DGVZ 1985, 153; BFH in JurBüro 1990, 1358; a. A. AG Wiesbaden in DGVZ 1997, 59 und LG Wiesbaden in ständiger Rspr., zuletzt in DGVZ 1994, 43; ferner AG Landau in DGVZ 1991, 14.
[40] Zum Begriff des Gartenhauses s. OLG Celle in NdsRpfl 1952, 86 und OLG Hamburg in DGVZ 1951, 166.
[41] Vgl. OLG Celle in JurBüro 1969 Sp. 362.
[42] Kühlschränke und Waschmaschinen werden inzwischen allgemein als unpfändbar angesehen.

eine Austauschpfändung nach den unter Rdn. 553 gemachten Ausführungen in Frage kommen. Wegen der Rechtslage, die dann besteht, wenn der Gläubiger den Gegenstand pfänden will, an dem ihm noch ein Eigentumsvorbehalt zusteht oder der ihm vom Schuldner zur Sicherung übereignet worden ist, s. die Ausführungen unter Rdn. 575.

Gegenstände, die zum gewöhnlichen Hausrat gehören und im Haushalt (nicht im Gewerbe) des Schuldners gebraucht werden, insbesondere Betten (nicht auch Bettvorlagen), Kinderwagen, Kleiderschrank, Koffer, Küchengerät, Stühle, Tische usw. sollen nicht gepfändet werden, wenn ohne weiteres ersichtlich ist, daß durch ihre Verwertung nur ein Erlös erzielt werden würde, welcher zu dem Wert außer allem Verhältnis steht (§ 812 ZPO)[43]. **586**

9. Hochseekabel

Diese waren unpfändbar (§ 31 des Kabelpfandgesetzes vom 31. 3. 1925 – RGBl I S. 37). Das Kabelpfandgesetz ist seit 1. 1. 1995 außer Kraft. **587**

10. Kleidungsstücke

Unpfändbar in gleichem Umfang wie Haushaltsgegenstände (Rdn. 547). Ferner sind unpfändbar angemessene Kleidung bei Ärzten (auch Zahn- und Tierärzten), öffentlichen Beamten, Geistlichen anerkannter Religionsgemeinschaften, Hebammen, Rechtsanwälten, Rechtsbeiständen und Patentanwälten, soweit sie zur Ausübung des Berufs erforderlich sind. Bei diesen Personen sind darüber hinaus unpfändbar alle anderen zur Ausübung des Berufs erforderlichen Gegenstände (z. B. Kraftwagen eines Landarztes; § 811 Nr. 7 ZPO). **588**

11. Landwirtschaftliche Vermögenswerte

Bei Personen, die Landwirtschaft betreiben (Ackerbau, Gärtnerei, Forstwirtschaft, Viehzucht, Fischzucht, Weinbau, Obstbau, unter gewissen Voraussetzungen auch Geflügelzucht, Imkerei, Pilzzucht im Keller), sind unpfändbar das zum Wirtschaftsbetrieb erforderliche Gerät und Vieh nebst dem nötigen Dünger, sowie die landwirtschaftlichen Erzeugnisse, soweit sie zur Sicherung des Unterhalts des Schuldners, seiner Familie und seiner Arbeitnehmer oder zur Fortführung der Wirtschaft bis zur nächsten Ernte gleicher oder ähnlicher Erzeugnisse erforderlich sind (§ 811 Nr. 4 ZPO)[44]. Die Erzeugnisse dagegen, die nur mittelbar für den Betrieb durch Investierung ihres Verkaufserlöses Verwendung finden sollen, werden überwiegend als pfändbar angesehen. **589**

---

[43] Zur Anwendung des § 812 ZPO über Unterlassung der Pfändung geringwertigen Hausrates s. Werne in DGVZ 1968, 155.
[44] Zum Pfändungsschutz der Landwirte ausführlich Diedrich in Agrarrecht-Zeitschrift, 1992, 124 ff.

Bei Arbeitnehmern in landwirtschaftlichen Betrieben sind unpfändbar die ihnen als Vergütung gelieferten Naturalien, soweit der Schuldner ihrer zu seinem und seiner Familie Unterhalt bedarf (§ 811 Nr. 4 a ZPO).

Früchte auf dem Halm können gepfändet werden, solange nicht ihre Beschlagnahme im Wege der Zwangsvollstreckung in das unbewegliche Vermögen erfolgt ist. Die Pfändung darf nicht früher als einen Monat vor der gewöhnlichen Zeit der Reife erfolgen (§ 810 ZPO). Dies trifft auf solche Früchte zu, die periodisch geerntet werden wie Getreide, Kartoffeln, Obst, nicht dagegen Holz und Bodenbestandteile. Unpfändbar sind die Früchte im Rahmen des § 811 Nr. 2–4 ZPO (s. darüber Rdn. 592 und 594). Die Versteigerung gepfändeter, vom Boden noch nicht getrennter Früchte ist erst nach der tatsächlichen Reife zulässig. Sie kann vor oder nach der Trennung der Früchte erfolgen. Im letzteren Fall hat der Gerichtsvollzieher die Aberntung bewirken zu lassen (§ 824 ZPO)[45].

12. Manuskripte

590 und dgl. sind unpfändbar (§§ 28, 29, 112–119 des Gesetzes über Urheberrecht und verwandte Schutzrechte vom 9. 9. 1965 – BGBl I S. 1273 mit Einzelheiten).

13. Radiogeräte

591 Ein einfaches Radio ist unpfändbar, nicht aber ein Zweitgerät. Bei wertvolleren Geräten kann Austauschpfändung (Rdn. 553) in Frage kommen (§§ 811 Nr. 1, 811 a, 811 b ZPO)[46].

14. Vieh und Kleintiere

592 Kleintiere (Hühner, Gänse, Enten) in beschränkter Zahl sowie eine Milchkuh oder nach Wahl des Schuldners statt einer solchen insgesamt zwei Schweine oder Ziegen oder Schafe sind unpfändbar, wenn diese Tiere für die Ernährung des Schuldners, seiner Familie oder Hausangehörigen, die ihm im Haushalt, in der Landwirtschaft oder im Gewerbe helfen, erforderlich sind; ferner die zur Fütterung und zur Streu auf vier Wochen erforderlichen Vorräte oder, soweit solche Vorräte nicht vorhanden sind und ihre Beschaffung für diesen Zeitraum

---

[45] Ein Gläubiger, der ein Recht auf Befriedigung aus dem Grundstück hat (s. Rdn. 501), kann der Pfändung nach Maßgabe des § 771 ZPO widersprechen, sofern nicht die Pfändung für einen im Falle der Zwangsvollstreckung in das Grundstück vorgehenden Anspruch erfolgt (§ 810 Abs. 2 ZPO). S. zur Pfändung von Früchten auf dem Halm auch Noack in Rpfleger 1969, 113. Zur Unpfändbarkeit landwirtschaftlicher Erzeugnisse s. Walbaum in RdL 1969, 230, ferner OLG Celle in MDR 1962, 139. Zur Pfändbarkeit von Getreide auf dem Halm des Landpächters nach Abtretung seines Aneignungsrechts s. Richert in JurBüro 1970, 567.

[46] Zur Pfändbarkeit eines Farbfernsehers, wenn der Schuldner daneben ein Radio besitzt, s. LG Wiesbaden in DGVZ 1994, 43.

ABC der unpfändbaren körperlichen Sachen 323

auf anderem Wege nicht gesichert ist, der zu ihrer Beschaffung erforderliche Geldbetrag (§ 811 Nr. 3 ZPO)[47]. Zuchtstuten sind dagegen pfändbar[48].

Unpfändbar sind auch nicht zu Erwerbszwecken im häuslichen Bereich gehaltene **Hunde und andere Tiere** (§ 811 c Abs. 1 ZPO). Auf Antrag des Gläubigers **kann** das Vollstreckungsgericht eine Pfändung wegen des hohen Werts des Tieres (z. B. Rassehund) zulassen, wenn die Unpfändbarkeit für den Gläubiger eine Härte bedeuten würde, die auch unter Würdigung der Belange des Tierschutzes und der berechtigten Interessen des Schuldners nicht zu rechtfertigen ist (§ 811 c Abs. 2 ZPO). Blindenhunde sind als notwendige Hilfsmittel der Krankenpflege ebenfalls unpfändbar (§ 811 Nr. 14 ZPO). Die Pfändung eines Hundes kann im Hinblick auf das hohe Alter des Schuldners eine Härte darstellen, die mit den guten Sitten nicht vereinbar ist[49]. 593

15. Verschiedene sonstige unpfändbare Sachen

Folgende Sachen sind der Pfändung ebenfalls nicht unterworfen (§ 811 ZPO): 594

a) Die zum Betrieb einer **Apotheke** unentbehrlichen Geräte, § 811 Nr. 9 ZPO (Gefäße und Waren, § 811 Nr. 9 ZPO; aber zur Konkursmasse gehörend).

b) Die für den Schuldner und seine Familie sowie seine Hausangehörigen, welche ihm im Haushalt helfen, auf vier Wochen erforderlichen **Nahrungs-, Feuer- und Beleuchtungsmittel** oder, soweit solche Vorräte auf zwei Wochen nicht vorhanden sind und ihre Beschaffung für diesen Zeitraum nicht auf anderem Wege (durch bevorstehende Zahlungen) gesichert ist, der zur Beschaffung erforderliche Geldbetrag (§ 811 Nr. 2 ZPO). Bedürfnisse eines bestehenden Gewerbebetriebs scheiden bei der Bemessung aus.

c) Die zur unmittelbaren Verwendung für die **Bestattung** bestimmten Gegenstände, wozu ein Grabstein nicht zählt (§ 811 Nr. 13 ZPO)[50].

d) Die zum Gebrauch des Schuldners und seiner Familie bestimmten **Brillen**(§ 811 Nr. 12 ZPO).

e) **Bücher,** die zum Gebrauch des Schuldners und seiner Familie in der Kirche oder Schule oder in einer sonstigen (öffentlichen oder privaten) Unterrichtsanstalt (auch Universität, Konservatorium) oder bei der häuslichen Andacht bestimmt sind, und die in Gebrauch genommenen **Haushalts- und Geschäftsbücher** (§ 811 Nr. 10, 11 ZPO).

---

[47] Kleintiere sind unter obigen Voraussetzungen auch dann unpfändbar, wenn der Schuldner die Tiere lediglich zum Schlachten hält. Der Umstand, daß der Schuldner die Pflege der Tiere einem Dritten übertragen hat, steht der Unpfändbarkeit nicht entgegen (OLG Celle in DGVZ 1968, 133). Zur Unpfändbarkeit einer Kuh, die zum Wirtschaftsbetrieb des Schuldners gehört, s. AG Lörrach in DGVZ 1968, 59.
[48] LG Oldenburg in DGVZ 1980, 170.
[49] LG Heilbronn in DGVZ 1980, 111.
[50] So LG Wiesbaden in NJW-RR 1989, 575; str. s. dazu Zöller / Stöber, Rdn. 37 zu § 811 ZPO.

f) **Familienpapiere** (§ 811 Nr. 11 ZPO).
g) **Futtermittel,** s. unter „Vieh und Kleintiere" (Rdn. 592).
h) **Künstliche Gliedmaßen,** soweit sie zum Gebrauch des Schuldners oder seiner Familie bestimmt sind (Krücken, Rollstuhl usw.)[51].
i) **Trauringe** (bei Verlobungsringen umstritten), **Orden und Ehrenzeichen** (§ 811 Nr. 11 ZPO).
k) **Uniformen** und Dienstausrüstungsgegenstände, soweit sie zum Gebrauch des Schuldners bestimmt sind (§ 811 Nr. 7 ZPO).
l) **Wäsche,** s. „Kleidungsstücke" (Rdn. 588).

IV. ABC der – teilweise – unpfändbaren Forderungen und ähnlichen Ansprüche

1. Abgeordnetenbezüge (Diäten)

595 Unpfändbar ist die Aufwandsentschädigung des Abgeordneten nach § 12 Abgeordnetengesetz. Dagegen ist die Abgeordnetenentschädigung zur Hälfte pfändbar (§ 31 Satz 3 AbgG).

2. Arbeitseinkommen und ähnliche Bezüge

596 Der dafür teilweise bestehende Pfändungsschutz ist wegen seiner großen Bedeutung in einem besonderen Abschnitt (Rdn. 618 ff.) dargestellt.

Bei bereits ausgezahltem Arbeitseinkommen s. Rdn. 577.

3. Baugeldforderungen

597 S. dazu die Ausführungen bei Rdn. 574[52].

4. Bergmannsprämien

598 Sie sind unpfändbar (§ 5 Bergm. Prämiengesetz i.d.F. vom 12. 5. 1969, BGBl I 434 i.V.m. § 851 Abs. 1 ZPO)[53]. Dagegen ist das Abfindungsgeld nach §§ 24 ff. des Gesetzes zur Anpassung und Gesundung des deutschen Steinkohlenbergbaus und der deutschen Steinkohlenbergbaugebiete vom 15. Mai 1968, BGBl I 365, das von der Bundesanstalt für Arbeit gezahlt wird, normal pfändbar.

---

[51] Das LG Köln in MDR 1964, 604 hat in diesem Sinne auch den VW-Kraftwagen eines Kriegsversehrten als unpfändbar angesehen, ohne Rücksicht darauf, daß zwischen dem Wohnort des Schuldners und seinem Arbeitsplatz eine Omnibusverbindung besteht (s. auch Rdn. 574).
[52] Eingehend dazu Bauer, Die Zwangsvollstreckung in Baugelder, in JurBüro 1963, 65.
[53] AG Essen in Rpfleger 1956, 314.

Unpfändbar ist grundsätzlich der Anspruch des Bergmanns auf Deputatkohle. Jedoch kommt Zusammenrechnung mit Arbeitseinkommen nach den Ausführungen bei Rdn. 592 in Betracht.

5. Dienstvertrags-Ansprüche

S. dazu die Ausführungen Rdn. 615, 618 ff. **599**

6. Erbrechtliche Ansprüche

S. dazu die Ausführungen Rdn. 345 ff. **600**

7. Familienrechtliche Ansprüche

Das Recht auf Ausgleich des Zugewinns, das bei Bestehen des gesetzlichen Güterstandes der Zugewinngemeinschaft (nicht auch bei den anderen Güterrechten; s. dazu Rdn. 523) einem Ehegatten gegen den anderen bei Auflösung der Ehe durch Scheidung (u. U. auch durch Tod eines Ehegatten) mit Beendigung des Güterstandes erwächst, ist – wie ein Pflichtteilsanspruch (s. Rdn. 361) – der Pfändung nur unterworfen, wenn der Anspruch durch Vertrag anerkannt oder rechtshängig geworden ist (§ 852 Abs. 3 ZPO, §§ 1371 ff. BGB). **601**

Der Anteil eines Ehegatten am ehelichen Gesamtgut bei Gütergemeinschaft sowie der Abkömmlinge bei fortgesetzter Gütergemeinschaft (s. darüber Rdn. 525, 526) ist unpfändbar. Mit der Beendigung der Gemeinschaft wird der Anspruch allerdings pfändbar. Zuvor ist er auch nicht als künftiges Recht pfändbar (§ 860 ZPO, §§ 1416, 1485 BGB).

Der **Taschengeldanspruch** einer Ehefrau gegen ihren Ehemann (oder auch umgekehrt) ist pfändbar[54]. Ausführlich dazu Rdn. 749 ff.

8. Gemeinschaften

Besteht eine Bruchteilsgemeinschaft nur an einem Grundstück, so ist eine Pfändung des Anteils des Schuldners unzulässig. Der Gläubiger kann hier aber unmittelbar die Zwangsversteigerung des Bruchteils seines Schuldners bzw. des ganzen Grundstücks betreiben oder auf dem Bruchteil seines Schuldners eine Zwangshypothek eintragen lassen (§§ 864 Abs. 2, 866 ZPO; Rdn. 516)[55]. **602**

9. Genossenschafts- und Gesellschaftsrechte

Ansprüche einer im Genossenschaftsregister eingetragenen Erwerbs- oder Wirtschaftsgenossenschaft gegen Genossen auf Einzahlung von Geschäftsan- **603**

---

[54] Vgl. zu einem lehrreichen Fall der Taschengeldpfändung, in dem ein nachrangiger Gläubiger zum Zuge kam, OLG Hamm in FamRZ 1985, 407.
[55] Zur Zwangsvollstreckung in Bruchteilseigentum s. insbesondere Furtner in NJW 1969, 871.

teilen sind unpfändbar. Der Anteil des einzelnen Genossen an den Gegenständen des Genossenschaftsvermögens ist ebenfalls unpfändbar. Der Anteil des Genossen am Genossenschaftsvermögen als solchem dagegen ist pfändbar (s. dazu auch § 66 GenG).

Das **Firmenrecht** einer Gesellschaft ist unpfändbar, da es sich vom Unternehmen nicht trennen läßt[56].

10. Heimkehrerentschädigung

604 Für Heimkehrer ergeben sich Schutzbestimmungen aus §§ 26, 26 a des Heimkehrergesetzes vom 19. 6. 1950 (BGBl I S. 221) i.d.F. des Ersten Änderungs- und Ergänzungsgesetzes vom 30. 10. 1951 (BGBl I S. 875) und des Zweiten Änderungs- und Ergänzungsgesetzes vom 17. 8. 1953 (BGBl I S. 931)[57].

11. Kindergeld

605 Es ist seit 27. 7. 1988 nur noch wegen gesetzlicher Unterhaltsansprüche der Kinder pfändbar (s. dazu Rdnr. 613).

11a. Kostenerstattungsansprüche

Sowohl im Zivilprozeß (§§ 91 ff. ZPO), als auch im Strafprozeß (§§ 464 ff. StPO) und im Verfahren der freiwilligen Gerichtsbarkeit (§ 13 a FGG) erhält die obsiegende Partei bzw. ein Beteiligter einen Anspruch auf Kostenerstattung gegen die Gegenpartei zugesprochen. Dieser Anspruch entsteht z.B. im Zivilprozeß bereits mit der Klageeinreichung[58].

Er kann ab diesem Zeitpunkt als vermögensrechtlicher Anspruch gepfändet werden. Drittschuldner ist im Zivilprozeß die Gegenpartei, im Strafprozeß die Staatskasse gegenüber dem freigesprochenen Angeklagten (§§ 467 ff. StPO), im FGG-Verfahren der andere Beteiligte.

Nach Erlaß einer entsprechenden Kostenentscheidung durch das Gericht ist der pfändende Gläubiger befugt, einen Kostenfestsetzungsbeschluß gegen den Drittschuldner zu beantragen. Der Anspruch auf Erstattung der Prozeßkosten kann jedoch nur auf Grund eines Vollstreckungstitels geltend gemacht werden (§ 103 Abs. 1 ZPO). Dieser Titel muß auf den pfändenden Gläubiger umgeschrieben werden (§ 727 ZPO)[59].

---

[56] Über Einzelheiten der Zwangsvollstreckung in Gesellschaftsrechte s. Mager in DGerVollzZ 1967, 67, 129 und Stöber, Rdn. 1552 ff. Zur Zwangsvollstreckung in GmbH-Anteile s. Noack in DB 1969, 471.
[57] S. Haegele in Justiz 1953 S. 250; Riedel in NJW 1955, 1705.
[58] BGH in NJW 1975, 329.
[59] Näher dazu Zöller / Schneider a.a.O. Rdn. 3 zu § 103.

Ist ein Kostenfestsetzungsbeschluß zugunsten des Schuldners bereits ergangen, kann der Gläubiger vollstreckbare Ausfertigung nach § 727 ZPO verlangen[60].

12. Kriegsgefangenenentschädigung

Der Anspruch auf Kriegsgefangenenentschädigung nach § 6 des Kriegsgefangenen-Entschädigungsgesetzes i.d.F. vom 2. 9. 1971 (BGBl I S. 1545) unterliegt in der Person des unmittelbar Berechtigten nicht der Zwangsvollstreckung. **606**

13. Landwirtschaftliche Ansprüche

Die Pfändung von Forderungen, die einem die Landwirtschaft betreibenden Schuldner (s. dazu Rdn. 589) aus dem Verkauf von landwirtschaftlichen Erzeugnissen zustehen, ist auf seinen Antrag vom Vollstreckungsgericht soweit aufzuheben, als die Einkünfte zum Unterhalt des Schuldners, seiner Familie und seiner Arbeitnehmer oder zur Aufrechterhaltung einer geordneten Wirtschaftsführung unentbehrlich sind. Die Pfändung soll von vornherein unterbleiben, wenn offenkundig ist, daß die vorstehenden Voraussetzungen vorliegen (§ 851 a ZPO; wegen Kostentragung s. § 788 Abs. 3 ZPO)[61]. **607**

Rentenansprüche nach der Gesetzgebung über die Altershilfe im Bereich der Landwirtschaft können nur nach Maßgabe des § 54 SGB I (s. Rdn. 613) gepfändet werden[62].

14. Lastenausgleichsansprüche

Der Anspruch auf die Hauptentschädigung (§§ 243 ff. LAG – i.d.F. vom 1. 10. 1969 – BGBl I S. 1909) kann in der Person des Geschädigten nicht gepfändet werden. Geschützt sind nur der unmittelbar Geschädigte und dessen Erben in dem aus § 229 LAG ersichtlichen Personenkreis, falls der Erbfall vor dem 1. 4. 1952 eingetreten ist. Ist der Erbfall nach dem 31. 3. 1952 eingetreten, so sind die Erben des Geschädigten nicht geschützt. Pfändungsschutz besteht auch nicht für Personen, an die der Anspruch auf Hauptentschädigung abgetreten worden ist (§ 244 LAG). **608**

Der in der Form der Unterhaltshilfe oder der Entschädigungsrente bestehende Anspruch auf Kriegsschadenrente (§§ 261 ff. LAG) ist nicht pfändbar. Dies gilt, vorbehaltlich der Erstattungspflicht nach §§ 290, 350 a LAG, nicht für Beträge, die für einen in der Vergangenheit liegenden Zeitraum rechtskräftig bewilligt worden sind. Derartige Nachzahlungen, die aber vielfach von den Sozialbehör-

---

[60] OLG Hamburg in JurBüro 1983, 291.
[61] S. zu dieser Vorschrift Noack in DGVZ 1968, 129.
[62] So OLG Schleswig in JurBüro 1965 Sp. 88.

den in Anspruch genommen werden, auf die sie nach § 292 Abs. 3 LAG übergegangen sind, sind jedoch erst von der rechtskräftigen Bewilligung an pfändbar (§ 262 LAG).

Der Anspruch auf Hausratentschädigung (§§ 293 ff. LAG) kann nicht gepfändet werden. Das Pfändungsverbot gilt nicht nur zugunsten des unmittelbar Geschädigten, es erstreckt sich auch auf seine Erben, auf die sich der Anspruch auf Hausratentschädigung im Rahmen des § 294 LAG vererbt (§ 294 LAG).

Ein Ausgleichsguthaben nach dem Gesetz über einen Währungsausgleich für Sparguthaben Vertriebener vom 27. 3. 1952 in der Fassung vom 1. 12. 1965 (BGBl I S. 2059) kann bereits gepfändet werden. Entschädigungsansprüche nach dem Altsparergesetz vom 14. 7. 1953 (BGBl I S. 495) mit Änderungen können gepfändet werden.

Eingliederungsdarlehen, Aufbau- und Arbeitsplatzdarlehen nach §§ 253 bis 260 LAG, Wohnraumhilfe nach §§ 298–300 LAG und Leistungen aus dem Härtefonds oder auf Grund sonstiger Förderungsmaßnahmen nach §§ 301 bis 303 LAG können vor der Gewährung nicht gepfändet werden[63].

Ausgezahlte Lastenausgleichsentschädigungen können gepfändet werden[64].

15. Lebensversicherungen
609 S. dazu die Ausführungen bei Rdn. 417 ff.

16. Miet- und Pachtzinsen
610 Die Pfändung in Miet- und Pachtzinsen ist auf Antrag des Schuldners vom Vollstreckungsgericht insoweit aufzuheben, als diese Einkünfte für den Schuldner zur laufenden Unterhaltung des Grundstücks, zur Vornahme notwendiger Instandsetzungsarbeiten und zur Befriedigung von Ansprüchen unentbehrlich sind, die bei einer Zwangsvollstreckung in das Grundstück dem Anspruch des Gläubigers nach der hierfür maßgebenden Rangordnung (s. § 10 ZVG; dazu Rdn. 501) vorgehen würden. Die Pfändung soll überhaupt unterbleiben, wenn offenkundig ist, daß die vorstehenden Voraussetzungen für die Aufhebung der Zwangsvollstreckung vorliegen. Unentbehrlichkeit in vorstehendem Sinne ist nicht gegeben, wenn dem Schuldner für die genannten Zwecke andere Mittel zur Verfügung stehen.

Das gleiche gilt für die Pfändung von Guthaben, die aus Miet- oder Pachtzinsen herrühren und die der Schuldner zu den vorbezeichneten Zwecken braucht (§ 851 b ZPO, wegen Kostentragung s. § 788 Abs. 3 ZPO).

---
[63] Berner in Rpfleger 1954, 21, Haegele in RLA 1955, 19, 39, Stöber Rdn. 183 ff.
[64] OLG Hamburg in Rpfleger 1957, 83.

Die Forderung des Hauptmieters gegen seine Untermieter ist grundsätzlich pfändbar.

Bei Vergütungen, die für die Gewährung von Wohngelegenheit (Untermiete) oder eine sonstige Sachbenutzung geleistet werden, ist jedoch – wenn die Vergütung zu einem nicht unwesentlichen Teil als Entgelt für neben der Sachbenutzung gewährte Dienstleistung anzusehen ist – dem Schuldner auf Antrag so viel zu belassen, wie er während eines angemessenen Zeitraums für seinen notwendigen Unterhalt und den seines Ehegatten, seines früheren Ehegatten, seiner unterhaltsberechtigten Verwandten einschließlich eines nichtehelichen Kindes bedarf (§ 850 i Abs. 2 ZPO)[65].

17. Nichteheliche Lebensgemeinschaft

Solange die nichteheliche Lebensgemeinschaft besteht, werden erbrachte Leistungen der Partner nicht als ausgleichspflichtig angesehen. Ein pfändbarer Ausgleichsanspruch besteht in dieser Zeit nicht. Bei Auflösung der Lebensgemeinschaft kann ein Ausgleichsanspruch bestehen, der pfändbar ist (s. BGH in NJW-RR 1996. 1473; NJW 1992, 906 = MDR 1992, 679; NJW 1991, 830 = MDR 1991, 514).

611

18. Renten und ähnliche Bezüge bestimmter Art

Nur unter gewissen Voraussetzungen sind **Renten** pfändbar, die **wegen einer Verletzung des Körpers oder der Gesundheit** zu entrichten sind, **Unterhaltsrenten**, die auf gesetzlicher Vorschrift beruhen, sowie die wegen Entziehung einer solchen Forderung infolge Tötung des Unterhaltspflichtigen durch Verschulden eines Dritten zu entrichtenden Renten, fortlaufende Einkünfte, die ein Schuldner aus Stiftungen oder sonst auf Grund der Fürsorge und Freigebigkeit eines anderen oder auf Grund eines Altenteils- oder Auszugsvertrags bezieht, schließlich fortlaufende Bezüge aus Witwen-, Waisen-, Hilfs- und Krankenkassen, die ausschließlich oder zu einem wesentlichen Teil zu Unterstützungszwecken gewährt werden (§ 850 b ZPO). Bei Krankenversicherungen kommen aber nur private Versicherungen in Betracht. Hilfskassen sind insbesondere solche Kassen, die im Krankheits- oder Todesfall, bei Arbeitsunfähigkeit oder Arbeitslosigkeit oder bei sonstiger Bedürftigkeit Zusatzhilfe leisten.

612

Diese „bedingt pfändbaren" Bezüge können nach den für die Pfändung von Arbeitseinkünften bestehenden Vorschriften (Rdn. 618) dann gepfändet werden, wenn die **Vollstreckung in das sonstige Vermögen des Schuldners**, wozu auch Forderungen gehören, **nicht zur vollständigen Befriedigung des Gläubigers geführt** hat oder voraussichtlich nicht führen wird und **wenn**

---

[65] Zur Pfändbarkeit von Wohngeld vgl. Rdn. 613.

nach den Umständen des Falles, insbesondere nach der Art des Anspruchs – Lieferungen zur Bestreitung von Lebensbedürfnissen kommen in erster Linie in Betracht – und der Höhe der Bezüge die **Pfändung der Billigkeit entspricht**[66]. Die Pfändung muß durch das Vollstreckungsgericht auf entsprechend begründeten und glaubhaft gemachten Antrag des Gläubigers besonders zugelassen werden. Zu diesem Antrag soll der Schuldner – unter Setzung einer kurzen Frist – gehört werden (was sonst im Vollstreckungsverfahren vor Erlassung eines Pfändungsbeschlusses nicht der Fall ist; § 834 ZPO).

Wer sich durch den ergangenen Beschluß benachteiligt fühlt, kann gegen ihn Erinnerung und sofortige Beschwerde (s. Rdn. 202) einlegen. Renten, die auf Grund von Versicherungsverträgen gewährt werden, wenn diese Verträge zur Versorgung des Versicherungsnehmers oder seiner unterhaltsberechtigten Angehörigen bestimmt sind, werden pfändungsschutzrechtlich wie Arbeitseinkommen (s. Rdn. 620) behandelt (§ 850 ZPO). Wegen Renten, die auf Grund von Sozialversicherungsgesetzen gewährt werden, s. die Ausführungen Rdn. 613.

18 a. Sozialhilfe

612a Sie ist unpfändbar, § 4 BSHG.

19. Sozialleistungen

613 Sozialleistungen (s. zu diesem Begriff die Aufzählung bei Rdn. 578) sind nur im Rahmen des § 54 SGB I pfändbar.

Danach gilt folgendes:
Ansprüche auf **Dienst- oder Sachleistungen** können nicht gepfändet werden (§ 54 Abs. 1 SGB I).

Ansprüche auf **einmalige Geldleistungen** können nur gepfändet werden, soweit nach den Umständen des Falles, insbesondere nach den Einkommens- und Vermögensverhältnissen des Leistungsberechtigten, der Art des beizutreibenden Anspruchs sowie der Höhe und der **Zweckbestimmung** der Geldleistung, die Pfändung der Billigkeit entspricht (§ 54 Abs. 2 SGB I). Dies gilt bei Renten- und Kapitalabfindungen, Sterbegeldern, Witwen- und Waisenbeihilfen sowie Beitragserstattungen.

Bei der Pfändung **laufender Sozialgeldleistungen** (Renten, Krankengeld, Arbeitslosengeld usw.) hat das Zweite Gesetz zur Änderung des Sozialgesetzbuchs vom 13. 6. 1994 einschneidende Änderungen gebracht[66a].

---

[66] Vgl. dazu Zöller-Stöber, a.a.O., Rdn. 12 zu § 850b.
[66a] Ausführlich zur neuen Rechtslage Hornung in Rpfleger 1994, 442.

ABC der teilweise unpfändbaren Forderungen

Generell unpfändbar (§ 54 Abs. 3 SGB I) sind nunmehr:
- **Erziehungsgeld** und vergleichbare Leistungen der Länder,
- **Mutterschaftsgeld** nach § 13 Abs. 1 Mutterschutzgesetz, soweit das Mutterschaftsgeld nicht aus einer Teilzeitbeschäftigung während des Erziehungsurlaubs herrührt oder anstelle von Arbeitslosenhilfe gewährt wird, bis zur Höhe des Erziehungsgeldes nach § 5 Abs. 1 BundeserziehungsgeldG,
- Geldleistungen, die dafür bestimmt sind, den durch einen Körper- oder Gesundheitsschaden bedingten Mehraufwand auszugleichen.

Für normale Gläubiger ist ferner **unpfändbar das Kindergeld**. Es ist nur wegen gesetzlicher Unterhaltsansprüche der Kinder pfändbar (§ 54 Abs. 5 SGB I).

Alle sonstigen laufenden Sozialgeldleistungen sind jetzt **wie Arbeitseinkommen pfändbar** (§ 54 Abs. 4 SGB I). So auch das früher zweckgebundene **Wohngeld**[66b]. Es kann mit Arbeitseinkommen zusammengerechnet werden (§ 850 e Nr. 2 a ZPO).

Entfallen ist die frühere Billigkeits- und Sozialhilfebedürftigkeitsprüfung. Die erst vor einigen Jahren eingeführte Anhörungspflicht des Schuldners ist ebenfalls weggefallen. Zur Zusammenrechnung mit Arbeitseinkommen s. Rdn. 631.

Wichtig ist – wegen der Wirksamkeit der Pfändung (vgl. Rdn. 284) – die Zustellung des Pfändungs- und Überweisungsbeschlusses an den richtigen Drittschuldner. Das ist regelmäßig die Stelle, die die Sozialgeldleistung auszahlt.

Wird **Arbeitslosengeld** oder **Arbeitslosenhilfe** gepfändet, so kann der Pfändungs- und Überweisungsbeschluß seit 1. 4. 1984 wirksam nur noch dem Direktor des Arbeitsamtes, in dessen Bezirk der Arbeitslose bei Eintritt der Arbeitslosigkeit seinen Wohnsitz hat, zugestellt werden[67].

Ausbezahlte Beträge genießen nur noch den Pfändungsschutz für Bargeld (vgl. bei Rdn. 577). Werden Sozialleistungen auf ein Konto des Schuldners überwiesen, gelten die Ausführungen bei Rdn. 578. **614**

20. Unübertragbare Forderungen

Eine Forderung ist in Ermangelung besonderer Vorschriften der Pfändung nur insoweit unterworfen, als sie gesetzlich übertragbar ist. Eine gesetzlich nicht übertragbare Forderung kann insoweit gepfändet werden, als der geschuldete Gegenstand der Pfändung unterworfen ist (§§ 399, 400 BGB, § 851 ZPO). **615**

[66b] LG Augsburg in JurBüro 1997, 44; LG Bielefeld in JurBüro 1996, 270; LGe Dortmund und Saarbrücken in JurBüro 1995, 492, 493; LG Hamburg in JurBüro 1997, 439. Bedenken gegen die Pfändung bei Stöber, Forderungspfändung Rdn. 1157.
[67] Vgl. § 148 AFG.

Beispiele:

Unpfändbar sind Ansprüche auf Dienstleistungen (§ 613 BGB). Eine beschränkt persönliche Dienstbarkeit kann nur gepfändet werden, wenn dem Berechtigten gestattet ist, die Ausübung der Dienstbarkeit einem anderen zu überlassen (§ 1092 BGB).

Unpfändbar ist der Anspruch des Hinterlegers auf Rücknahme der hinterlegten Sache (§ 377 BGB).

Beruht die Unübertragbarkeit einer Forderung nur auf einer rechtsgeschäftlichen Vereinbarung, so berührt dies die Pfändungsmöglichkeit nicht (vgl. dazu § 399 BGB).

Eine beschränkt persönliche Dienstbarkeit – sie wird oft in Form eines **Wohnungsrechts** nach § 1093 BGB bestellt – ist nicht übertragbar (§ 1092 Abs. 1 Satz 1 BGB) und deshalb auch nicht pfändbar (§ 851 Abs. 1, § 857 Abs. 3 ZPO).

21. Urheber- und andere Schutzrechte

616 Die Pfändung in das Recht des Urhebers oder in sein Werk gegen den Urheber selbst ist ohne dessen Einwilligung nicht zulässig. Gegen den Erben des Urhebers ist ohne seine Einwilligung die Zwangsvollstreckung nur zulässig, wenn das Werk erschienen ist (§§ 28, 29, 112 bis 118 des Gesetzes über Urheberrecht und verwandte Schutzrechte vom 9. September 1965 – BGBl I S. 1273 mit weiteren Einzelheiten).

Warenzeichen sind seit 1. 5. 1992 nach § 857 ZPO pfändbar (§ 8 WarenzeichenG und jetzt § 29 Abs. 1 Nr. 2 MarkenG vom 25. 10. 1994 – BGBl I S. 3082)[68].

Patentrechte, Gebrauchsmuster, Rechte an Geschmacksmustern und Modellen sind ebenfalls pfändbar.

Der Anspruch auf Erteilung des **Patents** und das Recht aus dem Patent sind pfändbar (§ 857 Abs. 1 und 2 ZPO). Das Pfändungspfandrecht an der durch die Anmeldung begründeten Anwartschaft setzt sich nach Erteilung des Patents an diesem fort[69].

22. Wehrsold und ähnliche Bezüge

617 S. dazu die Ausführungen Rdn. 662.

---

[68] Repenn in NJW 1994, 175. Zuständig für die Pfändung ist nicht das Gericht für Kennzeichenstreitsachen, sondern das Amtsgericht – Vollstreckungsgericht –, LG Düsseldorf in Rpfleger 1998, 356.
[69] BGH in NJW 1994, 3099. Zu den Rechten des Pfändungsgläubigers aufgrund der Pfändung des Patents sowie zur Pfändung von Gebrauchs- und Geschmacksmustern und Lizenzen vgl. Stöber Rdn. 1718 ff., 1541, 1649.

8. Abschnitt
Pfändungsschutz für Arbeitseinkommen und ähnliche Bezüge[1]

I. Pfändungsschutz für Arbeitseinkommen bei nicht bevorrechtigten Gläubigern

1. Grundsätze des Pfändungsschutzes

Pfändet ein nicht bevorrechtigter Gläubiger, der die Regel bildet (vgl. Rdn. 641), **618** das in Geld zahlbare Arbeitseinkommen seines Schuldners – mag dieser Beamter, Angestellter, Arbeiter, Lehrling, Mann oder Frau sein –, so besteht der Pfändungsschutz darin, daß für jeden Gehalts- oder Lohnzahlungsabschnitt ein bestimmter Teilbetrag des Arbeitseinkommens kraft Gesetzes, also ohne besonderes Zutun des Schuldners, unpfändbar ist, ihm mithin von dem die Pfändung aussprechenden Gericht von Amts wegen belassen werden muß. Voraussetzung für das Bestehen dieses Pfändungsschutzes ist, daß das Arbeitseinkommen des Schuldners in wiederkehrenden – also für Monate, Wochen oder Tage zahlbaren – Geldbezügen besteht.

2. Begriff des Arbeitseinkommens

Das Arbeitseinkommen umfaßt im einzelnen die Dienst- und Versorgungsbe- **619** züge der Beamten, Arbeits- und Dienstlöhne, Ruhegelder und ähnliche nach dem einstweiligen oder dauernden Ausscheiden aus dem Dienst- oder Arbeitsverhältnis gewährte fortlaufende Einkünfte, ferner sonstige Vergütungen für Dienstleistungen jeder Art, die die Erwerbstätigkeit des Schuldners vollständig oder zu einem wesentlichen Teil in Anspruch nehmen[2].

Es ist ausreichend, im Pfändungsbeschluß – und auch im Pfändungsantrag – lediglich vom Arbeitseinkommen des Schuldners zu sprechen.

Arbeitseinkommen der Familienangehörigen des Schuldners gehört nicht zu dessen Arbeitseinkommen und wird von der Pfändung nicht erfaßt (s. auch Rdn. 623). Kindergeld nach dem Kindergeldgesetz unterliegt grundsätzlich nicht der Lohnpfändung (s. Rdn. 613). Zum Arbeitseinkommen von Arbeitern gehört auch Arbeitsentgelt für die Zeit der Arbeitsunfähigkeit bis zur Dauer von sechs Wochen auf Grund des Lohnfortzahlungsgesetzes vom 27. Juli 1969

---

[1] Siehe dazu ausführlich bei David, Ratgeber Lohnpfändung, 4. Aufl. 1997, Abschnitt 4, S. 94 ff.
[2] So § 850 Abs. 2 ZPO. Der Begriff „Arbeitseinkommen" ist weit auszulegen. Darunter fällt z.B. auch der Unterhaltszuschuß des Referendars (OLG Bamberg in Rpfleger 1974, 30), die Vergütung des Ersatzdienstleistenden, das Unterhaltsgeld des Entwicklungshelfers und fortlaufend gezahlter Werklohn (BAG in Rpfleger 1975, 220).

(BGBl I S. 946). Es kann daher bei Vollstreckung wegen nicht bevorrechtigter Forderungen im allgemeinen Rahmen gepfändet werden.

620 Dem Arbeitseinkommen gleichgestellt sind in Geld zahlbare Bezüge, die ein Arbeitnehmer zum Ausgleich für Wettbewerbsbeschränkungen für die Zeit nach Beendigung seines Dienstverhältnisses beanspruchen kann, ferner Renten, die auf Grund von Versicherungsverträgen gewährt werden, wenn diese Verträge zur Versorgung des Versicherungsnehmers oder seiner unterhaltsberechtigten Angehörigen eingegangen sind (§ 850 Abs. 3 ZPO). Darunter können auch Tagegelder aus Krankenversicherungen fallen, nicht aber eine anstelle einer Rente gewährte Kapitalzahlung.

Der **Anspruch auf vermögenswirksame Leistungen** des Arbeitgebers ist nicht übertragbar (§ 2 Abs. 7 Satz 2 des 5. Vermögensbildungsgesetzes) und damit auch nicht pfändbar (§ 851 Abs. 1 ZPO).

Gleiches gilt für die **vermögenswirksam angelegten Teile des Arbeitseinkommens,** z. B. 52 DM monatlich. Sie sind bei der Berechnung des pfändbaren Betrags des Arbeitseinkommens nicht mitzurechnen (§ 850 e Nr. 1 ZPO). Hinsichtlich der vermögenswirksamen Anlage selbst vgl. bei Rdn. 335, 337. Zur Pfändbarkeit von **Insolvenzgeld** s. bei Rdn. 484.

Nicht zum Arbeitseinkommen zählen bestimmte **Nebeneinnahmen** (s. Rdn. 767). Für sie gilt der Pfändungsschutz nach der Lohnpfändungstabelle nicht.

3. Ausgangspunkt ist das Nettoeinkommen

621 Auszugehen ist vom Nettobetrag des Arbeitseinkommens, es sind also vom Bruttoeinkommen diejenigen Beträge abzuziehen, die unmittelbar auf Grund steuerrechtlicher und sozialrechtlicher Vorschriften zur Erfüllung gesetzlicher Verpflichtungen des Schuldners abzuführen sind. Darunter fallen Lohnsteuer und Sozialversicherungsbeiträge sowie Kirchensteuer. Beiträge, die der Schuldner nach den Vorschriften der Sozialversicherungsgesetze zur Weiterversicherung (nicht Höherversicherung!) entrichtet oder an eine Ersatzkasse oder an ein Unternehmen der privaten Krankenversicherung leistet, sind, soweit sie den Rahmen des Üblichen nicht übersteigen, den Sozialversicherungsbeiträgen gleichgestellt[2a]. Beitragsrückstände und Beiträge für kommende Monate sind nicht abzugsfähig. Nicht abzugsfähig sind ferner bei Berechnung der Pfändungsgrenze Beträge, die bereits von anderen Gläubigern gepfändet und solche, die an andere Gläubiger abgetreten sind (§§ 400, 1274 Abs. 2 BGB; s. darüber im einzelnen die Ausführungen Rdn. 673 ff.).

[2a] Siehe den Berechnungsbogen bei David, S. 79.

4. Umfang des Pfandrechts

Das Pfandrecht, das durch die Pfändung von Arbeitseinkommen erworben wird, erfaßt in erster Linie das im Zeitpunkt seines Wirksamwerdens (Zustellung an den Drittschuldner; s. Rdn. 295) bereits fällige, aber noch nicht an den Schuldner ausgezahlte Arbeitseinkommen. Es erstreckt sich aber auch auf die erst nach der Pfändung fällig werdenden Beträge des Arbeitseinkommens (§ 832 ZPO), falls diese einem einheitlichen Dienst- oder Arbeitsverhältnis entspringen. **Einheitlichkeit des Verhältnisses** besteht auch bei nur vorübergehender Entlassung (etwa wegen Arbeitsmangels), bei Saisonarbeitern, bei Lösung des Arbeitsverhältnisses, die nur mit der Absicht erfolgt, der Pfändung den Boden zu entziehen (s. dazu auch Rdn. 701)[3]. Hat ein Schuldner sein Arbeitsverhältnis beendigt, um eine Haftstrafe anzutreten, nimmt er das Verhältnis aber nach Strafverbüßung wieder auf, so erstreckt sich eine vorher erfolgte Pfändung des Arbeitseinkommens auch auf den späteren Anspruch. Kein einheitliches Verhältnis ist dagegen gegeben, wenn die fristlose Entlassung wegen Vertragsbruchs ausgesprochen worden ist oder wenn das Arbeitsverhältnis endgültig enden soll. 622

Wegen der Behandlung von Sachbezügen s. die Ausführungen Rdn. 654[4].

5. Normaler Pfändungsschutz für Arbeitseinkommen[5]

Der Pfändungsschutz für in Geld zahlbares, aber noch nicht an den Arbeitnehmer ausbezahltes Arbeitseinkommen ist bei der Pfändung durch einen nicht bevorrechtigten Gläubiger (wegen der Rechtslage bei Pfändung durch einen bevorrechtigten Gläubiger s. Rdn. 641 ff.) auf Grund des § 850 c ZPO i.d.F. des 6. Gesetzes zur Änderung der Pfändungsfreigrenzen in Kraft seit 1. 7. 1992, folgender: 623

a) Für einen nicht mit gesetzlichen Unterhaltspflichten der aus Buchstabe b) ersichtlichen Art belasteten Schuldner ist der Grundfreibetrag bei Auszahlung des Arbeitseinkommens für Monate 1 209 DM, bei Auszahlung für Wochen 279 DM, bei Auszahlung für Tage 55,80 DM je für den betreffenden Zahlungsabschnitt.

---

[3] Wegen Einheitlichkeit des Arbeitsverhältnisses s. insbesondere auch David, Abschn. 2.3.2.
[4] S. zur Pfändung künftiger Lohnforderungen auch Baur in DB 1968, 251. Allgemein zur Pfändung künftiger Forderungen s. BGH in NJW 1955, 544 und 1956, 799, Bauer in JurBüro 1973 Sp. 383 mit Formularen, Stöber, Rdn. 967. Ist eine künftige Forderung wirksam gepfändet, so ist ihre später erfolgte Abtretung unwirksam.
[5] Zur Pfändung von ArbEink bei Arbeitnehmern der ausländischen Streitkräfte s. das NATO-Truppenstatut vom 19. 6. 1951 (BGBl II S. 1183). Dazu Bauer in JurBüro 1964 Sp. 247, Schmitz in BB 1966, 1351, Schwenk in NJW 1964, 1000, Stöber, Rdn. 38 ff.

b) Hat der Schuldner seinem Ehegatten, einem früheren Ehegatten oder einem Verwandten in gerader Linie gesetzlichen Unterhalt zu gewähren (s. über diesen Personenkreis auch Rdn. 641) und **gewährt** er diesen **Unterhalt auch tatsächlich** (LG Augsburg in JurBüro 1998, 490), so bleiben über den Grundfreibetrag nach Buchst. a hinaus bis zum Gesamtbetrag von monatlich 3 081 DM, wöchentlich 711 DM, täglich 142,20 DM wegen der ersten Person, der Unterhalt zu gewähren ist, weitere 468 DM monatlich, 108 DM wöchentlich, 21,60 DM täglich und wegen jeder weiteren Person, der Unterhalt zu gewähren ist, weitere 351 DM monatlich, 81 DM wöchentlich, 16,20 DM täglich unpfändbar. Der bereits erwähnte Höchstbetrag von monatlich 3 081 DM, wöchentlich 711 DM, täglich 142,20 DM wird erreicht, wenn der Schuldner fünf Personen gesetzlichen Unterhalt zu gewähren hat. Unterhaltspflichten gegenüber sechs und mehr Personen können in einer auf die individuellen Verhältnisse des Schuldners abgestellten Sonderregelung durch das Gericht berücksichtigt werden (§ 850f Abs. 1 ZPO; s. darüber Rdn. 649).

624 **Angehörige des Schuldners mit eigenem Einkommen** bleiben ganz oder teilweise bei der Berechnung des unpfändbaren Teils des Arbeitseinkommens des Schuldners **unberücksichtigt**, wenn dies auf Antrag des Gläubigers vom Vollstreckungsgericht angeordnet wird (§ 850c Abs. 4 ZPO). Der Antrag kann zusammen mit dem Lohnpfändungsantrag oder wenn der Gläubiger vom eigenen Einkommen der Ehefrau des Schuldners oder seiner Kinder erfährt, auch als Ergänzungsantrag gestellt werden (s. Rdn. 744)[6].

Unterhaltsleistungen an eine **Lebensgefährtin** sind im Rahmen des § 850c ZPO nicht zu berücksichtigen, weil ihr gegenüber keine gesetzliche Unterhaltspflicht besteht[7].

625 Im Falle einer gegen beide Ehegatten gerichteten Pfändung von Arbeitseinkommen kann grundsätzlich jeder Ehegatte den erhöhten pfändungsfreien Betrag (monatlich 351 DM usw.) in Anspruch nehmen, wenn beide Ehegatten gemeinschaftlich ehelichen Kindern Unterhalt gewähren[8].

Einer gesetzlichen Unterhaltspflicht wird eine vertragliche Pflicht gleichzusetzen sein, soweit eine gesetzliche Unterhaltspflicht ohnehin besteht.

c) Von dem über die aus Buchst. a) und b) ersichtlichen Grundfreibeträge hinausgehenden Mehrbetrag des Netto-Arbeitseinkommens sind bei einem nicht mit gesetzlichen Unterhaltspflichten der aus Buchst. b) genannten Art belasteten Schuldner drei Zehntel unpfändbar.

---

[6] S. LG Münster in JurBüro 1990, 1363; LG Frankfurt am Main in Rpfleger 1988, 73; Stöber, Forderungspfändung, Rdn. 1063 ff.
[7] LG Schweinfurt in NJW 1984, 374.
[8] Stöber Rdn. 1050.

d) Bei einem mit Unterhaltspflichten der aus Buchst. b) ersichtlichen Art belasteten Schuldner sind von dem Mehrbetrag nach Buchst. c) über die dort genannten drei Zehntel hinaus für die erste unterhaltsberechtigte Person weitere zwei Zehntel und für jede weitere unterhaltsberechtigte Person ein weiteres Zehntel unpfändbar (s. aber auch nachstehend Buchst. aa).

e) Pfändbar ist, abgesehen von den Teilen des Einkommens, die nach a) bis d) pfändungsfrei sind, stets **der gesamte restliche Teil,** der 3 796 DM monatlich, 876 DM wöchentlich oder 175,20 DM täglich übersteigt (§ 850 c Abs. 2 S. 2 ZPO).

Die Ausrechnung des im Einzelfalle bestehenden Pfändungsschutzes würde für den Arbeitgeber als Drittschuldner eine mühsame und zeitraubende, auch kostspielige Arbeit sein. Jedoch wird ihm diese Arbeit durch die **amtliche Lohnpfändungstabelle**[9] abgenommen, aus der der im Einzelfalle pfändbare Betrag des Netto-Arbeitseinkommens (s. darüber Rdn. 621) mit einem Blick abgelesen werden kann. Im Hinblick auf die Lohnpfändungstabelle soll hier davon abgesehen werden, Einzelberechnungen zu bringen. Es genügt, wenn der Gläubiger im Pfändungsantrag und das Vollstreckungsgericht im Pfändungsbeschluß auf die amtliche Lohnpfändungstabelle Bezug nehmen[10].

626

Bei der Berechnung des pfändbaren Teils des Arbeitseinkommens ist dieses, wie aus der Lohnpfändungstabelle ersichtlich, bei Auszahlung für Monate auf einen durch 20 DM, bei Auszahlung für Wochen auf einen durch 5 DM oder bei Auszahlung für Tage auf einen durch 1 DM teilbaren Betrag abzurunden (§ 850 c Abs. 3 ZPO).

Im einzelnen Falle ist folgendes zu beachten:

aa) Beläuft sich das Arbeitseinkommen des Schuldners auf mehr als monatlich 3 744 DM, wöchentlich 864 DM oder täglich 172,80 DM, so kann das Vollstreckungsgericht über die Beträge hinaus, die allgemein pfändbar sind, auf Antrag des Gläubigers nach Anhörung des Schuldners die Pfändbarkeit unter Berücksichtigung der Belange des Gläubigers und des Schuldners nach freiem Ermessen festsetzen. Dem Schuldner ist jedoch mindestens so viel zu belassen, wie sich bei einem Arbeitseinkommen in Höhe der obigen Beträge (monatlich 3 744 DM usw.) auf Grund der Lohnpfändungstabelle ergeben würde (§ 850 f Abs. 3 ZPO).

627

---

9   Siehe Anlage 7 in der Schlaufe am hinteren Buchdeckel.
10 Zur Berücksichtigung von Unterhaltsverpflichtungen des Schuldners bei der Lohnpfändung s. David, S. 73.

Beispiel: Der Schuldner bezieht 4 200 DM Netto-Arbeitseinkommen monatlich, er ist verheiratet und hat ein minderjähriges Kind. Nach der Lohnpfändungstabelle wären aus 4 200 DM pfändbar 1 104,80 DM, mithin unpfändbar 3 095,20 DM. Hat der Antrag des Gläubigers auf erweiterte Lohnpfändung Erfolg, sind pfändbar 1 140,80 DM (pfändbarer Betrag bei 3 744 DM = 684,80 DM zuzüglich 456 DM – das ist die Differenz zwischen 3 744 DM und dem monatlichen Nettoeinkommen von 4 200 DM), also 36 DM mehr.

Bis zum 1. 7. 1992, als noch die alte Pfändungstabelle galt, war dieser Mehrbetrag bei der erweiterten Lohnpfändung erheblich höher; er ist durch die Anhebung des Schwellenbetrags in § 850 f Abs. 3 ZPO von 2 340 DM auf 3 744 DM nur noch minimal.

bb) Wird die Zwangsvollstreckung wegen einer Forderung aus einer vorsätzlich begangenen unerlaubten Handlung[11] betrieben, so kann das Vollstreckungsgericht auf Antrag des Gläubigers den pfändbaren Teil des Arbeitseinkommens ohne Rücksicht auf die nach den Ausführungen Rdn. 623 bestehenden Beschränkungen bestimmen; dem Schuldner ist jedoch so viel zu belassen, wie er für seinen notwendigen Unterhalt (über diesen Begriff s. Rdn. 642) und seine laufenden gesetzlichen Unterhaltspflichten (über diese s. die Ausführungen Rdn. 641) bedarf (§ 850 f Abs. 2 ZPO)[12]. Auf den nach dieser Vorschrift zu bemessenden Freibetrag ist etwaiges Kindergeld anzurechnen.

Zuständig im Rahmen einer solchen Pfändung ist – wie auch sonst – der Rechtspfleger des Amtsgerichts. Gegen die Festsetzung steht dem Schuldner die form- und fristlose Erinnerung nach § 766 ZPO (Rdn. 202 ff.) zu.

6. Sonderschutz für gewisse Nebenbezüge

628 Gewisse Teile des Arbeitseinkommens sind wegen ihrer Eigenart oder wegen ihres sozialen Charakters – über den vorstehend behandelten allgemeinen Pfändungsschutz hinaus – ganz oder teilweise unpfändbar. Im einzelnen handelt es sich um die in § 850 a ZPO aufgeführten Bezüge. Darunter fallen insbesondere die Hälfte der für **Mehrarbeitsstunden** zustehenden Bezüge (Über-

---

[11] In erster Linie sind dabei die Angaben im Vollstreckungstitel selbst maßgebend (OLG Düsseldorf in NJW 1973, 1133; dazu LG Wuppertal in MDR 1976, 54). In Zweifelsfällen hat das Vollstreckungsgericht die Voraussetzung des Vorliegens einer unerlaubten Handlung nach Anhörung des Schuldners selbständig zu prüfen (OLG Hamm in NJW 1973, 1332 = Rpfleger 1973, 259). Zur Zulässigkeit einer Feststellungsklage, mit der zur Vorbereitung eines Antrags nach § 850 f Abs. 2 ZPO die Feststellung begehrt wird, daß ein rechtskräftig titulierter Anspruch auch aus dem Gesichtspunkt des Schadenersatzes wegen vorsätzlich begangener unerlaubter Handlung begründet ist, vgl. BGH in NJW 1990, 834.

[12] Der dem Schuldner zu belassende Freibetrag darf auch bei hohen Unterhaltspflichten den Betrag nicht übersteigen, der ihm gegenüber einem nicht bevorrechtigten Gläubiger nach den Ausführungen Rdn. 649 zustehen würde (LG Berlin in Rpfleger 1974, 167).

stundenlohn, und zwar Grundlohn und Zuschlag), ferner die für die Dauer eines Urlaubs über das Arbeitseinkommen hinaus gewährten Bezüge (**Urlaubszuschüsse**)[13], Zuwendungen aus Anlaß eines besonderen Betriebsereignisses (etwa eines Firmenjubiläums) und Treugelder (z. B. für langjährige Dienste)[14], soweit sie den Rahmen des Üblichen nicht übersteigen, ferner Aufwandsentschädigungen[15], Auslösungsgelder und sonstige soziale Zulagen für auswärtige Beschäftigungen (Reisegelder, Fahrtkosten, Trennungsentschädigung)[16], das Entgelt für selbstgestelltes Arbeitsmaterial, Gefahren- sowie Schmutz- und Erschwerniszulagen[17], soweit diese Bezüge den Rahmen des Üblichen nicht überschreiten, Weihnachtsvergütungen bis zum Betrag der Hälfte des monatlichen Arbeitseinkommens, höchstens aber bis zum Betrag von 540 DM, außerdem Heirats- und Geburtsbeihilfen, sofern die Pfändung in sie wegen anderer als der aus Anlaß der Heirat oder Geburt entstandenen Ansprüche betrieben wird[18], sowie Erziehungsgelder, Studienbeihilfen und ähnliche Bezüge, Sterbe- und Gnadenbezüge, schließlich Blindenzulagen jeder Art und Höhe.

Derartige Neben- und Sonderbezüge dürfen bei Berechnung der allgemeinen Pfändungsgrenzen (s. Rdn. 621) nur insoweit mitberücksichtigt werden, als sie pfändbar sind. Bei Arbeitseinkommen aus Überstunden trifft dies mithin auf die Hälfte dieses Arbeitseinkommens zu. In ihrem pfändbaren Betrag werden die Bezüge ohne weiteres von der allgemeinen Pfändung des Arbeitseinkommens des Schuldners miterfaßt, ohne daß es einer besonderen Hervorhebung der Sonderbezüge bedarf.

Beispiel: Allgemeines Arbeitseinkommen netto wöchentlich 200 DM, Überstunden wöchentlich 80 DM, auszugehen ist von netto wöchentlich 240 DM.

Die an sich etwa anteilig auf die unpfändbaren Sonderbezüge entfallenden Steuern (Bezüge der genannten Art sind aber vielfach steuerfrei) und sozialen Abgaben (s. Rdn. 621) werden von dem übrigen Arbeitseinkommen abgezogen, also nicht von den Sonderbezügen selbst. Das führt dazu, daß wegen der höheren Steuerlast in dem Monat, in dem Urlaubsgeld ausgezahlt wird, ein geringerer pfändbarer Betrag vom Arbeitgeber (Drittschuldner) an den die Lohnpfändung betreibenden Gläubiger abgeführt wird.

---

13 Das für die Urlaubszeit weitergezahlte normale Arbeitsentgelt ist pfändbar und wird von der Pfändung ohne weiteres miterfaßt, BGH in NJW 1972, 1703.
14 Zur Pfändbarkeit von Gratifikationen jeder Art s. Hohn in BB 1966, 1272.
15 Z.B. Dienstaufwandsentschädigungen, Umzugskosten, Sitzungsgelder. Vgl. auch Stöber Rdn. 990ff. mit weiteren Nachweisen.
16 Zur Unpfändbarkeit von Auswärtszulagen im einzelnen s. Hohn in BB 1968, 1305 sowie Zöller / Stöber Rdn. 8 zu § 850 a ZPO.
17 Darunter fallen u.a. Zulagen für Druckluft-, Hitze-, Säure-, Schacht-, Stacheldraht-, Staub-, Taucher- und Tunnelarbeiten. Nicht aber werden Zuschläge für Feiertags-, Nacht- und Sonntagsarbeit erfaßt. Regen, Schlechtwettergeld s. LArbG Hamm in BB 1975, 128.
18 Wegen der privilegierten Ansprüche sind Geburts- und Heiratsbeihilfen in vollem Umfang pfändbar.

Es ist Sache des Arbeitgebers, bei der Feststellung dessen, was vom gepfändeten Arbeitseinkommen an den pfändbaren Gläubiger abzuführen und was an den Schuldner auszuzahlen ist, die Unpfändbarkeit der vorgenannten Bezüge zu beachten, soweit solche dem Schuldner überhaupt zustehen. In Zweifelsfällen und bei Meinungsverschiedenheiten können sich die Beteiligten an das Vollstreckungsgericht wenden[19].

7. Bedingt pfändbare Bezüge

629 S. darüber die Ausführungen Rdn. 612.

8. Vorliegen mehrerer Arbeitseinkommen

630 Bezieht der Schuldner **mehrere Arbeitseinkommen** von mehreren Arbeitgebern (§ 850 e Nr. 2 ZPO), so sind sie auf Antrag des Gläubigers oder des Schuldners bei der Pfändung **zusammenzurechnen.** Der unpfändbare Grundfreibetrag (monatlich 1 209 DM usw.; s. Rdn. 623) ist in erster Linie dem Arbeitseinkommen zu entnehmen, das die wesentliche Grundlage der Lebenshaltung des Schuldners bildet. Die Zusammenrechnung betrifft nur die Nettobeträge der mehreren Arbeitseinkommen. Soweit sich darunter unpfändbare Nebenbezüge der in Rdn. 628 genannten Art befinden, bleiben diese außer Betracht. Die **Zusammenrechnung** der mehreren Arbeitseinkommen erfolgt, was besonders zu beachten ist, **nur zum Zwecke der Berechnung der Pfändungsgrenze.** Um auf alle Arbeitseinkommen Zugriff zu erlangen, muß sie der Gläubiger sämtlich pfänden[19a].

631 Mit Arbeitseinkommen sind **auf Antrag** des Pfändungsgläubigers auch **laufende Sozialgeldleistungen zusammenzurechnen,** soweit diese der Pfändung unterworfen sind (§ 850 e Nr. 2 a S. 1 ZPO; s. ferner Rdn. 613). Dies gilt für alle Renten, Krankengelder, Arbeitslosengelder usw.

Der unpfändbare Grundbetrag ist, soweit die Pfändung nicht wegen gesetzlicher Unterhaltsansprüche erfolgt, in erster Linie den laufenden Sozialgeldleistungen zu entnehmen (§ 850 e Nr. 2 a S. 2 ZPO).

Eine Billigkeitsprüfung findet seit Inkrafttreten des 2. Gesetzes zur Änderung des Sozialgesetzbuchs (BGBl I S. 1229) vom 13. 6. 1994, in Kraft seit 18. 6. 1994, nicht mehr statt[19b].

---

[19] Zur Absicherung des Arbeitgebers gegen Haftung bei der Berechnung des pfändbaren Lohns s. David Abschn. 3.3.4 und 3.4.
[19a] Näher dazu mit Muster und Antrag, David, S. 37.
[19b] S. dazu David, Antrag, S. 39.

Kindergeld darf mit Arbeitseinkommen allerdings nur zusammengerechnet werden, wenn die Pfändung wegen der gesetzlichen Unterhaltsansprüche der Kinder erfolgt (§ 850 e Nr. 2 a S. 3 ZPO).

9. Vorschußzahlungen bei Pfändung

Wird das Arbeitseinkommen, von dem bereits vorschußweise, d. h. zum Voraus im Hinblick auf künftige Arbeitsleistungen des Schuldners, also ohne Entstehung einer geldlichen Gegenforderung des Arbeitgebers an den Arbeitnehmer, bezahlt worden ist, von einem Gläubiger des Arbeitnehmers gepfändet, so ist zunächst die gesetzliche Pfändungsgrenze so zu berechnen, wie wenn kein Vorschuß bezahlt worden wäre. Übersteigt der nach Abzug des Vorschusses noch verbliebene Restlohnanspruch nicht die Pfändungsgrenze des gesamten Lohnberechnungszeitraums, so ist für diesen Lohnabrechnungszeitraum nichts an den Gläubiger abzuführen[20]. 632

Beispiel: Ein nicht mit Unterhaltspflichten belasteter Arbeitnehmer bezieht monatlich 1 800 DM Arbeitseinkommen netto. Daraus beträgt der pfändbare Betrag monatlich 413,70 DM. Unpfändbar verbleiben ihm folglich 1 386,30 DM. Hat er vor Wirksamwerden der Pfändung (Zustellung des Pfändungs- und Überweisungsbeschlusses an seinen Arbeitgeber) einen Vorschuß in Höhe von 500 DM erhalten, so daß sein Restlohnanspruch noch 1 300 DM beträgt, so wird in diesem Monat kein Lohn an den Pfändungsgläubiger abgeführt, weil der Restlohnanspruch den unpfändbaren Lohnteil nicht übersteigt.

Ist der **Vorschuß erst nach** erfolgter **Pfändung** (oder wirksamer Vorpfändung Rdn. 313) gewährt worden, so geht die Pfändung der Vorschußabwicklung in voller Höhe vor. Der Arbeitgeber, der in diesem Falle gegen das im Pfändungsbeschluß enthaltene Zahlungsverbot verstößt, kann hier dann, wenn der Gläubiger den gesamten überhaupt pfändbaren Betrag des Arbeitseinkommens gepfändet hat, den Vorschuß nur mit dem unpfändbaren Teil des Arbeitseinkommens verrechnen; die Vorschußabwicklung wird sich also u.U. entsprechend länger hinausziehen.

10. Darlehensgewährung und Pfändung

Eine Zahlung auf künftiges Arbeitseinkommen kann statt in Vorschußform auch in Gestalt eines vom Arbeitgeber dem Arbeitnehmer gewährten echten Darlehens erfolgen. Auf dessen Zurückerstattung hat der Arbeitgeber einen in Geld bestehenden Anspruch an den Arbeitnehmer. Zur Darlehensgewährung bedarf es einer besonderen Vereinbarung dahingehend, daß die Zahlung des 633

---

[20] Stöber Rdn. 1266; Boewer-Bommermann, Lohnpfändung und Lohnabtretung, Rdn. 565; str. s. bei FN 10 zu Rdnr. 1266 bei Stöber.

Arbeitgebers ein Darlehen sein soll. Zumindest muß sich diese Tatsache aus den Umständen einwandfrei ergeben, z. B. aus der Höhe des Betrags, aus der Art der Tilgung (in monatlichen Raten und dgl.) oder daraus, daß der Betrag zu verzinsen ist. Bei Pfändung von Arbeitseinkommen ist es für die Beteiligten von wesentlicher **Bedeutung, ob** vom Arbeitgeber ein **Vorschuß** oder ein **Darlehen** gewährt worden ist. Für die Berechnung der Pfändungsgrenze ist es allerdings unerheblich, welches der beiden Rechtsgeschäfte vorliegt; diese Berechnung erfolgt in beiden Fällen nach den in Rdn. 623 gemachten Ausführungen. Wohl aber ist die Art der Verrechnung der Vorauszahlung bei Vorschuß und Darlehen eine verschiedene.

Die Verrechnung der Raten aus einem Darlehen stellt sich nämlich rechtlich als Aufrechnung gegen das Arbeitseinkommen dar und ist aus diesem Grunde nur gegenüber dem pfändbaren Teil des Arbeitseinkommens zulässig (§§ 394, 400 BGB)[21].

Beispiel: Hat ein nicht mit Unterhaltspflichten belasteter lediger Arbeitnehmer vor der Pfändung seines Arbeitseinkommens ein an den Zahlungsterminen je mit 300 DM zu tilgendes Darlehen von 3 000 DM vom Arbeitgeber erhalten und sind von seinem monatlich 1 800 DM netto betragenden Arbeitseinkommen nach der amtlichen Lohnpfändungstabelle 413,70 DM pfändbar, dann sind die Tilgungsraten jeweils auf diese pfändbaren 413,70 DM anzurechnen. An den pfändenden Gläubiger können mithin bei **vorher gewährten Darlehen** bis zu dessen Tilgung monatlich höchstens 113,70 DM abgeführt werden. Wäre das Darlehen in Höhe von monatlich 413,70 DM zu tilgen, also durch Einbehaltung des vollen der Pfändung unterliegenden Arbeitseinkommens, dann könnte an den pfändenden Gläubiger während der ersten vier Tilgungsmonate nach der Pfändung überhaupt nichts abgeführt werden, erst im vierten Monat käme er bei zinslosem Darlehen mit 104,10 DM zum Zuge.

634 Durch Aufnahme eines echten Darlehens beim Arbeitgeber erhält der Arbeitnehmer mithin die Möglichkeit, seinen Gläubigern den Zugriff auf sein Arbeitseinkommen u. U. zeitweilig zu verwehren. Ein vorsichtiger Arbeitgeber wird aber derartigen Versuchen des Arbeitnehmers keinen bewußten Vorschub leisten, da ein Gläubiger seiner darin liegenden Benachteiligung vielfach auf Grund des Gesetzes zur Anfechtung von Rechtshandlungen außerhalb Konkurses wirksam begegnen kann. Wird in der Zeit zwischen Darlehensgewährung und erster Fälligkeit der Rückzahlungsraten des Arbeitseinkommens von einem Gläubiger des Arbeitnehmers gepfändet, so wird durch die Pfändung die Aufrechnung des dem Arbeitgeber an den Arbeitnehmer zustehenden Darlehens dann ausgeschlossen, wenn das **Darlehen erst nach der Pfändung** und später als das gepfändete Arbeitseinkommen **fällig** geworden ist (§ 392

---

[21] So ständige Rechtsprechung: vgl. RArbG in ARS 1938, 197, ArbG Hannover in BB 1967, 586.

BGB). Dies trifft hier zu. Beispiel: Am 1. Juli hat der Arbeitgeber seinem Arbeitnehmer ein Darlehen von 1 000 DM gewährt, das ab 1. Januar des folgenden Jahres in monatlichen Raten von 100 DM zurückbezahlt werden soll. Im September wird das pfändbare Arbeitseinkommen des Arbeitnehmers von einem anderen Gläubiger in voller Höhe gepfändet. Im September und in den kommenden Monaten muß der Arbeitgeber diese Pfändung in vollem Umfang berücksichtigen. Auch im Monat Januar des folgenden Jahres, in dem die Rückzahlung des Darlehens einsetzen soll, ändert sich daran nichts. Der Arbeitgeber kann nach dem vorstehend angeführten § 392 BGB mit seiner dann fälligen ersten Rate gegen den pfändbaren Teil des Arbeitseinkommens nicht aufrechnen. Aufrechnung des Arbeitgebers gegen den unpfändbaren Betrag des Arbeitseinkommens ist ohnedies ausgeschlossen.

Die Rechtslage bei Abschluß eines **Aufrechnungsvertrags**, der rechtlich etwas anderes ist als eine einseitige Aufrechnungserklärung, ist die gleiche wie bei einem Darlehen. Aufrechnung ist auch hier nur gegenüber dem pfändbaren Teil des Arbeitseinkommens zulässig[22]. 635

Darlehenshingabe nach Lohnpfändung ist dem pfändenden Gläubiger gegenüber wirkungslos, da gegen das im Pfändungsbeschluß enthaltene Zahlungsverbot verstoßend. 636

11. Rechtslage bei Rückständen und Pfändung

Rückständig ist Arbeitseinkommen insoweit, als es am Zahlungstag nicht zur Auszahlung gekommen ist, sei es infolge Zahlungsverzugs des Arbeitgebers oder infolge einer vom Arbeitnehmer gewährten Stundung oder sei es, daß dieser das Geld aus anderen Gründen nicht erhoben hat. Ein derartiger Rückstand an Arbeitseinkommen ist zur Berechnung der Pfändungsgrenze nicht etwa dem Arbeitseinkommen, das im Zeitpunkt des Eintritts der Wirksamkeit der Pfändung (Zustellung des Pfändungsbeschlusses an den Drittschuldner) in Frage steht, hinzuzurechnen, sondern bei demjenigen Zahlungsabschnitt zu berücksichtigen, aus dem der Rückstand tatsächlich herrührt. Für die Feststellung der Pfändungsgrenze ist also zu diesem Zahlungsabschnitt der volle Betrag des Arbeitseinkommens einzustellen, obwohl ein Teil von ihm – eben der Rückstand – an den Arbeitnehmer nicht sofort zur Auszahlung kommt. 637

Beispiel: Der Schuldner bezieht ein am Monatsende zahlbares Arbeitseinkommen von netto 1 800 DM, auf das im September 500 DM und im Oktober 100 DM rückständig geblieben sind. Am 20. November wird das Arbeitsein-

---

[22] S. dazu BAG in NJW 1967, 460 wie folgt: Die vor der Pfändung getroffene Aufrechnungsvereinbarung geht der Pfändung dann vor, wenn die zur Aufrechnung gestellte Forderung vor der Beschlagnahme erworben ist und nicht nach der Beschlagnahme und auch nicht später als das gepfändete Arbeitseinkommen fällig wird.

kommen des Schuldners gepfändet. Der Arbeitgeber will die 500 DM Rückstand zusammen mit dem Dezember-Arbeitseinkommen an den Arbeitnehmer auszahlen. Der Berechnung der Pfändungsgrenze für diesen Monat werden nun nicht etwa (1 800 + 600 =) 2 400 DM zugrunde gelegt. Denn die Pfändungsgrenze ist stets für jeden einzelnen in Betracht kommenden, d. h. von der Pfändung erfaßten Zahlungsabschnitt besonders zu berechnen, und zwar unter Zugrundelegung des je auf den einzelnen Abschnitt entfallenden vollen Arbeitseinkommens. Mithin ist die Pfändungsgrenze aus je monatlich 1 800 DM zu berechnen, und zwar auch für die – von der Pfändung miterfaßten – Rückstände aus den Monaten September und Oktober. Da einem nicht mit Unterhaltspflichten belasteten Schuldner aus 1 800 DM nach den amtlichen Tabellen monatlich 413,70 DM gepfändet werden können, sind vom Arbeitgeber also an den pfändenden Gläubiger im November insgesamt 927,40 DM abzuführen, nämlich von dem 500 DM betragenden September-Rückstand 413,70 DM (den Rest mit 86,30 DM erhält der Arbeitnehmer), der volle Oktober-Rückstand mit 100 DM (den auf diesen Monat entfallenden pfändungsfreien Betrag von 413,70 DM hat der Arbeitnehmer durch die damals erfolgte Auszahlung von 1 700 DM bereits voll erhalten; der an ihn über die pfändungsfreien 413,70 DM hinaus bezahlte Betrag verbleibt ihm, da er bereits vor der Pfändung ausgezahlt worden ist) und vom November-Arbeitseinkommen 413,70 DM (den gleichen Betrag vom Arbeitseinkommen der folgenden Monate).

12. Rechtslage bei Nachzahlungen und Pfändung

638 Nachzahlungen auf Arbeitseinkommen sind ihrem Wesen nach rechtlich etwas anderes als Rückstände. Eine Nachzahlung kommt z. B. in Frage, wenn Arbeitseinkommen wegen unrichtiger Berechnung in zu geringer Höhe bezahlt wurde oder wenn einem Arbeitnehmer infolge einer mit Rückwirkung erfolgten Erhöhung des Arbeitseinkommens entsprechende Beträge nachzuzahlen sind. Der Anspruch auf Nachzahlung von Arbeitseinkommen wird von dessen Pfändung ebenfalls erfaßt. Für die Verrechnung im einzelnen gilt entsprechend das gleiche wie bei einem Rückstand aus Arbeitseinkommen (Rdn. 637).

Beispiel: Ein Arbeitnehmer bezog bisher ein Arbeitseinkommen von 1 800 DM, das im Oktober gepfändet wird. Nach der Lohnpfändungstabelle konnten bei einem ledigen und nicht mit Unterhaltspflichten belasteten Schuldner 413,70 DM monatlich an den Gläubiger abgeführt werden. Im November wurde festgestellt, daß das Netto-Arbeitseinkommen des Arbeitnehmers infolge einer mit Rückwirkung erfolgten Erhöhung seit Juli um 100 DM monatlich zu niedrig berechnet worden war. Die somit auf die Monate Juli bis September entfallenden Nachzahlungen von je 100 DM sind hier voll an den pfändenden Gläubiger abzuführen. Zwar erhöht sich infolge des Mehreinkommens für diese Monate der unpfändbare Teil des Arbeitseinkommens von

1 386,30 DM auf 1 416,30 DM, aber auch diesen erhöhten Betrag hat der Arbeitnehmer, dem bis September einschließlich nichts gepfändet war und daher auch nicht abgezogen worden ist, bereits erhalten. Von der auf den Monat Oktober entfallenden Nachzahlung von 100 DM sind dagegen nur 70 DM an den pfändenden Gläubiger abzuführen, weil an den Arbeitnehmer für diesen Monat bisher als unpfändbar nur 1 386,30 DM statt 1 416,30 DM (also 30 DM zu wenig) ausbezahlt wurden. Ab November erhält der pfändende Gläubiger bis zur vollen Befriedigung seiner nach dem Pfändungsbeschluß beizutreibenden Forderung monatlich 483,70 DM, der Schuldner 1 416,30 DM.

13. Abschlagszahlungen und Pfändung

Wird Akkordarbeit geleistet und werden darauf zunächst nur Abschlagszahlungen vorgenommen, so muß der bei der jeweiligen Endabrechnung (Abschlußzahlung) sich ergebende Betrag an Arbeitseinkommen auf diejenigen Zahlungsabschnitte, während deren der Akkordlohn verdient wurde, umgelegt und sodann für jeden dieser Abschnitte die Pfändungsgrenze berechnet werden.

639

Überschreiten die Abschlagszahlungen jeweils den wöchentlich unpfändbaren Betrag, so kann – muß aber nicht[23] – der pfändbare Betrag jeweils sofort an den pfändenden Gläubiger abgeführt werden. Berechnen und einbehalten muß ihn der Drittschuldner auf alle Fälle. Soweit Pfändung erst nach geleisteter Abschlagszahlung, die in ihrer Höhe die Lohnforderung erfüllt, erfolgt, ist der pfändbare Betrag nur von dem später noch zu zahlenden Lohn zu berechnen.

Beispiel: Für vier Wochen Akkordarbeit, auf die in den ersten drei Wochen je 500 DM Abschlagszahlungen erfolgt sind, wurde ein Nettolohn von 3 000 DM errechnet, verdient wurde dieser Nettolohn in der ersten Woche mit 700 DM, in der zweiten Woche mit 650 DM, in der dritten Woche mit 850 DM, in der vierten Woche mit 800 DM, zusammen 3 000 DM.

Von diesen vier Wochenlöhnen sind bei einem nicht mit Unterhaltspflichten belastetem Schuldner je pfändbar

vom Lohn der ersten Woche aus 700 DM	294,70 DM
vom Lohn der zweiten Woche aus 650 DM	259,70 DM
vom Lohn der dritten Woche aus 850 DM	399,70 DM
vom Lohn der vierten Woche aus 800 DM	364,70 DM

Somit sind an den pfändenden Gläubiger abzuführen 1 318,80 DM.

---

[23] Der Gläubiger hat vor Endabrechnung keinen Auszahlungsanspruch; vgl. Bischoff in BB 1952, 436.

II. Pfändungsschutz für Arbeitseinkommen bei einem bevorrechtigten Gläubiger

640 Da die Forderungen von Kaufleuten, Gewerbetreibenden und dgl. in keinem Falle bevorrechtigt sind, könnte man auf den ersten Blick annehmen, eine Darstellung des Lohnpfändungsrechts eines bevorrechtigten Gläubigers nehme in diesem Buche nur unnötig Platz weg. Das ist aber nicht der Fall, denn es ist z. B. durchaus möglich, daß ein nicht bevorrechtigter Gläubiger das gleiche Arbeitseinkommen pfändet wie ein bevorrechtigter Gläubiger.

1. Kreis der bevorrechtigten Gläubiger

641 Bevorrechtigt sind im Rahmen des Pfändungsschutzes für Arbeitseinkommen solche Gläubiger, die wegen eines **gesetzlichen Unterhaltsanspruchs** pfänden, und zwar muß es sich um einen Unterhaltsanspruch handeln, der Verwandten, Ehegatten oder früheren Ehegatten kraft Gesetzes zusteht (§ 850 d Abs. 1 ZPO). Solche Gläubiger können das Arbeitseinkommen des Schuldners grundsätzlich in wesentlich höherem Maße in Anspruch nehmen als ein nicht bevorrechtigter Gläubiger (das gilt auch für Pfändung laufender Sozialleistungen, die jetzt wie Arbeitseinkommen pfändbar sind, s. Rdn. 613). Unter den Verwandten sind nur diejenigen in gerader Linie einander unterhaltspflichtig (§§ 1601 ff. BGB), Kinder gegenüber ihren Eltern, Enkelkinder gegenüber den Großeltern und umgekehrt Eltern und Großeltern gegenüber ihren Kindern und Enkelkindern. Wegen des Unterhaltsanspruchs des Ehegatten s. §§ 1360, 1361 BGB, des geschiedenen Ehegatten s. §§ 1569 ff. BGB[24]. Für den Unterhaltsanspruch eines nichtehelichen Kindes gegenüber seinem Vater gelten die allgemeinen Vorschriften über den Kinderunterhalt, §§ 1601 ff. BGB. Zu den bevorrechtigten Gläubigern gehört auch die nicht verheiratete Mutter eines Kindes mit bestimmten Unterhaltsansprüchen gegen dessen Vater, die ihr anläßlich der Geburt des Kindes zustehen (wegen Einzelheiten s. § 1615 l BGB). Unterhaltsrückstände, die nach dem Vollstreckungstitel länger als ein Jahr vor dem Antrag auf Erlaß des Pfändungsbeschlusses fällig geworden sind, sind nur dann bevorrechtigt, wenn anzunehmen ist, daß der Schuldner sich seiner Zahlungspflicht absichtlich entzogen hat (§ 850 d Abs. 1 letzter Satz ZPO).

2. Umfang des Pfändungsschutzes

642 Pfändet ein Unterhaltsgläubiger der in Rdn. 641 genannten Art Arbeitseinkommen des Schuldners, so ist diesem davon nur soviel zu belassen, als er für einen **notwendigen** (das ist aber mehr als notdürftiger, natürlich aber weniger

---

[24] Das hier behandelte Pfändungsvorrecht nach § 850 d ZPO geht gemäß § 90 des Bundessozialhilfegesetzes auf den Träger der Sozialhilfe über (BAG in NJW 1971, 2094 mit Anm. Frisinger in NJW 1972, 75).

als standesgemäßer) **Unterhalt** und zur Erfüllung seiner laufenden gesetzlichen Unterhaltspflichten gegenüber den dem pfändenden Gläubiger vorgehenden Berechtigten und zur gleichmäßigen Befriedigung der diesem Gläubiger gleichstehenden Berechtigten bedarf (§ 850 d Abs. 1 S. 2 ZPO)[25]. Rangverschiebungen sind vom Drittschuldner als Arbeitgeber aber erst zu beachten, wenn ihm das Vollstreckungsgericht einen entsprechenden Rangänderungsbeschluß zugestellt hat.

Über die Höhe des mithin dem Schuldner unpfändbar zu belassenden, vom Vollstreckungsgericht im Pfändungsbeschluß jeweils selbständig festzusetzenden Betrags haben sich **für die einzelnen Gegenden** in der Regel **bestimmte Richtsätze entwickelt**, die naturgemäß verschieden hoch liegen und sich auch ändern können. Vielfach werden als Ausgangspunkt die Regelsätze für die Bemessung der laufenden Hilfe zum Lebensunterhalt nach § 12 BSHG i.V.m. der Regelsatzverordnung i.d.F. vom 10. 5. 1971 (BGBl I S. 451) zugrunde gelegt[26]. Der der Unterhaltspfändung entzogene Betrag für den notwendigen Unterhalt des Schuldners als Einzelperson beträgt etwa in München DM 1 200,–. Zu den landesrechtlich festgelegten Regelsätzen sind aber noch Zuschläge zu machen, da die Sätze auf einen nichtarbeitenden Menschen abgestellt sind[27]. Für die Bewertung des Mehrbedarfs und des Aufwandes für zusätzliche Bedürfnisse gibt das vorgenannte Gesetz selbst keinen Maßstab. So können etwa besondere Ausgaben in Krankheitsfällen, die nicht von einer Kasse gedeckt werden, oder die durch getrennte Haushaltsführung entstandenen Mehrkosten die Belassung eines höheren Betrags rechtfertigen. Eine Minderung dagegen kann z. B. dann in Frage kommen, wenn der Schuldner keine oder nur geringe Miete zu zahlen hat.

Stehen dem Schuldner neben seinem baren Arbeitseinkommen noch **Sachbezüge** zu, etwa Firmenwagen, freie Wohnung, Heizungs- und Beleuchtungsmaterialien, so muß deren Wert bei Festsetzung des ihm zu belassenden Betrags entsprechend berücksichtigt werden. Hat der Schuldner neben seinem Arbeitseinkommen noch andere Einkünfte, so kann ihm aus dem Arbeitseinkommen nur entsprechend weniger belassen werden[28]. 643

Was die durch einen nicht bevorrechtigten Gläubiger unpfändbaren Sonderbezüge nach Rdn. 628 betrifft, so gilt bei Pfändung durch einen bevorrechtigten Gläubiger, daß wegen seines Unterhaltsanspruchs der **Überstundenlohn**, die über die Dauer eines **Urlaubs** über das Arbeitseinkommen hinaus gewährten **Bezüge**, Zuwendungen aus Anlaß eines besonderen Betriebsereignisses und 644

---
25 Wegen Einzelheiten zur Rangfolge s. § 850 d Abs. 2 ZPO.
26 Diese Festsetzung ist im Drittschuldnerprozeß auch für das Prozeßgericht bindend (BGHZ 69, 148).
27 S. LG Hamburg in NJW-RR 1992, 264.
28 Das gilt z. B. für regelmäßige Trinkgelder (LG Bremen in RPfleger 1957, 84).

348 Pfändungsschutz für Arbeitseinkommen und ähnliche Bezüge

Treugelder, sowie **Weihnachtsvergütungen** pfändbar sind, allerdings mit der Einschränkung, daß dem Schuldner von ihnen mindestens die Hälfte des nach § 850 a ZPO unpfändbaren Betrags zu verbleiben hat (§ 850 d Abs. 1 ZPO).

Was von den vorgenannten Sonderbezügen unpfändbar ist, verbleibt dem Schuldner neben dem ihm zur Bestreitung seines und seiner Angehörigen Unterhalt ohnedies unpfändbar zu belassenden Betrag (Regelsatz), wird also auf diesen nicht angerechnet, da andernfalls die Sonderbestimmung keine praktische Auswirkung hätte. Alle anderen in § 850 a ZPO (Rdn. 628) genannten Sonderbezüge sind auch bei Pfändung durch einen bevorrechtigten Gläubiger unpfändbar, was aber dem Schuldner praktisch deshalb nichts nützt, weil ihm insoweit nur ein entsprechend geringerer Betrag seines allgemeinen Arbeitseinkommens unpfändbar belassen werden darf.

645 Steuern und Soziallasten sind auch bei Pfändung durch einen bevorrechtigten Gläubiger vom pfändbaren Teil des Arbeitseinkommens des Schuldners in Abzug zu bringen (§ 850 e Nr. 1 ZPO), die vorbehandelten Beträge müssen dem Schuldner also netto verbleiben.

646 Eine oberste Grenze für die Höhe des dem Schuldner unpfändbar zu belassenden Betrags seines Arbeitseinkommens besteht insofern, als das dem Schuldner zu Belassende den Betrag nicht übersteigen darf, der ihm zu verbleiben hätte, wenn der pfändende Gläubiger ein gewöhnlicher Gläubiger (Rdn. 623) wäre (§ 850 d Abs. 1 Satz 3 ZPO). Doch kann dem Schuldner im Einzelfalle weitergehender Pfändungsschutz auf Grund des in Rdn. 649 behandelten § 850 f ZPO gewährt werden.

3. Dauerpfändung (Vorratspfändung)

647 Bei Vollstreckung wegen Unterhaltsansprüchen, die bevorrechtigten Gläubigern im Sinne des § 850 d Abs. 1 ZPO (s. Rdn. 641) kraft Gesetzes zustehen, sowie wegen der aus Anlaß einer Verletzung des Körpers oder der Gesundheit zu zahlenden Rente, kann zugleich mit der Pfändung wegen fälliger Ansprüche auf künftig fällig werdendes Arbeitseinkommen wegen der dann jeweils fällig werdenden Ansprüche für den Gläubiger gepfändet und ihm überwiesen werden (§ 850 d Abs. 3 ZPO)[29]. Diese Art von Pfändung nennt man Dauer- oder Vorratspfändung. Sie ist ein Mittel zur Sicherung und Beitreibung von laufenden Unterhaltsforderungen.

---

[29] Nur wegen erst künftig fällig werdender Unterhaltsbeträge allein kann künftig fällig werdendes Arbeitseinkommen auch dann nicht gepfändet werden, wenn rückständige Unterhaltsbeträge vorhanden sind und deswegen schon früher gesondert ein Pfändungsbeschluß erwirkt worden ist (LG Münster in Rpfleger 1971, 324). Die Vollstreckungsforderung muß bei Erlaß des Pfändungsbeschlusses wenigstens zu einem Teilbetrag bereits fällig geworden sein (vgl. § 751 ZPO).

In der Zulässigkeit einer Dauerpfändung liegt für andere Gläubiger naturgemäß eine wesentliche Verschlechterung ihrer eigenen Aussichten, auf Grund einer erst nach der Dauerpfändung erwirkten Pfändung Befriedigung zu erlangen[30].

Beispiel: Ein Kind erwirkt wegen eines Unterhaltsrückstandes von 900 DM, wegen einer am 1. April fällig gewordenen Monatsrate von 450 DM sowie der künftig jeweils monatlich fällig werdenden Raten von monatlich 450 DM am 10. April eine Dauerpfändung in das Arbeitseinkommen seines Vaters. Diese Pfändung wird auch wegen der erst am 1. Juli, 1. August, 1. September usw. fällig werdenden Monatsraten sofort mit der Zustellung des Pfändungsbeschlusses an den Drittschuldner wirksam. Erwirkt sodann ein anderer **nicht bevorrechtigter Gläubiger** am 15. Juli Pfändung auf das Juli-Arbeitseinkommen des Schuldners, so hat diese Pfändung selbst dann keinen Vorrang vor der Pfändung des Kindes, wenn dieses inzwischen für alle bisher fällig gewordenen Unterhaltsbeiträge Befriedigung erlangt hat, seine Pfändung also nur noch wegen der laufenden Unterhaltsraten besteht. Der Unterhaltsgläubiger kann Zahlung des gepfändeten Teils des Arbeitseinkommens selbstverständlich erst nach Eintritt der jeweiligen Fälligkeit seines Anspruchs – an den Monatsersten – verlangen.

Im Einzelfalle kann für den **an zweiter Stelle pfändenden**[31], **nicht bevorrechtigten Gläubiger** eine gewisse Befriedigungsmöglichkeit allerdings nach § 850 e Nr. 4 ZPO bestehen. Diese Vorschrift bestimmt, daß beim **Zusammentreffen der Pfändung durch einen bevorrechtigten Gläubiger mit der eines nicht bevorrechtigten Gläubigers** in jedem Falle, auch wenn der Pfändungsbeschluß nicht so lautet, der Unterhaltsanspruch kraft Gesetzes zunächst auf den nur seinem Sonderzugriff als bevorrechtigtem Gläubiger nach § 850 d Abs. 1 ZPO offenstehenden erweiterten Teil des Arbeitseinkommens des Schuldners zu verrechnen ist. Er kann sich zwar darüber hinaus auch auf den für jeden Gläubiger pfändbaren Teil des Arbeitseinkommens des Schuldners erstrecken, vielfach wird es aber so sein, daß durch die auf solche Weise erfolgende und zu verrechnende Pfändung seitens des bevorrechtigten Gläubigers nicht der Gesamtbetrag dessen in Anspruch genommen wird, was vom Arbeitseinkommen des Schuldners auch durch einen nicht bevorrechtigten Gläubiger gepfändet werden kann. Denn die Zugriffsmöglichkeit eines bevorrechtigten Gläubigers erstreckt sich in der Regel auf einen höheren Betrag als diejenige eines nicht bevorrechtigten Gläubigers. Solange dem Drittschuldner kein den hier behandelten § 850 e Nr. 4 ZPO berücksichtigender Beschluß des

648

---

30 Grundsatz der Priorität, § 804 Abs. 3 ZPO; s. oben Rdn. 233.
31 Pfändet dieser Gläubiger zuerst (und nach ihm ein Unterhaltsgläubiger), so erstreckt sich seine Pfändung auf den allgemein pfändbaren Betrag (§ 850 c ZPO; Rdn. 623 ff.), der nach ihm pfändende Unterhaltsgläubiger kann nur den Betrag des Arbeitseinkommens verlangen, der nur ihm in seiner Eigenschaft als bevorrechtigtem Gläubiger zusteht (§ 850 d ZPO; Rdn. 641 ff.).

Vollstreckungsgerichts zugegangen ist, kann und wird er sich an die bei Pfändung durch einen nicht bevorrechtigten Gläubiger bestehenden Pfändungsgrenzen des § 850 c ZPO (Rdn. 623) halten. Den dem § 850 e Nr. 4 ZPO entsprechenden **Verrechnungsbeschluß** können Gläubiger, Schuldner oder Drittschuldner herbeiführen[32].

Muster 84 a

Es wird beantragt, anzuordnen, daß die an die bevorrechtigte Unterhaltsgläubigerin abzuführenden laufenden Unterhaltsleistungen von monatlich 1 575 DM in erster Linie aus dem gemäß § 850 d Abs. 1 ZPO in erweitertem Umfang der Pfändung unterliegenden Teil des Arbeitseinkommens des Schuldners zu entnehmen sind (§ 850 e Nr. 4 ZPO).

III. Erweiterter Pfändungsschutz in Sonderfällen

1. Voraussetzungen des erweiterten Pfändungsschutzes

649 Über den nach § 850 c ZPO gegenüber einem nicht bevorrechtigten Gläubiger (Rdn. 623 ff.) und nach § 850 d ZPO gegenüber einem bevorrechtigten Gläubiger (Rdn. 640 ff.) bestehenden Pfändungsschutz für Arbeitseinkommen hinaus kann das Vollstreckungsgericht auf Antrag des Schuldners in Ausnahmefällen einen weiteren Teil des Arbeitseinkommens unpfändbar belassen. Dies ist zulässig, wenn besondere Bedürfnisse des Schuldners aus persönlichen oder beruflichen Gründen oder der besondere Umfang der gesetzlichen Unterhaltspflicht des Schuldners, insbesondere die Zahl der Unterhaltsberechtigten, dies erfordern und überwiegende Belange des Gläubigers nicht entgegenstehen (§ 850 f Abs. 1 ZPO).

Beispiele für solche Fälle: besondere Ausgaben für Kuren, Diät, Heilmittel, Rollstuhl u. a., besonders umfangreiche Unterhaltspflichten gegenüber Familienangehörigen, z. B. mehr als fünf Unterhaltsberechtigten.

Seit 1. 7. 1992 ist eine weitere Variante zur Korrektur der Pfändungsfreigrenzen auf Antrag des Schuldners hinzugekommen:

Der Pfändungsbeschluß kann auch dann abgeändert werden, wenn der Schuldner nachweist, daß bei Anwendung der Lohnpfändungstabelle der notwendige Lebensunterhalt im Sinne des Abschnitts 2 des Bundessozialhilfegesetzes für sich und für die Personen, denen er Unterhalt zu gewähren hat, nicht mehr gedeckt ist.

---

[32] Zum Zusammentreffen berechtigter und nichtberechtigter Gläubiger s. David, Abschnitt 2.5.6.

Erweiterter Pfändungsschutz in Sonderfällen 351

Regelsätze nach § 22 Bundessozialhilfegesetz BSHG (ab 1. 7. 1998)

Land	Haushaltsvorstände und Alleinstehende	sonstige Haushaltsangehörige				
		bis zur Vollendung des 7. Lebensjahres	bis zur Vollendung des 7. Lebensjahres beim Zusammenleben mit einer Person, die allein für die Pflege und Erziehung des Kindes sorgt	vom Beginn des 8. bis zur Vollendung des 14. Lebensjahres	vom Beginn des 15. bis zur Vollendung des 18. Lebensjahres	vom Beginn des 19. Lebensjahres an
Baden-Württemberg	541	271	298	352	487	433
Bayern (Landesregelsatz)	523	262	288	340	471	418
Berlin	540	270	297	351	486	432
Brandenburg	517	259	284	336	465	414
Bremen	540	270	297	351	486	432
Hamburg	540	270	297	351	486	432
Hessen	541	271	298	352	487	433
Mecklenb.-Vorpommern	515	258	283	335	464	412
Niedersachsen	540	270	297	351	486	432
Nordrhein-Westfalen	540	270	297	351	486	432
Rheinland-Pfalz	540	270	297	351	486	432
Saarland	540	270	297	351	486	432
Sachsen	515	258	283	335	464	412
Sachsen-Anhalt	520	260	286	338	468	416
Schleswig-Holstein	540	270	297	351	486	432
Thüringen	515	258	283	335	464	412

Die örtlichen Träger der Sozialhilfe können abweichende Regelsätze festsetzen.

Der Schuldner kann also anhand der vorstehend abgedruckten **Sozialhilferegelsätze** (die aktuellen können beim Sozialamt erfragt werden), die in vielen Fällen um 20 % bei Erwerbstätigkeit des Schuldners (§ 23 Abs. 4 Nr. 1 BSHG) und um weitere 10 % für vom Regelsatz nicht erwähnte Aufwendungen (§ 21 Abs. 1 und 2 BSHG, § 11 RegelsatzVO) sowie die Kosten für eine angemessene Unterkunft einschließlich Heizung zu erhöhen sind, eine Korrektur der Pfändungsfreigrenzen nach oben beantragen.

Diesem erweiterten Vollstreckungsschutz kommt insbesondere bei Pfändung durch einen nicht bevorrechtigten Gläubiger Bedeutung zu; bei Pfändung durch einen bevorrechtigten Gläubiger hat das Vollstreckungsgericht erhöhte Lebens- und Unterhaltsaufwendungen des Schuldners ohnehin schon gemäß § 850 d ZPO (Rdn. 642) angemessen zu berücksichtigen.

Die Festsetzung des pfandfreien Betrags obliegt dem Rechtspfleger. Gegen die Festsetzung, vor welcher der Schuldner nicht zu hören ist, steht diesem Erinnerung nach § 766 ZPO (Rdn. 202) zu[33].

2. Umfang des erweiterten Pfändungsschutzes

650 In jedem Fall muß, auch wenn das Gericht von dem hier behandelten § 850 f ZPO Gebrauch macht, noch ein, wenn auch noch so geringer, Teil des Arbeitseinkommens des Schuldners pfändbar gelassen werden[34]. Eine vollständige Freistellung des Arbeitseinkommens des Schuldners von der Pfändung ist nur auf Grund des § 765 a ZPO möglich (s. zu dieser Vorschrift Rdn. 542).

IV. Pfändungsschutz für bereits ausgezahltes oder überwiesenes Arbeitseinkommen

1. Bar ausgezahltes Arbeitseinkommen

651 Ist das Arbeitseinkommen bereits an den Schuldner ausgezahlt, so können die bis jetzt behandelten Vorschriften (§§ 850, 850 a – e ZPO) nicht mehr eingreifen. In diesem Falle richtet sich der Pfändungsschutz nach § 811 Nr. 8 ZPO (s. dazu bei Rdn. 577).

---

[33] OLG Düsseldorf in NJW 1973, 1133.
[34] Die Vorschrift des § 850 f Abs. 1 ZPO erlaubt nur die Belassung eines Teils des pfändbaren Teils des Arbeitseinkommens. Die Freistellung des ganzen Arbeitseinkommens von der Pfändung läßt sie nicht zu. Ein Rest des nach § 850 c ZPO pfändbaren Einkommensteils muß demnach dem Gläubiger immer verbleiben, OLG Koblenz in JurBüro 1987, 306.

2. Auf Konto überwiesenes Arbeitseinkommen

Mit der Gutschrift auf einem Konto des Schuldners bei einem Geldinstitut endet der Pfändungsschutz, der nach §§ 850 a – d ZPO für den Geldanspruch bis zu seiner Erfüllung bestanden hat. Ab Gutschrift entsteht ein neuer Anspruch des Schuldners auf Auszahlung des Kontoguthabens gegen das Geldinstitut (= Drittschuldner). Dieser Anspruch genießt im Rahmen des § 850 k ZPO einen eigenständigen Pfändungsschutz:

652

Werden nämlich **wiederkehrende Einkünfte** auf das Konto eines Schuldners bei einem Geldinstitut überwiesen, so ist eine Pfändung auf Antrag des Schuldners insoweit aufzuheben, als das Guthaben dem der Pfändung nicht unterworfenen Teil der Einkünfte für die Zeit von der Pfändung bis zum nächsten Zahlungstermin entspricht.

Das bedeutet, daß bei Pfändung durch einen **nicht bevorrechtigten Gläubiger** der gemäß § 850 c ZPO unpfändbare Teil (s. bei Rdn. 623) des Nettoeinkommens des Schuldners für den Auszahlungszeitraum festzustellen ist.

Bei Pfändung durch einen **bevorrechtigten Gläubiger** (Rdn. 641) ist der gemäß § 850 d bzw. f ZPO unpfändbare Einkommensteil festzustellen.

Von diesem danach für den gesamten Auszahlungszeitraum als unpfändbar festgestellten Betrag ist der auf die Zeit vom Wirksamwerden der Guthabenspfändung (= Zustellung des Pfändungsbeschlusses an das Geldinstitut) bis zum nächsten Zahlungstermin treffende Teil der Pfändung nicht unterworfen. Insoweit ist die Pfändung des Schuldnerguthabens – auf **Antrag des Schuldners** – aufzuheben[35].

Wirksam bleibt die Pfändung hinsichtlich des Teils des pfändungsfreien Betrags, der vom Zahlungstermin bis zum Wirksamwerden der Pfändung verstrichen ist, und für die nach §§ 850 c, d oder f ZPO pfändbaren Beträge.

Beispiel: Der verheiratete Schuldner mit einem Kind erhält eine monatliche Gehaltszahlung von 3 000 DM netto. Pfändbar nach § 850 c ZPO sind für einen nicht bevorrechtigten Gläubiger 388,80 DM. Unpfändbar damit (3 000 – 388,80 =) 2 611,20 DM.

Der Pfändung, die am 11. Mai erfolgt, nicht unterworfen ist der unpfändbare Teil der Gehaltszahlung vom 11.–31. Mai (= 2/3), also 1 740,80 DM. An den Gläubiger sind nach Pfändung und Überweisung auszuzahlen (388,80 DM + 870,40 DM) = 1 259,20 DM. In Höhe von 1 740,80 DM ist die Pfändung gem. § 850 k Abs. 1 ZPO aufzuheben.

Hinsichtlich bereits überwiesener Sozialleistungen vgl. bei Rdn. 578.

---

[35] Vgl. Musteranträge mit Erläuterungen bei David, Abschnitt 4.2.5.

V. Pfändungsschutz für Sachbezüge

1. Keine allgemeine Regelung gegeben

653 Die Pfändbarkeit von Sachbezügen (Beköstigung, Naturalentlohnung usw.) richtet sich nicht nach den Vorschriften der §§ 850, 850 a–i ZPO, denn diese befassen sich grundsätzlich nur mit dem Pfändungsschutz für in Geld zahlbares Arbeitseinkommen. Durch die Pfändung von Arbeitseinkommen wird auch nur das in Geld zahlbare Einkommen dieser Art erfaßt, nicht auch der dem Schuldner zustehende Anspruch auf Sachbezüge. Die Frage, ob Sachbezüge selbst besonders gepfändet werden können, ist nicht allgemein geregelt. Da es sich bei Sachbezügen meist um höchstpersönliche Rechte handelt oder um Ansprüche, bei denen die besonderen Beziehungen zwischen den Beteiligten wesentlich sind, werden sie in der Regel unpfändbar sein. S. dazu die Ausführungen über Naturalbezüge von Arbeitnehmern in landwirtschaftlichen Betrieben (Rdn. 589). Ansprüche auf Dienst- und Sachleistungen im Rahmen von Sozialleistungen können nicht gepfändet werden (§ 54 Abs. 1 SGB I).

2. Zusammentreffen von Geld- und Sachbezügen

654 Erhält der Schuldner neben seinem in Geld zahlbaren Arbeitseinkommen auch **Naturalleistungen (Firmenwagen, Betriebswohnung, Kost und Logis)**, so sind die Geld- und Sach-(Natural-)Bezüge zusammenzurechnen und es ist der in Geld zahlbare Betrag alsdann insoweit pfändbar, als der nach § 850 c ZPO unpfändbare Teil des Gesamteinkommens (s. Rdn. 623) durch den Wert der dem Schuldner verbleibenden Naturalbezüge gedeckt ist (§ 850 e Nr. 3 ZPO). Dabei handelt es sich aber nur um eine wertmäßige Zusammenrechnung der Geld- und Naturalbezüge, nicht auch um eine gleichzeitige Pfändung der letzteren. Die Naturalbezüge sind mit dem ortsüblichen Wert einzustellen. Die Richtsätze der Sozialversicherung oder des Steuerrechts sind für die Bewertung bei der Lohnpfändung nicht maßgebend, können aber gleichwohl als Anhaltspunkt dienen[36]. Der Pfändungsgläubiger kann auch eine **Bewertung der Naturalbezüge beim Vollstreckungsgericht** beantragen.

Bei Pfändung durch einen bevorrechtigten Gläubiger kommt der vorstehenden Zusammenrechnungsvorschrift keine besondere Bedeutung zu, weil im Rahmen des § 850 d ZPO (s. Rdn. 642) Sachbezüge bei Festsetzung des dem Schuldner unpfändbar zu belassenden Betrags unmittelbar zu berücksichtigen sind.

---

[36] Näher dazu bei David, Abschnitt 2.5.7.

VI. Pfändungsschutz für selbständig Erwerbstätige

1. Kreis der geschützten Personen

Nimmt die selbständige Erwerbstätigkeit den Schuldner vollständig oder zu einem wesentlichen Teil in Anspruch, so genießen die ihm für die entsprechenden Dienstleistungen zufließenden Vergütungen ebenfalls Pfändungsschutz, denn dann handelt es sich dabei um Arbeitseinkommen. Diese Voraussetzung kann **insbesondere** gegeben sein bei **Ärzten, Zahnärzten, Handelsvertretern, Maklern, Rechtsanwälten, Architekten, Schriftstellern** und **Handwerkern** mit kleineren Betrieben. 655

Bei Handelsvertretern ist es dabei unerheblich, ob sie ein festes Gehalt und Provision oder nur Provision beziehen[37]. Auch die Ansprüche auf Fixum sind Arbeitseinkommen, wenn es sich um wiederkehrend zahlbare Vergütungen für Dienstleistungen handelt, welche die Erwerbstätigkeit des Schuldners vollständig oder zu einem wesentlichen Teil in Anspruch nehmen[38]. Zu den nicht wiederkehrend zahlbaren Vergütungen gehört z. B. auch der Ausgleichsanspruch des Handelsvertreters nach § 89 b HGB, der auf diese Weise in gewissem Umfang dem Zugriff der Gläubiger entzogen sein kann. Stehen dem Schuldner mehrere Provisionsforderungen gegen verschiedene Personen zu, so hat Zusammenrechnung nach den Ausführungen Rdn. 630 zu erfolgen. **Künftige Provisionsansprüche** können gepfändet werden, wenn sie genügend bestimmbar sind. Der Drittschuldner kann sich nach erfolgter Pfändung nicht darauf berufen, daß sein Vertreter die Provision gar nicht an ihn abgeführt, sondern gleich einbehalten hat (vgl. die ähnliche Rechtslage bei Bedienungsgeld; s. Rdn. 657).

2. Umfang des Pfändungsschutzes

Welche Art von Pfändungsschutz diese selbständig Erwerbstätigen genießen, kommt darauf an, ob ein ständiges (festes) Arbeits- oder Dienstverhältnis mit einem Arbeitgeber vorliegt und das Arbeitseinkommen daher aus laufend wiederkehrenden Bezügen besteht oder ob gegenüber dem einzelnen Arbeitgeber nur eine einmalige oder vereinzelte Dienstleistung aus einem unabhängigen (freien) Rechtsverhältnis vorliegt und aus diesem Grunde auch nur eine einmalige Arbeitsvergütung in Frage steht. Im erstgenannten Falle genießt das Arbeitseinkommen den gleichen – von Amts wegen zu berücksichtigenden – Pfändungsschutz wie jedes andere Arbeitseinkommen. Ist dagegen, was die Regel bilden wird, ein Fall der zweiten Art gegeben, so richtet sich der beste- 656

---

[37] OLG Braunschweig in Rpfleger 1952, 90.
[38] BAG in NJW 1962, 1221 = Rpfleger 1963, 44. Zur Pfändbarkeit von Provisionsansprüchen s. auch Göttlich in JurBüro 1959 Sp. 337, Roellecke in BB 1957, 1158 und Stöber, Rdn. 886.

hende Pfändungsschutz nach den besonderen Vorschriften des § 850 i Abs. 1 ZPO. **Zunächst** werden die Bezüge für Werk- und Dienstleistungen – z. B. Handwerkerlöhne, Provisionen der Handelsvertreter, Honoraransprüche der Ärzte, Architekten, Rechtsanwälte usw. – **voll**, d. h. ohne Pfändungsschutz, **gepfändet.** Danach hat im Falle der Pfändung das Gericht dem Schuldner **auf** dessen **Antrag** von seinem Einkommen so viel zu belassen, als er während eines angemessenen Zeitraums für seinen notwendigen Unterhalt und denjenigen seines Ehegatten, seines früheren Ehegatten, seiner unterhaltsberechtigten Verwandten (wozu auch ein nichteheliches Kind des Schuldners gehört) bedarf (s. zu diesem Personenkreis Rdn. 641)[39].

Bei der Entscheidung sind die **wirtschaftlichen Verhältnisse des Schuldners**, insbesondere seine ihm anzugebenden sonstigen Verdienstmöglichkeiten, **frei zu würdigen.** Dem Schuldner ist nicht mehr zu belassen, als ihm nach freier Schätzung des Gerichts verbleiben würde, wenn sein Arbeitseinkommen aus laufendem Arbeits- oder Dienstlohn bestände. Der Antrag des Schuldners ist vom Gericht insoweit abzulehnen, als überwiegende Belange des Gläubigers (besondere Notlage) entgegenstehen. Maßgebend für die Bemessung des angemessenen Zeitraums ist in erster Linie, wann und in welcher Höhe der Schuldner wieder neue Einnahmen zu erwarten hat. Weitergehender Pfändungsschutz kann dem Schuldner auch hier nach den in Rdn. 649 gemachten Ausführungen gewährt werden.

Zur Antragstellung berechtigt ist auch ein Dritter, dem die Vergünstigung zugute kommt, nicht aber der Drittschuldner[40].

VII. Pfändungsschutz bei Bedienungsgeld

1. Eigentliches Bedienungsgeld

657 Das Bedienungsgeld, das ein Kellner erhebt, ist rechtlich ein Zuschlag zu dem Preis für verabreichte Speisen, Getränke usw. Es steht nicht dem Kellner selbst, sondern dem Unternehmer (Hotelier, Wirt und dergl.) zu. Daran ändert die Tatsache nichts, daß der Kellner das Bedienungsgeld von zehn oder mehr Prozent aus Vereinfachungsgründen bei der Abrechnung mit dem Unternehmer vielfach gleich einbehält. Wird das Bedienungsgeld im Wege der Forderungspfändung gegen den Kellner gepfändet, so muß der Unternehmer als Drittschuldner dafür Sorge tragen, daß der gepfändete Betrag an den Pfändungsgläubiger abgeführt wird. Überläßt er diese Abführung dem Kellner

---

[39] Zum Pfändungsschutz bei Heimarbeit s. Rdn. 660.
[40] Näher zum Pfändungsschutz bei Selbständigen und Freiberuflern s. David, Abschnitt 4.2.6.

selbst, so haftet er für einem dem Pfändungsgläubiger dadurch etwa entstehenden Schaden[41].

Ist der Kellner beim Unternehmer hauptberuflich angestellt, so besteht für das Bedienungsgeld der für Arbeitseinkommen allgemein geltende Pfändungsschutz. Wird der Kellnerberuf dagegen nur nebenbei ausgeübt, bezieht der Kellner also noch anderes Arbeitseinkommen, so kann infolge der in Rdn. 630 behandelten Zusammenrechnungsvorschrift das Bedienungsgeld in voller Höhe pfändbar sein.

2. Freiwilliges Trinkgeld

Kein Arbeitseinkommen, sondern ein **Geschenk** ist das Trinkgeld, das ein Gast dem Kellner über das Bedienungsgeld hinaus freiwillig gibt. Seine Pfändung ist nur im Wege der Taschenpfändung durch den Gerichtsvollzieher möglich[42].   658

3. Anwendung auf andere ähnliche Berufe

Für dem Kellner ähnliche Berufe, bei denen Bedienungsgeld oder Trinkgeld in Frage kommt, gilt entsprechend das gleiche. Darunter fällt z. B. ein Taxifahrer[43].   659

VIII. Pfändungsschutz bei Heimarbeit

1. Behandlung wie Arbeitseinkommen

Das Entgelt, das in Heimarbeit beschäftigten Schuldnern zusteht, ist in gleicher Weise wie Arbeitseinkommen pfändbar (§ 27 HeimarbG vom 14. März 1951 – BGBl I S. 191). Es gilt für das Entgelt für Heimarbeit also das in Rdn. 585 ff. allgemein Ausgeführte. Die Umrechnung erfolgt in der Weise, daß, wenn bei Ablieferung der Arbeit ausgezahlt wird, der Zeitraum von der Ausgabe der Heimarbeit bis zu ihrer Ablieferung auf die für den Pfändungsschutz maßgebende Zeiteinheit umgewandelt wird[44].   660

---

[41] BAG in BB 1965, 1149, LArbG Hamm in BB 1964, 1258, ArbG Köln in BB 1969, 1539. Diese Rechtsprechung verlangt sogar im Interesse des Gemeinwohls, daß der Arbeitgeber letzten Endes dem Kellner mit Kündigung drohen und den Verlust der Arbeitskraft in Kauf nehmen muß.
[42] S. auch Stöber, Rdn. 900a.
[43] Bei ihnen gehören zum pfändbaren Arbeitseinkommen auch die ihnen vom Arbeitgeber überlassenen Anteile am vereinnahmten Fahrpreis des Fahrgastes (LArbG Düsseldorf in DB 1972, 1540). Es ist Sache des Arbeitgebers, eine sichere Feststellung des pfändbaren Arbeitseinkommens des Taxifahrers zu erreichen und sie notfalls unter Androhung fristloser Kündigung zu erzwingen.
[44] Maus-Schmidt, HeimarbG, 3. Aufl. 1976, Bem. 4 zu § 27.

2. Rechtslage bei selbstgestelltem Arbeitsmaterial

661 Soweit in der Vergütung eines Heimarbeiters Entgelt für selbstgestelltes Arbeitsmaterial enthalten ist, ist der entsprechende Betrag unpfändbar (§ 850 a Nr. 3 ZPO; s. Rdn. 628)[45].

IX. Pfändungsschutz für Berufssoldaten und Wehrpflichtige[46]

1. Bezüge von Berufssoldaten und Soldaten auf Zeit

662 Berufssoldaten (darunter fallen: Offiziere, Unteroffiziere, Mannschaften, aber auch Beamte, Richter) sowie Soldaten auf Zeit (im allgemeinen zusammengefaßt als Längerdienende bezeichnet) und ihre Hinterbliebenen erhalten Dienst- und Versorgungsbezüge nach den für Bundesbeamte geltenden Grundsätzen (Bundesbesoldungsgesetz). Diese Bezüge sind Arbeitseinkommen und als solches teilweise unpfändbar (s. Rdn. 623 ff.).

Übergangsgebührnisse, die an Soldaten auf Zeit, deren Dienstverhältnis endet, unter bestimmten Voraussetzungen ausbezahlt werden (§ 11 des Soldatenversorgungsgesetzes) i.d.F. vom 5. 3. 1987, sind wie Arbeitseinkommen pfändbar. Übergangshilfe, die Soldaten auf Zeit unter bestimmten Voraussetzungen gewährt wird (§ 12 des genannten Gesetzes), ist nicht pfändbar[47].

2. Bezüge von Wehrpflichtigen

663 Soldaten, die auf Grund der Wehrpflicht Wehrdienst leisten, erhalten Wehrsold, Sachbezüge und bei Ausscheiden nach geleistetem Grundwehrdienst sowie bei Übungen von nicht mehr als drei Tagen eine Verdienstausfallentschädigung (Soldatengesetz und Wehrsoldgesetz). Ausdrückliche Vorschriften über die Pfändbarkeit des Wehrsoldes und des Verdienstausfallgeldes fehlen. Die überwiegende Ansicht geht dahin, daß diese **Bezüge** ebenfalls **wie Arbeitseinkommen zu behandeln** sind[48]. Folgt man dieser Ansicht, so sind Wehrsold, Übungsgeld und Sachbezüge (Verpflegung, Unterkunft, Uniform) für die Berechnung des unpfändbaren Teils der Geldleistungen zusammenzurechnen (§ 850 e Abs. 1 Nr. 3 ZPO; s. dazu Rdn. 630). Außer Betracht bleibt dabei der Wert der dem Wehrpflichtigen gewährten Heilfürsorge (entsprechend § 850 e Nr. 1 ZPO). Wehrsold und Übungsgeld sind pfändbar, soweit nach Zusammenrechnung gemäß § 850 e Abs. 1 Nr. 3 ZPO der unpfändbare Teil des Gesamtein-

---

[45] Vgl. wegen Einzelheiten Stöber, Rdn. 898.
[46] Zu unterscheiden ist zwischen Soldaten, die länger dienen (Berufssoldaten und Soldaten auf Zeit) und solchen, die als Wehrpflichtige dienen. S. zur Pfändung der Bezüge von Soldaten auch Kreuzer in DB 1970, 1391.
[47] § 48 Abs. 2 Soldatenversorgungsgesetz.
[48] Näher dazu mit Rsprr.-Nachweisen Stöber Rdn. 905.

kommens durch den Wert der dem Schuldner verbleibenden Sachbezüge gedeckt ist, und zwar nach den allgemein für Arbeitseinkommen geltenden Vorschriften.

Beim **Entlassungsgeld** eines Wehrpflichtigen handelt es sich um eine nicht wiederkehrend zahlbare Vergütung, die unbeschränkt pfändbar ist, von der das Gericht dem Schuldner aber auf Antrag so viel zu belassen hat, als er während eines angemessenen Zeitraums für seinen notwendigen Unterhalt sowie für den seines Ehegatten und seiner Kinder bedarf (§ 850 i ZPO)[49].

3. Leistungen an Angehörige von Soldaten

664 Die Leistungen an unterhaltsberechtigte Angehörige von Soldaten nach dem Unterhaltssicherungsgesetz vom 31. 5. 1961 (BGBl I S. 661) sind nicht zum Einkommen des Wehrpflichtigen hinzuzurechnen. Sie sind wegen ihrer Zweckgebundenheit unpfändbar.

Übergangsgebührnisse für Soldaten auf Zeit (§ 11 SoldVersG) sind wie Arbeitseinkommen pfändbar. Übergangshilfe für solche Soldaten (§ 12 SoldVersG) sind grundsätzlich in vollem Umfang pfändbar. Dem Schuldner ist aber auf Antrag ein pfändungsfreier Teilbetrag für den notwendigen Unterhalt zu belassen (§ 850 i Abs. 1 ZPO).

Sterbegeld, das den Hinterbliebenen eines Soldaten auf Zeit gewährt wird, ist unpfändbar (§ 48 Abs. 2 SoldVersG i. d. F. vom 1. 9. 1971, BGBl I S. 229).

4. Bezüge von Zivildienstpflichtigen

665 Ihre Bezüge sind als Arbeitseinkommen dem für dieses bestehenden Pfändungsschutz unterstellt. Für das Entlassungsgeld s. o. Rdn. 663 a. E.

X. Abtretung und Pfändung von Arbeitseinkommen

1. Grundsätze für die Abtretung von Arbeitseinkommen

666 Die Abtretung von Arbeitseinkommen erfolgt durch Vertrag zwischen dem Arbeitnehmer und dem neuen Gläubiger (§ 398 BGB). Der Arbeitgeber ist am Abtretungsvertrag nicht beteiligt; zur Wirksamkeit der Abtretung bedarf es auch seiner Benachrichtigung nicht (wegen Einzelheiten s. Rdn. 670).

Wesentlicher Inhalt des Abtretungsvertrags sind genaue Bezeichnung der abgetretenen Forderung aus Arbeitseinkommen (Voll- oder Teilabtretung; wegen Einschränkung kraft Gesetzes s. Rdn. 668), Dauer der Abtretung (vgl.

---

[49] S. zuletzt LG Detmold in Rpfleger 1997, 448.

Rdn. 679) und Angabe des neuen Gläubigers. Festzulegen ist, daß sich die Abtretung auch auf erst künftig fällig werdendes Arbeitseinkommen erstreckt. Andernfalls bezieht sich die Vereinbarung nur auf bereits fälliges Arbeitseinkommen.

Trotz des vertraglichen Charakters der Abtretung wird diese nach außen hin in der Regel in der Form einer einseitigen Erklärung des Arbeitnehmers vorgenommen, die Urkunde selbst enthält also nicht auch die Unterschrift des neuen Gläubigers. Die Annahme der Abtretung durch den neuen Gläubiger, durch die der Abtretungsvertrag zustandekommt, braucht äußerlich nicht in Erscheinung zu treten. Schriftliche Festlegung der Abtretungserklärung ist in jedem Falle notwendig[50]. Vielfach wird die Erklärung dreifach ausgestellt, einmal für jede Partei und einmal als Anzeige der Abtretung an den Arbeitgeber als Schuldner des Arbeitseinkommens (vgl. Rdn. 670).

667 Die Abtretung von **künftigem, noch nicht fälligem Arbeitseinkommen** ist – mit den nachstehend behandelten Einschränkungen – zulässig[51]. Auch die Abtretung von künftigem Arbeitseinkommen aus einem im Zeitpunkt der Abtretung noch nicht bestehenden Arbeitsverhältnis ist möglich. Dabei genügt die Formulierung, daß das Arbeitseinkommen jeglicher Art gegen den künftigen Arbeitgeber bis zum Betrag von ... DM abgetreten wird. Wirksam wird eine solche Abtretung allerdings erst mit dem Beginn des jeweiligen Arbeitsverhältnisses.

2. Beschränkung der Abtretung

668 Arbeitseinkommen kann insoweit nicht abgetreten werden, als dies kraft Gesetzes nicht pfändbar ist (§ 400 BGB, § 851 ZPO)[52]. Inwieweit diese gesetzliche Unpfändbarkeit normalerweise besteht, ergibt sich vor allem aus § 850 c ZPO (Rdn. 623 ff.). Werden dem Arbeitnehmer auf seinen besonderen Antrag bestimmte Teile des Arbeitseinkommens, die nach den allgemeinen Vorschriften gepfändet werden könnten, ausnahmsweise unpfändbar belassen (s. Rdn. 542 ff.), so hat dies nicht zur Folge, daß der Arbeitnehmer diese Teile des Einkommens auch nicht abtreten könnte, denn diese Teile sind nicht kraft Gesetzes unpfändbar. Für einen einem selbständig Erwerbstätigen für persönlich geleistete Dienste durch besonderen Beschluß des Vollstreckungsgerichts un-

---

[50] Beamte, Geistliche, Lehrer und Angehörige der Bundeswehr können den pfändbaren Teil ihrer Dienstbezüge nur mittels einer öffentlich beglaubigten Urkunde abtreten (§ 411 BGB).
[51] BAG in BB 1967, 33 = NJW 1967, 751 und BGH in NJW 1965, 2197.
[52] Ein Verstoß dagegen hat Nichtigkeit der Abtretung zur Folge (§ 134 BGB). Es kommt vor, daß ein Schuldner von seinem Arbeitseinkommen mehr abtreten möchte, als gesetzlich zulässig ist. Derartige Ansinnen an den Arbeitgeber sind rechtlich als stets widerrufliche Überweisungsaufträge des Arbeitnehmers zu werten. Es besteht hier immer die Gefahr, daß der Arbeitnehmer sich übernimmt.

Abtretung und Pfändung von Arbeitseinkommen

pfändbar belassenen Betrag seines Einkommens (§ 850 i Abs. 1 ZPO; vgl. Rdn. 656) gilt das gleiche.

Den für die Abtretung von Arbeitseinkommen mithin in Frage kommenden Betrag haben Arbeitgeber und Arbeitnehmer selbst festzustellen. Das ist auf Grund der amtlichen Lohnpfändungstabelle[53] in der Regel ohne besondere Schwierigkeiten möglich.

Zugunsten eines bevorrechtigten Gläubigers ist im allgemeinen ein höherer Betrag pfändbar (§ 850 d ZPO) als bei Pfändung durch einen sonstigen Gläubiger (§ 850 c ZPO; s. im einzelnen Rdn. 642) und damit auch abtretbar. Bei den Vollstreckungsgerichten ist im allgemeinen feststellbar, welcher Mindestbetrag einem Schuldner bei Pfändung durch einen bevorrechtigten Gläubiger zu belassen und daher unabtretbar ist (sog. Sockelbetrag).

In der Abtretungserklärung selbst bedarf es nicht einer Bestimmung dahingehend, daß nur der nach den gesetzlichen Vorschriften pfändbare und damit abtretbare Teil des Arbeitseinkommens abgetreten wird, da bereits das Gesetz eine über den pfändbaren Betrag hinausgehende Abtretung ausschließt, so daß der Arbeitnehmer gar nicht in der Lage ist, über den unpfändbaren Teil seines Arbeitseinkommens vor dessen Auszahlung wirksam zu verfügen.

3. Ausschluß der Abtretung von Arbeitseinkommen

Eine Forderung aus Arbeitseinkommen kann überhaupt nicht abgetreten werden, wenn die Abtretung durch allgemeine oder besondere Vereinbarung mit dem Arbeitgeber ausdrücklich ausgeschlossen oder für den Einzelfall von der Zustimmung des Arbeitgebers abhängig gemacht ist (§ 399 BGB). Auf das Nichtwissen des neuen Gläubigers über den Ausschluß des Abtretungsrechts kommt es hierbei nicht an. Vor einer Pfändung schützt allerdings eine derartige Vereinbarung nicht (§ 851 Abs. 2 ZPO)[54]. Verletzt der Arbeitnehmer das Abtretungsverbot, so ist die Abtretung unwirksam. Für Fälle des Abtretungsverbots in Tarifverträgen s. Rdn. 8. **669**

4. Wirksamkeit der Abtretung

Zur Wirksamkeit der Abtretung von Arbeitseinkommen ist Anzeige an den Arbeitgeber nicht erforderlich (stille Zession)[55]. Der neue Gläubiger muß jedoch **670**

---

[53] S. Anlage 7 am Ende des Buches.
[54] S. BGHZ 108, 172 = NJW 1990, 109.
[55] Zur Frage, ob sich eine Bank auf eine stille Zession berufen kann, wenn ihr das Arbeitseinkommen mit der Maßgabe abgetreten wurde, daß sie die Abtretung dem Arbeitgeber nur mitteilen darf, wenn der Arbeitnehmer mit der Rückzahlung der Darlehensraten in Verzug gerät, s. Tiedtke in DB 1976, 421.

eine Leistung, die der Arbeitgeber (Schuldner) nach der Abtretung an den bisherigen Gläubiger (Arbeitnehmer) bewirkt, gegen sich gelten lassen, es sei denn, daß der Arbeitgeber die Abtretung bei der Leistung kennt, insbesondere zufolge Abtretungsanzeige seitens des Arbeitnehmers. U. U. genügt auch Anzeige des neuen Gläubigers (§ 407 BGB). Der Arbeitgeber ist dem neuen Gläubiger gegenüber nur gegen Aushändigung einer vom bisherigen Gläubiger über die Abtretung ausgestellten Urkunde zur Leistung verpflichtet (§ 410 Abs. 1 BGB)[56].

5. Folgen der Abtretung

671 Der neue Gläubiger tritt mit wirksamer Abtretung an die Stelle des Arbeitnehmers als bisherigen Gläubiger des Arbeitseinkommens (§ 393 BGB). Er tritt aber nicht etwa in das Arbeitsverhältnis ein. Die Forderung aus Arbeitseinkommen ist nach wie vor ein arbeitsrechtlicher Anspruch, für dessen Geltendmachung das Arbeitsgericht ausschließlich zuständig ist (§ 2 Abs. 1 Nr. 2 ArbGerG; vgl. Rdn. 43). Leistungsort und Leistungszeit ändern sich durch die Abtretung nicht.

Der Arbeitnehmer ist verpflichtet, dem neuen Gläubiger die zur Geltendmachung seines Anspruchs erforderliche Auskunft zu erteilen (§ 402 BGB). Ein unmittelbares **Auskunftsrecht** gegenüber dem Arbeitgeber hat der neue Gläubiger – anders als bei einer Pfändung des Arbeitseinkommens – nicht. Etwaige Bearbeitungs- und Überweisungskosten hat der Arbeitnehmer dem Arbeitgeber zu ersetzen.

Der Arbeitgeber kann dem neuen Gläubiger alle Einwendungen entgegenhalten, die zur Zeit der Abtretung gegen die Forderung aus Arbeitseinkommen begründet waren (§ 404 BGB).

672 Hat der neue Gläubiger den Arbeitgeber zur Zahlung des an ihn wirksam abgetretenen Arbeitseinkommens aufgefordert, nachdem dem Arbeitgeber Kenntnis von der Abtretung gegeben worden ist (Rdn. 670) und zahlt der Arbeitgeber nicht, so bleibt dem neuen Gläubiger nichts anderes übrig, als gegen ihn beim Arbeitsgericht Klage auf Zahlung zu erheben (wegen der Zuständigkeit des Arbeitsgerichts s. auch Rdn. 43). Zur Streitverkündung an den Arbeitnehmer ist der neue Gläubiger gesetzlich zwar nicht verpflichtet, gleichwohl ist diese (§ 72 ZPO) empfehlenswert. Denn im Falle der Abweisung der Klage des

---

[56] Dem Erfordernis dieser Vorschrift genügt eine Fotokopie der über die Abtretung ausgestellten Urkunde (BArbG in BB 1967, 1040). Auch im Rahmen des Pfändungsrechts ist der Gutglaubensschutz des oben erwähnten § 407 BGB zu Gunsten des Drittschuldners anwendbar (§ 1275 BGB). Die Beweislast dafür, daß trotz wirksamer Zustellung des Pfändungs- und Überweisungsbeschlusses an ihn der Drittschuldner dennoch keine Kenntnis davon erlangt hat, trägt der Drittschuldner (LArbG Berlin in BB 1968, 1353).

neuen Gläubigers kann bei Streitverkündung der Arbeitnehmer dem neuen Gläubiger nicht vorhalten, er habe den Prozeß mangelhaft geführt (§§ 67, 68, 74 ZPO)[57].

Hat der neue Gläubiger einen Vollstreckungstitel erwirkt, so kann er die Zwangsvollstreckung gegen den Arbeitgeber betreiben.

6. Zusammentreffen von Abtretung und Pfändung von Arbeitseinkommen[58]

Der Arbeitnehmer kann auch bereits gepfändetes Arbeitseinkommen abtreten. Zwar erhält der gerichtliche Pfändungsbeschluß stets das Gebot an den Pfändungsschuldner, sich jeder Verfügung über den gepfändeten Anspruch zu enthalten. Dieses Gebot bedeutet aber nur, daß die trotzdem vorgenommene Verfügung (Abtretung) dem pfändenden Gläubiger gegenüber unwirksam ist (§ 136 BGB). Der Abtretungsgläubiger kann mithin seinen Anspruch an das Arbeitseinkommen, soweit er gepfändet ist, erst verwirklichen, wenn die nach dem Pfändungsbeschluß beizutreibende Forderung des pfändenden Gläubigers voll getilgt oder sonstwie erledigt ist. **673**

Umgekehrt kann auch bereits wirksam abgetretenes Arbeitseinkommen noch gepfändet werden. Bei Berechnung der Pfändungsgrenze (§§ 850, 850 a ff. ZPO) darf der Betrag nicht abgezogen werden, der bereits abgetreten worden ist. Eine andere Frage ist natürlich, was in diesen Fällen für den das Arbeitseinkommen pfändenden Gläubiger – bei Teilabtretung – praktisch noch übrig bleibt (s. folgende Rdn.). Der Gläubiger, an den eine Abtretung erfolgt ist, kann nicht einwenden, daß er die vorausgegangene Pfändung nicht gekannt und diese deshalb ihm gegenüber keine Wirkung habe.

Ebensowenig kann ein pfändender Gläubiger einwenden, daß ihm die bereits erfolgte Abtretung nicht bekannt gewesen sei und diese daher ihm gegenüber nicht gelten könne. Ob und an wen gepfändetes Arbeitseinkommen bereits abgetreten ist, kann der pfändende Gläubiger auf dem Wege des § 840 ZPO (s. Rdn. 298) erfahren.

Trifft eine Abtretung von Arbeitseinkommen mit dessen Pfändung zusammen und handelt es sich je um nicht bevorrechtigte Forderungen, so entscheidet für **674**

---

[57] Zur Drittschuldnerklage ausführlich bei David, Abschnitt 2.6.
[58] Zum Zusammentreffen von Lohnpfändung und Lohnabtretung s. auch Henckel in JR 1971, 18 und Stöber Rdn. 1248. Ist Arbeitseinkommen bereits vor der Pfändung vom Schuldner wirksam abgetreten worden, so wird es, wenn der neue Gläubiger es nach der Pfändung zurückabtritt, von dieser nicht erfaßt. Der Gläubiger kann daher eine vom Schuldner bereits vor der Pfändung wirksam abgetretene Forderung im Falle der Rückabtretung nur durch erneute Vollstreckung oder sonst nur aufgrund einer Anfechtung (§ 11 AnfechtungsG) erfassen (BGH in Rpfleger 1971, 351).

die Reihenfolge der Befriedigung des einzelnen Gläubigers der Zeitpunkt des Wirksamwerdens von Abtretung und Pfändung. Eine Abtretung geht daher dem pfändenden Gläubiger auch dann vor, wenn der Schuldner die Abtretung zwar erst nach dem – sei es ihm bekannten oder unbekannten – Erlaß des gerichtlichen Pfändungsbeschlusses, aber noch vor dessen Zustellung an den Drittschuldner als Arbeitgeber vorgenommen hat.

Sind Lohnabtretung und Pfändung des Arbeitseinkommens zur gleichen Zeit wirksam geworden, so sind die Ansprüche gleichmäßig, d. h. im Verhältnis ihrer Beträge zu befriedigen.

675 Eine fernmündliche Vorankündigung des pfändenden Gläubigers an den Arbeitgeber dahingehend, daß die Pfändung soeben ausgesprochen worden sei, ist für den Arbeitgeber unbeachtlich. Erst die ordnungsmäßige Zustellung des Beschlusses selbst an ihn läßt die Pfändung wirksam werden (§ 829 Abs. 3 ZPO).

676 Hat zuerst ein nicht bevorrechtigter Gläubiger Arbeitseinkommen gepfändet und ist später eine Abtretung an einen bevorrechtigten Unterhaltsgläubiger im Sinne des § 850 d ZPO erfolgt (s. dazu Rdn. 641 ff.), so kann der bevorrechtigte Gläubiger im Rahmen dessen, was (nach § 850 c ZPO; Rdn. 623) für jeden Gläubiger an Arbeitseinkommen gepfändet werden kann, insoweit und solange nicht zum Zuge kommen, als der nach der genannten Vorschrift allgemein pfändbare Betrag an den zuerst pfändenden nicht bevorrechtigten Gläubiger abzuführen ist. Der bevorrechtigte Abtretungsgläubiger kommt hier aber gleichzeitig aus dem Teil des Arbeitseinkommens zum Zuge, der im Falle einer Pfändung durch ihn nur seinem Zugriff eben als bevorrechtigter Gläubiger im Rahmen des § 850 d ZPO (Rdn. 642) offenstehen würde[59].

677 Ist zuerst eine Abtretung von Arbeitseinkommen an einen bevorrechtigten Gläubiger vorgenommen worden und erst dann Pfändung durch einen nicht bevorrechtigten Gläubiger erfolgt, so ist, wenn die Abtretung nur den Betrag umfaßt, der nach § 850 c ZPO durch jeden Gläubiger gepfändet werden kann (s. Rdn. 623), auf den bevorrechtigten Anspruch zunächst das gemäß § 850 d ZPO der Pfändung in erweitertem Umfang unterliegende Arbeitseinkommen zu verrechnen. Diese **Verrechnung** braucht aber nicht der Arbeitgeber selbst vorzunehmen. Sie erfolgt vielmehr **auf Antrag** eines Beteiligten durch das Vollstreckungsgericht (§ 850 e Nr. 4 ZPO)[60].

678 Oft geht die Lohnpfändung ins Leere, weil der pfändbare Lohnteil zur Sicherheit z. B. an eine Bank abgetreten ist. Die Pfändung lebt auch nicht wieder auf, wenn die zur Sicherheit abgetretene Lohnforderung durch Rückabtretung ins

---

[59] S. dazu die grafische Darstellung bei David, Abschnitt 2.4.1.
[60] S. dazu Musterantrag mit Erläuterungen bei David, Abschnitt 2.5.6.

Schuldnervermögen zurückfällt. Die meisten Sicherungsabtretungen enthalten folgende vertragliche **Rückfallklausel:** „Sobald sämtliche durch die Abtretung gesicherten Forderungen der X-Bank ausgeglichen sind, ist der Kunde berechtigt, die Rückabtretung der Rechte aus der Abtretung an sich zu verlangen."

Dieser **Rückabtretungsanspruch** ist gemäß § 857 ZPO **pfändbar.** Pfändet der Gläubiger zugleich mit der Lohnforderung des Schuldners auch dessen Rückabtretungsanspruch, so tritt er in dessen Rechte ein und genießt Vorrang vor sämtlichen, dem Abtretungsempfänger nachgehenden, den Lohn pfändenden anderen Pfändungsgläubigern. So lag es in einem Fall, den das LG Münster in Rpfleger 1991, 379 entschieden hat.

7. Beendigung einer Abtretung von Arbeitseinkommen

Eine Abtretung von Arbeitseinkommen, die in aller Regel der Sicherung und Befriedigung eines Anspruchs des neuen Gläubigers dient, findet ihr Ende in erster Linie dann, wenn der Sicherungszweck entfallen, insbesondere der neue Gläubiger wegen seiner Forderung voll befriedigt ist oder auf seine Ansprüche ganz verzichtet hat. Bei nur teilweisem Verzicht kann eine Beschränkung, also eine teilweise Beendigung der Abtretung in Frage kommen, schon um eine Übersicherung des neuen Gläubigers zu verhindern.

8. Weitere Fragen zur Abtretung von Arbeitseinkommen

Liegen mehrere Abtretungen vor oder trifft eine Abtretung mit einer Pfändung zusammen (s. Rdn. 673 ff.) und kann der Arbeitgeber infolge einer nicht auf Fahrlässigkeit beruhenden Ungewißheit über die Person des tatsächlichen Gläubigers seine Verbindlichkeit nicht oder nicht mit Sicherheit erfüllen, so kann er Hinterlegung der in Frage kommenden Beträge bei der Gerichtskasse vornehmen (§ 372 BGB)[61] und die Gläubiger hiervon benachrichtigen. Zuvor muß er jedoch alle ihm zumutbaren Möglichkeiten ausschöpfen, um sich über den tatsächlichen Anspruchsberechtigten Gewißheit zu verschaffen. Hinterlegung kommt auch nur wegen des Teils der Arbeitseinkommen in Frage, über den die Ungewißheit besteht. Bei Verzicht auf Rücknahme des hinterlegten Betrags wird der Arbeitgeber durch die Hinterlegung von seiner Verbindlichkeit in gleicher Weise befreit, wie wenn er zur Zeit der Hinterlegung Zahlung an den Gläubiger geleistet hätte (§ 378 BGB). Dies gilt aber nur bei berechtigter Hinterlegung. Die Durchführung eines Verteilungsverfahrens nach §§ 872 ff. ZPO

---

[61] Die Hinterlegung nach § 372 BGB darf nicht mit der Hinterlegung nach § 853 ZPO bei mehrfacher Pfändung einer Geldforderung verwechselt werden. Über die letztere s. die Ausführungen Rdn. 683.

wird in den hier behandelten Hinterlegungsverfahren (nach § 372 BGB) für unzulässig angesehen[62]. Die Gläubiger müssen selbst sehen, daß sie von der Hinterlegungsstelle ihr Geld erhalten. Vielfach ist dazu eine gerichtliche Entscheidung erforderlich. Ist allerdings die Frage des Ranges der Gläubiger geklärt und reicht der hinterlegte Betrag nicht zur Befriedigung aller beteiligten Gläubiger aus, so findet das Verteilungsverfahren nach §§ 872 ff. ZPO statt.

681 In nicht seltenen Fällen soll sich der neue Gläubiger nur dann an das abgetretene Arbeitseinkommen halten dürfen, wenn der Arbeitnehmer seinen Verpflichtungen gegenüber dem Gläubiger aus der diesem zustehenden Forderung nicht vertragsmäßig nachkommt. Nach außen hin hat zwar der neue Gläubiger auch in solchen Fällen die volle Rechtsstellung wie ein sonstiger Gläubiger einer durch Abtretung erworbenen Forderung. Im Innenverhältnis zum Arbeitnehmer unterliegt er aber bestimmten Bindungen dahingehend, daß er – als Treuhänder – von der Abtretung des Arbeitseinkommens gegenüber dem Arbeitgeber insoweit keinen Gebrauch machen darf, als der Arbeitnehmer seinen mit dem neuen Gläubiger geschlossenen Vertrag nicht verletzt. Es kann dabei zusätzlich vereinbart werden, daß die Sicherungsabtretung in dem Augenblick erlischt, in dem der Arbeitnehmer seine Pflichten gegenüber dem neuen Gläubiger voll erfüllt hat.

682 Eine bloße Inkasso-Abtretung liegt vor, wenn die Abtretung von Arbeitseinkommen lediglich zum Zwecke seiner Einziehung beim Arbeitgeber im Auftrag des Arbeitnehmers erfolgt. In der einem Dritten erteilten Ermächtigung des Arbeitnehmers, für ihn fälliges Arbeitseinkommen lediglich einzuziehen, liegt keine Abtretung des Arbeitseinkommens. Eine unwiderrufliche Einziehungsvollmacht kann sich keinesfalls auf unpfändbare Teile des Arbeitseinkommens erstrecken[63].

XI. Sonstige Fragen zur Pfändung von Arbeitseinkommen

1. Hinterlegung durch Arbeitgeber

683 Haben mehrere Gläubiger das Arbeitseinkommen gepfändet, so ist der Arbeitgeber berechtigt und auf Verlangen eines Gläubigers, dem die Forderung überwiesen wurde, verpflichtet, unter Anzeige der Sachlage und unter Aushändigung der ihm zugestellten Beschlüsse bei demjenigen Amtsgericht, dessen Beschluß ihm zuerst zugestellt worden ist, den Schuldbetrag zu hinterlegen (absoluter Hinterlegungsgrund nach § 853 ZPO)[64]. Damit werden dem Arbeitge-

---

[62] RGZ 144, 391.
[63] RGZ 148, 398.
[64] Wegen einer Hinterlegung des Arbeitseinkommens nach § 372 BGB im Zusammenhang mit der Abtretung von Arbeitseinkommen s. die Ausführungen Rdn. 680.

ber als Drittschuldner eigene Auseinandersetzungen mit den Pfändungspfandgläubigern erspart. Durch die Hinterlegung erlischt das Schuldverhältnis. Die Gläubiger müssen ihre Ansprüche an den hinterlegten Betrag u. U. durch gerichtliche Entscheidungen nachweisen. Reicht der hinterlegte Betrag nicht zur Befriedigung der beteiligten Gläubiger aus, so hat das Amtsgericht ein Verteilungsverfahren nach §§ 872 ff. ZPO durchzuführen. Die beteiligten Gläubiger können sich natürlich auch gütlich über die Verteilung des hinterlegten Betrags einigen.

2. Kündigungsrecht wegen Pfändung von Arbeitseinkommen

Die mit einer Pfändung von Arbeitseinkommen verbundene normale Arbeitsbelastung berechtigt den Arbeitgeber – Drittschuldner – nicht zur außerordentlichen Kündigung des Arbeitsverhältnisses mit dem Schuldner. Bei besonders häufigen Pfändungen wird der Arbeitgeber das Arbeitsverhältnis allerdings unter Einhaltung der normalen Kündigungsfrist zur Auflösung bringen können. Das Bundesarbeitsgericht (DB 1982, 498) hat eine Kündigung dann als sozial gerechtfertigt angesehen, wenn die Bearbeitung zahlreicher Pfändungen einen derartigen Aufwand erfordere, daß es zu wesentlichen Störungen entweder im Arbeitsablauf oder in der betrieblichen Organisation komme. Eine Abmahnung sei nicht erforderlich. Anders liegt der Fall, wenn der Schuldner in einer anzuerkennenden Notlage aus besonderen persönlichen Verhältnissen heraus zu notwendigen Anschaffungen im Rahmen seines Hausstandes und seiner Familie gezwungen wird. Auch der Umstand kann von Bedeutung sein, wie lange der Schuldner schon im Betrieb beschäftigt ist. Eine fristlose Kündigung des Schuldners wird der Arbeitgeber nur in ganz besonders krassen Fällen mit Erfolg aussprechen können. **684**

Bei **Arbeitnehmern** in einer **Vertrauensstellung** (Bankangestellte) oder in repräsentativer Stellung kann bereits **eine** Lohnpfändung die Kündigung rechtfertigen.

3. Änderung der Unpfändbarkeitsvoraussetzungen

Ändern sich die Voraussetzungen für die Bemessung des unpfändbaren Teils des Arbeitseinkommens, so hat das Vollstreckungsgericht (Rechtspfleger) auf Antrag des Schuldners, des Gläubigers oder des Drittschuldners (sein Antragsrecht ist umstritten) den Pfändungsbeschluß entsprechend zu ändern. Antragsberechtigt ist auch ein Dritter, dem der Schuldner kraft Gesetzes Unterhalt zu leisten hat. Der Drittschuldner kann nach dem Inhalt des früheren Pfändungsbeschlusses mit befreiender Wirkung leisten, bis ihm der Änderungsbeschluß zugestellt wird (§ 850 g ZPO). **685**

Praktisch werden kann diese Vorschrift insbesondere in Fällen der Pfändung durch einen bevorrechtigten Gläubiger. Hier setzt das Vollstreckungsgericht den für den Schuldner unpfändbaren Teil seines Arbeitseinkommens fest und muß ihn bei eingetretener Änderung erneut festsetzen. Bei der Blankettpfändung für einen nicht bevorrechtigten Gläubiger (vgl. Rdn. 626) dagegen muß der Drittschuldner etwaige Änderungen in den Verhältnissen des Schuldners, etwa in seinen Familienverhältnissen, von selbst berücksichtigen. Er darf sich hier nicht auf das Vollstreckungsgericht berufen[65].

---

[65] Ausführlich zum Vollstreckungsschutz bei Veränderung der Verhältnisse David, Abschnitt 4.2.4.

9. Abschnitt
Gläubigerschutz gegen Lohnschiebungsversuche und dergleichen[1]

I. Zahlung des Arbeitseinkommens an einen Dritten (sog. Lohnschiebung)

1. Rechtsgrundlagen

Hat sich der Empfänger der vom Schuldner geleisteten Arbeiten oder Dienste 686
verpflichtet, Leistungen an einen Dritten (= Drittberechtigten) zu bewirken, die nach Lage der Verhältnisse ganz oder teilweise eine Vergütung für die Leistung des Schuldners darstellen, so kann der Anspruch des Drittberechtigten insoweit auf Grund des Schuldtitels gegen den Schuldner gepfändet werden, wie wenn der Anspruch dem Schuldner zustände. Die Pfändung des Vergütungsanspruchs des Schuldners umfaßt ohne weiteres den Anspruch des Drittberechtigten. Der Pfändungsbeschluß ist dem Drittberechtigten und dem Schuldner zuzustellen (§ 850 h Abs. 1 ZPO).

2. Anwendungsfälle

Hauptanwendungsfall für § 850 h Abs. 1 ZPO ist Zahlung des Arbeitseinkom- 687
mens durch den Arbeitgeber an die Ehefrau des bei ihm arbeitenden Schuldners. Auch der Fall kommt in Frage, daß Mann und Frau beim gleichen Arbeitgeber beschäftigt sind und an die Frau ein Arbeitseinkommen bezahlt wird, das den Wert ihrer Leistungen weit übersteigt, während das Arbeitseinkommen des Mannes entsprechend niedriger ist, vielfach unter der Pfändungsgrenze (s. Rdn. 623) gehalten wird. Dem Drittberechtigten braucht also nicht die gesamte Vergütung für die vom Schuldner geleisteten Dienste oder Arbeiten zuzufließen. Schließlich ist § 850 h Abs. 1 ZPO auch dann anwendbar, wenn der ursprünglich dem Mann gehörende Betrieb der Frau überschrieben worden ist und für tatsächlich vom Mann ausgeführte Arbeiten Zahlung an die Frau erfolgt. Dauerndes Dienstverhältnis, feste Vereinbarung einer Vergütung oder wiederkehrende Leistungen sind nicht Voraussetzung für die Anwendung der Vorschrift; sie ist also auch bei Werklohn anwendbar.

---

[1] Schrifttum: Behr, Verschleiertes Arbeitseinkommen in JurBüro 1990, 1237; Fragen zur Zwangsvollstreckung bei verschleiertem Arbeitseinkommen, Geißler in JurBüro 1986, 1295; Die juristische Qualifikation der Mitarbeit bei Angehörigen und ihre Bedeutung für die Vergütung, Fenn in FamRZ 1968, 291; Pfändung bei Lohnschiebungen und verschleierten Arbeitsverhältnissen, Göttlich in JurBüro 1956, S. 233; Mitarbeitspflicht des Ehemannes und Arbeitseinkommen, Bobrowski in Rpfleger 1959, 12; Die Bedeutung verwandtschaftlicher Beziehungen für die Pfändung des Arbeitseinkommens nach § 850 h Abs. 2 ZPO, Fenn in Archiv f. Zivilistische Praxis, 1967, 148.

Auf die Bezeichnung der Vergütung kommt es nicht an. Erfaßt werden alle Vergütungen, die ausdrücklich als solche für Arbeits- oder Dienstleistungen bezeichnet sind oder die sich nach Lage der Verhältnisse ganz oder teilweise – als äußerlich verschleierte – Vergütungen für Arbeits- oder Dienstleistungen des Arbeitnehmers darstellen.

Der Zeitpunkt des Abschlusses der Vereinbarung zwischen Arbeitnehmer und Arbeitgeber über Zahlung an einen Drittberechtigten ist unerheblich. Die Vereinbarung kann bereits bei Abschluß des Arbeits- oder Dienstverhältnisses oder auch später getroffen werden.

3. Arbeitgeber muß bei der Lohnschiebung mitwirken

688 Mitwirkung des Arbeitgebers bei einer Vereinbarung der hier behandelten Art ist erforderlich; dieser muß sich also vertraglich verpflichtet haben, das Arbeitseinkommen des Schuldners an einen Dritten (= Drittberechtigten) zu zahlen.

Bloße Abtretung des Anspruchs aus Arbeitseinkommen durch den Schuldner an einen Dritten ist nicht ausreichend. In diesem Falle kann aber Anfechtung der Abtretung durch Gläubiger des Arbeitnehmers erfolgen. Andererseits ist nicht erforderlich, daß zwischen Arbeitgeber und Arbeitnehmer Gläubigerbenachteiligungsabsicht besteht.

4. Nur relative Unwirksamkeit der Vereinbarung

689 Die in § 850 h Abs. 1 ZPO aufgestellte Fiktion gilt nur in bezug auf die Pfändungsmöglichkeit. Die zwischen Arbeitgeber und Arbeitnehmer getroffene Vereinbarung ist also nur relativ gegenüber dem das Arbeitseinkommen pfändenden Gläubiger unwirksam, im übrigen beurteilt sich ihre Gültigkeit nach allgemeinen Vorschriften.

5. Ablauf des Verfahrens

690 Der Arbeitgeber muß, ohne daß dies im gerichtlichen Pfändungsbeschluß gegen den Arbeitnehmer besonders zum Ausdruck zu kommen braucht, so verfahren, als ob der nach der getroffenen Vereinbarung an einen Dritten (= Drittberechtigten) zu zahlende Betrag tatsächlich dem Schuldner selbst zustehen würde. Der Gläubiger hat aber auch die Möglichkeit, auf Grund seines allein gegen den Schuldner gerichteten Vollstreckungstitels den dem Dritten zustehenden Anspruch unmittelbar zu pfänden. Vorherige Zustellung des Titels an den Dritten ist hierzu nicht erforderlich, ebensowenig eine Umschreibung des auf den Schuldner lautenden Titels auf den Dritten. Der Drittschuldner ist in beiden Fällen der gleiche, er muß die an den Schuldner und die an den Dritten gezahlte Vergütung zusammenrechnen und den daraus nach den allgemeinen Vorschriften bei Arbeitseinkommen pfändbaren Betrag an den Gläubiger abführen, wenn er die Gefahr einer Doppelzahlung vermeiden will. Die Kosten der ausdrücklichen Pfändung des Anspruchs fallen dem Schuldner auch dann nach § 788 ZPO (Rdn. 220) zur Last, wenn der Gläubiger bereits vorher eine Pfändung des Anspruchs des Arbeitnehmers erwirkt hatte, weil ihm die Vereinbarung zwischen Arbeitgeber und Arbeitnehmer nicht bekannt war.

Eine Pfändung der vom Arbeitgeber an den Dritten zu zahlenden Vergütung durch Gläubiger des letzteren hindert die Anwendung der hier erörterten Vorschrift nicht. Entsprechendes gilt für die Abtretung des Anspruchs an einen Gläubiger des Dritten. Ein Gläubiger des Schuldners hat also Vorrecht. Um feststellen zu können, ob ein Fall der hier behandelten Art gegeben ist, empfiehlt sich für den Gläubiger ein Vorgehen nach § 840 ZPO über Auskunftspflicht des Drittschuldners (s. dazu Rdn. 298). Gepfändet wird, wie sonst, die dem Schuldner „angeblich" zustehende Forderung.

Die Zustellung des Pfändungsbeschlusses soll auch an den Dritten erfolgen. Zur Wirksamkeit der Pfändung ist aber auch im hier behandelten Falle Zustellung des Pfändungsbeschlusses nur an den Arbeitgeber (als Drittschuldner) erforderlich (§ 829 ZPO). Die Kosten belasten den Schuldner.

Über Streitigkeit hat nicht das Vollstreckungsgericht, sondern das Prozeßgericht (Arbeitsgericht) zu entscheiden (s. Rdn. 699). Wegen des Hinterlegungsrechts des Arbeitgebers s. § 372 BGB (vgl. Rdn. 689). Der Dritte kann nach § 771 ZPO auf Unzulässigkeitserklärung der Pfändung Klage erheben, wenn er behaupten will, die an ihn vom Arbeitgeber bewirkten Leistungen ständen ihm auf Grund eigener Leistung zu, sie stellten keine Vergütung für die Leistung des Schuldners dar. 691

II. Verschleierung des Arbeitseinkommens durch Schuldner

1. Rechtsgrundlagen

Leistet der Schuldner einem Dritten in einem ständigen Verhältnis Arbeiten oder Dienste, die nach Art und Umfang üblicherweise vergütet werden, unentgeltlich oder gegen eine unverhältnismäßig geringe Vergütung, so gilt im Verhältnis des Gläubigers zu dem Empfänger der Arbeits- oder Dienstleistungen eine angemessene Vergütung als geschuldet. Bei der Prüfung, ob diese Voraussetzungen vorliegen, sowie bei der Bemessung der Vergütung ist auf alle Umstände des Einzelfalles, insbesondere die Art der Arbeits- oder Dienstleistung, die verwandtschaftlichen oder sonstigen Beziehungen zwischen dem Dienstberechtigten und dem Dienstverpflichteten und die wirtschaftliche Leistungsfähigkeit des Dienstberechtigten, Rücksicht zu nehmen (§ 850 h Abs. 2 ZPO)[2]. 692

---

[2] S. zu den im Rahmen dieser Vorschrift auftauchenden Einzelfragen Stöber Rdn. 1220 ff.

2. Anwendungsfälle

693 Diese Vorschrift kommt vor allem zur Anwendung bei einem **ständigen** (nicht bloß einmaligen oder gelegentlichen) abhängigen **Tätigsein des Schuldners im Betriebe der Eltern oder des Ehegatten**, namentlich des Mannes in dem auf seine Frau überschriebenen Geschäft, lediglich gegen freie Kost, Wohnung und Taschengeld, im übrigen aber unentgeltlich. Voraussetzung ist, daß die geleisteten Arbeiten oder Dienste nach ihrer Art und ihrem Umfang unter normalen Verhältnissen üblicherweise vergütet werden. Die Mitarbeit kann auch auf einer Innengesellschaft beruhen.

Erfaßt werden nicht nur Arbeitsleistungen im Sinne des Arbeitsrechts, sondern auch solche Dienstleistungen, die auf familienrechtlichem Verhältnis beruhen (s. dazu §§ 1356, 1617 BGB). Doch ist bei Mitarbeit von Kindern und Ehemännern in kleinen Betrieben der Eltern oder der Ehefrau entscheidend, ob eine andere Arbeitskraft an Stelle des mitarbeitenden Schuldners überhaupt beschäftigt werden müßte, wenn dessen Arbeitsleistung entfiele[3]. Unterläßt eine Geschäftsinhaberin, die weder die erforderliche fachliche Vorbildung noch die Zeit zur Führung des Geschäfts hat, den Betrieb im wesentlichen ihrem fachlich vorgebildeten Ehemann, so sind die Voraussetzungen der hier behandelten Vorschrift erfüllt. Es besteht eine tatsächliche Vermutung für die Mitarbeit des Ehemannes im Geschäft seiner Frau, wenn es sich um einen kleineren Betrieb handelt und der körperlich und geistig gesunde Ehemann nachweislich keiner anderweitigen Beschäftigung nachgeht. Die als Drittschuldnerin in Anspruch genommene Ehefrau muß daher nachweisen, daß ihr Ehemann ausnahmsweise nicht mitarbeitet[4].

Das Bestehen einer Gläubiger-Benachteiligungsabsicht zwischen Arbeitnehmer und Arbeitgeber ist nicht erforderlich. Wesentlich ist nur, daß dem Empfänger der Dienstleistungen des Schuldners, die einen wesentlich höheren Wert haben als in dem vereinbarten Entgelt zum Ausdruck kommt, auf Kosten des Gläubigers ein unangemessener Vorteil zufließt.

694 Die hier behandelte Vorschrift kommt nicht zur Anwendung, wenn die Ehefrau ihrem Ehemann zwar freie Station gewährt, dieser aber in ihrem Betrieb nicht mitarbeitet. In einem derartigen Falle kann die Ehefrau jedoch u. U. verpflichtet sein, einem Gläubiger des Mannes einen entsprechenden Betrag wegen vorsätzlichen moral- und sittenwidrigen Verhaltens nach § 826 BGB als Schadenersatz zu zahlen, wenn sie wissentlich zum Nachteil des Gläubigers ihrem Mann trotz nachweisbar vorhandener Beschäftigungsmöglichkeit in ihrem Be-

---

[3] Das LArbG Baden-Württemberg in DB 1965, 1599 hat sich dahin ausgedrückt: „ob nach Art und Umfang der vom Schuldner geleisteten Dienste eine andere normal bezahlte Arbeitskraft beschäftigt werden müßte, wenn seine Dienstleistungen in Fortfall kämen".
[4] ArbG Kaiserslautern in DB 1958, 1332.

trieb die Möglichkeit eines arbeits- und verantwortungslosen Lebens verschafft. Ein Fall der hier erörterten Vorschrift liegt auch nicht vor, wenn der Schuldner zwar Dienste oder Arbeit in einem ständigen Verhältnis leisten könnte, aber tatsächlich nicht leistet, mag er auch im Interesse der gegen ihn bestehenden Ansprüche verpflichtet sein, seine Arbeitskraft voll einzusetzen. Ferner ist ein einschlägiger Fall nicht gegeben, wenn der Schuldner von einem Dritten Unterhalt erhält, ohne daß er Dienste leistet. Dies gilt auch dann, wenn der Dritte den Schuldner beschäftigen könnte; denn ein Arbeits- oder Dienstverhältnis kann nicht fingiert werden. Die Beweislast dafür, welche Stellung der Ehemann im Geschäft seiner Frau einnimmt, hat der Gläubiger.

Das BAG hat in einem Urteil vom 24. 5. 1965[5] folgende Feststellungen getroffen: „Bei der Festsetzung einer angemessenen Vergütung im Sinne des § 850 h Abs. 2 ZPO muß das Gericht zunächst an Hand des einschlägigen Tarifvertrags die für die Dienste, wie sie der Schuldner leistet, übliche Vergütung feststellen. Sodann muß das zwischen Arbeitgeber und Schuldner vereinbarte Arbeitsentgelt damit verglichen und festgestellt werden, ob der Schuldner gegen eine unverhältnismäßig geringe Vergütung arbeitet. Erst wenn diese Voraussetzung erfüllt ist, kann das Gericht eine angemessene Vergütung festsetzen. Dabei sind dann alle Umstände, insbesondere die in der genannten Vorschrift aufgeführten, abzuwägen; d.h., das Gericht kann mit Rücksicht auf die besonderen Umstände des Falles gewisse Abschläge von der üblichen Vergütung machen. Wenn der Schuldner kraft Tarifbindung oder kraft Allgemeinverbindlicherklärung einen unabdingbaren Anspruch auf ein tarifliches Mindestentgelt hat, kann die Bestimmung einer angemessenen Vergütung im Sinne des § 850 h Abs. 2 ZPO regelmäßig nicht in Betracht kommen."

Der BGH hat in einem Urteil vom 4. 7. 1968[6] folgendes ausgeführt: „Die Anwendung des § 850 h Abs. 2 ZPO setzt eine objektive Würdigung aller tatsächlichen Verhältnisse, aber nicht den Nachweis voraus, daß das Arbeitsentgelt gerade mit Rücksicht auf die Gläubiger des Dienstverpflichteten besonders niedrig festgesetzt wurde. Auch wenn der Schuldner nicht die Absicht hatte, seine Gläubiger zu benachteiligen, ist die genannte Vorschrift anwendbar. Entscheidend ist, daß dem Drittschuldner durch Dienstleistungen des Schuldners, die einen höheren Wert haben, als in dem vereinbarten Entgelt zum Ausdruck kommt, auf Kosten des Gläubigers ein unangemessener Vorteil zufließt. Beweisschwierigkeiten, die durch die Lückenhaftigkeit der Buchführung des Schuldners bedingt sind, können nicht zu Lasten des Gläubigers gehen."

Ein Urteil des LArbG Bremen[7] besagt folgendes: „Die Ehefrau eines Malermeisters, die nach dessen wirtschaftlichem Zusammenbruch das Geschäft auf

---
[5] BB 1965, 1027 = DB 1965, 1406 = MDR 1965, 944.
[6] WPM 1968, 1254.
[7] BB 1963, 768.

eigene Rechnung fortführt, ist gemäß § 850 h Abs. 2 ZPO zur Zahlung einer angemessenen Vergütung verpflichtet, wenn ihr der Ehemann nicht nur gelegentlich mit Rat und Tat zur Seite steht, sondern ständig die Lehrlingsausbildung übernimmt, die Arbeitsstellen überwacht, sich um Erteilung von Aufträgen bemüht, bei Submissionen die Verhandlungen mit den Auftraggebern führt, die fachlichen Absprachen trifft und sich auch bei größeren Arbeiten an den Schlußabnahmen beteiligt, weil die Ehefrau und Geschäftsinhaberin fachlich nicht vorgebildet ist. Dienste dieser Art überschreiten auch bei einem kleineren Malergeschäft mit durchschnittlich 5 Gesellen den Umfang einer gesetzlichen Mitarbeit im Rahmen des § 1356 BGB, und zwar auch dann, wenn der Ehemann der Geschäftsinhaberin mit Rücksicht auf sein Lebensalter und seine beeinträchtigte Gesundheit nicht mehr in der Lage ist, körperlich mitzuarbeiten und die Buchführung sowie die nichtfachlichen Kontorarbeiten von der Ehefrau erledigt werden. Es ist demgegenüber Sache der beklagten Ehefrau, diejenigen Umstände vorzutragen und unter Beweis zu stellen, die eine andere Würdigung des Sachverhalts, insbesondere hinsichtlich der wirtschaftlichen Leistungsfähigkeit des Betriebs, zur Folge haben könnten. Etwaige Naturalleistungen der Ehefrau für ihren Ehemann sind auf den nicht pfändbaren Teil der angemessenen Vergütung zu verrechnen. Eine Aufrechnung mit Gegenforderungen der Ehefrau gegenüber ihrem Ehemann ist gegenüber der ausschließlich im Verhältnis der Drittschuldnerin zum Gläubiger geschuldeten Vergütung nicht zulässig."

Nach LArbG Baden-Württemberg in DB 1967, 691 liegt ein typischer Fall von Lohnverschleierung vor, wenn ein in Vergleich gegangener Schuldner später in einem Gewerbe gleicher Art seiner nicht fachkundigen Ehefrau ohne oder nur gegen geringfügige Vergütung tätig ist. Es kann dann grundsätzlich die Vergütung als geschuldet angesehen werden, die einem Angestellten mit Fachkenntnissen zu zahlen wäre. Dieser für die Festsetzung einer angemessenen Vergütung übliche Grundsatz kann jedoch im einzelnen Fall eine Abschwächung im Hinblick auf die verwandtschaftlichen Beziehungen, sonstige Beziehungen, z.B. Unterhaltsverpflichtungen für Kinder, und die wirtschaftliche Leistungsfähigkeit des Pfändungsschuldners erfahren.

Bei einer GmbH sind verwandtschaftliche Beziehungen zwischen dem Geschäftsführer und den Gesellschaftern nur ausnahmsweise bei reinen Familienunternehmen erheblich, wenn den Familienangehörigen nicht nur die formalen Anteile gehören, sondern sie auch wirtschaftlich Inhaber des Betriebskapitals sind (OLG Schleswig in SchlHA 1968, 71).

3. Zur Üblichkeit der Vergütung

695 Bei Prüfung der Frage der Üblichkeit der Vergütung ist von den allgemeinen Verkehrsauffassungen auszugehen. Im **Bereich der Landwirtschaft** ist ins-

besondere von Bedeutung, ob die Eltern wegen ihres Gesundheitszustandes ohne Hilfe nicht auskommen können, die Besitzung aber die Kosten für eine fremde Kraft nicht aufzubringen vermag. Für den im **Betrieb des Vaters** unentgeltlich tätigen Sohn gilt eine angemessene Vergütung auch dann als geschuldet, wenn der Vater die Arbeitskraft des – voll arbeitsfähigen – Sohnes wegen des Umfangs seines Geschäfts nicht braucht, sie aber dennoch in Anspruch nimmt, und wenn der Sohn bei gutem Willen auswärtige Arbeit finden könnte. Besondere Umstände des Einzelfalles können ein Dienstverhältnis von der Pflicht zur Leistung einer angemessenen Vergütung ganz freistellen.

4. Für die Vergütung anzulegender Maßstab

Als unverhältnismäßig gering i.S. des § 850 h Abs. 2 ZPO ist eine tatsächlich ausgezahlte Vergütung nicht nur dann anzusehen, wenn sie in besonders auffälligem Maße hinter der angemessenen Vergütung zurückbleibt, sondern immer schon dann, wenn sie, gemessen an den gesamten Verhältnissen des Falles, d.h. bei Berücksichtigung aller Umstände, als unangemessen niedrig anzusehen ist. Die Vergütung eines Schuldners ist unverhältnismäßig gering, wenn sie erheblich unter der Vergütung liegt, die der Drittschuldner einem fremden Arbeitnehmer für eine entsprechende Dienstleistung gewähren müßte. Entscheidend sind dabei neben der Art und dem Umfang der Tätigkeit des Schuldners (Vertrauensstellung) auch die übrigen Umstände des Einzelfalles, insbesondere die wirtschaftliche Leistungsfähigkeit des Drittschuldners. Bei verwandtschaftlichen Beziehungen zwischen Schuldner und Drittschuldner muß berücksichtigt werden, daß der Schuldner gegebenenfalls aus rechtlichen oder moralischen Gründen gehalten sein kann, seinen nicht mehr voll arbeitsfähigen Eltern die Existenzgrundlage zu erhalten[8].

Bei Beantwortung der Frage nach der **Höhe der angemessenen Vergütung** sind außer Art und Wert der Tätigkeit des Schuldners auch die Beweggründe zu berücksichtigen, die zu seiner Beschäftigung führten, die Leistungsfähigkeit und wirtschaftliche Lage des Betriebs, in dem er tätig ist, und der Grad seiner Arbeitsfähigkeit. Nach neueren Entscheidungen ist unerheblich, ob der Gewinn des Betriebs oder der Wirtschaft die Kosten einer anderen Arbeitskraft an Stelle des ganz oder nur teilweise mitarbeitenden Schuldners erbringt. Vor allem gilt dies dann, wenn der Betrieb oder das Geschäft ausschließlich oder überwiegend auf die Tätigkeit des Schuldners begründet ist oder bei Wegfall seiner Arbeitsleistung eine fremde Arbeitskraft gehalten und bezahlt werden müßte. Bei Mitarbeit des Schuldners im Betrieb seiner Frau ist nicht entscheidend, welche Bezüge er im Betrieb eines Dritten als angemessenes Entgelt für seine Tätigkeit zu beanspruchen hätte, sondern nur, welchen Wert seine Lei-

---
8   BAG in NJW 1978, 343; LArbG Bremen in DB 1962, 476.

stungen gerade im Betrieb seiner Frau haben. Arbeitet ein Ehemann im Geschäft seiner Frau in großem Umfang ständig mit, so ist die Vergütung eines leitenden Angestellten für ihn angemessen. Vergleichsweise können zur Ermittlung der angemessenen Vergütung auch tarifliche oder ortsübliche Sätze herangezogen werden, selbst wenn der Schuldner an sich dem Tarif nicht unterworfen ist[9]. Zu berücksichtigen ist ferner, daß es sich praktisch nur um die Feststellung handelt, welche Summe aus dem Betrieb herausgewirtschaftet werden muß, damit der Schuldner dem Gläubiger auf die Schuld angemessene Abzahlungen machen kann. Stellt der Schuldner infolge körperlicher Behinderung keine volle Arbeitskraft dar, so können die tariflichen Sätze nicht in voller Höhe zugrunde gelegt werden. Sind mehrere pfändende Gläubiger vorhanden, so darf die Höhe der angemessenen Vergütung für diese Gläubiger nicht verschieden festgesetzt werden.

Zu berücksichtigen ist auch die Art der Forderung des pfändenden Gläubigers. Unterhaltsforderungen können einen erweiterten Schutz genießen.

697 Auf Ansprüche aus der Vergangenheit bezieht sich die hier besprochene Pfändung nur, wenn sich dies aus ihr ausdrücklich ergibt oder wenn sich aus den Umständen entnehmen läßt, daß nur etwaige Rückstände – vor Zustellung des Pfändungsbeschlusses – gemeint sein können. In der Regel ist hierzu ein ausdrücklicher Antrag des Gläubigers erforderlich. Die etwa eingetretene Verjährung ist zu beachten.

5. Sonstige Fragen

698 Eine angemessene Vergütung gilt nur als zwischen dem pfändenden Gläubiger und dem Arbeitgeber des Schuldners geschuldet. An den bisherigen Rechtsbeziehungen zwischen Schuldner und Arbeitgeber selbst ändert sich dadurch nichts. Der Schuldner hat nach wie vor an Arbeitseinkommen nur das zu beanspruchen, was tatsächlich mit ihm vereinbart worden ist[10]. Der Arbeitgeber kann daher eine ihm gegen den Schuldner zustehende Forderung gegen das lediglich fingierte Arbeitseinkommen nicht aufrechnen.

Das Bestehen von Gegenforderungen kann aber bei Festsetzung der Höhe der zu zahlenden Vergütung berücksichtigt werden. Aufrechnung gegen den gepfändeten Anspruch mit Forderungen des Arbeitgebers an den pfändenden Gläubiger ist zulässig[11].

---

[9] Hat der Schuldner kraft Tarifbindung oder kraft Allgemeinverbindlicherklärung einen unabdingbaren Anspruch auf ein tarifliches Mindestentgelt, kann die Bestimmung einer angemessenen Vergütung im Sinne des hier behandelten § 850 h Abs. 2 ZPO regelmäßig nicht in Frage kommen (BAG in BB 1965, 1027 = DB 1965, 1406 = MDR 1965, 944).
[10] Dem Schuldner steht daher keine Verfügungsmacht über die zugunsten seiner Gläubiger nur fingierte Vergütung zu (LArbG Düsseldorf in DB 1972, 1028).
[11] Zöller / Stöber, a.a.O., Rdn. 7, zu § 850 h.

6. Rechtslage bei Zahlungsverweigerung des Arbeitgebers

Der Gläubiger wird dem Arbeitgeber zunächst eine kalendermäßig festgelegte Frist zur Zahlung einer von ihm zu beziffernden angemessenen Vergütung setzen. Zahlt der Arbeitgeber dann nicht, so wird der Gläubiger gegen ihn beim Vollstreckungsgericht den Erlaß eines Pfändungs- und Überweisungsbeschlusses (vgl. Rdn. 284) beantragen. Dabei prüft das Gericht nicht, ob die materiellen Voraussetzungen des § 850 h Abs. 2 ZPO gegeben sind. Es pfändet nur die vom Gläubiger als angemessen bezeichnete angebliche Forderung gegen den Empfänger der Dienstleistungen. Dabei hat es den **für Arbeitseinkommen** bestehenden **Pfändungsschutz** (Rdn. 623 ff.) zu beachten.

699

Arbeitet der Schuldner im Erwerbsgeschäft seiner Ehefrau mit, so kommt für diese und seine Kinder ein Freibetrag nach § 850 c ZPO nicht in Frage, weil er tatsächlich keinen Unterhalt leistet.

Der unpfändbare Teil der Vergütung muß im Pfändungsbeschluß ohne Rücksicht auf die erforderlichenfalls vom Arbeitsgericht in einem nachfolgenden Prozeß festzustellende tatsächliche Höhe der angemessenen Vergütung bezeichnet werden. Im Pfändungsbeschluß kann ganz allgemein von Arbeitseinkommen die Rede sein, zu dem auch die angemessene Vergütung gehört, oder es kann die verschleierte Vergütung im Beschluß ausdrücklich bezeichnet werden. Hat das Vollstreckungsgericht im Pfändungsbeschluß unzulässigerweise die Höhe der vermeintlich geschuldeten Vergütung festgesetzt, so ist das Prozeßgericht daran nicht gebunden.

Lehnt der Arbeitgeber nach Fristsetzung durch den Gläubiger die Zahlung einer angemessenen Vergütung ab, so kann der Gläubiger die ihm zur Einziehung überwiesene Forderung gegen den Arbeitgeber vor dem **Arbeitsgericht** einklagen (s. Rdn. 43, 302). Dabei muß er das herausverlangte Arbeitseinkommen (evtl. ausgehend vom Tariflohn) beziffern[12]. Es kann aber auch der Arbeitgeber gegen den Gläubiger auf Feststellung beim Prozeßgericht (Arbeitsgericht), daß für ihn eine Leistungspflicht nicht besteht, Klage erheben.

Dem Schuldner steht ein Klagerecht nicht zu. Er kann gegen den Pfändungs- und Überweisungsbeschluß nur Erinnerung (§ 766 ZPO) einlegen.

Der Arbeitgeber kann im Prozeß dem pfändenden Gläubiger alle Einwendungen entgegenhalten, die dem Schuldner selbst zustehen, er kann sich namentlich auf die Verjährung der Ansprüche, wegen welcher vollstreckt wird, berufen. Das Prozeßgericht hat dann zu entscheiden, ob überhaupt eine Vergütung

---

[12] Der Drittschuldner hat im Rechtsstreit zwischen dem Gläubiger und ihm zum Nachweis der wirtschaftlichen Leistungsfähigkeit seine wirtschaftlichen Verhältnisse offenzulegen und insbesondere die für die Beurteilung der Leistungsfähigkeit erforderlichen Abschlüsse (Bilanzen, Gewinn- und Verlustrechnungen) vorzulegen (LG Schleswig in SchlHA 1968 S. 71).

geschuldet wird. Bejahendenfalls hat es die angemessene Vergütung festzusetzen, und zwar unter Berücksichtigung der nach der ZPO unpfändbaren Beträge[13].

Der **Prioritätsgrundsatz** (frühere Pfändung geht der späteren vor, § 804 Abs. 3 ZPO) gilt **auch hinsichtlich** (fiktivem) **verschleiertem Einkommen**, mit der Folge, daß dem Vorranggläubiger, der sich zunächst mit dem pfändbaren Lohnteil aufgrund des im Anstellungsvertrag vereinbarten – zu niedrigen – Lohn zufriedengegeben hat, vorrangig Anspruch auf den pfändbaren Teil des verschleierten Lohns hat, wenn ein später pfändbarer Gläubiger das Bestehen einer Lohnverschleierung erst aufdeckt[14].

III. Auflösung des Arbeitsverhältnisses nach Pfändung

700 Mitunter versucht der Schuldner, eine Lohnpfändung dadurch gegenstandslos zu machen, daß er sein **Arbeitsverhältnis** zunächst **auflöst**, nach Ablauf einer gewissen Zeit aber **beim gleichen Arbeitgeber wieder aufnimmt**. Ist der Schuldner so vorgegangen, um die Wirkungen des Pfändungsbeschlusses zu beseitigen, so rechtfertigt sich in aller Regel die Annahme, daß die Beteiligten in Wirklichkeit keine echte Beendigung, sondern nur eine vorübergehende Aussetzung des an sich **einheitlich fortbestehenden Arbeitsverhältnisses** beabsichtigt haben (vgl. dazu auch Rdn. 621). Hierbei ist auch eine Vereinbarung zwischen dem Schuldner und dem Arbeitgeber dahin, daß der Dienstvertrag des Schuldners aufgelöst werde und der Arbeitgeber ihm eine einheitliche, aber in monatlichen Raten zu leistende Abfindungssumme zu zahlen habe, für die Gültigkeit einer vorher erfolgten Pfändung und Überweisung der Ansprüche des Schuldners belanglos. Zulässig wird es dagegen sein, bei Begründung eines Arbeits- oder Dienstverhältnisses mit dem Arbeitgeber zu vereinbaren, daß dieses Verhältnis im Falle einer Pfändung des Arbeitnehmereinkommens als aufgelöst gelten solle.

701 Die Pfändung erfaßt das Arbeitseinkommen nicht nur aus dem zur Zeit der Pfändung bestehenden Arbeitsvertrag, sondern darüber hinaus aus dem gesamten künftigen Arbeitsverhältnis, sofern es die Verkehrsauffassung – auch bei mehreren Arbeitsverträgen – als ein einheitliches ansieht[15]. Dies ist der Fall, wenn die zwischen zwei Arbeitsverträgen liegende Zeit wirtschaftlich einer Suspendierung des Arbeitsverhältnisses (etwa wegen Krankheit oder Inhaftie-

---

[13] Bei Tarifbindung kommt Tariflohn in Betracht (BAG in MDR 1965, 944).
[14] BGH in Rpfleger 1991, 68.
[15] S. dazu auch BAG in BB 1957, 112 = NJW 1957, 439 und Süsse in BB 1970, 671, 673. Der einer Arbeitsgemeinschaft des Baugewerbes zugestellte Pfändungs- und Überweisungsbeschluß erfaßt nicht den Anspruch des Schuldners aus Arbeitseinkommen, den dieser nach der „Versetzung" zu einem Partner der Arbeitsgemeinschaft erwirbt. Es fehlt hier an der erforderlichen Identität des Arbeitsverhältnisses (LArbG Baden-Württemberg in BB 1967, 80 = DB 1967, 166).

rung) gleichkommt[16]. Lösen Schuldner und Drittschuldner nach Pfändung künftig fällig werdender Lohnansprüche (§ 832 ZPO) das Arbeitsverhältnis vorübergehend in der Absicht auf, die **Gläubiger** des Schuldners abzuschütteln, so ist von einem einheitlichen, fortbestehenden Arbeitsverhältnis auszugehen[17]. Die Lohnpfändung erfaßt also auch die Bezüge nach Wiederaufnahme der Arbeit.

Lohnpfändungen leben wieder auf, wenn das Arbeits- oder Dienstverhältnis nach einer **Unterbrechung von bis zu neun Monaten bei demselben Arbeitgeber** wieder aufgenommen wird, d. h. es bedarf keiner neuen Lohnpfändung und der Arbeitgeber muß den Lohnpfändungsbeschluß nach dem Ausscheiden des Arbeitnehmers noch mindestens neun Monate aufbewahren (§ 833 Abs. 2 ZPO).

703

---

[16] LArbG Düsseldorf-Köln in BB 1969, 137.
[17] OLG Düsseldorf in DB 1985, 1336 in einem Fall von 7 1/2 monatiger Unterbrechung.

10. Abschnitt
Die drei eidesstattlichen Versicherungen vor dem Gerichtsvollzieher

I. Die eidesstattliche Offenbarungsversicherung

1. Entstehungsgeschichte, Sinn und Zweck der eidesstattlichen Offenbarungsversicherung

703 Die **eidesstattliche Offenbarungsversicherung** löste am 1. 7. 1970 den bis dahin vor dem Amtsrichter abzulegenden **Offenbarungseid** ab. Das Offenbarungsversicherungsverfahren wurde dem Rechtspfleger des Vollstreckungsgerichts übertragen. Seit 1. 1. 1999 ist für die Abnahme der Gerichtsvollzieher zuständig.

Der **Rechtspfleger** muß aber noch alle eidesstattlichen Offenbarungsversicherungen abnehmen, die vor dem 1. 1. 1998 beantragt wurden (Art. 8 Nr. 2 des Gesetzes zur Änderung des Einführungsgesetzes zur Insolvenzordnung und anderer Gesetze vom 19. 12. 1998 – BGBl I 3836). Das gilt – obwohl nicht ausdrücklich geregelt – auch für die Nachbesserungsverfahren. Der nach dem 1. 1. 1999 nach § 901 ZPO verhaftete Schuldner wird dagegen – auch wenn der Offenbarungsantrag vor dem 1. 1. 1999 gestellt wurde – nach § 902 ZPO die eidesstattliche Offenbarungsversicherung vor dem Gerichtsvollzieher abzugeben haben.

Das Verfahren zur Abgabe einer eidesstattlichen Versicherung bildet für den Gläubiger ein wesentliches Hilfsmittel, durch Offenlegung des Vermögens seines Schuldners einen Einblick zu bekommen, ob und welche Vollstreckungsmöglichkeiten gegen diesen etwa noch bestehen. Das Verfahren stellt für den Gläubiger oft die letzte Möglichkeit dar, seinen mit einem Vollstreckungstitel ausgestatteten Anspruch doch noch durchzusetzen. Mit Stellung des Antrags auf Leistung der eidesstattlichen Versicherung kann auf den Schuldner ein rechtlich zulässiger und vielfach wirksamer Druck dahin ausgeübt werden, daß er an den Gläubiger Zahlungen leistet, um nicht die kreditschädigende und in eine schwarze Liste einzutragende eidesstattliche Versicherung abgeben zu müssen.

2. Die Voraussetzungen der eidesstattlichen Offenbarungsversicherung

704 Das Offenbarungsverfahren setzt wie jede Zwangsvollstreckungsmaßnahme voraus, daß der Gläubiger im Besitz eines bereits zugestellten vollstreckbaren oder mit Vollstreckungsklausel versehenen Vollstreckungstitels ist. Es muß ferner eine der folgenden **besonderen Voraussetzungen** vorliegen:

- Die **Pfändung** hat bisher **nicht zur vollständigen Befriedigung des Gläubigers geführt** (§ 807 Abs. 1 Nr. 1 ZPO). Das kann der Gläubiger durch Vorlage des Vollstreckungsprotokolls des Gerichtsvollziehers oder durch eine **Fruchtlosigkeitsbescheinigung** des Gerichtsvollziehers, der die Sachpfändung ergebnislos versucht hat, nachweisen. Eine Bezugnahme auf die Sonderakten des Gerichtsvollziehers reicht aus, wenn er auch mit der Abnahme der Offenbarungsversicherung beauftragt wurde (kombinierter Antrag s. Anlage 8).

  Seit dem Tag des bescheinigten erfolglosen Vollstreckungsversuchs soll nicht mehr als ein halbes Jahr vergangen sein (§ 187 a GVGA, s. Anhang)[1].

  Die ganz oder teilweise erfolglos gebliebene Pfändung muß in der Wohnung und – falls ein solches vorhanden ist – auch im Geschäftslokal versucht worden sein. Ein Vollstreckungsversuch nur im Geschäftslokal oder nur in der Wohnung genügt nicht (LG Wupptertal in MDR 1964, 1012; LG Berlin in NGVZ 1973, 190; LG Köln in MDR 1976, 53; a. A. LG Duisburg in JurBüro 1998, 43).

  Die Fruchtlosigkeitsbescheinigung des Gerichtsvollziehers allein genügt nicht, wenn dem Gläubiger eine Forderungspfändung möglich ist. Das ist z. B. der Fall, wenn er den Arbeitgeber des Schuldners aus dem Pfändungsprotokoll kennt. Dann muß er nämlich zunächst eine Lohnpfändung vergeblich versucht haben (LG Koblenz in DGVZ 1998, 43)[2].

- Der **Gläubiger macht glaubhaft**, daß er durch die Pfändung seine **Befriedigung nicht vollständig erlangen könne**.

  Das kann durch Vorlage einer **Unpfändbarkeitsbescheinigung** des Gerichtsvollziehers nach § 63 GVGA (s. Anhang) oder eines Vollstreckungsprotokolls in einer anderen Sache erfolgen. Die Glaubhaftmachung kann auch durch Hinweis auf im Schuldnerverzeichnis **ungelöschte Haftbefehle** erfolgen. Die Rechtsprechung ließ Hinweise auf Haftbefehle die nicht älter als 6 Monate (zuletzt LG Braunschweig in Rpfleger 1998, 77) oder als 1 Jahr waren (zuletzt LG Fulda in JurBüro 1997, 608) zu. Nach § 187 a Nr. 2 b GVGA soll der Zeitraum ein halbes Jahr nicht überschreiten.

  Schließlich genügt auch die Ablehnung einer gerichtlichen Durchsuchungsanordnung zur Glaubhaftmachung der Aussichtslosigkeit der Sachpfändung (OLG Stuttgart in Rpfleger 1981, 152). Die Mitteilung des Gerichtsvoll-

---

[1] Das war auch der Zeitraum, den die Rspr. bisher zugrundelegte, s. OLG Köln in Rpfleger 1990, 217; differenzierter KG in JurBüro 1998, 42.
[2] Solange der Gläubiger Kenntnis von Forderungen des Schuldners hat, auf die er zugreifen kann, muß das Offenbarungsverfahren zum Schutz der allgemeinen Persönlichkeitssphäre des Schuldners zurückstehen. So verhält es sich mit Lohnforderungen.

ziehers, daß er den Schuldner nicht angetroffen habe und die Einholung einer richterlichen Durchsuchungsanordnung anheimstelle, stellt keine ausreichende Grundlage für eine Offenbarungsversicherung dar (LG Aschaffenburg in JurBüro 1992, 124).

- Der Schuldner **verweigert** dem Gerichtsvollzieher die **Durchsuchung** (§ 807 Abs. 1 Nr. 3 ZPO). Das liegt nur vor, wenn der anwesende Schuldner oder sein anwesender gesetzlicher Vertreter eine nach Ort, Zeit und Umständen gerechtfertigte Durchsuchung durch den Gerichtsvollzieher verweigert. Die Verweigerung durch eine andere Person, die statt des Schuldners in die Durchsuchung einwilligen könnte, reicht nicht aus. Als Durchsuchungsverweigerung ist auch anzusehen, wenn der Schuldner die Durchsuchung bestimmter Behältnisse verweigert[3].

- Der Schuldner ist **bei Vollstreckungsversuchen** für denselben Gläubiger **wiederholt** in seiner Wohnung (zur Wohnung zählen auch Arbeits-, Betriebs- und andere Geschäftsräume, Nebenräume sowie Hofraum, Hausgarten und Garage, s. § 107 Nr. 1 Abs. 2 GVGA, s. Anhang) **nicht angetroffen** worden, nachdem ihm von dem Gerichtsvollzieher einmal die Vollstreckung mindestens zwei Wochen vorher angekündigt worden war[4].

Dabei genügt die formlose Ankündigung eines weiteren Vollstreckungsversuchs, z. B. durch Telefon, Telefax oder Brief. Keine Offenbarungspflicht besteht bei genügend entschuldigter Abwesenheit des Schuldners, etwa bei Krankenhausaufenthalt oder Auslandsurlaub.

Wenn eine dieser für die Abnahme der Offenbarungsversicherung erforderlichen Voraussetzungen erfüllt ist, stellt der Gerichtsvollzieher vor Terminbestimmung fest, ob der Schuldner **innerhalb der letzten drei Jahre eine eidesstattliche Offenbarungsversicherung abgegeben** hat. Es holt dazu eine Auskunft bei dem für den Wohn- oder Aufenthaltsort des Schuldners zuständigen Amtsgericht geführten Schuldnerverzeichnis ein oder befragt den Schuldner hierzu persönlich. Hat der Schuldner innerhalb der letzten drei Jahere die Offenbarungsversicherung bereits abgegeben und liegt kein Fall des § 903 ZPO vor (s. dazu Rdn. 726 f.) und hat der Gläubiger die Erteilung einer Abschrift der Offenbarungsversicherung verlangt, übersendet der Gerichtsvollzieher den Auftrag mit den Unterlagen umgehend an das Vollstreckungsgericht zur zuständigen Bearbeitung. Andernfalls leitet er die Vollstreckungsunterlagen an den Gläubiger zurück.

---

[3] Thomas/Putzo, Rnd. 6 zu § 807 ZPO.
[4] Der Gerichtsvollzieher hat die beiden Termine des Nichtantreffens sowie den Zeitpunkt und die Form der Ankündigung aktenkundig zu machen und darauf zu achten, daß zwischen dem Tag der Ankündigung und dem Tag des erneuten Vollstreckungsversuchs mindestens zwei Wochen liegen (§ 185 a Nr. 2 d ee GVGA).

Die eidesstattliche Offenbarungsversicherung

3. Das Verfahren zur Abgabe der eidesstattlichen Versicherung[5]

Das eidesstattliche Versicherungs-Verfahren wird durch Stellung eines Antrags des Gläubigers beim Gerichtsvollzieher, in dessen Bezirk der Schuldner seinen Wohn- oder Firmensitz hat, daß Termin zur Abgabe der eidesstattlichen Versicherung durch den Schuldner anberaumt werden möge, eingeleitet (§ 900 Abs. 1 ZPO). Der Antrag kann schriftlich eingereicht oder zur Niederschrift der Geschäftsstelle des Amtsgerichts gestellt werden. Anwaltszwang besteht nicht[6]. 705

Der Antrag kann isoliert – wie im folgenden Muster 85 – oder kombiniert mit einem Sachpfändungsauftrag (s. Muster Anlage 8) gestellt werden.

Muster 85

In meiner Zwangsvollstreckungssache gegen ... in ... stelle ich den Antrag, Termin zur Abgabe der eidesstattlichen Versicherung durch den Schuldner anzuberaumen, und zwar wegen meiner Hauptforderung von ... DM nebst 6 % Zinsen hieraus seit ... und ... DM festgesetzter Gerichtskosten sowie wegen der bisherigen Vollstreckungskosten mit ... DM. Sollte der Schuldner in dem zur Abgabe der Versicherung anberaumten Termin nicht erscheinen oder die Abgabe der Versicherung ohne Grund verweigern, so beantrage ich, Haftbefehl zur Erzwingung der Versicherung gegen ihn zu erlassen und mir eine Ausfertigung des Haftbefehls zu übermitteln. 706

Ich lege meinen Vollstreckungstitel mit Zustellungsnachweis und Bescheinigung des Gerichtsvollziehers über die Erfolglosigkeit der Zwangsvollstreckung in das bewegliche körperliche Vermögen des Schuldners bei. Ich habe keine Kenntnis von anderen Pfändungsmöglichkeiten.

Für den Fall, daß der Schuldner innerhalb der letzten drei Jahre die eidesstattliche Offenbarungsversicherung abgegeben hat oder Haftbefehl gegen ihn erlassen worden ist, soll dieser Antrag als nicht gestellt gelten. In diesem Falle wird aber Abschrift des seinerzeitigen Vermögensverzeichnisses mit etwaigen weiteren Unterlagen erbeten.

Datum und Unterschrift des Gläubigers

Die Person des Schuldners ist im Antrag genau zu bezeichnen. Bei juristischen Personen (Aktiengesellschaften, Gesellschaften mit beschränkter Haftung, eingetragenen Vereinen, Genossenschaften) hat deren gesetzlicher Vertreter die ei- 707

---

[5] Im Verfahren der Abgabe einer eidesstattlichen Versicherung bestehen für den Gläubiger keine „Fürsorgepflichten" gegenüber dem Schuldner (KG in NJW 1973, 860).
[6] § 78 Abs. 1 ZPO.

desstattliche Versicherung abzugeben[7]. Die **Abberufung** des **Geschäftsführers einer GmbH** nach Erlaß eines Haftbefehls gegen diesen ändert nichts an seiner Verpflichtung zur Abgabe der Offenbarungsversicherung (LG Nürnberg-Fürth in DGVZ 1994, 172). Für einen Minderjährigen hat der gesetzliche Vertreter die Offenbarungsversicherung abzugeben (§ 185 a Nr. 1 Satz 2 GVGA).

Zur Abgabe der Offenbarungsversicherung für die **GmbH** ist der zum Zeitpunkt des Termins bestellte Geschäftsführer verpflichtet, sofern nicht offensichtlich ist, daß der **Geschäftsführer** sein **Amt niedergelegt** hat, um der Verpflichtung zur Abgabe der Offenbarungsversicherung zu entgehen (LG Aschaffenburg in DGVZ 1998, 75).

Vielfach wird die Abgabe der eidesstattlichen Versicherung im Gläubigerantrag auf einen bestimmten Teilbetrag der Forderung beschränkt. Dies ist aber deshalb ohne besondere Bedeutung, weil sich die Wirkung der Versicherung naturgemäß auf den ganzen Anspruch erstreckt. **Beschränkt** ein Gläubiger seinen Antrag auf Verhaftung des Schuldners auf einen **Teilbetrag** der titulierten Forderung, so ist der Haftbefehl verbraucht, wenn der Schuldner dessen Vollstreckung durch Zahlung abwendet[8]. Für die Festsetzung der Gerichtskosten ist der Streitwert vom Gericht frei zu schätzen (§ 3 ZPO), wobei in der Regel die Höhe der Forderung, derentwegen fruchtlos gepfändet ist, zugrunde gelegt wird[9].

708 **Zuständig** zur Abnahme der eidesstattlichen Versicherung ist **der (die) Gerichtsvollzieher(in)**, in dessen Bezirk der Schuldner zur Zeit des Eingangs des Antrags **nach dem 1. 1. 1999** seinen Wohnsitz hat, in Ermangelung eines solchen das Gericht seines Aufenthaltsortes (§ 899 Abs. 1 ZPO). Bei der eidesstattlichen Versicherung einer juristischen Person bestimmt sich die Zuständigkeit nicht nach dem Wohnsitz des zur Abgabe verpflichteten Vertreters, sondern nach dem Sitz der Gesellschaft (§ 17 ZPO). Die Zuständigkeit des Gerichtsvollziehers ist eine ausschließliche (§ 802 ZPO analog). Die eidesstattliche Versicherung vor einem örtlich unzuständigen Gericht ist gleichwohl wirksam.

709 Der Gerichtsvollzieher hat von Amts wegen zu prüfen, ob die aus Rdn. 704 ersichtlichen Voraussetzungen für die Einleitung des eidesstattlichen Versicherungs-Verfahrens gegeben sind[10]. Der Gläubiger kann gegen eine Antragszu-

---

[7] Der einzige Gesellschafter und Geschäftsführer einer GmbH kann sich der eidesstattlichen Versicherungs-Abgabe nicht dadurch entziehen, daß er sein Amt als Geschäftsführer niederlegt, ohne einen neuen Geschäftsführer zu bestellen (OLG Frankfurt in JW 1926, 211).
[8] So zuletzt AG Bremen in JurBüro 1991, 131 m. w. N.
[9] Der Gläubiger ist übrigens nicht verpflichtet, dem Gerichtsvollzieher über vom Schuldner vor dem eidesstattlichen Versicherungs-Termin geleistete Zahlungen Nachricht zu geben. Vielmehr ist es Sache des Schuldners, dies vor oder im Termin in geeigneter Weise geltend zu machen (s. Herzig in JurBüro 1966 Sp. 996).
[10] § 185 a Nr. 2 GVGA s. Anhang.

rückweisung **Erinnerung** (§ 766 Abs. 2 ZPO) beim Vollstreckungsgericht einlegen. Sie ist an keine Frist gebunden und kann schriftlich oder zu Protokoll der Geschäftsstelle eingelegt werden. Der **Gerichtsvollzieher kann** der Erinnerung **abhelfen**. Tut er das nicht, legt er die Erinnerung dem Richter des Vollstreckungsgerichts zur Entscheidung vor. Zuständiges Vollstreckungsgericht ist das Amtsgericht, in dessen Bezirk die Offenbarungsversicherung abgenommen werden sollte (§ 764 Abs. 2 ZPO).

Der Richter kann durch Beschluß den Gerichtsvollzieher anweisen, die eidesstattliche Offenbarungsversicherung abzunehmen. Er weist die Erinnerung zurück, wenn sie unzulässig oder unbegründet ist. Der Beschluß wird dem Gläubiger zugestellt, der dann binnen zwei Wochen **sofortige Beschwerde** nach § 793 ZPO beim Vollstreckungsgericht oder auch beim Beschwerdegericht (= übergeordnetes Landgericht) einlegen kann. Anwaltszwang besteht dabei nicht (§ 569 Abs. 2 ZPO).

Sind die Voraussetzungen für die Abgabe der eidesstattlichen Versicherung sämtlich gegeben, so bestimmt der Gerichtsvollzieher einen nichtöffentlichen Termin zur Abgabe der eidesstattlichen Versicherung und lädt dazu den Schuldner von Amts wegen selbst[11], einer Mitteilung an seinen etwaigen Prozeßbevollmächtigten bedarf es nicht (§ 900 Abs. 1 ZPO). Die Ladungsfrist beträgt drei Tage (§ 217 ZPO). Dem Gläubiger wird der Termin formlos mitgeteilt. In aller Regel wird dem Schuldner das Formular eines Vermögensverzeichnisses (vgl. Rdn. 712) beigelegt mit der Aufforderung, dieses Verzeichnis bereits ausgefüllt zum Termin mitzubringen (§ 807 ZPO). Allerdings ist dann vielfach festzustellen, daß dieses Formular unrichtig oder unvollständig ausgefüllt ist (s. Rdn. 712).

Der Gerichtsvollzieher kann, wenn ihm ein kombinierter Auftrag (s. Anlage 8) erteilt wurde, dem Schuldner **sofort** die eidesstattliche Offenbarungsversicherung unmittelbar nach einem fruchtlosen Pfändungsanspruch abnehmen, wenn eine der Voraussetzungen Rdn. 704 vorliegt. Schuldner und Gläubiger können der sofortigen Abnahme widersprechen. Letzterer insbesondere, wenn er am Termin teilnehmen möchte. Dann setzt der Gerichtsvollzieher einen Termin fest, der nicht vor Ablauf von zwei und nicht nach vier Wochen angesetzt werden soll (§ 900 Abs. 2 ZPO).

1. Der Offenbarungstermin

Erscheint der Schuldner in dem nach Rdn. 709 zur Abnahme der eidesstattlichen Versicherung festgesetzten Termin und ist er zur Versicherung bereit, so hat er zu Protokoll an Eides Statt zu versichern, daß er die von ihm verlangten

---
[11] § 214 ZPO, § 11 Nr. 2 Satz 3 GVGA.

Angaben nach bestem Wissen und Gewissen richtig und vollständig gemacht habe (§ 807 Abs. 3 ZPO). Wissentlich falsche Abgabe der eidesstattlichen Versicherung wird mit Freiheitsstrafe von einem Monat bis zu drei Jahren oder mit Geldstrafe bestraft (§ 156, wegen der Rechtslage bei rechtzeitiger Berichtigung der falschen eidesstattlichen Versicherung siehe § 158 StGB). Auch fahrlässig falsche Versicherung ist strafbar (§ 163 StGB; Strafrahmen bis ein Jahr Freiheitsstrafe oder Geldstrafe).

711 Für den Schuldner besteht die folgende Schutzvorschrift: Macht er glaubhaft (leere Versprechungen genügen nicht), daß er die Forderung des Gläubigers binnen einer Frist von sechs Monaten tilgen werde, so kann das Gericht den Termin zur Abgabe der eidesstattlichen Versicherung bis zu sechs Monaten vertagen. Weist der Schuldner in dem neuen Termin nach, daß er die Forderung mindestens zu drei Vierteln getilgt hat, kann der Rechtspfleger den Termin nochmals bis zu zwei Monaten vertagen[12]. Der Beschluß, durch den der **Vertagungsantrag** abgelehnt wird, ist mit Erinnerung, danach mit sofortiger Beschwerde, anfechtbar. Gegen den Vertagungsbeschluß kann der Gläubiger Erinnerung bzw. sofortige Beschwerde einlegen (§§ 766, 793 ZPO). Die vorbehandelte Vorschrift steht einer Vertagung auf Bewilligung des Gläubigers nicht entgegen[13]. Das Vollstreckungsgericht entscheidet nach pflichtgemäßem Ermessen darüber, ob bei Zustimmung des Gläubigers eine **Terminverlegung** vorzunehmen ist. Einen Anspruch auf Terminänderung hat der Gläubiger nicht. Es soll nämlich vermieden werden, daß der Gläubiger das Verfahren als Druckmittel und das Gericht als Mahngehilfen mißbraucht.

Hat der Schuldner Teilzahlung für die Vertagung zugesagt, so zieht der Gerichtsvollzieher die Teilbeträge ein, wenn der Gläubiger hiermit ausdrücklich einverstanden ist[14]. Hat der Gläubiger sein Einverständnis nicht erklärt, muß der Schuldner selbst die Raten an den Gläubiger oder seinen bevollmächtigten Vertreter leisten[15].

Der Termin zur Abgabe der eidesstattlichen Versicherung ist nicht öffentlich. Anwesenheit des Gläubigers ist nicht erforderlich, aber aus verschiedenen Gründen empfehlenswert. Der Gläubiger kann sich auch durch einen Bevollmächtigten vertreten lassen. Der Gläubiger oder sein Vertreter können Fragen an den Schuldner stellen, die sein gegenwärtiges Aktivvermögen betreffen. Wird eine Frage vom Gerichtsvollzieher nicht zugelassen, kann der Gläubiger dagegen Erinnerung nach § 766 Abs. 2 ZPO einlegen.

---

[12] Die Frist darf nicht von vornherein um die Nachfrist von zwei Monaten erweitert werden.
[13] S. Zöller / Stöber Rdn. 13 zu § 900.
[14] § 900 Abs. 3 Satz 1 ZPO.
[15] Zöller/Stöber Rdn. 21 zu § 900.

Der Schuldner kann die eidesstattliche Versicherung nur persönlich abgeben. Vor ihrer Abgabe hat der Rechtspfleger den Schuldner in angemessener Weise auf die Bedeutung der eidesstattlichen Versicherung hinzuweisen (§§ 478, 480 ZPO in Verbindung mit § 807 Abs. 3 ZPO).

5. Das Vermögensverzeichnis

In dem formularmäßigen Vermögensverzeichnis hat der Schuldner sein **gesamtes gegenwärtiges Aktivvermögen** anzugeben, d.h. alle geldwerten Sachen und Rechte. Die Vermögenswerte sind möglichst genau zu bezeichnen[16]. **Bei Forderungen** und anderen Rechten sind **Grund und Beweismittel** anzuführen (§ 807 Abs. 1 ZPO). Bei beweglichen Sachen ist der Ort ihrer Verwahrung anzugeben. Sachen, die nach § 811 Nr. 1 und 2 ZPO (s. Rdn. 584 ff., 595) der Pfändung offensichtlich nicht unterworfen sind, brauchen in dem Vermögensverzeichnis nicht angegeben werden, es sei denn, daß eine Austauschpfändung (s. Rdn. 553) in Betracht kommt. Ansonsten muß der Schuldner auch unpfändbare Gegenstände aufführen sowie **künftige Forderungen** und Rechte, soweit sie Gegenstand der Zwangsvollstreckung sein können. Dies trifft z.B. auf künftige Provisionsforderungen für Warenverkäufe zu. Gegenstände, die zur Sicherung übereignet sind, brauchen zwar als solche nicht angegeben zu werden, wohl aber muß der Anspruch des Schuldners auf deren etwaige Rückübertragung in das Verzeichnis aufgenommen werden. Bei **Forderungen**, die der Schuldner **sicherungshalber** an einen anderen Gläubiger abgetreten hat, ist anzugeben, ob die Schuld an diesen Gläubiger die Höhe der abgetretenen Forderungen erreicht. **Forderungen**, die an den Schuldner **treuhänderisch abgetreten** sind, müssen ebenfalls angegeben werden. Der Schuldner muß auch ihm zwar nicht gehörende, aber in seinem Eigenbesitz stehende Sachen anführen.

Sachen, die der Schuldner gekauft hat, die aber noch **unter Eigentumsvorbehalt** stehen, sind ebenfalls anzugeben[17]. Auch demnächst wegen Wegfall des Pfändungsschutzes nach § 811 d ZPO pfändbar werdende Sachen sind aufzuführen. Ferner wegen der Rdn. 764 aufgezeigten Pfändungsmöglichkeit auch geleaste Sachen, wie z. B. Leasingfahrzeuge.

Die Ausfüllung des Vermögensverzeichnisses durch Striche als ausreichende Antwort ist zulässig, wenn die Striche zu Fragen gemacht werden, die im Falle der Verneinung nur mit „nein", „keine" oder „nicht vorhanden" beantwortet werden können[18].

712

---

[16] Nach BGH in NJW 1955, 1236 erstreckt sich die eidesstattliche Versicherung des Schuldners auch darauf, daß das Vermögensverzeichnis keine Gegenstände enthält, die in Wahrheit nicht zum Vermögen des Schuldners gehören. Die eidesstattliche Versicherung umfaßt auch die persönlichen Verhältnisse des Schuldners (BayObLG in NJW 1957, 427).
[17] S. Rdn. 269 ff.
[18] LG Essen in MDR 1972, 788 = Rpfleger 1972, 324.

Unterhaltsansprüche an Dritte sind anzugeben, bei familienrechtlichem Unterhalt ist jedoch nur das Bestehen des Anspruches zu nennen[19].

Die falsche Beantwortung von Fragen des Vordrucks für das Vermögensverzeichnis kann nicht als unvollständig oder ungenau angesehen werden und gibt dem Gläubiger nicht das Recht, eine Nachbesserung des Verzeichnisses zu verlangen[20]. Der Schuldner wird auch von seiner Pflicht, ein unvollständiges oder ungenaues Vermögensverzeichnis zu ergänzen und in einem vom Vollstreckungsgericht bestimmten Termin neu eidesstattlich zu versichern, durch die **schriftliche** Vervollständigung seines versicherten Vermögensverzeichnisses nicht befreit[21].

713 In den amtlichen Vordrucken, die dem Schuldner zum Ausfüllen zugesandt werden, klaffen erhebliche Lücken, weshalb **Ergänzungen des Fragenkatalogs angebracht** sind. Allerdings wird der Rechtspfleger des Vollstreckungsgerichts nur solche Fragen zulassen, die sich auf den gegenwärtigen Stand des Vermögens beziehen. Früheres Vermögen muß nur angegeben werden, wenn darüber in der in § 807 Abs. 2 Nr. 1 und 2 ZPO geschilderten Weise verfahren wurde. Im übrigen brauchen Angaben über den Verbleib früherer Vermögensgegenstände nicht gemacht werden (BGH in NJW 1968, 1388). Für **gegenwärtige Forderungen** muß der Schuldner Grund und Beweismittel bezeichnen (§ 807 Abs. 1 Satz 1 ZPO). Es sind zu nennen Name und Anschrift des Drittschuldners (bei Arbeitseinkommen Anschrift des Arbeitgebers, LG Stade in Rpfleger 1984, 324), Grund des Anspruchs (z.B. Darlehen), Betrag, sowie Nebenleistungen (z.B. Zinsen), außerdem die Beweismittel (z.B. Schuldschein). Anzugeben sind **auch unsichere Forderungen** und solche, deren Bestand aus tatsächlichen oder rechtlichen Gründen zweifelhaft ist (BGH in NJW 1953, 390).

Folgende **Zusatzfragen**[21a] können **mit dem Antrag auf Abnahme der eidesstattlichen Offenbarungsversicherung** auf einem Beiblatt gestellt werden:

1. Unter Nr. 10 des amtlichen Vordrucks, wo nach Fahrzeugen gefragt wird, soll der Schuldner seine **Kfz-Haftpflichtversicherung** und die Versicherungsnummer angeben, damit der Anspruch auf Beitragsrückvergütung (Prämienrückvergütung) und auf Erstattung zuviel gezahlten Versicherungsbeitrags gepfändet werden kann (näher dazu Stöber, Rdnr. 151 b).

---

[19] LG Aachen in JurBüro 1990, 659.
[20] LG Koblenz in MDR 1972, 1041 m. Anm. Schneider. Nachbesserung aber bei widersprüchlichen Angaben, LG Krefeld in Rpfleger 1979, 146.
[21] LG Berlin in Rpfleger 1973, 34 und LG Koblenz in MDR 1976, 150. S. auch Rdn. 729.
[21a] Zur Zulässigkeit von Zusatzfragen bereits bei Antragstellung bejahend LG Göttingen in DGVZ 1994, 29; LG Freiburg und LG Mannheim in DGVZ 1994, 118 m. Anm. Behr; LG München I in JurBüro 1994, 407; verneinend LG Augsburg in Rpfleger 1993, 454. Zur Problematik s. Stöber in Rpfleger 1994, 321; Spring in NJW 1994, 1108; Behr in JurBüro 1994, 193.

Die eidesstattliche Offenbarungsversicherung

2. Wegen der **bei vielen Versicherungsarten** üblichen **Beitragsrückvergütung** kann der Schuldner auch zur Angabe weiterer Versicherungen (Unfall-, Hausrat-, Glas-, Sturm-, Leitungswasser, Haftpflichtversicherung) befragt werden. Ist der Gläubiger Rechtsbeistand, so hat der Schuldner auch seine Rechtsschutzversicherung genau zu bezeichnen, damit der Rechtsbeistand den Schuldbefreiungsanspruch des Schuldners wegen seiner Gebührenforderung pfänden kann.
3. Unter Nr. 17 ist bei den **Steuerarten** auch nach der Umsatzsteuer zu fragen (s. dazu BFH in NJW 1990, 2645).
4. Nr. 15 des Fragenkatalogs ist im Hinblick auf § 850 e Nr. 3 ZPO wie folgt zu ergänzen: Steht Ihnen ein Dienstwagen (= Firmenwagen) zur privaten Nutzung zur Verfügung? Typ, Marke, Baujahr, km-Stand? Wird Ihnen der **Dienstwagen** bei Ihren Bezügen angerechnet? Mit wieviel DM pro Monat? Gleiches gilt für Dienstwohnung sowie unentgeltlichen oder verbilligten Warenbezug. Wieviel beträgt die Vergünstigung? Haben Sie freie Kost und Logis (z.B. als Kellner)? (s. näher dazu David, Abschnitt 2.5.7).
5. Bei Einkommen unter 1 200 DM netto monatlich und Vorliegen sonstiger Anhaltspunkte für **verschleiertes Arbeitseinkommen** (z.B. Schuldner ist Geschäftsführer oder Angestellter im Betrieb der Ehefrau und erhält nur pfändungsfreien Lohn) ist der Schuldner nach Art und Umfang seiner Tätigkeit zu befragen (Tätigkeitsmerkmale und Arbeitszeit; vgl. LG München I in JurBüro 1997, 660; LG Bremen in JurBüro 1998, 102; LG Landau in Rpfleger 1991, 27).
6. Haben Sie einen Teil Ihres Lohnes zur Sicherheit abgetreten? An wen und zur Sicherung welcher Forderung? (Pfändung des Rückabtretungsanspruchs; sehr instruktiv LG Münster in Rpfleger 1991, 379; auch KG in DGVZ 1981, 75 und oben Rdn. 678).
7. An welchen **Versicherungsträger** führen Sie Versicherungsbeiträge ab? (BfA Berlin, LVA X, Bahnversicherungsanstalt Frankfurt, Seekasse Hamburg, Bundesknappschaft Bochum). Welche Zusatzversicherungen werden für Sie geführt? (Versorgungsanstalt des Bundes und der Länder in Karlsruhe, Versicherungen der Gemeinden) Besitzen Sie auch Anwartschaften auf eine Betriebsrente?
8. Sind Sie unwiderruflich Bezugsberechtigter einer **Lebensversicherung?** Besteht zu Ihren Gunsten eine **Direktversicherung** Ihres Arbeitgebers? Wenn ja, bei welcher Versicherungsgesellschaft? (siehe LG Münster in JurBüro 1997, 662).
9. Haben Sie Gelder auf den Namen einer anderen Person (Name, Anschrift?) auf deren Konto angelegt? Bei welchem Geldinstitut? Besitzen Sie eine Vollmacht zur Abhebung? (Zur Pfändung von sog. **Leih- oder Tarnkonten** vgl. Rdn. 737 Nr. 20).

10. Falls die verheiratete Schuldnerin oder der verheiratete schuldnerische Hausmann nicht berufstätig ist: Welche Tätigkeit übt Ihr Ehepartner aus und was verdient er dabei im Monat netto? (Wichtig für Prüfung, ob pfändbarer **Taschengeldanspruch** vorliegt).
11. Bestehen **Leasingverträge?** Wenn ja, hinsichtlich welcher Gegenstände? Wer ist Leasinggeber? (Name und Anschrift) Welche Ansprüche stehen Ihnen aus den Leasingverträgen zu? (S. Rdn. 764).
12. Bauen Sie eine private Altersversorgung auf? Bei welcher Institution und in welcher Form?
13. Besteht eine Kreditzusage bei Nr. 10, wo nach Konten des Schuldners gefragt ist? Bis zu welchem Betrag? Ist der Kredit zweckgebunden? Welcher Zweck?
14. Für den Fall, daß Sie Arbeitseinkommen beziehen: Haben Sie einen Teil Ihres Arbeitslohns für die monatlich fälligen Mietzahlungen an den Vermieter abgetreten? Name und Anschrift des Vermieters? (siehe Rdn. 737, Nr. 26).
15. In welcher Steuerklasse versteuern Sie Ihr Arbeitseinkommen? (siehe Rdn. 737 Nr. 27).

Das ist eine Auswahl von Zusatzfragen, die zulässig sein dürften. Streitig ist das allerdings bei Nr. 10. Dort wird die Meinung vertreten, daß es sich um Angaben über schuldnerfremdes Vermögen handele, so daß derartige Fragen unzulässig seien. Das LG Oldenburg (JurBüro 1989, 1611 mit zustimmender Anmerkung Mümmler) läßt die Frage in Ergänzung von Nr. 18 des amtlichen Fragebogens zu; ebenso LG Osnabrück in Rpfleger 1992, 259 und das LG Heilbronn in MDR 1992, 808 sowie als erstes Oberlandesgericht das OLG Köln in NJW 1993, 3335 = Rpfleger 1994, 32. Anderer Ansicht sind LG Bremen in Rpfleger 1993, 119 und LG Bonn in Rpfleger 1993, 30, LG Augsburg und LG Hildesheim in DGVZ 1994, 88, die meinen, der Schuldner habe seine Pflicht getan, wenn er erkläre, er sei Hausmann. Der familienrechtliche Unterhalt sei kein auf Geld gerichteter Leistungsanspruch. Das ist zwar für die intakten Ehen zutreffend. Aber auch in ihr hat der nicht erwerbstätige Teil einen Leistungsanspruch auf Zahlung von Taschengeld in Höhe von 5 % des Nettoeinkommens des Ehepartners. Dieser Anspruch wird bei der Taschengeldpfändung mit dem fiktiven Unterhaltsanspruch zusammengerechnet (s. Rdn. 749 ff.).

Folgt man der obengenannten (gläubigerfreundlichen) Entscheidung des OLG Köln nicht, weil die Höhe des Nettoeinkommens des Ehepartners des Schuldners nicht zu den Angaben über das Aktivvermögen des letzteren gehört, so muß man wohl etwaige **Detektivkosten** für die Ermittlung des Einkommens des nichtschuldnerischen Ehegatten als notwendige Vollstreckungskosten i. S. von § 788 ZPO anerkennen. Das Auskunftsrecht des Gläubigers nach § 836 Abs. 3 ZPO besteht erst nach Überweisung der Geldforderung.

Fragen nach Einkünften aus **Schwarzarbeit** werden bei der Offenbarungsversicherung zugelassen vom LG Saarbrücken in DGVZ 1998, 77 sowie vom AG Hamburg in JurBüro 1998, 212 (unter Hinweis auf die Auskunftspflicht des Schuldners gem. § 97 InsO). Das OLG Köln in Rpfleger 1995, 469 läßt die Frage nach Schwarzarbeit nur zu, wenn der Gläubiger konkrete Anhaltspunkte dafür vorträgt. Dafür genügt es nicht, daß der Schuldner einer Berufsgruppe (hier: Fliesenleger) angehört, in der solche Einkünfte häufig sind. 713a

Daß ein **Gelegenheitsarbeiter** (z. B. auch eine Aushilfsbedienung, s. dazu LG München I in JurBüro 1982, 937) die regelmäßigen Arbeitgeber der letzten 12 Monate mit Anschrift und durchschnittlicher Höhe der Entlohnung anzugeben hat, ist inzwischen gefestigte Rechtsprechung (s. Zöller/Stöber Rdnr. 23 zu § 807). Es genügt nicht, daß der Schuldner nur angibt, als Gelegenheitsarbeiter ständig wechselnde Auftraggeber zu haben oder solche Arbeiten für Bekannte ständig wechselnd auszuführen (LG Düsseldorf in JurBüro 1986, 940; LG Frankfurt in Rpfleger 1985, 73).

Gelegentlich kommt es vor, daß der Schuldner längere Zeit **krank oder bettlägerig** ist. Dies darf nicht dazu führen, ihn praktisch von der Offenbarungspflicht freizustellen. Hierzu OLG Köln in DGVZ 1995, 7: 713b

Erklärt der Schuldner, der aus gesundheitlichen Gründen nicht bei Gericht erscheinen kann, seine Bereitschaft zur Abgabe der eidesstattlichen Offenbarungsversicherung, so ist ihm diese auf Antrag des Gläubigers gem. § 219 ZPO in der Wohnung abzunehmen.
Verweigert er dort die Abgabe, so sind an einen Haftaufschub strenge Voraussetzungen zu stellen (amtsärztliche Feststellung der Haftunfähigkeit erforderlich).

Das Thüringische OLG Jena in Rpfleger 1997, 446 entschied:
Im **Erkrankungsfall** kann der Schuldner die Offenbarungsversicherung in seiner Wohnung oder im Krankenhaus leisten. Sowohl bestätigte **Arbeits-** als auch **Haftunfähigkeit** befreien nicht von der Verpflichtung, die Offenbarungsversicherung abzulegen. Lediglich eine ärztlich bestätigte **Verhandlungsunfähigkeit**, die die Möglichkeit der Abgabe der Offenbarungsversicherung ausdrücklich ausschließt und konkret und nachvollziehbar begründet, in welcher Art Gesundheitsschäden für den Schuldner zu erwarten sind, kann ausreichen.

Privatärztlichen Attesten kommt dabei nur eine vorläufige Beweisfunktion zu; sie rechtfertigen allenfalls eine Vertagung des Termins mit der Auflage, ein amtsärztliches Attest beizubringen (so zu § 906 ZPO).

Besteht der Verdacht, daß ein **Arzt** den Schuldner auf Wunsch sog. **Gefälligkeitsatteste** ausstellt, damit der Schuldner zum Termin zur Abgabe der Offenbarungsversicherung nicht erscheinen muß, hat der Schuldner auf Verlangen ein Attest mit ausführlicher Begründung des Krankheitszustandes, des Krankheitsverlaufs und des Untersuchungsergebnisses vorzulegen (LG Berlin in Rpfleger 1998, 167).

Zur Offenbarungsversicherung von Schuldnern, die einen Beruf ausüben, der sie zur Verschwiegenheit hinsichtlich ihrer Mandanten oder Patienten verpflichtet (**Ärzte, Rechtsanwälte, Steuerberater**), hat das OLG Köln in MDR 1993, 1007 entschieden:

> *Ein zur Offenbarungsversicherung verpflichteter Steuerberater hat in seinem Vermögensverzeichnis Honorarforderungen gegen seine Mandanten unter Angabe von Namen und Anschrift der Schuldner sowie der Höhe der jeweiligen Ansprüche anzugeben.*

714 Aus dem Verzeichnis müssen **auch** ersichtlich sein

a) die in den letzten zwei Jahren vor dem ersten zur Abgabe der eidesstattlichen Versicherung anberaumten Termin vorgenommenen **entgeltlichen Veräußerungen des Schuldners** an eine **nahestehende Person** (§ 138 InsO zählt die nahestehenden Personen auf: neben Ehegatten und bestimmten Verwandten zählen dazu jetzt auch die sog. Lebensgefährten, die in häuslicher Gemeinschaft mit dem Schuldner leben, bei juristischen Personen z. B. auch die Geschäftsführer, Vorstände und Aufsichtsorgane);

b) die in den letzten vier Jahren vor dem ersten zur Abgabe der eidesstattlichen Versicherung anberaumten Termin vom Schuldner vorgenommenen **unentgeltlichen Verfügungen**, sofern sie nicht gebräuchliche Gelegenheitsgeschenke zum Gegenstand hatten[22].

Der Gerichtsvollzieher geht das vom Schuldner in den Termin mitgebrachte Vermögensverzeichnis in allen Einzelheiten sorgfältig durch und wird es in aller Regel zu ergänzen haben[23]. Nimmt er die eidesstattliche Versicherung ab, ohne nach Schuldgrund und Beweismitteln der vom Schuldner angegebenen Forderungen zu fragen, so verletzt er fahrlässig seine Amtspflicht[24].

Ist der Gläubiger im Termin anwesend, so wird er in der Regel mündlich die Erteilung einer Abschrift des Vermögensverzeichnisses beantragen. Andernfalls kann er diesen Antrag schriftlich beim Gerichtsvollzieher stellen.

---

[22] Bei einer gemischten Schenkung ist nur der unentgeltliche Teil maßgebend (BGHZ 30, 120).
[23] Die Abgabe der eidesstattlichen Offenbarungsversicherung kann der Schuldner nicht dadurch **umgehen**, daß er vor einem Notar seine Vermögensverhältnisse offenbart und die Vollständigkeit und Richtigkeit dort an Eides Statt versichert (LG Detmold in Rpfleger 1987, 165).
[24] Versäumt also der Gerichtsvollzieher eine erforderliche Klarstellung der im Vermögensverzeichnis enthaltenen Angaben und scheitert hieran später ein Zugriff des Gläubigers, so ergeben sich u. U. Schadenersatzansprüche an den Staat (Art. 34 Grundgesetz, § 839 BGB; BGHZ 7, 287).

Muster 86

In meiner Zwangsvollstreckungssache gegen ... in ..., hier wegen Abgabe einer eidesstattlichen Offenbarungsversicherung – Aktenzeichen M ... – bitte ich um Mitteilung einer Abschrift des vom Schuldner aufgestellten Vermögensverzeichnisses, gegebenenfalls um Erteilung einer Ausfertigung des gegen ihn erlassenen Haftbefehls.

715

Datum und Unterschrift des Gläubigers

6. Verweigerung der eidesstattlichen Versicherung durch den Schuldner

a. Verweigerung durch Widerspruchserhebung im Termin

Der Schuldner kann im Termin zur Abgabe der eidesstattlichen Versicherung persönlich oder durch einen Prozeßbevollmächtigten bestreiten, zur Versicherung verpflichtet zu sein, etwa weil er sie in den letzten drei Jahren bereits abgegeben hat. Der **Widerspruch** kann **nur im Termin** erhoben werden. Ein schriftlich eingereichter Widerspruch ist unbeachtlich[25]. Das Vollstreckungsgericht hat alsdann durch Beschluß zu entscheiden. Gegen ihn ist sofortige Beschwerde zulässig; Frist zwei Wochen (§§ 793, 577 ZPO).

716

Gibt das Gericht dem Widerspruch des Schuldners rechtskräftig statt[26], so kann der Gläubiger ein neues eidesstattliches Versicherungs-Verfahren nur aufgrund neuer Tatsachen einleiten. Weist dagegen das Gericht den Widerspruch des Schuldners noch im eidesstattlichen Termin ab, so braucht die Versicherung erst nach Rechtskraft der Entscheidung zu erfolgen; das Vollstreckungsgericht kann jedoch die Abgabe der eidesstattlichen Versicherung vor Eintritt der Rechtskraft anordnen, wenn bereits ein früherer Widerspruch rechtskräftig verworfen ist oder wenn nach Vertagung im Sinne der Ausführungen Rdn. 711 der Widerspruch auf Tatsachen gestützt wird, die zur Zeit des ersten Antrags auf Vertagung bereits eingetreten waren (§ 900 Abs. 4 ZPO).

Weitere **Gründe zur Widerspruchseinlegung** durch den Schuldner können u.a. sein: Gläubiger habe auf Abgabe der eidesstattlichen Versicherung verzichtet, der Versicherung stehe § 765a ZPO – vollstreckungsrechtliche Generalklausel (s. Rdn. 542)[27] – entgegen. Einwendungen gegen den vollstreckbaren Anspruch des Gläubigers selbst kann der Schuldner dagegen nicht im eidesstattlichen Versicherungs-Verfahren, sondern nur im Wege der Vollstreckungs-

---

[25] OLG Hamm in JurBüro 1983, 1891.
[26] Hat der Gläubiger das Ruhen des Verfahrens beantragt, darf auch über einen Widerspruch des Schuldners nicht mehr entschieden werden (LG Krefeld in MDR 1972, 789).
[27] S. zur Anwendung dieser Vorschrift bei der eidesstattlichen Versicherung OLG Hamm in NJW 1968, 2247, OLG Köln in Rpfleger 1969, 173, LG München I in Rpfleger 1974, 371.

gegenklage vor dem Prozeßgericht des ersten Rechtszugs geltend machen (§§ 767 ff. ZPO; s. auch Rdn. 206).

Der Widerspruch kann jedoch **nicht** darauf gestützt werden, der Schuldner gestatte nun die Durchsuchung seiner Wohn- und Geschäftsräume, denn § 807 Abs. 1 Nr. 3 ZPO verpflichtet den Schuldner zur Abgabe der Offenbarungsversicherung nach dem Ergebnis des Vollstreckungsversuchs; eine spätere „Wiedergutmachung" hebt die Verpflichtung nicht auf.

b. Verweigerung der eidesstattlichen Versicherung durch Nichterscheinen im Termin und Haftbefehl

717 Erscheint der Schuldner im Termin zur Abgabe der eidesstattlichen Versicherung nicht, so ordnet das Gericht (Richter; s. § 4 Abs. 2 Nr. 2 RpflG) auf Antrag des Gläubigers (der meist gleichzeitig mit dem Antrag auf Abgabe der eidesstattlichen Versicherung gestellt wird; s. Muster Rdn. 666)[28] zur Erzwingung der eidesstattlichen Versicherung die Haft an[29], sofern der Schuldner ordnungsmäßig geladen war und sein Ausbleiben im Termin nicht ausreichend entschuldigt hat. Als Entschuldigung kann eine nachgewiesene Erkrankung dienen. Bei Gehunfähigkeit kann Terminanberaumung in der Wohnung des Schuldners oder im Krankenhaus erfolgen[30]. Das gleiche ist dann der Fall, wenn der Schuldner zwar im Termin erscheint, die Abgabe der eidesstattlichen Versicherung aber grundlos verweigert (§ 901 ZPO). Die Offenbarungshaft verletzt nicht den Grundsatz der Verhältnismäßigkeit und demgemäß auch nicht das Grundrecht der Freiheit der Person. Sie ist verfassungsgemäß[31].

Die **Haftanordnung** ergeht als gerichtlicher Beschluß. Er wird dem Gläubiger formlos in Ausfertigung mitgeteilt[32]. Gegen die Anordnung bzw. gegen die Ablehnung der Haft ist **sofortige Beschwerde** durch den Schuldner bzw. den Gläubiger zulässig; die Beschwerdefrist beträgt zwei Wochen (§§ 793, 577 ZPO)[33]. Ist der Haftbefehl in Abwesenheit des Schuldners verkündet worden, so läuft die Beschwerdefrist erst von dem Zeitpunkt an, in dem der Haftbefehl durch den Gläubiger an den Schuldner zugestellt oder durch den Gerichtsvoll-

---

[28] Über Einzelheiten zum Haftbefehlsantrag des Gläubigers s. Zöller/Stöber, Rdn. 4 zu § 901. Der Gläubiger kann nachträglich auf die Rechte aus dem von ihm erwirkten Haftbefehl verzichten (LG Berlin in DGVZ 1967, 107).
[29] Der zur Erzwingung der eidesstattlichen Versicherung erlassene Haftbefehl muß nach LG Kassel in DGVZ 1972, 46 die Angabe enthalten, ob die eidesstattliche Versicherung gemäß § 807 ZPO (das hier behandelte Verfahren) oder gemäß § 903 ZPO (wiederholte eidesstattliche Versicherung nach Rdn. 726) folgen soll.
[30] S. Rdn. 713 b.
[31] BVerfG in RPfleger 1983, 80 = NJW 1983, 559.
[32] Eine Benachrichtigung des Schuldners erfolgt nicht.
[33] A. A. Zöller/Stöber, Rdn. 13 zu § 901, der gegen den Erlaß des Haftbefehls als Zwangsvollstreckungsmaßnahme die Vollstreckungserinnerung nach § 766 ZPO für gegeben hält und erst danach sofortige Beschwerde.

zieher vorgezeigt worden ist³⁴. Wurde bereits über einen Widerspruch des Schuldners (s. Rdn. 716) rechtskräftig entschieden, so sind bei der Beschwerde gegen die Haftanordnung sämtliche Einwendungen ausgeschlossen, die im Widerspruchsverfahren geltend zu machen gewesen wären³⁵.

Der Einwand, er sei nichts mehr schuldig, kann nicht mit sofortiger Beschwerde, sondern nur mit Hilfe der Vollstreckungsabwehrklage (§ 767 ZPO) geltend gemacht werden.

Der Schuldner kann bei Haftanordnung seine Beschwerde, die er sowohl beim Vollstreckungsgericht als auch beim Landgericht (hier ohne Anwaltszwang) einlegen kann, wie folgt fassen:

Muster 87

Gegen den mir am ... zugestellten Beschluß des Amtsgerichts ... vom ... (Aktenzeichen M ...), durch den in der Zwangsvollstreckungssache des ... in ... gegen mich Haftbefehl erlassen worden ist, lege ich sofortige Beschwerde mit dem Antrag auf Aufhebung des Haftbefehls ein. Ich habe bereits am ... in der Zwangsvollstreckungssache des ... beim Amtsgericht ... nach dessen Akten M ... den Offenbarungseid geleistet bzw. die Versicherung abgegeben und bin zur nochmaligen Abgabe nicht verpflichtet³⁶. Weil der Gläubiger den Haftbefehl bereits im Besitz hat, beantrage ich, eine einstweilige Anordnung nach § 572 Abs. 3 ZPO zu treffen.

Datum und Unterschrift des Schuldners

718

Nach der ebengenannten Vorschrift kann das Beschwerdegericht durch einstweilige Anordnung die Vollziehung des Haftbefehls aussetzen.

Die **Vollstreckung des Haftbefehls** erfolgt auf Antrag des Gläubigers durch den Gerichtsvollzieher, der dem Schuldner bei der Verhaftung den Haftbefehl in beglaubigter Abschrift zu übergeben hat (§ 909 ZPO) und im Besitz des gegen ihn gerichteten vollstreckbaren Titels sein muß. Die Vollziehung des Haftbefehls ist unstatthaft, wenn seit dem Tag, an dem der Haftbefehl erlassen wurde, drei Jahre vergangen sind³⁷.

719

Hat der Gläubiger den Haftauftrag auf einen **Teil der** im Haftbefehl beziehenden **Forderung beschränkt**, unterbleibt die Verhaftung, wenn der Schuldner den Teilbetrag bezahlt. Der Haftbefehl ist aber nicht verbraucht³⁸.

---

34 Zöller / Stöber Rdn. 12 zu § 901.
35 Zur Rechtskraft von Haftbefehlen s. Noack in MDR 1969, 524, 527.
36 LG Düsseldorf in JurBüro 1985, 1737.
37 § 909 Abs. 2 ZPO.
38 S. zuletzt AG Wiesbaden in DGVZ 1997, 141.

Einer Zustellung des Haftbefehls vor seiner Vollziehung bedarf es nicht[39].

Muster 88

720 Aufgrund des angeschlossenen Haftbefehls des Amtsgerichts ... vom ... (Aktenzeichen M ...) beantrage ich dessen Vollstreckung gegenüber meinem Schuldner ... in ... Der Vollstreckungstitel ist ebenfalls beigefügt.

Datum und Unterschrift des Gläubigers

Die Annahme einer Teilzahlung, die der Schuldner vor einer Verhaftung leisten will, kann der Gerichtsvollzieher nicht ablehnen[40]. Der **verhaftete Schuldner** kann zu jeder Zeit bei dem zuständigen Gerichtsvollzieher des Amtsgerichts des Haftorts (das ist in der Regel auch der, der die Verhaftung durchführt) verlangen, ihm die eidesstattliche Offenbarungsversicherung abzunehmen[41]. Es wird also keine Einlieferung eines **abgabebereiten Schuldners** in die Justizvollzugsanstalten mehr geben, da dem Verlangen des Schuldners ohne Verzug stattzugeben ist. Dem Gläubiger ist die Teilnahme an der Offenbarungsversicherung zu ermöglichen, wenn er dies beantragt hat und die Versicherung ohne Verzug abgenommen werden kann (§ 902 Abs. 1 Satz 2, 3 ZPO).

Wenn der Schuldner vollständige Angaben nicht machen kann, weil er die dazu notwendigen Unterlagen nicht bei sich hat, so **kann** der Gerichtsvollzieher einen neuen Termin bestimmen und die Vollziehung des Haftbefehls aussetzen (§ 902 Abs. 3 ZPO).

Bei Fluchtgefahr oder Böswilligkeit des Schuldners wird der Gerichtsvollzieher von seinem Ermessen („kann") dahin Gebrauch machen, daß er eben Haftbefehl nicht aussetzt.

721 Die Dauer der Haft darf sechs Monate nicht übersteigen. Nach Ablauf dieser Zeit ist der Schuldner von Amts wegen zu entlassen[42]. Der Schuldner kann während der Haft jederzeit beim Amtsgericht beantragen, die eidesstattliche Versicherung abzunehmen, und dadurch seine Haft beendigen (§ 902 ZPO). Bei Vorführung des verhafteten Schuldners ist der Gläubiger tunlichst von der bevorstehenden Abnahme der eidesstattlichen Versicherung (evtl. telefonisch) zu verständigen. Einen Haftkostenvorschuß braucht der Gläubiger seit 1. 7. 1979 nicht mehr zu leisten[43].

---

[39] § 901 Satz 3 ZPO.
[40] Der Gläubiger kann dem Gerichtsvollzieher nicht untersagen, bei der Vollstreckung eines Haftbefehls Teilzahlungen des Schuldners entgegenzunehmen (LG Kassel in DGVZ 1973, 23).
[41] § 902 Abs. 1 Satz 1 ZPO.
[42] Ist während der Offenbarungshaft des Schuldners ein diesem gehörender Hund zu versorgen, so hat der Gläubiger für die hierdurch entstehenden Kosten einen angemessenen Vorschuß zu leisten (AG Oldenburg in DGVZ 1991, 174).
[43] Der Haftkostenvorschuß war bis 1. 7. 1979 Voraussetzung für die Verhaftung gem. § 909 ZPO.

Die eidesstattliche Offenbarungsversicherung 397

Gegen den Schuldner, der ohne sein Zutun **auf Antrag des Gläubigers** aus der Haft entlassen ist, findet auf Antrag desselben Gläubigers eine Erneuerung der Haft nicht statt (§ 911 ZPO)[44].

Der Gläubiger ist dann, wenn gegen seinen Schuldner ein Haftbefehl ergangen ist, nicht darauf beschränkt, diesen Haftbefehl zu vollstrecken. Vielmehr hat er auch einen Anspruch darauf, daß auf seinen Antrag ein neuer Termin zur Abgabe der eidesstattlichen Versicherung durch den Schuldner anberaumt wird[45]. Der Gläubiger kann und darf auch jederzeit den Gerichtsvollzieher beauftragen, den Haftbefehl dem Schuldner nur zuzustellen, ohne ihn gleich zu verhaften[46]. Den Aufenthaltsort des Schuldners hat der Gerichtsvollzieher nicht zu ermitteln[47]; vielmehr hat der Gläubiger dem Gerichtsvollzieher entsprechende Hinweise zu geben.

Das eidesstattliche Versicherungs-Verfahren wird gegenstandslos, wenn der Schuldner in einer anderen Sache die eidesstattliche Offenbarungsversicherung abgibt. Ein bereits ergangener Haftbefehl ist in einem solchen Fall vom Gericht auf Antrag des Schuldners aufzuheben[48]. Durch die Abgabe der eidesstattlichen Versicherung wird mithin **jeder** vor der Abgabe gegen den Schuldner ergangene Haftbefehl verbraucht und die Vollstreckung eines solchen unzulässig.

7. Wirkungen der Abgabe der eidesstattlichen Versicherung und des Haftbefehls (Schuldnerverzeichnis)

a. Eintragung in das Schuldnerverzeichnis

Schuldner, die vor dem Vollstreckungsgericht die eidesstattliche Versicherung abgegeben haben oder gegen welche die Haft angeordnet – wenn auch nicht vollstreckt – worden ist, sind vom Vollstreckungsgericht von Amts wegen in ein besonderes Verzeichnis (Schuldnerverzeichnis, **schwarze Liste**) einzutragen. Der Gerichtsvollzieher hat die von ihm abgenommene eidesstattliche Offenbarungsversicherung unverzüglich bei dem Vollstreckungsgericht zu hinterlegen und dem Gläubiger eine Abschrift zuzuleiten (§ 900 Abs. 5 ZPO). In das Verzeichnis werden auch Personen aufgenommen, die die eidesstattliche Versicherung nach § 284 AO vor einer Finanzbehörde abgegeben haben. Im Ver-

722

---

[44] Das bedeutet, daß eine nochmalige Verhaftung des Schuldners in demselben Vollstreckungsverfahren nach Haftentlassung unzulässig ist.
[45] So LG Aachen in MDR 1956, 45, LG Dortmund in MDR 1954, 490; Schumacher in NJW 1957, 290 und in BB 1958, 1289; gegenteiliger Ansicht allerdings LG Berlin in JR 1957, 263, LG Darmstadt in MDR 1961, 239, LG Düsseldorf in MDR 1961, 62, LG Essen in Rpfleger 1961, 307, LG Stade in NJW 1954, 1614, LG Bonn in MDR 1958, 245.
[46] LG Ulm in NJW 1963, 867.
[47] AG Minden in DGVZ 1997, 191.
[48] LG München in MDR 1964, 156, Noack in MDR 1969, 525.

zeichnis ist auch die Vollstreckung der Haft zu vermerken, wenn sie sechs Monate (Höchstdauer, s. Rdn. 721) gedauert hat (§ 915 Abs. 1, Satz 3 ZPO). Bei einer juristischen Person ist diese, nicht ihr Vertreter, in das Verzeichnis einzutragen. Während früher jedermann ohne Nachweis eines rechtlichen Interesses Auskunft aus dem Schuldnerverzeichnis erhalten konnte, gilt seit 1. 1. 1995[49] folgendes (§ 915 Abs. 3 ZPO):

Personenbezogene Informationen aus dem Schuldnerverzeichnis dürfen nur
- für **Zwecke der Zwangsvollstreckung**, sowie um gesetzliche Pflichten zur Prüfung der wirtschaftlichen Zuverlässigkeit zu erfüllen,
- um Voraussetzungen für die Gewährung von öffentlichen Leistungen zu prüfen oder
- um **wirtschaftliche Nachteile abzuwenden**, die daraus entstehen können, daß Schuldner ihren Zahlungsverpflichtungen nicht nachkommen oder soweit dies
- zur Verfolgung von Straftaten erforderlich ist (z. B. bei Verdacht des Eingehungsbetrugs).

verwendet werden.

Der Urkundsbeamte der Geschäftsstelle des Vollstreckungsgerichts erteilt auf Antrag Auskunft, welche Angaben über eine bestimmte Person in dem Schuldnerverzeichnis eingetragen sind, wenn **dargelegt** wird, daß die Auskunft für einen in § 915 Abs. 3 ZPO bezeichneten Zweck erforderlich ist (§ 915 b Abs. 1 ZPO).

Die – schriftliche oder mündliche – Auskunft wird kostenfrei erteilt[50].

Muster 89

An das Amtsgericht – Vollstreckungsgericht –
München

Sehr geehrte Damen und Herren,

ich bitte um Auskunft, ob im dortigen Schuldnerverzeichnis ein Eintrag über die Abgabe einer eidesstattlichen Offenbarungsversicherung oder über Haftanordnung bezüglich Herrn Franz Schwarzenberger enthalten ist und von wann der Eintrag stammt.
Ich benötige die Auskunft zu Zwecken der Zwangsvollstreckung, denn ich habe einen gegen Herrn Schwarzenberger gerichteten Vollstreckungsbescheid des Amtsgerichts München, Az. 13 B 11713/99.

Mit freundlichem Gruß

---
[49] Näher zu Einzelfragen Lappe in NJW 1994, 3067.
[50] Zur Weitergabe der Abdrucke in Listen s. § 915 f ZPO.

Die eidesstattliche Offenbarungsversicherung

Neben Einzelauskünften können **Abdrucke** aus dem Schuldnerverzeichnis auch **zum laufenden Bezug** erteilt werden (§ 915 d ZPO). Solche Abdrucke erhalten die Industrie- und Handelskammern und andere öffentlich-rechtliche Kammern, wie z. B. Handwerks- und Rechtsanwaltskammern sowie Antragsteller, die Abdrucke zur Errichtung und Führung zentraler bundesweiter oder regionaler Schuldnerverzeichnisse verwenden[51].

724

b. Löschung im Schuldnerverzeichnis

Für die Löschung der Eintragungen im Schuldnerverzeichnis ist im Gegensatz zu früher kein Antrag mehr erforderlich.

725

Entweder erfolgt die **Löschung von Amts wegen nach Ablauf von drei Jahren** seit dem Ende des Jahres, in dem die eidesstattliche Versicherung abgegeben, die Haft angeordnet oder die sechsmonatige Haftvollstreckung beendet worden ist (Löschung wegen Fristablaufs, § 915 a Abs. 1 ZPO) **oder vorzeitig**, wenn

- die Befriedigung des Gläubigers nachgewiesen worden oder
- der Wegfall des Eintragungsgrundes dem Vollstreckungsgericht bekanntgeworden ist (z. B. Aufhebung des vorläufig vollstreckbaren Titels, Unzulässigkeit der Zwangsvollstreckung aus dem Titel).

Gegen die Entscheidungen über Eintragungen, Löschungen und Auskunftsersuchen ist eine **Beschwerde nicht statthaft** (§ 915 c ZPO). Es kann jedoch gegen Vollstreckungsmaßnahmen, wie z. B. die Eintragung durch den Urkundsbeamten und gegen die Ablehnung eines Auskunftsersuchens **Erinnerung** an den Richter eingelegt werden (§ 576 ZPO).

725a

Gegen die Entscheidung des Rechtspflegers, der vorzeitige Löschung (§ 915a Abs. 2) anordnet, ist die befristete (2 Wochen!) Erinnerung nach § 11 Abs. 2 RpflG möglich. Ihr kann der Rechtspfleger abhelfen (§ 11 Abs. 2 S. 2 RpflG); wenn nicht, entscheidet der Richter (§ 11 Abs. 2 S. 3 RpflG). Beschwerde ist ausgeschlossen.

c. Wegfall weiterer Versicherungsabgabepflicht innerhalb von drei Jahren

Ein Schuldner, der die eidesstattliche Versicherung abgegeben und dabei ein vollständiges Vermögensverzeichnis vorgelegt hat (wegen der Rechtslage bei Unvollständigkeit des Verzeichnisses s. Rdn. 729), ist, sofern die Abgabe im Schuldnerverzeichnis noch nicht gelöscht ist (s. hierüber Rdn. 725), einem anderen Gläubiger gegenüber zur nochmaligen eidesstattlichen Versicherung

726

---
[51] Lappe in NJW 1994, 3068.

(also zur erneuten Aufstellung eines Vermögensverzeichnisses) **innerhalb der nächsten drei Jahre grundsätzlich nicht verpflichtet** (§ 903 ZPO).

d. In Ausnahmefällen besteht neue Versicherungsabgabepflicht innerhalb der Dreijahresfrist

727 Das soeben Ausgeführte gilt dann nicht, wenn ein Gläubiger glaubhaft macht, daß

a) entweder der Schuldner später – pfändbares – Vermögen erworben hat[52];
b) oder ein bisher bestandenes Arbeitsverhältnis mit dem Schuldner aufgelöst ist (§ 903 ZPO)[53].

Jede nochmalige Versicherungsabgabe nach § 903 ZPO ist eine solche nach den allgemeinen Bestimmungen des § 807 ZPO (= **Vorlage eines neuen Vermögensverzeichnisses**) mit allen Wirkungen einer solchen und setzt – unabhängig von einer früheren Abgabe – von diesem Zeitpunkt ab die unter Rdn. 726 behandelte Dreijahresfrist erneut in Lauf[54]. Zutreffendenfalls muß ein neuer Haftbefehl erwirkt werden[55].

Der neue Erwerb nach vorst. Buchst. a muß vom Gläubiger glaubhaft gemacht werden. Dabei genügt allerdings, daß er Umstände glaubhaft macht, die nach allgemeiner Lebenserfahrung den Schluß zulassen, daß der Schuldner wahrscheinlich in den Besitz von pfändbaren Vermögenswerten gelangt ist[56].

Für die erneute Abgabe der Offenbarungsversicherung bedarf es der Voraussetzungen des § 807 Abs. 1 ZPO nicht[57]. Der Gläubiger braucht also keinen neuerlichen Sachpfändungsversuch mehr machen.

Kann dem vom Schuldner in seinem Vermögensverzeichnis angegebenen Drittschuldner, weil dieser unbekannt verzogen ist, ein vom Gläubiger erwirkter Pfändungs- und Überweisungsbeschluß nicht zugestellt werden, so rechtfertigt dieser Umstand allein nicht den Antrag auf nochmalige Abgabe der eidesstattlichen Versicherung[58].

---

[52] Es kommt nur pfändbares Vermögen in Frage, LG Krefeld in BB 1980, 602.
[53] Arbeitsverhältnis ist jede Betätigung des Schuldners, die Arbeitseinkommen gewährt, dessen Pfändung nach §§ 850 ff. ZPO erfolgt (KG in MDR 1968, 674).
[54] Herzig in JurBüro 1968 Sp. 174. S. zum hier behandelten § 903 ZPO auch Schmidt in NJW 1963, 2306.
[55] Noack in MDR 1969, 525.
[56] Die dem Gläubiger im Rahmen des § 903 ZPO obliegende Glaubhaftmachung des Vorliegens seiner Voraussetzungen ist notwendige von Amts wegen zu beachtende Verfahrensvoraussetzung (OLG Stuttgart in Justiz 1970, 52).
[57] § 903 Satz 2 ZPO.
[58] AG Köln in JurBüro 1968 Sp. 250, zustimmend Herzig in JurBüro 1968 Sp. 783; kritisch Dahmen in JurBüro 1968 Sp. 782; s. auch Rdn. 730.

Die eidesstattliche Offenbarungsversicherung 401

Der Gläubiger kann die Voraussetzungen für das Verlangen auf Abgabe einer neuen eidesstattlichen Versicherung durch den Schuldner innerhalb der Dreijahresfrist auch noch in dem Verfahren auf weitere Beschwerde darlegen. Dies kann insbesondere durch Anführung neuer Tatsachen und Beweismittel dahingehend geschehen, daß ein bestimmtes Arbeitsverhältnis mit dem Schuldner aufgelöst ist[59]. 728

§ 903 ZPO ist auch **vor Fristablauf** über den Gesetzeswortlaut „bestehendes Arbeitsverhältnis" hinaus im Gläubigerinteresse **anzuwenden**,

- wenn der im letzten Vermögensverzeichnis angegebene Bezug von **Arbeitslosengeld oder -hilfe weggefallen** ist (LG Berlin in Rpfleger 1997, 221; h. M.);
- wenn der Schuldner den von ihm bisher betriebenen **Gewerbebetrieb aufgegeben** hat (LG Frankfurt/Oder in Rpfleger 1998, 167; LG Augsburg in JurBüro 1998, 325; LG Darmstadt in JurBüro 1996, 274);
- wenn nach der Lebenserfahrung unter Berücksichtigung von **Alter, Beruf, Arbeitsunfähigkeit, Arbeitsmarktlage** und **Unterhaltspflichten** anzunehmen ist, daß ein arbeitswilliger Schuldner Arbeit gefunden hat (OLG Dresden in JurBüro 1998, 214 – 43jährige **Gärtnerin**, 1 Kind, Ehemann arbeitslos, Offenbarungsversicherung vor 8 Monaten; ferner OLG Karlsruhe in Rpfleger 1992, 208 – 49jähriger gelernter **Koch**, 2 minderjährige Kinder; LG Paderborn in Rpfleger 1992, 410 – junger **Elektriker**; AG Hannover in Rpfleger 1991, 410 – 24jähriger **Metzger**; LG Nürnberg-Fürth in Rpfleger 1996, 416 – 20jährige **Friseuse**, die von ihr betriebene Pizzeria aufgegeben hat).

e. Pflicht zur Vermögensverzeichnis-Ergänzung

Die bei Rdn. 727 behandelte Pflicht des Schuldners, der die eidesstattliche Versicherung abgegeben hat, innerhalb einer Dreijahresfrist die eidesstattliche Versicherung erneut abzugeben, hat zur Voraussetzung, daß das vom Schuldner aufgestellte Vermögensverzeichnis vollständig ist. Anders ist die Rechtslage, wenn der Schuldner bei der früheren Versicherung im Vermögensverzeichnis **unvollständige oder ungenaue oder widerspruchsvolle Angaben** gemacht hat, etwa wenn der Schuldner keine hinreichenden Angaben über sein Arbeitsverhältnis („Aushilfsbedienung bei ständig wechselnden Arbeitgebern") geliefert hat; hier sind ergänzende Angaben über den Kreis der Arbeitgeber zu machen[60]. Ein **Gelegenheitsarbeiter** ist verpflichtet, die Arbeitgeber 729

---

[59] Dem steht es gleich, wenn ein selbständiger Gewerbetreibender (OLG Frankfurt in Rpfleger 1990, 174) oder der freiberuflich tätige Schuldner seinen freien Beruf aufgegeben hat (OLG Bremen in JurBüro 1978, 608; OLG Koblenz in MDR 1967, 311).
[60] LG München I in RPfleger 1982, 231.

der letzten zwölf Monate anzugeben und dabei darzulegen, wie lange er bei den einzelnen Arbeitgebern tätig ist und welche Tätigkeiten er jeweils ausführt[61]. Bestehen in dieser Richtung begründete Anhaltspunkte, so kann **auch** ein mit Vollstreckungstitel versehener **anderer Gläubiger**, also nicht nur der Gläubiger, der das frühere eidesstattliche Versicherungs-Verfahren betrieben hat, ein **Ergänzungsverfahren zur Abgabe einer eidesstattlichen Versicherung** einleiten[62]. Dabei handelt es sich um eine **Fortsetzung des früheren** auf § 807 ZPO beruhenden **Verfahrens**[63]. Dies hat zur Folge, daß erst später erworbenes Vermögen nicht anzugeben ist. Es hat weiter zur Folge, daß der neue Eintrag im Schuldnerverzeichnis (s. Rdn. 722ff.) zu löschen ist, wenn der alte – berichtigte – Eintrag gelöscht wird.

729a Aus der neueren Rechtsprechung zum Ergänzungsverfahren sind folgende Entscheidungen hervorzuheben:

Ist der **Schuldner als sog. Hausmann** tätig, kann zur Vorbereitung einer Pfändung verschleierten Arbeitseinkommens (§ 850 h Abs. 2 ZPO) folgende Entscheidung des LG Münster (in Rpfleger 1994, 33) nützlich sein:

„Gibt der Schuldner im Vermögensverzeichnis an, er betätige sich im Haushalt seiner Lebensgefährtin als Hausmann, handelt es sich um Dienste, die üblicherweise vergütet werden. In diesem Fall hat der Schuldner die wirtschaftlichen Verhältnisse seiner Lebensgefährtin anzugeben."

Auch die Entscheidung des LG Stuttgart in DGVZ 1993, 114 erfaßt einen immer wieder anzutreffenden Sachverhalt:

*„Der Schuldner hat bei Abgabe der eidesstattlichen Versicherung im Vermögensverzeichnis **umfassende Angaben** hierüber zu machen, wovon er seinen **Lebensunterhalt** bestreitet.*
*Die Angaben, er sei **Gelegenheitsarbeiter** oder er erhalte **Zuwendungen Dritter**, sind unzureichend, so daß der Gläubiger die Ergänzung des Vermögensverzeichnisses verlangen kann."*

LG Münster in Rpfleger 1993, 501:

*„Gibt der Schuldner im Vermögensverzeichnis an, er sei **selbständiger Unternehmensberater** ohne festen Kundenstamm, hat er sämtliche derzeitigen Geschäftsbeziehungen und die aus den letzten 12 Monaten anzugeben."*

---

[61] LG München I in Rpfleger 1989, 33.
[62] H. M. z. B. OLG Frankfurt in Rpfleger 1976, 320; LG Frankenthal in JurBüro 1985, 623 und zuletzt LG Hildesheim in JurBüro 1991, 729; a. A. LG Berlin in Rpfleger 1990, 431 m. ablehnender Anm. Mümmler.
[63] So auch OLG Düsseldorf in MDR 1961, 1021, dagegen für Anwendung des § 903 ZPO (Rdn. 726) in einem solchen Falle LG Bremen in JurBüro 1967 Sp. 929.

LG München II in JurBüro 1998, 433:

*„Der Schuldner hat als **freiberuflich Tätiger** seine Kunden und Auftraggeber der letzten 12 Monate mit Anschrift und die Art seiner Arbeiten für diese, wie auch seinen Verdienst bei den jeweiligen Auftraggebern, anzugeben."*

OLG Köln in JurBüro 1994, 408:

*„Im Rahmen der Ergänzungsoffenbarungsversicherung hat der Schuldner alle Angaben zu machen, die seinem Gläubiger erfolgversprechende Pfändung oder wenigstens die Beurteilung ermöglichen, ob und welche Schritte er unternehmen kann. Ein **selbständiger Malermeister** hat alle Auftraggeber der letzten 12 Monate und auch Art und Umfang seiner für diese ausgeübten Tätigkeit sowie die Höhe der jeweiligen Vergütung anzugeben."*

LG Frankenthal in JurBüro 1994, 409:

*„Eine **beschäftigungslose Schuldnerin**, die ihrem nichtehelichen Lebensgefährten ohne Entgelt den Haushalt führt, hat im Rahmen einer Nachbesserung den Namen und die ladungsfähige Anschrift ihres Lebensgefährten sowie ferner anzugeben, in welcher Art und in welchem Umfang sie ihre Leistungen erbringt."*

Ähnlich wie LG Frankenthal auch AG Bocholt in JurBüro 1994, 405.

LG München I in JurBüro 1997, 660 und ebenso LG Bremen in JurBüro 1998, 102:

*Liegen Anhaltspunkte für eine **fingierte Vergütungsabrede** vor (DM 1 500,– monatliches Bruttoeinkommen im Unternehmen seiner Ehefrau, in dem er früher Geschäftsführer war), ist der Schuldner im Rahmen einer Nachbesserung/Ergänzung verpflichtet, Fragen des Gläubigers nach Art und Umfang seiner Tätigkeit, seiner täglichen, wöchentlichen und monatlichen Arbeitszeit und nach zusätzlichen Sachleistungen des Arbeitgebers zu beantworten. Diese Angaben benötigt der Gläubiger, um prüfen zu können, ob eine **Lohnverschleierung** nach § 850 h Abs. 2 ZPO vorliegt.*

Folgende Fragen hat der Schuldner im Nachbesserungstermin zu beantworten:

(a) Welche Tätigkeiten verrichtete der Schuldner nach Art und Umfang?
(b) Wieviel Stunden arbeitete er täglich, wöchentlich, monatlich?
(c) Wie lauten seine regelmäßigen Arbeitszeiten?
(d) Erhielt der Schuldner zusätzliche Sachleistungen (z. B. freie Kost und Logis, unentgeltliche Nutzung eines Kraftfahrzeugs, Arbeitskleidung

u. a.) von seiner Arbeitgeberin; wenn ja, welche und in welchem Umfang?
(e) Wie lautete der Fahrzeugtyp eines evtl. vom Schuldner genutzten Kraftfahrzeugs des Arbeitgebers? Baujahr? km-Stand? Amtliches Kennzeichen?

730 Eine neue Unpfändbarkeitsbescheinigung ist nicht erforderlich, weil der bereits erbrachte Nachweis der Voraussetzungen nach § 807 Abs. 1 ZPO im nachzubessernden Verfahren genügt[64]. Die bei einer neuen Abgabe einer eidesstattlichen Versicherung nach § 903 ZPO bedeutsame **Dreijahresfrist** ist **hier unbeachtlich**. Die Ergänzungsversicherung ist allerdings unzulässig, wenn das Vermögensverzeichnis Mängel nicht formeller, sondern materieller Art aufweist, d.h., wenn der Schuldner früher gelogen hat[65].

731 Der Antrag des Gläubigers auf Abnahme der Ergänzungs-eidesstattlichen Versicherung hat sich in einem derartigen Fall auf die im alten Vermögensverzeichnis fehlenden oder unvollständigen Angaben zu beschränken. Beispiele dafür sind ungenaue Anschrift eines Drittschuldners, Fehlen einer Angabe über den Aufbewahrungsort einer Sache, sowie neuerdings **besonders aktuell** (vgl. Rdnr. 738) die **Angabe des Rentenversicherungsträgers und der Versicherungsnummer** – s. dazu Rdn. 738 – sowie alle in Rdn. 713 genannten bislang nicht beantworteten Zusatzfragen.

732 Zuständig für das hier behandelte **Ergänzungsverfahren** bleibt der Rechtspfleger des früheren Verfahrens bzw. der Gerichtsvollzieher, wenn er die frühere Offenbarungsversicherung abgenommen hat, auch wenn ein neuer Gläubiger die Ergänzung beantragt. Es handelt sich nämlich nur um die Fortsetzung des alten Verfahrens.

8. Die Kosten der eidesstattlichen Offenbarungsversicherung

733 Die Gebühr für das Verfahren über den Antrag auf Abnahme der eidesstattlichen Versicherung beträgt einheitlich 40,- DM (§ 27 a GVKostG). In den neuen Ländern gibt es 10 % Rabatt (= 36 DM). Hinzu kommen 11 DM für die Vorladung des Schuldners per Zustellung. Zu Einzelheiten s. Rdn. 227.

Auch für die Erteilung einer Abschrift eines mit eidesstattlicher Versicherung abgegebenen Verzeichnisses einschließlich der Niederschrift über die Abgabe der eidesstattlichen Versicherung kostet 40,- DM für jeden Drittgläubiger (Nrn. 1644, 1645 KV).

---

[64] LG Essen in DGVZ 1968, 13 = MDR 1969, 582 = Rpfleger 1969, 98; Zöller / Stöber Rdn. 16 zu § 903.
[65] S. Noack in JurBüro 1969 Sp. 456.

Das **Nachbesserungsverfahren** ist mangels eines Kostentatbestandes im Kostenverzeichnis – auch für einen neuen Gläubiger – **kostenfrei** (LG Frankenthal in JurBüro 1992, 502; Zöller / Stöber Rdn. 16 zu § 903).

II. Die eidesstattliche Auskunftsversicherung

Nach Pfändung und Überweisung einer Geldforderung hat der Gläubiger das Recht, vom Schuldner die **zur Geltendmachung der Forderung nötige Auskunft** zu verlangen (s. Rdn. 291). Das Auskunftsrecht besteht selbständig neben dem Auskunftsrecht gegen den Drittschuldner nach § 840 ZPO auf Beantwortung der dort genannten drei Fragen (s. Rdn. 298). Während Letzteres der Erkundigung des Gläubigers über seine Befriedigungsaussichten dient, soll ihm Ersteres die Geltendmachung der Forderung gegen den Drittschuldner ermöglichen. 733a

Das Auskunftsrecht besteht **erst nach Überweisung** gemäß § 835 ZPO, also nicht schon nach bloßer Pfändung wie im Falle der Vorpfändung, der Sicherungsvollstreckung und der Arrestvollziehung. 733b

Der Gläubiger, dem die verlangte Auskunft (zum Umfang s. Rdn. 291) vom Schuldner in angemessener Frist nicht erteilt wird, kann den Gerichtsvollzieher beauftragen, den Schuldner vorzuladen und ihn aufzufordern, die benötigte Auskunft zu erteilen und sie an Eides Statt zu versichern (§ 899 Abs. 1 ZPO). Mit dem Auftrag sind dem Gerichtsvollzieher vorzulegen (§ 1851 GVGA; s. Anhang): 733c

- der Vollstreckungstitel mit Zustellungsnachweis,
- eine Forderungsaufstellung,
- eine Ausfertigung des zugestellten Pfändungs- und Überweisungsbeschlusses,
- eine Abschrift des Schreibens, in dem er den Schuldner unter Fristsetzung zur Erteilung der Auskunft aufgefordert hat sowie
- eine Erklärung, daß der Schuldner die Auskunft nicht erteilt hat.

Der Schuldner hat im Termin vor dem Gerichtsvollzieher nach Belehrung zu versichern, daß er die von ihm verlangte Auskunft nach bestem Wissen und Gewissen richtig und vollständig erteilt hat. Die Vorschriften über das Verfahren zur Abnahme der eidesstattlichen Offenbarungsversicherung (s. Rdn. 705 ff.) sind entsprechend anzuwenden, d.h. der Schuldner kann bei ungerechtfertigter Verweigerung der Auskunftsversicherung bis zu 6 Monaten in Haft genommen werden. 733d

Ist die dem anwesenden Gläubiger unmittelbar erteilte oder zu Protokoll gegebene Auskunft nicht vollständig oder unklar, kommt auch hier, wie bei der Offenbarungsversicherung, eine Nachbesserung in Betracht (Stöber, Rdn. 622 a). Das Nachbesserungsverfahren stellt die Fortsetzung des ursprünglichen, mangelhaften Verfahrens dar und ist kostenfrei. Es ist lediglich eine Zustellgebühr für die Vorladung des Schuldners zu entrichten.

III. Die eidesstattliche Herausgabeversicherung

733e Neben dem oben Rdn. 733 a – d behandelten Auskunftsanspruch steht dem Gläubiger nach Überweisung einer Geldforderung davon unabhängig ein Anspruch auf **Herausgabe der über die Forderung vorhandenen Urkunden** zu (§ 836 Abs. 3 ZPO).

Der Begriff der „über die Forderung vorhandenen Urkunden" wird weit gefaßt. Neben den in Rdn. 291 genannten Urkunden fallen darunter vor allem die fortlaufenden **Lohn- und Gehaltsabrechnungen,** mit deren Hilfe der Gläubiger das genaue Arbeitseinkommen des Schuldners feststellen und prüfen kann, welcher Teil davon pfändbar ist (s. die Lohnpfändungstabelle Anlage 7) und ob der Arbeitgeber als Drittschuldner den korrekten Betrag an ihn abführt.

Für die Vorlage der laufenden Lohnabrechnungen bis zur Befriedigung des Gläubigers sprachen sich aus: OLG Hamm in DGVZ 1994, 188, LG Köln in JurBüro 1996, 439, LG Augsburg in JurBüro 1996, 386, LG Heidelberg in JurBüro 1995, 383, LG Karlsruhe in JurBüro 1995, 382 und LG Paderborn in JurBüro 1995, 382; ablehnend LG Hildesheim in DGVZ 1994, 156.

Das Landgericht Koblenz in DGVZ 1997, 12 hält den Schuldner darüber hinaus für verpflichtet, auch die Lohnabrechnungen der letzten 3 Monate dem Gläubiger vorzulegen.

733f **Herausgabetitel** ist dabei der das Arbeitseinkommen betreffende **Pfändungs- und Überweisungsbeschluß.** Es ist zweckmäßig, daß der Gläubiger zusammen mit dem Pfändungsantrag beim Vollstreckungsgericht beantragt, die Herausgabe der Lohnzettel an den Gläubiger oder den von ihm beauftragten Gerichtsvollzieher anzuordnen. Die Anordnung kann auch nachträglich durch Ergänzungsbeschluß erfolgen.

733g Sind die Urkunden nicht auffindbar, was durch Protokollabschrift des mit der Wegnahme beauftragten Gerichtsvollziehers (§ 179 Nr. 6 GVGA) nachgewiesen werden kann, so ist der Schuldner auf Antrag des Gläubigers vom Gerichtsvollzieher vorzuladen (§ 899 Abs. 1 ZPO). Er hat im Termin **an Eides Statt zu versichern, daß er die Sache nicht besitze und auch nicht wisse, wo die Sache sich befinde.** Die Pflicht zur eidesstattlichen Versicherung gilt auch für alle Vollstreckungstitel, die auf Herausgabe, Übereignung oder Rückgabe bestimmter Sachen lauten. Die Verfahrensvorschriften für die Abnahme der eidesstattlichen Offenbarungsversicherung sind auch hier entsprechend anzuwenden (Rdn. 705 ff.; § 185 m Nr. 1 GVGA, s. Anhang).

11. Abschnitt
Schuldnertricks und Schuldnerstrategien

I. Allgemeines

Eine Reihe vor einiger Zeit erschienener Ratgeber[1] befaßt sich zunächst mit der Frage, wie man die Bezahlung ausstehender Rechnungen soweit als möglich hinauszögert oder gar ganz vereiteln kann.

734

„Durch Rechnungsverschleppspiele" und „Versteckspiele" bei Rechnung und Mahnung soll der Schuldner in die Lage versetzt werden, die Abwicklung seiner Schulden selbst zu bestimmen, Zeit zu gewinnen, den Gläubiger zu verunsichern und ihm schließlich das Gesetz des Handelns aus der Hand zu nehmen.

Dabei werden auch Ratschläge gegeben, wie man mit von Gläubigern beauftragten Inkassobüros und Rechtsanwälten sowie Rechtsbeiständen – als „Aasgeier der Gläubiger" und „Inkassomafia" bezeichnet – umgehen soll.

Das Problem für den Gläubiger besteht darin, die Spreu vom Weizen zu scheiden, d. h., die tatsächlich unverschuldet oder doch nur wegen Überschätzung der eigenen finanziellen Möglichkeiten in Not geratenen Schuldner von denen zu trennen, die von vornherein „kreativ Schulden machen", um sie dann möglichst lange oder überhaupt nicht zu bezahlen. Diese Unterscheidung muß der Gläubiger nach Lage des Einzelfalles selbst treffen. Wichtig für ihn ist es in jedem Fall aber, die Rezepte zu kennen, die in den einschlägigen Ratgebern für ein „schuldenbelastetes und trotzdem sorgenfreies Leben" nach dem Motto gegeben werden: Nicht das eigene Leben (durch Konsumverzicht) einschränken, sondern den Gläubiger.

Ist das Gläubiger-Schuldner-Verhältnis bereits in das Stadium des Gerichtsverfahrens (Mahnverfahren und Klage) gelangt, so wird auch hier in erster Linie Verzögerungstaktik empfohlen (die „Anti-Mahnbescheid-Taktik", „Mahnbescheide sind zum Widerspucherheben da", „Sich-Suchen-Lassen ist eine der schönsten Varianten des Geldmachens", die „Anti-Klage-Strategie").

Auch hier wird der Gläubiger den zahlungsunwilligen Schuldner, der die Sache als eine Art Sport betreibt und ihn durch fortwährendes Bereiten von Schwierigkeiten zur Aufgabe mindestens eines Teils seiner berechtigten Forderung, wenn nicht gar zur völligen Resignation zwingen will, von demjenigen Schuldner unterscheiden, der sich aus einer echten Notlage befreien will und um Stundung und Teilzahlung mit bescheidenen Raten bittet.

---

1 Frank Bieber, Schulden machen – aber richtig, 1.–4. Auflage, Frankfurt 1986 (= A); Schuldnertricks-Report, Amberg 1986 (= B); Merz, Anti-Zwangsvollstreckungsmappe, Büdingen 1985 (= C).

Im Bereich der Vollstreckung nach Vorliegen eines Titels ist die Konfrontation zwischen Gläubiger und Schuldner am härtesten, denn dann geht es beim Schuldner „ans Eingemachte".

Hier bieten die Ratgeber Tips zur „vorausschauenden Wertsicherung", „Verzögerungstaktik bei der Sachpfändung („Der Gerichtsvollzieher kommt und geht auch wieder") und der Eidesstattlichen Vermögensoffenbarung".

Bei der Forderungspfändung wird eingestanden, daß gegen sie nicht mehr viel zu machen ist. Allerdings werden auch hier noch einige Verschleierungs- und Verschiebungsmöglichkeiten beim Arbeitseinkommen und bei der Kontenpfändung aufgezeigt. Als Alternative wird die Verlegung des Wohnsitzes an die Côte d'Azur angeboten, was im Hinblick auf das Gerichtsstand- und Vollstrekkungsübereinkommen der Europäischen Gemeinschaft jedoch wenig nützen dürfte. Für den ehrlichen Schuldner, der eines Tages aus der ganzen Misere herauskommen und wieder ein normales Leben führen möchte, wird, abgesehen von einigen Hinweisen auf den Rechtsschutz, kaum etwas Vernünftiges angeboten; dagegen liefern diese Ratgeber demjenigen, der dem Gläubiger Ärger bereiten will, eine Menge Ideen.

II. Im vorgerichtlichen Bereich

735 Im einzelnen werden hier folgende 11 Verhaltensweisen aufgezeigt, die nachstehend *kursiv* gedruckt sind:

*1. Ein bis drei Monate **nach Erhalt der Rechnung** wird brieflich die angeblich noch ausstehende Rechnung angemahnt. In dem Schreiben erklärt der Schuldner dreist, er wolle seinen Zahlungsverpflichtungen vor allem wegen der Skontierung pünktlich nachkommen (B 12)*[2].

*2. Die Rechnung oder Mahnung wird **mit Stempelaufdruck** „Rechnung bereits bezahlt! Buchhaltungsfehler! Bitte überprüfen!" oder „Rechnung bereits erledigt! Überprüfen Sie Ihre Eingangskonten!" oder „Bereits erledigt! Buchungsfehler Ihrer Buchhaltung!" versehen dem Gläubiger zurückgesandt (A 83 = B 12 = C 28). Oder es wird die eigenhändig angebrachte Aufschrift: „Unbekannt verzogen" oder „Hier nicht mehr wohnhaft" auf den Brief angebracht und an den Gläubiger zurückgesandt.*

Empfohlen wird auch die Verwendung eines weiteren Stempels, der möglichst dem von der Post verwandten Stempel entsprechen sollte (B 22 = C 29).

---

[2] B 12 = Werk B in Fußnote 1 mit Seitenzahl.

☐	*Unbekannt*
☐	*Unbekannt verzogen*
☐	*Anschrift ungenügend*
☐	*Verstorben*
☐	*Verweigert*
☐	*Neue Anschrift* ....
☐	*Bezirk:*

Dem Schuldner wird dabei geraten, den so gestempelten Brief nicht in demselben Zustellbezirk in einen Briefkasten zu werfen, sondern in der nächsten Stadt.

3. *Man schreibt einen Brief an den Gläubiger, in dem mitgeteilt wird, daß der Rechnungsbetrag „leider" auf ein **falsches Konto** überwiesen wurde. Der Gläubiger möge sich noch etwas gedulden; die Bank sei bereits mit Nachforschungen beauftragt worden. Die Überweisung erfolge sofort nach Rückbuchung (B 14).*

In den Fällen 1 bis 3 ist zu beachten, daß die bloße Zusendung einer Rechnung keine den Verzug begründende Mahnung darstellt. Im Fall 1 sollte daher unverzüglich gemahnt werden und zwar entweder per Einschreiben mit Rückschein oder, falls die Sendung vom Schuldner nicht angenommen wird, per Zustellung der Mahnung durch den Gerichtsvollzieher, was allerdings Kosten von etwa 21–22 DM verursacht.

Im Fall 2 gilt das gleiche, wenn **eine Rechnung** mit einem der ersten drei Stempelaufdrucke vom Schuldner zurückgesandt wird. Wird der letzte Stempelaufdruck benutzt, so sollten Sie eine **Postanfrage** (Muster siehe unten) an das für den Schuldner zuständige Postamt schicken, um sicherzugehen, daß wirklich einer der auf dem Stempel angegebenen Tatbestände vorliegt. Im übrigen siehe die Anmerkungen zum Fall 1 des folgenden Abschnitts „Im gerichtlichen Bereich". Das im Fall 2 geschilderte Verhalten des Schuldners kann auf eine vorgefaßte Betrugsabsicht hindeuten, so daß dieses Verhalten, falls die übrigen Voraussetzungen des Betrugtatbestands vorliegen (s. dazu Rdn. 30), strafbar sein kann.

Wird im Fall 2 **eine Mahnung** mit den ersten drei Stempelaufdrucken zurückgeschickt, so hat sich der Schuldner damit keinen guten Dienst geleistet, da er mit diesen Stempelaufdrucken bestätigt, daß er die Mahnung erhalten hat. Somit ist der Zugang der Mahnung nachgewiesen und der Schuldner befindet sich in Verzug (vgl. dazu Rdn. 18).

Im Fall 3 sollten Sie nach kurzer Überprüfung Ihrer Kontoauszüge, wenn ein entsprechender Eingang nicht festzustellen ist, sofort mahnen und den Erhalt der Mahnung durch den Schuldner sicherstellen (s. o. wie im Fall 1).

Muster für Postanfrage

```
Franz Maier
Isarring 161
83174 München
```

Ist nachstehende Anschrift richtig?	**Postkarte**
Josef Hinterhuber Wittelsbacher Str. 12 (?) **82319 Starnberg**	**Anschriftenprüfung**
☐ Ja ☐ Nein	An
	Postamt
Bei „Nein" bzw. fehlenden Angaben, z. B. Vorname, Straßenbezeichnung, wohnhaft bei, bitte Rückseite benutzen!	82319 Starnberg (Postleitzahl)

Nein, die richtige bzw. neue Anschrift lautet:

Vollständiger Name _____

Straße _____

PLZ, Ort _____

Anschrift festgestellt:

_____

(Namenszeichen)

_____

Angaben geprüft:

_____

(Namenszeichen)

Die Möglichkeit der **Anschriftenermittlung** von Schuldnern **über** die Postanfrage wurde durch die Postdienstdatenschutzverordnung vom 1. 7. 1991 erheblich **eingeschränkt**.

Ist die zu prüfende Anschrift richtig, darf die Post dies dem Anfragenden uneingeschränkt mitteilen.

Hat sich die zu prüfende **Anschrift geändert**, darf die neue Anschrift nur mitgeteilt werden, wenn diese durch einen noch vorliegenden Nachsendeantrag bekanntgeworden ist und der Empfänger der Weitergabe seiner neuen Anschrift nicht widersprochen hat.

Ist die neue Anschrift dem Postamt ohne geltenden Nachsendeantrag bekannt, muß die Anschriftenanfrage dem Empfänger zugesandt werden, der selbst entscheidet, ob die neue Anschrift mitgeteilt werden darf.

Bei Widerspruch des Empfängers bezüglich der Adressenmitteilung wird der Anfragende wie folgt benachrichtigt: „Verzogen, neue Anschrift darf nicht mitgeteilt werden" (§ 4 PD-DSVO).

4. *Es werden **Mängel der Leistung oder der Ware** behauptet, obwohl solche gar nicht vorliegen. Dem Gläubiger wird eine Frist von 30 Tagen gesetzt, um mit dem Schuldner in Verbindung zu treten. Es wird von einem angeblichen Zurückbehaltungsrecht gemäß § 273 BGB und vom Leistungsverweigerungsrecht gemäß § 320 BGB Gebrauch gemacht (B 13 bis 15 = C 22).*

Im Fall 4 sollten Sie, wenn Sie der Meinung sind, daß Ihre Leistungen einwandfrei waren und Sie eine Verzögerungstaktik des Schuldners vermuten, sofort Klage auf Zahlung des Kaufpreises oder des Werklohns oder der Vergütung erheben (s. dazu Rdn. 117–128). Das gerichtliche Mahnverfahren empfiehlt sich nur bei unbestrittenen Forderungen (s. Rdn. 44).

5. *Einschreibbriefe mit oder ohne Rückschein sowie Postzustellungen sollen von der Wohnung des Schuldners durch eine Mitteilung an das zuständige Postamt ferngehalten werden, daß zu den üblichen Zustellzeiten niemand in der Wohnung sei und man bittet, diese Sendungen nicht an die Wohnadresse zu senden, sondern beim Postamt niederzulegen.*

Findet man im Briefkasten eine entsprechende Mitteilung der Post über eine Niederlegung vor, so kann man auch telefonisch Erkundigung über den Absender einziehen und dann entscheiden, ob man den Brief abholen will oder nicht (B 24/25 = C 29).

Die dem Schuldner hier gegebene Empfehlung schützt nicht vor Zustellungen durch den Gerichtsvollzieher, die im Wege der Ersatzzustellung durch Niederlegung bei der Postanstalt bewirkt werden. Denn dann gilt die Zustellung mit der Niederlegung bei der Postanstalt unter Einwurf eines Benachrichtigungszettels in den Briefkasten des Schuldners als bewirkt (§ 182 ZPO).

6. *Die Anmahnung **erhöhter Rechnungsbeträge**, sogenannte Zuvielmahnung durch den Gläubiger oder durch Inkassobüros, sofort in den Papierkorb werfen (B 18 = C 28).*

Hier ist richtig, daß eine Reaktion des Schuldners auf die Zuvielmahnung ein verjährungsunterbrechendes Anerkenntnis nach § 208 BGB darstellen kann (s. Rdn. 29). Außerdem wird der Zugang der Mahnung bewiesen und falls das Anerkenntnis schriftlich erfolgt, ein Urkundenmahnverfahren oder ein Urkundenprozeß ermöglicht.

7. *Die **Gebühren und Auslagen der Inkassobüros und Rechtsanwälte** diesen vorab bezahlen und Ratenzahlung anbieten, auch wenn klar ist, daß Raten nicht eingehalten werden können. Damit gewinnt man im Inkassobüro oder Rechtsanwalt einen positiv gesonnenen Partner, der bei „widrigen Umständen" Tilgungsaussetzungen von ein bis drei Monaten gewährt (B 19/20 = C 35).*

Im Fall 7 darf der Rechtsanwalt zwar seine Gebühren und Auslagen vorab einbehalten. Jedoch wird er sich hierdurch in seinem Vorgehen gegen den Schuldner nicht beeinflussen lassen. Er wird vielmehr seinen vertraglichen Pflichten gegenüber seinem Auftraggeber, dem Gläubiger, nachkommen, weil er sich ansonsten einer Vertragsverletzung schuldig macht, standeswidrig handelt oder gar unter Umständen einen strafbaren Parteiverrat (§ 356 StGB) begeht.

Bei den Geldern, die das Inkassobüro verdient, ist zwischen den Inkassogebühren und der Erfolgsprovision zu unterscheiden (s. Rdn. 25). Bei Vorabzahlung der Inkassogebühren durch den Schuldner wird sich das seriöse Inkassobüro nicht anders verhalten als der Rechtsanwalt. Die Erfolgsprovision, die von den gezahlten Tilgungsbeträgen prozentual abgezogen und einbehalten wird, scheidet für eine Manipulation von vornherein aus.

8. *Keinen schriftlichen **Teilzahlungsvergleich beim Rechtsanwalt** abschließen, denn hier bekommt der Rechtsanwalt eine Vergleichsgebühr. Die eventuelle Konsequenz, daß der Gläubiger ein gerichtliches Mahnverfahren einleitet und schließlich der Gerichtsvollzieher kommt, ist wesentlich kostengünstiger, da keine Vergleichsgebühr gezahlt werden muß (B 20 = C 36).*

Im Fall 8 kommt es darauf an, ob das vom Gläubiger beauftragte Inkassobüro oder der Rechtsanwalt vom Gläubiger ermächtigt wurde, einen Vergleich abzuschließen und ob für diesen Fall konkrete Weisungen des Gläubigers vorliegen. Für den Fall eines Vergleichs steht dem Rechtsanwalt eine Vergleichsgebühr in Höhe von 15/10 der Gebühr Rdn. 179 zu, wenn der Vergleich durch seine Mitwirkung zustandegekommen ist.

9. *Bei **Hingabe ungedeckter Schecks** oder **Akzeptierung von Wechseln**, wenn Sie als Schuldner voraussehen, daß diese nicht eingelöst werden können, nach Mitteilung durch den Gläubiger, daß der Scheck nicht gedeckt sei, unverzüglich diesem schreiben, daß der einzige Grund für die Nichteinlösung eine nicht ausgeführte Umbuchung sei oder daß man selbst auf eine fällige Zahlung warte, die wider Erwarten noch nicht eingetroffen ist; man bitte um Geduld zur Klärung der Sache oder man wolle selbst gegen einen säumigen Schuldner das gerichtliche Mahnverfahren betreiben und bitte um Zahlungsaufschub oder Vorschlag einer Teilzahlung mit niedriger Anfangsrate (B 26/29).*

Im Fall 9 kann der Verdacht des Scheckbetrugs bestehen (s. dazu und zur Möglichkeit der Anzeigeerstattung Rdn. 30). Sollte die Offenlegung der Kontenbewegungen beim Schuldner seit längerer Zeit stets nur ein Soll ergeben und kann er die angeblichen fälligen Außenstände gegenüber der Staatsanwaltschaft nicht konkret darlegen, so muß er mit einem Strafverfahren rechnen.

10. ***Mahngebühren** erst mal nicht bezahlen, weil sie möglicherweise noch nicht Verzugsschaden sind. Auch Rechtsanwaltsgebühren für erste Mahnung nach Nichtbezahlung der Rechnung nicht zahlen, da kein Verzug vorliegt (A 56).*

Im Fall 10 ist die Empfehlung an den Schuldner insofern zutreffend, als die erste Mahnung für ihn „kostenlos" ist, d. h. ihre Kosten nicht auf den Schuldner abgewälzt werden können, da er durch diese Mahnung erst in Verzug gesetzt wird (vgl. dazu Rdn. 28).

11. *Nach **Mahnung** wird dem Gläubiger ein **Verrechnungsscheck über einen Teilbetrag** der Forderung, z.B. über 10 000,– DM bei einer Forderung von 12 873,– DM mit dem Zusatz übersandt, daß man die Angelegenheit als insgesamt erledigt ansehe, wenn der Scheck eingelöst werde.*

Das stellt rechtlich ein Angebot auf Abschluß eines Vergleichs über 10 000,– DM dar, bei dem der Gläubiger für den Fall der Annahme = Einreichung des Schecks bei seiner Bank, praktisch auf Zahlung von 2 873,– DM verzichtet.

Um diese unangenehme Folge zu vermeiden und trotzdem den Scheck gutschreiben zu lassen, muß der Gläubiger vor der Scheckeinreichung durch ein Schreiben an den Schuldner erklären, daß er das Vergleichsangebot nicht annehme und den Scheck lediglich als Abschlagszahlung betrachte. Damit ist sein Wille nach außen kundgetan, das Angebot des Schuldners nicht anzunehmen (BGH in MDR 1990, 911). Auf den Zugang dieses Schreibens an den Schuldner kommt es nicht an (OLG Hamm in MDR 1992, 450). Geht das Schreiben dem Schuldner erst 3–4 Tage später zu, kann er den Scheck nicht mehr sperren.

III. Im gerichtlichen Bereich (Mahnverfahren und Klage)

736 Hier werden dem Schuldner folgende Tips gegeben, die wiederum kursiv gedruckt sind.

1. Unbekannt verzogen.
Manche Schuldner wohnen jahrelang „im Postfach". Dann ist keine Zustellung möglich und der Gläubiger muß suchen (A 83–86, C 260).

Zum Fall 1 stehen dem Gläubiger zur Aufenthaltsermittlung folgende Quellen zur Verfügung: D 1 Info-Diskette, Anfrage beim Einwohnermeldeamt (gebührenpflichtig) sowie Postanfrage (siehe obiges Muster). Telefonbuch und Telefonauskunft als weitere Aufenthaltsermittlungsquellen, was allerdings wenig nützt, wenn das Telefon der Freundin oder Lebensgefährtin benutzt wird. Ferner Anfrage beim Gewerbeamt und Einsichtnahme im Gewerbe- und Handelsregister. Schließlich Information durch eine Auskunftei (kostenpflichtig). Zur Aufenthaltsermittlung bei Ausländern s. Rdn. 39.

Die Post darf einem Dritten für Zwecke des Postverkehrs auf dessen Verlangen die **Anschrift des Postfachinhabers** mitteilen, sofern er ein berechtigtes Interesse an der Kenntnis der Anschrift im Einzelfall glaubhaft macht, das im Zusammenhang mit dem postalischen Dienstleistungsangebot steht. Der Postfachinhaber kann der Mitteilung seiner Anschrift widersprechen. Auf sein **Widerspruchsrecht** ist er bei Vertragsschluß oder bei bestehenden Verträgen durch ein gesondertes Schreiben hinzuweisen (§ 5 PDDSVO).

2. Namenswechsel durch Heirat nach Schulden machen oder Wiederannahme des Geburtsnamens nach Scheidung (A 90).

Im Fall 2 kann eine Auskunft vom Standesamt eingeholt werden (§ 792 ZPO, § 61 PersonenstandsG).

Im gerichtlichen Bereich (Mahnverfahren und Klage)

3. *Gegen den Mahnbescheid* **generell Widerspruch einlegen,** *aber erst drei bis vier Tage vor Ablauf der Zwei-Wochen-Frist „Frist voll auskosten". Der Widerspruch ist auch dann gerechtfertigt, wenn die Forderung zu Recht besteht. Er bedeutet Zeitgewinn. Manchem Gläubiger wird bei Bagatellbeträgen um 100 DM die Sache nach Widerspruchseinlegung zu aufwendig und er gibt auf (A 63, 73 = B 31, 32, 82 = [11]).*

4. *Widerspruch einlegen mit der Begründung, daß die Höhe der Forderung nicht stimme und gleichzeitig 50,– DM überweisen als „erste Zahlung auf die Gesamtforderung".*
   Erst nach einigen Monaten kommt ein neuer berichtigter Mahnbescheid. Wieder das gleiche Spiel beginnen. Es vergehen wieder Monate (B 33).

In den Fällen 3 und 4 kann der Gläubiger unverzüglich Antrag auf Durchführung des streitigen Verfahrens stellen, soweit nicht bereits zusammen mit Mahnantrag gestellt (s. Rdn. 84/85). Dem Schuldner kann seine Verzögerungstaktik eine höhere Belastung mit Gerichtskosten (bis zu drei Gerichtsgebühren s. Rdn. 171) und Verzugszinsen (s. Rdn. 71) sowie gegebenenfalls erhebliche Anwaltskosten insbesondere bei Verfahren mit Anwaltszwang (s. Rdn. 44) einbringen. Im Fall 4 ist der Klageantrag um 50,– DM zu ermäßigen.

5. *Möglichkeit einer gütlichen Einigung mit dem Gläubiger erwägen. Wenn der Gläubiger nicht innerhalb von sechs Monaten Vollstreckungsbescheid beantragt, wird der Mahnbescheid ungültig (B 35).*

Im Fall 5 wird der Gläubiger möglichst rasch, wenn sich eine gütliche Einigung mit dem Schuldner kurzfristig nicht erzielen läßt, Antrag auf Erteilung des Vollstreckungsbescheids stellen, damit er schnell zu einem Vollstreckungstitel kommt, der dann 30 Jahre lang gilt und ihm vielleicht die Möglichkeit gibt, vorrangig vor anderen Gläubigern zu vollstrecken.

6. *Gegen den Vollstreckungsbescheid* **Einspruch einlegen und gleichzeitig einstweilige Einstellung der Zwangsvollstreckung ohne Sicherheitsleistung** *beantragen, unter anderem mit der Begründung, daß zwischen Schuldner und Gläubiger Vergleichsverhandlungen schwebten. Diesem Antrag wird das Gericht in der Regel „ohne viel Federlesens" stattgeben (B 37, C 89, 91).*

Im Fall 6 wird dem Antrag des Schuldners auf einstweilige Einstellung der Zwangsvollstreckung vom Gericht nicht ohne weiteres stattgegeben. Im Regelfall ist bei Einspruch gegen einen Vollstreckungsbescheid eine Einstellung der Zwangsvollstreckung grundsätzlich nur gegen Sicherheitsleistung zulässig, da die Einstellung der Zwangsvollstreckung ohne Sicherheitsleistung nur in Frage kommt, wenn der Schuldner glaubhaft macht, daß er zur

Sicherheitsleistung nicht in der Lage ist **und** ihm die Vollstreckung einen nicht zu ersetzenden Nachteil bringen würde. Diese Glaubhaftmachung gelingt dem Schuldner nur selten.

7. *Wenn man keine Rechtsschutzversicherung abgeschlossen hat,* **Prozeßkostenhilfe beantragen,** *wenn der Prozeß Aussicht auf Erfolg hat – was aber niemals im voraus zu prüfen ist. Dann kann man ohne jegliche Kosten prozessieren (C 103).*

Im Fall 7 setzt die Gewährung von Prozeßkostenhilfe neben der Hilfsbedürftigkeit des Schuldners auch voraus, daß seine Rechtsverteidigung hinreichende Erfolgsaussicht besitzt. Dies wird **vor** der Bewilligung der Prozeßkostenhilfe vom Gericht geprüft. Trägt der Schuldner also keine schlüssigen Einwendungen vor, wird ihm Prozeßkostenhilfe nicht bewilligt werden, auch wenn er mittellos ist (s. Rdn. 182).

8. *Bei jeder Klage sogleich die* **Zuständigkeit des Gerichts rügen,** *auch wenn sich der Schuldner nicht sicher ist, daß das Gericht nicht doch zuständig ist. Das bringt Zeitgewinn (C 109).*

Diese Empfehlung ist wirkungslos. Die Zuständigkeit im Zivilprozeß ist so eindeutig geregelt, daß das Gericht sich bereits vor dem Termin im klaren befindet, ob es zuständig ist oder nicht. Im Falle eines vorangegangenen Mahnverfahrens wird bei Einlegung von Widerspruch oder Einspruch die Sache im ersteren Fall auf Antrag des Gläubigers oder des Schuldners, im zweiten Fall automatisch an das Wohnsitzgericht des Schuldners abgegeben. Nur in den Fällen, in denen ein ausschließlicher Gerichtsstand für den Rechtsstreit gegeben ist, wie z. B. in Mietsachen, kann eine Zuständigkeitsrüge des Beklagten Erfolg haben, im Übrigen hat der Gläubiger unter mehreren etwaigen Gerichtsständen die Wahl.

9. *Zum anstehenden* **Gerichtstermin** *einfach* **krank** *werden und Attest vorlegen oder im Verkehrsgewühl steckenbleiben und das Gericht hiervon verständigen, dann wird vertagt, ohne daß ein Versäumnisurteil ergeht. Das ist ein weiteres Mal wiederholbar (C 112).*

Hier kommt es darauf an, ob das Gericht sich davon überzeugen kann, daß der Schuldner ohne sein Verschulden am Erscheinen verhindert ist. Krankheit der anwesenheitsberechtigten Partei oder ihres Rechtsanwalts oder Steckenbleiben im Verkehrsgewühl können zur Vertagung der Verhandlung über den Antrag auf Erlaß eines Versäumnisurteils führen.

IV. Bei der Vollstreckung und bei der eidesstattlichen Offenbarungsversicherung

In diesem Bereich werden folgende, *kursiv* gedruckte Verhaltensweisen angeraten: **737**

1. ***Vorausschauende Wertsicherung***
   Rechtzeitig vor der Vollstreckung dafür sorgen, daß andere Personen Eigentümer dauerhafter Werte sind und solche Sachen dem Schuldner nur leihweise zur Verfügung stellen. Der Schuldner gibt einem Dritten (Vertrauensperson, Verwandter) ein Darlehen über 1 500,–DM, für die der Dritte z. B. einen Videorecorder kauft und ihn dann dem Schuldner in die Wohnung stellt. Die 1 500,– DM sollte der Schuldner kurz vor der Offenbarungsversicherung offiziell zurückfordern und sofort verjubeln (A 98, 100–101).

2. ***Im „Geliehenen" leben***
   Sicherungsübereignung wertvoller Gegenstände für Verwandtendarlehen, wobei Sicherungsabrede gleichzeitig mit Darlehensvereinbarung getroffen wird. Dann werden diese Gegenstände unentgeltlich vom Schuldner in Verwahrung genommen (A 103 = B 80 = C 265).

In den Fällen 1 und 2 wird der Gerichtsvollzieher, wenn ihm Urkunden, die eine Sicherungsübereignung eines Gegenstandes belegen, vorgelegt werden, aus Kostengründen (bei Pfändung muß der Gläubiger die doppelte Gebühr zahlen!) von einer Pfändung absehen und den Gläubiger im Pfändungsprotokoll hierüber informieren. Eine Pfändung erfolgt dann nur auf besonderen Wunsch des Gläubigers, der das Risiko einer Drittwiderspruchsklage eingehen möchte (s. Rdn. 260). Der Gläubiger kann den Gerichtsvollzieher aber von vornherein mit der Pfändung angeblich Dritten gehörender, im Gewahrsam des Schuldners befindlicher Gegenstände ausdrücklich beauftragen (§ 119 Nr. 2 a. E. GVGA s. Anhang).

Wird dem Gläubiger bekannt, daß der Schuldner einem Dritten ein Darlehen gegeben hat, kann er diesen Darlehensanspruch unterstützt durch eine Vorpfändung (s. Rdn. 313 ff.) pfänden und sich zur Einziehung überweisen lassen.

3. ***Verkauf von Gegenständen*** *zu angemessenem Preis an dritte Person (Freund, Verwandter), die dem Schuldner den Gegenstand leihweise überläßt (A 104).*

An Beweisschwierigkeiten dürfte hier sowohl eine an sich mögliche Absichtsanfechtung nach § 3 Abs. 1 Nr. 1 AnfG als auch eine erleichterte Anfechtung bei Veräußerung an Verwandte nach § 3 Abs. 1 Nr. 2 AnfG scheitern. Im übrigen gilt § 119 GVGA (s. Anhang).

4. **Gerichtsvollzieher nicht einlassen** *(„bei uns sieht es so aus !"). Bis er mit dem Durchsuchungsbefehl kommt, vergehen etwa 4 Wochen. Damit ist der Überraschungseffekt hin (A 110).*

Im Fall 4 ist richtig, daß der Schuldner den Gerichtsvollzieher seit dem Beschluß des Bundesverfassungsgerichts vom 3. 4. 1979 (s. dazu Rdn. 239) ohne Durchsuchungsanordnung eines Gerichts nicht mehr in seine Wohn- oder Geschäftsräume einzulassen braucht. Es ist auch dem Gläubiger nicht möglich, gewissermaßen vorbeugend, sich eine Durchsuchungsanordnung vom Vollstreckungsgericht zu besorgen, da dafür vor der Weigerung des Schuldners kein Rechtsschutzbedürfnis besteht.

Der Gläubiger kann aber einen gewissen Überraschungseffekt dadurch erzielen, daß er dem Gerichtsvollzieher für den Fall, daß er nicht eingelassen wird, einen Antrag auf Erlaß einer Durchsuchungsanordnung mit der Bitte mitgibt, diese sofort zu beantragen, wenn der Schuldner ihn nicht einläßt (Muster Rdn. 240). Das bedeutet dann nur eine verhältnismäßig geringe Verzögerung, keinesfalls vergehen 4 Wochen, bis der Gerichtsvollzieher wiederkommt.

Der Fall 4 wird nur noch selten vorkommen, da sich seit 1. 1. 1999 an die Durchsuchungsverweigerung sofort die eidesstattliche Offenbarungsversicherung auf Antrag des Gläubigers anschließt. Letzterem möchte der Schuldner aus dem Weg gehen, weil er ansonsten in das Schuldnerverzeichnis eingetragen wird.

5. *Irgendeinen Namen (z.B. Künstlernamen) statt des richtigen Namens an das Klingelbrett schreiben. Dann findet der Gerichtsvollzieher den Namen des Schuldners und damit seine Wohnung nicht (A 112).*

Manipulationen wie im Fall 5 können ein Indiz für eine vorgefaßte Betrugsabsicht (s. dazu Rdn. 31) des Schuldners sein. Der Sachverhalt sollte durch Zeugen, – als solcher kann auch der Gerichtsvollzieher benannt werden –, festgehalten werden. Auch ein Foto des Klingelbretts mit dem „Künstlernamen" kann als Beweismittel von Nutzen sein.

Im übrigen gilt: Ist die Identität des Schuldners feststellbar, schadet weder eine unrichtige Schreibweise des Namens, noch ein Künstlername, noch ein Pseudonym (Deckname) und auch nicht die Namensänderung durch Eheschließung, nach Scheidung, durch Adoption oder infolge amtlicher Änderung. Der Gerichtsvollzieher wird sich beim Hausmeister, bei Mitbewohnern oder Nachbarn erkundigen. Ist dadurch keine Klärung zu erreichen, muß sich der Gläubiger selbst um Aufklärung bemühen, denn Unklarheiten gehen zu seinen Lasten.

6. ***Leasingverträge** für pfändbare Gegenstände vorlegen. Dann muß der Gerichtsvollzieher wieder gehen (A 119).*

Geleaste Gegenstände gehören nicht zum Vermögen des Schuldners und scheiden daher für eine Pfändung aus. Der Gerichtsvollzieher wird die Vorlage des Leasingvertrags im Pfändungsprotokoll, das dem Gläubiger zugesandt wird, vermerken. Die Gegenstände können aber von Gläubigern des Leasinggebers gepfändet werden. Welche Möglichkeiten der Pfändung es bei Leasing gibt, s. Rdn. 761.

7. *Einen kleinen **Wertgegenstand** (z. B. Gemälde) effektvoll plazieren. Dann hält der Gerichtsvollzieher alles andere für weniger wichtig und begnügt sich vielleicht mit diesem Gegenstand (A 128).*

Ob der Gerichtsvollzieher sich mit dem kleinen Wertgegenstand begnügt, hängt von der Höhe der zu vollstreckenden Forderung ab. Ist sie höher als der vermutliche Wert des Kunstgegenstands, wird der Gerichtsvollzieher nach weiterer pfändbarer Habe suchen. Ansonsten wird er sich zunächst mit dem Gemälde begnügen und es von einem Kunstsachverständigen schätzen lassen. Die Schätzkosten von 2–500 DM muß der Gläubiger vorschießen. Er kann sie als Kosten der Vollstreckung vom Schuldner verlangen.

8. ***Fragen** des Gerichtsvollziehers **nach dem Arbeitgeber** nicht beantworten oder den früheren (statt des jetzigen) Arbeitgeber nennen (A 121).*

In der Praxis der Gerichtsvollzieher wird die Benennung des Arbeitgebers öfter verweigert als vorgenommen.

Dies führt dazu, daß der Schuldner noch 1–2 Monate sein Gehalt ungekürzt weiterbeziehen kann. Wenn die Sachpfändung erfolglos geblieben ist, sollte unverzüglich Antrag auf eidesstattliche Offenbarungsversicherung gestellt werden (Rdn. 703 ff.). Wurde dem Gerichtsvollzieher ein Arbeitgeber genannt, sollte der Gläubiger unverzüglich bei diesem anrufen und feststellen, ob der Schuldner dort noch arbeitet („Ist bitte Herr X zu erreichen?"). Andernfalls kann der Gläubiger eventuell durch eigene Beobachtungen oder Erkundigungen den Arbeitgeber des Schuldners ermitteln und mit einer Vorpfändung die nachfolgende Pfändung und Überweisung des pfändbaren Lohnanteils sicherstellen (vgl. Rdn. 313 ff.). Gibt der Schuldner bewußt einen früheren Arbeitgeber an oder ist die Angabe sonst falsch, kann ein versuchter oder vollendeter Vollstreckungsbetrug vorliegen. Zum Fragerecht des Gerichtsvollziehers aufgrund von § 806 a ZPO s. Rdn. 236.

9. ***Bei der Versteigerung** Freunde mitsteigern lassen, denn häufig ist dann das gute Stück zum halben Wert zu haben. Die Freunde erwerben das Ob-*

jekt und leihen es dem Schuldner sofort aus. Dieser darf nicht mitsteigern, da ihm der Gegenstand sonst gehören würde und der Gerichtsvollzieher ihn wieder pfänden könnte (A 127).

Wenn man als Schuldner solche Freunde hat, kann man froh sein. Denn im Gegensatz zum Fall 3 müssen hier die Freunde tatsächlich Geld ausgeben, das dem Gläubiger unmittelbar zugutekommt. Übrigens kann auch der Gläubiger mitbieten und damit Einfluß auf die Versteigerung nehmen. Die Schulden des Schuldners bleiben allerdings insoweit bestehen, als sie durch den an den Gläubiger abgeführten Versteigerungserlös nicht gedeckt werden.

10. *Verzögerung bei der **Offenbarungsversicherung** durch **Nichterscheinen**. Entweder ein Arzttest kurz vor dem Termin einsenden oder den Haftbefehl abwarten und das Leben im Knast auf Kosten des Gläubigers genießen (A 131, B 56).*

Ist der Schuldner infolge Erkrankung am Erscheinen zum Termin gehindert und weist dies durch Arzttest nach, kann ein Haftbefehl nicht ergehen. Allerdings kann dann sofort ein naher Termin in der Wohnung des erkrankten Schuldners oder sogar im Krankenhaus angeordnet werden. Verweigert dann der Schuldner die Abhaltung des Termins, gilt die eidesstattliche Versicherung als verweigert: die Voraussetzungen für einen Haftbefehl liegen vor.

Natürlich steht es dem Schuldner frei, „das Leben im Knast zu genießen", aber die Haftkosten sind Vollstreckungskosten, die seine Schulden erhöhen.

11. *Im Offenbarungsversicherungstermin die Nummer der Lebensversicherung oder das amtliche Kennzeichen des PKW nicht wissen. Dann wird der Termin vertagt.*
    Bis zur nächsten Ladung vergehen mindestens 4 Wochen (A 134, 137).

Im Fall 11 wird in der Praxis meist so verfahren: Wenn die Lebensversicherungsnummer nicht angegeben wird, wird vertagt, aber nicht auf einen Termin in 4 Wochen, sondern auf einen Zimmertermin einige Tage später, allenfalls auf den nächsten allgemeinen Termin, der eine Woche später stattfindet. Keinesfalls ist der Zeitgewinn mehr als 2 Wochen.

Wird die Kfz-Nummer nicht gewußt, begnügt sich der Rechtspfleger in der Regel mit einer sonstigen Individualisierung des Kraftfahrzeuges (Farbe, Marke, Typ). Es gibt in diesem Falle keine Vertagung.

12. *Einen Bruchteil der Schuldsumme zahlen. Das stoppt die Offenbarungsversicherung und die Zwangsvollstreckung (A 140).*

Da die Offenbarungsversicherung ausschließlich im Interesse des Gläubigers liegt, kann er natürlich das Verfahren stoppen. Er wird bei erfolgten Teilzahlungen und Versprechen weiterer Zahlungen jedoch nicht seinen Antrag zurücknehmen, sondern nur seine Zustimmung zur Verlegung bzw. Vertagung des Offenbarungstermins geben. Im übrigen hängt die Entscheidung des Gläubigers wohl von der Teilzahlung und der Aussicht auf weitere Zahlungen ab.

Darüber hinaus besteht für das Vollstreckungsgericht die Möglichkeit, den Termin bis zu drei Monaten zu vertagen, wenn der Schuldner glaubhaft macht, daß er die Forderung des Gläubigers binnen einer Frist von drei Monaten tilgen werde.

Für die Glaubhaftmachung seines Zahlungswillens legt der Schuldner zweckmäßigerweise Teilzahlungsnachweise vor. Einfache Zusicherung oder Zahlungsankündigung allein genügen zur Terminsaufhebung, die im übrigen vom Gläubiger mit der befristeten Erinnerung angefochten werden kann, nicht.

13. Wo kein Arbeitgeber, da keine Lohnpfändung. Arbeitsplatz kündigen und sich eine andere, weniger auffällige Einkommensquelle suchen; besonders wechselnde Arbeitgeber sind nützlich (A 146).

Ein Rat, der besonders in Zeiten der Arbeitslosigkeit verhängnisvoll sein kann. Er ist nutzlos in Fällen, in denen eine Lohnabtretung nach dem Muster Rdn. 8 erfolgt ist. Bei der eidesstattlichen Offenbarungsversicherung muß der Arbeitgeber angegeben werden. Eine neue Offenbarungsversicherung kann der Gläubiger verlangen, wenn er glaubhaft macht, daß ein bisher mit dem Schuldner bestandenes Arbeitsverhältnis aufgelöst wurde (s. Rdn. 727).

*14. Sich **mehrere Konten** zulegen, die der Gläubiger erst einmal finden muß (A 150).*

Die Möglichkeit, sich bei Postgirokonten an die Kontoauskunft des Postgiroamts zu wenden, ist seit August 1990 versperrt, da von dort keine Auskunft mehr erteilt wird (s. Rdn. 456). Es kann aber ein kleiner Betrag auf das angebliche Konto des Schuldners beim Postgiroamt X – zuständig für den Wohnsitz – unter Angabe der Bankleitzahl überwiesen werden. Kommt er nicht zurück, weiß der Gläubiger, daß der Schuldner ein Konto dort unterhält. Sodann kann er durch Versuch einer Einzahlung (z.B. 500 DM) bei Banken oder Sparkassen in unmittelbarer Nähe der Wohnung des Schuldners festzustellen versuchen, ob der Schuldner dort ein Konto unterhält. Diese Auskunft erhält er vom Geldinstitut, ohne daß dieses das

Bankgeheimnis verletzt. In einer Kleinstadt kann der Gläubiger auch allen ortsansässigen Kreditinstituten je einen Pfändungs- und Überweisungsbeschluß bezüglich etwaiger Konten des Schuldners mit Aufforderung zur Erklärung nach § 840 ZPO zustellen lassen (Rdn. 298). Da die Bank alle Konten des Schuldners dann angeben muß, wird der Gläubiger auf diese Weise meist fündig.

15. *Am Tage der Offenbarungsversicherung die anzugebenden* **Konten auflösen** *und das Geld verfressen; denn Bargeld muß der Schuldner bei der Offenbarungsversicherung angeben. Ist mehr Geld da, als er verspeisen kann, dann es dem nettesten Gläubiger geben (A 152).*

Durch rechtzeitige Pfändung (Vorgehen wie in der Anmerkung zum vorhergehenden Fall 14) muß der Gläubiger dafür sorgen, daß es für den Schuldner keine Verfügungsmöglichkeit über seine Konten mehr gibt. Nur so kann der Schuldner vor einer Völlerei mit anschließenden Verdauungsschwierigkeiten bewahrt werden.

Im übrigen zahlt es sich hier vielleicht aus, daß der Gläubiger bestimmt, aber immer höflich sein Geld gefordert hat und er damit zu den „nettesten Gläubigern" zählt.

16. *Unentgeltliche Verfügungen* **(Schenkungen)** *früher als vier Jahre vor der Offenbarungsversicherung treffen (A 154).*

Dieser Rat entspricht zwar der Rechtslage (§ 4 AnfG), wonach der Gläubiger unentgeltliche Verfügungen des Schuldners, die dieser in den letzten vier Jahren vor der Offenbarungsversicherung vorgenommen hat, erfolgreich anfechten kann. Folge: Derjenige der vom Schuldner auf diese Weise etwas erlangt hat, hat, soweit es zur Befriedigung des Gläubigers erforderlich ist, das unentgeltlich Erlangte dem Gläubiger zur Verfügung zu stellen (§ 11 Abs. 2 AnfG).

Hier werden aber vom Schuldner hellseherische Fähigkeiten verlangt, denn wer sieht schon voraus, daß er in vier Jahren eine eidesstattliche Offenbarungsversicherung wird abgeben müssen.

17. **Kreditlinie** *immer schön ausgeschöpft halten, da perverse Gläubiger auf die Idee kommen könnten, sie zu pfänden (A 155).*

Zur möglichen Pfändung einer Kreditzusage vgl. Rdn. 342.

18. *Bei Kapitalversicherungen, z. B.* **Lebensversicherung,** *die für den Gläubiger von großem Interesse sind, darauf achten, einen Dritten unwiderruflich zu begünstigen. Wer allerdings nicht weiß, daß* **er** *Begünstigter ist, braucht dies auch im Offenbarungsverfahren nicht anzugeben (A 156).*

Wird ein Dritter als unwiderruflich Berechtigter der Lebensversicherung benannt, so können dessen Gläubiger in die Lebensversicherung vollstrekken. Ist der Schuldner selbst der Begünstigte, muß er dies als Vermögensbestandteil bei der eidesstattlichen Offenbarungsversicherung angeben. Der Fall, daß er davon nichts weiß, ist aber auszuschließen, da jede Lebensversicherungsgesellschaft dem unwiderruflich Begünstigten, der nicht zugleich Versicherungsnehmer ist, die Tatsache der Begünstigung gegen Unterschrift mitteilt.

19. Nach der Offenbarungsversicherung dem Gläubiger gleich aus den Augen gehen, dann kann man sich drei Jahre ungeniert wieder mästen (A 159).

Im Fall 19 sollte der Gläubiger insbesondere bei höheren Forderungen „am Ball bleiben" und die Verhältnisse seines Schuldners regelmäßig überprüfen. Hat er keine Zeit hierzu, übernimmt dies – allerdings nur gegen eine ordentliche Erfolgsprovision – ein gutes Inkassobüro (s. Rdn. 25). Bei Vorliegen bestimmter Umstände (s. Rdn. 727–729) kann Ergänzung der Offenbarungsversicherung oder gar eine neue Offenbarungsversicherung beantragt werden.

*20. **Fremdkonten einrichten.** Partner oder Verwandter eröffnet Konto und gibt dem Schuldner die Verfügungsmacht. Mit notarieller Untervollmacht arbeiten. Dann wird sie auf dem Kontoblatt nicht eingetragen (B 78).*

Dieser Tip ist nur so zu verstehen, daß der Schuldner Geld in fremden Konten anlegt, über die er anschließend nach Belieben verfahren kann.

Diese Manipulation, die ein als Vollstreckungsvereitelung (§ 288 StGB) strafbares Beiseiteschaffen von Vermögensbestandteilen darstellt, wird dem Gläubiger in aller Regel verborgen bleiben.

Er kann allerdings seinen Antrag auf eidesstattliche Offenbarungsversicherung mit folgender ausdrücklicher Ergänzung versehen: Der Schuldner möge gefragt werden, ob und welche Gelder er auf den Namen einer anderen Person (welcher?) bei welchem Geldinstitut angelegt hat und ob er eine Vollmacht zur Abhebung besitzt.

Für diesen Fall wäre nämlich die Pfändung des Rückgabeanspruchs des Schuldners gegen den Dritten im Rahmen eines Treuhandverhältnisses denkbar (näher dazu Rdn. 343 a und bei Stöber, a.a.O., Rdn. 409).

21. Der Schuldner schließt mit seiner Ehefrau einen Ehevertrag, in dem er ihr einen Unterhalt von DM ... monatlich garantiert. Nach einem halben Jahr reicht die Ehefrau eine Klage gegen ihren Mann auf rückständigen

Unterhalt ein und erwirkt einen Titel. Zwischenzeitlich haben Gläubiger das Arbeitseinkommen des Mannes gepfändet. Die Ehefrau vollstreckt nun mit ihrem Titel in das Arbeitseinkommen des Mannes. Sie wird bevorrechtigt befriedigt, und alle anderen Gläubiger treten zurück. Das Arbeitseinkommen des Schuldners kommt voll seiner Familie zugute (C 269).

Im Fall 21 wird irrtümlich angenommen, daß der bevorrechtigte Gläubiger (hier der Unterhaltsgläubiger) auch ein Rangvorrecht hat. Sein Vorrecht bezieht sich aber nur auf den dem bevorrechtigten Gläubiger allein vorbehaltenen Einkommensteil nach § 850 d ZPO. Hat, wie im geschilderten Fall, der Gläubiger zuerst gepfändet, wird der gemäß § 850 c ZPO pfändbare Lohnteil des Schuldners bis zur vollen Befriedigung seiner Forderung an ihn abgeführt. Die nachfolgende Pfändung bei der Ehefrau ist nachrangig.

22. **Das geheime Konto.** *Da jede Kontoeröffnung bei Banken und Sparkassen der Schufa gemeldet wird, die Post aber keine Meldungen über Kontoeröffnungen an die Schufa macht, soll der Schuldner bei zwei der dreizehn Postscheckämter in der Bundesrepublik, und zwar einem Postscheckamt, das für seinen Wohnsitz zuständig ist und einem weiteren, ein Konto eröffnen. Das Konto an seinem Wohnsitz auf ganz niedrigem Kontostand halten. Das übrige Geld aber auf einem anderen entlegenen Postscheckkonto anlegen. Der Gläubiger wird nämlich nur bei dem Postscheckamt die Pfändung versuchen, in dessen Bereich der Schuldner ansässig ist (C 270–272, B 77).*

Der Gläubiger kann die Tatsache, ob und wieviel Konten der Schuldner bei Postgiroämtern unterhält, durch eine Anfrage beim nächsten Postgiroamt seit August 1990 nicht mehr (s. dazu oben bei Nr. 14) feststellen. Sobald er von einem Postgirokonto des Schuldners weiß, empfiehlt sich die sofortige Vorpfändung (Rdn. 313 ff.).

23. **Auswandern.** *Aber nicht in ein EU-Land oder ein Land, mit dem die Bundesrepublik Deutschland Rechtshilfeabkommen hat. Dann ist man seine Schulden los (C 259).*

Hier ist die Auswahl des Schuldners nicht mehr groß. In Europa müßte sich der Schuldner allenfalls in die östlichen Nachbarländer Deutschlands begeben. Ob er allerdings dort sorgenfrei und unter Anwendung von „Schuldnertricks" unbehelligt leben könnte, ist zu bezweifeln.

24. *Sich ein **Arbeitgeberdarlehen** geben lassen, das durch (teilweisen oder vollständigen) Abzug des pfändbaren Lohnteils getilgt wird. Dann geht die Lohnpfändung für längere Zeit ins Leere. Siehe dazu Rdn. 634.*

25. *Das **Arbeitsverhältnis** vorübergehend auflösen, dann geht die Lohnpfändung ins Leere.*
Bei Wiederaufnahme des Arbeitsverhältnisses muß der Gläubiger hiervon erst einmal Kenntnis erhalten. Außerdem bedarf es dann einer neuen Pfändung.

Wird ein Arbeitsverhältnis zum Zweck der Abschüttelung von Gläubigern gelöst, um es später von der Pfändung unbelastet wieder aufzunehmen, so geht die Einheitlichkeit nicht verloren. Das bedeutet, daß die ursprüngliche Lohnpfändung auch das wiederaufgenommene Arbeitsverhältnis ergreift (§ 832 ZPO; OLG Düsseldorf in DB 1985, 1336 bei 7 1/2-monatiger Unterbrechung).

Im neuen, seit 1. 1. 1999 geltenden § 833 Abs. 2 ZPO ist im Interesse des Gläubigers geregelt, daß Lohnpfändungen wieder aufleben sollen, wenn das betreffende Arbeits- oder Dienstverhältnis nach einer Unterbrechung von bis zu 9 Monaten bei demselben Drittschuldner wieder aufgenommen wird s. Rdn. 703.

26. *Um den pfändbaren Betrag bei der Lohnpfändung möglichst gering zu halten, tritt der Schuldner seinen Lohn in Höhe der monatlich fällig werdenden **Wohnungsmiete** im voraus an seinen Vermieter ab. Folgt dann die Lohnpfändung durch den Gläubiger, ergreift sie den abgetretenen Lohnteil wegen der zeitlich vorausgehenden Lohnabtretung nicht mehr.*

Da der Gesetzgeber bei Festlegung des unpfändbaren Lohnteils in der Lohnpfändungstabelle bereits einen Anteil von etwa 20 % für Miete berücksichtigt hat, hat der Schuldner insoweit einen doppelten Vorteil.

Der Gläubiger kann in diesem Fall beim Amtsgericht – Vollstreckungsgericht – in dessen Bezirk der Schuldner wohnt, beantragen, anzuordnen, daß der unpfändbare Lohnteil um 20 % gekürzt wird, was bei einem Schuldner ohne gesetzliche Unterhaltspflichten, einem sog. Single, einen Lohnteil von 244 DM; (20 % aus dem unpfändbaren Grundbetrag von 1 220 DM gemäß der Lohnpfändungstabelle – § 850 c ZPO) zusätzlich pfändbar macht. Vgl. aus der Rechtsprechung hierzu Amtsgericht Heidelberg in JurBüro 1997, 439.

27. *Auch die Vorteile der Ehegattenbesteuerung unterliegen der Pfändung: Wählt der verheiratete Schuldner ohne ersichtlichen Grund die hochbesteuerte **Steuerklasse V**, um seinem Ehepartner die günstige Steuerklasse III zu ermöglichen, muß er sich dem Pfändungsgläubiger gegenüber so behandeln lassen, als wäre sein Einkommen nach Steuerklasse IV besteuert. Der Gläubiger stellt dazu den Antrag, „anzuordnen, daß der Dritt-*

schuldner (Arbeitgeber) bei der Berechnung des abzuführenden Betrages die Steuerklasse IV zugrundezulegen hat."

Aus der Rechtsprechung dazu: LG Köln in Rpfleger 1996, 120 und AG Köln in JurBüro 1997, 158.

12. Abschnitt
Exquisite Vollstreckungen

Neben den allgemein bekannten und gebräuchlichen Pfändungsmöglichkeiten wie Lohn- und Kontenpfändung, Sozialgeldleistungspfändung und Pfändung von Steuererstattungs- und Lebensversicherungsansprüchen gibt es für den Gläubiger noch einige **besondere, nicht alltägliche Zugriffsmöglichkeiten**, die bei einer umfassenden Pfändungsstrategie bedacht werden sollten.

1. Die Pfändung künftiger Rentenansprüche

Eine noch verhältnismäßig wenig bekannte, bis vor kurzem sehr kontrovers diskutierte Möglichkeit der Pfändung ist die Pfändung künftiger Rentenansprüche aus der Altersversorgung. **738**

Dabei kann der Schuldner nicht manipulieren wie bei der Sachpfändung (Verlagerung pfändbarer Habe) oder bei der Lohnpfändung (durch Abtretung des pfändbaren Lohnteils an Dritte wegen angeblich gewährter Darlehen).

Diese Pfändung führt zwar nicht unmittelbar zur Befriedigung des Gläubigers, weil der Rentenfall erst in der Zukunft liegt; aber es besteht die Chance, daß der Schuldner, der sich stets Sorgen um seine Altersversorgung macht, die Schulden vorzeitig tilgt. Außerdem genießt der Gläubiger bei Eintritt des Rentenfalles Vorrang vor später pfändenden Gläubigern (§ 804 Abs. 3 ZPO).

Der **Antrag** lautet: **739**

„Gepfändet wird der angebliche **künftige** Anspruch des Schuldners auf Altersruhegeld auf Grund der unter der Versicherungsnummer … (diese Angabe ist entbehrlich, vgl. Stöber, Forderungspfändung, Rdn. 1359 b) bestehenden Rentenanwartschaften gegen die Bundesversicherungsanstalt für Angestellte in Berlin (Drittschuldnerin) in Höhe der nach § 850 c ZPO pfändbaren Beträge."

Drittschuldner können sein: **740**

Bei Arbeitern   die Landesversicherungsanstalten,
                 die Bahnversicherungsanstalt Frankfurt/Main,
                 die Seekasse in Hamburg,
                 die Bundesknappschaft in Bochum,
bei Angestellten die Bundesversicherungsanstalt für Angestellte in Berlin,
bei Angestellten im öffentlichen Dienst **zusätzlich**

	die Versorgungsanstalt des Bundes und der Länder in Karlsruhe,
	die Bayerische Versicherungskammer – Zusatzversorgung der bayerischen Gemeinden – bzw. ähnliche Einrichtungen in anderen Bundesländern
bei Freiberuflern	die entsprechenden Rechtsanwalts-, Notar-, Ärzte-, Architekten- und Zahnärzteversorgungen (in Bayern alle bei der Bayerische Versicherungskammer in München),
bei Richtern und Beamten	die Besoldungsstellen von Bund, Ländern und Gemeinden.

Ausreichend für die Zulässigkeit der **Pfändung einer zukünftigen Forderung** ist, daß sie nach ihrer Art und nach der Person des Drittschuldners bestimmt werden kann.

Das ist bei zukünftigen Ansprüchen auf Altersrente der Fall: Durch die laufenden Beitragszahlungen wurde zwischen dem Schuldner und dem Drittschuldner (Rentenversicherungsträger) ein Sozialversicherungsverhältnis begründet.

741 Bis zum Inkrafttreten des 2. Gesetzes zur Änderung des Sozialgesetzbuchs am 18. 6. 1994 (s. dazu Rdn. 613) wurde die Pfändbarkeit künftiger Rentenansprüche von den Gerichten sehr kontrovers beurteilt.

Inzwischen bereitet die Pfändung keine Schwierigkeiten mehr, da nach Wegfall der Billigkeits- und Sozialhilfebedürftigkeitsprüfung sowie der Anhörungspflicht Sozialgeldleistungen – auch künftige – wie Arbeitseinkommen zu pfänden sind. Das bedeutet, daß Vollstreckungsschutz nur noch gemäß der Lohnpfändungstabelle gewährt wird (s. Anl. 7).

Die neueren Entscheidungen, in denen die Pfändung künftiger Rentenansprüche vorbehaltlos bejaht wird: LG Hannover in DGVZ 1995, 142, LG Essen in JurBüro 1995, 46, LG Bielefeld in JurBüro 1995, 46, LG Oldenburg in JurBüro 1995, 548 m. Anm. Behr, LG Köln in JurBüro 1996, 51, LG Heilbronn in JurBüro 1996, 157, LG Lübeck und LG Aurich in JurBüro 1997, 213, LG Ravensburg in JurBüro 1997, 441, LG Wuppertal in JurBüro 1998, 100 (34jährige Schuldnerin), LG Dortmund in JurBüro 1998, 101 (44jährige Schuldnerin), LG Koblenz in Rpfleger 1998, 119, LG Cottbus und LG Leipzig in Rpfleger 1998, 357 (keine Altersgrenze).

Das LG Paderborn in JurBüro 1995, 270 will die Pfändbarkeit künftiger Rentenansprüche vom Vorliegen der Mindestwartezeit von 60 Beitragsmonaten abhängig machen (so schon früher LG Münster in JurBüro 1990, 119 zum alten Rechtszustand vor Inkrafttreten des Sozialgesetzbuchänderungsgesetzes vom 13. 6. 1994 – BGBl I 1229). Dies ist nicht richtig. Erforderlich, aber auch ausreichend ist, daß eine Rechtsgrundlage für die Möglichkeit des Entstehens des künftigen Rentenanspruchs vorhanden ist (Stöber, a. a. O., Rdn. 1369). Dies ist mit Begründung von Rentenanwartschaften ohne Rücksicht auf die Beitragsmonate der Fall. Falls der Schuldner infolge zu weniger Beitragsmonate keine Rente erhält, fällt dies in den Risikobereich des Gläubigers ebenso wie wenn der Schuldner vor dem Rentenfall stirbt. Nicht vertretbar ist die Ansicht des LG Tübingen in JurBüro 1996, 440. Es läßt die Pfändung künftiger Rentenansprüche, weil nicht hinreichend konkretisiert, nicht zu. Außerdem führe diese Pfändung zu einer tiefgreifenden Erschütterung des Zwangsvollstreckungs- und Sozialsystems. Dem kann nicht gefolgt werden. Besteht ein Rechtsverhältnis und ist der Drittschuldner bekannt – beides ist in Form bestehender Rentenanwartschaften und des Rentenversicherungsträgers gegeben – können **künftige** Ansprüche gepfändet werden. Eine Erschütterung des Sozialsystems tritt nicht ein, da künftige Rentenansprüche „wie Arbeitseinkommen", das heißt nur unter dem Schutz der Lohnpfändungstabelle gepfändet werden können.

Die nach altem Recht umstrittene Frage nach der Altersgrenze für die Pfändung künftiger Rentenansprüche – ob also der Schuldner bereits etwa 60 Jahre alt sein muß – stellt sich nicht mehr (Stöber a. a. O. Rdn. 1369). Übrigens ist die Pfändung auch wegen geringer Forderungen zulässig, da in solchen Fällen der Schuldner genügend Zeit hat, die Schulden bis zum Rentenfall abzuzahlen und ihm dies bei geringer Schuld besonders leicht fällt, so daß er es in der Hand hat, ob er seine Rente später ungekürzt beziehen kann oder nicht.

Eine **gleichzeitige Alternativpfändung**, sowohl bei der Bundesversicherungsanstalt für Angestellte als auch bei einer Landesversicherungsanstalt, ist unzulässig, da die Drittschuldnerin in diesem Fall nicht hinreichend bestimmt ist (LG Aurich in Rpfleger 1998, 165; LG Berlin in Rpfleger 1997, 267 u. 1995, 307; LG Oldenburg in JurBüro 1995, 548).

Da es sich bei den Rentenanwartschaften des Schuldners um Vermögensbestandteile i. S. von § 807 Abs. 1 ZPO handelt, kann der Gläubiger eine Ergänzung der eidesstattlichen Offenbarungsversicherung verlangen, wenn der Schuldner bisher den Versicherungsträger und die Versicherungsnummer (notfalls genügt auch sein Geburtsdatum, da es den wesentlichen Teil der Versicherungsnummer ausmacht) nicht angegeben hat (siehe Rdn. 713, Fragen 7 u. 12).

2. Die erweiterte Pfändung von Arbeitseinkommen (§ 850 f Abs. 3 ZPO)

Hat der Schuldner ein monatliches **Nettoeinkommen von mehr als 3 744 DM**, so kann der Gläubiger beantragen,

742

„die Pfändung der 3 744 DM übersteigenden Beträge des Monatseinkommens ohne die Beschränkung des § 850 c ZPO zuzulassen".

Als Begründung kann z. B. auf einem Beiblatt angeführt werden, daß sich der Schuldner seit längerer Zeit dem Pfändungszugriff entzieht und der Gläubiger auf das Geld – etwa für notwendige Investitionen oder Reparaturen oder zur Bezahlung seiner Arbeitnehmer und Mitarbeiter oder zur Tilgung eigener Schulden und Kreditverbindlichkeiten – dringend angewiesen ist. Bei seiner Entscheidung wird das Vollstreckungsgericht insbesondere berücksichtigen:

- die wirtschaftlichen Auswirkungen auf Gläubiger und Schuldner,
- das bisherige Verhalten des Schuldners (Böswilligkeit, betrügerisches Verhalten, Abtretung des regulär pfändbaren Einkommensteils an die Ehefrau, um die Vollstreckung zu vereiteln, Vereitelung der Vollstreckung durch laufenden Wohnsitz- und Adressenwechsel),
- die bisher fruchtlosen Bemühungen des Gläubigers, zu vollstrecken,
- das Alter der Forderung,
- ob der Schuldner die Vorteile aus der Lieferung oder Leistung des Gläubigers genossen hat oder noch genießt (Billigkeitserwägungen!),
- ob der Schuldner Angehörigen Unterhalt zahlt, dessen Betrag geringer ist als der Betrag, um den sich im Hinblick auf die Angehörigen der unpfändbare Teil des Arbeitseinkommens nach § 850 c Abs. 3 ZPO erhöht,
- ob der Schuldner mietfrei – z. B. bei Eltern – wohnt.

743 Die seit 1. 7. 1992 nur noch geringen Vorteile des erweiterten Zugriffs in Arbeitseinkommen zeigt folgendes Rechenbeispiel:

Monatliches Nettoeinkommen des Schuldners 4 200,– DM bei einer Unterhaltspflicht für seine nicht berufstätige Ehefrau. Pfändbar[1] ohne obigen Antrag monatlich 1 455,30 DM, wenn obiger Antrag Erfolg hat, monatlich 1 487,50 DM (pfändbarer Betrag bei 3 744,– DM zuzüglich 456,– DM = Differenz zwischen 3 744,– und 4 200,– DM).

Der Gläubiger erhält also pro Monat 32,20 DM mehr. Diesen Betrag erhält auch ein **nachrangiger Gläubiger,** der erstmals von der erweiterten Lohnpfändung Gebrauch macht. Die vorrangigen Pfändungen bleiben unberührt, da die 32,20 DM zusätzlich pfändbar werden.

3. Der Antrag auf Nichtberücksichtigung von unterhaltsberechtigten Personen

744 Erfährt der Gläubiger, daß die Ehefrau oder die Kinder des Schuldners über eigenes Einkommen verfügen – was z. B. auch der Fall ist, wenn der Schuldner

---

[1] S. Lohnpfändungstabelle Anlage 7 am Ende des Buches.

seiner Frau den Arbeitslohn abgetreten hat – so kann er den Antrag nach § 850 c Abs. 4 ZPO stellen:

> „Anzuordnen, daß die Ehefrau des Schuldners (bzw. Kinder des Schuldners) bei der Berechnung des unpfändbaren Betrags nicht als unterhaltsberechtigte Person berücksichtigt wird, da sie über eigenes Einkommen verfügt".

745

Dies empfiehlt sich immer dann, wenn die Ehefrau des Schuldners mehr als den unpfändbaren Grundbetrag von 1 209,– DM (s. § 850 c Abs. 1 ZPO) verdient. Im übrigen kann auch eine teilweise Nichtberücksichtigung von Vorteil sein: Verdient die Ehefrau z. B. 500,– DM pro Monat und hat der schuldnerische Ehemann ein monatliches Nettoeinkommen von 2 400,– DM, so beträgt der Unterhaltsbedarf der Ehefrau 3/7 aus 2 400,– DM = 1 028,– DM; hiervon kann sie durch Eigenverdienst die Hälfte decken, so daß sie nur zur Hälfte als unterhaltsberechtigte Person zu berücksichtigen ist.

746

Diese Grundsätze gelten auch für Kinder. Befinden sich z. B. Kinder des Schuldners in Ausbildung und erhalten 800,– DM oder mehr Ausbildungsvergütung, so kann ebenfalls beantragt werden, daß sie als Unterhaltsberechtigte zu 2/3 oder bei 1 209 DM nicht berücksichtigt werden.

Man kann sogar einen Schritt weitergehen: Ist die Ehefrau des Schuldners voll berufstätig, so trifft sie gegenüber den gemeinsamen Kindern eine anteilige Barunterhaltspflicht, d. h., daß in einem derartigen Fall die Kinder als Unterhaltsberechtigte – auch wenn sie noch kein eigenes Einkommen haben – zur Hälfte nicht zu berücksichtigen sind, weil eine Hälfte ihres Unterhaltsbedarfs von der Ehefrau des Schuldners abgedeckt wird[2].

747

Die Rechtsprechung setzt die Grenze – ausgehend vom Sozialhilfebedarf – oft sogar niedriger an: Das LG Frankfurt[3] geht ebenso wie das LG Münster[4] vom um 20 % erhöhten Sozialhilfebedarf aus.

Beispiel: Sozialhilfesatz (siehe Rdn. 649) z. B. 475 DM zuzüglich 10 % Zuschlag für vom Regelsatz nicht erfaßte Aufwendungen (§§ 21, 22 BSHG) zuzüglich 20 % Zuschlag für Erwerbstätigkeit (§ 23 Abs. 4 Nr. 1 BSHG) zuzüglich 20 % Besserstellungszuschlag = 712,50 DM.

Liegen die Einkünfte der unterhaltsberechtigten Person darüber, so ist sie bei der Berechnung des pfändbaren Einkommens unberücksichtigt zu lassen.

---

[2] Siehe LG Paderborn in JurBüro 1984, 787.
[3] Rpfleger 1988, 73.
[4] JurBüro 1990, 1363.

748 Der Antrag nach § 850 c Abs. 4 ZPO bringt noch einen weiteren Vorteil mit sich, wenn mehrere Gläubiger gepfändet haben und der Antragsteller nachrangig gepfändet hat: Der Beschluß, der ergeht, wirkt nach dem Grundsatz der Einzelvollstreckung zunächst nur zugunsten des Gläubigers, der ihn beantragt hat. Erst wenn vorrangig pfändende Gläubiger davon erfahren und ebenfalls diesen Antrag stellen, geht der Vorteil infolge Nachrangigkeit verloren.

4. Die Pfändung des Taschengeldanspruchs der nicht erwerbstätigen Ehefrau bzw. des sog. Hausmannes

749 Immer wieder kommt es vor, daß die Ehefrau ihr Geschäft oder ihren Beruf aufgibt und Schulden aus früherer Zeit nicht bezahlen will oder nicht bezahlen kann. In diesem Fall sollte die Möglichkeit der Pfändung ihres Taschengeldanspruchs gegen den Ehemann erwogen werden, wenn sonstige Vollstreckungsversuche keinen Erfolg haben. Gleiches gilt natürlich für den gelegentlich anzutreffenden sog. Hausmann, der gegen seine berufstätige Ehefrau einen Taschengeldanspruch hat. Gegen Lebensgefährten besteht kein Taschengeldanspruch.

750 Der **Taschengeldanspruch** – er beträgt 5–7 % des monatlichen Nettoeinkommens des alleinverdienenden Ehepartners und dient dazu, dem nichtverdienenden Ehepartner die Erfüllung privater Bedürfnisse zu ermöglichen, ohne dem anderen Ehegatten über die Art der Verwendung Rechenschaft zu schulden – ist unter den Voraussetzungen des § 850 b Abs. 2 ZPO als **Teil des Unterhaltsanspruchs** (§ 1360 a Abs. 1 BGB) bedingt pfändbar[5].

Aus der bloßen Tatsache des Verheiratetseins ergibt sich allerdings noch nicht zwangsläufig ein Taschengeldanspruch[6].

751 Folgende **Voraussetzungen** müssen erfüllt sein:

– der Ehegatte hat nur einen Taschengeldanspruch, wenn er **nicht erwerbstätig** ist oder nur gering dazuverdient (BGH in NJW 1998, 1553), wobei allerdings das Taschengeld höher sein muß als der Zuverdienst (selten!).

– der Taschengeldanspruch kann nur nach den für Arbeitseinkommen geltenden Vorschriften gepfändet werden (§ 850 b II ZPO), d. h., der (fiktive) Unterhaltsanspruch und der Taschengeldanspruch müssen zusammen die Pfändungsgrenzen übersteigen; das bedeutet, daß der Pfändungsgläubiger die Höhe des monatlichen Nettoeinkommens des Ehegatten der Schuldnerin bzw. des Hausmanns auf einem Beiblatt zu seinem Pfändungsantrag angeben muß.
Zur Ermittlung des Nettoeinkommens s. Rdn. 713 nach Frage Nr. 11.

---

[5] H. M. vgl. OLG München in FamRZ 1988, 1161; OLG Hamm in RPfleger 1989, 207; BVerfG in FamRZ 1986, 733.
[6] OLG Hamm in FamRZ a.a.O.

- die Zwangsvollstreckung in das sonstige bewegliche Vermögen des Schuldners hat nicht zur vollständigen Befriedigung des Gläubigers geführt – es muß also mindestens ein teilweise erfolgloser Sachpfändungsversuch unternommen worden sein,
- die Pfändung muß der **Billigkeit** entsprechen, d. h. es findet eine Abwägung der Gläubiger- und Schuldnerinteressen statt. Unbillig ist die Pfändung bei geringem Familieneinkommen[7]. Zu beachten in diesem Zusammenhang sind Art und Entstehung der beizutreibenden Forderung sowie die Umstände, unter denen sich der Schuldner der Zahlung bisher entzogen hat, ferner das Alter der Forderung.

752 Gepfändet wird der angebliche Anspruch der Schuldnerin auf Zahlung eines Taschengelds als Teil des gesetzlichen Unterhaltsanspruchs gegen ihren Ehemann – Drittschuldner – auch wegen künftig fällig werdender Beträge in Höhe von 7/10 des monatlich geschuldeten Betrags.

753 Beispiel:

Nettoeinkommen des Verpflichteten	3 500,– DM
(fiktiver Unterhaltsanspruch 3/7 =)	1 500,– DM
Taschengeldanspruch 5 % (bzw. 7 %)	175,– DM
Pfändbar 7/10	122,50 DM
Unpfändbar 3/10	52,50 DM

Die Pfändung des Taschengelds ist auch dann zu bejahen, wenn der Anspruch der Schuldnerin auf längere Zeit entzogen wird; anderenfalls würde dies zu einer ungerechtfertigten Besserstellung der Schuldnerin mit hohen Schulden führen (OLG Stuttgart in Rpfleger 1997, 447; sehr lesenswert!).

754 Fordert der Gläubiger vom Ehemann nach Erlaß des Pfändungs- und Überweisungsbeschlusses das Taschengeld, so wird dieser sich häufig weigern, zu zahlen.

Der Gläubiger muß ihn daraufhin beim Amtsgericht – Familiengericht –, in dessen Bezirk der Ehemann wohnt auf Zahlung verklagen (Unterhaltssache gemäß § 23 b Abs. 1 Nr. 6 GVG).

Die neuere Rechtsprechung[8] beläßt im Anschluß an Stöber[9] dem taschengeldberechtigten Schuldner 3/10 seines monatlichen Taschengelds unpfändbar

---

[7] S. OLG Hamm in FamRZ 1986, 357. Eine **Vorpfändung** (s. Rdnr. 280 ff.) ist **ausgeschlossen**, da die Pfändbarkeit des Taschengeldanspruchs erst durch den Pfändungs- und Überweisungsbeschluß konstitutiv festgestellt wird.
[8] OLG Köln in Rpfleger 1995, 76; OLG Frankfurt in FamRZ 1991, 727; OLG Celle in FamRZ 1991, 726; LG Trier in JurBüro 1991, 1564.
[9] A.a.O. Rdn. 1031 a.

(§ 850 c Abs. 2 ZPO), damit er wenigstens in geringem Umfang seine privaten Bedürfnisse damit befriedigen kann.

755 Für das Familiengericht ist die Feststellung des Vollstreckungsgerichts über die Pfändbarkeit des Taschengeldanspruchs bindend. Es hat dann nur noch über die Höhe des Anspruchs zu entscheiden. Die in diesem Zusammenhang vom Ehemann häufig angeführten Einwendungen, er habe seiner Frau noch nie Taschengeld gezahlt – häufig wird es zusammen mit oder als Teil des Haushaltsgelds gezahlt –, sie habe den Taschengeldanspruch an ihn abgetreten oder gar auf ihn verzichtet, dringen im Regelfall nicht durch: ob Taschengeld tatsächlich gezahlt wurde oder nicht, ist für das Bestehen des Anspruchs belanglos; die beiden letzteren Einwendungen scheitern meist an unsubstantiierter Darlegung.

Neuere Rechtsprechung zur Taschengeldpfändung: OLG Nürnberg in InVO 1998, 228, OLG Celle in FamRZ 1991, 726, OLG Frankfurt in FamRZ 1991, 727, FG Berlin in NJW 1992, 528, LG Würzburg in JurBüro 1994, 406 und AG Weilburg in NJW-RR 1998, 289.

5. Die Pfändung eines Wertpapierdepots

756 Der Trend zum Wertpapiersparen hält an.

Nach der veröffentlichten Depotstatistik der Deutschen Bundesbank stieg die Zahl der Wertpapierdepots in der Bundesrepublik im vergangenen Jahr auf 12 Millionen. Den Löwenanteil unterhalten Privatpersonen. Festverzinsliche Wertpapiere werden favorisiert.

Der Gang an die Börse seitens zahlreicher Unternehmen und die Privatisierung staatseigener Betriebe wie VW, VEBA, VIAG, IVG und Telekom sowie Lufthansa haben aber auch die Zahl der Aktionäre kräftig ansteigen lassen.

Die zugeteilten oder gekauften **Aktien** werden meistens nicht zu Hause aufbewahrt. In diesem Fall wäre die Sache für den vollstreckenden Gläubiger nämlich einfach: der Gerichtsvollzieher pfändet die Wertpapiere wie sonstige bewegliche körperliche Sachen im Auftrag des Gläubigers und verwertet sie durch freihändigen Verkauf zum Börsenkurs des Tages (§ 821 ZPO, §§ 154, 155 GVGA).

Auch bei Herausgabebereitschaft des Verwahrers (sehr selten!) können die Papiere durch den Gerichtsvollzieher gepfändet und verwertet werden (§ 809 ZPO).

757 Im Regelfall befinden sich Aktien und sonstige Wertpapiere jedoch in einem Depot bei einer Bank oder Sparkasse. Die Verwahrung kann in Form der – selten anzutreffenden – **Sonderverwahrung** (§ 2 DepotG)[10] oder durch **Sammelverwahrung** (§ 5 DepotG) – das ist der Regelfall – erfolgen.

---

[10] Vgl. dazu Stöber Rdn. 1787 b.

Bei **Sammelverwahrung** werden Wertpapiere derselben Art vom Verwahrer ungetrennt von anderen Beständen derselben Art aufbewahrt (§ 5 DepotG). Mit der Aufnahme in das Sammeldepot entsteht für den einzelnen Aktionär oder Wertpapierinhaber Miteigentum nach Bruchteilen am Sammelbestand (§ 3 Abs. 1 DepotG). Der Hinterleger (Schuldner) kann verlangen, daß ihm aus dem Sammelbestand Wertpapiere in Höhe des Nennbetrags der für ihn in Verwahrung genommenen Menge ausgeliefert werden (§ 7 DepotG).

Bei der **Pfändung** ist besonders darauf zu achten, daß sie **sämtliche Einzelansprüche** des Schuldners **erfaßt**.

> Gepfändet wird
> 1. der angebliche Miteigentumsanteil des Schuldners als Hinterleger an den im Sammeldepot unter der Depotnummer ... bei der Bayerischen Landesbank – Girozentrale – für die Kreissparkasse München im Auftrag des Schuldners verwahrten folgenden Wertpapiere ...
> 2. der Anspruch des Schuldners auf Auslieferung der ihm gehörenden Wertpapiere aus dem Sammelbestand des obengenannten Depots, und
> 3. der Anspruch des Schuldners auf Auszahlung von Erlösen wie Zinsen, Dividenden und Boni sowie des Gegenwerts sonstiger Erträge wie z. B. von Bezugsrechten.
>
> Der Sammeldepotanteil des Schuldners wird dem Gläubiger zur Einziehung überwiesen.
>
> Die obengenannten Wertpapiere sind samt Zins- und Dividendenscheinen (Coupons) an den Gerichtsvollzieher zur Verwertung herauszugeben.

Werden die Wertpapiere vom Verwahrer (Bank oder Sparkasse) einem Drittverwahrer (z. B. Landesbank) zur Verwahrung anvertraut (§ 3 DepotG), so ist **Drittschuldner** die **Bank oder Sparkasse,** da sie in unmittelbarer vertraglicher Beziehung zum Schuldner steht[11].

Will der Gläubiger ganz sicher gehen, kann er den Pfändungs- und Überweisungsbeschluß sowohl dem Verwahrer als auch dem Drittverwahrer zustellen lassen.

6. Leasing und Zwangsvollstreckung

Das in den USA bereits in den 70er Jahren des vorigen Jahrhunderts entwickelte Leasing fand inzwischen bei uns nach anfänglicher Zurückhaltung immer größere Verbreitung.

---
[11] Stöber Rdn. 1787 e.

Der Leasingvertrag ist ein atypischer Mietvertrag. Er unterscheidet sich vom normalen Mietvertrag in einem wesentlichen Punkt: Der Leasingnehmer trägt die Gefahr und Haftung für die Instandhaltung, Sachmängel, Untergang und Beschädigung der geleasten Sache. Diese Gefahrtragung ist dem Mietvertrag wesensfremd.

Ein „Schuldnertrick" bei der Vollstreckung lautete (s. oben Rdn. 737 Nr. 6), der Schuldner möge für pfändbare Gegenstände Leasingverträge vorlegen, dann müsse der Gerichtsvollzieher wieder gehen.

Ganz so einfach ist die Sache nicht, wie gleich zu zeigen sein wird.

Vorab ist jedoch anzumerken, daß es auf dem Gebiet „Leasing und Zwangsvollstreckung" nur ganz wenige veröffentlichte Entscheidungen gibt[12]. In sämtlichen Kommentaren zur ZPO ist bisher nichts zu dieser Problematik zu finden.

762 Grundsätzlich ist zu unterscheiden, ob der **Schuldner Leasinggeber oder Leasingnehmer** ist.

Im ersteren Fall kann sein Anspruch auf Zahlung der Leasingraten – vergleichbar mit dem Anspruch auf Mietzins; zu dessen Pfändung s. Rdn. 407 – oder sein Anspruch auf Herausgabe des Leasinggegenstandes auf Grund Eigentums (§ 985 BGB) oder auf Grund des Leasingvertrags gepfändet werden. Dem Herausgabeanspruch kann der Leasingnehmer allerdings, solange der Leasingvertrag läuft, ein vertragliches Besitzrecht (§ 986 BGB) entgegenhalten.

763 Ist der **Schuldner Leasingnehmer,** so kann sein **Nutzungsrecht** aus dem Leasingvertrag nach § 857 ZPO als „anderes Vermögensrecht" gepfändet werden. Voraussetzung hierfür ist allerdings – und insoweit ist der Leasingvertrag maßgebend – daß der Schuldner das Leasingobjekt einem Dritten zur Ausübung der Nutzung überlassen darf[13].

Ist diese Voraussetzung erfüllt, kann der Gläubiger den Leasinggegenstand – stets unter Zahlung der Leasingraten anstelle des Schuldners – entweder sich selbst zur Nutzung vom Vollstreckungsgericht zuweisen lassen (u. U. vorteilhaft bei hoher Mietsonderzahlung durch den Schuldner und günstigen Leasingraten) oder er kann beantragen, daß das Vollstreckungsgericht einen Verwalter bestellt, der die Nutzung des geleasten Gegenstands entgeltlich einem Dritten überläßt (§ 857 Abs. 4 ZPO).

Der letztere Weg ist für den Gläubiger aber nur dann vorteilhaft, wenn das vom Dritten zu zahlende Entgelt die Höhe der Verwaltungskosten und der während der Drittnutzung zu zahlenden Leasingraten übersteigt. In beiden Fällen setzt

---

[12] LG Dortmund in BB 1986, 1538; LG Düsseldorf in Rpfleger 1988, 75; OLG Düsseldorf in NJW 1988, 1676 = DB 1988, 955; Stöber Rdn. 267.
[13] OLG Düsseldorf a.a.O. zu einem Fall von Pkw-Leasing.

das Vollstreckungsgericht den zeitbezogenen Wert der dem Gläubiger überlassenen Nutzungsmöglichkeit (z. B. 300,– DM pro Monat) fest, ordnet die Vorauszahlung der an den Leasinggeber zu zahlenden Leasingraten an und bestimmt unter Beachtung beider Komponenten sowie der sonstigen Kosten der Zwangsvollstreckung die Dauer der Pfändung unter Beachtung des § 803 Abs. 1 Satz 2 ZPO (Verbot der Überpfändung)[14].

Während die **Verlängerungsoption** des Leasingnehmers als Gestaltungsrecht für den Gläubiger **unpfändbar** ist, kann er jedoch, wenn der Schuldner den Leasingvertrag verlängert, weiterhin dessen Nutzungsrecht pfänden. In Ausnahmefällen ist eine Beteiligung des Leasingnehmers am Restwert des Leasinggegenstandes nach Ablauf der Grundlaufzeit vorgesehen. Diesen **Anspruch auf Restwertbeteiligung** – es handelt sich um einen Zahlungsanspruch – kann der Gläubiger dagegen pfänden und sich zur Einziehung überweisen lassen[15].

764

> Gepfändet wird der angebliche Anspruch des Schuldners auf Nutzung des Personalcomputers Marke ... Fabrikationsnummer ... gemäß Leasingvertrag vom ... gegen die Fa. XX (Drittschuldnerin).
>
> Es wird beantragt, dem Gläubiger den Computer ... gegen entsprechende Auflagen zur persönlichen Nutzung zu überlassen (§ 857 Abs. 4 Satz 1 ZPO).
>
> Gepfändet wird der angebliche Anspruch des Schuldners gegen die BMW Leasing GmbH München – Drittschuldnerin – auf Restwertbeteiligung – Erstattung des Mehrerlöses, der über dem kalkulierten Restwert liegt – bzw. auf Vergütung der Minderkilometer bei Abrechnung nach Kilometern, aus dem Leasingvertrag über den Pkw
> BMW 735 i, Fahrgestellnummer xyz,
> amtliches Kennzeichen M–RS 234, abgeschlossen am 20. 12. 1994.

765

Wird ein **geleaster Gegenstand** vom Gläubiger des Leasingnehmers gepfändet (s. § 119 Nr. 2 GVGA im Anhang) und **versteigert,** weil der Leasingnehmer den Leasinggeber von der Zwangsvollstreckung nicht verständigt hat, so hat der Pfändungsgläubiger dem Leasinggeber den Versteigerungserlös nach Abzug der Pfändungs- und Verwertungskosten unter dem Gesichtspunkt der ungerechtfertigten Bereicherung herauszugeben[16].

766

---

14 Näher dazu Borggräfe, Die Zwangsvollstreckung in bewegliches Leasinggut, Köln–Berlin–Bonn–München 1976, 134 ff.
15 Borggräfe a.a.O. S. 143, 147.
16 LG Dortmund a.a.O.

7. Die Pfändung von Nebeneinkommen ohne Pfändungsschutz

767 Eine neben der Pfändung regulären Arbeitseinkommens (dazu Rdn. 618 ff.) zusätzliche Pfändungsmöglichkeit kann sich ergeben, wenn der Schuldner **Nebeneinnahmen** erzielt, die nicht unter § 850 Abs. 2 a. E. ZPO fallen.

> **§ 850 ZPO:**
>
> (1) Arbeitseinkommen, das in Geld zahlbar ist, kann nur nach Maßgabe der §§ 850 a bis 850 k gepfändet werden.
>
> (2) Arbeitseinkommen im Sinne dieser Vorschrift sind die Dienst- und Versorgungsbezüge der Beamten, Arbeits- und Dienstlöhne, Ruhegelder und ähnliche nach dem einstweiligen oder dauernden Ausscheiden aus dem Dienst- oder Arbeitsverhältnis gewährte fortlaufende Einkünfte, ferner Hinterbliebenenbezüge sowie **Vergütungen für Dienstleistungen aller Art, die die Erwerbstätigkeit des Schuldners vollständig oder zu einem wesentlichen Teil in Anspruch nehmen.**
>
> (3) ....

Gegenüber regelmäßigen Arbeits- und Dienstlöhnen, die stets dem Pfändungsschutz unterliegen, gibt es hier eine Besonderheit: Pfändungsschutz bei Vergütungen für Dienstleistungen aller Art besteht nur dann, wenn die Dienstleistungen die Erwerbstätigkeit des Schuldners ganz oder zu einem wesentlichen (nicht notwendig überwiegenden!) Teil in Anspruch nehmen.

768 Neben anderen Einnahmen sind daher sonstige **Vergütungen für nur gelegentliche Dienstleistungen,** also Nebeneinnahmen aus vereinzelter unregelmäßiger Arbeitsverrichtung **wie gewöhnliche Geldforderungen pfändbar.** Hierunter fallen z. B. Nebentätigkeiten als Handels- oder Versicherungsvertreter („Vertrauensmann" bei Beamtenversicherungen), als Putzhilfe und Schreibkraft nach Feierabend oder am Samstag.

8. Ansprüche auf Prämienrückvergütung bei Versicherungen

769 Der Anspruch auf Prämienrückvergütung (Beitragserstattung), insbesondere bei der Kraftfahrzeug-Haftpflichtversicherung ist – auch als künftiger Anspruch – gemäß § 829 ZPO pfändbar[17]. Allerdings kann der Gläubiger das Kündigungsrecht für das Versicherungsverhältnis als nur dem Versicherungsnehmer zustehendes Gestaltungsrecht nicht mitpfänden.

---

[17] AG Sinzig in NJW-RR 1986, 976; Stöber, Rdnr. 150 a; Mümmler in JurBüro 1990, 965.

Exquisite Vollstreckungen

Bereits im Kapitel „Fragen bei der eidesstattlichen Offenbarungsversicherung" wurde angeführt, daß der Schuldner nach Versicherungsverträgen gefragt werden kann.

Ansprüche auf Beitragsrückvergütung ergeben sich bei vielen Versicherungsarten, wenn sie der Versicherungsnehmer im Laufe eines Versicherungsjahres nicht in Anspruch genommen hat (z.B. bei der Glasbruch-, Sturm-, Leitungswasser- und Hausratsversicherung). Auch für diese Versicherungsarten ist eine Pfändung möglich.

„Gepfändet wird der angebliche Anspruch des Schuldners auf Beitragsrückerstattung aus der von ihm als Versicherungsnehmer abgeschlossenen Kfz-Haftpflichtversicherung". **770**

Drittschuldner ist die Versicherungsgesellschaft, die der Schuldner bei der eidesstattlichen Versicherung auf Frage angeben muß[18]. Die Angabe der Versicherungsnummer ist neben sonstiger bestimmter Bezeichnung des Anspruchs nicht nötig[19].

---

[18] S. Rdn. 713 Nr. 1 u. 2.
[19] OLG Hamm in DB 1984, 1345 = JurBüro 1984, 789.

Anhang
Geschäftsanweisung für Gerichtsvollzieher (GVGA)

in der ab 1. 1. 1999 geltenden Fassung

(Auszug)

§ 1 Zweck der Geschäftsanweisung

Das Bundes- und Landesrecht bestimmt, welche Dienstverrichtungen dem Gerichtsvollzieher obliegen und welches Verfahren er dabei zu beachten hat.

Diese Geschäftsanweisung soll dem Gerichtsvollzieher das Verständnis der gesetzlichen Vorschriften erleichtern. Sie erhebt keinen Anspruch auf Vollständigkeit und befreit den Gerichtsvollzieher nicht von der Verpflichtung, sich eine genaue Kenntnis der Bestimmungen aus dem Gesetz und den dazu ergangenen gerichtlichen Entscheidungen selbst anzueignen.

Die **Beachtung der Vorschriften dieser Geschäftsanweisung** gehört zu den Amtspflichten des Gerichtsvollziehers.

§ 4 Form des Auftrags
(§ 161 GVG; §§ 167, 168, 753 Abs. 2, 754, 755, 900 Abs. 1 ZPO)

1. Aufträge an den Gerichtsvollzieher bedürfen keiner Form. **Es genügt** die **mündliche Erklärung des Auftraggebers oder** seines **Bevollmächtigten** oder der Geschäftsstelle, die den Auftrag vermittelt. Nicht schriftlich erteilte Aufträge sind jedoch aktenkundig zu machen.

2. Dem ausdrücklichen Auftrag ist es in der Regel gleichzuachten, wenn die Schriftstücke, die sich auf den Auftrag beziehen, in dem Abholfach des Gerichtsvollziehers in der Geschäftsstelle oder in der Verteilungsstelle für Gerichtzsvollzieheraufträge niedergelegt werden.

§ 6 Zeit der Erledigung des Auftrags

Die Erledigung der Aufträge darf nicht verzögert werden. Der Gerichtsvollzieher entscheidet nach pflichtgemäßem Ermessen, in welcher Reihenfolge die vorliegenden Aufträge nach ihrer Dringlichkeit zu erledigen sind. Er muß in jedem Fall besonders prüfen, ob es sich um eine Eilsache handelt oder nicht. Die **Eilbedürftigkeit** kann sich aus der Art der vorzunehmenden Amtshandlung ergeben; dies gilt insbesondere für die Vollziehung von Arresten oder einstweiligen Verfügungen, für Proteste, Benachrichtigungen des Drittschuldners nach § 845 ZPO und für Zustellungen, durch die eine Notfrist oder eine sonstige gesetzliche Frist gewahrt werden soll. Aufträge, deren eilige Ausführung von der Partei verlangt wird, müssen den für die besondere Beschleunigung maßgebenden Grund erkennen lassen.

§ 21 Wahl der Zustellungsart

1. ......
2. Zwischen der persönlichen Zustellung und der Zustellung durch die Post hat der Gerichtsvollzieher unbeschadet der folgenden Bestimmungen nach pflichtgemäßem Ermessen die Wahl. Er hat insbesondere persönlich zuzustellen, sofern

    a) die Sache eilbedürftig ist oder besondere Umstände es erfordern,

    b) der Auftraggeber es beantragt hat oder bei der Zustellung durch die Post höhere Kosten entstehen würden; dies gilt nur, soweit die persönliche Zustellung mit der sonstigen Geschäftsbelastung des Gerichtsvollziehers vereinbar ist und die Zustellung sich nicht dadurch verzögert, daß der Gerichtsvollzieher sie selbst vornimmt.

3. Läßt der Gerichtsvollzieher eilige Zustellungen durch die Post ausführen, so muß er ihre rechtzeitige Erledigung überwachen (vgl. § 46 Nr. 1).

4. Von der Zustellung durch die Post sind ausgeschlossen:

    a) gerichtliche Pfändungsbeschlüsse im Fall des § 840 ZPO,

    b) Zustellungen von Willenserklärungen, bei denen eine Urkunde vorzulegen ist.

5. Während eines Konkursverfahrens oder eines Insolvenzverfahrens behandelt die Post Sendungen an den Gemeinschuldner oder den Schuldner als unzustellbar, wenn das Konkursgericht oder das Insolvenzgericht die Aushändigung der für den Gemeinschuldner oder den Schuldner bestimmten Briefe an den Konkursverwalter oder den Insolvenzverwalter angeordnet hat (§ 121 KO oder § 99 InsO). Der Gerichtsvollzieher stellt daher Sendungen an den Gemeinschuldner oder den Schuldner nicht durch die Post zu, solange die Postsperre nicht aufgehoben ist.

§ 22 Fristen für die Erledigung des Zustellungsauftrags

1. Der Gerichtsvollzieher führt die Zustellung aus:

    a) Innerhalb von drei Tagen nach dem Empfang des Auftrags, möglichst jedoch schon am darauffolgenden Tag, wenn an seinem Amtssitz oder unter seiner Vermittlung durch die Post zuzustellen ist,

    b) auf der ersten Reise, spätestens jedoch binnen einer Woche, wenn außerhalb seines Amtssitzes durch ihn selbst zuzustellen ist.

Die Fristen gelten nicht, wenn die Eilbedürftigkeit der Sache eine noch frühere Erledigung des Auftrags erfordert. Sonntage, allgemeine Feiertage und Sonnabende werden bei den Fristen nicht mitgerechnet.
2. Nr. 1 findet keine Anwendung auf die Zustellung von Vollstreckungstiteln zur Einleitung der Zwangsvollstreckung gemäß § 750 Abs. 1 Satz 2 ZPO sowie von Urkunden, welche die rechtliche Grundlage für eine gleichzeitig vorzunehmende Zwangsvollstreckung bilden.

§ 38 Zustellungsurkunde (§§ 190, 191 ZPO)

1. Der Gerichtsvollzieher nimmt über jede von ihm bewirkte Zustellung am Zustellungsort eine Urkunde auf, die den Bestimmungen des § 191 ZPO entsprechen muß.
2. Hat der Auftraggeber die genaue Angabe der Zeit der Zustellung verlangt oder erscheint diese Angabe nach dem Ermessen des Gerichtsvollziehers im Einzelfall von Bedeutung, so ist die Zeit auch **nach Stunden und Minuten zu bezeichnen**. Dies gilt z. B. bei der Zustellung eines Pfändungsbeschlusses an den Drittschuldner, bei der **Benachrichtigung des Drittschuldners nach § 845 ZPO** sowie dann, wenn durch die Zustellung eine nach Stunden berechnete Frist in Lauf gesetzt wird.
3. ...

§ 62 Auftrag zur Zwangsvollstreckung (§§ 753–758 ZPO)

1. Der Auftrag zur Zwangsvollstreckung wird dem Gerichtsvollzieher unmittelbar vom Gläubiger oder seinem Vertreter oder Bevollmächtigten – nicht durch das Gericht – erteilt. Der Auftraggeber darf die Vermittlung der Geschäftsstelle in Anspruch nehmen. Der durch Vermittlung der Geschäftsstelle beauftragte Gerichtsvollzieher wird unmittelbar für den Gläubiger tätig; er hat insbesondere auch die beigetriebenen Gelder und sonstigen Gegenstände dem Gläubiger unmittelbar abzuliefern.

2. Der Prozeßbevollmächtigte des Gläubigers ist auf Grund seiner Prozeßvollmacht befugt, den Gerichtsvollzieher mit der Zwangsvollstreckung zu beauftragen und den Gläubiger im Zwangsvollstreckungsverfahren zu vertreten. Der Gerichtsvollzieher hat den Mangel der Vollmachten grundsätzlich von Amts wegen zu berücksichtigen. Ist Auftraggeber jedoch ein Rechtsanwalt, hat er dessen Vollmacht nur auf ausdrückliche Rüge zu überprüfen. Zum Nachweis der Vollmacht genügt die Bezeichnung als Prozeßbevollmächtigter im Schuldtitel.

Jedoch ermächtigt die bloße Prozeßvollmacht den Bevollmächtigten nicht, die beigetriebenen Gelder oder sonstigen Gegenstände in Empfang zu nehmen; eine Ausnahme besteht nur für die vom Gegner zu erstattenden Prozeßkosten (§ 891 ZPO). Der Gerichtsvollzieher darf daher die beigetriebenen Gelder oder sonstigen Gegenstände nur dann an den Prozeßbevollmächtigten abliefern, wenn dieser von dem Gläubiger zum Empfang besonders ermächtigt ist. Die Ermächtigung kann sich aus dem Inhalt der Vollmachtsurkunde ergeben. Der Gläubiger kann sie auch dem Gerichtsvollzieher gegenüber mündlich erklären.

3. Die vollstreckbare Ausfertigung des Schuldtitels muß dem Gerichtsvollzieher übergeben werden. Der schriftliche oder mündliche Auftrag zur Zwangsvollstreckung in Verbindung mit der Übergabe der vollstreckbaren Ausfertigung ermächtigt und verpflichtet den Gerichtsvollzieher – ohne daß es einer weiteren Erklärung des Auftraggebers bedarf –, die Zahlung oder die sonstigen Leistungen in Empfang zu nehmen, darüber wirksam zu quittieren und dem Schuldner die vollstreckbare Ausfertigung auszuliefern, wenn er seine Verbindlichkeit vollständig erfüllt hat. Der Besitz der vollstreckbaren Ausfertigung ist demnach für den Gerichtsvollzieher dem Schuldner und Dritten gegenüber der unerläßliche, aber auch ausreichende Ausweis zur Zwangsvollstreckung und zu allen für ihre Ausführung erforderlichen Handlungen. Der Gerichtsvollzieher trägt deshalb bei Vollstreckungshandlungen die vollstreckbare Ausfertigung stets bei sich und zeigt sie auf Verlangen vor (§§ 754, 755 ZPO).

Hat der Schuldner nur gegen Aushändigung einer Urkunde zu leisten, z. B. eines Wechsels, einer Anweisung oder eines Orderpapiers, so muß sich der Gerichtsvollzieher vor Beginn der Zwangsvollstreckung auch diese Urkunde aushändigen lassen.

4. Bei der Zwangsvollstreckung aus einer Urteilsausfertigung, auf die ein Kostenfestsetzungsbeschluß gesetzt ist (§§ 105, 795 a ZPO), hat der Gläubiger zu bestimmen, ob aus beiden oder nur aus einem der beiden Schuldtitel vollstreckt werden soll. Hat der Gläubiger keine Bestimmung getroffen, so vollstreckt der Gerichtsvollzieher aus beiden Schuldtiteln. Das Urteil eines Arbeitsgerichts, in dem auch der Betrag der Kosten nach § 61 Abs. 1 ArbGG festgestellt ist, bildet einen einheitlichen Titel.

5. Verlangen der Gläubiger oder sein mit Vollmacht versehener Vertreter ihre Zuziehung zur Zwangsvollstreckung, so benachrichtigt der Gerichtsvollzieher sie rechtzeitig von dem Zeitpunkt der Vollstreckung. In ihrer Abwesenheit darf der Gerichtsvollzieher erst nach Ablauf der festgesetzten Zeit mit der Zwangsvollstreckung beginnen, es sei denn, daß gleichzeitig für einen anderen Gläubiger gegen den Schuldner vollstreckt werden soll. Der Gläubiger oder sein Vertreter sind in der Benachrichtigung hierauf hinzuweisen.

Leistet der Schuldner gegen die Zuziehung des Gläubigers Widerstand, so gilt § 108 entsprechend. Ein selbständiges Eingreifen des Gläubigers oder seines Bevollmächtigten in den Gang der Vollstreckungshandlung, z. B. das Durchsuchen von Behältnissen, darf der Gerichtsvollzieher nicht dulden.

§ 63 Aufträge zur Vollstreckung gegen vermögenslose Schuldner

1. Hat der Gerichtsvollzieher begründeten Anhalt dafür, daß die Zwangsvollstreckung fruchtlos verlaufen werde, so sendet er dem Gläubiger unverzüglich den Schuldtitel mit einer entsprechenden Bescheinigung zurück. Dabei teilt er dem Gläubiger mit, daß er den Auftrag zur Vermeidung unnötiger Kosten als zurückgenommen betrachtet, wenn der Gläubiger nicht zugleich auch einen Antrag auf Abnahme der eidesstattlichen Versicherung gestellt hat.

   Die Erwartung, daß die Vollstreckung fruchtlos verlaufen werde, kann insbesondere begründet sein, wenn Zwangsvollstreckungen gegen den Schuldner in den letzten drei Monaten fruchtlos verlaufen sind.
   War der Gerichtsvollzieher auch beauftragt, dem Schuldner den Schuldtitel zuzustellen, so führt er diesen Auftrag aus.

2. Die Bestimmungen zu Nr. 1 gelten nicht, wenn **der Wunsch des Gläubigers** auf Ausführung des Auftrags aus der Sachlage hervorgeht (z. B. der Pfändungsauftrag zur **Unterbrechung der Verjährung** erteilt ist) oder wenn das Gläubigerinteresse an der Ermittlung von Drittschuldnern ersichtlich oder zu unterstellen ist.

§ 64 Frist für die Bearbeitung der Aufträge

Der Gerichtsvollzieher führt die Zwangsvollstreckung schnell und nachdrücklich durch. Die Frist für die Bearbeitung eines Vollstreckungsauftrags ergibt sich aus der Sachlage im Einzelfall; so kann es angebracht sein, einen Pfändungsauftrag umgehend auszuführen, um den Rang des Pfändungsrechts zu sichern.

Erfolgt die erste Vollstreckungshandlung nicht innerhalb eines Monats, so ist der Grund der Verzögerung aktenkundig zu machen.

§ 65 Zeit der Zwangsvollstreckung (§ 758 a Abs. 4 ZPO)

1. An Sonntagen und allgemeinen Feiertagen sowie zur Nachtzeit (§ 8) darf der Gerichtsvollzieher außerhalb von Wohnungen (§ 107 Nr. 1 Abs. 2) Zwangsvollstreckungshandlungen vornehmen, wenn dies weder für den Schuldner noch für die Mitgewahrsamsinhaber eine unbillige Härte dar-

stellt und wenn der zu erwartende Erfolg in keinem Mißverhältnis zu dem Eingriff steht. Zuvor muß der Gerichtsvollzieher allerdings wenigstens einmal zur Tageszeit und an einem gewöhnlichen Wochentag die Vollstreckung vergeblich versucht haben. In einer Vollstreckungshandlung kann eine unbillige Härte liegen, wenn z. B. Schuldner oder Mitgewahrsamsinhaber nachweislich akut schwer erkrankt sind. Ein Mißverhältnis zwischen Eingriff und Erfolg liegt z. B. vor, wenn die Vollstreckung nach der Einschätzung des Gerichtsvollziehers keine ausreichende Aussicht auf Erfolg bietet.

2. In Wohnungen darf der Gerichtsvollzieher zu den in Nummer 1 genannten Zeiten nur aufgrund einer besonderen richterlichen Anordnung vollstrecken. Sie ist auch erforderlich, wenn die Vollstreckungshandlung auf die Räumung oder Herausgabe von Räumen und auf die Vollstreckung eines Haftbefehls nach § 901 ZPO gerichtet ist.

Die Anordnung erteilt das Amtsgericht, in dessen Bezirk die Vollstreckungshandlung vorgenommen werden soll.

Es ist Sache des Gläubigers, die Erlaubnis zu erwirken. Der Gerichtsvollzieher kann sie jedoch auch selbst einholen.

Die Erlaubnis ist bei der Zwangsvollstreckung vorzuzeigen und im Protokoll über die Zwangsvollstreckungshandlung zu erwähnen.

Die erteilte Erlaubnis gilt, soweit aus ihrem Inhalt nichts anderes hervorgeht, nur für die einmalige Durchführung der Zwangsvollstreckung. Sie umfaßt die Erlaubnis zur Durchsuchung der Wohnung, falls die Vollstreckungshandlung eine solche erfordert. Es besteht keine gesetzliche Bestimmung, die es dem Gerichtsvollzieher ausdrücklich gestattet, eine zur Tageszeit in einer Wohnung begonnene Vollstreckung nach Beginn der Nachtzeit weiterzuführen. Daher empfiehlt es sich, die gerichtliche Erlaubnis vorsorglich einzuholen, wenn zu erwarten ist, daß eine Vollstreckung nicht vor Beginn der Nachtzeit beendet werden kann.

§ 65a Unterrichtung des Gläubigers
Der Gerichtsvollzieher unterrichtet den Gläubiger über die Erledigung des Auftrages zur Zwangsvollstreckung. Soweit dafür Vordrucke amtlich festgestellt sind, hat der Gerichtsvollzieher sie zu benutzen.

§ 95 Gewahrsam und Besitz bei Eheleuten
Ist der Schuldner verheiratet, so gilt nach § 739 ZPO nur er als Gewahrsamsinhaber und Besitzer beweglicher Sachen, die sich im Besitz eines Ehegatten oder beider Ehegatten befinden. Inhaberpapiere und Orderpapiere, die mit

Blankoindossament versehen sind, stehen hierbei den beweglichen Sachen gleich.

Absatz 1 gilt nicht für Sachen, die ausschließlich zum persönlichen Gebrauch eines Ehegatten bestimmt sind. Bei ihnen gilt der Schuldner dann als Gewahrsamsinhaber und Besitzer, wenn die Sachen für seinen Gebrauch bestimmt sind.

Absatz 1 gilt ferner nicht, wenn die Ehegatten getrennt leben. In diesem Fall ist davon auszugehen, daß der Schuldner nur an den Sachen Gewahrsam hat, die sich in seiner tatsächlichen Gewalt befinden.

VI. Verhalten bei der Zwangsvollstreckung

§ 104 Allgemeines

Bei der Zwangsvollstreckung wahrt der Gerichtsvollzieher neben dem Interesse des Gläubigers auch das des Schuldners, soweit dies ohne Gefährdung des Erfolgs der Zwangsvollstreckung geschehen kann. Er vermeidet jede unnötige Schädigung oder Ehrenkränkung des Schuldners und die Erregung überflüssigen Aufsehens. **Er ist darauf bedacht, daß nur die unbedingt notwendigen Kosten und Aufwendungen entstehen.**

Auf etwaige Wünsche des Gläubigers oder des Schuldners hinsichtlich der Ausführung der Zwangsvollstreckung nimmt der Gerichtsvollzieher Rücksicht, soweit es ohne überflüssige Kosten und Schwierigkeiten und ohne Beeinträchtigung des Zwecks der Vollstreckung geschehen kann.

§ 107 Durchsuchung (§§ 758 Abs. 1 und 2, 758a Abs. 1 bis 3 ZPO)

1. Der Gerichtsvollzieher ist befugt, die Wohnung und die Behältnisse des Schuldners zu durchsuchen, wenn dieser oder in seiner Abwesenheit ein erwachsener Hausgenosse der Durchsuchung nicht widerspricht; dies ist im Protokoll zu vermerken.

   Zur Wohnung gehören alle Räumlichkeiten, die den häuslichen oder beruflichen Zwecken ihres Inhabers dienen, insbesondere die eigentliche Wohnung, ferner Arbeits-, Betriebs- und andere Geschäftsräume, dazugehörige Nebenräume sowie das angrenzende befriedete Besitztum (Hofraum, Hausgarten).

2. Gestattet der Angetroffene die Durchsuchung nicht, so ist er vom Gerichtsvollzieher nach den Gründen zu befragen, die er gegen eine Durchsuchung geltend machen will. Seine Erklärungen sind ihrem wesentlichen Inhalt

nach im Protokoll festzuhalten. Der Gerichtsvollzieher belehrt den Schuldner zugleich, daß er auf Grund der Durchsuchungsverweigerung zur Abgabe der eidesstattlichen Versicherung nach § 807 Abs. 1 Nr. 3 ZPO verpflichtet ist, sobald ein entsprechender Antrag des Gläubigers vorliegt. Die Belehrung vermerkt er im Protokoll.

3. Es ist Sache des Gläubigers, die richterliche Durchsuchungsanordnung zu erwirken. Die Durchsuchungsanordnung erteilt das Amtsgericht, in dessen Bezirk die Durchsuchung erfolgen soll. Der Gerichtsvollzieher übersendet dem Gläubiger die Vollstreckungsunterlagen und eine Abschrift des Protokolls; ein Antrag auf Übersendung des Protokolls ist zu unterstellen.

4. Auch ohne eine richterliche Anordnung darf der Gerichtsvollzieher die Wohnung des Schuldners durchsuchen, wenn die Verzögerung, die mit der vorherigen Einholung einer solchen Anordnung verbunden ist, den Erfolg der Durchsuchung gefährden würde.

5. Die Durchsuchungsanordnung ist bei der Zwangsvollstreckung vorzuzeigen und in dem Protokoll zu erwähnen.

6. Trifft der Gerichtsvollzieher bei einem Vollstreckungsversuch keine Person in der Wohnung des Schuldners an, so vermerkt er dies in den Akten und verfährt im übrigen, wenn er den Schuldner wiederholt nicht angetroffen hat, nach den Bestimmungen der Nrn. 3 bis 5, im Fall der Nr. 3 Satz 3 übersendet er dem Gläubiger anstelle des Protokolls eine Mitteilung über den Vollstreckungsversuch.

7. Er soll die Wohnung in der Regel erst dann gewaltsam öffnen, wenn er dies dem Schuldner schriftlich angekündigt hat. Die Ankündigung soll Hinweise auf § 758 ZPO und § 288 StGB, auf die Durchsuchungsanordnung sowie eine Zahlungsaufforderung enthalten.

8. Die Nrn. 1–7 gelten entsprechend, wenn die Wohnung wegen der Herausgabe von Personen oder beweglicher Sachen sowie zur Vollstreckung von Anordnungen nach § 1 Abs. 1 Nr. 2 a JBeitrO einschließlich der Wegnahme eines Führerscheins durchsucht werden soll.

Liegt eine richterliche Durchsuchungsanordnung vor, können auch alle weiteren dem Gerichtsvollzieher vorliegenden Aufträge gleichzeitig vollstreckt werden, wenn die Vollstreckung wegen dieser Aufträge keine zusätzlichen, weitergehenden Maßnahmen (Durchsuchung anderer Räume und Behältnisse) erfordert, die zwangsläufig zu einem längeren Verweilen des Gerichtsvollziehers in den Räumen des Schuldners führen. Anderenfalls bedarf es gesonderter richterlicher Durchsuchungsanordnungen.

Anhang

Liegt eine richterliche Durchsuchungsanordnung vor, können auch alle weiteren dem Gerichtsvollzieher vorliegenden Aufträge gleichzeitig vollstreckt werden.

9. Die Kleider und die Taschen des Schuldners darf der Gerichtsvollzieher durchsuchen. Einer besonderen Anordnung des Richters bedarf es nur dann, wenn die Durchsuchung in der Wohnung des Schuldners gegen dessen Willen erfolgen soll. Die Nrn. 1–5 finden entsprechende Anwendung. Die Durchsuchung einer weiblichen Person läßt der Gerichtsvollzieher durch eine zuverlässige weibliche Hilfsperson durchführen.

10. Personen, die gemeinsam mit dem Schuldner die Wohnung bewohnen, haben die Durchsuchung zu dulden, wenn diese gegen den Schuldner zulässig ist. Trotz dieser grundsätzlichen Duldungspflicht hat der Gerichtsvollzieher besondere persönliche Umstände der Mitbewohner wie zum Beispiel eine offensichtliche oder durch ärztliches Zeugnis nachgewiesene schwere akute Erkrankung oder eine ernsthafte Gefährdung ihrer Gesundheit (z. B. Gefahr eines Schlaganfalles, Selbstmordgefahr, Gefahr einer Frühgeburt, Gefahr einer erheblichen Verschlechterung eines Krankheitsbildes) zur Vermeidung unbilliger Härten zu berücksichtigen und danach in Ausnahmefällen auch die Durchsuchung zu unterlassen.

§ 111 Einstellung, Beschränkung und Aufhebung der Zwangsvollstreckung auf Anweisung des Gläubigers

1. Der Gerichtsvollzieher muß die getroffenen Zwangsvollstreckungsmaßnahmen aufheben oder die Zwangsvollstreckung einstellen oder beschränken, wenn ihn der Gläubiger hierzu anweist, z.B. wenn der Gläubiger den Vollstreckungsauftrag zurücknimmt oder ihn einschränkt oder wenn er gepfändete Gegenstände freigibt. Die Anweisung des Gläubigers ist aktenkundig zu machen; sie ist schriftlich oder zu Protokoll des Gerichtsvollziehers zu erklären oder vom Gerichtsvollzieher in seinen Handakten zu vermerken. Bei telegrafischer oder telefonischer Anweisung ist mit besonderer Vorsicht zu verfahren und nötigenfalls vor Aufhebung von Vollstreckungsmaßnahmen eine schriftliche oder mündliche Bestätigung zu fordern (vgl. auch § 5).

2. Stundet der Gläubiger dem Schuldner die geschuldeten Leistungen, so bleiben bereits durchgeführte Vollstreckungsmaßnahmen bestehen.......

§ 119 Rechte Dritter an den im Gewahrsam des Schuldners befindlichen Gegenständen

1. Der Gerichtsvollzieher prüft im allgemeinen nicht, ob die im Gewahrsam des Schuldners befindlichen Sachen zu dessen Vermögen gehören. Dies gilt

sowohl dann, wenn zugunsten einer dritten Person ein die Veräußerung hinderndes Recht in Anspruch genommen wird, als auch dann, wenn der Schuldner behauptet, daß er die tatsächliche Gewalt über die Sachen nur für den Besitzer ausübe oder daß er sein Besitzrecht von einem anderen ableite. Für den Gerichtsvollzieher kommt es hiernach nur auf den äußeren Befund an. Für ihn gilt als Vermögen des Schuldners alles, was sich in dessen Gewahrsam befindet.

2. Gegenstände, die offensichtlich zum Vermögen eines Dritten gehören, pfändet der Gerichtsvollzieher nicht, z. B. dem Handwerker zur Reparatur, dem Frachtführer zum Transport und dem Pfandleiher zum Pfand übergebene Sachen, Klagewechsel in den Akten eines Rechtsanwalts. Dies gilt nicht, wenn der Dritte erklärt, daß er der Pfändung nicht widerspreche oder wenn der Gläubiger die Pfändung ausdrücklich verlangt.

§ 121 Unpfändbare Sachen

1. Nach § 811 ZPO sind folgende Sachen der Pfändung nicht unterworfen:

   a) die dem persönlichen Gebrauch oder dem Haushalt dienenden Sachen, insbesondere Kleidungsstücke, Wäsche, Betten, Haus- und Küchengeräte, soweit der Schuldner ihrer zu einer seiner Berufstätigkeit und seiner Verschuldung angemessenen, **bescheidenen Lebens- und Haushaltsführung** bedarf, ferner Gartenhäuser, Wohnlauben und ähnliche Wohnzwecken dienende Einrichtungen, die der Zwangsvollstreckung in das bewegliche Vermögen unterliegen und deren der Schuldner und seine Familie zur ständigen Unterkunft bedarf;

   f) bei Personen, die aus ihrer körperlichen oder geistigen Arbeit oder sonstigen persönlichen Leistungen ihren Erwerb ziehen, die zur Fortsetzung dieser Erwerbstätigkeit erforderlichen Gegenstände;

   g) bei den Witwen und minderjährigen Erben der unter f) bezeichneten Personen, wenn sie die Erwerbstätigkeit für ihre Rechnung durch einen Stellvertreter fortführen, die zur Fortsetzung dieser Erwerbstätigkeit erforderlichen Gegenstände.

2. Eine der in Nummer 1 Buchstaben a), d), f), g) und h) bezeichneten Sachen kann der Gerichtsvollzieher nur dann pfänden, wenn

   a) der Vorbehaltsverkäufer wegen der durch Eigentumsvorbehalt gesicherten Kaufpreisforderung aus dem Verkauf der zu pfändenden Sache vollstreckt und auf die Pfändbarkeit hinweist,

   b) ein einfacher Eigentumsvorbehalt, der sich lediglich auf die verkaufte, unter Eigentumsvorbehalt übereignete Sache erstreckt und mit dem Eintritt der Bedingung der sofortigen Kaufpreiszahlung erlischt, oder ein weitergegebenener einfacher Eigentumsvorbehalt gegeben ist, bei dem der Vorbehaltsverkäufer mit dem Käufer einen einfachen Eigentumsvorbehalt vereinbart hat, aber seinerseits die Sache von seinem Lieferanten ebenfalls nur unter einfachen Eigentumsvorbehalt erworben hatte,

c) und der Vorbehaltsverkäufer die Vereinbarung des Eigentumsvorbehalts durch Originalurkunden oder beglaubigte Ablichtungen derselben nachweist. Wegen der an ihn abgetretenen Kaufpreisforderung kann auch der Lieferant des Verkäufers die Sache pfänden lassen.

Soweit sich der Nachweis des einfachen oder weitergegebenen einfachen Eigentumsvorbehalts nicht aus dem zu vollstreckenden Titel ergibt, kommen als Nachweis auch andere Urkunden (§ 416 ZPO), insbesondere der Kaufvertrag in Betracht.

§ 123 Austauschpfändung (§ 811 a ZPO)

1. Die Pfändung einer nach § 121 Nr. 1 Buchst. **a, f und g** unpfändbaren Sache kann vom Vollstreckungsgericht zugelassen werden, **wenn der Gläubiger** dem Schuldner vor der Wegnahme der Sache **ein Ersatzstück,** das dem geschützten Verwendungszweck genügt, oder den zur Beschaffung eines solchen **Ersatzstücks erforderlichen Geldbetrag überläßt;** ist dem Gläubiger die rechtzeitige Ersatzbeschaffung nicht möglich oder nicht zuzumuten, so kann die Pfändung mit der Maßgabe zugelassen werden, **daß dem Schuldner der zur Ersatzbeschaffung notwendige Geldbetrag aus** dem **Vollstreckungserlös erstattet wird** (Austauschpfändung). Das Vollstreckungsgericht setzt den Wert eines vom Gläubiger angebotenen Ersatzstücks oder den zur Ersatzbeschaffung erforderlichen Geldbetrag fest.

2. Wird dem Gerichtsvollzieher ein Beschluß des Vollstreckungsgerichts vorgelegt, durch den die Austauschpfändung zugelassen wird, so führt er die Pfändung durch. **Spätestens bei der Wegnahme der Sache übergibt er dem Schuldner gegen Quittung das Ersatzstück oder den von dem Vollstreckungsgericht festgesetzten Geldbetrag** – sofern die Übergabe nicht schon vom Gläubiger vorgenommen worden ist – und vermerkt dies im Pfändungsprotokoll. Hat das Vollstreckungsgericht zugelassen, daß dem Schuldner der zur Ersatzbeschaffung notwendige Geldbetrag aus dem Vollstreckungserlös erstattet wird, so ist die Wegnahme der gepfändeten Sache erst nach Rechtskraft des Zulassungsbeschlusses zulässig.

3. Der vom Vollstreckungsgericht nach Nr. 1 Satz 2 festgesetzte Geldbetrag ist dem Gläubiger aus dem Vollstreckungserlös zu erstatten; er gehört zu den Kosten der Zwangsvollstreckung.

Ist dem Schuldner der zur Ersatzbeschaffung notwendige Betrag aus dem Versteigerungserlös zu erstatten, so ist er vorweg aus dem Erlös zu entnehmen.

4. Der dem Schuldner überlassene Geldbetrag ist unpfändbar.

§ 124 Vorläufige Austauschpfändung (§ 811 b ZPO)

1. Nach § 811 b ZPO darf der Gerichtsvollzieher eine Austauschpfändung (§ 123 Nr. 1) auch ohne vorherige Entscheidung des Vollstreckungsgerichts durchführen (vorläufige Austauschpfändung).

2. Die vorläufige Austauschpfändung ist nur zulässig, wenn die Austauschpfändung nach Lage der Verhältnisse angemessen ist und wenn deshalb zu erwarten ist, daß das Vollstreckungsgericht sie zulassen wird. Der Gerichtsvollzieher soll die vorläufige Austauschpfändung ferner nur vornehmen, wenn zu erwarten ist, daß der Vollstreckungserlös den Wert des Ersatzstücks erheblich übersteigen wird.

3. Sachen, deren vorläufige Pfändung nach Nr. 2 zulässig ist, pfändet der Gerichtsvollzieher, wenn er im Gewahrsam des Schuldners keine pfändbaren Sachen vorfindet oder wenn die vorhandenen pfändbaren Sachen zur Befriedigung des Gläubigers nicht ausreichen. Er beläßt die vorläufig gepfändeten Sachen jedoch im Gewahrsam des Schuldners. Im Pfändungsprotokoll vermerkt er, daß er die Pfändung als vorläufige Austauschpfändung durchgeführt hat. Sodann verfährt er wie folgt:

   a) Er benachrichtigt den Gläubiger davon, daß er die Pfändung als vorläufige Austauschpfändung durchgeführt hat, und weist ihn darauf hin, daß die Pfändung nach § 811 b Abs. 2 ZPO aufgehoben werden müssen wenn der Gläubiger nicht binnen 2 Wochen nach Eingang der Nachricht die Zulassung der Austauschpfändung bei dem Vollstreckungsgericht beantragt habe. In der Benachrichtigung bezeichnet der Gerichtsvollzieher das Pfandstück, dessen gewöhnlichen Verkaufswert und den voraussichtlichen Erlös. Ferner gibt er an, welches Ersatzstück nach Art und besonderen Eigenschaften in Betracht kommt, um dem geschützten Verwendungszweck zu genügen, und weist darauf hin, daß er die Vollstreckung nach gerichtlicher Zulassung der Austauschpfändung nur auf Anweisung des Gläubigers fortsetzt.

   b) Stellt der Gläubiger den Antrag auf Zulassung der Austauschpfändung nicht fristgemäß, so hebt der Gerichtsvollzieher die Pfändung auf. Wird der Antrag dagegen fristgemäß gestellt, so wartet der Gerichtsvollzieher die gerichtliche Entscheidung über ihn ab.

c) Weist das Gericht den Antrag rechtskräftig zurück, so hebt der Gerichtsvollzieher die Pfändung auf.

d) Läßt das Vollstreckungsgericht eine Austauschpfändung nach § 123 Nr. 1 Halbsatz 1 zu, so übergibt der Gerichtsvollzieher nach Anweisung des Gläubigers dem Schuldner gegen Quittung das Ersatzstück oder den zu seiner Beschaffung erforderlichen Geldbetrag und setzt die Zwangsvollstreckung sodann fort; er darf nunmehr dem Schuldner auch das Pfandstück wegnehmen. Die Rechtskraft des Zulassungsbeschlusses braucht der Gerichtsvollzieher nicht abzuwarten.

e) Läßt das Vollstreckungsgericht die Austauschpfändung mit der Maßgabe zu, daß der zur Ersatzbeschaffung notwendige Geldbetrag dem Schuldner aus dem Vollstreckungserlös erstattet wird (§ 123 Nr. 1 Halbsatz 2), so setzt der Gerichtsvollzieher die Zwangsvollstreckung fort, sofern ihn der Gläubiger hierzu anweist. Er darf jedoch in diesem Fall dem Schuldner das Pfandstück erst dann wegnehmen, wenn der Zulassungsbeschluß rechtskräftig geworden ist.

f) Gibt der Gläubiger innerhalb von 6 Monaten seit dem Erlaß des Zulassungsbeschlusses keine Anweisung zur Fortsetzung der Zwangsvollstreckung, so findet § 111 Nr. 2 entsprechende Anwendung.

§ 131 Aufsuchen und Auswahl der Pfandstücke

1. Bleibt die Aufforderung zur Leistung (§ 105 Nr. 2) ohne Erfolg, so fordert der Gerichtsvollzieher den Schuldner auf, ihm seine bewegliche Habe vorzuzeigen und – soweit der Zweck der Vollstreckung es erfordert – seine Zimmer, Keller, Böden und anderen Räume sowie die darin befindlichen Schränke, Kästen und anderen Behältnisse zu öffnen. Trifft der Gerichtsvollzieher den Schuldner nicht an, so richtet er eine entsprechende Aufforderung an eine zur Familie des Schuldners gehörige oder beim Schuldner beschäftigte erwachsene Person, die er in der Wohnung oder in den Geschäftsräumen antrifft. Werden die Behältnisse nicht freiwillig geöffnet oder trifft der Gerichtsvollzieher weder den Schuldner noch eine der vorstehend bezeichneten Personen an, so wendet er Gewalt an und verfährt dabei nach den §§ 107, 108 (§§ 758, 759 ZPO).

2. Bei der Auswahl der zu pfändenden Gegenstände sieht der Gerichtsvollzieher darauf, daß der Gläubiger auf dem kürzesten Wege befriedigt wird, ohne daß der Hausstand des Schuldners unnötig beeinträchtigt wird. Der Gerichtsvollzieher richtet daher die Pfändung in erster Linie auf Geld, Kostbarkeiten oder solche Wertpapiere, die den Vorschriften über die Zwangsvollstreckung in bewegliche körperliche Sachen unterliegen (vgl. §§ 154–156),

sowie auf die Sachen, die der Schuldner sonst am ehesten entbehren kann. Sachen, deren Aufbewahrung, Unterhaltung oder Fortschaffung unverhältnismäßig hohe Kosten verursachen oder deren Versteigerung nur mit großem Verlust oder mit großen Schwierigkeiten möglich sein würde, pfändet er nur, wenn keine anderen Pfandstücke in ausreichendem Maße vorhanden sind. Ist es zweifelhaft, ob die Pfändung eines im Besitz des Schuldners befindlichen Wertpapiers durch den Gerichtsvollzier zulässig ist, und sind keine anderen geeigneten Pfandstücke vorhanden, so pfändet der Gerichtsvollzieher das Papier einstweilen und überläßt es dem Gläubiger, den notwendigen Gerichtsbeschluß herbeizuführen.

§ 132 Vollziehung der Pfändung (§§ 808, 813 ZPO)

1. Die Pfändung körperlicher Sachen und der im § 154 bezeichneten Wertpapiere sowie die Pfändung von Forderungen aus Wechseln und anderen Papieren, die durch Indossament übertragen werden können, und aus Postsparbüchern (vgl. § 175) wird dadurch bewirkt, daß der Gerichtsvollzieher die Sachen oder Papiere in Besitz nimmt. Geld, Kostbarkeiten und Wertpapiere nimmt der Gerichtsvollzieher sogleich an sich. Andere Pfandstücke beläßt er im Gewahrsam des Schuldners, sofern hierdurch die Befriedigung des Gläubigers nicht gefährdet wird (§ 808 Abs. 2 ZPO). Ob eine solche Gefährdung vorliegt oder nach der Pfändung einzutreten droht, beurteilt der Gerichtsvollzieher nach Prüfung aller Umstände selbständig. Er nimmt die Pfandstücke nachträglich an sich, wenn eine Gefährdung erst nach der Pfändung erkennbar wird. Wegen der Wegnahme der Pfandstücke bei der Austauschpfändung und dem künftigen Wegfall der Unpfändbarkeit vgl. §§ 122 bis 124.

2. Werden die Pfandstücke im Gewahrsam des Schuldners belassen, so ist die Pfändung nur wirksam, wenn sie kenntlich gemacht ist. Dies gilt auch dann, wenn die Fortschaffung nur aufgeschoben wird. Die Pfändung ist so kenntlich zu machen, daß sie jedem Dritten, der die im Verkehr übliche Sorgfalt aufwendet, erkennbar ist. Der Gerichtsvollzieher versieht daher in der Regel jedes einzelne Pfandstück an einer ins Auge fallenden Stelle mit einer Siegelmarke oder einem sonst geeigneten Pfandzeichen. Das Pfandzeichen muß mit dem Pfandstück mechanisch verbunden sein. Es ist so anzubringen, daß die Sache dadurch nicht beschädigt wird. Das Dienstsiegel oder der Dienststempel ist zur Kennzeichnung gepfändeter Gegenstände nur dann zu verwenden, wenn die Anbringung von Siegelmarken oder anderen Pfandzeichen unmöglich oder unzweckmäßig ist. Für eine Mehrzahl von Pfandstücken – insbesondere eine Menge von Waren oder vertretbaren Sachen, die sich in einem Behältnis oder in einer Umhüllung befinden oder mit Zustimmung des Schuldners in einem abgesonderten Raum untergebracht

werden – genügt ein gemeinschaftliches Pfandzeichen, wenn es so angelegt wird, daß kein Stück aus dem Behältnis, der Umhüllung oder dem Raum entfernt werden kann, ohne daß das Pfandzeichen zerstört wird. Den Schlüssel zu versiegelten Behältnissen oder Räumen nimmt der Gerichtsvollzieher an sich.

3. Die Pfändung kann auch durch eine Pfandanzeige erkennbar gemacht werden. Der Gerichtsvollzieher bringt in diesem Fall an dem Ort, an dem sich die Pfandstücke befinden (z.B. dem Lagerboden, dem Speicher, dem Viehstall), ein Schriftstück an, das auf die Pfändung hinweist. Das Schriftstück ist so anzubringen, daß jedermann davon Kenntnis nehmen kann. Es ist mit der Unterschrift und dem Abdruck des Dienststempels des Gerichtsvollziehers zu versehen und soll die Pfandstücke genau bezeichnen. Werden Vorräte gepfändet, so ist der dem Schuldner belassene Teil der Vorräte von dem gepfändeten Teil äußerlich zu trennen. Wenn die Umstände es erfordern, ist für die Pfandstücke ein Hüter zu bestellen.

4. Beläßt der Gerichtsvollzieher Tiere im Gewahrsam des Schuldners, so kann er mit dem Schuldner vereinbaren, daß dieser befugt sein soll, die gewöhnlichen Nutzungen der Tiere (z.B. die Milch gepfändeter Kühe) als Entgelt für deren Fütterung und Pflege im Haushalt zu verbrauchen. Der Gerichtsvollzieher weist den Schuldner an, ihm eine Erkrankung der Tiere, insbesondere eine etwa erforderliche Notschlachtung, sofort anzuzeigen.

5. Der Gerichtsvollzieher eröffnet dem Schuldner oder in dessen Abwesenheit den im § 131 Nr. 1 Satz 2 bezeichneten Personen, daß der Besitz an Pfandstücken auf ihn übergegangen sei. Er weist darauf hin,

    a) daß der Schuldner und jeder andere jede Handlung zu unterlassen hat, die diesen Besitz beeinträchtigt, wie etwa die Veräußerung, die Wegschaffung oder den Verbrauch der gepfändeten Sachen,

    b) daß jede Beschädigung oder Zerstörung der Pfandzeichen untersagt ist,

    c) daß Zuwiderhandlungen gegen diese Bestimmungen strafbar sind.

6. Nach den Vorschriften zu Nrn. 2–5 verfährt der Gerichtsvollzieher auch, wenn er dem Schuldner Pfandstücke, die nicht in dessen Gewahrsam waren oder belassen sind, nachträglich unter Aufrechterhaltung der Pfändung herausgibt. Eine Herausgabe ohne Anbringung von Pfandzeichen bringt das Pfändungspfandrecht zum Erlöschen.

7. Die Pfändung darf nicht weiter ausgedehnt werden, als es zur Befriedigung des Gläubigers und zur Deckung der Kosten der Zwangsvollstreckung notwendig ist (§ 803 Abs. 1 Satz 2 ZPO). Der Gerichtsvollzieher rechnet deshalb den von ihm geschätzten voraussichtlichen Erlös der Pfandstücke zusammen, um eine Überpfändung zu vermeiden.

8. Der Gerichtsvollzieher schätzt die Sachen bei der Pfändung auf ihren gewöhnlichen Verkaufswert und trägt das Ergebnis der Schätzung in das Pfändungsprotokoll ein. Ist die Schätzung bei der Pfändung nicht möglich, so ist sie unverzüglich nachzuholen und ihr Ergebnis nachträglich im Pfändungsprotokoll zu vermerken. Die Schätzung von Kostbarkeiten überträgt der Gerichtsvollzieher einem Sachverständigen; sofern es sich um Gold- und Silbersachen handelt, läßt er hierbei sowohl den Gold- und Silberwert als auch den gewöhnlichen Verkaufswert schätzen. Der Sachverständige hat die Schätzung schriftlich oder zu Protokoll des Gerichtsvoll ziehers abzugeben. Das Ergebnis der Schätzung ist den Parteien rechtzeitig mitzuteilen. Wird der gewöhnliche Verkaufswert der Pfandstücke nachträglich von dem Gerichtsvollzieher oder einem Sachverständigen (vgl. auch § 813 Abs. 1 Nr. 3 ZPO) geringer geschätzt, so vermerkt der Gerichtsvollzieher dies im Protokoll und teilt es den Parteien mit. Für die Vergütung des Sachverständigen gilt § 150 Nr. 4 entsprechend.

9. Erscheint dem Gerichtsvollzieher nach einer Neuschätzung die volle Befriedigung des Gläubigers nicht mehr gesichert, so führt er eine weitere Pfändung durch.

10. Sind die Vorkehrungen, die dazu dienten, die Pfändung erkennbar zu machen, später beseitigt oder sind die angebrachten Siegelmarken abgefallen, so sorgt der Gerichtsvollzieher, sobald er davon Kenntnis erhält, für die Erneuerung. Er prüft dabei auch, ob die Befriedigung des Gläubigers gefährdet wird, wenn er die Pfandstücke weiter im Gewahrsam des Schuldners beläßt; ist eine Gefährdung gegeben, so entfernt er die Pfandstücke nachträglich aus dem Gewahrsam des Schuldners.

11. Bei Verstrickungsbruch und Siegelbruch (§ 136 StGB) und bei Vereiteln der Zwangsvollstreckung (§ 288 StGB) hat der Gerichtsvollzieher keine Anzeigepflicht, sofern nicht allgemein oder für den besonderen Fall etwas Abweichendes angeordnet ist; er hat jedoch in jedem Fall den Gläubiger zu benachrichtigen.

§ 135 Besondere Vorschriften über das Pfändungsprotokoll (§§ 762, 763 ZPO)

1. Das Pfändungsprotokoll muß enthalten:

    a) ein genaues Verzeichnis der Pfandstücke unter fortlaufender Nummer, geeignetenfalls mit Angabe der Zahl, des Maßes, des Gewichts, der besonderen Merkmale und Kennzeichen der gepfändeten Sachen (z. B. Fabrikmarke, Baujahr, Typ, Fabriknummer und dgl.) nebst den vom Gerichtsvollzieher oder einem Sachverständigen geschätzten gewöhnlichen Verkaufswerten;

Anhang

b) eine Beschreibung der angelegten Pfandzeichen;

c) den wesentlichen Inhalt der Eröffnungen, die dem Schuldner oder den in § 131 Nr. 1 bezeichneten Personen gemacht sind.

Es soll ferner den Inhalt der angebrachten Pfandanzeigen sowie den Inhalt der Vereinbarungen wiedergeben, die mit einem Hüter (§ 132 Nr. 3) getroffen sind.

2. Werden Pfandstücke aus dem Gewahrsam des Schuldners entfernt, so ist dies im Protokoll zu begründen. Auch ist anzugeben, welche Maßnahmen für die Verwahrung der Pfandstücke getroffen sind (vgl. auch § 139 Nr. 2).

3. Das Protokoll hat auch die Angabe der Zeit und des Ortes des Versteigerungstermins oder die Gründe zu enthalten, aus denen die sofortige Ansetzung des Versteigerungstermins unterblieben ist (vgl. § 142).

4. Sind dieselben Sachen gleichzeitig für denselben Gläubiger gegen denselben Schuldner auf Grund mehrerer Schuldtitel gepfändet, so ist nur ein Protokoll aufzunehmen. In diesem sind die einzelnen Schuldtitel genau zu bezeichnen.

5. Eine Abschrift des Pfändungsprotokolls ist dem Gläubiger und dem Schuldner zu erteilen, wenn sie es verlangen; dem Schuldner jedoch auch dann, wenn die Vollstreckung in seiner Abwesenheit stattgefunden hat. Die Absendung ist auf dem Protokoll zu vermerken.

6. Kann eine Pfändung überhaupt nicht oder nicht in Höhe der beizutreibenden Forderung erfolgen, weil der Schuldner nur Sachen besitzt, die nicht gepfändet werden dürfen oder nicht gepfändet werden sollen oder von deren Verwertung ein Überschuß über die Kosten der Zwangsvollstreckung nicht zu erwarten ist, so genügt im Protokoll der allgemeine Hinweis, daß eine Pfändung aus diesen Gründen unterblieben ist.

Abweichend von Satz 1 sind im Protokoll zu verzeichnen:

a) Sachen, deren Pfändung vom Gläubiger ausdrücklich beantragt war, unter Angabe der Gründe, aus denen der Gerichtsvollzieher von einer Pfändung abgesehen hat,

b) die Art der Früchte, die vom Boden noch nicht getrennt sind, und die gewöhnliche Zeit der Reife, wenn eine Pfändung noch nicht erfolgen durfte (§ 810 Abs. 1 Satz 2 ZPO),

c) Art, Beschaffenheit und Wert der Sachen, wenn eine Austauschpfändung (§ 811 a ZPO) in Betracht kommt, unter Angabe der Gründe, aus denen der Gerichtsvollzieher von einer vorläufigen Austauschpfändung (§ 811 b ZPO) abgesehen hat,

d) Art und Wert eines Tieres, das im häuslichen Bereich und nicht zu Erwerbszwecken gehalten wird, wenn dessen Pfändung in Betracht kommt (§ 811 c Abs. 2 ZPO).

Sind bereits Entscheidungen des Vollstreckungsgerichts ergangen, die sich mit der Unpfändbarkeit der vorgefundenen Sachen befassen, so soll sie der Gerichtsvollzieher im Protokoll erwähnen, soweit sie für den Gläubiger von Belang sind.

§ 156 Hilfspfändung

Papiere, die nur eine Forderung beweisen, aber nicht Träger des Rechts sind (z. B. Sparkassenbücher, Pfandscheine, Versicherungsscheine und Depotscheine, ferner Hypotheken- und solche Grundschuld- und Rentenschuldbriefe, die nicht auf den Inhaber lauten), sind nicht Wertpapiere i. S. des § 154. Sie können deshalb auch nicht nach den Vorschriften über die Zwangsvollstreckung in bewegliche körperliche Sachen gepfändet werden. Der Gerichtsvollzieher kann aber diese Papiere vorläufig in Besitz nehmen (Hilfspfändung). Er teilt dem Gläubiger die vorläufige Wegnahme unverzüglich mit und bezeichnet die Forderungen, auf die sich die Legitimationspapiere beziehen. Die Papiere sind jedoch dem Schuldner zurückzugeben, wenn der Gläubiger nicht alsbald, spätestens **innerhalb eines Monats**, den Pfändungsbeschluß über die Forderung vorlegt, die dem Papier zugrunde liegt. Die in Besitz genommenen Papiere sind im Pfändungsprotokoll genau zu bezeichnen.

Grund- und Rentenschuldbriefe, die auf den Inhaber lauten, werden nach § 154 gepfändet.

§ 168 Gleichzeitige Pfändung für mehrere Gläubiger (§ 827 Abs. 3 ZPO)

1. Ein Gerichtsvollzieher, der vor Ausführung einer ihm aufgetragenen Pfändung von anderen Gläubigern mit der Pfändung gegen denselben Schuldner beauftragt wird, muß alle Aufträge als gleichzeitige behandeln und deshalb die Pfändung für alle beteiligten Gläubiger zugleich bewirken. Auf die Reihenfolge, in der die Vollstreckungsaufträge an den Gerichtsvollzieher gelangt sind, kommt es nicht an, sofern nicht die Pfändung auf Grund eines früheren Auftrags schon vollzogen ist; denn der Eingang des Vollstreckungsauftrags für sich allein begründet kein Vorzugsrecht des Gläubigers vor anderen Gläubigern. Steht der Vollziehung eines oder einzelner Aufträge ein Hindernis entgegen, so darf die Erledigung der anderen Aufträge deshalb nicht verzögert werden.

2. Will der Schuldner vor der Pfändung einen Geldbetrag freiwillig leisten, der die Forderungen sämtlicher Gläubiger nicht deckt, so darf der Gerichtsvollzieher diesen Betrag nur dann als Zahlung annehmen, wenn der Schuldner damit einverstanden ist, daß der Betrag unter alle Gläubiger nach dem Verhältnis der beizutreibenden Forderungen (Nr. 5 Satz 2) verteilt wird. Willigt der Schuldner hierin nicht ein, so ist das Geld für sämtliche Gläubiger zu pfänden.

3. Über die gleichzeitige Pfändung für mehrere Gläubiger ist nur ein Pfändungsprotokoll aufzunehmen; dieses muß die beteiligten Gläubiger und ihre Schuldtitel bezeichnen und die Erklärung enthalten, daß die Pfändung gleichzeitig für alle bewirkt ist.

   Bei erfolgloser Vollstreckung gilt Absatz 1 Halbsatz 1 entsprechend. § 135 Abs. 5 Satz 1 ist mit der Maßgabe anzuwenden, daß ein Gläubiger aufgrund eines allgemein gehaltenen Antrags auf Abschrift eines Pfändungsprotokolls nur eine Teilabschrift mit den ihn betreffenden Daten erhält; eine vollständige Protokollabschrift mit den Namen und Forderungen aller beteiligten Gläubiger ist nur auf ausdrücklichen Antrag zu erteilen.

4. Alle zu pfändenden Sachen sind für alle beteiligten Gläubiger zu pfänden, sofern nicht ein Gläubiger bestimmte Sachen ausgeschlossen hat.

5. Die Versteigerung erfolgt für alle beteiligten Gläubiger. Der Erlös ist nach dem Verhältnis der beizutreibenden Forderungen zu verteilen, wenn er zur Deckung der Forderungen aller Gläubiger nicht ausreicht. Verlangt ein Gläubiger ohne Zustimmung der übrigen Gläubiger eine andere Art der Verteilung, so ist nach § 827 Abs. 2 ZPO zu verfahren. Im übrigen gilt § 167 Nr. 8 entsprechend.

6. Hat der Gerichtsvollzieher für einen Gläubiger ganz oder teilweise erfolglos vollstreckt und findet er bei der Erledigung des Auftrags eines anderen Gläubigers weitere pfändbare Sachen vor, so verfährt er nach den Bestimmungen zu Nrn. 1–5, sofern der Auftrag des ersten Gläubigers noch besteht. Dies gilt nicht, wenn der Gerichtsvollzieher den Schuldtitel dieses Gläubigers nicht mehr besitzt.

7. Hat der Gerichtsvollzieher eine Pfändung im Verwaltungsvollstreckungsverfahren und im Auftrag eines anderen Gläubigers durchzuführen, so finden die Nrn. 1–6 entsprechende Anwendung.

§ 173 Zustellung des Pfändungs- und Überweisungsbeschlusses (§§ 829, 835, 840, 857 ZPO)

1. Die Pfändung einer Forderung ist mit der Zustellung des Pfändungsbeschlusses an den Drittschuldner als bewirkt anzusehen (§ 829 Abs. 3 ZPO). Die Zustellung an den Drittschuldner ist daher regelmäßig vor der Zustellung an den Schuldner durchzuführen, wenn nicht der Auftraggeber ausdrücklich etwas anderes verlangt (vgl. Nr. 3). Diese Zustellung ist zu beschleunigen; in der Zustellungsurkunde ist der Zeitpunkt der Zustellung nach **Stunde und Minute** anzugeben. Bei Zustellung durch die Post ist nach § 41 zu verfahren. Ist der Gerichtsvollzieher mit der Zustellung mehrerer Pfändungsbeschlüsse an denselben Drittschuldner beauftragt, so stellt er sie alle in dem gleichen Zeitpunkt zu und vermerkt in den einzelnen Zustellungsurkunden, welche Beschlüsse er gleichzeitig zugestellt hat. Läßt ein Gläubiger eine Forderung pfänden, die dem Schuldner gegen ihn selbst zusteht, so ist der Pfändungsbeschluß dem Gläubiger wie einem Drittschuldner zuzustellen.

2. Auf Verlangen des Gläubigers fordert der Gerichtsvollzieher den Drittschuldner bei der Zustellung des Pfändungsbeschlusses auf, binnen zwei Wochen, von der Zustellung an gerechnet, dem Gläubiger zu erklären:

   a) ob und inwieweit er die Forderung anerkenne und Zahlung zu leisten bereit sei,
   b) ob und welche Ansprüche andere Personen an die Forderung erheben,
   c) ob und wegen welcher Ansprüche die Forderung bereits für andere Gläubiger gepfändet sei.

   Die Aufforderung zur Abgabe dieser Erklärungen muß in die Zustellungsurkunde aufgenommen werden (§ 840 ZPO). Die Zustellung an den Drittschuldner kann in solchen Fällen nur im Wege der gewöhnlichen Zustellung bewirkt werden. Eine Erklärung, die der Drittschuldner bei der Zustellung abgibt, ist in die Zustellungsurkunde aufzunehmen und von dem Drittschuldner nach Durchsicht oder nach Vorlesung zu unterschreiben. Gibt der Drittschuldner keine Erklärung ab oder verweigert er die Unterschrift, so ist dies in der Zustellungsurkunde zu vermerken. Eine Erklärung, die der Drittschuldner später dem Gerichtsvollzieher gegenüber abgibt, ist ohne Verzug dem Gläubiger zu übermitteln und, soweit sie mündlich erfolgt, zu diesem Zweck durch ein Protokoll festzustellen.

   Sollen mehrere Drittschuldner, die in verschiedenen Amtsgerichtsbezirken wohnen, aber in einem Pfändungsbeschluß genannt sind, zur Abgabe der Erklärungen aufgefordert werden, so führt zunächst der für den zuerst genannten Drittschuldner zuständige Gerichtsvollzieher die Zustellung an die in seinem Amtsgerichtsbezirk wohnenden Drittschuldner aus (vgl. § 20 Abs. 1). Hiernach gibt er den Pfändungsbeschluß an den Gerichtsvollzieher ab, der für die Zustellung an die im nächsten Amtsgerichtsbezirk wohnenden Drittschuldner zuständig ist. Dieser verfährt ebenso, bis an sämtliche Drittschuldner zugestellt ist. Die Zustellung an den Schuldner (vgl. die folgende Nr. 3) nimmt der zuletzt tätig gewesene Gerichtsvollzieher vor.

3. Nach der Zustellung an den Drittschuldner stellt der Gerichtsvollzieher den Pfändungsbeschluß mit einer beglaubigten Abschrift der Urkunde über die Zustellung an den Drittschuldner – im Fall der Zustellung durch die Post mit einer beglaubigten Abschrift der Postzustellungsurkunde – auch ohne besonderen Auftrag sofort dem Schuldner zu. Muß diese Zustellung im Ausland bewirkt werden, so geschieht sie durch Aufgabe zur Post. Die Zustellung an den Schuldner unterbleibt, wenn eine öffentliche Zustellung erforderlich sein würde. Ist auf Verlangen des Gläubigers die Zustellung an den Schuldner erfolgt, bevor die Zustellung an den Drittschuldner stattgefunden hat oder ehe die Postzustellungsurkunde dem Gerichtsvollzieher zugegangen ist, so stellt der Gerichtsvollzieher dem Schuldner die Abschrift der Zustellungsurkunde nachträglich zu. Ist ein Drittschuldner nicht vorhanden (z. B. bei Pfändung von Urheber- und Patentrechten), so ist die Pfändung mit der Zustellung des Pfändungsbeschlusses an den Schuldner erfolgt (§ 857 ZPO).

4. Wird neben dem Pfändungsbeschluß ein besonderer Überweisungsbeschluß erlassen, so ist dieser ebenfalls dem Drittschuldner und sodann unter entsprechender Anwendung der Vorschriften zu Nr. 3 dem Schuldner zuzustellen (§ 835 Abs. 3 ZPO).

5. Hat der Gerichtsvollzieher die Zustellung im Fall der Nr. 1 durch die Post bewirken lassen, so überprüft er die Zustellungsurkunde an den Drittschuldner nach ihrem Eingang und achtet darauf, ob die Zustellung richtig durchgeführt und mit genauer Zeitangabe beurkundet ist. Ist die Zustellung durch die Post fehlerhaft, so stellt er umgehend erneut zu. Sofern es die Umstände erfordern, wählt er dabei die gewöhnliche Zustellung.

§ 174 Wegnahme von Urkunden über die gepfändete Forderung (§§ 830, 836, 837 ZPO)

1. Hat der Gläubiger die Pfändung einer Forderung, für die eine Hypothek besteht, oder die Pfändung einer Grundschuld oder Rentenschuld erwirkt, so ist der Schuldner verpflichtet, den etwa bestehenden Hypotheken-, Grundschuld- oder Rentenschuldbrief an den Gläubiger herauszugeben (§ 830 ZPO). Dasselbe gilt für andere über eine Forderung vorhandene Urkunden

(z. B. Schuldschein, das Sparkassenbuch, den Pfandschein, die Versicherungspolice), wenn außer der Pfändung auch schon die Überweisung zugunsten des Gläubigers erfolgt ist (§ 836 ZPO).

2. Verweigert der Schuldner die Herausgabe der Urkunden, so nimmt der Gerichtsvollzieher sie ihm weg. Die Wegnahme ist im Wege der Zwangsvollstreckung zu bewirken (§§ 179 ff.). Der Gerichtsvollzieher wird dazu durch den Besitz des Schuldtitels und einer Ausfertigung des Pfändungsbeschlusses (bei Wegnahme eines Hypotheken-, Grundschuld- oder Rentenschuldbriefes) oder des Überweisungsbeschlusses (bei Wegnahme anderer Urkunden) ermächtigt. Der Pfändungs- oder Überweisungsbeschluß ist dem Schuldner spätestens bis zum Beginn der Vollstreckungstätigkeit zuzustellen, welche die Wegnahme der Urkunde zum Ziel hat.

3. Sind die wegzunehmenden Urkunden in dem Pfändungs- oder Überweisungsbeschluß nicht so genau bezeichnet, daß sie der Gerichtsvollzieher nach dieser Bezeichnung bei dem Schuldner aufsuchen kann, so überläßt er es dem Gläubiger, eine Vervollständigung des Beschlusses bei dem Gericht zu beantragen.

§ 185 a Allgemeines (§ 807 Abs. 3 Satz 2, § 478 ZPO)

1. Die eidesstattliche Versicherung muß der Schuldner vor dem Gerichtsvollzieher persönlich leisten. Für prozeßunfähige Schuldner ist deren gesetzlicher Vertreter zur Abgabe der eidesstattlichen Versicherung verpflichtet. Der gesetzliche Vertreter, den der Gläubiger dem Gerichtsvollzieher anzugeben hat, offenbart im Namen des Schuldners dessen Vermögen. Bei einer Mehrheit von gesetzlichen Vertretern ist die eidesstattliche Versicherung von sovielen Vertretern abzugeben, wie zur Vertretung des Schuldners erforderlich sind. Besteht bei einer Mehrheit von gesetzlichen Vertretern jeweils Einzelvertretungsbefugnis, entscheidet der Gerichtsvollzieher nach pflichtgemäßem Ermessen, welcher der Vertreter die eidesstattliche Versicherung abzugeben hat.

2. Bei Auftragseingang prüft der Gerichtsvollzieher anhand des von dem Gläubiger dem Auftrag beizufügenden Schuldtitels und der sonstigen für die Vollstreckung, insbesondere die Abnahme der eidesstattlichen Versicherung übergebenen Urkunden, ob die Voraussetzungen für die Abnahme der eidesstattlichen Versicherung vorliegen. Neben den übrigen Voraussetzungen für die Zwangsvollstreckung prüft er, ob eine der folgenden Verfahrensvoraussetzungen vorliegt:

   a) Die Pfändung hat nicht zu einer vollständigen Befriedigung des Gläubigers geführt.

Den Nachweis der erfolglosen Pfändung hat der Gläubiger durch Vorlage des Vollstreckungsprotokolls oder der besonderen Fruchtlosigkeitsbescheinigung des Gerichtsvollziehers, der die Vollstreckung versucht hat, zu erbringen. Eine Bezugnahme auf die in den Sonderakten des Gerichtsvollziehers befindlichen Urkunden reicht aus, wenn dieser auch mit der Abnahme der eidesstattlichen Versicherung beauftragt wird. Der Gerichtsvollzieher entscheidet im Einzelfall nach pflichtgemäßem Ermessen, insbesondere unter Berücksichtigung ihres Alters über den Beweiswert der Unterlagen. Im Regelfall soll seit dem Tag des bescheinigten erfolglosen Vollstreckungsversuchs nicht mehr als ein halbes Jahr vergangen sein.

b) Der Gläubiger macht glaubhaft, daß er durch die Pfändung seine Befriedigung nicht vollständig erlangen kann.

Die Glaubhaftmachung kann durch Vorlage einer Bescheinigung nach § 63 GVGA, durch Vorlage einer Fruchtlosigkeitsbescheinigung oder eines Vollstreckungsprotokolls in einer anderen Sache, durch Hinweis auf die Eintragung des Erlasses eines Haftbefehls gegen den Schuldner im Schuldnerverzeichnis sowie eine Versicherung des Gläubigers an Eides Statt (§ 294 ZPO) vor einem Gericht erfolgen. Hinsichtlich des Alters der Unterlagen gilt Buchst. a Abs. 2 Sätze 3 und 4 entsprechend.

c) Der Schuldner hat die Durchsuchung (§ 758 ZPO) bei einem nach dem 31. 12. 1998 erfolgten Vollstreckungsversuch verweigert.

Die Voraussetzung ist nur erfüllt, wenn der anwesende Schuldner oder sein anwesender gesetzlicher Vertreter eine nach Ort, Zeit und Umständen gerechtfertigte Durchsuchung durch den Gerichtsvollzieher ausdrücklich verweigert hat. Die Verweigerung der Durchsuchung durch eine andere Person, die statt des Schuldners in die Durchsuchung einwilligen könnte, reicht nicht aus.

d) Der Schuldner ist bei Vollstreckungsversuchen für denselben Gläubiger nach dem 31. 12. 1998 wiederholt in seiner Wohnung (§ 107 Nr. 1 Abs. 2) nicht angetroffen worden, nachdem ihm von dem Gerichtsvollzieher einmal die Vollstreckung mindestens zwei Wochen vorher angekündigt worden war.

Dabei hat der Gerichtsvollzieher zu prüfen, ob

aa) bei einem Vollstreckungsversuch der Schuldner in der Wohnung (§ 107 Nr. 1 Abs. 2) nicht angetroffen worden ist,

bb) dem Schuldner der Termin eines weiteren Zwangsvollstreckungsversuchs formlos angekündigt worden ist, cc) in der Ankündigung auf die gesetzliche Folge des § 807 Abs. 1 Nr. 4 ZPO für den Fall hingewiesen worden ist, daß der Schuldner nicht durch seine eigene Anwesenheit oder die eines von ihm beauftragten Dritten die Durchführung der Zwangsvollstreckung in seiner Wohnung sicherstellt,

dd) dem Schuldner in der Ankündigung aufgegeben worden ist, den Gerichtsvollzieher zu unterrichten, falls er an dem angekündigten Termin verhindert ist und entsprechende Nachweise vorzulegen,

ee) die beiden Termine des Nichtantreffens, insbesondere der Zeitpunkt und die Form der Ankündigung über den vorangekündigten Termin, aktenkundig gemacht sind und ob zwischen dem Tag des Zugangs der Ankündigung und dem Tag des erneuten Vollstreckungsversuchs mindestens zwei Wochen lagen,

ff) von dem Schuldner eine schriftlich oder zu Protokoll erklärte ausreichende und z. B. aufgrund eines Nachweises durch eine Urkunde glaubhaft gemachte Entschuldigung für die Abwesenheit vorliegt,

gg) von dem Gläubiger bei der Auftragserteilung an ihn die Voraussetzung des § 807 Abs. 1 Nr. 4 ZPO durch Vorlage des Protokolls durch eine Bescheinigung des anderen Gerichtsvollziehers oder durch Bezugnahme auf seine Sonderakte nachgewiesen worden ist.

3. Wenn eine der in Nr. 2 genannten Voraussetzungen erfüllt ist, stellt der Gerichtsvollzieher vor Abnahme der eidesstattlichen Versicherung oder vor der Bestimmung eines Termins zur Abnahme der eidesstattlichen Versicherung in geeigneter Weise fest, ob der Schuldner innerhalb der letzten drei Jahre eine eidesstattliche Versicherung abgegeben hat. Er kann zu diesem Zweck eine Auskunft aus dem bei dem für den Wohn- oder Aufenthaltsort des Schuldners zuständigen Amtsgericht geführten Schuldnerverzeichnis einholen oder den Schuldner persönlich hierzu befragen.

Ist dem Gerichtsvollzieher bekannt, daß der Schuldner die eidesstattliche Versicherung innerhalb der letzten drei Jahre abgegeben hat, liegt kein Fall des § 903 ZPO vor und hat der Gläubiger die Erteilung einer Abschrift der eidesstattlichen Versicherung verlangt, übersendet der Gerichtsvollzieher den Auftrag mit den Unterlagen umgehend an das Vollstreckungsgericht zur zuständigen Bearbeitung. Andernfalls leitet er die Vollstreckungsunterlagen an den Gläubiger zurück.

Anhang

§ 185 b Behandlung des Auftrags, Terminsort

1. Weist der Auftrag behebbare Mängel auf, so gibt der Gerichtsvollzieher dem Gläubiger Gelegenheit, diese innerhalb einer angemessenen Frist zu beheben. Bei unbehebbaren oder in der Frist nicht behobenen Mängeln lehnt der Gerichtsvollzieher den Auftrag ab und leitet dem Gläubiger die vorgelegten Unterlagen wieder zu.

2. Den Ort der Abgabe der eidesstattlichen Versicherung bestimmt der Gerichtsvollzieher nach pflichtgemäßem Ermessen nach vorheriger Absprache mit den das Hausrecht ausübenden Personen. In der Regel bestimmt er sein Geschäftszimmer (§ 46 GVO). Er kann auch die Wohnung (§ 107 Nr. 1 Abs. 2) des Schuldners bestimmen, wenn er erwarten kann, daß der Schuldner damit und gegebenenfalls mit der Anwesenheit des Gläubigers in dem Termin in seiner Wohnung einverstanden sein wird.

3. Der Gerichtsvollzieher stellt die Ladung zum Termin persönlich oder durch die Post dem Schuldner zu (§ 11 Nr. 2). Der Ladung an den Schuldner fügt der Gerichtsvollzieher je ein Überstück des Auftrages und der Forderungsaufstellung sowie den Vordruck des vom Schuldner auszufüllenden Vermögensverzeichnisses und eine dahingehende Belehrung bei, daß der Schuldner den Vordruck vollständig ausgefüllt zum Termin mitzubringen hat, die eidesstattliche Versicherung stets persönlich abzugeben ist und daher die bloße Übersendung des ausgefüllten Vordrucks nicht ausreicht, schriftliche Einwendungen gegen die Verpflichtung zur Abgabe der eidesstattlichen Versicherung unbeachtlich sind und bei seinem Nichterscheinen oder grundloser Verweigerung der Abgabe der eidesstattlichen Versicherung Haftbefehl gegen ihn ergehen kann. Soweit amtliche Vordrucke für das Vermögensverzeichnis und die Belehrung eingeführt sind, bedient sich der Gerichtsvollzieher ihrer. Reicht der Gläubiger nach Auftragserteilung schriftlich Fragen an den Schuldner ein, die dieser bei der Abnahme der eidesstattlichen Versicherung beantworten soll, so übersendet der Gerichtsvollzieher dem Schuldner eine Ablichtung des Fragenkatalogs nachträglich formlos durch die Post unter Hinweis auf den Termin. Er weist dabei darauf hin, welche Fragen der Schuldner im Termin zu beantworten hat.

4. Den Prozeßbevollmächtigten des Schuldners muß der Gerichtsvollzieher von dem Termin nicht unterrichten. Dem Gläubiger oder dessen Verfahrensbevollmächtigten teilt er die Terminsbestimmung formlos mit.

§ 185 c Aufhebung des Termins

1. Kann dem Schuldner die Ladung zu dem Termin zur Abgabe der eidesstattlichen Versicherung nicht zugestellt werden, weil er unbekannt oder unbe-

kannt verzogen ist, hebt der Gerichtsvollzieher den Termin auf und benachrichtigt den Gläubiger unter Übersendung der Zwangsvollstreckungsunterlagen.

2. Ist der Schuldner nach der Rückbriefadresse an einen Ort außerhalb des Bezirkes des Gerichtsvollziehers verzogen, kann der Gerichtsvollzieher mangels anderer Anhaltspunkte regelmäßig davon ausgehen, daß der Schuldner bereits bei Auftragseingang an den anderen Ort verzogen war. In diesem Fall hebt er den Termin auf. Ist der Schuldner innerhalb des Amtsgerichtsbezirks in den Bezirk eines anderen Gerichtsvollziehers umgezogen, so gibt er den Auftrag an den zuständigen Gerichtsvollzieher ab. Ist der Schuldner außerhalb des Amtsgerichtsbezirks verzogen, leitet der Gerichtsvollzieher den Auftrag an das zuständige Amtsgericht weiter und benachrichtigt unverzüglich den Gläubiger; ist dies nicht angängig oder zweckmäßig, so ist der Auftrag dem Gläubiger mit entsprechender Mitteilung zurückzusenden (§ 29 Nr. 2 b GVO).

3. Ist der Schuldner nach Eingang des Auftrags zur Bestimmung eines Termins zur Abgabe der eidesstattlichen Versicherung nach dem Wissen des Gerichtsvollziehers an einen Ort außerhalb des Amtsgerichtsbezirks verzogen, ersucht der Gerichtsvollzieher den für den jetzigen Wohnort oder Aufenthaltsort zuständigen Gerichtsvollzieher über die Verteilungsstelle bei dem für diesen zuständigen Amtsgericht, den Schuldner im Wege der Rechtshilfe dort zur Abgabe der eidesstattlichen Versicherung bei ihm zu laden. Der Gerichtsvollzieher benachrichtigt von seinem Rechtshilfeersuchen den Gläubiger formlos. Der ersuchte Gerichtsvollzieher ist nicht berechtigt, selbst die Voraussetzungen für die Durchführung des Verfahrens zur Abgabe der eidesstattlichen Versicherung zu prüfen. Er ist auch nicht befugt, bei einem glaubhaften Ratenzahlungsversprechen des Schuldners nach § 900 Abs. 3 ZPO Ratenzahlung zu bewilligen. In einem solchen Fall legt er unter Aufhebung des Termins zur Abgabe der eidesstattlichen Versicherung die Unterlagen mit dem im Protokoll aufgenommenen Ratenzahlungsversprechen und seinen Hinweisen zu dessen Glaubhaftigkeit dem Gerichtsvollzieher zur Entscheidung vor.

4. Nach Abnahme der eidesstattlichen Versicherung hat der ersuchte Gerichtsvollzieher das Original des Protokolls und des Vermögensverzeichnisses an den ersuchenden Gerichtsvollzieher zu senden. Dieser ist verpflichtet, dem Gläubiger eine Abschrift von Protokoll und Vermögensverzeichnis nebst Vollstreckungsunterlagen zuzuleiten und unverzüglich, spätestens nach drei Werktagen, die Urschrift des Protokolls und des Vermögensverzeichnisses bei dem für ihn zuständigen Vollstreckungsgericht zu hinterlegen.

Anhang

5. Soweit dem Gerichtsvollzieher nach Ladung und vor dem Termin zur Abgabe der eidesstattlichen Versicherung im Einzelfall Mängel in den von Amts wegen zu beachtenden Voraussetzungen bekannt werden, hebt er stets den Termin unter Benachrichtigung von Gläubigern und Schuldnern endgültig oder einstweilen auf. Eine einstweilige Verfahrenseinstellung unter Aufhebung des Termins kommt in den Fällen des § 775 Nr. 2, Nr. 4 und Nr. 5 ZPO, eine endgültige in den Fällen des § 775 Nr. 1 und Nr. 3 ZPO in Betracht. In den Fällen des § 775 Nr. 4 und Nr. 5 ZPO hat der Gerichtsvollzieher einen neuen Termin zu bestimmen, wenn der Gläubiger dies beantragt.

§ 185 d Durchführung des Termins

1. Der Termin ist nicht öffentlich. Der Gerichtsvollzieher achtet darauf, daß Dritte vom Inhalt der Sitzung keine Kenntnisse erlangen. Nur der Gläubiger oder sein Vertreter und die Personen, denen der Schuldner die Anwesenheit gestattet oder die von dem Gerichtsvollzieher zu seiner Unterstützung zugezogen wurden, dürfen an dem Termin teilnehmen.

Nimmt der Gläubiger am Termin teil, kann er den Schuldner innerhalb der diesem nach § 807 ZPO obliegenden Auskunftspflicht befragen und Vorhalte machen. Er kann den Gerichtsvollzieher zum Termin auch schriftlich auf Vermögenswerte des Schuldners, zu denen er fehlende oder unrichtige Angaben des Schuldners befürchtet, hinweisen, damit er dem Schuldner bei Abwesenheit des Gläubigers im Termin einen Vorhalt macht.

2. Zu Beginn des Termins belehrt der Gerichtsvollzieher den Schuldner eingehend über die Bedeutung einer eidesstattlichen Versicherung und weist auf die Strafvorschriften der §§ 156 und 163 StGB hin.

Der Gerichtsvollzieher macht ihn auf besondere Fehlerquellen, die sich beim Ausfüllen des Vermögensverzeichnisses ergeben, aufmerksam. Er hat das Vermögensverzeichnis mit dem Schuldner erschöpfend durchzusprechen und fehlende oder unzureichende Angaben ergänzen oder verbessern zu lassen. Der Gerichtsvollzieher trägt dafür Sorge, daß der Schuldner beim Ausfüllen des Vermögensverzeichnisses auch § 807 Abs. 2 ZPO Genüge getan hat. Es obliegt ihm, dem Schuldner die für diesen nicht verständlichen Begriffe zu erläutern. Der Gerichtsvollzieher hat auf die Vollständigkeit der Angaben unter Beachtung der vom Gläubiger im Termin oder zuvor schriftlich gestellten Fragen zu dringen. Auf ein erkennbar unvollständiges Vermögensverzeichnis darf die eidesstattliche Versicherung nicht abgenommen werden, es sei denn, daß weitere Angaben nach den konkreten Umständen des Einzelfalles nicht zu erwarten sind. Der Gerichtsvollzieher hat nach § 807 Abs. 3 Satz 2 ZPO i. V. m. § 480 ZPO den Schuldner über die Bedeutung und Strafbarkeit einer vorsätzlich (Freiheitsstrafe bis zu drei Jahren) oder fahrlässig (Freiheitsstrafe bis zu einem Jahr) falschen eidesstattlichen Versicherung (§§ 156, 163 StGB) zu belehren. Der Schuldner hat an Eides Statt zu versichern, daß er die verlangten Angaben nach bestem Wissen und Gewissen richtig und vollständig gemacht hat. Bei der Abnahme der eidesstattlichen Versicherung verfährt der Gerichtsvollzieher in entsprechender Anwendung der Vorschriften der §§ 478 bis 480, 483 ZPO.

Über den Ablauf des Termins erstellt der Gerichtsvollzieher in entsprechender Anwendung der §§ 159 ff. ZPO ein Protokoll. Soweit ein amtlicher Protokollvordruck eingeführt ist, hat sich der Gerichtsvollzieher desselben zu bedienen. Zu den in das Protokoll aufzunehmenden rechtserheblichen Erklärungen des Schuldners zählen auch die von ihm vorgebrachten Gründe, aus denen er die eidesstattliche Versicherung nicht abgeben will.

§ 185 e Aufträge mehrerer Gläubiger

Hat der Gerichtsvollzieher Aufträge mehrerer Gläubiger zur Abnahme der eidesstattlichen Versicherung erhalten, so bestimmt er den Termin zur Abgabe in diesem Verfahren auf dieselbe Zeit am selben Ort, soweit er die Ladungsfrist jeweils einhalten kann. Soweit der Gerichtsvollzieher dem Schuldner den Vermögensverzeichnisvordruck mit der ersten Ladung zugeleitet hat, ist die Zuleitung weiterer Vordrucke bei den folgenden Ladungen zum selben Termin entbehrlich, es sei denn, daß zusätzlich Vordrucke für unterschiedliche Anlagen zu übersenden sind. Gibt der Schuldner die eidesstattliche Versicherung ab, so nimmt der Gerichtsvollzieher für alle Gläubiger in allen Verfahren zusammen nur ein Protokoll auf und ein Vermögensverzeichnis entgegen. Ablichtungen des Protokolls und des Vermögensverzeichnisses übersendet er den beteiligten Gläubigern. Das Protokoll und das Vermögensverzeichnis leitet er dem Vollstreckungsgericht zu.

Ist für den ersten von mehreren Gläubigern, die einen Auftrag zur Abnahme der eidesstattlichen Versicherung erteilt hatten, die eidesstattliche Versicherung abgenommen worden, so hebt der Gerichtsvollzieher die späteren Termine auf, benachrichtigt die Gläubiger und den Schuldner und reicht die Aufträge der anderen Gläubiger an das Vollstreckungsgericht zur Erteilung der Abschriften weiter; insoweit kann er einen Antrag der Gläubiger unterstellen.

§ 185 f Sofortige Abnahme der eidesstattlichen Versicherung

Hat der Gläubiger zusammen mit dem Pfändungsauftrag für den Fall, daß die Sachpfändung deshalb nicht möglich ist, weil die Voraussetzungen des § 807 Abs. 1 Nr. 1 bis 4 ZPO vorliegen, einen Auftrag zur Abnahme der eidesstattlichen Versicherung erteilt, so führt der Gerichtsvollzieher die Pfändung und falls danach die Voraussetzungen für die Abnahme der eidesstattlichen Versicherung vorliegen, diese bei Einverständnis des Schuldners sofort durch, ohne daß es der Bestimmung eines Termins bedarf. Mangels anderer Umstände oder Erklärungen in dem kombinierten Auftrag kann der Gerichtsvollzieher unterstellen, daß der Gläubiger mit einer sofortigen Abnahme der eidesstattlichen Versicherung ohne vorherige fernmündliche Unterrichtung einverstanden ist.

Der Gerichtsvollzieher versucht in diesen Fällen die Vollstreckung zu einer Zeit, zu der er mit höchster Wahrscheinlichkeit den Schuldner persönlich antrifft. Im Einzelfall kann er mit dem Schuldner eine Zeit vereinbaren.

Hat der Gerichtsvollzieher forderungsdeckend gepfändet, erreicht aber die Verwertung den benötigten Erlös nicht und bleibt auch eine Nachpfändung fruchtlos, so führt der Gerichtsvollzieher anschließend den Auftrag zur Abnahme der eidesstattlichen Versicherung aus und nimmt dem anwesenden und zur Abgabe bereiten Schuldner die eidesstattliche Versicherung ab. Danach verfährt er wie bei einer Abgabe der eidesstattlichen Versicherung im Termin.

Lehnt der Schuldner die sofortige Abnahme der eidesstattlichen Versicherung ab, hat der Gerichtsvollzieher einen besonderen Termin zur Abnahme unter Angabe des Terminsorts zu bestimmen. Zwischen dem Tag der Pfändung oder des Pfändungsversuchs und dem Tag des Termins sollen wenigstens zwei und höchstens vier Wochen liegen. Der Gerichtsvollzieher stellt dem anwesenden Schuldner in geeigneten Fällen die Ladung unter Übergabe je einer Abschrift des Auftrags, der Forderungsaufstellung sowie des Vermögensverzeichnisvordrucks am Ort der Vollstreckung persönlich zu und vermerkt dies im Protokoll. Im übrigen verfährt er wegen der Ladung des Schuldners und der Terminsnachricht an den Gläubiger wie bei der Bestimmung eines Termins bei isolierten Aufträgen. Lehnt der Schuldner die Durchsuchung ab, so verfährt der Gerichtsvollzieher, als wenn der Schuldner auch die sofortige Abnahme der eidesstattlichen Versicherung abgelehnt hätte.

Widerspricht der zur Abgabe bereite Schuldner seiner Verpflichtung zur Abgabe der eidesstattlichen Versicherung, so verfährt der Gerichtsvollzieher entsprechend § 185 i.

Macht der Schuldner glaubhaft, daß er die Forderung des Gläubigers binnen einer Frist von sechs Monaten tilgen werde, so verfährt der Gerichtsvollzieher entsprechend § 185 h.

§ 185 g Verfahren nach Abgabe der eidesstattlichen Versicherung

Die Urschrift des Protokolls über die Abnahme der eidesstattlichen Versicherung und das Vermögensverzeichnis hinterlegt der Gerichtsvollzieher zusammen mit einer Ablichtung des Vollstreckungstitels oder einer Bescheinigung, daß der Schuldner wie in dem Schuldtitel, der dem Vollstreckungsverfahren zugrunde liegt, bezeichnet ist (§ 1 Abs. 1 Nr. 1 SchuVVO), unverzüglich, spätestens am dritten Werktag nach der Abnahme, bei dem Vollstreckungsgericht. Weicht die Bezeichnung des Schuldners in dem Vermögensverzeichnis von der Bezeichnung in dem Titel ab, so macht der Gerichtsvollzieher wegen § 1 Abs. 4 Satz 1 SchuVVO bei der Hinterlegung in geeigneter Weise darauf aufmerksam. Dem Gläubiger oder seinem Verfahrensbevollmächtigten leitet er die Vollstreckungsunterlagen zusammen mit einer Abschrift des Protokolls und des Vermögensverzeichnisses zu.

§ 185 h Vertagung des Termins und Einziehung von Teilbeträgen

1. Macht der Schuldner im Termin glaubhaft, daß er die Forderung des Gläubigers binnen einer Frist von sechs Monaten tilgen werde (§ 900 Abs. 3 ZPO), so setzt der Gerichtsvollzieher den Termin zur Abgabe der eidesstattlichen Versicherung unverzüglich nach Ablauf dieser Frist an oder vertagt bis zu sechs Monaten. Ist das Vorbringen nicht glaubhaft, setzt der Gerichtsvollzieher den begonnenen Termin fort.

2. Die von dem Schuldner angebotene Tilgung kann regelmäßige feste monatliche Teilzahlungen, eine spätere einmalige Zahlung oder unterschiedlich hohe Zahlungen zu unterschiedlichen Zeitpunkten vorsehen. An die Glaubhaftmachung des Schuldners sind hohe Anforderungen zu richten. In der Regel ist eine Teilleistung in Höhe etwa eines Sechstels der Gläubigerforderung zu verlangen.

3. Der Gerichtsvollzieher kann sogleich einen neuen Termin zur Abgabe der eidesstattlichen Versicherung, z. B. nach Ablauf des Zeitpunkts für die Leistung der ersten Rate, bestimmen. Eine neue Ladung des Schuldners ist entsprechend § 218 ZPO entbehrlich.

4. Hat der Gerichtsvollzieher keinen neuen Termin bestimmt, wird die Forderung aber tatsächlich nicht getilgt, beraumt er einen neuen Termin zur Abgabe der eidesstattlichen Versicherung an. Diesen Termin soll der Gerichtsvollzieher unmittelbar nach Einstellung der Ratenzahlung – spätestens nach Ablauf der Sechs-Monats-Frist – bestimmen und den Schuldner erneut laden.

5. Der Gerichtsvollzieher ist nach seinem pflichtgemäßen Ermessen befugt, den Termin jeweils zur Rateneinziehung Monat für Monat zu vertagen oder auf einen Zeitpunkt unmittelbar nach Ablauf der Gesamttilgungsfrist anzusetzen. Macht der Schuldner schon vor dem Termin dem Gerichtsvollzieher gegenüber glaubhaft, daß er binnen sechs Monaten tilgen kann, kann der Gerichtsvollzieher den Termin entsprechend später ansetzen.

In dem nach Ablauf der Sechs-Monats-Frist anberaumten neuen Termin ist eine weitere Vertagung bis zu zwei weiteren Monaten möglich, falls in dem Termin nachgewiesen wird, daß die Schuldforderung zu drei Vierteln getilgt ist.

6. Der Gerichtsvollzieher bestimmt in welcher Weise der Schuldner die Leistungen zu zahlen hat. Er zieht die Teilbeträge ein, wenn der Gläubiger hiermit einverstanden ist. Wenn das Einverständnis des Gläubigers mit einer Einziehung von Teilbeträgen durch den Gerichtsvollzieher bei einer von dem Schuldner angebotenen Tilgung nicht bereits im Auftrag enthalten war, fragt der Gerichtsvollzieher schriftlich unter Darlegung der Umstände wegen einer Genehmigung an. Dabei bittet er den Gläubiger unter Fristsetzung, sich zu der Einziehung der Teilbeträge zu erklären, andernfalls er nach Fristablauf dessen Schweigen als Zustimmung verstehen werde. An Bestimmungen des Gläubigers im Hinblick auf den Einzug einer vom Schuldner angebotenen Ratenzahlung ist der Gerichtsvollzieher gebunden.

7. Im Fall der Nr. 1 Satz 1 sind die Vollstreckungsunterlagen dem Gläubiger zusammen mit dem aufgenommenen Protokoll und der Terminsbestimmung mit der Aufforderung zurückzusenden, diese rechtzeitig zu dem bestimmten Termin wieder einzureichen. Der Gläubiger ist darauf hinzuweisen, daß der festgesetzte Termin nicht stattfinden kann, wenn die Vollstreckungsunterlagen nicht vorliegen. Zieht der Gerichtsvollzieher mit Einverständnis des Gläubigers Teilbeträge ein, so verbleiben die Vollstreckungsunterlagen beim Gerichtsvollzieher.

8. Macht der Schuldner ein Ratenzahlungsangebot, bei dem die Höhe der Teilzahlungen nicht ausreicht, um die Forderung in sechs Monaten zu tilgen, so weist ihn der Gerichtsvollzieher darauf hin, daß er zur Abgabe der eidesstattlichen Versicherung verpflichtet ist, und das unzureichende Ratenzahlungsangebot als grundlose Verweigerung der Abgabe der eidesstattlichen Versicherung mit der Folge gilt, daß gegen ihn Haft angeordnet werden kann.

9. Ein nach Nr. 1, Nr. 3, Nr. 4 oder Nr. 5 angesetzter Termin ist aufzuheben, wenn der Schuldner die eidesstattliche Versicherung außerhalb eines solchen Termins abgibt.

10. Der Gerichtsvollzieher hat alles, was der Schuldner zur Glaubhaftmachung seines Ratenzahlungsangebots vorgetragen hat, und die wesentlichen Umstände, die den Gerichtsvollzieher zur Annahme dieses Angebots bestimmt haben, in dem Protokoll oder in einer Anlage dazu festzuhalten. Ferner hat der Gerichtsvollzieher den genauen Inhalt des Ratenzahlungs-

angebots in dem Protokoll oder in einer Anlage dazu festzuhalten, insbesondere Zahlungstermine, Ratenhöhe und Zahlungsart. Der Gerichtsvollzieher unterrichtet den Gläubiger formlos über die Aussetzung, die Höhe und den Zeitpunkt der festgesetzten Raten und die Zahlungsart.

§ 185 i Widerspruch gegen die Pflicht zur Abgabe der eidesstattlichen Versicherung

1. Den Widerspruch gegen die Verpflichtung zur Abgabe der eidesstattlichen Versicherung kann der Schuldner nur im Termin erheben. Der Gerichtsvollzieher beachtet den Widerspruch nur, wenn der Schuldner ihn begründet.

2. Macht der Schuldner im Termin zur Überzeugung des Gerichtsvollziehers geltend, daß eine von Amts wegen zu beachtende Vollstreckungsvoraussetzung nicht erfüllt ist oder daß ein gesetzliches Hindernis besteht, so hebt der Gerichtsvollzieher den Termin auf und weist bei unbehebbaren Mängeln den Auftrag zur Abgabe der eidesstattlichen Versicherung zurück. Ebenso verfährt er bei behebbaren Mängeln, wenn diese von dem Gläubiger innerhalb einer zur Behebung gesetzten Frist nicht behoben werden. Andernfalls bestimmt er einen neuen Termin und lädt den Schuldner erneut.

3. Stützt der im Termin persönlich erschienene Schuldner den Widerspruch auf Gründe, die der Gerichtsvollzieher nicht für zutreffend hält oder die andere als die von Amts wegen zu beachtenden Voraussetzungen und Hindernisse betreffen, wirkt er darauf hin, daß sich der Schuldner über alle Tatsachen vollständig erklärt und nimmt diese Erklärung in das Protokoll auf. Er hebt den Termin auf und legt seine Sonderakte mit allen Unterlagen dem Vollstreckungsgericht zur Entscheidung über den Widerspruch vor.

4. Nach dem Eintritt der Rechtskraft der Entscheidung über den Widerspruch, die dem Gerichtsvollzieher durch die Rechtskraftbescheinigung nachzuweisen ist, oder nach der Anordnung zur Abgabe der eidesstattlichen Versicherung vor Eintritt der Rechtskraft durch das Vollstreckungsgericht, die durch Vorlage des entsprechenden Beschlusses nachzuweisen ist, setzt der Gerichtsvollzieher das Verfahren zur Abnahme der eidesstattlichen Versicherung durch Bestimmung eines Termins fort und lädt den Schuldner unter Hinweis auf die Entscheidung des Gerichts erneut.

§ 185 j Verweigerung der Abgabe der eidesstattlichen Versicherung

1. Erscheint der Schuldner im Termin nicht, so prüft der Gerichtsvollzieher, ob der Schuldner zu dem Termin ordnungsgemäß geladen worden ist. Ist dem Gerichtsvollzieher ein Entschuldigungsgrund bekannt, so beraumt er einen neuen Termin zur Abgabe der eidesstattlichen Versicherung an und lädt den

Schuldner erneut. Ist der Schuldner unentschuldigt nicht erschienen oder verweigern er oder sein Vertreter die Abgabe der eidesstattlichen Versicherung im Termin ohne Angabe von Gründen oder aus Gründen, die bereits rechtskräftig verworfen sind, so legt der Gerichtsvollzieher seine Sonderakte und die Unterlagen zusammen mit einer Protokollabschrift dem Vollstreckungsgericht zur Entscheidung über den Erlaß des Haftbefehls vor, wenn der Gläubiger bereits in seinem Auftrag zur Abnahme der eidesstattlichen Versicherung einen entsprechenden Antrag gestellt hatte. Andernfalls sendet er die Vollstreckungsunterlagen zusammen mit einer Protokollabschrift dem Gläubiger zurück und weist darauf hin, daß für den Erlaß eines Haftbefehls ein besonderer Antrag bei dem Vollstreckungsgericht unter Vorlage der genannten Unterlagen erforderlich ist und daß bei Erlaß des Haftbefehls ein besonderer Verhaftungsauftrag an den dann für den Wohn- und Aufenthaltsort des Schuldners zuständigen Gerichtsvollzieher erforderlich ist.

2. Einem unentschuldigten Nichterscheinen steht es gleich, wenn der Schuldner außerhalb des Termins seine Verpflichtung zur Abgabe der eidesstattlichen Versicherung bestreitet oder wenn der Schuldner, nachdem mit seinem Einverständnis ein Termin zur Abgabe der eidesstattlichen Versicherung in seiner Wohnung bestimmt worden war, diese zur Terminszeit verschlossen hält.

§ 185 k Terminsänderung

Der Gerichtsvollzieher hat auf Antrag des Gläubigers, der nicht begründet werden muß, den Termin zur Abgabe der eidesstattlichen Versicherung aufzuheben, zu verlegen oder zu vertagen. Er kann auch bei Vorliegen erheblicher in der Person des Gerichtsvollziehers oder des Schuldners liegender Gründe von Amts wegen oder auf Antrag des Schuldners so verfahren.

§ 185 l Eidesstattliche Versicherung zur Vorbereitung der Geltendmachung gepfändeter Forderungen (§ 836 ZPO)

Hat der Gläubiger bei einer Geldvollstreckung gegen den Schuldner dessen angebliche Forderung gegen einen Drittschuldner pfänden und überweisen lassen und erteilt der Schuldner nicht die von dem Gläubiger zur Geltendmachung der Forderung benötigte Auskunft, so hat der Gerichtsvollzieher nach dem entsprechenden Auftrag des Gläubigers das Verfahren zur Abgabe der eidesstattlichen Versicherung einzuleiten. Dazu sind von dem Gläubiger der Schuldtitel und die sonstigen für die Vollstreckung erforderlichen Urkunden, eine Forderungsaufstellung, eine Ausfertigung des zugestellten Pfändungs- und Überweisungsbeschlusses, eine Abschrift des Schreibens, mit dem er den Schuldner zur Erteilung der Auskunft unter Fristsetzung aufgefordert hatte, sowie eine Erklärung, daß der Schuldner die Auskunft nicht erteilt hat, vorzulegen. Allerdings ist die Auskunftspflicht des Schuldners für den Gerichtsvollzieher durch die Anordnung, die in dem Pfändungs- und Überweisungsbeschluß über die Auskunftserteilung getroffen worden ist, begrenzt. Statt des Vermögensverzeichnisses übermittelt er dem Schuldner mit der Zustellung der Ladung zum Termin je eine Abschrift des Auftrages und des Auskunftsverlangens des Gläubigers. Ist der Schuldner zur Abgabe der eidesstattlichen Versicherung bereit, so nimmt der Gerichtsvollzieher zunächst die von dem Gläubiger verlangte Auskunft und dann die Auskunft des Schuldners in das Protokoll auf. Der Schuldner hat nach Belehrung zu versichern, daß er die von ihm verlangte Auskunft nach bestem Wissen und Gewissen richtig und vollständig erteilt hat. Die Vorschriften über das Verfahren zur Abnahme der eidesstattlichen Versicherung zur Offenbarung des Vermögens sind entsprechend anzuwenden.

§ 185 m Eidesstattliche Versicherung bei einer Herausgabevollstreckung (§§ 836 Abs. 3 Satz 3, 883 ZPO)

1. Ist der Schuldner verpflichtet, eine bewegliche Sache oder eine Menge bestimmter beweglicher Sachen herauszugeben, so führt der Gerichtsvollzieher auf Antrag des Gläubigers das Verfahren zur Abgabe der eidesstattlichen Versicherung in entsprechender Anwendung der §§ 478 bis 480, 483, 899 ff. ZPO durch, wenn ihm

    a) ein Vollstreckungstitel vorgelegt wird, der auf die Herausgabe oder Übereignung oder Rückgabe von beweglichen Sachen lautet,

    b) und durch eine Protokollabschrift des mit der Wegnahme beauftragten Gerichtsvollziehers (§ 179 Nr. 6 Abs. 2) nachgewiesen wird, daß dieser die geschuldeten Sachen nicht vorgefunden hat.
    Zum Nachweis kann der Gläubiger auch auf die Sonderakte des Gerichtsvollziehers hinweisen, wenn dieser selbst die Wegnahme versucht hat.

2. Der Schuldner hat an Eides Statt zu versichern, daß er die Sache nicht besitze und auch nicht wisse, wo sie sich befinde. Wird aufgrund der Sachlage eine Änderung der eidesstattlichen Versicherung erforderlich, so kann der Gerichtsvollzieher die Formel der eidesstattlichen Erklärung der Sachlage anpassen, insbesondere kann er die Fassung wählen, daß der Schuldner lediglich seine persönliche Überzeugung zu versichern hat. Macht der Schuldner im Termin Angaben zum Verbleib der herauszugebenden Sache, so nimmt der Gerichtsvollzieher darauf die eidesstattliche Versicherung ab.

§ 185 n Wiederholung der eidesstattlichen Versicherung (§ 903 ZPO)

Hat der Schuldner die in § 807 ZPO oder in § 284 der Abgabenordnung bezeichnete eidesstattliche Versicherung abgegeben, ist die Abgabe der eidesstattlichen Versicherung in dem Schuldnerverzeichnis noch nicht gelöscht und sind seit der Abgabe noch keine drei Jahre vergangen, so bestimmt der Gerichtsvollzieher einen Termin zur Abgabe der eidesstattlichen Versicherung nur, wenn der Gläubiger bei der Auftragserteilung glaubhaft macht, daß der Schuldner seit der Abgabe der eidesstattlichen Versicherung Vermögen erworben hat oder daß ein bisher bestehendes Arbeitsverhältnis mit dem Schuldner aufgelöst ist oder der damals arbeitslose Schuldner inzwischen ein Arbeitsverhältnis eingegangen ist. Der Gläubiger muß in seinem Antrag nicht dartun, daß die Voraussetzungen des § 807 Abs. 1 ZPO erfüllt sind.

Einen späteren Vermögenserwerb des Schuldners kann der Gerichtsvollzieher annehmen, wenn der Gläubiger Umstände vorträgt und glaubhaft macht, die nach seiner Erfahrung darauf schließen lassen, daß sich die Vermögensverhältnisse des Schuldners verbessert haben. Die Glaubhaftmachung entsprechender Umstände für die Auflösung eines bisher bestehenden Arbeitsverhältnisses oder die inzwischen erfolgte Begründung eines solchen reicht aus.

§ 185 o Ergänzung oder Nachbesserung des Vermögensverzeichnisses

Ein Verfahren auf Abgabe der eidesstattlichen Versicherung ist auf Gesuch des früheren Gläubigers oder eines anderen Gläubigers zur Ergänzung oder Nachbesserung des Vermögensverzeichnisses fortzusetzen, wenn der Schuldner ein erkennbar unvollständiges Vermögensverzeichnis abgegeben oder darin ungenaue oder widersprüchliche Angaben gemacht hat. Hat der Gläubiger in dem Auftrag die fehlenden Angaben bezeichnet und erforderlichenfalls glaubhaft gemacht sowie den Vollstreckungstitel, eine Ablichtung des Vermögensverzeichnisses und des Protokolls sowie sonstige urkundliche Nachweise vorgelegt, so führt der Gerichtsvollzieher das alte Verfahren zur Behebung der Mängel weiter. Für die Fortsetzung des Verfahrens ist der zur Zeit des Ergänzungsauftrags für den früheren Wohn- und Aufenthaltsort des Schuldners zuständige Gerichtsvollzieher berufen. Der Gerichtsvollzieher bestimmt einen Termin zur Abgabe der eidesstattlichen Versicherung auf die von dem Schuldner abzugebenden Nachbesserungs- oder Ergänzungsangaben und verfährt danach wie in dem ordentlichen Verfahren zur Abgabe der eidesstattlichen Versicherung zur Offenbarung des Vermögens. Der Gerichtsvollzieher, der die eidesstattliche Versicherung in dem Ergänzungs- oder Nachbesserungsverfahren abgenommen hat, hinterlegt das Protokoll und das Vermögensverzeichnis bei dem Vollstreckungsgericht, bei dem das erste Protokoll und das erste Vermögensverzeichnis hinterlegt worden sind. Zugleich leitet er dem Gläubiger, der den Auftrag zur Abnahme zur Ergänzung oder Nachbesserung erteilt hat, Abschriften des neuen Protokolls und des neuen Vermögensverzeichnisses zu.

Stichwortverzeichnis

Die *Zahlen* bezeichnen die *Randnummern*

A

Abgeordnetenbezüge 595
Abgetretene Forderung und Pfändung 305, 666 ff.
Ablehnung eines Vollstreckungsauftrags 237
Ablösungsrecht bei Lebensversicherung 424
Abschlagszahlung, Pfändung 639
Abtretung von Arbeitseinkommen,
- Pfändungsfragen 666 ff.
- Lohnsteuererstattungsanspruch 38
- und Pfändung 305 ff.

Abwehrklage 206
Abzahlungsgeschäfte 47
Aktenlage, Entscheidung nach 142
Aktiengesellschaft, Pfändungsfragen 376
- im Mahnantrag 60
Alleinerbschaft, Pfändung 356
Altenteil, Pfändung 412
Altersruhegeld, Pfändung 738
Amtsgericht, Zuständigkeit 43, 117
Anderkonto 344
Anerkenntnisurteil 144, 163
Anspruchsbezeichnung im Mahnverfahren 67
Antrag auf Abgabe an das Streitgericht nach Widerspruch 84 ff.
Antragsgegner, Bezeichnung im Mahnantrag 55
- mehrere Ansprüche gegen ihn 70
- mehrere Personen 65
Antragsteller, Bezeichnung im Mahnantrag 66
Anwaltszwang 43, 44

Anwartschaftsrecht bei Eigentumsvorbehalt 270, 278
- bei Nacherbschaft 355
Anwesenheit des Gläubigers bei Vollstreckung 239
Apotheke, Pfändungsschutz 594
Arbeitnehmersparzulage, Pfändung 337
Arbeitseinkommen, Pfändbarkeit 618 ff.
- Pfändungsschutz 623
- Sonderschutz für Nebenbezüge 628
- überwiesene 652
- Unterbrechung des Arbeitsverhältnisses 621, 701
- Zusammenrahmung mehrerer 630
Arbeitsförderung, Pfändungsschutz 578
Arbeitsgerät, Pfändungsschutz 568
Arbeitsgericht, Zuständigkeit 43
Arbeitslosenunterstützung, Pfändbarkeit 613
Arrest 208 ff.
- Anordnung und Vollzug 212 ff.
- Antrag 209
- Zuständigkeit 211
Arresthypothek 388
Aufhebung einer Gemeinschaft 508
Ausbildungsförderung, Pfändungsschutz 578
Auseinandersetzungsanspruch, Pfändung 350
Auskunft aus Schuldnerverzeichnis 722

Auskunftspflicht
- des Drittschuldners 298
- des Schuldners 291
Auskunftsversicherung, eidesstattliche 733 a ff.
Ausländer als Schuldner 5, 39, 46, 122
Austauschpfändung 553 ff.
Auto, Pfändungsschutz 574
Automateninhalt, Pfändbarkeit 469
Automatisiertes Mahnverfahren 51

B
Bankkonto, Pfändung 327 ff.
- Angabe in Mahnung 1
Bankkredit, Inanspruchnahme durch Gläubiger als weiterer Verzugsschaden 71
Bankstahlfach, Pfändung 263
Bargeld, Pfändungsschutz 577
Baugeld, Pfändung 471
Bauhandwerkersicherheit 10 a
Bausparkassenguthaben, Pfändung 473
Bedienungsgeld, Pfändungsschutz 657
Befreiung von Gerichtsgebührenvorschuß 174
Behindertenhilfe, Pfändungsschutz 578
Beihilfe 474 a
Beiordnung eines Armenvertreters 183
Beratungshilfe 181
Bergmannsprämien, Pfändung 598
Berliner Testament 365
Berufssoldaten, Pfändungsschutz 662
Berufung 166
- Anwaltszwang 131
- einstweilige Einstellung der Zwangsvollstreckung bei 168
- Frist 167

Beschwerde im maschinellen Mahnverfahren 76
Bestattung, Pfändungsschutz 595
Betrug 193
Bevollmächtigter im Mahnverfahren 64, 74
Bevorrechtigte Gläubiger 641 ff.
Bewegliches Vermögen, Pfändung 233 ff.
Bezugsrechtspfändung bei Aktien 376
BGB-Gesellschaft, Angaben im Mahnantrag 61
- Pfändungsfragen 374
Billigkeitspfändung 613
Böswillige Schuldner, Schutz gegen absichtliche Nichtausnutzung der Arbeitskraft 700 ff.
Briefe, Pfändungsschutz 580
Brille, Pfändungsschutz 595
Bücher, Pfändungsschutz 595
Bürgerlich-rechtliche Gesellschaft s. BGB-Gesellschaft

D
Darlehen im Mahnantrag 67
- Pfändung 475
Darlehensgewährung bei Arbeitseinkommen, Pfändungsfragen 543
Dauernutzungsrecht, Pfändung 415
Dauerpfändung 647
Dauerwohnrecht, Pfändung 415
Detektivkosten 222
Dienstbarkeit, Pfändung 411, 615
Dienstvertrag, Pfändungsfragen 476, 615, 618 ff.
Diktiergerät, Pfändungsschutz 574
Dinglicher Arrest 208
Direktversicherung 426 a
Dreijahresfrist bei Vermögensoffenbarung 726

Stichwortverzeichnis

Dreiwochenfrist bei Vorpfändung 314
Drittschuldner 285, 292
- Drittschuldnererklärung 298
- Klage des Gläubigers gegen ihn 302

Drittwiderspruchsklage 260, 541
Durchgriffserinnerung 202
Durchgriffshaftung bei GmbH 11
Durchsuchung der Wohnung durch Gerichtsvollzieher 239, Anhang § 107

E

Ehegatte als Schuldner
- im Mahnverfahren 62
- in der Zwangsvollstreckung 521 ff.

Ehering, Pfändungsschutz 595
Eidesstattliche Versicherung über den Vermögensstand 703 ff.
- Zuständigkeit 708

Eigentum Fremder bei Pfändung 257 ff.
Eigentümergrundschuld, Pfändung 396 ff.
Eigentümerhypothek, Pfändung 396 ff.
Eigentumsvermutung bei Eheleuten 534
Eigentumsvorbehalt und Pfändung 269 ff.
- Pfändungsschutz 575
- bei Vermögensoffenbarung 712

Einkommensteuer, Pfändung des Erstattungsanspruchs 440
Einrichtung, Pfändungsschutz 581
Einspruch, gegen Vollstreckungsbescheid 100 ff.
- Einspruchsfrist 100, 103
- gegen Versäumnisurteil 139
- streitiges Verfahren nach Einspruch 103

- Wiedereinsetzung in den vorigen Stand bei Versäumung der Einspruchsfrist 102

Einstweilige Einstellung der Zwangsvollstreckung
- bei Grundstückszwangsversteigerung 559
- bei Versteigerung beweglicher Sachen 259
- bei Vollstreckungsbefehl 100

Eintrittsrecht bei Lebensversicherung 424
Einziehung der gepfändeten Forderung 285, 292
Eisenbahnbetriebsmittel, Pfändungsschutz 582
Entlassungsgeld des Soldaten 663
Erbbaurecht, Pfändungsfragen 411, 477
Erbengemeinschaft als Schuldner 349
Erbrechtliche Pfändungsfragen 345 ff.
Erfolglose Pfändung bei Vermögensoffenbarung 704
Erfüllungsort 117
Ergänzungsversicherung 729 ff.
Erinnerung als Rechtsbehelf
- gegen Entscheidungen des Vollstreckungsgerichts 202
- gegen Maßnahmen des Gerichtsvollziehers 238
- im Mahnverfahren 76, 97

Erledigung der Hauptsache 132
Erlösverteilung bei Grundstückszwangsversteigerung 507
Erweiterte Lohnpfändung 742

F

Fahrrad, Pfändungsschutz 574
Fahrtkostenersatz, Pfändungsschutz 628

Falsche Angaben im Vermögensverzeichnis 710, 712
Fälligkeit einer Forderung 12
Familienangehörige bei Pfändung von Arbeitseinkommen 619
Familienpapiere, Pfändung 595
Familienrechtliche Ansprüche, Pfändung 601
Feiertagspfändung 243
Fernsehgeräte, Pfändbarkeit 583
Firma im Mahnantrag 56
Firmenjubiläum, Pfändungsschutz 628
Firmenrecht, Pfändungsfragen 603
Fischzucht, Pfändungsschutz 589
Forderung, bestrittene 28
- titulierte 19
- unbestrittene 19
Forderungspfändung 284 ff.
Forstwirtschaft, Pfändungsschutz 589
Forstwirtschaftliches Grundstück, Zwangshypothek 518
Fortgesetzte Gütergemeinschaft, Pfändungsfragen 525, 601
Fotoapparat, Pfändungsschutz 576
Freier Beruf, Pfändungsschutz 655
Freigabeaufforderung des Eigentümers 257
Freigabeklage des Eigentümers 260
Fremder Gegenstand bei Pfändung 239, 256 ff.
Fremdkonten, Pfändung 343 a
Fristsetzung zur Zahlung 1
Früchte auf dem Halm 589
Fruchtlosigkeitsbescheinigung 704, 726, 729
Futtermittel, Pfändungsschutz 589

G

Gans, Pfändungsschutz 592
Gartenhaus, Pfändungsschutz 584
Gastwirt, Nachtpfändung 243
GbR, s. Gesellschaft bürgerlichen Rechts
Gebrauchsmuster, Pfändung 616
Gebühren des Armenanwalts 183
- des Gerichts 173
- des Gerichtsvollziehers 226
- des Rechtsanwalts 179
- des Rechtsbeistands 180
Gebührenvorschuß im Mahnverfahren 106, 108
- im Klageverfahren 172
Geburtsbeihilfe, Pfändungsschutz 628
Gefahrenzulage, Pfändungsschutz 628
Gefangenengeld 490
Geflügelzucht, Pfändungsschutz 589
Gefriertruhe, Pfändungsschutz 585
Gehaltsabtretung 8, 666 ff.
Geldforderung, Pfändung 284 ff.
- Pfändungsschutz 545
Gemeinschaft, Pfändungsfragen 602
Generalklausel im Vollstreckungsschutz 542
Genossenschaft, Pfändung 479
- Pfändungsschutz 603
Gerichtskosten 169, 171
Gerichtskostenvorschuß 172
- Befreiung 174
Gerichtsstandsvereinbarung 5, 118 ff.
Gerichtsvollzieher 16, 197, 234
- Gebühren 226
- Geschäftsanweisung Anhang 233
Geringstes Gebot bei Grundstückszwangsversteigerung 500
Gesamtgut, Pfändungsfragen 525, 526, 530
Geschäftsbedingungen, Zuständigkeitsvereinbarung 118
Geschäftsbuch, Pfändungsschutz 595

Stichwortverzeichnis 481

Geschäftsführer einer GmbH im Mahnantrag 60
Geschmacksmuster, Pfändungsschutz 616
Gesellschaft bürgerlichen Rechts,
- Bezeichnung im Mahnantrag 61
- mbH 11 a
- Pfändungsfragen 374, 375
Gesellschaft mit beschränkter Haftung s. GmbH
Gesellschaftsrechtliche Ansprüche, Pfändung 367 ff.
- Pfändungsschutz 603
Gewerbetreibender Ehegatte 538
Girokonto, Pfändung 338 ff.
- Leistungssperre 334
Gläubigerbezeichnung im Mahnverfahren 66
Gliedmaßen, künstliche, Pfändungsschutz 595
GmbH, Angabe im Mahnantrag 60
- Haftung und Haftungserweiterung 11
- Pfändungsfragen 378
GmbH & Co. KG, Pfändungsfragen 368
- Bezeichnung im Mahnantrag 59
Goldsachen, Pfändung 548
Grabstein, Pfändungsschutz 595
Gratifikation, Pfändungsschutz 628
Grundbesitz, Rechtslage bei Erbschaft 352
Grundbuchamt, Zuständigkeit bei Zwangsvollstreckung 197, 519
Grunddienstbarkeit, Pfändung 410
Grundpfandrecht, Pfändung 383 ff.
Grundschuld, Pfändung 392
Grundstücksähnliche Rechte, Zwangsvollstreckung 494
Grundstückszwangsversteigerung 485 ff.
Grundstückszwangsverwaltung 510 ff.

Grundstückszwangsvollstreckung 493 ff.
- einstweilige Einstellung 559
Gütergemeinschaft, Pfändungsfragen 480, 530
Güterstand, Pfändungsfragen 521 ff.
Gütertrennung, Pfändungsfragen 504, 529
Gütliche Einigung im Rechtsstreit 145

H

Haarschneidemaschine, Austauschpfändung 558
Haftbefehl bei Vermögensoffenbarung 717 ff.
Haftunfähigkeit 719
Halm, Früchte auf dem, Pfändungsfragen 589
Handelsgeschäft zwischen Kaufleuten, Zuständigkeit 71
Handelsgesellschaft im Mahnbescheid 59
Handelsvertreter, Pfändung 655 ff.
Handwerker, Pfändungsschutz 574, 655
Handwerkerlebensversicherung, Pfändungsschutz 425
Härtefonds-Darlehen, Pfändungsschutz 608
Hauptentschädigung, Pfändungsschutz 608
Haupttermin 150
Haushaltseinrichtung, Pfändungsschutz 585
Hausmann 729 a
Hausratentschädigung, Pfändungsschutz 608
Hebamme, Pfändungsschutz 588
Hebebühne, Pfändbarkeit 574
Heilfürsorge bei Wehrpflichtigen, Pfändungsschutz 663
Heimarbeit, Pfändungsschutz 660

Heimkehrer, Pfändungsschutz 604
Heimstätte, Pfändungsschutz 565
Heiratsbeihilfe, Pfändungsschutz 628
Heißwasserbereiter, Pfändbarkeit 585
Heizkissen, Pfändungsschutz 585
Herausgabe einer Sache, Zwangsvollstreckung auf 545
Herausgabepflicht des Schuldners 291
Herausgabeversicherung, eidesstattliche 733 e ff.
Hilfskassenbezug, Pfändungsschutz 425, 612
Hilfspfändung, Sparbuch 327
Hinausschiebung der Verwertung eines Pfandgegenstands 246 ff., 551
Hinterleger, Anspruch auf Rücknahme der hinterlegten Sache 615
Hinterlegung durch Drittschuldner 262, 680
Hochseekabel, Pfändungsschutz 587
Höchstbetragshypothek, Pfändung 388
Holz, Pfändungsschutz 589
Huhn, Pfändungsschutz 592
Hund, Pfändungsschutz 593
Hypothek, Pfändung 384

I

Imkerei, Pfändungsschutz 589, 607
Immobilienzertifikat, Pfändung 481
Inkassobüro, private Mahnung 18 ff.
- Geschäftsbedingungen 23
- Kosten 26
Inkassokostenklausel 9
Innengesellschaft, Pfändung 693
Insolvenzgeld 48
Insolvenzverfahren
- und Immobiliarvollstreckung 520 a ff.
- und Sachpfändung 248
- und Vorpfändung 321

- und Mahnverfahren 116a
Investment-Anteil, Pfändung 481

J

Juristische Person im Mahnantrag 54, 60

K

Kaffeemaschine, Pfändungsschutz 585
Kalendertag als Fälligkeitszeitpunkt 13
Kamera, Pfändungsschutz 574
Kassenarzt, Pfändungsschutz 441
Kaufleute, Gerichtsstandsvereinbarung 119, 120
Kaufmann im Zahlungsbefehl 56 ff.
Kaufpreis, Pfändung 482
Kellner, Pfändung 657 ff.
Kilometergeld, Pfändbarkeit 628
Kind bei Lohnschiebung 693 ff.
Kindergeld, Pfändung 578, 605, 613
Kinderwagen, Pfändung 586
Klageerhebung 127, 128
Klageerwiderung 149
Klagerücknahme 130, 131
Klarstellungsklausel zur Feststellung der Identität des Schuldners 59
Klavier, Pfändungsschutz 574
Kleiderschrank, Pfändungsschutz 586
Kleidungsstücke, Pfändungsschutz 588
Kleinlebensversicherung, Pfändungsschutz 425
Kleintier, Pfändungsschutz 592
Koffer, Pfändungsschutz 586
Kommanditgesellschaft, Pfändungsfragen 368
- auf Aktien, Pfändungsfragen 377
- im Mahnantrag 59

Stichwortverzeichnis

Konkursausfallgeld, Pfändung 484
Konkurstabellen-Auszug als Vollstreckungstitel 188
Konto, Überweisung auf 577, 652
Kontoauszug als Mahnung 1
Kontoguthaben, Pfändungsschutz 577 ff.
Kontokorrent-Konto
- Ausfindigmachen 36
- Pfändung 338 ff.
Körperliche Sachen, Pfändung 233 ff.
- Pfändungsschutz 542, 568 ff.
Kosten
- Befreiung von Gebührenvorschuß 174
- bei der Zwangsvollstreckung 220 ff.
- bei Erledigung der Hauptsache 132, 133
- bei Klagerücknahmen 130, 131
- im Mahnverfahren 106 ff.
- Prozeßkosten 169 ff.
- vorgerichtliche Mahnkosten 72
Kostenerstattung 169 ff.
Kostenfestsetzung durch Gericht 169, 170
Kostenmarken 107
Kostenvorschuß an Gerichtsvollzieher 227
Kraftwagen, Pfändung 239, 574
Krankenkassen-Bezug, Pfändungsschutz 612
Krankenversicherung, Pfändungsschutz 613
Krankheit und Vermögensoffenbarung 717
Kreditzusage, Pfändung 342
Kriegsgefangenenentschädigung, Pfändungsschutz 606
Kriegsschadensrente, Pfändungsschutz 608
Kriegsversehrtenrente, Pfändungsschutz 613

Krücke, Pfändungsschutz 595
Küchengerät, Pfändungsschutz 586
Küchenschrank, Austauschpfändung 558
- Pfändungsschutz 585
Kühlschrank, Pfändungsschutz 585
Kündigung bei Lebensversicherung 420
- des Anspruchs vor Mahnung 12
Kündigungsabfindung 489
Kündigungsrecht wegen Pfändung von Arbeitseinkommen 684
Künftige Rentenansprüche, Pfändung 738
Künftiges Arbeitseinkommen, Pfändbarkeit 622
- Bankkonto, Pfändung 339
- Erbrecht, Unpfändbarkeit 366
Künstler, Pfändungsschutz 363
Künstliches Gliedmaß, Pfändungsschutz 595

L

Ladung zur Vermögensoffenbarung 709
Landarbeiter-Eigenheim, Pfändungsschutz 566
Landarzt, Pfändungsschutz 568 ff., 588, 655
Landgericht, Zuständigkeit 54, 87, 167
Landwirtschaft, Pfändungsschutz 589, 607
- Zwangshypothek 518
Landwirtschaftliche Altershilfe, Pfändungsschutz 607
Lastenausgleichsanspruch, Pfändungsschutz 608
Lastkraftwagen, Austauschpfändung 558

- Pfändungsschutz 569
Leasing u. Vollstreckung 761
Lebensgefährte 536, 729 a
Lebensversicherung, Pfändung 417 ff.
- befreiende 425
- bei Vermögensoffenbarung 712
- Pfändungsschutz 425
Leibgeding, Pfändung 412
Leibrente, Pfändung 485
Leihkonten, Pfändung 343 a
Leistung des Arbeitseinkommens an Dritten als Schiebung 686
Leistungssperre bei Pfändung von Guthaben 334
Lohnabtretungsverbot 8, 669
Lohnfortzahlungsgesetz, Pfändungsfragen 619
Lohnpfändung 228, 618 ff.
- erweiterte 742
- Kosten der Pfändung 228 ff.
- Tabelle 8, 1 h, 626, Anhang 7
Lohnschiebung 686 ff.
Lohnsteuer-Abzug 621
Lohnsteuer-Jahresausgleich, Pfändung 427 ff.
Lohnverschleierung 692 ff.
Löschung in schwarzer Liste 725
Löschungsvormerkung bei Grundpfandrechtspfändung 399

M

Mähdrescher bei Lohndreschunternehmer, Pfändungsschutz 574
Mahnkosten 72
- pauschale 10
Mahnung, außergerichtliche 16 ff.
- erste (kostenlose) 28, 72
- gerichtliche 45 ff.
Mahnpauschale 10
Mahnverfahren 45 ff.

- amtliche Vordrucke 52 u. s. Beilage
- Anspruchsbezeichnung 67
- automatisiertes 51
- grenzüberschreitendes 49
- Mahnbescheid 77
- Mahnbescheid, Mußinhalt 50
- Mahngericht 53
- Mahnkosten, vorgerichtliche 72
- Mahnverfahrenskosten 106 ff.
- maschinelle Bearbeitung 51
Makler, Pfändungsschutz 655
Manuskript, Pfändungsschutz 590
Materielle Einwendung gegen Vollstreckungstitel 206
Mehrarbeitsvergütung, Pfändungsschutz 628
Mehrere ArbEink, Zusammenrechnung 630
Mehrere Rechtsanwälte, Kosten 110
Mehrere Vollstreckungen 233, 676, 677
Mehrwertsteuer 178
Meistgebot bei Grundstückszwangsversteigerung 505, 562
Mietbücherei, Pfändung 574
Miete, Pfändungsschutz 442 ff., 579, 610
Mietstreitigkeit, Gerichtszuständigkeit 54
Mietverhältnis nach Zwangsversteigerung 506
Milchkuh, Pfändungsschutz 592
Minderjähriger, Pfändungsschutz für Arbeitsgerät 576
- als Antragsgegner im Mahnverfahren 63
- Prozeßfähigkeit 158, 159
Minderkaufmann im Mahnantrag 58
- bei Gerichtsstandsvereinbarung 120
- Pfändungsschutz 569

Stichwortverzeichnis

Mindestgebot bei Pfändung beweglicher Sachen 547
- bei Grundstückszwangsversteigerung 561

Miterbe, Pfändung seines Anteils 350

Möbliertes Zimmer, Mieteinnahme, Pfändungsschutz 581

Modell, Pfändung 616

Motorrad, Pfändung 574

Mündliche Verhandlung vor Gericht 150

Musiker, Pfändungsschutz für Instrumente 571

Musiktruhe, Austauschpfändung 558

Musterformulare für
- anderweitige Verwertung, Gläubigerantrag 256
- Arbeitseinkommen, Pfändungsantrag 626
- Arrestantrag 210, 215, 217, 218
- Aufforderung zur Drittschuldner-Erklärung 298
- Aufhebungsantrag des Gläubigers nach Verwertungsaussetzung 247
- Aussetzungsantrag des Schuldners wegen gepfändeter Sache 246
- Automateninhalts-Pfändungsantrag 470
- Baugeld-Pfändungsantrag 472
- Bausparkassenvertrags-Pfändungsantrag 474
- Briefhypothek, Pfändungsantrag 405
- Buchhypothek, Pfändungsantrag 406
- Darlehens-Pfändungsantrag 475
- Drittschuldner-Aufforderung zur Erklärung 298
- Drittschuldner, Pfändungsankündigung 317
- Eidesstattliche Vermögensversicherung, Gläubigerantrag 706
- Eigentümergrundschuld, Pfändungsantrag 409
- Eigentumsvorbehalt, Pfändungsantrag über Anwartschaftsrecht und Sache 278
- Einspruch des Schuldners gegen Vollstreckungsbescheid 100
- Erbbauzins, Pfändungsantrag 478
- Erbteil, Pfändungsantrag 351
- Erinnerungseinlegung 201, 238
- Erledigung der Hauptsache, Kostenantrag 133
- Forderung, Pfändungsantrag 294
- Fortsetzungsantrag nach Ruhen des Rechtsstreits 156
- Freigabeaufforderung an Pfandgläubiger 258
- Genossenschaft, Anteilspfändung 479
- Gerichtskostenvorschuß, Befreiungsantrag 174
- Gerichtsstands-Vereinbarung 124
- Girokonto, Pfändungsantrag 343
- GmbH-Anteil, Pfändungsantrag 379
- Grundschuld, Pfändungsantrag 408
- Grundstückszwangsversteigerung, Antrag 496
- Grundstückszwangsverwaltung, Antrag 512
- Haftbefehl, Beschwerde gegen Erlaß 718
- Haftbefehl, Vollstreckungsantrag des Gläubigers 720
- Hypothekenpfändung 405, 406
  - Eintragungsantrag an Grundbuchamt 406
- Kaufpreis, Pfändungsantrag 483
- Klage 128
- Klageweg, Kaufpreisforderung 128
  - eines Minderjährigen 160
- Klageerhebung 128

- Klageerwiderung des Schuldners 149
- Klagerücknahme durch Gläubiger 131
- Konkursausfallgeld, Pfändungsantrag 484
- Kostenentscheidungsantrag des Gläubigers 133
- Kostenfestsetzungsantrag des Gläubigers 170
- Lebensversicherung, Pfändungsantrag 426
- Leibrente, Pfändungsantrag 485
- Lohnsteuerjahresausgleich, Pfändungsantrag 441
- Mahnantrag s. Beilage
- Mietzinsen, Pfändungsantrag 444
- Pachtzinsen, Pfändungsantrag 444
- Parteivertreter, Angabe in Klageschrift 160
- Postscheckkonto, Pfändungsantrag 456
- Postsparbuch, Pfändungsantrag 463
- private Mahnung 28
- Prozeßvollmacht 161
- Ruhen des Verfahrens, Antrag auf Anordnung 156
- Scheck, Pfändungsantrag 487
- Schuldner-Verzeichnis, Antrag auf Abschrifterteilung 723
- Sicherungsübereignung, Pfändungsantrag bezüglich Rückübertragungsanspruchs 282
- Sonntags-Pfändung, Gläubigerantrag 244
- Sparguthaben, Pfändungsantrag 334
- Stahlfach, Pfändungsantrag 265
- Terminvollmacht 161
- Verfallklausel bei Ratenzahlung 13
- Vergleich 147
- Vermächtnis, Pfändungsantrag 359
- Vermögensverzeichnis im eV-Verfahren, Abschrifterteilungsantrag 715
- Verwertungsaufschubsantrag 246
- Vollstreckungsantrag aus Arrestbefehl 215
- wegen beweglicher Sache 234
- Vollstreckungsbescheid s. Beilage
- Vollstreckungsschutzantrag des Schuldners nach Generalklausel 544
- Vorpfändung, Gläubigererklärung und Zustellungsantrag 317–320
- Widerspruch gegen Arrestbefehl 128
- Widerspruch gegen Mahnbescheid s. Beilage
- Widerspruchsklage des Eigentümers 260
- Zustellungsantrag an Gerichtsvollzieher wegen des Vollstreckungstitels 192
- Zwangshypothek, Eintragungsantrag 517
- Zwangsversteigerung, Anordnungsantrag 496
  - Beitrittsantrag 498
- Zwangsverwaltung, Anordnungsantrag 512
- Zwangsvollstreckung, einstweilige Einstellung, Eigentümerantrag 259
  - Schuldnerantrag 100
Mutterschaftsgeld, Pfändungsschutz 613

N

Nacherbschaftspfändung 355, 358
Nachlaßauseinandersetzung nach Pfändung eines Erbteils 350
Nachlaßpflegschaft, Pfändungsfragen 348
Nachlaßverwaltung, Pfändungsfragen 348

Stichwortverzeichnis

Nachtzeit, Pfändung 243
Nachverfahren im Wechsel-Mahnverfahren 105
Nachzahlung von ArbEink 638
Nähmaschine, Pfändungsschutz bei Schneider 574
Nahrungsmittel, Pfändungsschutz 595
Namenswechsel 40
Naturalbezüge Pfändung 653
Naturallohn, Pfändungsschutz 589
Nebenbezug, Pfändung bei Arbeitseinkommen 628, 644
Nebeneinkommen ohne Pfändungsschutz 767
Nebenforderungen im Mahnverfahren 67
Netto-Arbeitseinkommen 621
Neue Bundesländer, Vollstreckung 283 a
Neuerwerb von Vermögen und Offenbarungspflicht 727
Nichtberücksichtigung Unterhaltsberechtigter 744
Nichteheliche Mutter, Unterhaltsanspruch 641
Nichteheliches Kind, erbrechtliche Ansprüche 363
- Rechtsstellung 623, 641
Nichterscheinen einer Partei im Termin 136 ff.
- beider Parteien im Termin 157
- im Termin zur Abgabe der Vermögensversicherung 717
Nichtige Vollstreckung 546
Nießbrauch, Pfändung 413
Notarielle vollstreckbare Urkunde 188
Notwendiger Unterhalt, bei Pfändung von Arbeitseinkommen 642

O
Obstbau, Pfändungsschutz 589
Oder-Konto 332
Offene Handelsgesellschaft, Pfändung 368, 570
- im Mahnantrag 59
Öffnung eines Stahlfaches 264 ff.
Orden, Pfändungsschutz 595
Organ der Zwangsvollstreckung 197
Örtliche Zuständigkeit des Gerichts 117, 198

P
Pachtverhältnis nach Zwangsversteigerung 506
Pachtzins, Pfändungsschutz 442, 579, 610
Parteifähigkeit 158
Parteivertreter 159
Patentanwalt, Pfändungsschutz 655
Patentrecht, Pfändung 616
Personengesellschaft, Pfändungsfragen 368 ff.
Persönlicher Gebrauch, Gegenstände, Pfändungsschutz 535
Pfandrecht, vorzugsweise Befriedigung 262
Pfandsiegel 239
Pfändung körperlicher beweglicher Sachen 239 ff.
Pfändungsankündigung 313 ff.
Pfändungsauftrag 233
Pfändungsbeschluß 284 ff.
Pfändungsprotokoll 239
Pfändungsschutz, erweiterter bei Arbeitseinkommen 649
Pflichtteil, Pfändung 361
Pilzzucht, Pfändungsschutz 589
Portoauslagen des Gläubigers 72, 169, 179
Postanfrage 735

Postfachinhaber Anschrift 38
Postgeldsendung, Pfändungsschutz 611
Postgirokonto
- Pfändung 455 ff.
- Schutz 460
Postsendung, Pfändungsschutz 580
Postsparguthaben, Pfändung 461 ff.
Prämienbegünstigte Spareinlage 335 ff.
Prämienrückvergütung bei Versicherungen 769
Private Mahnung 16 ff.
Provision, Pfändung 655
Prozeßagent 162, 180
Prozeßfähigkeit 158
Prozeßkostenhilfe 182, 183
Prozeßvertreter 159, 161
Prozeßkostenhilfeantrag 68
- Rechtsbehelfe des Antragstellers 76
- verfolgbare Ansprüche 48
- Verhältnis zum Klageverfahren 44
- Zurückweisung des Mahnantrags 75
- Zuständigkeit 45–47
- Zustellung 78
- Zustellung im Ausland 49
Prozeßvollmacht im Mahnverfahren 64, 74
- im Klageverfahren 159, 161

R
Radio, Austauschpfändung 352
- Pfändungsschutz 591
Rangfolge bei einer Pfändung, bewegliche Sache 233
- Forderung 257
- Grundstücksvollstreckung 501
Ratenzahlung, Rückstand 12, 13
Ratenzahlungsvergleich 41
Reallast, Pfändung 414
Rechtsantragstelle 134

Rechtsanwalt, Beiordnung 183
- im Mahnverfahren 79
- im Prozeß 162
- Kosten 109, 179
- mehrere Anwälte 110
- Pfändungsschutz 588, 655
Rechtsbeistand, Kosten 180
- außergerichtliche Mahnung 28
- im Mahnverfahren 79
- im Prozeß 162
- Pfändungsschutz 588, 655
Rechtsnachfolger, Erteilung einer Vollstreckungsklausel 190
Rechtspfleger, Zuständigkeit für eidesstattliche Vermögensversicherungs-Abnahme 708
- Einstellung der Zwangsvollstreckung 206
- Forderungspfändung 200 ff.
- Mahnverfahren 75, 84
- Rechtsantragsstelle 134
- Zwangsvollstreckung, soweit Amtsgericht zuständig 197, 649
Regelsatz des Pfändungsschutzes für ArbEink bei Pfändung durch bevorrechtigten Gläubiger 642
Reisender, Pfändungsschutz 628
Rentenansprüche künftige, Pfändung 738
Rente, Pfändungsschutz 612
Rentenschuld, Pfändung 404
Richter bei eidesstattlicher Vermögensversicherung 717
Rollstuhl, Pfändungsschutz 595
Ruhegeld, Pfändung 409, 418
Ruhen des Verfahrens 156
Rückabtretungsanspruch bei einer Forderung, Pfändung 306, 307, 678
Rückgewährungsanspruch bei Grundschuld, Pfändung 395

Stichwortverzeichnis

Rückkaufswert bei Lebensversicherung 420
Rückstand an Arbeitseinkommen bei Pfändung 637
Rückübertragungsanspruch bei Sicherungsübereignung, Pfändung 282

S

Sachbezug, Pfändungsschutz 653
- Zusammentreffen mit Geldbezügen 654

Sachfirma im Zahlungsbefehl 56 ff.
Sachpfändung bei Eigentumsvorbehalt 269 ff.
- bei Sicherungsübereignung 281 ff.

Sachverständiger, Kosten 175, 182
Schaf, Pfändungsschutz 592
Schauspieler, Pfändungsschutz 571
Scheck, Mahnbescheid 104, 105
- Pfändung 486
- Pfändungsschutz 571
- Scheckprozeß 135

Schiedsgerichtsklausel 6
Schiff, Zwangsvollstreckung 494
Schiffsbauwerk, Zwangsvollstreckung 494
Schlechtwettergeld, Pfändungsschutz 613
Schlüssel für Bankstahlfach 263, 268
Schmerzensgeld, Pfändung 488
Schmutzzulage, Pfändungsschutz 628
Schnellwaage, Austauschpfändung 558
Schrank, Austauschpfändung 558
- Pfändungsschutz 586

Schreibmaschine, Pfändung 574
Schriftliches Verfahren 155
Schriftliches Vorverfahren 152
Schriftsteller, Pfändungsschutz 675
Schulbuch, Pfändungsschutz 595
Schuldanerkenntnis 188

Schuldner, im Inland 45
- Ausland 46, 122

Schuldnertricks 734 ff.
Schuldnerbezeichnung im Mahnverfahren 55 ff.
Schuldnerverzeichnis, bei Vermögensoffenbarung 722 ff.
Schutzrecht, Pfändung 616
Schwarzarbeit, Frage bei Offenbarungsversicherung 713 a
Schwarze Liste bei Vermögensoffenbarung 722 ff.
Schwarzer Mann Vermittlungsdienst 26 a
Selbständig Erwerbstätiger, Einkommenspfändung 655 ff.
Selbsthilfe des Gläubigers 197
Sicherheitsabtretung und Pfändung 306
Sicherungshypothek, Pfändung 388
- bei Sicherungsvollstreckung 195

Sicherungsübereignung und Pfändung 281
- bei Vermögensoffenbarung 712

Sicherungsvollstreckung 195
Siegelanlegung durch Gerichtsvollzieher 239
Silbersache, Pfändung 548
Soldatenbezug, Pfändungsschutz 662
Sondergut, Pfändung bei Gütergemeinschaft 530, 531, 538
Sonntagspfändung 243
Sozialbeitrag, Abzug bei Pfändung von Arbeitseinkommen 621, 628
Sozialbezug, Zusammenrechnung mit Arbeitseinkommen 631
Sozialhilfe, Pfändungsschutz 612 a
Sozialhilferegelsätze 649
Sozialleistungen, Pfändung 613
- Pfändungsschutz 578

Sozialplanabfindung 489

Sozialversicherungsrente, Pfändungsschutz 578
Sparbuch bei Pfändung 327
Sparguthaben, Pfändung 327 ff.
- Pfändungsschutz 577, 651
- prämienbegünstigtes 335 ff.
Stahlfachpfändung 263
Staubsauger, Pfändung 585
Sterbegeld, Pfändungsschutz 613
Steuerabzug bei Pfändung von Arbeitseinkommen 621, 628
Steuerberater, Pfändungsschutz 655
Steuererstattungsansprüche, Pfändung 427 ff.
Stille Gesellschaft, Pfändungsfragen 380 ff.
Stillegungsvergütung, Pfändungsschutz 612
Strafanzeige gegen Schuldner 30
Strafgefangenengeld, Pfändungsfragen 490 ff.
Streitverfahren 117 ff.
Streitverkündung an Schuldner bei Klage gegen Drittschuldner 302, 303, 699
Streitwert 171
Streitwertgrenze 44
Strich in Vermögensverzeichnis 88
Studienbeihilfe, Pfändungsschutz 628
Stuhl, Pfändungsschutz 586
Stundungsgesuch des Schuldners 1

T
Tariflohn 694, 696, 18
Tarnkosten, Pfändung 343 a
Taschengeldanspruch, Pfändungsfragen 601, 749 ff.
Taxifahrer, Pfändungsschutz 658
Teilungsplan in Grundstückszwangsvollstreckung 507
Telefonauslagen des Gläubigers 170

Termin, früher erster 151
- Haupttermin 150
Terminvollstreckung, Pfändungsfragen 348
Tierarzt, Pfändungsschutz 655
Tisch, Pfändungsschutz 586
Tod des Gläubigers, Pfändungsfragen 345
Tod des Schuldners, Pfändungsfragen 346
Trauring, Pfändungsschutz 595
Trennungsentschädigung, Pfändungsschutz 628
Tresorschlüssel bei Stahlfach 263, 268
Treugeld, Pfändungsschutz 628
Treuhandkonto 344
Trinkgeld, Pfändungsschutz 657 ff.

U
Überflüssige Pfändung 550
Übergangsgebührnis, Pfändungsschutz 662
Überpfändung 549
Überraschungsentscheidungen, Schutz vor 153
Überstundenlohn, Pfändung 628, 644
Überweisung bei Forderungspfändung 284 ff.
Überweisungsbeleg 237 FN 7
Überwiesenes Arbeitseinkommen 652
Übungsgeld bei Wehrpflicht, Pfändungsschutz 663
Uhr, Austauschpfändung 558
Umschreibung des Vollstreckungstitels 349, 350
Unbekannter Aufenthalt des Schuldners 38
Unentgeltliche Dienste im Rahmen einer Lohnschiebung 693
Unerlaubte Handlung, Pfändungsschutz 627

Stichwortverzeichnis

- besonderer Gerichtsstand 124
Uniform, Pfändungsschutz 595
Unpfändbare Sache 541 ff.
Unpfändbarkeitsbescheinigung des Gerichtsvollziehers 704, 726, 729
Unterbeteiligung 382
Unterbrechung des Arbeitsverhältnisses 621, 701
Unterhaltsanspruch bei Pfändung von Arbeitseinkommen 623
- Vorrecht 641
Unterhaltshilfe, Pfändungsschutz 608
Unterhaltspflicht, Berücksichtigung bei Pfändung von Arbeitseinkommen 623
- erweiterter Pfändungsschutz 649, 650
- Vorrecht bei Pfändung von Arbeitseinkommen 641
Unterhaltsrente, Pfändungsschutz 612, 613
Unterhaltssicherungsgesetz, Pfändungsfragen 664
Untermiete, Pfändung 579
Unterwerfungsklausel 4
Unübertragbare Forderung, Pfändungsfragen 615
Unverletzlichkeit der Wohnung 239
Urheberrecht, Pfändung 616
Urkundenherausgabepflicht des Schuldners 291
Urkundenklage 135
Urkundenmahnbescheid 104, 105
Urkundenprozeß 135
Urlaubszuschuß, Pfändungsschutz 628, 644
Urteil 163 ff.
- Inhalt 163
- Verkündigung 163, 164
- Vollstreckbarkeit 165

V

Verbot der Lohnabtretung 666 ff.
Verbraucherkredite und Mahnverfahren 48
Verdienstausfallentschädigung, Pfändungsschutz 663
Verein, Vermögensoffenbarung 706
Verfallklausel 7, 13
Vergleich 145–147
- außergerichtlicher und Prozeßvergleich 145
- unter Widerrufsvorbehalt 146
- Vergleichsgebühr des Rechtsanwalts 177
- Widerruf Muster 148
Vergleichsverfahren, Pfändungsschutz 567
Verhandlung vor Gericht 150
Verheirateter Schuldner, Bezeichnung im Mahnantrag 62
- Pfändungsfragen 521 ff.
Verjährungstabelle 14
Vermächtnis, Pfändung 359
Vermieterpfandrecht und Eigentumsvorbehalt 275
Vermietetes Zimmer, Pfändung des Mietzinses 610
Vermögensrechtliche Angelegenheit, Zuständigkeit des Gerichts 117
Vermögensverzeichnis 712
- Ergänzung 729 ff.
Vermögenswirksame Leistungen
- Pfändung der Leistung 620
- Pfändung der vermögenswirksamen Anlage selbst 335, 337
Vermutung, gesetzliche für bewegliche Sachen 534 ff.
Verpfändete Forderung und Pfändung 312
Verrechnungsbeschluß 648
Versäumnisurteil 136 ff.

- echtes und unechtes 139
- Einspruch gegen 139
- gegen Beklagten 136
- gegen Kläger 138
- Inhalt 163
- zweites 164

Verschleiertes Arbeitseinkommen 692 ff.
Versicherungsanspruch, Pfändungsfragen 425, 612, 620
Versorgungsanspruch, Pfändungsfragen 425, 618 ff.
Versteigerungstermin bei beweglichen Sachen 249 ff.
- bei Grundstücken 500
Verstorbener, Mahnbescheid 55
Vertagung des Termins zur Vermögensoffenbarung 710
Verteilungsverfahren, gerichtliches, nach Hinterlegung 683
Vertreter, Pfändungsschutz 655
Verweigerung der eidesstattlichen Vermögensversicherung 716
Verwertung, 248 ff.
- anderweitige 256, 552
- Aufschub nach Pfändung 246 ff., 551
Verzicht auf Vollstreckungsschutz 546
Verzichtsurteil 163
Verzug des Schuldners mit Zahlung 2, 12, 13, 71
Verzugsschaden 27
Verzugszins 3, 71
Vieh, Pfändungsschutz 592
Vollkaufmann, Bezeichnung im Zahlungsbefehl 56
- Pfändungsschutz 569
Vollmacht des Prozeßvertreters 161
Vollpfändung, sog. 294
Vollstreckung des Haftbefehls 719
Vollstreckungsabwehrklage 206
Vollstreckungsauftrag des Gläubigers 234

Vollstreckungsbescheid 92 ff.
- amtlicher Vordruck s. Beilage
- Antrag 92
- auch Rücknahme des Widerspruchs 91
- Vollstreckung 99

Vollstreckungsgegenklage 206
Vollstreckungsgericht, Zuständigkeit 197, 284, 708
Vollstreckungsklausel 189, 190
Vollstreckungsschutz 542, 618 ff.
Vollstreckungstitel 187, 188
Vollstreckungsunterwerfung, notarielle 188
Vorbehaltsgut, Pfändung 538
Vorbehaltsurteil 135
Vorerbschafts-Pfändung 354, 357
Vorkaufsrecht, Pfändungsfragen 411
Vorläufige Einstellung der Zwangsvollstreckung 100, 259, 559
Vormerkung, Pfändung 416
Vorpfändung 313 ff.
Vorrat, Pfändungsschutz 592, 595
Vorratspfändung 647
Vorschuß
- Befreiung 174
- bei Klageerhebung 172
- beim Rechtsanwalt 178
- im Mahnverfahren 106
Vorschußzahlung bei Arbeitseinkommen 632
Vorstand einer AG im Zahlungsbefehl 60
Vorwegpfändung 239
Vorzugsweise Befriedigung 262

W

Waage, Austauschpfändung 558
Wahl zwischen Mahn- und Klageverfahren 44

Stichwortverzeichnis

Waisenbezug, Pfändungsschutz 425, 613
Warenzeichen, Pfändung 616
Wäsche, Pfändungsschutz 588
Wäscheschleuder, Pfändung 585
Waschmaschine, Pfändung 585
Waschtoilette, Austauschpfändung 558
Wechsel, Klageverfahren 135
- Mahnverfahren 104, 105
- Pfändung 491
Wehrsold, Pfändungsschutz 662 ff.
Weihnachtsvergütung, Pfändungsschutz 628, 644
Weinbau, Pfändungsschutz 589
Werkvertragsanspruch im Mahnverfahren 67
Wertgrenze beim Amtsgericht 54
Wertpapierdepot, Pfändung 756
Wertpapier im Mahnverfahren 48
Wettbewerbsbeschränkungs-Ausgleichszahlung, Pfändung 620
Widerspruch gegen Arrestbefehl 212, 213
- amtl. Vordruck 80 u. Beilage
- Einlegungsfrist 80
- gegen Mahnbescheid 79
- gegen Vermögensoffenbarung 716
- verspäteter 82
- Wirkung 83
Widerspruchsklage 207, 260
Widerstandsbrechung durch Gerichtsvollzieher bei Pfändung 239
Wiederaufleben der Lohnpfändung 703
Wiedereinsetzung in den vorigen Stand 102
Wirtschaftsgenossenschaft, Pfändungsfragen 603
Witwe, Schutz für Arbeitsgerät 576
Witwenbezüge, Pfändungsschutz 425, 613
Wohngeld, Pfändungsschutz 578,
- Pfändung 613
Wohnlaube, Pfändungsschutz 584
Wohnraumhilfe, Pfändungsschutz 608
Wohnrechtspfändung 415, 615
Wohnsitz des Schuldners 45 ff., 54, 117
Wohnstreitigkeit, Zuständigkeit 54
Wohnungsdurchsuchung 239
Wohnungseigentum, Vollstreckung 494
Wohnungseigentumssachen im Mahnverfahren 47

Z

Zahlkarte als Beilage zur Mahnung 14
Zahlung an Gerichtsvollzieher 237, 239
Zahlungs Statt, Überweisung 285 ff.
Zahnarzt, Pfändungsschutz 588, 655
Ziege, Pfändungsschutz 592
Zins im Mahnverfahren 71, 94
- bei beiderseitigem Handelsgeschäft 71
Zivildienstpflichtige, Pfändungsfragen 665
Zugewinnausgleich, Pfändung 492, 529
Zugewinngemeinschaft, Pfändungsfragen 523, 529
Zurücknahme von Einspruch 116
- Klage 130, 131
- Widerspruch 90
Zurückweisung eines Mahnantrags 75 ff.
- eines Vollstreckungsbescheidantrags 96 ff.
Zusammenrechnung mehrerer Arbeitseinkommen 630
Zusammentreffen von Pfändungen durch bevorrechtigte Gläubiger 647, 648
- von Abtretung und Pfändung einer Forderung 305, 673

Zuschlag bei Versteigerung beweglicher Sachen 253
- bei Versteigerung von Grundstücken 505
Zuständigkeitsfragen 43, 53, 54, 117, 197, 198, 211
Zustellung des Mahnbescheids 29
- des Urteils 163
- des Vollstreckungsbescheids 98
- des Vollstreckungstitels 191
Zuvielmahnung, Zweck 29
Zwangshypothek 411, 516 ff.
Zwangsversteigerung von beweglichen Sachen 248 ff.
- von Grundstücken 495 ff.

Zwangsverwaltung eines Grundstücks 510 ff.
Zwangsvollstreckung 184 ff.
- Antrag 199
- Beschränkung 195
- Einstellung 194
- Kosten 220 ff.
- Rechtsbehelfe und Rechtsmittel 200
- verheiratete Schuldner 521 ff.
- Vollstreckungsorgane 197
- Zuständigkeit 197, 198
Zweites Versäumnisurteil 164
Zwischenverfügung im Mahnverfahren 75, 96

PC-Assistent Forderungseinzug — Ihr Rechtsbeistand bei Forderungen

Zu hohe Außenstände können das Ende Ihres Unternehmens bedeuten. Ob es dabei um die aufwendige Verwaltungsarbeit, ständige Kontrolle von Terminen, Teilzahlungen oder um vergebliche Mahnschreiben geht: All das kostet Ihre Zeit, Ihr Geld und Ihre Liquidität. Schluß damit!

Mit PC-Assistent Forderungseinzug haben Sie endlich einen perfekten Assistenten, der Ihre Aussenstände verwaltet und Ihnen rechtssicher sagt, wie Sie rasch und günstig an Ihr Geld kommen.

Inhalt:
- Checklisten zur Zwangsvollstreckung
- Tips, wie Sie rasch und günstig zu einem Vollstreckungstitel kommen
- Tips zum Umgang mit privaten und gewerblichen Schuldnern
- Vorgehensweise bei kriminellem Verhalten des Schuldners
- Hinweise zum gerichtlichen Mahn- und Klageverhalten
- Mustertexte für Mahnschreiben
- Anträge auf eidesstattliche Offenbarungsversicherung
- Anträge auf Pfändungs- und Überweisungsbeschlüsse
- Muster zur vertraglichen Absicherung
- Hinweise zur Informationsbeschaffung über Schuldner
- ABC der Forderungseinziehung (wichtige Begriffe rund um den Forderungseinzug)
- Modernste Benutzeroberfläche

PC-Assistent Forderungseinzug
CD-ROM mit Benutzerhandbuch

DM 178,–*
inkl. MwSt. zzgl. Porto
* unverbindliche Preisempfehlung

Bestell-Nr. 90.05/010

Testen Sie unverbindlich 4 Wochen lang

Zu beziehen über Ihre Buchhandlung oder unter:
Haufe Verlag • 79091 Freiburg • Tel. 07 61/4 70 85 52 • Fax 07 61/4 70 88 33
Internet: http://haufe.de • e-Mail: online@haufe.de

Sachpfändung praxisgerecht dargestellt

Der Berliner Leitfaden Recht stellt Vorbereitung, Ablauf und Gestaltung der Sachpfändung anschaulich dar. Er enthält viele praktische Beispiele und Muster und gibt zahlreiche Hinweise, wie die Sachpfändung sinn- und wirkungsvoller gestaltet werden kann.

Der Leitfaden enthält im Kontext sämtliche einschlägigen Vorschriften der Gerichtsvollzieher-Geschäftsanweisung (GVGA) — eine wahre Fundgrube für jeden, der mit der Sachpfändung zu tun hat — sowie die entsprechenden Vorschriften der Zivilprozeßordnung (ZPO). Ausgesuchte Gerichtsentscheidungen zur Sachpfändung geben eine gute Orientierungshilfe für den Umgang mit Gerichtsvollzieher(innen).

- **Der aktuelle Stand zum Thema Sachpfändung mit vielen Beispielen**

Peter David
Die Sachpfändung
Rechtsgrundlagen,
praktische Hinweise,
Muster und Beispiele

2. Auflage 1998
240 Seiten, Broschur
DM 68,— (sfr 62,50/öS 496,—)
ISBN 3-448-03689-7
Bestell-Nr. 79.07/020

Zu beziehen über Ihre Buchhandlung oder unter:
Haufe Verlag · 79091 Freiburg · Tel. 07 61/47 08-552 · Fax 07 61/47 08-833